皇族講話会資料選集　明治篇

第一巻　帝国憲法講義

堀口　修　編集・解説

クレス出版

『皇族講話会資料選集　明治篇』の刊行にあたって

元大正大学文学部教授　堀口　修

皇族講話会といわれてもほとんどの人には聞き慣れないものであろう。近代日本は天皇中心の国家を構築した。その中心に天皇と皇族により構成される皇室が存在する。その皇族の役割の中で最重要の役割として皇位継承がある。しかし役割は、それだけではない。皇族は、天皇を支えるためのいろいろな役割を担っていた。皇族は単なる飾りではない。天皇を支えるために常日頃から国家的・社会的な活動を重ねている。例えば男子皇族は、軍籍に就いて国民の目に見える形で活動している。

そして皇族は、その存在と役割に見合った資質を身に付ける必要があった。いや、積み重ねることが求められていたと言っても過言ではない。そのことは明治という時代が進み、日本が近代国家として欧米と対等の立場から国際社会で活動すればするほど強く意識され、かつ求められていく。そして皇族自身も国家・社会に貢献する存在であろうとした。またこのことは、天皇も強く意識していたものと思われる。

明治三十四（一九〇一）年一月三十一日、天皇から山階宮菊麿王、華頂宮博恭王、梨本宮守正王、久邇宮邦彦王に対し「我が国の憲法」を研究するようにとの御沙汰がある。以後、穂積八束の帝国憲法や皇室典範、中村進午や有賀長雄の国際法・外交史などの講義、また日露戦争前後という時期にあるため、坂本俊篤、柴五郎、秋山真之、川島令次郎、佐藤鉄太郎など陸海軍人による実戦談や戦術論・技術論に関する談話が盛んになされている。さらには人類学者として著名な坪井正五郎も談話している。

本選集は、皇族講話会での講義・談話の中から重要、且つ興味深いものを選んで刊行するものである。彼らの講義・談話は、国家・社会・技術を科学的知識に基づいて理解するもので、皇族がいかにその習得に熱心であったかが伝わってくる。その積極性に唯々驚くばかりである。だが、資料の価値はそれだけではない。その醍醐味は、最先端の専門知識、豊富な実践経験がある同時代人の発言から、迫力ある近代化の現場の姿が伝わり、得も言われぬ臨場感溢れる世界を感得できることである。資料は、読み手のアプローチの仕方により異なる相貌をみせるともいわれる。読者諸賢の近代日本理解が深まる良き材料となればこれにすぐるものはない。

■皇族講話会資料選集　明治篇　収録一覧■

第一巻　帝国憲法講義

皇族講話会に於ける 帝国憲法講義
●穂積八束(法学博士)/明治四十五(一九一二)年刊行/協同会

第二巻　陸海軍人進講資料

陸海軍人進講資料
●陸海軍人/明治三十四(一九〇一)年〜明治四十(一九〇七)年実施

【陸軍関係】

一　長途騎乗
渋谷在明(陸軍騎兵大佐)/明治三十四(一九〇一)年/東京大学総合図書館所蔵資料

二　北京籠城
柴　五郎(陸軍砲兵中佐)/明治三十四(一九〇一)年/東京大学総合図書館所蔵資料

三　北清行進
中川幸助(陸軍歩兵大尉)/明治三十四(一九〇一)年/東京大学総合図書館所蔵資料

四　ヒリッピン群島
奈良原忍(陸軍歩兵大尉)/明治三十五(一九〇二)年/東京大学総合図書館所蔵資料

五　蒙古旅行談
佐藤安之助(陸軍歩兵少佐)/明治四〇(一九〇七)年/首都大学東京図書館所蔵

【海軍関係】

一　軍事上ヨリ観察セル海底電線ノ効用
坂本俊篤(海軍大佐)/明治三十四(一九〇一)年/東京大学総合図書館所蔵資料

二　潜行水艇
坂本俊篤(海軍少将)/明治三十四(一九〇一)年/東京大学総合図書館所蔵資料

三　政略地理
坂本俊篤(海軍少将)/明治三十四(一九〇一)年/東京大学総合図書館所蔵資料

四　格言ト兵術
坂本俊篤（海軍少将）／明治三十五（一九〇二）年／東京大学総合図書館所蔵資料

五　米西戦争
秋山真之（海軍少佐）／明治三十五（一九〇二）年／東京大学総合図書館所蔵資料

六　各国海軍ノ実力
黒井悌次郎（海軍中佐）／明治三十五（一九〇二）年／東京大学総合図書館所蔵資料

七　弘化三年　米艦江戸湾口ニ渡来ノ図ニ就テ
秋山真之（海軍少佐）／明治三十五（一九〇二）年／東京大学総合図書館所蔵資料

八　日露開戦ニ就キ海軍戦略上ノ概観
財部　彪（海軍大佐）／明治三十九（一九〇六）年／鹿児島県立図書館所蔵

九　海軍ノ進歩
川島令次郎（海軍大佐）／明治四十（一九〇七）年／国立国会図書館所蔵

十　海戦ニ関スル史談
佐藤鉄太郎（海軍大佐）／明治四十（一九〇七）年／国立国会図書館所蔵

第三巻　世界ノ住民

世界ノ住民
●坪井正五郎（理学博士）／明治三十七（一九〇四）年〜大正三（一九一四）年刊行／東京大学総合図書館所蔵資料、お茶の水女子大学図書館所蔵
第一回〜第十五回まで収録

※収録した原本書籍の状態によっては、文字の欠落や擦れ、頁の汚損・破損などが見られるが、原本通りである。なお、各巻にある折込の図表のうち、大きすぎるものに関しては、適宜縮小して収録している。

皇族講話会に於ける　帝国憲法講義

法学博士　穂積八束『皇族講話会に於ける　帝国憲法講義』

〔履歴〕万延元年（一八六〇）〜大正元年（一九一二）。東京帝国大学法科大学長、宮中顧問官などを歴任。「民法出デテ忠孝亡ブ」なる文言を発して有名。法学博士。

〔概要〕帝国憲法を詳細に解説する。上巻・「緒論」では逐条解釈の前に憲法の基本概念を理解すべく国家の三要素（境土・人民・主権）、「主権」、「国体」、「政体」の概念を説く。ついで「大日本帝国憲法」の解説に入り、憲法、憲法の淵源、憲法の種類、憲法の効力、憲法の範囲、我憲法の制定を説く。そして以下、第一章天皇・第一条から第十七条、第二章臣民権利義務・第十八条から第三十二条、第三章帝国議会・第三十三条を逐条解説。下巻・第三章帝国議会・第三十四条から第五十四条、第四章国務大臣及び枢密顧問・第五十五条・第五十六条、第五章司法・第五十七条から第六十一条、第六章会計・第六十二条から第七十二条、第七章補則・第七十三条から第七十六条を逐条解説。最後の「結論」では巻末の「憲法略図」を用いながら再度「国家」の三要素、「国法」、「国体及政体」、「憲法」について総まとめを行う。

皇族講話會に於ける

帝國憲法講義

（非賣品）

此ノ講義ハ皇族講話會ニ於テ法學博士穗積八束氏カ帝國憲法ヲ明治三十四年ヨリ同三十五年ニ亘リ前後三十二回ニ進講セラレタルモノナリ、今回其筋ノ許可ヲ得テ之ヲ復刻シ同志者間ニ配布ス、素ヨリ紊リニ坊間ニ流布スルヲ許ササルモノナレハ保存上充分ノ注意アラムコトヲ望ム

明治四十五年五月

協同會

帝國憲法

憲法發布勅語

朕國家ノ隆昌ト臣民ノ慶福トヲ以テ中心ノ欣榮トシ朕カ祖宗ニ承クルノ大權ニ依リ現在及將來ノ臣民ニ對シ此ノ不磨ノ大典ヲ宣布ス
惟フニ我カ祖我カ宗ハ我カ臣民祖先ノ協力輔翼ニ倚リ我カ帝國ヲ肇造シ以テ無窮ニ垂レタリ此レ我カ神聖ナル祖宗ノ威德ト竝ニ臣民ノ忠實勇武ニシテ國ヲ愛シ公ニ殉ヒ以テ此ノ光輝アル國史ノ成跡ヲ貽シタルナリ朕我カ臣民ハ卽チ祖宗ノ忠良ナル臣民ノ子孫ナルヲ回想シ其ノ朕カ意ヲ奉體シ朕カ事ヲ奬順シ相與ニ和衷協同シ益〻我カ帝國ノ光榮ヲ中外ニ宣揚シ祖宗ノ遺業ヲ永久ニ鞏固ナラシムルノ希望ヲ同クシ此ノ負擔ヲ分ツニ堪フルコトヲ疑ハサルナリ

朕祖宗ノ遺烈ヲ承ケ萬世一系ノ帝位ヲ踐ミ朕カ親愛スル所ノ臣民ハ卽チ朕カ祖宗ノ惠撫慈養シタマヒシ所ノ臣民ナルヲ念ヒ其ノ康福ヲ増進シ其ノ懿德良能ヲ發達セシメムコトヲ願ヒ又其ノ翼贊ニ依リ與ニ倶ニ國家ノ進運ヲ扶持セムコトヲ望ミ乃チ明治十四年十月十二日ノ詔命ヲ履踐シ茲ニ大憲ヲ制定シ朕カ率由スル所ヲ示シ朕カ後嗣及臣民及臣民ノ子孫タル者ヲシテ永遠ニ循行スル所ヲ知ラシム

國家統治ノ大權ハ朕カ之ヲ祖宗ニ承ケテ之ヲ子孫ニ傳フル所ナリ朕及朕カ子孫ハ將來此ノ憲法ノ條章ニ循ヒ之ヲ行フコトヲ愆ラサルヘシ

朕ハ我カ臣民ノ權利及財産ノ安全ヲ貴重シ及之ヲ保護シ此ノ憲法及法律ノ範圍内ニ於テ其ノ享有ヲ完全ナラシムヘキコトヲ宣言ス

帝國議會ハ明治二十三年ヲ以テ之ヲ召集シ議會開會ノ時ヲ以テ此ノ憲法ヲシテ有效ナラシムルノ期トスヘシ

將來若此ノ憲法ノ或ル條章ヲ改定スルノ必要ナル時宜ヲ見ルニ至ラハ朕及朕カ繼統ノ子孫ハ發議ノ權ヲ執リ之ヲ議會ニ付シ議會ハ此ノ憲法ニ定メタル要件ニ依リ之ヲ議決スルノ外朕カ子孫及臣民ハ敢テ之カ紛更ヲ試ミルコトヲ得サルヘシ

朕カ在廷ノ大臣ハ朕カ爲ニ此ノ憲法ヲ施行スルノ責ニ任スヘク朕カ現在將來ノ臣民ハ此ノ憲法ニ對シ永遠ニ從順ノ義務ヲ負フヘシ

御名御璽

副書

大日本帝國憲法

第一章　天皇

第一條　大日本帝國ハ萬世一系ノ天皇之ヲ統治ス
第二條　皇位ハ皇室典範ノ定ムル所ニ依リ皇男子孫之ヲ繼承ス
第三條　天皇ハ神聖ニシテ侵スヘカラス
第四條　天皇ハ國ノ元首ニシテ統治權ヲ總攬シ此ノ憲法ノ條規ニ依リ之ヲ行フ
第五條　天皇ハ帝國議會ノ協贊ヲ以テ立法權ヲ行フ
第六條　天皇ハ法律ヲ裁可シ其ノ公布及執行ヲ命ス
第七條　天皇ハ帝國議會ヲ召集シ其ノ開會閉會停會及衆議院ノ解散ヲ命ス
第八條　天皇ハ公共ノ安全ヲ保持シ又ハ其ノ災厄ヲ避クル爲緊急ノ必要ニ由リ帝國議會閉會ノ場合ニ於テ法律ニ代ルヘキ勅令ヲ發ス
此ノ勅令ハ次ノ會期ニ於テ帝國議會ニ提出スヘシ若議會ニ於テ承諾セサルトキハ政府ハ將來ニ向テ其ノ效力ヲ失フコトヲ公布スヘシ

第九條　天皇ハ法律ヲ執行スル爲ニ又ハ公共ノ安寧秩序ヲ保持シ及臣民ノ幸福ヲ增進スル爲ニ必要ナル命令ヲ發シ又ハ發セシム但シ命令ヲ以テ法律ヲ變更スルコトヲ得ス

第十條　天皇ハ行政各部ノ官制及文武官ノ俸給ヲ定メ及文武官ヲ任免ス但シ此ノ憲法又ハ他ノ法律ニ特例ヲ揭ケタルモノハ各〻其ノ條項ニ依ル

第十一條　天皇ハ陸海軍ヲ統帥ス

第十二條　天皇ハ陸海軍ノ編制及常備兵額ヲ定ム

第十三條　天皇ハ戰ヲ宣シ和ヲ講シ及諸般ノ條約ヲ締結ス

第十四條　天皇ハ戒嚴ヲ宣告ス
戒嚴ノ要件及效力ハ法律ヲ以テ之ヲ定ム

第十五條　天皇ハ爵位勳章及其ノ他ノ榮典ヲ授與ス

第十六條　天皇ハ大赦特赦減刑及復權ヲ命ス

第十七條　攝政ヲ置クハ皇室典範ノ定ムル所ニ依ル
攝政ハ天皇ノ名ニ於テ大權ヲ行フ

第二章　臣民權利義務

第十八條　日本臣民タルノ要件ハ法律ノ定ムル所ニ依ル

第十九條　日本臣民ハ法律命令ノ定ムル所ノ資格ニ應シ均ク文武官ニ任セラレ及其ノ他ノ公務ニ就クコトヲ得

第二十條　日本臣民ハ法律ノ定ムル所ニ從ヒ兵役ノ義務ヲ有ス

第二十一條　日本臣民ハ法律ノ定ムル所ニ從ヒ納税ノ義務ヲ有ス

第二十二條　日本臣民ハ法律ノ範圍内ニ於テ居住及移轉ノ自由ヲ有ス

第二十三條　日本臣民ハ法律ニ依ルニ非スシテ逮捕監禁審問處罰ヲ受クルコトナシ

第二十四條　日本臣民ハ法律ニ定メタル裁判官ノ裁判ヲ受クルノ權ヲ奪ハルルコトナシ

第二十五條　日本臣民ハ法律ニ定メタル場合ヲ除ク外其ノ許諾ナクシテ住所ニ侵入セラレ及捜索セラルルコトナシ

第二十六條　日本臣民ハ法律ニ定メタル場合ヲ除ク外信書ノ祕密ヲ侵サルル

コトナシ

第二十七條　日本臣民ハ其ノ所有權ヲ侵サルルコトナシ

公益ノ爲必要ナル處分ハ法律ノ定ムル所ニ依ル

第二十八條　日本臣民ハ安寧秩序ヲ妨ケス及臣民タルノ義務ニ背カサル限ニ於テ信敎ノ自由ヲ有ス

第二十九條　日本臣民ハ法律ノ範圍内ニ於テ言論著作印行集會及結社ノ自由ヲ有ス

第三十條　日本臣民ハ相當ノ敬禮ヲ守リ別ニ定ムル所ノ規程ニ從ヒ請願ヲ爲スコトヲ得

第三十一條　本章ニ揭ケタル條規ハ戰時又ハ國家事變ノ場合ニ於テ天皇大權ノ施行ヲ妨クルコトナシ

第三十二條　本章ニ揭ケタル條規ハ陸海軍ノ法令又ハ紀律ニ牴觸セサルモノニ限リ軍人ニ準行ス

第三章　帝國議會

第三十三條　帝國議會ハ貴族院衆議院ノ兩院ヲ以テ成立ス

第三十四條　貴族院ハ貴族院令ノ定ムル所ニ依リ皇族華族及勅任セラレタル議員ヲ以テ組織ス

第三十五條　衆議院ハ選擧法ノ定ムル所ニ依リ公選セラレタル議員ヲ以テ組織ス

第三十六條　何人モ同時ニ兩議院ノ議員タルコトヲ得ス

第三十七條　凡テ法律ハ帝國議會ノ協賛ヲ經ルヲ要ス

第三十八條　兩議院ハ政府ノ提出スル法律案ヲ議決シ及各〻法律案ヲ提出スルコトヲ得

第三十九條　兩議院ノ一ニ於テ否決シタル法律案ハ同會期中ニ於テ再ヒ提出スルコトヲ得ス

第四十條　兩議院ハ法律又ハ其ノ他ノ事件ニ付各〻其ノ意見ヲ政府ニ建議スルコトヲ得但シ其ノ採納ヲ得サルモノハ同會期中ニ於テ再ヒ建議スルコトヲ得ス

第四十一條　帝國議會ハ毎年之ヲ召集ス

第四十二條　帝國議會ハ三箇月ヲ以テ會期トス必要アル場合ニ於テハ勅令ヲ以テ之ヲ延長スルコトアルヘシ
第四十三條　臨時緊急ノ必要アル場合ニ於テ常會ノ外臨時會ヲ召集スヘシ
臨時會ノ會期ヲ定ムルハ勅令ニ依ル
第四十四條　帝國議會ノ開會閉會會期ノ延長及停會ハ兩院同時ニ之ヲ行フヘシ
衆議院解散ヲ命セラレタルトキハ貴族院ハ同時ニ停會セラルヘシ
第四十五條　衆議院解散ヲ命セラレタルトキハ勅命ヲ以テ新ニ議員ヲ選擧セシメ解散ノ日ヨリ五箇月以內ニ之ヲ召集スヘシ
第四十六條　兩議院ハ各〻其ノ總議員三分ノ一以上出席スルニ非サレハ議事ヲ開キ議決ヲ爲スコトヲ得ス
第四十七條　兩議院ノ議事ハ過半數ヲ以テ決ス可否同數ナルトキハ議長ノ決スル所ニ依ル
第四十八條　兩議院ノ會議ハ公開ス但シ政府ノ要求又ハ其院ノ決議ニ依リ祕密會ト爲スコトヲ得

第四十九條　兩議院ハ各〻天皇ニ上奏スルコトヲ得

第五十條　兩議院ハ臣民ヨリ呈出スル請願書ヲ受クルコトヲ得

第五十一條　兩議院ハ此ノ憲法及議院法ニ掲クルモノノ外內部ノ整理ニ必要ナル諸規則ヲ定ムルコトヲ得

第五十二條　兩議院ノ議員ハ議院ニ於テ發言シタル意見及表決ニ付院外ニ於テ責ヲ負フコトナシ但シ議員自ラ其ノ言論ヲ演說刊行筆記又ハ其ノ他ノ方法ヲ以テ公布シタルトキハ一般ノ法律ニ依リ處分セラルヘシ

第五十三條　兩議院ノ議員ハ現行犯罪又ハ內亂外患ニ關ル罪ヲ除ク外會期中其ノ院ノ許諾ナクシテ逮捕セラルルコトナシ

第五十四條　國務大臣及政府委員ハ何時タリトモ各議院ニ出席シ及發言スルコトヲ得

第四章　國務大臣及樞密顧問

第五十五條　國務大臣ハ天皇ヲ補弼シ其ノ責ニ任ス

凡テ法律勅令其ノ他國務ニ關ル詔勅ハ國務大臣ノ副署ヲ要ス

第五十六條　樞密顧問ハ樞密院官制ノ定ムル所ニ依リ天皇ノ諮詢ニ應ヘ重要ノ國務ヲ審議ス

第五章　司法

第五十七條　司法權ハ天皇ノ名ニ於テ法律ニ依リ裁判所之ヲ行フ
裁判所ノ構成ハ法律ヲ以テ之ヲ定ム

第五十八條　裁判官ハ法律ニ定メタル資格ヲ具フル者ヲ以テ之ニ任ス
裁判官ハ刑法ノ宣告又ハ懲戒ノ處分ニ由ルノ外其ノ職ヲ免セラルルコトナシ
懲戒ノ條規ハ法律ヲ以テ之ヲ定ム

第五十九條　裁判ノ對審判決ハ之ヲ公開ス但シ安寧秩序又ハ風俗ヲ害スルノ虞アルトキハ法律ニ依リ又ハ裁判所ノ決議ヲ以テ對審ノ公開ヲ停ムルコトヲ得

第六十條　特別裁判所ノ管轄ニ屬スヘキモノハ別ニ法律ヲ以テ之ヲ定ム

第六十一條　行政官廳ノ違法處分ニ由リ權利ヲ傷害セラレタリトスルノ訴訟

ニシテ別ニ法律ヲ以テ定メタル行政裁判所ノ裁判ニ屬スヘキモノハ司法裁判所ニ於テ受理スルノ限ニ在ラス

第六章　會計

第六十二條　新ニ租税ヲ課シ及税率ヲ變更スルハ法律ヲ以テ之ヲ定ムヘシ

但シ報償ニ屬スル行政上ノ手數料及其ノ他ノ收納金ハ前項ノ限ニ在ラス

國債ヲ起シ及豫算ニ定メタルモノヲ除ク外國庫ノ負擔トナルヘキ契約ヲ爲スハ帝國議會ノ協贊ヲ經ヘシ

第六十三條　現行ノ租税ハ更ニ法律ヲ以テ之ヲ改メサル限ハ舊ニ依リ之ヲ徴收ス

第六十四條　國家ノ歳出歳入ハ毎年豫算ヲ以テ帝國議會ノ協贊ヲ經ヘシ

豫算ノ款項ニ超過シ又ハ豫算ノ外ニ生シタル支出アルトキハ後日帝國議會ノ承諾ヲ求ムルヲ要ス

第六十五條　豫算ハ前ニ衆議院ニ提出スヘシ

第六十六條　皇室經費ハ現在ノ定額ニ依リ毎年國庫ヨリ之ヲ支出シ將來增額

ヲ要スル場合ヲ除ク外帝國議會ノ協贊ヲ要セス

第六十七條　憲法上ノ大權ニ基ツケル既定ノ歳出及法律ノ結果ニ由リ又ハ法律上政府ノ義務ニ屬スル歳出ハ政府ノ同意ナクシテ帝國議會之ヲ廢除シ又ハ削減スルコトヲ得ス

第六十八條　特別ノ須要ニ因リ政府ハ豫メ年限ヲ定メ繼續費トシテ帝國議會ノ協贊ヲ求ムルコトヲ得

第六十九條　避クヘカラサル豫算ノ不足ヲ補フ爲ニ又ハ豫算ノ外ニ生シタル必要ノ費用ニ充ツル爲ニ豫備費ヲ設クヘシ

第七十條　公共ノ安全ヲ保持スル爲緊急ノ需用アル場合ニ於テ內外ノ情形ニ因リ政府ハ帝國議會ヲ召集スルコト能ハサルトキハ勅令ニ依リ財政上必要ノ處分ヲ爲スコトヲ得

前項ノ場合ニ於テハ次ノ會期ニ於テ帝國議會ニ提出シ其ノ承諾ヲ求ムルヲ要ス

第七十一條　帝國議會ニ於テ豫算ヲ議定セス又ハ豫算成立ニ至ラサルトキハ政府ハ前年度ノ豫算ヲ施行スヘシ

第七十二條　國家ノ歳出歳入ノ決算ハ會計檢査院之ヲ檢査確定シ政府ハ其ノ檢査報告ト倶ニ之ヲ帝國議會ニ提出スヘシ
會計檢査院ノ組織及職權ハ法律ヲ以テ之ヲ定ム

第七章　補則

第七十三條　將來此ノ憲法ノ條項ヲ改正スルノ必要アルトキハ勅令ヲ以テ議案ヲ帝國議會ノ議ニ付スヘシ
此ノ場合ニ於テ兩議院ハ各〻其ノ總員三分ノ二以上出席スルニ非サレハ議事ヲ開クコトヲ得ス出席議員三分ノ二以上ノ多數ヲ得ルニ非サレハ改正ノ議決ヲ爲スコトヲ得ス

第七十四條　皇室典範ノ改正ハ帝國議會ノ議ヲ經ルヲ要セス
皇室典範ヲ以テ此ノ憲法ノ條規ヲ變更スルコトヲ得ス

第七十五條　憲法及皇室典範ハ攝政ヲ置クノ間之ヲ變更スルコトヲ得ス

第七十六條　法律規則命令又ハ何等ノ名稱ヲ用ヰタルニ拘ラス此ノ憲法ニ矛盾セサル現行ノ法令ハ總テ遵由ノ效力ヲ有ス
歳出上政府ノ義務ニ係ル現在ノ契約又ハ命令ハ總テ第六十七條ノ例ニ依ル

帝國憲法講義

帝國憲法講義前編目次

第三章　帝國議會……三一〇

帝國憲法講義前編目次終

帝國憲法講義前編

講師　法學博士　穗　積　八　束

此ノ度御命ヲ受ケマシテ我ガ帝國憲法ノ大體ノ要點ヲ御話申上ゲルヤウニト云フコトデゴザイマシテ誠ニ一身ニ取リマシテ此ノ上モナイ光榮ノコト、存ジ奉リマス。帝國憲法ハ大體ノ規程デハゴザイマスケレドモ之ヲ詳シク說明イタシマスニハ大ニ時モ取リマスコトデゴザイマス、併シナガラ大概御豫定ノ期間モアルコト、存ジマスカラ大體ノ要點ノミヲ申上ゲルコトニ致ス考ガヘデゴザイマス。又帝國憲法ノ說明ヲ致シマスニ憲法ノ條文ニ據リマシテ條ヲ逐フテ說明ヲ致シマス考ヘデゴザイマスガ併シ何分ニモ第一條ヨリ說明ヲ致シマス前ニ一言憲法ヲ研究シマスニ普通知ツテ居ラナケレバナラヌコト國家トカ國體トカ云フヤウナ大體ノ言葉ノ意義、其ノ大體ノ觀念ダケハ述べテ置カヌト條文ニ至ツテ進行スルコトガムヅカシウゴザイマスカラ本夕ハ緒言ト致シマシテ條文ニ入ル前ニコレカラ大體ノコトヲ申上ゲヤウト存ジマス。尤モ此レ等ノコトモ甚ダ詳シク說明イタシマスト長クナリマスカラ時間ノ許スダケノ說明ヲ致シマシテ若シモ終リマセヌナラバ又次回ニ述ベルヤウニ致シマス。

一、國家　國家ト云フコトハ憲法ヲ研究シマスルニ先ヅ之ヲ說カナケレバナラヌ觀念デゴザイマス、一ト口ニ國家ト申シマスケレドモソレハ何デアルカト云フ問ニ對シマシテ、ハツキリト答ヲ爲シ得ルダケノ觀念ヲ有ツテ居ラナケラネバナリマセヌ。

今日文明諸國ニ於テ國家ト云フ觀念ハ何ニ歸著スルカト云ヒマスト第一ニ一定ノ土地ガナクッテハナリマセヌ、第二ニハ一定ノ人民ガ之ニ住居シテ居ラネバナリマセヌ、其ノ上ニ獨立ノ主權ト云フモノガナクッテハ國家ヲナシマセヌ。故ニ國家ト云フ考ヘニハ一定ノ境土ト人民ト主權ノ此ノ三ツガ必要ナル觀念デゴザイマス、尤モ歷史ニ據ッテ考ヘテ見マスレバ人間ガ團體ヲナシテ生活シマシタ有樣ハ固ヨリ必ラズ今日ト同樣ノ國家ノ組織ヲシタモノデハアリマセヌ。人間ハ個人孤立シテ生活ヲ爲シ得ルモノデハアリマセヌ。如何ナル野蠻時代、如何ナル程度ニ於キマシテモ必ラズ多數相依ッテ共同ノ生活ヲ致スモノデゴザイマス。其ノ最初ハ一家族ノ組織デゴザイマス。ソレカラ又進ンデ行キマスレバ同ジ祖先カラ出タ所ノ家族ガ合シテ部落ヲ成シ、ソレガ又大キナ團體ヲ爲シタノデゴザイマス。ソレカラ後民族ガ多クナリ其ノ民族ガ一定ノ土地ヲ自己ノ占領スル所トシマシテサウシテ民族中ニ主權ヲ仰イデ秩序ヲ保ツニ據ッテ近世ノ國家ト云フ觀念ガ起ッタノデゴザイマス。

ソレデ國家ト云フ觀念ノ必要デアリマス所ノ土地、人民、主權ノコトヲ一應申サナケレバナリマセヌ。

國家ハ土地ヲ有ッテ居ラナケレバナラヌト云フコトハ唯人間ガ財產トシテ土地ヲ有ッテ居ル如キ意味デハゴザイマセヌ、世界ノ列國各獨立シテ居ル以上ハ此ノ國ニ其ノ主權ノ及ブ所タル一定ノ區別ガアッテソレガ爲メニ相犯スコトガ出來ナイニ依ッテ世ノ中ノ平和ヲ保ッテ行クノデアリマシテ決シテ國家ガ土地カラ經濟上ノ利益ヲ得ル爲メ個人ガ財產ヲ持ツ如キ目的ニテ境土ヲ有スルノデハゴザイマセヌ。古ハ各國皆自分ガ天下ヲ支配スルヤウナ觀念デゴザイマシタカラ自己ノ版圖ノ境ハ明カデゴザイマセヌ。故ニ國ト國トガ出遇ヒマスト衝突シテ互ヒニ爭ヒ、外國ト云ヘバ敵國ト云フ意味デアリマシタガ、近世ニ至リマシテハ各〻此ノ一定ノ土地ヲ區劃シ自己ノ權力ノ及ブ範圍ヲ定メテ其ノ範圍內ハ誰モ犯スコトガ出來ズ、其ノ範圍內ハ自分ノ權力ヲ專ラ行フト云フノデ列國ノ平和ガ保タレマス。故ニ國家ノ要素ト云フニ土地ガ必要ナノデゴザイマス。

國家ハ人民ノ衆合ヨリ成ルト云ヘバ固ヨリ多クノ人間ガ集ツテ團體ヲ爲シテ居ルト云フコトハ申スマデモナイコトデゴザイマス。併シナガラ人間ガ集ツタト申シマシテモ唯機械的ニ石コロガ川ノ中ニ集ツテ居ル樣ニ木ガ森ノ中ニ茂ツテ居ルヤウニ個々別々ニ其ノ處ニ堆ク積ツテ居ルノミニテハ決シテ國ヲ成スモノデハナイノデゴザイマス。銘々個人ガ一個人ノ生命幸福ヲ保ツ目的アルコトハ申スマデモナイコトデゴザイマスケレドモ、人間ハ共同生活ヲ天性トシテ居リマスカラ我々一身ノ生涯ヲ見マシテモ必ラズ一個人ノ生活ト公ケノ生活トノ二ツノ方面ガアルノデゴザイマス。一個人トシテハ自主自由ノ身體デゴザイマスケレドモ顧ミマスレバ矢張リ家族ノ一員即チ家ト云フ團體ノ一人デアルトカ、或ハ町村ノ一人デアルトカ、國家臣民デアルトカ云フ關係ニ依リテ生存スルノデアリマス。個人孤獨ノ生存ノ外ニ家トカ町村トカ云フ公ノ團體ノ一分子ニシテ又國民トシテ其ノ國家ヲ成ス搆成ノ分子デアルコトヲ自覺シ同化シテ共同ノ團體ヲ成シ國家ヲ爲スノデアリマス。ソレガ故ニ唯人間ガ幾萬人居レバ國家ヲ爲スト云フ譯デナク人間ガ團體ヲ爲シ共同ノ目的ヲ有シ共同ノ生活ヲ爲シ此ノ團體ノ獨立ヲ維持スルト云フ覺悟ガアルトキニ於テ國家ヲ成スノデアリマス。

主權ハ固ヨリ國家ニ必要ナルコトハ申スマデモナイコトデゴザイマスガ、主權ガナイ時ハ國家ハアリマセヌ、例ヘバ大キナ屬地ノ如キモノデゴザイマシテモ主權ヲ有ツテ居ラズ他國ノ權力ノ下ニ制セラレテ居リマシテハ決シテ國ヲ爲サナイノデアリマス。國ハ支配スル主權ガナケラネバナラヌコトハ申スマデモナイコトデゴザイマス。

此ノ三ツノ要素ヲ備ヘテ居リマスノヲ近世ニ於テ國家ノ組織ト致シマス。

元來國家組織ハ何ガ故ニ存在スルカト云ヘバ人類ノ團體生活ハ個人孤獨ノ此ノ短イ生命、百年ニ足リナイ生命ニテ又此ノ僅カナ腕力、僅カナ智力デハ完全ナル幸福ヲ遂ゲ得ルコトハ出來ナイユヱ合同團體ヲ成シ永遠ニシテ、廣大ナル目的ヲ達スルヤウニスルノガ國家組織ノ起ル所由デゴザイマス。抑モ血族相依リテ一家族ヲ爲スノガ其ノ目的ヲ達スル始ニシテソレガ大キクナッテ民族、又大キクナッテ國家ヲ爲スモ其ノ目的デゴザイマス。故ニ現在ノ我々ハ唯國家ノ今日現在ノ分子ヲナシテ居ルノデ國家ノ存在ハ現在ノミニ限ラレテハアリマセヌ。我々ノ祖先モ我國家ノ分子デアリ又我々ノ子孫モ我國家ノ分子デアルト云フコトヲ考ヘテ見マスト今日現在ノ目的ノコトノミヲ以テ國家ノ目的トスル譯ニハ行キマセヌ。我々ハ既往ノ祖先ト、コレカラ後チ國家ヲ爲スベキ子孫トノ繋ギ合ハセトシテ茲ニ一時此ノ國ノ分子ヲ爲シテ居ルノデアルコトヲ考ヘテ見マスト我々一時ノ目的ノミヲ國家ノ目的トスルコトハ出來ヌト云フコトハ自ラ明カデアルソレ故ニ國家ハ獨立ノ目的永遠ノ目的ヲ有スル團體デアルト申シマスノデゴザイマス。

二、主權

次ニハ主權ト云コトニ就テ少シ説明ヲ致シテ置ク必要ガゴザイマス。主權ト云フコトハ國ヲ統治スル權力ト云フコトデゴザイマス。國ヲ統治スルト云フハ國土ト人民トヲ支配シテ社會ノ秩序ヲ保ツコトヲ云フノデゴザイマス。其ノ最モ高キ強キ權力ヲ指シテ主權ト云フノデゴザイマス。主權ト云ヘバ神聖ノモノデアッテ唯一最高ノモノデアリ又其ノ性質トシマシテ萬能無限、能ハザルコトナク限リナキモノト云フコトヲ明カニシナケレバナリマセヌ。主權ガ神聖デアルト云フ云フコトハ國體ノ如何ニ因リマセヌ。固ヨリ我國體ニ於キマシテハ特別ニ說明スルマデモアリマセヌ。例ヘバ共和國ニ在リマシテモ主權ハ神聖ナモノデアリマス。即チ神聖ナリトシテ犯スベカラズト云フコトヲ人々ガ信ジテソレニ運命ヲ託シテソレニ服從シテ之ニ倚賴シテ、我々ノ身體財產ノ保護ヲ托シテ居ルト云フノ信仰ナクシテハ主權ハ主權トシテ成立チマセヌ。國民ガ之ヲ蔑視シテ間隙アラバ之ヲ窺ヒ之ヲ犯スト云フ有樣デアリマシタナラバ主權ハ即チ主權自身ノ威力ヲ保ツガ爲メニ力ヲ費シテ仕舞ッテ國ヲ保護スルト云フコトガナクナッテ仕舞ヒマス。國民ハ其ノ主權ヲ犯スベカラザル神聖ノ者デアルト云フ覺悟ヲ極メテ居リマスレバ主權ハ自分ヲ犯サレル氣遣ヒガナイカラ充分力ヲ外ニ向ケルコトガ出來ル、又百般ノ政務モ之ニヨリテ進行シマスル、主權ノ地位ガ危クシテ人民一般ガ之ヲ輕ンズル國ハ秩序ノナイコトハ歷史上明白デアリマス。ソレ故ニ如何ナル國體デモ主權ハ神聖ニシテ犯スベカラザルモノトシテ居ルノデアリマス。

主權ハ唯一ノ者最高ノ者デアリマス、唯一ト申スハ唯一ツノ者デアツテ二ツアルモノデナイト云フ意味デゴザイマス、最高トハ國內ニ於ケル總テノ權力ノ上ニ在ルコトデアリマス、是ハ何故カト申シマスニ國ニ二ツノ主權ガアリマシタ時ニハ國ノ分裂デアリマス、又權力ト權力トガ並ビ立ツテ居リマシテハ充分ナル統治ヲ爲スコトガ出來ナイノデアリマス、最高ノ權即チ最モ强イ力デアリマスレバ社會ノ各種ノ權力ヲ押ヘ附ケテ秩序ヲ保ツテ行クコトガ出來ルノデアリマス。主權ト云ヘバ唯一デアル、最モ高キ力デアルト云フコトハ言ハズト分ツテ居ルモノデアリマセウト思ヒマス。

主權ハ萬能無限ト云フ意義ハ少シ說明ヲ要シマスカモ知レマセヌ。是ハ法律上ノ觀念カラ是非斯ウ云フ論結ニナラネバナラヌノデゴザイマス。固ヨリ國ノ主權ハ何事ニテモ事實思フ通リニ成ルカト云フ御尋ネガアルカモ知レマセヌガ實際ハサウデハゴザイマセヌ。併シナガラ是ハ事實上出來ナイノデアリマス、法律上主權ハ爲スコトノ出來ナイコトハナイノデゴザイマス。法律家ノ言葉デ申シマスレバ主權ハ爲シ能ハザルコトノナイモノデアリマスガ故ニ萬能無限ト見ナケレバナラヌノデアリマス。總テノ法律ヲ作ルモ改ムルモ内外百般ノ事ヲ行ウモ皆主權ノ力デアリマシテ此ノ事ハ主權デハ出來ナイト云フコトハ法律上認メラレナイノデアリマス。即チ主權ト云ヘバ神聖ニシテ唯一ノ者デ最モ高ク且ツ法律上何事ニテモ爲シ得ル完全ナル力デアルト云フコトガ其ノ觀念デゴザイマス。國家ト云フ以上ハ此ノ觀念ガナクテハ國家ヲ成シマセヌ。例ヘバ英吉利ニ屬シテ居リマス多クノ屬國加奈多トカ濠太利トカ大キナ國ガゴザイマス。此レ等ハ實際ニ於キマシテハ殆ト獨立國ノ如キ有樣デゴザイマスケレドモ獨立ノ國家トハ申シマセヌ。何故トナレバ實際ノ權力ハ强大デゴザイマスケレドモ法律上大英國ノ主權ノ下ニ立ツテ居テ最高ノ權デナク大英國ヲ差止メルコトガ出來ナイノデアリマス。唯國ガ廣ク人間ガ多ク權力ガ强キノミデハ主權ヲ爲サズ國ヲ爲サヌノデアリマス則チ主權ハ絕對ニ萬能最高ノ權力デアルト云フコトガ國家タル性質上必要デゴザイマス。

ソレカラ又主權ハ國民ヲ保護スル力デアルト云フコトヲ知ラナケレバナリマセ

ヌ。元來保護ト云フコトハ權力强キ人ガ弱キ者ヲ助ケルト云フ意味デゴザイマス、保護ト云フハ優者ト劣者トノ間柄デ劣者ノ利益ヲ優者ガ助ケルト云フノガ保護ト云フノデアリマス。人民ガ主權ノ保護ヲ受ケルト云フ時ハ即チ人民ハ服從スルト云フコトヲ意味シテ居ルノデゴザイマス、一ト口ニ申セバ服從ト云フコトガナケレバ保護ヲ受ケルト云フコトハ出來マセヌ。權力ガナケレバ服從スルト云フコトモナシ又服從ト云フコトガナケレバ保護ト云フコトモナイノデゴザイマス、即チ國民ヲ厚ク深ク保護シヤウト云フノニハ主權ノ力ガ强クナケレバナリマセヌ、主權ノ力ガ强ケレバ國民ノ保護ガ能ク行キ屆キマス日本ノ隣國ノ如キハ主權ガ强イ爲メニ其ノ國民ノ保護ガ行屆カヌト云フ不幸ヲ見ルノデアリマス、主權ノ鞏固ニシテ强大ナルトキハ國民ノ保護ガ行キ屆ク譯デゴザイマスカラ主權ノ大ナルコトヲ厭フテコレガ爲メニ國民ガ反抗スルナドト云フコトガアツタナラバ甚シキ誤リデアリマス。一時歐洲ニサウ云フ誤リガアリマシタガ今日ハ智識モ開ケテ來テ皆何レノ國モ國權ヲ强ク鞏固ニシナケレバナラヌト云フコトヲ悟ツテ居ルヤウデゴザイマス。

三、國體　次ニ國體ト云フコトヲ一應御話イタシマセウ、國體ト云フコトト政體ト云フコトハ學者ハ分ケテ之ヲ說明イタシテ居リマス。

國體ト云フコトハ國ノ主權ガ何レノ所ニ存スルカト云フコトノ問題デゴザイマシテ國ニハ必ラズ主權ガアルト云ヒマスケレドモ何人ガ主權者デアルヤト云フコトハ一樣デハアリマセヌ其ノ何人ガ主權者デアルカト云フコト即チ主權ハ何レノ所ニアルカト云フノガ國體問題デアリマス國體即チ主權ガ何レノ所ニアルカト云フコトハ歷史ノ問題デゴザイマシテ今日理窟ヲ以テ國ト謂ヘバ一樣ニ主權ハ何レノ處ニアルト云フコトヲ斷言スルコトハ出來ナイモノデアリマス各國各各歷史ガ異ナツテ居リマスガ故ニ各國國體ノ歸着スル所ガ異ナルノデアリマス又一國ニ於キマシテモ我ガ國ノ如キ珍シイ目出タイ國ハ少ナフゴザイマシテ外國ニ於キマシテハ一國ニ於テ度々主權ノアル所ガ變更シタコトノアルハ支那デモ歐羅巴デモ歷史上明カデゴザイマス故ニ國體ノ種類ハ歷史ノ問題デアリマシテ今一々之ヲ擧ゲテ御話ハ出來兼ネマスケレドモ今日文明國デ國體ハドウ別レテ居ルカト云フト先ヅ手短カニ申シマスト君主國體ト民主國體ト此二ツニ別

レテ居ルノデゴザイマス。

君主國體トハ主權ハ君位ニ在ルヲ建國ノ本體ト爲スモノデゴザイマス。民主國體ト申シマスノハ主權ハ國民ニ在リト云フコトヲ立國ノ基礎トシ居ル國體デゴザイマス。國民ハ自主獨立ニシテ主權ノ本源デアルト云フコトヲ建國ノ基礎トシテ居ルノガ民主國體デゴザイマス。

君主國體ハ主權ガ君主ニ在ル國體ト申シマスノハ君主固有ノ權力ニテ其ノ位ニ居リ君位ハ國體ノ淵源タル者ヲ指スモノニテ人民ノ依託ニ由リ君主其權力ヲ有ヌト云フ國體デハ學者ハ之ヲ君主國體トハ申シマセヌ。純粹ナル君主國體ハ君主ガ固有ノ權力ニ依リマシテ獨立ノ權トシテ主權ヲ有ツテ居ル國ガ即チ君主國體デゴザイマス。ソコデ一應學者ノ所謂君主國體ハ世俗ノ謂フ所ト或ハ違フコトガアルカモ知レヌト云フコトヲ申上ゲテ置カナケレバナリマセヌ。國ヲ指ジテ申スハ不穩當カトハ存ジマスガ例ヲ擧グレバ白耳義ノ如キ國體デゴザイマス。白耳義ハ王國ト稱ヘマシテ國王ハ在ラセラル丶ノデゴザイマス。併シ白耳義ノ憲法ノ明文ニ據リマスト主權ハ國民ヨリ出ヅト書イテアルノデゴザイマス。又其ノ憲法ノ他ノ條ニ君主ハ其ノ憲法ノ揭グル所ノ外權力ヲ有セズト書イテアリマス。此レ等ノコトヲ明カニ憲法ニ書イテ居ル所カラ見マスト儀式上ノ敬禮其ノ他總テ外形ニ於テ純粹ナル君主國ト同一ノ取扱ヒヲ爲シテハゴザイマスケレドモ法理論トシテ此ノ國體ハ純正ナル君主國體トハ申シマセヌ。「ナポレオン」第三世ハ佛蘭西ノ皇帝デアル、然シ皇帝ニナラレタ所由ハ先ヅ國民一般ニ投票セシメ全權ヲ吾ニ委任スルヤ否ヲ問ヒ後ニ佛蘭西國民ノ名ニ於テ國ヲ統治スト云フ主義ニテ皇帝ト稱サレタノデアリマスサウ云フ場合ニハ自己ノ獨立固有ノ權力ヲ有ツテハ居リマセヌノデゴザイマスガ故ニ純粹ノ君主國體トハ申シマセヌ。

民主國體ト申シマスノハ國民ヲ以テ主權者ト爲シ國民一般ノ綜合意思ヲ以テ主權ノ發動ト爲スモノニテ即チ主權ハ人民ニ在リト爲ス國體デゴザイマス。併シコレモ實際ニ於テハ餘程ムヅカシイ仕組ミデゴザイマスケレドモ兎ニ角一人ヲ以テ主權者ト爲サズ又少數ノ人ヲ以テ主權者ト爲サズ主權ハ國民全體ニ在ルモノデアルト云フ觀念ヲ以テ立國ノ大本ト爲ス者ガ民主國體デゴザイマス。

君主國體ノ起源ハ如何ト云フコトハ固ヨリ歷史ヲ詳シク御話シシナケレバ盡シ

マセヌケレドモ最モ普通ナル起源ハ家族ノ組織ニ倣ヒ恰モ家ノ父ガ家長トシテ其ノ家族ヲ支配スル力ヲ移シテ一民族ヲ統治スル力トナシ家ニ家長アルガ如ク國ニ君主ヲ仰クト云フ觀念ノ發達シタルモノガ隨分多クアリマス。或ハ又古ノ歐羅巴ノ日耳曼種ノ君主國體ノ起ツタ所以ヲ考ヘテ見マスト人民カラ選バレテ一時軍隊ヲ指揮スル大將軍トナツタ者ガ後ニ終身ノ職トナリ遂ニ世襲シテ君主ニナリマシタ。固ヨリ其ノ初ハ君主國體デハアリマセヌケレドモ漸々世襲トナリ數代ヲ經テ來テ遂ニ時代ヲ經ルニ從ツテ自己固有ノ權力者トシテサウシテ君主國ヲ爲シタノデゴザイマス。其他權力ノ強キ英雄ガ戰爭ノ結果ニ據ツテ多數ノ人ヲ征服シテ君主トナツタノモゴザイマス。併シ此等ハ今日ノ歷史ヲ一々申上ゲル譯ニハ參リマセヌ。種々ナル原因カラ起ツテ居ルノデゴザイマス。

民主國體ノ體制モ種々ナル形ニ於テ現ハレテ居ルノデゴザイマス。是ハ隨分舊イ國體デゴザイマシテ今日デモ野蠻社會等ニ於キマシテ如何ナル有樣デ彼等ハ秩序ヲ維持シテ居ルカヲ調ベテ見マスト唯名義モナク何モナク部落ノ者ガ寄集ツテ相談ヲシテ事ヲ行フテ居ルノガ澤山ゴザイマス。歐羅巴人ノ祖先タル日耳曼人種ノ歷史ヲ見マシテモ彼等モ矢張リ古ノ小部落ヲ爲シテ全ク共和團體デアリマシタ。國民ノ總會デ國事ヲ議シテ居タヤウニ見エマス。此等ハ純粹ノ民主國體デゴザイマス。併シナガラ彼等ガ年ニ二度野原ニ集會シテ事ヲ相談シタコトヲ考ヘマスト極メテ小サキ部落デアツテ漸々大團體トナツテハ事實上行ハレヌコトデアリマス。ソレ故ニ日耳曼種ガ民族ノ組織トナリマスト最早民主共同團體ヲ維持スルコトハ出來ナカツタノデアリマス。歐羅巴ノ中世ニ於キマシテハ伊太利トカ獨逸トカノ地方ニ小サナ共和民主國ト云フモノガゴザイマシタ。然シ皆小市府デアリマス。極テ小團體デアリマシタガ故ニ民主共和ノ國體ガ維持シ得ラレタノデアリマス。而シテ近世ニ至リマシテ大國ガ民主國體ヲ以テ起ツタト云フコトハ今日デハ何デモナイコトデゴザイマスガ歷史上非常ナ變動デゴザイマス。即チ亞米利加ノ如キ大國佛蘭西ノ如キ大國ガ民主團體ニ則ツテ成立ツテ居リマスノハ中世ニハ想像ノ出來ヌコトデアリマス。併ナガラ此レ等ハ古來ノ民主國ノ思想タル人民ガ總會シテ事ヲ議スルト云フコトハ出來マセヌ。所謂代議政體ト云フモノヲ採用シテ人民ノ多數ガ投票シテ極少數ノモノヲ選ンデ其ノ小數ノ者ヨリ又或ル者ヲ選ンデ權力ヲ任セルト云フ制度ニテ、直接ニ國民ガ政權ヲ握ルコト能ハズ間接ニ主權ノ淵源デアルトシテ滿足シ始テ大國ノ民主制ガ行ハレタノデアリマス。代議制ト云フ方法ニ依リマシテ今日民主國體ガ行ハレテ居ルノデ純粹ノ民主制ハ行ハレマセヌ。

要スルニ國體ハ歷史ノ結果デアルト云フコト、且ツ古ヨリノ國體ヲ云ヒマスレバ種々ゴザイマスガ今日文明國ニ於テハハツキリ別レテ居リマスルノハ君主國體民主國體ノ二者デアルト云フコトヲ能ク明カニシマスルハ我ガ國ノ憲法ヲ說明スルニモ或ハ又外國ノ憲法ヲ說明スルニモ必要ナル點デゴザイマスカラ其ノ大要ヲ申上ゲテ置クノデゴザイマス。

四、政體　ソレカラ政體ノ事ヲ極略ニ申上ゲテ置キマセウ。政體ト云ヘバドウ云フ意味デアルカト申シマスト國ヲ統治スル主權ヲ行フ形式ノコトデゴザイマス。是ハ國體ノ問題トハ別デ、國體ト云フハ主權ガ誰ニアルト云フノデ、政體ハ主權ヲ行フニ就テ如何ナル形ニ於テ如何ナル方法組織ニ於テ之ヲ爲スカ其ノ主權ヲ行フ形式ノコトデゴザイマス。是レハ各國其ノ情勢ニ由リ定メルモノデ何レノ政體ガ宜イトカ何レノ政體ガ惡ルイトカ云フコトハ一般ニ通ジテ判斷ノ出來ルモノデナイト存ジマスル。又政體ノ種類ハ歴史ニ依ッテ穿鑿スレバ各國各時代多少ノ差異ナキコトハアリマセヌ。併シナガラ近時ノ文明國ノ政體ヲ大別シテ見マスト專制政體ト立憲政體ノ此ノ二ツニ別レルノデゴザイマス。

專制政體ト申シマスハ立法、司法、行政ノ權力ヲ別タズシテ一人若クハ一ツノ國家機關デ之ヲ混合シテ行フ政體デゴザイマス。立憲政體ト申シマスハ之ニ反シマシテ立法、司法、行政ノ三ツノ權力ヲ別ケマシテ各々獨立ノ機關ヲ置キマシテサウシテ相犯サズシテ之ヲ行ハシメテソノ上ニ主權ガアツテ之ヲ統一調和スルト云フ仕組ガ立憲政體デゴザイマス。專制政體ト申シマスト法律ヲ作ル人モ裁判ヲスル人モ又行政ヲ行フ人モ別ニ權限機關ヲ分タズシテ君主又ハ一國家機關ガ專權ヲ以テ法律ヲ作リ裁判ヲ爲シ行政ヲモ爲ス制度デアリマス。此ノ專制ハ君主ノミナラズ古ノ羅馬ノ如キ共和國デアリマシテモ或ハ其他ノ近世ノ國ニ於キマシテモ國會トカ大統領トカ云フモノガ一人一機關ノ權力デ以テ法律ヲ隨意ニ拵ヘ或ハ廢シ裁判ヲ隨意ニ爲シ行政ヲ隨意ニスル仕組ガアリマス。專制政體ハ君主國ニセヨ又共和國ニセヨ共ニ行ハルル所ニテ英國ノクロムウエルノ如キ共和ノ統領ス。此專制シ又現今歐洲ノ或國々ニテハ議院專制ノ實例モアリマス。要スルニ統治間接行使ヲ。一人ノ全權ニ任スノガ專制政治ノ主義デアリマス。立權政體ハ唯今申ス通リ法律ヲ作ルト云フコトハ固ヨリ主權ノ働キデゴザイマスケレドモ併ナガラ法律ヲ作ルニハ一定ノ機關ニ依ラナケレバナラヌ。裁判ヲスルニハ又裁判所ニ依ラナケレバナラヌ。行政ヲスルニハ必ラズ國務大臣ノ輔弼ニ依ラナケレバナラヌ、其ノ極リガ憲法ニ掲ゲテアルノガ立憲政體デゴザイマス。

君主國體ニシテ立憲政體ニ則ルモノハ所謂立憲君主政體ト稱スルノデゴザイマス。立憲君主國ト云フ言葉ハ君主國體デ立憲政體ヲ行フ國ヲ指シタモノデゴザイマス。此政體ニ於キマシテハ君主ハ固ヨリ統治權ヲ總攬シテ總テノ權力ヲ行フ力ヲ有ツテ居ルノデゴザイマス。併シナガラ法律ヲ作ルト云フ時ニハ國民ヨリ組織サレテアル所ノ國會ノ議決ヲ經テ議決シタル所デナクツテハ法律ハ裁可ニナリマセヌ。又裁判ヲスルト云フコトハ固ヨリ君主ノ名ニ於テ行フノデゴザイマスケレドモ獨立ノ裁判所ガ之ヲ掌ツテ居ルノデアリマス。獨立ノ裁判所ト云フト司法權ハ裁判所ノ自己ノ權ノ如ク聞ヘマスケレドモサウ云フ意味デハゴザイマセヌ。

法律ヲ解釋シ適用スルニハ裁判官ノ獨立ノ意見ニテ判斷シ行政權ノ差圖ヲ受ケヌト云フコトヲ司法權ノ獨立ト申スノデ固ヨリ君主ハ司法權ノ本體デゴザイマス、ケレドモ司法權ヲ行フニハ君主ハ裁判所ヲ經由シテ行使スルノデゴザイマス。又行政ヲスルト云フコトモ固ヨリ君主ノ大權ニ屬スルノデゴザイマス、併シナガラ立憲政體ニ於キマシテハ君主ガ行政ノ事ヲスルニ就テ百般ノ事ニ國務大臣ノ輔弼ヲ須ツト云フコトニナッテ居ルノデゴザイマス。輔弼ト云フコトニ就テハ我憲法ノ條文ニ付テ後ニ述ベマスカラ今日此處デハ詳カニハ説明ハ致シマセヌガ唯全體論トシテ輔弼ト云フコトハ一トロニ申シマスト國務大臣ガ意見ヲ奉ルコトデ其ノ意見ヲ採納スルト採納セザルトハ固ヨリ君主ノ自由ニアルコトデアリマシテ必ラズ其ノ意見ヲ採納セネバナラヌト云フコトデハゴザイマセヌ。併ナガラ命令ヲ發スルニ就テ國務大臣ハ副署シナケレバナラヌト云フ規定ガアル爲メニ國務大臣ノ意見ヲ奉ルト云フコトハ大イニ重キヲ爲スノデゴザイマス。然リト雖君主ハ固ヨリ國務大臣ヲ任免シ黜陟スル權力ガアリマスカラ國務大臣ノ意見ヲ聞キテ大權ヲ行フト云フモ歸スル所ハ君主ノ權力ノ自由ノ行動デアリマス。此ノ組織ガアリマシテサウシテ其ノ上ニ君位アリ主權ノ本體トシテ國權ノ全般ヲ統一總攬スル者ヲ立憲政體ト謂フノデゴザリマス。

此等ノ事ガ先ヅ大體國家トカ主權トカ國體、政體トカ申スコトニ就テ一通リ極大略ノ説明デゴザイマス。尚ホ憲法ト云フ觀念ニ就テ申上ゲタイト存ジマスケレドモ是ハ又次回ニ帝國憲法ノ條文ヲ解釋致タシマス時ニ申上ゲマス考ヘデゴザイマス。誠ニ僅カナ時間ニ於テ大キナ事ヲ御話スルノデゴザイマスルシ且ツ申述ベルコトガ甚ダ拙ナヲゴザイマスカラ御分リニナラヌコトガ多々アルカト恐察シ奉リマスガ尚ホ又御下問等ノコトガゴザイマスレバ出來マス限リハ幾重ニモ説明ヲ申上ゲタイト存ジマス。

大日本帝國憲法

先ヅ御國ノ憲法ノ條文ヲ講釋シマス前ニ、前回ニモ申上ゲマシタ通リ憲法ト云フコトノ意味ノ大體ダケヲ申上ゲテ置キマシテサウシテ條文ニ入ルヤウニ致ス考ヘデゴザイマス。

一、憲法　憲法トハ國體ト政體トノ大綱目ヲ定メタル國ノ法則デアルト云フコトデゴザイマス、固ヨリ憲法ト申シマシテモ必ラズシモ法典ニナッテ居ルノミデハゴザイマセヌ、不文ノ習慣デ國ノ國體ト政體トガ備ッテ居ル國モ澤山ゴザイマス、不文ノ習慣法則デアリマシテモ又成文法デアリマシテモ國ガアレバ必ラズ其ノ國體ト其政體トノ大綱目ハ必ラズ定ッテ居リマス、若シ定ッテ居ラヌ時ニハ國ニ秩序ガナイノデゴザイマス、文字デ現ハシテアッテモナクッテモ、國ト云ヘバ憲法ノ實質ハ必ラズ備ッテアルモノデゴザイマス。憲法ハドウシテ起ルモノカト云フコトニ就キマシテハ法律上ノ觀察トシマシテハ憲法ハ即チ國ノ法則デアリ國ノ法則ハ國ノ主權者カ立ツル所ノ規則デアルガ故ニ憲法ハ必ラズ國ノ主權者ガ作ルモノデアリマス。

二、憲法ノ淵源　憲法ノ淵源ハ國ノ主權ニ在リト云フコトハ疑ヒモナイ法理デゴザイマス、能ク憲法ハ種々ノ事情カラ起ルトカ或ハ歷史上人民ガ君主ニ迫ッテ憲法ガ出來タトカ色々ノコトヲ申シマスケレドモソレハ憲法ノ制定ニ至ル所由ノ政治上ノ勢又ハ社會上ノ變遷等ガ之ヲ促ス原由タル狀況ヲ云フノデゴザイマシテ國法ノ道理トシマシテハ唯御國ノ憲法ニ就テ申スノミナラズ何レノ國ノ憲法モ國ノ主權ガ其ノ淵源デアツテ主權ガ之ヲ定メタルモノデアリマス。固ヨリ前回ニモ申上ゲタル通リ國體ハ各〻國ニ依ツテ必ラズシモ一致シテ居リマセヌカラ所謂君主國ト申シテモ主權ノ淵源ハ國民ニ在リト云フ國體ニ於テハ即チ國民ノ意思ガ憲法ノ淵源ヲ爲スノデアリマス併ナガラ純然タル君主國デハ君主ヲ國ノ主權ノ本源トシマスユエ憲法ハ君主ノ大權ヨリ出ヅルモノデアルト云フコトハ道理上疑フベカラザル明白ノコトデゴザイマス。兎ニ角憲法制定ヲ促スニ至ル所ノ種々ナル事情ト憲法ヲ國法トシテ制定スル其ノ基ツク淵源トヲ能ク辨ヘルコトガ必要デアリマス。唯人民ガ騷イデ憲法ヲ拵ヘルト云フ樣ニ考ヘルハ國法ヲ論ズル上ニ於テハ採ラザル所ノ見解デアルノデゴザイマス。

三、憲法ノ種類

憲法ニモ種々ノ種類ノアリマスコトハ先刻モ申上ゲタ通リデゴザイマシテ憲法ノ實質ニ因リテモ之ヲ別ツコトガ出來マス。例ヘバ君主國體ヲ定メタル憲法ハ君主國憲法デアルトカ或ハ民主主義ノ憲法デアルトカ。或ハ專制政治ヲ定メタ憲法トカ立憲政體ヲ定メタ憲法デアルトカ云フヤウニ種々ニ區別スルコトハ固ヨリ出來マス。然シ是レハ憲法ノ内ニ如何ナル規定ガアルカト云フコトニ依ツテ別ケルノデゴザイマシテ國體政體ノ區別ノアルダケ憲法ノ實質ニモ區別ガアリマス。

憲法ノ形式ノ上カラ云ヒマスト成文ノ憲法ト不文ノ憲法ノ二ツニ別ケルノデゴザイマス、不文ノ憲法ト申シマスハ立法ノ外形トシテ文字ニ示シ編纂シタル一ツノ法典ヲ爲サズジテ久シキ間ノ慣例ト國民ガ之ヲ法則トスルト云フ觀念トニ因ツテ動カスベカラザル根本ノ原則デアルコトヲ上下認メテソレニ依ツテ國體政體ガ定ツテアル憲法ガ不文憲法デゴザイマス。凡國家ハ其ノ建國ノ始メヨリ國體政體ノ定マレルモノニテ今日ノ言葉ヲ以テ申シマスレバ憲法ハ備ハツテ居ルノデアリマス。其ノ當時ニ於テ憲法トカ法律トカ云フ言葉ハアリマセヌトモ固ヨリ國體政體ヲ定メタル原則ハアルノデゴザイマス。ソレラノ時代ニ於キマシテハ不文習慣ニ依ツテ定メテアル所ノ憲法デアツタト云ツテモ宜シウゴザイマセウ。又現ニ例ヲ引イテ申シマスレバ英吉利ノ憲法ノ如キデゴザイマス。固ヨリ英吉利國ノ憲法ハ諸國ノ憲法ノ模範トモナル重要ナモノデゴザイマシテ誠ニ秩序整然トシテ能ク事物ガ定ツテ居ルノデゴザイマス。併シナガラ英吉利ノ法律ノ發達ハ强イテ之ヲ編製シテ一ツノ體裁ヲ爲シタル所ノ法典トシテ定メルト云フコトニ重キヲ置カズシテ實際ノ發達ニ任シタ國柄デゴザイマシテ憲法トモ名ヅクベキ所ノ大法典ハ昔ヨリ以來數回出來ハシマシタケレドモ今日歐羅巴大陸諸國ニ在ルヤウナ體裁ノ憲法デハアリマセヌ。其時〻重要ナルコトヲ定メタ規則デゴザイマス。サウ云フヤウナモノガ集リ重ナリマシテ彼ノ憲法ヲ成シテ居リマス。而シテ其ノ不文ノ憲法ハ實ニ歐羅巴大陸諸國ニ於テ憲法ト稱シテ編纂公布セル大法典ヨリモ重キヲ爲スハ英國ノ歷史ノ根據ノ堅イカラデアツテコレラハ外國ト雖モ欣慕スベキ所デアリマス。サスガ英國ノ人民ハ憲法ノ事ニ就テ諸國カラハ模範ト仰イデ居ル程アリテ唯憲法ノ體裁ノ上ニ拘泥セズシテ自ヅカラ國ノ憲法ノ原則ニ皆一致シテ居ルノデアリマス。國民ガ憲法ノ原則ニ一致スルハ國家ヲ鞏固ニスル所以デアリマシテ此ノ點ニ於テハ英國人ノ其ノ憲法ノ原則ニ一致スルコトハ恰モ我ガ國民ガ我ガ皇位ハ我ガ國ノ統治權ノ本源デアルト云フコトヲ誰モ彼モ一樣ニ皆認メテ居ルヤウニ總テ憲法ノ原則ニ一致シテ居ルノハ美シイコトデアルト思ヒマス。ソレデアリマスカラ英國ノ如キ不文ノ憲法デモ能ク秩序ヲ爲シテ政治ガ行ハレテ居リマス。成文憲法ト云フハ歐羅巴大陸諸國デハ大概皆同ジ事デゴザイマシテ殊ニ我ガ國ノ憲法モ其ノ一デゴザイマス一ツノ法典ヲ爲シタル所ノ憲法ヲ申スノデゴザイマス固ヨリ成文デアルト不文デアルトニ於テ憲法ノ輕重ノ違ヒハアリマセヌ。憲法タル以上ハ倶ニ國ノ根本ノ規則ヲ爲スノデゴザイマス。

四、憲法ノ効力

憲法ノ効力ニ就キマシテ一應申上ゲル必要ガゴザイマス。一ト口ニ憲法ト申シマスケレドモ國々ニ依ツテ憲法ノ効力ガ違ヒマス。我ガ國ノ憲法ノ如キハ法律ノ上ニ在リテ國家最高ノ典則トナツテ居リマス。ソレガ故ニ法律ヲ以テ之ヲ變更スルコトヲ許シマセヌ。普通ノ立法ノ手續デ憲法ヲ改メルト云フコトヲ許シマセヌ。憲法ガ一ト度定マリマスレバ法律ハ憲法ノ範圍內ニ於テ設ケルコトハ出來マスケレドモ憲法ヲ變ヘルコトハ出來ナイコトニナツテ居リマス、ソレハ憲法ノ末條ヲ說明申上ゲル時ニ委シク述ベマス覺悟デゴザイマス。然シナガラ或ル國ニ於キマシテハ憲法ト云フモ矢張リ法律ノ一ツノ種類ト見テ居ル所モアリマス、恰モ民事ニ關スル法律ハ民法ト云ヒ犯罪人ヲ處罰スル所ノ法律ヲ刑法ト云ヒ訴訟ノ手續ヲ定メタ法律ヲ訴訟法ト云フ如クニ國ノ制度ノ重要ナルモノヲ定メタ法律ヲ憲法ト云フヤウニ解釋シテ法律ノ一ツトシマシテ、法律ヲ以テ憲法ヲ改メルコトヲ許シテ居ル國モアリマス。ソレデ憲法ト申シマシテモ効力ハ一ツデゴデイマセヌ。國家最高ノ法則トナッテ法律ノ力ヲ以テ變ズルコトヲ許サナイノト憲法ヲ法律ノ一種トシテ後ノ法律デ以テ改メルコトノ出來ルモノト此ノ二ツノ區別ガアリマス。

我ガ國ノ憲法ハ其ノ實質形式トモ國家最高ノ法規デアリマシテ其ノ効力ハ法律ノ上ニ在リ法律命令ヲ以テ之ヲ變更スルコトヲ許サナイモノデアリマス。憲法ノ改正ハ天皇ノ大權ニ依ッテ特ニ勅命ヲ以テ國會ノ議事ニ附セラレマスレバ改正ハ遂ゲラレヌト云フコトデモゴザイマセヌケレドモ帝國議會ガ憲法改正ノ發議ヲ爲スヲ許サヌト云フコトハ憲法發布ノ詔勅ニモ明カデゴザイマシテ立法ノ手續ヲ以テ之ヲ變更スルコトヲ許サヌト云フコトニナッテ居リマス。

五、憲法ノ範圍　憲法ニ規定シテアル事項ノ範圍ノコトヲ尚ホ一言申上ゲマス。憲法ハ如何ナルコトヲ規定シタル法則デアルカト云ヘバ國ノ國體政體ヲ定メタモノデアルコトハ前ニモ申上ゲマシタガ固ヨリ其ノコトニ相違ゴザイマセヌ。

尚ホ此ノコトヲ委シク申シテ見マセウナラバ國ヲ統治スル人ハ誰デアルカト云フコトソレカラ國ヲ統治スルニハ如何ナル機關ガ具備シテアルカト云フコト、又統治ヲ受クル所ノ臣民ノ國家ニ對スル關係ハ如何デアルト云フコト。ソレカラ又統治スル形式即チ統治權ヲ行フニハ如何ナル形式ニ於テスルカト云フコト。此レ等ノ問題ヲ決スルノガ憲法デゴザイマシテ、憲法ト雖モ國ヲ統治スル總テノ細目ヲ規定スルモノデハアリマセヌ。大綱目ダケヲ掲ゲタモノデゴザイマス。其ノ大綱目ノミヲ掲ゲテ細目ニ渉ラザル所以ハ政治上ノ理由モアルノデゴザイマス。ソレハ憲法ハ重イモノデアル、容易ニ變更ヲ許サヌモノニテ一ト度定メタラ容易ニ變更ヲ許スベカラザルモノデアリマス。ソレ故ニ餘リ細カイコトヲ書イテ置キマスルト細目ニ關スル事情ノ變更ニ依リマシテ憲法モ亦改正シナケレバナラヌト云フ必要ガ度々起ル虞レガアリマスカラ大綱目ノミヲ掲ゲテ置クト云フコトニナルノデアリマス。且ツ又大綱目ガ定マツテ居リマスレバ小節目ハ時ノ事情ニ由リ改ムル必要ヲ生ズルモ差ツカヘアリマセヌ、法律ト云フモノハ唯何時マデモ改メナイト云フノガ宜イト云フコトハ決シテナイモトモト國家ハ活キテ居ル、其ノ活キテ居ル國家ノ支配ノ爲メニ法律ガ出來テ居ルノデアリマスカラ時ニ應ジテ改メルノハ申スマデモナイコトデアリマス。唯憲法ハ普通ノ法律命令ト區別シテアリマセヌト國家多事ナル塲合ニ於キマシテ法律ハ社會ノ進歩ニ伴ヒテ改メナケレバナラヌト云フ必要ガ起ル度毎ニ憲法モソレニ伴フテ議ニ上リ無用ノ改正ヲ企ツル虞レガアリマスカラ憲法ニハ永遠ニ向ツテ動スベカラザル大綱目ヲ擧ゲテ。日進ノ社會ニ於テ時々動カサナケレバナラヌ細節目ニ渉ルモノハ法律命令ニ屬スルモノトシテ之ヲ除ク譯デアリマシテサウシテ憲法ハ成ルタケ大綱目ヲ掲ゲルコトガ憲法ヲ定メラルヽ趣意デアラフト思ヒマス。

六、我憲法ノ制定

憲法ト云フコトノ意味ハ概略唯今申シタヤウナコトデゴザイマスルガ、サテ我ガ帝國憲法ノコトニ就キマシテハ此ノ處デ一應ハ憲法ノ制定ニ及ビマシタル沿革模樣等ヲ申述ベルガ順序デゴザイマスガ、如何ニモ其コトハ外部ニ現ハレテ居ルコトハ少ナフゴザイマシテ政府及ビ宮中等ノ内部ニ於テ種々審査ノ上此ノ憲法ガ成立チマシタコトヽ存ジマス、ソレデ如何ニシテ此ノ憲法ガ成立ツタカ其ノ内部ノ手續等ニ就キマシテハ今、御維新以來國事ニ當タラレタ所ノ老臣ノ者モ隨分アラレルコトデゴザイマスカラシテソレハ又種々御下問ニナル機會ガアラフト存ジマス。唯私ガ外部デ窺ヒマシタ所デハ御國ノ憲法法典ノ出來タト云フコトハ既ニ我ガ明治ノ初年御維新ノ時ニ定ツテ居リソレカラ着々歩ヲ進メラレテ其ノ域ニ至ツタコトト存ジマス。御維新ノ初メニ五ケ條ノ御誓文ト云フモノガ公ケニナツテ居リマス。其ノ五ケ條ノ御誓文ノ御趣意ヲ能ク拜誦シテ見マスト我ガ千古ノ國體ハ益々之ヲ鞏固ニシテ將來ニ向ツテ維持シナケレバナラヌト云フコトソレト倶ニ外國ノ制度モ見テ萬機ヲ決スルハ公論ニ重キヲ置カナケレバナラヌト云フ御趣意ガ現ハレテ居リマス。ソレカラ後明治十四年ニ詔勅ガ出マシテ國ノ進歩ト倶ニ憲法ヲ制定スルノ必要ガアルニヨリ在廷ノ諸臣ニ命ジテ其ノ計畫ヲナサシメ且ツハ又明治二十三年ヲ期シテ帝國議會ヲモ召集スルト云フ御詔勅ガ出テ居リマスサウシマシテ明治二十二年ニ此ノ憲法ガ發布ニナリマシタノデゴジイマス、御維新以來內外隨分色々ノコトガゴザイマシタケレドモ、ソレハ其ノ時々ノ政治ノ問題デゴザイマシタガ、唯終始一貫シテ大問題トシテ外部ニ見エテ居リマスノハ外國ニ對スル條約ノ改正ノコト、我ガ帝國ノ憲法制定ノコト此ノ二ツノ事ガ終始一貫シタル大問題デアルカノ如クニ察セラレマス。ソレガ爲メニハ朝廷ニ居ラル、人モ在野ノ者モ種々ナル方面ニ於テ盡力ガアリマシテサウシテ今日ニ至リマシテハ外國ニ對シテハ對等ナル條約ノ改正モ出來マスシ又我ガ國體ヲ堅カラシメ兼テ外國ノ制度ノ良キモノヲ採用シ折衷シタ所ノ此ノ憲法ノ制定ニナツタト云フコトハ御維新ノ大業、玆ニ於テ其ノ目的ヲ達シタモノ、ヤウニ察セラレマス。ソレデ憲法ノ制定ハ單ニ何月何日ト云フ日附ヲ以テ話ヲスルノハ是レハ便宜ノ爲メノコトデゴザイマシテ憲法ト云フヤウナモノガ明治二十二年ノ二月十一日、其ノ一日ニ突然出來タト云フ譯デハアリマセヌ、遂ニ此ノ時ニ至リテ御發布ニナツタト云フコトデアリマシテ其ノ制定ニ至ル所以ト云フモノハ深遠ナルコトデアラウト考ヘマス。

第一章　天皇

一、規定ノ範圍。　恭ンデ本章ノ規定ヲ考ヘマスルニ第一章ハ國家ノ統治權ノ存在スル所ノ皇位ノコトヲ明カニシタモノデゴザイマス。我ガ萬世一系ノ皇位ハ即チ我ガ國ヲ統治スル主權ノアル所デアルト云フコトヲ明カニシ、且ツ又君主ガ直接ノ御親裁トナルベキ所ノ政務ノ範圍ヲ此ノ處ニ掲ゲテアルノデゴザイマス。此ノ二ツヲ掲ゲタノガ第一章ノ範圍デゴザイマス。

憲法編制ノ體裁ノコトニ就キマシテ之ト外國ノ憲法ノ體裁ト較ベテ見マスト大イニ我ガ國體ヲ發揮スルニ足ル所ノコトガゴザイマスカラ一言述ベテ置キタイト存ジマス。憲法ノ第一章ニ於キマシテ天皇編ヲ置クコトハ我々ノ思想ノ上ニハ固ヨリ當然ノコトデアッテ何モ説明スル要モナイト思ヒマスケレドモ外國ノ憲法ヲ見マスト此ノ體裁ノモノハ極メテ稀レデアリマス。外國憲法ノ第一編ニ何ガ規定シテアルカト云フニ大概ハ國民ノ權利ト云フコトガ掲ゲテアリマスカ然ラザレバ或ハ國土國ノ領地ノコトガ第一編ニアリマスソレカラ後ニ國民ノ代表會タル國會ノ規定、即チ立法權ヲ規定シテ其ノ後ニ至リマシテ君主ト云フヤウナ章ヲ設ケテ君主ノ權力ヲ規定シテアルノデゴザイマス。サウ云フヤウナノガ多イノデゴザイマシテ必ラズシモ君主國ノ憲法デアルカラト云フテ第一章ニ君主編ヲ初メニ置クト云フ譯ニハナッテ居ラヌノデアリマス唯體裁ノ上ノコトデゴザイマスケレドモ考ヘテ見マスニ矢張リ前回ニモ申上ゲタ通リ國ノ主權ノ淵源ハ國民ニアリト云フヤウナ觀念ヲ以テ國體ノ基礎ト爲シテ居ル國ニ於キマシテハ憲法ハ國民ノ定ムルモノニシテ國民ノ權利ヲ確ムルモノデアルト云フ考ヘヲ持ッテ居リマスノデ第一章ニ國民ノ權利ト云フコトヲ掲ゲルコトニナッテ居ルノデアリマス。君主ハ主權ノ本體ニアラズシテ統治ノ一機關デアルト見マスルガ故ニ之ヲ國會裁判所等ト同列ニ置クノデアリマス。

我ガ憲法ノ趣意ハ國ヲ統治スル主權ハ萬世一系ノ皇位デアルト云フコトヲ土臺トシマシテソレカラ從ッテ臣民ノ權利ヲモ重ク保護スルシ又統治權ノ働キヲモ一定ノ形式ヲ定メテ濫用ヲ防グト云フコトガ趣意ニナッテ第一章ニハ天皇編ヲ掲ゲテ先ヅ主權ノ所在ヲ明カニスルノデアリマス。此レ等ハ形式ノ上些細ノコトノヤウデゴザイマスガ注意シテ見マスト自ラ憲法ノ趣旨ハ明カデアラウト思ヒマス。

憲法第一章ノ規定ノ内デ第一條第二條第三條等ノ規定ハ固ヨリ國體ニ關係シタ規定デゴザイマシテ、ソレカラ第四條以下ニ至リマスト所謂天皇ノ憲法上ノ大權ヲ列記シタモノデゴザイマス。

國體ノコトヲ茲ニ擧ゲマシタノハ國體ハ此ノ憲法ニ依ツテ始メテ定メラレタト云フ趣意デハゴザイマセヌ。是ハ申スマデモナイ憲法ガ今日新タニ之ヲ定メタルモノデハゴザイマセヌ從來ノ不文習慣トシテ既ニ定ツテ居ル所ノモノデ之ヲ後世ニ明白ニスル爲メニ唯宣言スルダケデ國體ニ關スル規定ノ如キハ固ヨリ千古ノ歴史ニ依ツテ定ツテ居ルノデアリマシテ少シモ不明ナコトモナク又之ヲ規定スル必要ハゴザイマセヌガ茲ニ成文ノ法典ヲ作ルニ就キマシテハ之ヲ明白ニ宣言シテ置クト云フノデゴザイマシテ今日此ノ一條二條三條ガアツテ始メテ此ノ國體ガ定ツタト云フ譯デハゴザイマセヌ。

憲法上ノ君主ノ大權ト云フコトハ第四條以下ノ各條ニ就キマシテ、其事ゴトニ就キ別々ニ御話シマスガ、前ニ茲ニ其言葉ノ意味ダケヲ御話シテ置ク必要ガゴザイマス。

二、憲法上ノ大權

憲法上ノ大權ト申シマスルハ統治機關、即チ國會或ハ裁判所トカ云フ統治ノ機關ノ權限ニ委任セズシテ君主ガ御親裁ニナル所ノ政務デゴザイマス。親裁シテ專ラ行フ所ノ政務ノ範圍ヲ指シテ大權ノ事項ト申スノデゴザイマス。總テ君主國體ニ於キマシテハ統治權ハ全然君主ノ權力デゴザイマスガ故ニ改メテ君主ノ大權ト云フコトハ云ハズトモ總テノ政務ハ細大トナク悉ク皆君主ノ統治權ヨリ出デタルコトハ明白ナコトデアリマス。此ノ憲法ノ前提トシテソレハ動カスベカラザル規則トシテ定メタモノデアリマス。併シナガラ立憲政體ニ則ル以上ハ或ル政務ハ必ズ或ル機關ニ依リテ行フト云フコトモ亦全能ノ君主ガ定メラレタル所ノ規則デゴザイマスカラ憲法ノアル以上ハ又其規則ニ依ツテ事ヲ處スルノデゴザイマス。ソレデ立法ノ事ハ帝國議會ノ議決ヲ經テ之ヲ行フト云フコトニナツテ居ル以上ハ帝國議會ノ議決ヲ經ズシテ法律ヲ制定スルコトハ出來マセヌ。又司法權ヲ行フコトハ獨立シタル裁判所ニ依リテ之ヲ行フト云フヤウニ憲法ニ定メマシタ以上ハ政府ニ於テ裁判所ヲ經ズシテ人民ノ訴訟ヲ裁決スルト云フコトハ出來マセヌ。ソレハ君主ノ主權ヲ制限スルモノデアルカト云フトサウデハゴザイマセヌ。全能ノ君主ガ立法ノコトハ國會ノ議決ヲ經ベシトシ裁判ノコトハ獨立裁判所ニ任ズルト憲法ニ定メラレタル以上ハ、ソレガ御上ノ思召デソレガ全能ノ主權者ノ命ズル所デゴザイマスカラソレニ依ツテ行フコトハ少シモ君主ノ全能タル所以ヲ妨ゲヌノデゴザイマス、然シナガラ或ル政務ニ就キマシテハ政治上ノ理由ガアリマシテ國會ノ議ニモ掛ケナイ裁判所ニ委任スルデモナク全ク直接ニ親裁シテ專ラ決スルト云フコトノ必要ナコトモゴザイマス。其政務ノ執行ヲ指シテ憲法上ノ大權ト云フ言葉ヲ用ユルノデゴザイマス。特ニ憲法上ト云フ言葉ヲ附ケテ申シマスノハ憲法ニ列記シテアルカラ左樣ニ申スノデゴザイマス。親裁專行ノ政務ノ範圍ハ憲法ノ條規ニ於テ定マルモノデアルガ故ニ憲法上ト云フノデゴザイマス。又大權ト云フ文字ハ固ヨリ君主ノ主權全體ヲモ指シテ申スコトモアリマスケレドモ茲ニハ言葉ノ適當ナルモノガゴザイマセヌカラ假リニ憲法上ノ大權ト云フコトヲ普通ニ用井マシテ此ノ第一章ニ列記シテアル所ノ親裁權ノ範圍ヲ意味スルノデゴザイマス。例ヘバ外國ニ向ツテ條約ヲ結ビ、陸海軍ヲ統帥スルトカ、或ハ榮典ヲ授ケルトカ、大赦ヲ行フトカ、種々此ノ章ニ列記シテアリマスコトハ議會ガ干渉スルコトヲ許シマセヌ、又裁判所其他ノ機關ヘモ權限トシテ一任シテ居リマセヌ。是ハ必ラズ君主ガ親裁專行スル所デアツテ機關ノ干渉ノ外ニアルト云フコトヲ示ス爲メ憲法ニ此等ノ事項ヲ列記シテアルノデゴザイマス。若シサウ解シマセヌト憲法ニ書イテアルノガ一向其趣意ガ分リマセヌコトニナルノデアリマス。君主ハ統治ノ全權ヲ有スルコトハ明白ニシテ特ニ玆ニ列記スル必要ハナイ筈ナノデアリマス。然ルニ特ニ某々ノ事項ハ天皇之ヲ行フト列記シタルハ之ヲ君主親裁ノ範圍トスル趣意ニ外ナラナイノデアリマス。此等ノ事ハ君主ガ專ラ決スル所デアッテ國會裁判所等ノ干渉ノ外デアルト云フコトガ揭ゲテアルノデゴザイマス。

又之ニ就キマシテハ憲法上ノ大權ヲ行フニハ國務大臣ノ輔弼ニ依ラナケレバナラヌト云フコトハ後ノ章ニ定メテアリマス。若シ國務大臣ノ輔弼ニ依ルナラバ親裁シテ專行スルコトデハアルマイト云フ御疑ヒガアルカ知レマセヌガ是レハサウデハゴザイマセヌ。國務大臣ノ輔弼ト云フハ國務大臣ガ意見ヲ奉ルト云フコトデゴザイマス。意見ヲ奉ルノデアッテ其ノ意見ヲ採用スルト採用セザルトハ固ヨリ主權者ノ自由ニアルノデゴザイマス。ソレガ故ニ國務大臣ガ意見ヲ奉ル所ヲ嘉納セラルレバ其通リニ其事ヲ決行サレルノデゴザイマス。大臣ハ君命ヲ拒ム權ハゴザイマセヌ。且ツ又實際ニ於キマシテハ國務大臣ヲ任免黜陟スル權力ハ即チ憲法上ノ大權デゴザイマシテ國務大臣ハ君主ガ大權ニ依ツテ之ヲ選任セラル丶所ノモノデゴザイマスカラ其輔弼ニ依ルト云フコトハ少シモ大權ノ自由ノ働キニ妨ゲハナイノデゴザイマス。ソレ故ニ大權ハ國務大臣ノ輔弼ニ依ツテ行フト云フコトガアリマシテモ憲法上ノ列記ノ大權ハ君主ガ親裁シテ專行スル所ノ政務ノ範圍デアルト云フコトニ矛盾ハシマセヌ。尚ホ國務大臣ノ輔弼ト云フコトハ後ニ申ス積リデゴザイマス、

第一條　大日本帝國ハ萬世一系ノ天皇之ヲ統治ス。

一、國體。恭テ本條ヲ拜讀シマスルニ是レハ我ガ帝國ノ國體ヲ萬世ニ明カニスル所ノ原則ヲ示シタモノデゴザイマシテ其大義明白ニシテ本條ノ如キハ文字上ノコトニ就テ委シク説明ヲ申上グル必要ハナイト云ツテ宜シイノデゴザイマス。此ノ條ノ規定ハ古來カラノ歴史ニ依ツテ定ツテ居ルコトデゴザイマシテ、コレガ此ノ條ニ規定ガアルガ爲メニ始メテ我々ガ知ツタコトデモナク、又疑フ者ガアル

ガ故ニ之ヲ明白ニスルト云フ譯デ揭ゲタモノデモゴザイマセヌ。新ニ憲法ヲ編成スルニ當リ我ガ千古ノ國體ヲ其第一條トシテ宣告シタコトデゴザイマシテ深ク說明スルマデモナイコトデゴザイマス。

此ノ條ニ依ッテ我ガ國體ハ純粹ナル君主國體デアルト云フコトガ愈々明白デゴザイマス。君主國體ト申スノハ君主ヲ以テ主權ノ淵源トスル國體デアルト云フコトハ前回ニ申上ゲマシタ。外國ニ於キマシテハ名ヅケテ君主國ト云フモノデモ憲法ノ條章ニ於キマシテハ主權ハ國民ヨリ出ヅト云フコトガ書イタノモアリマス。即チ歐羅巴ノ立憲政體ノ模範トシテ能ク人ノ賞賛スル白耳義ノ憲法ノ如キハ即チ是レデゴザイマス。君主國ト申シマスケレドモ憲法ニ於テ主權ノ淵源ハ國民ニアリト云フコトヲ明言シテ居リマス。ソレデ唯名稱ガ君主國デアルト云フニ依ッテ此ノ問題ハ決セラレマセヌ、眞實國ヲ統治スル所ノ淵源ガ君主ノ位ニアルト云フコトガ明カニナラナケレバ君主國體トハナリマセヌ。即チ此ノ條ハ我ガ帝國ハ純粹ナル君主國體デアルト云フコトヲ明白ニ宣言シタノデアリマス。

二、皇位。

皇位ト云フハ固ヨリ明白ナコトデゴザイマスケレドモ我々國民ハ如

何ニ皇位ノ事ヲ觀念シテ居ルカト云フ事ヲ簡單ニ述ベテ置キタイト思ヒマス皇位ハ我ガ民族ノ歴史的ノ觀念ヲ以テ見マスレバ我ガ天祖ノ御位デアルト觀念シテ居ルノデゴザイマス。天祖ガ此ノ國ヲ知食スコトヲ皇太子孫ニ御命ジニナッタト云フコトハ舊キ記錄ニアリマスル通リノコトデゴザイマシテ我々ノ歴史上ノ觀念ニ於テハ我ガ萬世一系ノ皇位ハ即チ天祖ノ御位デアッテ今日ノ皇位ヲ仰グコトハ恰モ天祖ガ今日尙ホ其位ニマシマシテ此ノ人民ヲ愛《イツク》シミ統治シ給フ如クニ之ヲ尊敬シテ居ルノデゴザイマス。

我ガ國ノ社會民族ノ基礎ハ此ノ觀念ヲ以テ成立ッテ居ルノデゴザイマス。我ガ國民ノ社會ヲ成シマス所以ハ純粹ナル血族團體ノ主義デゴザイマス、血族團體ト云フコトハ同ジ祖先カラ出タ者ガ祖先ヲ同ジウスルト云フ緣故ニ依ッテ鞏固親密ナル團體ヲ爲シテ居ルト云フコトデゴザイマス。其最モ初メハ家デゴザイマス。一家族ト云フハ何デアルカト云フニ同ジ父母カラ出タ所ノ子孫ガ其父母ノ權力ノ下ニ集マッテ一ツノ團體ヲ成スノガ家。即チ家族團體ヲ成スノデゴザイマス。其考ヘヲ推シ擴ゲマシテ民族ヲ爲シテ居ルノデゴザイマス。民族ガ同ジ人種デアルト云フコトハ即チ先祖ガ同ジト云コトノ意味デゴザイマス。同ジ民族デアルト云ヘバ其民族ノ初メハ必ラズ同ジ祖先カラ出テ居ルト云フコトヲ意味シテ居リマス。日本民族ハ舊クヨリ此ノ島ニ繁殖シマシテサウシテ同ジ血緣ノ傳ハツテ居ルモノデアツテ血族團體ヲ以テ此ノ民族ノ鞏固ナル結合ヲ成シテ居ルノデゴザイマス。サウシテ此ノ社會ノ組織ハ家ヲ成スヲ本《モト》トシテソレカラ大キクナツテ民族ヲ成シテ居リマス。自然民族ノ祖先ハ之ヲ崇拜シテサウシテ其權力ノ下ニ我々ハ一ツノ大キナル家族ヲ成シテ居ルカノ如キノ觀念ヲシテ來タノデアリマス。甚ダ畏レ多イコトデゴザイマスケレドモ國民ノ歷史的ノ考ヘデハ皇室ハ即チ此ノ日本民族ノ祖先ノ直系ノ御血統デアルト思ツテ居ルノデゴザイマス。萬世一系ノ皇位ハ即チ天祖ノ御位デアリ此ノ民族ハ矢張リ同ジ源カラ繁殖シタ所ノ此ノ國民デアツテ國民ガ皇室ニ對スル關係ハ唯力ノ强キ英雄ニ征服サレテ其勢力ニ降服シテ居ルト云フノデナクシテ甚ダ畏レ多イ言葉デゴザイマスケレドモ恰モ遠キ血緣ニ續イテ居ルカノ如ク同ジ民族中ノモノデアツテ、一家ニ於テハ家ノ父ヲ崇拜スルガ如ク此ノ大國民ハ大國民ノ祖先ヲ崇拜シテサウシテ其祖先ノ直系ノ子孫タル所ノ皇室ノ御位ヲ天祖ノ現ニ居マスガ如キノ考ヲ以テ崇拜シ。親族的血族的團體ヲ成シテ居ル觀念ヲ持ッテ今日マデ數千年來皇位ヲ崇拜シテ結合シタル國民デアリマス。其間ニハ治亂モゴザイマスケレドモ皇位ハ萬世不易デアッテ天壤ト倶ニ窮マリナイト云フ御國體ハ此ノ觀念ニ由リテ維持サレタノデアルカト考ヘマス、皇位ハ我々ノ觀念デハ天祖ノ御位デアッテ現在ノ天皇ガ此ノ現在ノ國民ヲ知食《シロシメ》スト云フコトハ尚ホ恰モ天祖ニ代ハリテ天祖ノ御威靈ニ依ッテ此ノ權力ヲ以テ天祖ガ昔撫育シ給ヒシ民族ノ子孫ヲ天祖ニ代ッテ統治ナサルヽト云フヤウニ考ヘテ居ルノデゴザイマスカラ國民ノ皇位ヲ尊敬スルコトハ唯現在ノ事ニ限ラズ國民ノ遠キ歷史ニ溯ッテ益々深イコトノヤウニ考ヘテ居リマス。ソレ故ニ一方ニ置キマシテハ又皇位ガ國民ニ對セラルヽ關係モ唯普通ノ君主國ノ關係トハ違ヒマス。恰モ親ガ其子孫ヲ慈愛スル如クニ此ノ國民ヲ慈愛シ給フ關係ガアリマス。萬世一系ノ皇位ガ帝國ヲ統治スルト云フコトハ文字ノ上デハ簡單ナコトデゴザイマスケレドモ此ノ如ク歷史ノ上カラ考ヘテ見マスト之ニ依ッテ國ノ結合ハ益々堅イコトノヤウニ思ヒマス。

尚一言帝國ト云フ言葉ノ意味ト統治ト云フコトヲ申上ゲテ置キマセウ。

三、帝國　帝國ト云フハ統治權ノ及ブ所ノ範圍デゴザイマシテ固ヨリ國土及ビ臣民ヲ含ンデ居リマスガ、此處デハ專ラ國土ノ意味デ申シマス、ソシテ此ノ帝國ノ領地ハ此ノ憲法ニ列記シテアリマセヌ。諸國ノ憲法ニハ帝國ハ何々地方ヨリ成立ツト云フコトガゴザイマスガ御國ノ憲法ハ其事ハ書イテゴザイマセヌ、是レハ不備デハアリマセヌ特ニ注意シテ書イテナイノデアリマス。若憲法ニ我ガ帝國ハ本土四國九州及某々地ヨリ成立ツト云フ條項ヲ置キマスト將來ニ於テ國ノ境界ノ變更ノアツタ爲メニ憲法ノ改正手續ヲ取ラナケレバナラヌ。國ノ境界ノ變更ハメツタニ無イコトデゴザイマスガ然シナガラ帝國ノ版圖ヲ地理學的ニ列記シテ置ク必要モナイノデゴザイマス。ソレ故帝國ト概括シタル文字ヲ置イテ諸外國ノ如ク日本帝國ハコレコレノ地方ヨリ成立ツト云フコトヲ列記シテナイノデゴザイマス。

四、統治。　此ノ帝國ヲ統治スルト云フノト帝國ヲ所有スルコトトハ違ヒマス。所有權ト領土權ノ區別ヲ一應申上テ置カナケレバナリマセヌ。古ノ君主ガ國ヲ支配スルハ恰モ一個人タル大地主ガ其所有地ヲ支配スル如クニ所有權ト國ヲ領スル所ノ權ト混淆シタルコトガゴザイマス。故ニ歐洲中世アタリ封建時代デハ君主ノ財產トシマシテ我々一個人ガ地面ヲ自己ノ財產ト爲ス如クニ觀念シタノデゴザイマス今日バ領土權ト所有權トハ全ク別物デアルト云フ觀念デゴザイマス。所有權ト申シマスノハ法律及命令ノ範圍內ニ於テ其土地カラ經濟上ノ利益ヲ收得スル權利デゴザイマス、其土地其物ヲ自由ニ處分スル權デゴザイマス領土權ト云フノハ其土地ノ上ニ總テノ他ノ權力ヲ排斥シマシテ唯自己ノ權ノミヲ行フモノデゴザイマシテ土地及人民ニ絕對ニ權力ヲ行フコトデゴザイマス。故ニ一私人ノ所有權ト君主ノ領土權トハ二ツノ者ガ並ビ立ツテ同一ノ地ニ行ハレ少シモ矛盾スル所ハゴザイマセヌ。領土權ト所有權トヲ混同シタル時代ニハ一私人ガ土地ヲ私有スルコトハ國ノ主權ヲ侵スカノ如クニ考ヘマシテ人民ノ土地私有ヲ禁ジタコトモアリマスガ今ハ此ノ如キ誤解ハアリマセヌ。外國人ガ我ガ帝國ニ來テ我ガ主權ニ服從スルハ何デアルカト云ヘバ此ノ領上權ノ働キデアリマス。此ノ土地ニ足ヲ踏込ム者ハ何人ヲ問ハズ帝國ノ主權ノ支配ヲ受ケナケレバナラヌト云フガ領土權ノ働キデゴザイマス。

國ヲ統治スル統治ト云フ文字ハ主權者ガ國ヲ支配スルコトデゴザイマス。土地人民ヲ私有スルコトデハアリマセヌ。統治トハ國權ヲ總攬シテ之ヲ行フコトニテ古語ニ謂フ國ヲ知食《シロシ》メス意義デアリマシテ此事ニ就キマシテハ博識ノ人ノ説明ヲ聽キマスト昔ヨリ國ヲ知食メスト云フコトノ意義ハ其土地人民ヲ自己ノ財産上ノ利益ノ爲メニ持ツト云フコトデナク即チ國ノ公ケノ事ヲ知ツテ掌リ支配スルト云フ意味デアルト云フ説明ヲ承ツテ居リマス。是レハ必ラズサウデアリマセウ統治スト云フ言葉ハ働キノ言葉デゴザイマシテ權力ヲ有ツテ居ルノミナラズ其權力ヲ行フコトヲ意味シテ居リマス。國體ニヨリマシテハ又或ル學説等ニ依リマシテハ君主ハ唯榮譽ノ地位トシテ國ノ元首ノ位ニ在リ權力ヲ有セズ統治權ヲ行フ者ハ國會政府大臣等デアルト云フ主義ヲ取ツタ憲法モゴザイマス佛蘭西ノ「ペンジャミンコンスタン」ト云フ名高イ學者ガ此ノ説ヲ唱ヘマシテ一時葡萄牙ブラジル等デハサウ云フ風ノ憲法ヲ定メタルコトガゴザイマス併ナガラ此ノ類ノ觀念ハ全ク我ガ憲法第一條ト相反スルモノニテ我ガ憲法ハ君位ハ總テノ權力ノ淵源デアアルト同時ニ君主ガ權力ヲ行ヒ統治スルト云フコトガ政體ノ根本トナツテ居リマス。

憲法ノ始メノ方ノ條項ヲ說明イタシマス時ニハツイ全體ニ涉ル說明ヲ致シマスモノデゴザイマスルカラ講話ガ少シ長クナリマシテ恐レ入リマスガ必ラズシモ通常一條ニ一時間掛ルト云フ程度デ進行シテ行ク積リデハゴザイマセヌ。且ツ中ニ於キマシテハ一回ニ數ケ條列ネテ說明ノ出來ルヤウナコトモアリマス、條ノ輕重ニ依リマシテ或ハ長イコトモアリマス、短イコトモアルノデゴザイマス。

第二條　皇位ハ皇室典範ノ定ムル所ニ依リ皇男子孫之ヲ繼承ス

恭テ此ノ條ヲ考ヘマスルニ此ノ條ハ皇位繼承ノ大原則ヲ定メタモノデゴザイマス。皇位ノ繼承ニ就キマシテハ皇位繼承者ノ範圍ヲ定ムルコトト皇位繼承者ノ順序ヲ定ムルコトト、此ノ二ツノコトガ必要デゴザイマス。

憲法ノ第二條ニ於キマシテハ皇位ヲ繼承スル範圍ハ如何ナルモノデアルカト云フコトヲ定メラレタコトデゴザイマシテ、其ノ範圍內ニ於テ如何ナル人ガ先ヅ第一ニ皇位ヲ繼承スベキカト云フ順序ノ問題ハ皇室典範ニ讓ツタノデゴザイマス。故ニ皇室典範ノ御規定ト憲法ノ此ノ條トハ相須ツテ皇位繼承ノコトノ全體ガ分ルコトニナリマス。イヅレ此ノ事ニ付キマシテハ他日皇室典範ヲ說明イタシマスルコトガゴザイマスナラバ其ノ際ニ尙ホ詳シク說明スルノガ當然デアラウト存ジマスル。皇位ノ繼承ハ即チ國ノ統治權ノ繼承デゴザイマスル。故ニ國體ニ關係スル所ノ重イコトデゴザイシテ唯一私人ノ家ニ於キマシテ何人ガ家督相續ヲナスカト云フガ如キ相續ノ規定ノ類トハ全ク趣意ヲ異ニシテ居リマス。國ノ主權者タル地位ニ即クベキ人ノ規程ヲ定メタモノデゴザイマスカラシテ皇位繼承ノ問題ハ唯皇室ノ御家法ト云フコトニ止マリマセズ我ガ帝國ノ國法ノ根本ノ大原則トナツテ居ルノデゴザイマス。皇位ノ繼承ノコトハ王室ノ家法デアツテ國法ノ關スル所デナイト云フ解釋ハ甚ダ誤ツテ居リマス。是レハ國體ノ定マルベキ國法ノ基礎ヲ爲スモノデアリマシテ憲法ノ最モ重イ條項ト認メテ宜シイノデゴザイマス。

皇位繼承ノ順位ノコトハ皇室典範ノ一部分ニ讓リ皇位繼承ノ範圍ノコトノミガ此ノ所ニ揭ゲラレマシタ理由ハ、唯私一己ノ推測ヲ以テ申シマスレバ蓋皇位繼承ノ如キ國ノ根本ノ原則ハ憲法ニ揭グベキ筈デアリマスケレドモ、又臣民ガ喙ヲ容ルヽコトヲ許サヾルモノデアリマスルガ故ニ、憲法ノ正文ニハ萬世一系ノ皇男子孫ト云フ大原則ヲ示スニ止リ其ノ範圍內ニ於ケル繼承ノ順序ノコトハ之ヲ皇室典範ニ讓リ成ルベク茲ニ細目ニ涉ルコトヲ避ケタモノデアルカト察セラレマスル。然シナガラ典範ト云ヒ憲法ト云ヒ我ガ國體ニ於キマシテ倶ニ並ビ立ツテ國ノ大法ヲ爲シテ居ルノデゴザイマシテ何レノ規定デアルトモ事實ニ於テ輕重ハゴザイマセヌ。此ノ二ツノ大法則ガ相須ツテ國ノ根本ノ規定ヲ爲シテ居ルノデゴザイマスカラ典範ニアルガ故ニ效力ハ弱ク憲法ニアルガ故ニ特ニ其ノ效力ガ強イトコフコトハゴザイマセヌ。其コトハ憲法ノ七十四條ニモ示シテゴザイマス。憲法改正ノ手續ヲ以テ皇室典範ヲ變更スルコトモ出來マセヌ。又皇室典範ヲ以テ憲法ヲ變更スルコトモ出來マセヌ。二ツノ者與ニ相犯スベカラザルモノデ二ツノ者ハ共ニ國ノ根本ノ規定ヲ爲スノデアリマス。

一、皇位繼承。

皇位繼承ト云フコトニ就キマシテハ少シク説明イタサナケレバナリマセヌ。我ガ萬世一系ノ皇男子孫之ヲ繼承スト云フコトガ憲法ノ明文デゴザイマス即チ我ガ皇位ハ萬世一系ノ皇統ニアラザレバ之ニ即クコトヲ得スト云フ規定デゴザイマス。皇統ト申シマスノハ我ガ祖宗ノ正統ヲ受ケサセラルル所ノ皇子孫ヲ總テ廣ク指スコトデゴザイマス固ヨリ皇統ト云ヒマレバ血統ヲ意味スルコトハ申スマデモナイコトデゴザイマシテ自然ノ御血統ノ相聯ナルモノデナケレバ皇統デハアリマセヌ。故ニ皇統ニアラザレバ皇位ニ卽クコトヲ得スト云フコトハ國ノ初マル以來定ツタコトデゴザイマシテ今更茲ニ我々ノ説明ハ待タナイコトデゴザイマシテ且ツ又皇統ハ自然ノ御血統ヲ指スコトデアルト云フコトハ古來ヨリ定マレルコトニテ民間ノ一私人ノ習俗ニ於キマス如キ血統ナキ者ヲ養フテ子トナシ恰モ血統デアルカノ如クニ見做シテサウシテソレヲ以テ血族ニ準スルト云フハ皇室ノ大法ニハ元來認メテナイコトデゴザイマス。從來御養子ト云フ御名義ハ隨分アリマスケレドモ察スルニ皇統ノ御方々ノ内ノコトデゴザイマシテ矢張リ祖宗ノ正統ヲ承ケサセラル、所ノ皇胤デナケラネバナラヌコトデゴザイマス。又皇室典範ニ於キマシテハ養子ノ制度ハ廢セラレマシタ。皇胤デナケレバ皇位ニ即クコトヲ得ザルハ開國以來定ッテ居リマスル。而シテ皇統ハ一系ニシテ分裂スベカラザルコト、皇位ハ永久ニシテ不滅デアルコト等ハ是レハ第一條ヲ説明イタス時ニ述ベテ置キマシタカラ此ノ所デハ再ビ説明イタシマセヌ。皇位繼承ハ前ニ述ペマシタ通リ國ノ主權者タル地位ノ繼承デゴザイマシテ國ハ永久ナモノデゴザイマスコトハ緒言ニ述ベタ時ニ明カデアッタカト思ヒマス。國ト云フ觀念ハ永久ト云フ觀念ヲ離ルベカラザルモノデゴザイマス。從ッテ皇位ト云フ觀念ハ永久ニシテ斷續ナキモノデゴザイマス。主權ハ永久不滅デアルト云フ所カラ致シマシテ皇位ハ必ラズ斷續ナク始終天壤ト與ニ限リナク續イテ居ルモノデゴザイマスルノデ、ソレガ故ニ假令御代々皇位ニ即カセラル、方々ノ御世ガカハルコトガゴザイマシテモ皇位其モノハ總テ變ッタモノトハ見テ居ナイモノデゴザイマス。ソレ故ニ皇位ハ瞬間モ曠シウスベカラザルモノデゴザイマシテ皇位ノ繼承ハ先帝ノ崩御ト同時ニ其瞬間ニ皇嗣ガ即チ天皇ニ立タセラル、モノデゴザイマシテ其間空間ヲ認メナイノガコレガ我ガ國法デアリ、又我ガ國ノミナラズ歐羅巴諸國デモ何レモ王位繼承ハ此ノ原則ヲ定メテ居リマス。例ヘハ歐洲ノ法律ノ格言ニモ君主ハ崩御セズト云コトヲ言ヒマス。崩御セズト云フコトハ事實ニ於テ固ヨリ肉體ヲ備ヘテ居ル以上ハ生死ノアルコトハ分リ切ツタコトデゴザイマスケレドモ國法上君主タル地位ハ古今萬世ヲ通ジテ同一ノ位ニシテ斷續ナク王位ハ瞬間モ曠シウシナイト云フ所ノ主義カラ出タノデアリマス。是レハ一般ノ國法ノ理論トシテ斯ノ如クニ認メナケレバナラヌノデアリマス。皇室典範ヲ拜讀シマスト踐祚ノ式ノ事即位ノ禮ノ事ガ掲ゲテゴザイマスガ是レハ踐祚ノ式即位ノ禮デゴザイマシテ儀式ノ事ニ止マルコトデゴザイマス。即位ノ禮ヲ行ハセラル丶コトハ餘程重大ナコトデゴザイマス。國ノ典禮トシテ殆ント是レヨリ重キコトハナイコトデゴザイマスケレドモ國法ノ理論ニ於テハ即位ノ禮ニ依ツテ初メテ皇位ニ即カセラル丶ノデハナイノデゴザイマス。既ニ皇位ニ即カセラレテアル所ノ君主ガ其皇位ニ即カセラレタコトヲ公ケニスル儀式ヲ御擧ゲニナルト云フコトト解シマス。即位ノ禮ハ皇位ヲ承ケ繼グ國法上ノ原因トハ認メテ居ラヌノデゴザイマス。此ノ理由ニ依リマシテ凡ソ憲法ヲ始メトシマシテ國ノ法律命令ハ假令皇位繼承カアリマシタトテ總テノ効力ニ少シモ變更ヲ來タサヌト云フノガ一般ノ原則デゴザイマス。隨分外國ノ制度ニ於キマシテハ新タニ君位ニ即キタル人ハ憲法ヲ守ルト云フコトヲ宣誓スルナドト云フコトハ往々アル例デゴザイマシテ又其ノ例ノアルコトモ至極尤モナコトデゴザイマス。然シナガラ是レモ矢張リ即位ノ例ト同ジコトデ其ノ事ヲ愼ミ其ノ事ヲ重ンズルガ爲メニ宣誓ヲ爲スノデゴザイマシテ先代ノ君主ノ定メタル所ノ憲法、法令デアルカラシテ新君主ニ於テハ是レハ効力ハナイト云フヤウナコトハ言ハレヌノデゴザイマス。又特ニ之ヲ依ルト云フ宣誓ヲスル必要ハナクシテ國法ハ當然ニ皇位ノ繼承ハアルトモ効力ヲ續ケルト云フコトハ無論申スマデモナイコトデゴザイマス。

皇位ノ繼承ハ相續ト云フコトトハ違フコトハ前ニモ申シタ通リデゴザイマス。此ノコトガ混ジ易イコトデゴザイマスカラ一應申上ゲテ置キマス。普通ノ民法等ニ於キマシテ相續ト申シマスノハ權利ヲ繼承スルコトヲ云フノデゴザイマス。必ズシモ死ンダ者ノ權利ヲ繼承スルニ限ラズ相續ト云フコトヲ廣ク用井マス。又タ普通ノ相續ハ財產ヲ相續スルトカ人ノ權利、財產ヲ承ケ繼グト云フコトヲ意味シテ居ルノデゴザイマス。素ヨリ皇位繼承ハ同時ニ皇室ノ家長權ノ繼承デアリマシテ皇室ノ家長トシテハ皇室ニ屬スル總テノ公私ノ權利ハ新タナル君主ニ繼承セラル、ト云フコトハ申スマデモナイコトデゴザイマシテ、或ル點ニ於テハ所謂相續ニ相似タル性質モゴザイマス。然シナガラ是レハ皇室ノ云ハヾ私事デゴザイマス――私事ト申スト輕ンズルヤウデゴザイスガサウ云フ意味デハゴザイマセヌガ國務ト區別スベキモノデアルト云フ意味ヲ云フノデゴザイマス。皇位ノ繼承ト云フコトハ皇室ノ私事デハアリマセヌ。是レハ國ノ憲法上ノ公事デゴザイマス。故ニ皇位ノ繼承ト所謂相續トハ相似テ居リマケレドモ其ノ本來ノ趣意ハ同ジデハアリマセヌノデゴザイマス。國法ヲ說明スルモノガ能ク之ヲ混ズル憂ヒガゴザイマス。歐羅巴アタリデモ封建時代ハ公法私法混合ノ時代デアリマシタカラ國土ヲ君家ノ私產ト混ジ君主ノ財產ヲ承ケ繼グコト、國ヲ統治スル權力ヲ承ケ繼グコトヲ混合シテ相續ト云フタ所ヨリシテ間違ガ生ジマシタ。然シ近代ニ至リマシテハ彼ノ國デモ一般ニ此ノ區別ノアルコトヲ認メテ居リマス。是レヨリ皇位繼承ノ範圍ノコトヲ一言說明イタシマス。

二、皇位繼承ノ範圍　皇位繼承ノ範圍トハ前ニモ申上タル通リ如何ナル人ガ皇位繼承ノ資格アリヤト云フコトノ範圍デゴザイマス。其ノ範圍ガ此ノ第二條ニ定メラレテ居ルノデゴザイマス。皇男子孫ガ皇位ヲ繼承スル資格アルコトヲ定メタモノデゴザイマス。語ヲ換エテ言ヒマスレバ男系ノ男子デナクテハ皇位ヲ繼承スルコトハ出來ヌト云フコトハ本條ニ定メラレテアリマス。然シナガラ男系ノ男子ガ數多在ラセラル丶場合ニ於キマシテハ其ノ內ノ何人ガ皇位繼承ノ第一ノ順位ニ在ラセラルルカト云フコトハ典範ノ方デ定ツテ居ルノデゴザイマス。

皇位繼承ノ範圍ニ就キマシテハ我ガ憲法ハ第一ニ先ヅ男系主義ヲ取ツテ居ルコト第二男子主義ヲ取ツテ居ルコト、之ニ注意シテ研究シナケレバナリマセヌ。

男系主義ト申シマスルハ男子ニ依ツテ傳ハル所ノ血統デナクテハナラヌト云フコトデゴザイマス。即チ皇男子孫ヲ繼承スト云フコトハ男系主義デアルト云フコトヲ宣言サレタモノデゴザイマス。凡ソ血族ヲ尋ネマスニハ廣ク言ヒマスルト男系主義ト女系主義ト二ツゴザイマス。我ガ日本民族ニ於キマシテハ古來ヨリ男系主義ガ普通トナツテ居リマスカラ女系主義ト云フコトノ有ルコトサヘモ餘リ深ク氣ニ留メナイコトデゴザイマス。古ノ社會ニ於キマシテ。又ハ現存シテ居ル未開ノ社會等ニ於キマシテモ女系主義ハ隨分廣ク行ハレタモノデゴザイマス。男系主義ハ血統ヲ尋ネマスニ父ニ依ツテ尋ネマス。男ニ依ツテ溯ル所ガ男系主義ノ本質デゴザイマテ。女系主義ハ常ニ母ニ依ツテ血統ヲ尋ネテ父ハ問ハヌノデゴザイマス。總テ女ニ依ツテ溯ツテ血統ヲ尋ネルノデゴザイマス。此ノ二ツノ觀念ガゴザイマス、我ガ國ノ民族ハ古來ヨリノ主義ハ男系主義デゴザイマス。何ガ故ニ男系主義デアルカト云フコトハ別ニ茲ニ說明ハ細ク致シマセヌガ事實トシテ我ガ民族ノ習俗ガ初メヨリ男系主義デアツタノデゴザイマス。我ガ國ノ制度ノ家族ト云フ觀念ハ男系ニ依ツテ傳ツテ居ル所ノ血統ニ依ツテ居ルヤウデゴザイマス。我ガ皇室ノ皇位繼承ノ御規定ニ於キマシテモ男系主義ヲ絕對的ニ取ルト云フコトニナツテ居ルノデゴザイマス。故ニ皇統ト申シマスノモ祖宗ノ御血統デアツテ其ノ御血統ハ男子ニ依ツテ傳ツテ居ル所ノ御血統ヲ指スノデゴザイマス。女系ニ依ツテ傳ハツテ居ル所ノ御血統ハ皇統ノ内ニハ數ヘテナイト心得テ居リマス。即チ男系ノ子孫ヲ皇統トシテゴザイマス。

次ニハ男子主義ト云フコトガ是レデ定ツテ居リマス。本條ニ於テ皇男子孫トゴザイマスノハ即チ男系ノ血統デナクテハナラヌ且ツ又男系ノ男子デナクテハナラヌト云フコトノ御規定デゴザイマス。皇位ハ男子デナケラネバ即クコトガ出來ナイト云フ本條ノ御規定デゴザイマス。男系ノ子孫ト申シマシテモ男モアリマスシ女モアリマス。故ニ唯男系ハ皇位ニ即クト云フト男女トモニ皇位ニ即クト云フコトニナリマスガ男系ノ男子デナクテハ皇位ニ即クコトガ出來ナイト云フコトノ御規定ニナツテ居リマス。素ヨリ男系ノ女子ハ矢張リ皇族デゴザイマス。皇族デゴザイマスケレドモ男系ノ女子ハ皇位ニ即クコトハ出來ナイト云フコトハ憲法ト典範トノ御規定デ定マツテ居リマス。此ノ點ニ就キマシテハ歴史ヲ見マスルト數千年ノ間ニ於キマシテ稀レニハ女子ガ御位ニ即カセラレタト云フコトハアルノデゴザイマス。絶對的ニ男子主義デハナカツタノデゴザイマス。最モ男系主義ト云フコトハ絶對的ニ取ラレタノデゴザイマス。而シテ此ノ久シキ歴史ノ中ニ女子ガ御位ニ即カレタト云フコトハ餘程稀ナコトデゴザイマシテ已ムヲ得ザルニ出テタル變例デアツテ決シテ祖宗以來建國ノ御趣意デハナカツタト想像サレルノデゴザイマス。ドウシテモ皇位繼承ノ本則ハ男子ガ御位ニ即カセラル丶ト云フコトハ固ヨリ初メカラノ根本ノ御規定デアツタヤウニ考ヘラル丶ノデゴザイマス。今明治ノ世ニ於キマシテ憲法典範ガ定マリマシテ男子ニアラザレバ皇位ニ即クコトヲ得ズト云フ御規定ガ出來マシテモ何モ從來ノ御制度ガ御一變ニナツタト云フコトデハナイノデ、從來ノ御規定ノ趣意ヲ益々固ク御宣言ニナツタコト丶考ヘラレマス。

三、皇位承ノ順位。

皇位繼承ノ順位ト申シマスルハ皇位繼承ノ資格アル方々ノ内デ如何ナル人ガ第一ニ皇位繼承ノ順序ニ當ラセラレルカト云フコトノ問題デゴザイマス。此ノ事モ概略ヲ申述ベテ置キマセウ。

前ニ説明イタシマシタ所ニ因リ皇位ヲ繼承スルハ男系男子デナケラネバナラヌト云フコトハ分ツテ居リマス。是レハ即チ皇位繼承ノ範圍ヲ定メタモノデゴザイマス。其ノ男系ノ男子ガ數人アラセラル丶時ニハ如何ナル方ガ皇位繼承ノ順序ニ當ラル丶カト云フコトハ詳シク典範ニ其ノ規定ガゴザイマスカラ茲デ細密ニ申上ゲマスヨリハ唯ソレヲ容易ク記臆ノ出來マスヤウニ簡單ニ申シ約メマス。左ノ二ツノ點ヲ記臆シテ置キマスレバ明カデアラウト思ヒマス。

第一、皇位ハ直系最近ノ卑屬ニ傳ヘラレマス、若シ直系ガナクナリマシタナラバ傍系ノ最近親屬ニ傳ヘラレマスノデゴザイマス。第二親等ノ同ジキ者ノ間ニ於キマシテハ嫡出子ヲ先キニシマシテ庶出子ヲ後ニ致シマス。又嫡出子ノ間ニアリマシテハ年長ノ者ヲ先キニシマシテ幼少ナル者ヲ後ニスルノデゴザイマス、庶出子ノ間ニ於キマシテモ矢張リ年長者ヲ先キニスルノデゴザイマス。此ノ二ツノ點ヲ記臆シテ居リマスレバ皇位繼承ノ順序ハ煩雜ナル如クニシテ明瞭デアラウト思ヒマス。之ヲ少シ説明イタシテ置キマセウ。

皇位ハ直系ノ最近卑屬ニ傳ヘラレルモノデアリマスト云フノハ例ヘバ子ハ親ノ最近ノ卑屬デゴザイマス。又孫ハ子ノ最近卑屬デゴザイマス、故ニ皇位ハ皇子ニ傳ヘ。皇子ナキ時ハ皇孫ニ傳ヘラレルト云フ順序ニナリマス。是レハ最近卑屬ト云フ順序ノコトヲ申シマスノデ直系ト云フコトハ血脈ガ上下ニ直流シテ居ル所ノ血統ヲ云フノデゴザイマス。親トカ子トカ祖父トカ孫トカ云フモノハ皆自己ヨリ見タル所ノ直系親屬デゴザイマス。卑屬トハ自己ヨリ出デタル直系ノ親屬ヲ云フノデゴザイマシテ即チ自己ヨリ見マスレバ子トカ孫トカ曾孫トカコレガ卑屬デゴザイマス。其ノ最モ近イ卑屬ト云ヒマスレバ即チ親等ノ最モ近イ卑屬ノコトヲ指シタノデゴザイマス。親等ト云フ詞ハ血屬ノ近イ遠イノ區別ヲ云フノデゴザイマシテ親等ノ近イ遠イト云フコトヲ數ヘマスニハ世數ヲ以テスルコトガ一般ノ規定デゴザイマス世數ト申スノハ子ハ親ヨリ出デタルモノデアリマスカラ親子ノ間ハ一世デゴザイマシテ父子ノ間ハ一親等デゴザイマスル。又親ト孫トノ間ハ二世ニ渉ツテ居リマス、故ニ二親等ニナリマス。サウ云フ順序ニ世數ノ遠近ヲ以テ親等ノ遠近ヲ數ヘマス。又傍系ニ至リマスト己レヨリ出デタル所ノ共同ノ親ニ溯ツテ、サウシテコレガ又其ノ他ノ一方ニ降ツテ數ヘマスノデゴザイマスカラ例ヘバ自己ト伯叔父トノ間ノ親等ヲ數ヘマスニハ自己カラ親ニ溯ツテ一世デアリマス。祖父ニ溯ツテ二世デアリマス。サウシテ伯叔父ト云フト祖父ノ子デアリマスカラ祖父ヨリ降テ一世デアリマスカラ自己ヨリ三世ヲ隔テ、三親等トナル譯デゴザイマス。ソレテ親等ノ同ジ人ガ二人以上アリマシタ時ニ於テハ、嫡出子ヲ先キニシマシテ庶出子ヲ後ニスルノガ典範ノ規定デアリマス。例ヘバ二人中一人ハ嫡出子一人ハ庶出子デアリマシタナラバ年ノ長幼ニ拘ラズ嫡出子ヲ先キニシテ庶出子ヲ後ニスルト云フ意味ハ今此ノ所ニ申スコトデゴザイマス。嫡庶ノ區別ハ正配ノ出タル子ヲ嫡ト云ヒマシテ然ラザルモノヲ庶出子ト云フノデゴザイマス。嫡庶ノ間ニハ年ノ長幼ニ拘ラズ嫡ヲ先ニシ庶ヲ後ニスルノデゴザイマス。嫡出子ノ二人以上ノ間ニ於テ親等ガ同ジデアリマシタラ誰ヲ先キニスルカト云フト年長者ヲ先キニシマス。甚ダ混雜シテ居ルヤウデハゴザイマスガ前ニ申上ゲマス通リ皇位ハ直系最近皇屬ニ傳ヘ若シ直系ガナイ時ニハ傍系ノ最近親ニ傳フト云フコトガ本則デゴザイマス、ソレニ附隨スル規則トシマシテ親等ノ同ジモノノ間ニ於テハ嫡出子ヲ先キニシマシテ又嫡出子ノ間ニアリマシテハ年長者ヲ先キニスルト云フコトデ繼承ノ順序ハ定マツテ居リマス。尤モ皇位繼承ノコトニ付キマシテハ典範ノ規定ニ就テ見マスト此ノ外ニモ細目ノ規程ガゴザイマスケレドモソレラノコトハ典範ニ依ツテデナレバ詳シク說明ハ出來マセヌ。故ニ大略ニ止メテ置キマス。

第三條　天皇ハ神聖ニシテ侵スヘカラス

恭デ此ノ條ヲ考ヘマスルニ本條ノ趣意ハ固ヨリ明白ノコトデゴザイマシテ多辯ヲ用井テ說明スルマデモナイコトデゴザイマスル。

我ガ皇位ハ即チ我ガ天祖ノ御位デアリマスカラシテ皇位ヲ仰グコトハ即チ天祖ヲ仰ギ奉ル如ク現世ノ皇位ヲ見ルコトハ尙國ヲ開カセラレシ初メノ皇位ヲ見ルガ如ク臣民ハ之ヲ崇拜シ神聖ニシテ侵スベカラズト云フ觀念ヲ以テ此ノ皇位ノ下ニ服從シテ忠實ニ仕ヘ奉ツテ居ルト云フコトハ法律規則ノ規定ニ依ツテ始メテ定ツタコトデナクシテ之ニ因ツテ國ガ成立シテ居ルノデゴザイマス。此ノ憲法ノ第三條ノ規定ヲ以テ始メテ神聖デアル侵スベカラザルモノデアルト云フコトヲ認メル譯デハゴザイマセヌ。是レハ國體ノ精神ヲ此ノ所ニ宣言シタモノデゴザイマシテ大日本帝國ノ皇位ハ即チ主權ノアル所デアツテ臣民ハ之ヲ神聖ナリトシテ尊崇スベク、苟モ之ヲ侵スコトヲ得ズト云フコトノ大趣意ヲ此ノ所ニ宣言シタノデゴザイマス。

又單純ニ國法上ノ理論カラ云ヒマシテモ位ハ即チ主權ノ在ル所デアリマシテ主權ハ侵スベカラザルモノデアルト云フコトハ唯我ガ國ノ如キ御國體ニ就テノミ云フニアラズ何レノ國體ニ於キマシテモ主權ハ侵スベカラズト云フコトハ明白

ナル原則デアリマス。單純ナル國法ノ理論トシマシテ國法上君主ハ神聖ニシテ侵スベカラザルコト、主權ノ侵スベカラザルコトハ前回ニ申上ゲタノデ明白デアラウト存ジマス。若シ之ヲ侵犯シ得ベクンバ即チ主權ヨリ尙ホ力ノ强イ者ガアルト云フコトヲ意味スルノデゴザイマス。サウシテ見マスト主權ハ主權ニ非ズ、主權ヨリ尙ホ强キ權力ガ國ニアルトシマスト其ノ强キ權力ガ即チ主權トナリマス。他ノ權力ノ下ニ在ル主權ト云ヒマシテハ論理ガ立チマセヌ。主權ノ主權タル所ハ他ノ權力ニ犯サル丶コトナク最高ノ神聖ナル權力タルコトデゴザイマスカラ國ノ主權ノ在ル所ノ位ハ神聖ニシテ侵スベカラズト云フコトハ我ガ御國體ニ於キマシテハ勿論一般國法ノ論理トシマシテモ同一ノコトデゴザイマス。況ンヤ我ガ國體ニ於テハ別シテノコトデゴザイマスカラ此ノ規定ハ固ヨリ當然ノコトデゴザイマス。或ハ歐羅巴ノ憲法中君主ハ責任ナシト云フコトヲ此ノ條ノ代ハリニ揭ゲマシタモノモゴザイマス。然シナガラソレハ同ジヤウナコトデアッテ趣意ガ異ナリマス。責任ナシト云フコトハ元來國法上責任ノアルベキ人ニ對シテ特ニ其ノ人ノ特別ノ權利トシテ責任ヲ解除スルト云フ所ノ意味カラ出ルノデゴザイマス。我ガ憲法ノ第三條ハ無論斯ノ如キ趣意デハゴザイマセヌ。君主ハ元來法律ノ下ニアル人ナレドモ特ニ法律ヲ以テ其ノ責任ヲ免除スルト云フヤウナ消極的ノ意味デハゴザイマセヌ。皇位ハ本來其ノ性質上神聖ニシテ侵スベカラザルモノデアルト云フコトノ積極的ニ定メタモノデゴザイマス。歐羅巴ノ或ル國ノ憲法ニ君主ハ責任ナシトアルト其ノ趣意ノ異ナル所ヲ味ハナケレバナラヌト思ヒマス。固ヨリ君主ハ國法ニ依リテ國ヲ治ムルト云フコトハ憲法ニ定メラレタ所デアリマス。君主ハ國法ニ依リテ國ヲ治ムルト云フノト君主ハ神聖ニシテ侵スベカラズト云フノトハ少シモ抵觸シナイコトハ又了解シナケレバナリマセヌ。憲法ト云ヒ法律命令ト云ヒ總テ主權者タル所ノ君主ガ自ラ定メテ之ヲ行フモノテゴザイマスル以上ハ自ラ定メタル規則ニ依ツテ自ラ國ヲ統治スルニ於テ少シモ自己ノ神聖ニシテ侵スベカラズト云フコトヲ損ズルコトハゴザイマセヌ。本條ヲ解釋シマシテ君主ハ法律ニ依ルコトヲ要セズト云フ意味ニ解シテハ本條ノ趣意デハゴザイマセヌ。君主ハ法律ノ下ニアルモノデハゴザイマセヌ。法律ノ上ニアルモノデゴザイマス。然シナガラ君主ハ法律ノ淵源デアツテ自ラ發シタル法律ニ依ツテ國ヲ治ムルノデゴザイマス此ノ趣意ハ唯今説明シタ通リノコトニナルノデゴザイマス。此ノ條ハ深ク説明ハ不必要ト思ヒマスカラ玆ニ止ドメテ置キマス、

第一條ヨリ此條ニ至リマスデ三ケ條ハ憲法ノ初メニ於テ國體ヲ宣言シタル部分デゴザイマシテ此ノ三ツノ箇條ニ於テ我ガ帝國ハ純粹ナル君主國體デアルト云フコトヲ明白ニシタノデゴザイマス。

第四條　天皇ハ國ノ元首ニシテ統治權ヲ總攬シ此ノ憲法ノ條規ニ依リ之ヲ行フ

一。本條ノ大意。　本條ヲ拜讀イタシマスルニ是レハ我ガ政體ヲ定メタ條デゴザイマシテ皇位ハ統治權ノ本體デアルト云フノ國體ハ固ヨリ千古ノ歷史ニ依ツテ定ツテ居リマス、但シ皇位ニ屬スル所ノ權力ヲ如何ナル形式ニ於テ動カスカト云フコト、即チ如何ナル制度ニ依ツテ國ヲ治ムルカト云フコトハ時勢ノ宜シキニ依リテ變ハリ得ルコトデゴザイマス。又ソレガ變ツタトテ國體ニ傷ハ附キマセヌノデゴザイマス。即チ明治ノ政體ハ此ノ明治ノ憲法ニ據ツテ定マルノデゴザイマ

ス。必ラズシモ明治以前ノ制度トハ一致ハシマセヌ。今日ノ政體ハ此ノ憲法デ新タニ定メタルモノデゴザイマスガ又新タニ定メタト云フテモ少シモ我ガ國體ニ傷ハ附カヌノデゴザイマス甚ダ煩ハシイヤウデゴザイマスケレドモ度々國體政體ノ區別ヲ申上ゲマスノモ聊カ從來世上ノ經驗ニ依リマシテ此ノ必要ヲ見ルノデゴザイマス。世上或ハ此ノ區別ヲ辨ヘマセヌデ總テ舊來ノ制度ヲ改メルコトハ何事モ國體ヲ傷ツケルト云フヤウナ觀念ヲ以テ國ノ進歩ト倶ニ政體ノ動クコトヲ絶對的ニ反對スルヤウナ誤解モゴザイマス。是レハ極端ニ走ツタコトデアラウト思ヒマス。又一方ニ於キマシテモ矢張リ國體ト政體トノ區別ヲ知リマセヌガ爲メニ、國ノ進歩ト倶ニ必要ナル制度ヲ取ラナケレバナラヌト云フコトヲ極端ニ推シ擴ゲテ國體ニ關スルコトマデモ議論スルヤウナコトガ萬一ナイトモ云ハレマセヌ。畢竟此レ等ノ兩極端ノ誤リト云フモノハ國體ト政體トノ區別ヲ辨ゼザルニ由ルコトデゴザイマス。國權行動ノ形式ハ政體問題デ明治ノ世ニハ明治ノ政體アリ、往昔大寶令ノ制定ノ時ニハ大寶令デ定メタ政體ガアツタノデゴザイマス。而シテ國體ハ少シモ損スル所ガアリマセヌ。

此ノ條ノ大體ノ趣意ハ皇位ハ國ノ主權ノ在ル所ニシテ統治ノ權力ヲ有シ且ツ之ヲ行フ所ノ本體デアルト云フコトガ第一ニ定メテゴザイマス。而シテ統治權ヲ行フニハ此ノ憲法ノ條規ニ依ルト云フコトガ即チ政體ノ基礎ヲ定メタノデゴザイマス。此ノ條ノ文字ヲ見マシテモ國ノ元首ト云フ詞ハ尙ホ國ノ主權者ト云フ如キコトデゴザイマス。統治權ヲ總攬スルト云フハ統治權ヲ有ッテ居ルト云フコトノ概括的ノ意味デゴザイマシテ而シテ總攬スルトノミ云ハズシテ總攬シ之ヲ行フト書イテアルノハ我ガ皇位ハ權力ノ主體デアルノミナラズ又權力ヲ行フ所ノ主體デアルト云フコトヲ示シタノデアリマス。或ル國ニ於テハ君主ハ唯權力ノ本體デアルケレドモ權力ヲ行フノハ君主以外ノ者デアルト云フ政體ノ極メ方モアリマスル、此レハ我ガ憲法ノ取ラザル所デアッテ君主ハ權力ノ主體デアルト倶ニ又權力ヲ行フ主體デアルコト即チ統治權ノ體ト用ト二ツナガラ兼ネテ居ルト云フ趣旨ヲ現ハシテアリマス。而シテ統治權ヲ行フニハ如何ナル方法ニ於テ行フカト云ヘバ此ノ憲法ニ定メタ條規ニ依リテ行フト云フコトガ明言シテゴザイマスカラ此ノ第四條ガ憲法ノ總體ヲ統べ括ッテ一言シテ我ガ明治ノ政體ハ立憲政體デアルト云フコトヲ宣告シタモ同ジコトデゴザイマス。

本條ニ就キマシテハ尚ホ少シ詳シク說明ヲ申上ゲタイト思ヒマスルガチヨツト十五分或ハ二十分デハ却ツテ說明ガ簡略ニナリマシテ、遺憾デアルヤウナコトガアツテハイケマセヌカラ甚ダ不體裁デハゴザイマスケレドモ本條ノ大意ハ今日述ベテ置キマシテサウシテ次回ニ於キマシテ君主ノ憲法上ノ地位ノコト、統治權ノ總攬及ビ行使ノコト、ソレカラ憲法ノ條規ニ依リテ行フコト、即チ立憲政體デアルト云フコトヲ少シク詳シク申上ゲタ方ガ却ツテ宜シカラウト存ジマスル。ソレデ今日ハ此ノ大體ノ說明ニ止メテ置カウト存ジマス。』

前回ニ憲法ノ第四條ノ大體ノ趣意ハ申上ゲマシテゴザイマスル。然シ此ノ條ハ重大ノコトデゴザイマシテ尚ホ精細ニ申上ゲタイコトガアリマスルユエ、今日引續キマシテ此ノ條ニ關係イタシマシテ少シク御話ヲ進メタイト存ジマス。

二、君主ノ國法上ノ地位。此條ハ第一ニ君主ノ國法上ノ地位ヲ明カニ宣告シタモノデゴザイマス。「天皇ハ國ノ元首ニシテ」ト云ヒマス條文ハ即チ皇位ハ國ノ主權ノアル所デアルト云フコトヲ明カニシマシタノデゴザイマシテ、サウシテイ統治ノ機關タル所ノ政府、帝國議會、裁判所等ノモノハ皇位ノ下ニ在テ皇位ニ屬スル所ノ統治ノ權力ノ作用ヲ掌ル機關デアリマシテ、其ノ總テノ機關ヲ統一シテ其ノ上ニ在ツテ統治ノ全權ヲ掌握スルハ即チ君主ノ位デアルト云フコトヲ明カニスルガ爲メニ國ノ元首デアルト云フ明文ガ掲ゲテアルノデゴザイマス。

此ノ事ハ固ヨリ第一條ノ主義ニ依リ定ツテ居ルコトデゴザイマスケレドモ憲法ヲ論ジマス者ガ時トシテハ外國ノ例ヲ以テ之ヲ解シ謬説ヲ傳フルコトガゴザイマスカラ、本條ノ精神ト外國ノ制度トノ異同ノアル所ヲ申述ベナケレバナラヌト思ヒマス。此ノ點ニ付キ或國ノ制度ニ於キマシテハ君主ト國會ト裁判所ト此ノ三ツノモノガ相對峙シテ同等ニ並ンデ居ルモノト見テアル政體モゴザイマスル。必ズシモ君主ノ位ヲ上ニ置キマシテ其ノ下ニ政府、國會、裁判トノ三ツノ機關ガ備ハツテ居ルト云フ樣ニハ見エマセヌ。立法權ハ國會ニアリ、行政權ハ君主ニアリ、司法權ハ裁判所ニアルト云フヤウニ見マシテ三ツノモノガ相對峙シテ憲法上同等ノ位ニアリト見做シタ政體モアリマス。是レハ固ヨリ我ガ國ノ憲法ノ採ル所デナイコトハ此ノ第四條ノ明言ニ由テ明カデゴザイマス。此レ等ノ誤解ヲセヌガ爲メニ

第四條ノ始メニ「君主ハ國ノ元首ニシテ」ト云フコトガ掲ゲラレテアルト存ジマス。固ヨリ我ガ憲法ニ於キマシテハ統治權ハ君主之ヲ總攬スルト云フコトガ掲ゲテアリマス以上ハ君主ハ唯行政權ノミヲ有ッテ在ラセラル丶ト云フ主義ハ採リマセヌノデゴザイマス。白耳義或ハ近世佛蘭西ノ君主政體時代ノ憲法等ニ於キマシテハ君主ハ行政權ノ首長デアルト云フコトヲ主義トシテ居リマス。此ノ點ニ於テハ我ト彼トノ憲法ノ精神ガ全ク異ナッテ居ルノデゴザイマス。

三、統治權ノ總攬及行使。

第四條ハ又統治權ノ總攬ト行使トノコトガ掲ゲテゴザイマス。第一條ニ於テ既ニ「天皇ハ帝國ヲ統治ス」ト云フ明條ガアリマスユヱ、統治權ハ君主ニ在リト云フコトハ度々繰返ヘシテ憲法ニ掲ゲル必要ハナイノデゴザイマス。特ニ此ノ條ニ於テ「統治權ヲ總攬シ及之ヲ行フ」ト明言シテアリマスノハ唯重複シテ其ノ事ヲ述ベテアルノデハゴザイマセヌ、政體ヲ定ムル上ニ於テ大イニ主義ヲ明カニスル必要ノ爲メデアリマス。統治權ノ總攬ハ固ヨリ君主ノ位ニアリト云フコトハ申スマデモナイコトデゴザイマス。而シテ唯君主ハ統治權ヲ總攬スル位デアルト云フノミナラズ統治權ヲ行ハセラル丶主體デアルト云フコトヲ此ノ條デ明カニシタモノデゴザイマス。

此ノ事ニ就キマシテモ。又是レト異ナツタル外國ノ制度ノコトヲ申上ゲテ其ノ異同ヲ明カニセネバナリマセヌ。或國ノ憲法及學說等ニ於キマシテハ君主ハ統治權ヲ總攬スルト雖モ統治權ヲ行ハズト云フコトガ立憲政體ノ原則デアルト云フヤウニ說クモノモアリマス。又此ノ原則ニ依ツテ憲法ヲ作ツタコトモゴザイマス。佛蘭西ノ近世ノ君主時代即チ「ルイスヒリツプ」時代ノ憲法ナドハタシカ此ノ主義ニ依ツテ定メタノデアリマス、當時佛蘭西アタリノ立憲政體ノ考ヘデハ君主ト云フモノハ國ヲ統治スル所ノ最モ高イ位デアルケレドモ、自ラ手ヲ下シテ權力ヲ行フモノデナイト云フガ立憲政體ノ精神デアルト云フヤウニ解シテ居ツタノデアリマス。廣ク人ガ知ツテ居ルコトデゴザイマスガ、佛蘭西ノ有名ノ學者デアリ、歷史家デアリ、及政治家デアリ後ニ大統領トナツタ人デゴザイマス「チエール」ト云フ人ガマダ壯年デゴザイマシタ時分ニ、新聞記者デアリマシテ「トリビユン」新聞ニ於テ大イニ此ノ主義ヲ述ベマシテサウシテ「君主ハ君臨スレドモ政治セズ」ト云フ題ヲ揭ゲテ論說ヲ述ベマシタ、其詞ガ大イニ歐羅巴ニ流行リマシテ是レガ立憲政體ノ格言デアルト云フヤウニ人ガ持囃シタコトデゴザイマス。今考ヘテ見マスト何モ名言トスル程ノコトモゴザイマセヌ全ク誤解デアリマシタガ一時餘程流行シタ格言デゴザイマシタ。其ノ趣意ハ君主ハ國家ノ元首トシテ光榮ナル地位ニアルノミニテ權力ヲ有セズ自ラ政治スル者デナイト云フ意味デゴザイマス。此ノ類ノ誤解ヲ正シマス爲メ特ニ我ガ憲法ニ於キマシテ「統治權ヲ總攬シ且ツ之ヲ行フ」ト云フコトヲ殊更ニ掲ゲテアルモノト存ジマス。

且ツ又權力ト云フコトノ觀念カラ見マシテモ統治權ヲ有スルト云ヘバ當然ニ權力ヲ行フコトヲ意味シテ居ルモノデゴザイマス。行フコトヲ得ザル權力ハ權力デハアリマセヌ權力ト云フ觀念ニ反シテ居リマス。ソレ故ニ統治權ノ主體ト云ヒ主權者ト云フ觀念カラ推シテ見マシテモ統治スル人デアレバ必ズ統治スル權力ヲ自ラ行フコトヲ得ルハ明白デアリマシテ統治權ヲ總攬スト云ヘバ言ハズシテ統治權ヲ行フト云フ意味ヲ含ンデ居ル筈デゴザイマス然シナガラ歐羅巴ノ立憲政體ニ於キマシテハ前ニ申シタ「チエール」ト云フ人ノ説ノ類ガ廣ク行ハレマシタシ又其ノ趣意ヲ以テ定メタ制度モアリマシタ故其ノ疑ヒヲ明白ニ斷ツ爲ニ特ニ此ノコトヲ明言スル必要ガアルノデゴザイマス。

君主ハ國ノ元首デアリマシテ統治權ヲ總攬シ且ツ之レヲ行使スト云フコトハ前ニ述ベマシタ所デ明カデゴザイマスガ、然シ如何ニ之ヲ行使スルカ、如何ナル方法形式ニ於テ統治ノ權力ヲ行フカト云フコトガ政體問題デゴザイマシテ此ノコトヲ定メマスノガ第四條ノ本來ノ趣意デゴザイマス。

四、憲法ノ條規。 此ノ第四條ノ「此ノ憲法ノ條規ニ依リ之レヲ行フ」ト云フコトガ餘程重イ規定デゴザイマシテ此ノ一言ガアルガ爲メニ我ガ政體ハ從來ノ君主專制ノ政體ヲ移シテ所謂立憲政體ノ主義ニ則トルト云フコトガ明カデアルノデゴザイマス。專制政體ニ於キマシテハ固ヨリ國ノ元首ガ統治權ヲ總攬シ且ツ之レヲ行フノデゴザイマス。此ノ點ハ專制政體ニ於キマシテモ又立憲政體ニ於キマシテモ違ヒハアリマセヌ。其ノ事バカリナラバ此ノ第四條ノ規定ハ新ラシキ主義ヲ示シタトモ申サレマセヌケレドモ唯此ノ憲法ノ條規ニ依ルト云フコトガ重キヲ爲シテ本條ノ必要アル所由デゴザイマス。

「此ノ憲法ノ條規ニ依リ」ト申スハ文字ノ通リ憲法ノ規定ニ遵由シテト云フコトデ

ゴザイマスガ然シナガラ「此ノ憲法」トゴザイマス「此ノ憲法」ハ如何ナル種類ノ憲法デアルカト云フテ見マスト所謂立憲政體ノ實質ヲ備ヘタ憲法デゴザイマス。故ニ此ノ憲法ノ條規ニ依リト云フコトハ所謂立憲政體ニ則トルト云フ意味デゴザイマス立憲政體ト云フ詞ハ唯學者ガ或ル特種ノ制度ヲ簡略ニ一語ニ纒メテ申スノズアリマス其ノ意味ハ緒論ニ説明イタシマシタカラシテ無論御了解ニナツテ居ルコトト存ジマス。ムズカシイコトデハアリマセヌ、唯簡單ニ立法、司法、行政ノ働キヲ混雜シナイヤウニ各々別々ニ分ケテ、即チ國會ト政府ト裁判所ト云フ三ツノ機關ヲ分ケテ各〻憲法ヲ以テ其ノ權限ヲ明カニ區別シマシテ相犯スコトナクシテサウシテ統治權ノ作用ヲ全ウセシムルト云フ主義ニ則トル政體ガ立憲政體デアリマス。此ノ憲法ハ即チ此ノ政體ヲ定メテアルユヱ此ノ憲法ノ條規ニ依リテ行フト云フコトガ立憲政體ニ則トルト云フ宣言デゴザイマイマス。立憲政體ニ則トルト云フコト又君主ガ統治權ヲ行フニ憲法ノ條規ニ從フト云フコトハ君主ガ全能無限ノ權力ヲ有チ、國ヲ治ムルト云フコトト牴觸スルデハナイカト云フ御疑ヒガアルカ知レマセヌガソレハ少シモ牴觸ハシマセヌノデゴザイマス。固ヨリ緒論ニモ申上ゲマシタ通リ主權ハ圓滿ナモノデゴザイマス、全能ノモノデアリ且ツ法律上無限ナモノデアリマス。然シナガラ全能ニシテ無限デアル所ノ主權ハ憲法ノ規定ニ依ツテ國ヲ治ムルト云ツテハ憲法ノ爲メニ制限セラル丶ト云フ御疑ガアルカ知レマセヌガ決シテサウ云フ譯デハゴザイマセヌ、此ノ憲法ハ誰ガ定メルカト云フニ國ノ主權者ガ定ムルノデゴザイマス。此ノ憲法ヲ定ムル權ハ主權ソレ自身デゴザイマス主權ガ自カラ此ノ憲法ヲ定メテ而シテ此ノ憲法ニ依テ國ヲ統治スルト宣言スルノハ主權ノ全能デアルト云フコトニ少シモ妨ゲヌモノデアリマス。憲法ノ條規ニ依リテ國ヲ治メルト云フ大體ノ主義ヲ茲ニ知ラシメルノデゴザイマス。

五、立憲制及統治制。 本條ハ學者ノ所謂立憲法治ノ制ニ則トルコトヲ宣言シタルモノデゴザイマス。尚委ハシク法律上ノ説明トシテ申シマスレバ統治權ヲ行フハ憲法ニ依ルハ無論ノコトデゴザイマス。憲法ノ外法律命令デモ規則デモ皆統治權ヲ行フ所ノ準則デゴザイマシテ憲法ニハ依ラナケレバナラヌガ法律ヤ規則命令ニハ依ラズトモ宜イト云フ譯ニハ行キマセヌ。今日現行法規トシテ定ツテ居ル以上ハ法律デアラウガ命令デアラウガ規則デアリマセウガ之ヲ改メズシテ現行シテ効力ヲ有タシメテ居ル間ハ君主ト雖モ國ノ法則ニ依ツテ統治スルト云フハ立憲政體ノ趣意デゴザイマシテ本條ノ精神ハ無論其通リニナツテ居ルコトデゴザイマス。此ノ主義ニ則トル者ヲ獨逸ノ國法學者ハ法治國ト稱シテ居リマス。法治國ナドト云フ語ハ誤解ヲ來タシ易イ文字デゴザイマス。文字通リニ解シマスレバ法律ガ國ヲ統治スル主體デアルカノ如ク聞エマスガ決シテサウ云フ主義デハアリマセヌ。國ヲ統治スル者ハ君主國ニ在リテハ君主、又共和國ニ在リマシテハ國家機關デアリマシテ法律其ノモノガ國ヲ治メルト云フノデハアリマセヌ。法治國ニテハ國ノ主權ガ國ヲ治ムルニ於テハ法律規則ト云モノヲ定メテ其ノ規則ニ依ツテ國ヲ治メルノデアツテ、法律規則ヲ定メズ又ハ之ヲ定ムルモ之ニ依ルト否トハ治者ノ隨意デアルト云フコトヲ許サヌノデアリマス。法令ヲ以テ國權ノ行動ヲ一定シ人民ノ權利ヲ確認シ總テ行政ノコト司法ノコトヲ豫メ定メタル法令ニ準由シテ事ヲ處分シ任意我儘ナル一時ノ處置ヲ爲スコトヲ許サヌノガ法治國ト云フ觀念デゴザイマヌ。本條ノ規定ニ「憲法ノ條規ニ依リ」ト云ヲ語ヲ推シ擴ゲテ解釋スレバ國ヲ治ムルニハ憲法及ビ憲法ニ依リ定メタル所ノ法則ニ依テ之ヲ行フト云ヲ意味デゴザイマシテ前ニ申シタル立憲政體ノ主義ヲ明カニスルト同時ニ又學者ノ所謂法治國ノ制度ニ則トルト云フコトヲ示サレタルモノト見エマスル。

以上述べマシタル所ハ本條ノ大體ノ趣意デゴザイマス。一條二條三條ハ國體ヲ定メタモノデゴザイマシテ此ノ第四條ハ今日ノ政體ヲ定メタモノデゴザイマス。則チ立憲政體ニ則トルコトヲ定メマシタノデ最モ重キ條デゴザイマスル。

玆ニ立憲君主制度ト云フモノト議院政治ト稱スルモノトノ制度ノ區別ハ此ノ所デ一言申上ゲテ置クコトガ宜シカラウト思ヒマス。

近世ノ國法學者ハ立憲君主制度ト議院政治トヲ別ケテ之ヲ論ジテ居リマス。立憲君主制度ト申シマスノハ立法、司法、行政ノコトハ各〻國會、政府、裁判所、ヲシテ之ヲ掌ラシメマスケレドモ其ノ三ツノ權力ハ各獨立ノ權力ニ非ズ唯一ノ主權ノ行動ニシテ總テノ權力ノ中心トナルモノハ君主ノ位デアルト云フコトノ主義ヲ以テ成立ツ政體ヲ名附ケテ立憲君主政體ト申シマス。コレト相似テ少シ異ナツテ居リマスノハ所謂議院政體ト稱シ來ツタモノデゴザイマス。是レハ國會議院ヲ總テノ權力ノ中心トシマスルノデアリマシテサウシテ政府及ビ司法權等ハ其ノ下ニアルモノトスル政體デゴザイマス。

前ニ申上ゲタル通リ今世ノ政體ハ凡ソ三樣ニ分カレ君主、國會、裁判所、ノ三者ヲ相對峙シテ同等ニシテ君主ハ單ニ行政權ノ首長ト見ル制度ト。ソレカラ君主ハ總テノ機關ノ上ニ在リテ之ヲ統一スル所ノ主權ノ地位デアルト見ル制度ト。其外ニ今一ツ此ノ議院政治ト稱シ國會ヲ以テ總テノ權力ノ中心トシマシテ政府及ビ裁判所等ハ其ノ下ニ在ルガ如キ觀念ヲ以テ政體ヲ形造ツテ居ルノガゴザイマス。此ノ議院政治ハ米國ヲ除ク外多ク民主主義ノ國ニ行ハレテ居ルノデゴザイマス。立憲君主政體ト議院政治トハ相似テ全ク異ナツテ居リマス。第四條ハ議院政治ヲ定メタルモノデナク、又權力ヲ三ツニ分ツテ君主ヲ以テ唯行政ノ首長デアルト云フ制度ヲ採ツタモノデゴザイマセヌデ、全ク立憲君主制度ヲ採ツタモノデアルト云フコトガ此ノ條ニ依ツテ明カデゴザイマス。

第五條　天皇ハ帝國議會ノ協賛ヲ以テ立法權ヲ行フ

恭デ此ノ條ヲ考ヘマスルニ立法權ノ行使ノコトヲ規定シタモノデゴザイマス。立法權ハ固ヨリ君主ノ權力デゴザイマスルガ然シナガラ君主ガ立法權ヲ行フニ當ツテハ帝國議會ノ協贊ニ由ルト云フ主義ヲ明カニシタモノデゴザイマス。帝國議會ヲ設ケ其ノ協贊ニ由リテ法律ヲ制定スルト云フコトガ所謂立憲制度ノ根本ノ原則デゴザイマシテ此ノ主義確立シマセヌ時ニ於キマシテハ立憲政體ノ根本ガ崩レマス。ソレ故ニ本條ハ立憲政體ノ原則ヲ極メルニ於テ最モ大切デアルノデゴザイマス。然シ帝國議會ハ立法權ニ參與スルニ止マリマシテ、即チ協贊スルモノデアッテ自ラ立法權ヲ行フ所ノ主體デハゴザイマセヌ。本條ノ文章ハ之ヲ現ハシテ居リマス。「天皇ハ立法ノ權ヲ行フ」ト云フコトガ本條ノ文字デゴザイマス。而シテ君主ガ立法權ヲ行ハセラルヽニハ議會ノ協贊ヲ以テスルト云フコトヲ附加ヘテアルノデゴザイマス。此ノ條アルガ故ニ帝國議會ノ協贊ト云フコトガナケレバ法律ヲ御裁可ニナルコトハゴザイマセヌ然シナガラ帝國議會デ議決シタカラト云フテ必ラズ當然法律ニハナラナイノデゴザイマス。法律ヲ作ルニ議決ガ必要デアリマスガ、然シナガラ議會ガ議決シタナラ當然必ラズ法律デアルト云フ主義ハ採ツテ居リマセヌ。即チ立法ノ大權ハ君主ノ大權ニ屬シテ居リマス。唯君主ハ此ノ大權ヲ行フニ當ツテハ立法ノ手續キニ於テ議會ノ議決ヲ經ルコトヲ必要トスルガ本條ノ趣意デゴザイマス。

一、立法權。此條ノ趣意ヲ明カニスル爲メニハ立法權ト云フコト、帝國議會ノ協賛ト云フコトヲ一ト通リ申上ゲル必要ガゴザイマス。立法權ト申シマスルハ法律ト稱スル特種ノ形式ト效力アル法則ヲ制定スルコトヲ指シテ申スノデゴザイマス。立法權ト云ヒマシテ統治權ヨリ離レテ獨立シテ別ニ一ツ立法權ト云フ權力ガアルト解シマシテハ誤リマス。立法權ト云ツテ獨立ノ權ガアルノデハゴザイマセヌ、統治權ガ行動シテ法律ヲ作ル働キヲ稱シテ立法權ト申スノデゴザイマス。斯ノ如キ例ハ普通ニ澤山アルコトデゴザイマシテ行政事項トシテ警察ヲ行フ場合ニ警察權ト云フ語ヲモ用ヒマスガ別ニ警察權ト云フ權力ガ行政權ヨリ離レテ獨立シタルモノガアルノデハナイノデゴザイマス。ソレト同ジヤウナ譯デゴザイマシテ統治權ヨリ離レテ別ニ立法權ト云フ權力ノアル譯デハゴザイマセヌデ君主ガ統治權ヲ行フニ就テ法ヲ作ルト云フ働キヲ指シテ假リニ便宜上立法權ト稱ヘタノデゴザイマス。故ニ立法權ト云フハ尙ホ立法ト云フコトトタイシテ違ヒハナイノデゴザイマス。或ル國ノ制度ニ於キマシテハ權力ヲ三分シテ立法權司法權行政權ハ各〻別々ノ權力デアルト云フ主義ヲ採ツテ居ルモノモアリマス、而シテ立法權ハ國會ニ在リト云フ主義ヲ採ルモノモアリマスルガ、無論我ガ憲法ニ於キマシテハ此ノ主義ヲ採ツテ居ラナイノデゴザイマス立法權ハ統治權ノ働キデゴザイマズルシ統治權ハ君主ノ位ニアリマスルガ故ニ立法權ハ君主ノ權力ニ屬スルコトハ明白デゴザイマス。我ガ國會ハ立法權ノ働キニ參與スルノデゴザイマス。又立法ト云フハ法律ト稱スル所ノ特種ノ形式ヲ備ヘマシタル成文法則ヲ定ムルコトデゴザイマス。

法律ト云フ文字モ憲法ヲ解釋シマスルニ就テ能ク其ノ意味ヲ了解シテ居ラネバナリマセヌ。從來法律ト云フ語ヲ廣イ意味ニ用井マシテ總テ國ノ法則トナルモノハ法律デアリマセウト命令デアリマセウト、規則デアリマセウト、國ノ法則デアルモノヲ廣ク稱シテ法律ト云ツタ例ガアリマス。然シ憲法制定ト倶ニ法律ト云フ意味ガ嚴格ニ定マリマシタ。法律トハ議會ノ協贊ヲ經テ御裁可ガアツテ公布ニナツタル所ノ特種ノ形式ヲ備ヘタル國ノ成文法則デアルト云フコトニナリマシタ。故ニ立法ト云フコトハ唯國ノ法則ヲ立ツルト云フ廣イ意味デハアリマセズシテ法律ト名附クル所ノ特種ノ形式特種ノ効力ヲ成文ニ定ムルコトヲ指シテ立法ト申シマス。茲ニ立法權ヲ行フト云フハ即チ此ノ意味ニシテ特種ノ形式特種ノ効力アル法律ヲ定ムルノガ立法權ト申スノデゴザイマス。專制時代ニハ法律トカ布告トカ規則トカ命令トカ申シマシテ區別イタシマストモ、ソレハ唯行政内部ニ於テ取扱フ便宜ノ爲メニ區別シマシタコトデゴザイマシテ、畢竟スルニ皆同一ノ人ガ同一ノ手デ制定スルノデ外部ニ對シテ別ニ効力ニ異動ハアリマセヌ。然ルニ立憲政體ニ於キマシテ法律ト云ヒ命令ト云ヒ總テ効力形式ヲ異ニスルノミナラズ制定スル手續ガ異ナリマス。法律ハ議會ノ協贊ヲ經テ定メ勅令以下ノモノハ議會ノ協贊ヲ經ズシテ發セラル、ト云フガ如キ區別ガアリマシテ從ツテ普通ノ命令ヲ以テ法律ヲ變更スルコトヲ得ズト云フ原則ガアリマスルガ爲メニ法律ハ命令ヨリ効力ガ强イト云フコトガ起ツテ參リマス。同ジク國家主權ノ意思デハゴザイマスガ、法律ノ形デ出ル時ハ命令ノ形デ出ルヨリハ効力ガ重ク又憲法ノ形デ發表スル國家主權ノ意思ハ法律デ發表スル意思ヨリハ重イト云フ格段ノ違ヒガアル。憲法、法律、命令ノ効力ヲ分ケルト云フコトハ即チ立憲政體ノ通則デゴザイマシテコレガ最モ必要ナルコトデゴザイマス。

二、帝國議會協贊。

次ニ帝國議會ノ協贊ト云フコトハ尙ホ先キノ方ノ條ニ至リマシテ帝國議會ノ事及ビ帝國議會ノ職權ヲ論ズル時ニ詳シク申上ゲヤウト存ジマスカラ大體ノ事ダケ此ノ處ニ申上ゲテ置キマス。

帝國議會ハ立法ニ參與スル機關ニシテ協贊ト云フハ君主カ立法ノ大權ヲ行ハセラル丶ニ當リマシテ議會ハ法律案ヲ議定スルコトヲ云フノデゴザイマスル。議會ハ立法ニ參與スル機關デアルト申シマスレバ自ラ立法スル機關デナイト云フコトハ明カデアリマセウ。之ニ參與スルモノデ自ラ法律ヲ作ル主體デハナイノデゴザイマス。且ツ又協贊ト云フ文字デモ略、分リマス通リ自己一身ノ意思ヲ以テ、即チ議會一個ノ決議ヲ以テ直チニ國民ヲ束縛スル法則ヲ定メ得ルト云フ力ヲ有スルノデハアリマセヌ。君主ノ立法ニ協贊スルト云フ意味デゴザイマス。協贊ト云フコトハ蓋シ協翼參贊スルト云フ文字カラ來タ詞デアリマセウ、法律論トシテ淡白ニ解釋シテ見マスニ實ハ議決ト云フコトノ外ニハ何モ深キ意味ハナイノデゴザイマス。議會ノ議決ヲ以テ立法ノ手續上必要ノ條件トスルコトデゴザイマス。議會ガ議決シマスルノハ法律其ノモノヲ議決スルノデハアリマセヌ。法律案ヲ議決スルノデアリマス。此ノコトハ大體ニ就テ誤リガアッテハイケマセヌカラ明瞭ニ申上ゲテ置キマスル法律ヲ作ルノデナク、法律其ノモノヲ議決スルデナク、法律ノ案ヲ議決スルノデアリマスカラ其ノ案ヲ上奏シテ御裁可ヲ經マスレバソレガ法律トナルノデゴザイマス。故ニ議會ハ立法ノ手續キニ參與スルノデゴザイマス。立法其ノモノヲ自身ヲ行フノデナイト云フコトモ明カデアリマセウ。

從來專制ノ時代ニ於キマシテモ君主ハ政府ノ官吏或ハ國ノ元老ヲ集メテ法律案ヲ諮詢シテ議セシムルト云フコトハ屢〻アルコトデゴザイマシテ必ラズシモ珍シイ制度デハアリマセヌ。然ルニ此ノ制度ハ議會ヲシテ法律案ヲ議定セシムル制度トハ外形ニ於テ大差ナキガ如ク見エマスガ大イニ異ナルノデゴザイマス。其ノ差異ハ即チ立憲政體專制政體ノ異ナル所デアルノデゴザイマス。其ノ異ナル所ハ議會ノ議決ヲ以テ立法ヲスル憲法上ノ要件トシタコトデゴザイマス。君主專制ノ國ニ於テ元老或ハ有識ノモノヲ集メテ法律案ヲ諮詢スルト云フコトハ其ノ諮詢ガアリ其ノ議決ガナケラネバ法律ヲ作ルコトガ出來ナイト云フ憲法上ノ規定ガアルガ爲メデナク、單ニ參考トシテ其ノ意見ヲ聽クコトニ止マリマス、然ルニ此ノ憲法ガ定マリマシタ以上ハ帝國議會ハ憲法上ノ權能ヲ以テ即チ憲法上ノ要件トシテ立法權ノ働キニ參與スル權ヲ有スルノデゴザイマス、議會ノ議決ガナケラネバ法律ヲ作ルコトガ出來ナイト云フコトガ憲法ノ規定デアルト云フコトデ重キヲ爲スノデゴザイマス、固ヨリ大體ノ上カラ申シマスレバ君主ノ諮詢ニ應ジテ意見ヲ奉ルコトデハゴザイマスケレドモ此ノ事ヲ憲法上ノ要件トシテ居ル所ガ帝國議會ノ重キヲ爲ス所由デゴザイマス。

此ノ事ニ就キマシテモ外國ノ憲法成例等ニ於キマシテハ必ラズシモ我ガ憲法ノ第五條ト同ジヤウナ規定ニハナツテ居リマセヌ御參考ノ爲メニ申上ゲマスガ、或ル國ノ規定ニ於キマシテハ君主ハ國會ト共同シテ立法權ヲ行フト云フ憲法ノ規定ニナツテ居ル所モゴザイマス又或ル國ニ於キマシテハ立法權ハ國會之ヲ行フト書イタノモゴザイマス。此等ハ實際ニ於キマシテ甚シイ差異ハゴザイマセヌケレドモ憲法ノ精神主義トシマシテハ大イナル差異デゴザイマス。實際ニ於キマシテハ我ガ憲法ト雖モ國會ノ議決アリ其ノ上ニ御裁可ガアツテ其ノ二ツノモノガ揃ハナケレバ立法ハ出來ナイト云フコトデゴザイマスガ外國デモ又同ジ實際デハゴザイマスケレドモ是レハ憲法上ノ主義ノ解釋トシテ立法權ハ君主ガ半分國會ガ半分ト云フヤウニ共同シテ有ツテ居ル權利デアルト見マシタノト立法權ハ君主ニアリ國會ハ君主ノ立法權ニ參與スルニ止ルト云フコトハ主義ノ上ニ大ナル差異ガアリマスカラ又我ガ憲法ノ第五條ト他ノ憲法ノ類似シタル條文トノ精神ノ異ナル所ヲ能ク認メテ置カナケレバナラヌト存ジマス。且ツ又モウ一ツノ規定ハ即チ立法權ハ國會ニ在リト云フ規定ハ益々我ガ憲法ノ第五條ヨリ遠ザカツテ異ナツタ規定デゴザイマス。國會ニ立法權ガアツテ君主ハ唯行政權ヲ握ルト云フ制度ハ固ヨリ全然我ガ憲法トハ異ナツテ居ルコトハ深ク辯明シマセヌデモ明瞭デゴザイマセウ。

第六條　天皇ハ法律ヲ裁可シ其ノ公布及執行ヲ命ス

本條ハ前ノ條ト事實上續イタ條デゴザイマスカラ大體ノ趣意ダケデモ今夕一緒ニ申上ゲテ置キタイト存ジマス。

恭デ本條ヲ見マスルニ裁可ノ大權ハ君主ニアルコトヲ規定シタノデゴザイマシテ、前條ニ於テ立法權ヲ行フニハ國會ノ協贊ニ依ルト云フコトガアリ此ノ條ニ於キマシテ法律裁可ノ權ハ君主ノ憲法上ノ大權トシテ留保スルコトヲ明カニスルコトニシテアリマス。五條ト六條ト相竢ツテ立法權ノ働キガ明瞭デゴザイマス。裁可ノ大權ハ法律ノ案ヲ裁可シテ法律ト爲ス主權ノ働キデゴザイマシテ是レガ即チ立法デゴザイマス。議會ガ議定シマシタル案ガ効力アル法律ト成ルコトハ君主ノ大權ニアルノデゴザイマスル。裁可ノ權アリト云フ時ハ又即チ裁可セザルノ權ガアルト云フコトヲ意味シテ居リマス。裁可ハ君主ノ大權デアルト云フハ裁可スルトセザルトハ君主ノ自由デアルト云フ意味デゴザイマス。立法ノ手續キハ法律案ヲ提出スルコトニ始マリマシテ裁可ヲ以テ法律ガ成立チマシテ公布ニ由リテ遵由ノ効ヲ生ズルノ順序デゴザイマス此間ノ手續キヲ名附ケテ通常立法ノ手續キト稱シテ居リマス其ノ立法ノ手續キノ概略ヲ申上ゲテ置クコトガ必要デアラウト存ジマス。裁可權ノコトニ就キマシテハ是レモ亦外國ノ例ハ我ト必シモ同一デアリマセヌ。容易ニ彼ト我トヲ混ジテ論ジマスト謬リガ起リマスカラ一ト通リ述ベテ置キタイト存ジマス羅馬ノ國法ヨリ致シマシテ今日ニモ傳ハツテ居リマスガ君主ノ拒否權即チ「ベトー」ノ權ト唱ヘルモノガゴザイマス。此ノ權ト我ガ憲法ノ裁可ノ權トハマルデ趣意ガ違ヒマス、拒否權ハ即チ不認可ノ權ニシテ君主ハ之ヲ裁可シテ法律トスルニ非ズシテ法律ヲ否認スル消極的ノ權デアリマス法律ヲ作ル權ハ國會ニ在リテ其ノ法律ヲ不可ナリトスルトキハ君主ガ之ヲ拒否スルト云フ消極的ノ働キニシテ我ガ裁可權トハ精神ヲ異ニシマス。我ガ憲法ノ裁可ハ積極的ノ働キデアリマシテ國會ノ議定スル所ハ法律案○デ未ダ法律トハ爲ツテ居リマセヌ。之ヲ法律トスル力ハ裁可ノ大權デゴザイマス。之ヲ國ノ法律トシテ一般ニ適由ノ効アラシムルコトヲ御定メニナルハ大權デゴザイマシテ他人ノシタコトガ惡ルイカラト云フテ差止メル權即チ不認可權トハ違ヒマス。實際ノ働キハ相似テ居ルモノデアリマスカラ今日裁可權ノコトヲ論ズルニ所謂不認可權ノコトノ法理ヲ以テ解スル憂ヒガアリマスガ是レハ宜シクナイコトト思ヒマス。ソレカラ又英國アタリノ國法ヲ見マスト裁可ト云フコトハ君主ガ國會ニ對シテ可否ノ返答ヲスルト云フコトノ主義ノヤウニ見エテ居リマス。國王ガ國會ニ向ツテ其ノ議決ニ對シ同意或ハ不同意ノ返答ヲスルコトノヤウニ見エマス。此ノ主義モ我ガ憲法デハ採ラザル所デ我ガ裁可ハ國ノ內外ニ對シ之ヲ我ガ帝國ノ法律トスルト云フコトヲ御示シニナル所ノ立法ノ行爲デアリマシテ國會ニ對シテ汝ノ議決スル所ニ同意スルト云フ應酬問答ノコトデハナイノデゴザイマス。是レモ亦相似テ異ナツテ居ルモノデゴザイマスカラ其ノ所由ヲ辨明シナケレバナリマセヌ故ニ我ガ國法ニ於キマシテ裁可ノ式アツテ不裁可ノ式ハゴザイマセヌ。國會ノ議スル所ハ法律案デアリマス。之ヲ善シトシテ御嘉納ニナリマスレバ御裁可ニナツテ法律ニナリマスケレドモ御嘉納ニナラナイモノハ國會ニ向ツテ之レニ同意ヲ表スルコトハ出來ナイト云フ御不裁可ノ形式ハ必要デナイノデゴザイマス。我ガ國法ニハ裁可ノ權ノミ揭ゲテ不裁可ノ權ヲ言ハナイ所ヲ見テモ國會ノ議決ニ對シ返答スルト云フコトデナイノデアルコトハ明カデゴザイマス。此レ等ノコトハ同ジヤウナ語ヲ用ヒマシテモ國ニ依ツテ主義ノ異同ガゴザイマスカラ注意ヲ要スルコト、存ジマス。

裁可ノ大權ヲ定メマシタノガ本條ノ大趣意デゴザイマス。之ニ附ケ加ヘテ公布及ビ執行ノコトガ示シテゴザイマス。立法ノ手續キハ後ニ議會ノ章ニ於テ尚ホ詳シク申上ゲル筈デゴザイマスガ茲ニ最モ重キ裁可ノ事ガ出テ居リマスカラ其ノ手續キノ概略ヲ申述ベテ置キマセウ。

二、立法ノ手續。　立法ノ手續キト申シマスルノハ法律ヲ制定スルニ必要ナル法憲上ノ要件ヲ指スノデゴザイマス。其ノ憲法上ノ要件ヲ別チマシテ四ツニ致シマス。第一ニハ法律案ノ提出第二ニハ法律案ノ議定、第三ハ裁可、第四ハ公布デゴザイマス。

法律案ノ提出ハ政府、貴族院又ハ衆議院ノ各ガ法律案ヲ提出スル權ヲ持ッテ居リマスル。提案權ハ三ツノ者各〻平等デゴザイマシテ優劣ノ差ハゴザイマセヌ。如何ナル種類ノ法律ハ如何ナル局部ヨリ發案シナケレバナラヌト云フコトハゴザイマセヌ。此ノ點ニ就キマシテ日本ノ憲法ト或ハ英吉利ノ慣例ト違フ所ガアリマス。英吉利等ノ慣例ニ於キマシテハ例ヘバ財政ニ關スル法律案等ハ其ノ下院ガ發議スルトカ或ハ佛國ノ「ナポレオン」第三世ノ憲法デアッタカト心得テ居リマスガ、其ノ憲法ニ於キマシテハ法律案ノ提出ハ政府ノ特權トシ議會ハ政府ノ提出案ヲ修正シ又ハ可否スル權ノミヲ許シタコトモゴザイマス。是レハ一時ノ變則デゴザイマシテ諸國トモ大抵立憲政體ノ通則ハ政府デモ上院デモ下院デモ各〻平等ニ法律ヲ提出スル權ノアルモノトナッテ居リマス。尤モ豫算ニ就テハ政府ガ提出イタシマスル權ヲ持ッテ居ルノデゴザイマス。然シ豫算ハ法律案デハアリマセヌカラシテ之ハ豫算案トシテ我ガ國法デハ別ニ取扱ッテ居リマシテ、立法ノ手續トハ異ナリマス。是レハ又豫算ノコトニ就テ御話シ申ス時ニ辯ジマス。

議定ト申シマスルハ國會ニ於テ法律案ヲ確定スルコトヲ云フノデゴザイマス。帝國議會ノ議定ト申シマスルノハ貴族院衆議院兩院ノ議決ガ一致シタル場合ヲ云フノデゴザイマス。一院ハ可決シマシテモ他ノ一院デ否決シマスレバ帝國議會ノ議定ハゴザイマセヌ。帝國議會ノ議定ト云フハ兩院ガ同一ニ議決シタコトヲ云フノデアリマス。若シ一院デ議決シマシタ所ヲ他ノ一院ニ於テ修正シマシタナラバ其修正案ヲ以テ兩院ガ協議會ヲ開キマシテ其ノ協議會ノ議決ヲ再ビ各議院ニ於テ全體ニ就テ可否ヲ議決シマシテサウシテ問題ヲ結着イタシマス。此レ等ノコトハ又後ニ至リマシテ議院ノ議事ノ手續キヲ申ス機會ガアラウト存ジマス。此ノ所ニ於キマシテハ唯御注意ヲ願ヒマスノハ議定ト申スコトハ兩院一致ノ議決デアル帝國議會ガ議定シタト云フコトハ、法律ノ案ヲ確定シタルコトデアルト云フコトノ御記臆ヲ願ヒマス。

次ハ裁可デゴザイマス議會ガ議定イタシマシタル時ニ於キマシテハ其ノ確定案ヲ上奏イタシマシテ御裁可ヲ仰グノデゴザイマス御裁可ノ有ル無シハ固ヨリ大權ニ屬シテ是レハ別ニ憲法ニ於テ其ノ事ヲ檢束シテゴザイマセヌカラコレガ御裁可ニナルトナラザルハ一ニ大權ノ自由ニアルノデゴザイマス。唯憲法及議院法ノ規定ニ依リマスレバ若シモ御裁可ニナレバ次ノ議會ノ開會マデニ御裁可ノ發表アルト云フ規定デゴザイマス。ソレ故ニ議會カラ上奏シマシタル案ガ次ノ帝國議會ノ會期マデニ御裁可ノコトガ公ケニナリマセヌナラバ即チ御裁可ニナラナカツタモノト見ルノデゴザイマス裁可ノ性質ノコトハ前ニ申シマシタカラ茲ニハ唯裁可ニ關スル立法ノ手續キ上ノコトノミヲ申シマスル。

次ニ公布デゴザイマス。御裁可ニ因ツテ法律案ガ確定シテ法律トナリマスレバ即チ一般國民ガ遵由シテ守ラナケレバナラヌ所ノ法律トナリマス。ソレ故其ノ法律ヲ公布スルコトガ必要デゴザイマス、公布ハ官府及人民ガ之ニ依ツテ之ヲ行ヒ之ニ遵由スル義務ガ生ズル時期ヲ定ムル式デゴザイマス。公布ト申シマスルハ唯普ク知ラス、廣告スルコトト違ヒマス。固ヨリ法律ハ普ク知ラス方法ヲ取ラネバナリマセヌガ然シ普ク知ラスト云フハ第二ノ目的デアツテ法律ノ成立ツタト云フコトヲ明白ニ知ラス所ノ時期ガ大切デゴザイマスガ故ニ公布ノ式ト云フモノヲ設ケテ之ヲ一般ニ知ラセマス。其ノ方式ヲ以テ之ヨリ効力ノ起算點ト致スノデゴザイマス。此ノコトハ公文式及ビ法例ト云フ勅令及法律デ定メテアリマシテ詳シキ規定ガゴザイマス。公布ニナリマスルノハ既ニ成立ツタ法律案ヲ公布スルコトデゴザイマスカラ法律ガ公布ニ依ツテ始メテ出來タモノデハゴザイマセヌ。公布ニ依ツテ法律ガ成立スト云フ説モゴザイマスケレドモ、私ノ見マスル所デハ法律ノ成立ハ御裁可ニ因リテト完全デアルト見テ居リマス。御裁可ノ形式ハ蓋シ公文式ノ規定ニ依ツテ見マスルト法律ノ案ニ御名御璽アリ國務大臣之ニ副署シマスル、コレガ法律ノ成立デアルト考ヘマス。公文式第三條ヲ見テ申スノデゴザイマス。其ノ法律ノ正本ニ依リマシテ公布式ヲ行フノデゴザイマス。現今ノ制デハ官報ニ載セテ公ケニスルヲ以テ公布ノ式トシテ居リマス。而シテ現行ノ法律ニ依リマシテハ法律ニ別段ニ規定ノナイトキハ法律ヲ公布サレマシテカラ二十日過ギテ執行力ヲ生ズルト云フコトニナツテ居リマス。其ノ二十日ノ期間ハ公布式ノ日カラ計算スルノデゴザイマス。

法律ノ執行ト申シマスノハ法律ノ規定ヲ現在ノ事件ニ當テ、事ヲ處分スルノヲ云フノデゴザイマス。法律ノ執行ハ固ヨリ行政ノ事ニ渉リマシテ君主ハ法律ヲ裁可スル權アリト云フコトガ本條ニ掲ゲテアリマスル以上ハ無論言ハズトモ法律ヲ公布シ又其ノ執行ヲ命ズルコトハ大權ニアリト云フコトハ明白デゴザイマス。故ニ深ク説明ハ致シマセヌ。法律ノ執行ハ即チ法律ニ依ツテ百般ノ政務ヲ處置スルコトデアリマシテ是レハ國會ガ干渉スル所デハアリマセヌ。議會ハ法律案ヲ議定スルコトニ關係イタシマスケレドモ法律ヲ執行スルコトニハ關係イタシマセヌ。法律ノ執行ハ大權ノ下ニ政府ガ之ニ任ズルノデゴザイマス。

此ノ大略ノ説明ヲ以チマシテ本條ノ説明ヲ畢リマスガ此ノ提案ノ事、議定ノ事等ニ就キマシテハ後ニ帝國議會ト云フ章ニ於キマシテ此ノ規定ガアリマスカラ其時ニ詳シク説明イタスヤウニシマスル兎ニ角條文ヲ逐フテ説明イタシマスコトデゴザイマスカラ時トシテハ事物ガ重複ニ渉ルコトモゴザイマスケレドモ全體ヲ通ジテ一方ニ審カニシマスレバ一方ニ略スルト云フヤウニシマシテ成ルベク其ノ繁雜ナルコトヲ避ケルヤウニ致ス考ヘデゴザイマス。

第七條　天皇ハ帝國議會ヲ召集シ其ノ開會閉會停會及衆議院ノ解散ヲ命ス

恭デ考ヘマスルニ此ノ條ハ議會召集ノ大權ヲ規定サレタモノデゴザイマスル。召集ノ大權ガ君主ニアリテ議會自ラ集合スル權ナシト云フコトハ、帝國議會ハ君主ガ國ヲ統治スルノ機關デアツテ自ラ固有ノ權力ヲ有シテ活動スル主體デナイト云フコトヲ示サレタモノデゴザイマス。殊ニ此ノ處ニ規定シテゴザイマスルノハ召集ト云フコトノミナラズ開會閉會停會ノコトモゴザイマスガ、元來召集スル權ガアルト云ヒマスレバ自ラ其內ニ帝國議會ヲ開閉スル大權モ含ンデ居ルモノデゴザイマシテ、本條ノ趣意ノ大體ハ議會ノ召集ハ憲法上ノ大權ニ屬シテ居ルモノデアルト云フコトヲ記憶スルノデ足リテ居ラウト思ヒマス。

帝國議會ハ國ヲ統治スル機關デアルト云フコトハ前ニモ說明イタシマシタガ、機關デアルト云フ意味ハ自主獨立ノ府デナイト云フコトデゴザイマス。若シ獨立シテ權力ノ主體トナリ自己固有ノ目的ヲ有スル者ナラバ自己ノ目的ノ爲メニ自己ノ權力ヲ行フニハ自ラ活動スル能力ガナクテハ叶ヒマセヌ。然シナガラ我ガ憲法上ノ議會ハ君主ガ國ヲ統治スルノ機關ニシテ統治權ノ行用ノ一部ヲ掌ラシメ。總テ權力ハ之ヲ君位ニ歸一シ國家機關ノ統一ヲ保ツ主義ヲ取ツテ居リマス故ニ。議會ハ自ラ集會シテ自ラ權能ヲ行フコトハ出來マセヌデ其ノ權能ヲ行ハシムルコトハ大權ノ召集ニ因ラナケレバナラヌト云フガ本條ノ大體ノ規定ノ精神デゴザイマス。

本條ノ規定ガアリマスルニ依ツテ。前回ニモ申上ゲマシタ通リ我ガ憲法ニ於キマシテハ君主ト國會ト對等、同列ノ地位ニ在ツテサウシテ共同シテ國ヲ治ムルト云ズ主義ヲ採ラズシテ、主權者タル地位ハ國家機關ノ上ニ在ツテ其ノ下ニ政府アリ國會アリ裁判所アリト云フ仕組ミテ採ツテ居ルト云フコトハ本條デ尚更明白ニ分リマス。或ル國ノ政體ニ於キマシテハ君主、國會、裁判所ノ三ツノ府ガ獨立相對峙シテ平等同列ニシテ國ノ統治權ヲ行フテ居ルト云フモノモアリマスガ我ガ憲法デハ其ノ趣意デナイト云フコトガ此ノ條ニ依ツテ益々明カデゴザイマス。

一、召集　召集ト申シマスルハ議會ヲ組織シマスル所ノ議員各個人ヲ召集スルコトデゴザイマス。文字上議會ヲ召集スルト云ヒマスレバ議會ト云フ一ツノ成立シタル主體ヲ召集スルヤウニ聞エマスガ、法理上、召集ハ誰ニ對スルモノデアルカト云フト議員各個人各別ニ對スルモノデゴザイマス。

召集ノ詔勅ハ現行ノ規定ニ依リマスレバ四十日前ニ發サナケレバナリマセヌ。集會ノ期日ト場所トヲ定メ少クモ四十日前ニ召集令ガ發布ニナリマスノデゴザイマス。又帝國議會ハ毎年之ヲ召集スルモノデゴザイマシテ此ノ事ハ憲法ノ第四十一條ニ規定シテゴザイマス。故ニ毎年一回ハ必ラズ召集ノアルベキ筈ノモノデゴザイマス。然シナガラ憲法ハ亦事變ノアルコトヲモ豫想シテ居リマスカラシテ、內外ノ形勢ニ由リ議會ヲ開ク能ハザル場合アルコトモ憲法ノ七十一條ノ規定デ間接ニ見エテ居リマスカラ、假令內亂ガアッテモ外患ガアッテモ如何ナル場合デモ是非トモ年ニ一度ハ開カナケレバナラヌト云フ極窮屈ナ規定トモ見エマセヌ。然シナガラ尋常ノ場合ニ於テハ毎年一回ハ召集シナケレバナラヌト云フコトガ原則デゴザイマス、此ノ事ニ就キマシテハ外國ノ例ト御國ノ憲法ノ規定ト稍〻違ッテ居ル所モアリマス。其ノ異ナッテ居ル所ハ自ラ我ガ憲法ノ精神ヲ示スニ足リマスカラ御參考ニ申シテ置キマス。

歐羅巴ノ憲法ニ於キマシテハ多クハ我ガ憲法ト同ジヤウニ君主ガ召集ヲ爲スコトニナッテ居リマス。然シナガラ或ル國ノ例ニ於キマシテハ憲法ニ於テハ毎年開クベキ時期ヲ豫メ定メテ君主ノ召集ヲ待タズシテ國會自ラ集會スルモノモゴザイマス。私ノ記憶シテ居リマスル所デハ瑞典、葡萄牙、和蘭ナドガ斯ウ云フ制度ヲ取ッテ居ルト思ヒマス。ソレカラ又或ル國ノ制度ニ於キマシテハ君主ノ召集ガナケラネバ國會ヲ開クコトガ出來ヌト云フ原則デアリマシテ而シテ若シモ君主ガ召集ヲ怠ッタ時ハ國會自ラ會合シテ職務ヲ行フ力ガアルト云フコトヲ定メタ憲法モゴザイマス。白耳義ナドガ斯ウ云フ風ノ規定デアッタヤウニ思ヒマス。此レ等ノコトハ唯形式ノコト手續キノコトデ些細ノコトノヤウニ見エマスケレドモ彼我ノ憲法ノ大體ヲ較ベテ能ク考ヘテ見マスト一ツハ國會ガ固有ノ權力トシテ自ラ集會シテ自己ノ職務ヲ行ッ力アルコトヲ暗ニ憲法ニ於テ認メテ居ル精神デアリ又我ガ憲法ニ於キマシテハ絕對的ニ君命ニ由ルニアラザレバ國會ハ集合シ成立スルコトガ出來ナイト云フ精神デアリマス。召集ナケレバ成立セズ成立セザレバ職權ヲ行フコトヲ得ズト云ラ規定ハ自ラ議會ノ地位ト主權者タル國ノ元首ノ地位トノ區別ヲ明カニスルモノニテ前ニモ申シマシタ通リ我議會ノ憲法上ノ地位モ自然分明ナルコト、存ジマス。

二、開會閉會停會。

開會、閉會、停會ノコトヲ一應說明イタシマス、召集ハ議員各個人ニ對スルモノデアリマシテ帝國議會其ノモノニ對スル處分デナイト申シマシタガ、其ノ所由ハ召集令ハ議會ノ成立シマス四十日前ニ發スルノデアリマス。イマダ議會ト云フ一ツノ會議體ガ成立タヌ前ニ既ニ召集令ハ發セラレテ居ルノデゴザイマス。議員ガ召集ニ應ジテ始メテ議會ガ成立ッノデゴザイマス。議會ガ成立チマスレバ開會ヲ命ジマス開會ト申シマスノハ職務ヲ行フコトヲ得ル始期デゴザイマシテ、開會以前ニハ議會ハ職務ヲ行フコトガ出來マセヌ開會ニ依ッテ始メテ職務ヲ行フコトガ出來マスノデゴザイマス開會ヲ命ズル權モ又召集スルノ權ト共ニ大權デゴザイマスル開會ノ御命ガ降リマシテ始メテ憲法上ノ職務ヲ取ルコトガ出來ルノデゴザイマス議會ト行政官府トノ區別ハ能ク明カニシテ置カナケレバナリマセヌ行政機關ハ常ニ成立ツテ居リマスカラ別ニ開會閉會ノコトナクシテ通常引續イテ職務ヲ執行フモノデゴザイマス然シナガラ議會ノ方ハ平日議員ハ存在スルモ議會ハ成立ッテ居ラヌモノデゴザイマス召集及開會ニ由リテ始メテ議會ト云フ職權ノ本體ヲ成スモノデゴザイマス。

閉會ハ議會ノ職務ノ執行ヲ止ムルモノデゴザイマシテ所謂會期ノ終了デゴザイマス會期ハ開會ヨリ閉會ニ到ルマデノ期間デゴザイマス閉會モ又開會ト共ニ大權ニ屬シテ居リマス議會自ラ閉會スルコトハ許シマセヌ、尤モ議會ニ於テ議事ヲ致シマセヌ時日ヲ通常名附ケテ休會シテ居ルト申シマスケレドモ休會ト云フコトハ憲法ノ上ニハ認メテナイノデゴザイマシテ唯事務ヲ執ラナイ時日ヲ指スニ止リ議事ハ致シマセヌデモ開會ヨリ閉會ニ至ル間ヲ會期ト申シテ居リマス。會期ハ通常三ケ月ト規定サレテ居リマス。然シナガラ此ノ會期ハ勅命ニ依ツテ更ニ延長スルコトハ妨ゲマセヌ。延長スルコトハ規定ガアリマスルガ會期ヲ短縮スルト云フコトノ規定ハゴザイマセヌカラ是レハ勅命ヲ以テスルト雖會期ヲ短縮スルコトハ出來ナイト解釋シテ居リマス。三ケ月ト申シマスルノハ通常ノ會期ニ就テ申スノデゴザイマシテ、毎年一回通常會ヲ開クノ外ニ臨時會ヲ開クコトガアリマシテ臨時會ノ會期ハ特ニ勅命ヲ以テ定メラレルモノデゴザイマス。是レハ三ケ月ト云フ限リハアリマセヌデ必要ナル期日ヲ勅命ヲ以テ御定メニナルコトデゴザイマス。

停會ト申シマスルノハ會期中ニ於テ議會ガ職權ヲ行フコトヲ停止スルコトデゴザイマス。停會モ亦大權ノ命令ニ由ルモノデゴザイマス。閉會ト停會トノ違ヒマスル所由ハ閉會ノ場合ニハ議會トシテノ成立ヲ解クノデゴザイマス。閉會以後ニ於キマシテハ議會タル議事ハ存立シマセヌ。然シナガラ停會ニ於キマシテハ議會タル議事ノ府ハ存立シテ居リマスルガ職務ヲ執ル行動ヲ一時中止スルノデゴザイマス、ソレ故ニ停會中ハ會期中ニシテ停會日數ハ會期中ノ日數ニ數ヘテ居リマス。停會ハ議院法ニ規定ガゴザイマシテ十五日以内ト定ツテ居ルノデゴザイマス。十五日以内ト限ラレテアルノハ明文ノ如クニシテ別ニ說明ヲ必要トハ致シマセヌ然シナガラ憲法ハ議會ニ最モ重キヲ置キマシテ、議會ノ職權ヲ尊重シテアリマス所カラシテ大權ヲ以テスルト雖モ議會ノ職權行動ヲ停止スルコトハ容易ニ爲スベキモノニ非ザルノ精神モ其ノ處ニアラウカト存ゼラレマス。停會ハ議事ヲ中止シマスル。閉會ハ議事ヲ斷絕シマスル。最モ之ニ就キマシテハ一ノ變例ノアリマスノハ議院法中繼續委員ノ場合デアリマス。繼續委員トハ議院法ノ規定ニ依リマシテ開會中ニ議案ノ審査ヲ始メ未ダ終ラザル場合ニ必要アルトキハ閉會中ト雖モ其ノ議案ノ審査ヲ繼續セシムルモノデゴザイマス。若シモ繼續委員ヲ置カレマスト閉會ニナリマシタ後モ尚ホ其ノ者ダケハ法律上職務ヲ執ツテ差支ナイコトデゴザイマス、是レハ便宜ノ爲メニ設ケタ變例デゴザイマス。然シ此ノ變例ヲ除キマシテハ議會ハ閉會ニ依ツテ總テノ議事ヲ全ク斷絕スルモノト見テゴザイマスル。斷絕スルト申シマスルト之ヲ次會期ニ繼續セザルコトノ意味デゴザイマス。停會ノ場合ニ於キマシテハ一時議事ヲ中止スルノデゴザイマスカラ停會ヲ解キマスレバ停會以前ノ議事ヲ繼續スルノデゴザイマス。ソレガ停會ト閉會ト作用ノ異ナル所デゴザイマス。

三、解散　唯今マデ申上マシタ召集、開會、閉會、停會等ノコトハ帝國議會全局部ニ對スル大權ノ働キデゴザイマシテ貴族院ノミ開會スルトカ衆議院ノミヲ閉會スルト云フヤウナコトハ出來マセヌ。解散ト申シマスルハ衆議院議員ノ資格ヲ解クコトヲ云フノデゴザイマス。衆議院ヲ解散スト云フ文字ガゴザイマスカラ若シ其ノ文字ニ拘泥シテ解散ト云フコトノ本來ノ意味ヲ誤解シテハナリマセヌ。解散ト云フハ議員タル資格ヲ解クコトデゴザイマス。衆議院ト云フ一ツノ會議體其ノモノニ對スル命令ト云ハンヨリハ寧ロ議員、各個人ノ資格ニ對スル處分デゴザイマス。議員タル資格ガナクナリマスカラ衆議院ト云フ會議體ハ當然成立タナクナルノデゴザイマス。是レハ自然ノ結果デゴザイマス。閉會シマシタル場合ニハ議員ハゴザイマスケレドモ衆議院トカ貴族院トカ云フ職權ヲ行フ合議體ノ府ハゴザイ

マセヌ、解散シタル場合ニハ議院ヲ組織スル分子タル議員各個人ガナクナルノデ
ゴザイマス。然シナガラ憲法ニ衆議院議員ノ資格ヲ解クト云ハズシテ衆議院ヲ解散ストアリマスノハ之ヲ推シテ考ヘテ見マスレバ衆議院議員ノ一部分ノ資格ヲ解クコトガ出來ナイト云フコトガ分ルノデゴザイマス。衆議院議員全體ヲ同時ニ資格ヲ解クコトヲ意味シテ居ルノデゴザイマス。其ノ議員三分ノ一、ダケ資格ヲ解クトカ半數ダケ議員ヲ解散スルトカ云フコトハ出來マセヌ。衆議院ヲ組織シテ居ル總テノ議員ノ資格ヲ同時ニ解クコトガ解散デゴザイマスルガ故ニ憲法ニモ衆議院ノ解散トアルノデゴザイマス。

解散ハ必ラズ會期中デナケレバナラヌカト云フ疑ヒヲ起ス者ガゴザイマス。是レハ普通ノ例トシマシテハ固ヨリ會期中デナクテハ解散ヲ行フコトハ出來マセヌ。又我ガ國ノ例ヲ見マシテモ開會中デナクテハ解散ト云フコトハゴザイマセヌ、蓋シ憲法ノ精神ハ開會中ニ於テ已ムヲ得ザル場合ニ解散ヲ命ズルコトト見エマス。然シナガラ文字上ノ議論トシテ或ル學者ハ解散ト云フコトハ必ラズシモ開會中デナクテハナラヌト云フ必然ノ道理モナイト云フコトヲ說明イタシテ居リマス。

是レモ又學者ガ文字ヲ分析シテ精密ニ論ズル時ハ此ノ議論モ必ラズ誤リトハ云ヘマセヌ。極端ニ申シマスレバ衆議院ヲ開イテ居ラヌ時デハ解散ガ出來ナイト云フコトハナイト云フ議論モ立チ得ルコトデゴザイマスガ然シナガラ實際解散ハ衆議院ノ開會中ニ行ハレルコトガ例デゴザイマシテ又多分ソレガ穩當ナルコトデアラウト存ジマス。

解散ノコトニ就キマシテ外國ノ例等ヲ申上ゲテ見マスレバ大概何レノ國ノ憲法ニモ解散ノ權ノナイモノハアリマセヌ。且ツ君主國デハ解散ハ君主ノ大權タルコトガ普通ノ例トナツテ居リマス。共和國ニハ或ハ變例ガアリマシテ上院ニ諮詢シテ上院ガ同意ヲシタ時ニハ大統領ハ下院ノ解散ヲ行フト云フコトモアリマス。先ヅ君主國ハ一般ノ例トシテ我ガ國ノ憲法ノ如ク解散ハ君主ノ大權トナツテ居リマスノデゴザイマス。

第八條　天皇ハ公共ノ安全ヲ保持シ又ハ其ノ災厄ヲ避クル爲緊急ノ必要ニ由リ帝國議會閉會ノ場合ニ於テ法律ニ代ルヘキ勅令ヲ發ス

此ノ勅令ハ次ノ會期ニ於テ帝國議會ニ提出スヘシ若議會ニ於テ承諾セサルトキハ政府ハ將來ニ向テ其ノ効力ヲ失フコトヲ公布スヘシ。

一、本條ノ主旨。　恭デ案ジマスルニ此條ハ所謂法律ニ代フル勅令ヲ發スルコトヲ君主ノ大權トシテ定メタル條デゴザイマス。凡ソ法律ハ帝國議會ノ協賛ヲ經ナケレバナラヌト云フコトハ前會ニモ申上ゲタル通リデゴザイマスシ又後ニ此憲法三十七條ノ明言ガゴザイマス。是レガ立憲政體ノ根本デゴザイマシテ法律ト云フ形式ヲ具ヘ特種ノ効力アル法則ヲ發スルニハ議會ノ協賛ガナケラネバナラヌ。議會ノ協賛ナケレバ立法ナシト云フガ立憲政體ノ原則デゴザイマス。サウシテ又法律ヲ變更スルニハ法律ヲ以テシナケレバナラヌト云フコトハ當然出テ來ル論理デゴザイマス。既ニ憲法ガ法律ハ議會ノ協賛ヲ要スト云ヒマシタトキハ其ノ協賛ニ依ツテ出來テ居ル所ノ法律ヲ廢止スルトカ改メルトカ云フトキハ又議會ノ協賛ヲ經ナケレバナラヌト云フコトハ當然ノ道理デゴザイマスカラ、憲法ニ別ニ其ノコトノ明文ガナクトモ法律ヲ變更スルニハ法律ヲ以テシナケレバナラヌト云フコトハ動カスベカラザル原則デゴザイマス。ソレノミナラズ又此ノ憲法ニハ一定ノ事項ハ必ラズ法律ヲ以テ規定シナケレバナラヌト云フコトガ定メラレテアリマス。其ノ事ハ後ニ憲法第二章ヲ説明イタシマス時分ニハ詳シク申上ゲル考ヘデゴザイマス。例ヘバ憲法第二章及其他ノ條項ニ於テ法律ヲ以テ定ムベシト規定シ又ハ臣民ハ法律ノ範圍内ニ於テ自由ヲ有スト列記シテアリマスルモノハ其ノ事ハ法律デナケラネバ定ムルコトガ出來ナイ命令デハ定メラレナイト云フ規定デゴザイマス。之ヲ名附ケ憲法上ノ立法事項ト唱ヘテ居リマス。

此ノ憲法上ノ立法ノ事項即チ立法ノ範圍ト申シマスモノハ命令ヲ以テ定メルコトハ出來マセヌ。必ラズ法律ヲ以テ定メナケレバナリマセヌ。之ニ依ッテ見マスレバ現行ノ法律ヲ變更スルカ又ハ憲法上ノ立法範圍ニ於テ法律ヲ新タニ定メントスルトキハ立法ノ手續ニ依リテ法律ヲ以テスルノ外、命令ヲ以テスルコトハ出來ナイト云フノガ原則デゴザイマス。而シテ此ノ第八條ハ其ノ原則ノ例外ヲ示シタノデゴザイマス。議會ノ閉會ノ時ニ於キマシテハ立法ノ手續ヲ取ルコトガ出來マセヌ。而シテ閉會ノ場合ニ緊急ノコトガ起リマシテ災厄ヲ避クル爲是非臨時緊急ノ立法ヲシナケレバナラヌト云フ必要ガ起リマシタルトキハ大權ヲ以テ法律ニ代ハル命令ヲ發スルコトガ出來ルト云フガ此ノ第八條ノ規定ノ精神デゴザイマス。緊急ノコトハ固ヨリ緊急デゴザイマスカラ何時ニ起ルカ豫知スベカラザルコトデゴザイマス。ソレ故ニ之ニ對スル所ノ處置ハ又國家ヲ統治スル上カラシテ設ケテ置クベキハ當然ノコトデゴザイマシテ此ノ事ガ憲法ニ掲ゲラレテアルノハ憲法ノ原則ヲ破ルト云フ譯デハゴザイマセヌ。即チ憲法ハ國ヲ統治スルガ爲ニ存在スルモノデゴザイマシテ國家ノ爲ニ憲法ガアルノデ憲法ノ爲メニ國家ガアルノデハアリマセヌカラ國家ノ臨機ニ應ズル爲立憲政體ノ原則正式ノ手續デハナクモ臨機ニ應ズルコトガ出來ルヤウニスルハ國家全局ノ上カラ見レバ當然ノコトデ然シ此ノ事ヲ濫用スルヲ恐ル丶ガ故ニ此ノ八條ニ於キマシテ之ヲ發布スル條件ヲ嚴格ニ定メラレテアルコトデゴザイマス。

二、發布ノ要件。　此ノ事ニ就キマシテ少シク事柄ヲ分ケテ御話シ申シタイト存ジマス。第一ニハ此ノ法律ニ代フル勅令ヲ如何ナル場合ニ於テ發シテ宜シイカト云フ發布ノ要件ヲ申上ゲタイト存ジマス。勅令ヲ以テ法律ニ代ハルト云フコトハ最モ愼シムベキコトデゴザイマスユヱ其ノ場合ヲ嚴格ニ本條ニ示サレタノデアリマス。緊急ノ必要ガアツテ、シカモ其ノ緊急ト云フハ公共ノ安寧ヲ保持シ其ノ災厄ヲ避クル爲ト云フコトノ緊要デナクテハ之ヲ發スルコトハ出來マセヌ。安寧ヲ保持シ災厄ヲ避ケルト云フコトハ嚴格ニ解釋シナケレバナリマセヌ。唯斯クノ如キ法律ヲ作レバ人民一般ノ公益デアルトカ或ハ斯クノ如キ法律ヲ作レバ人民ノ幸福ヲ增進スルトカ云フ公益ノ目的ノミデハ此ノ勅令ハ發セラレマセヌ。現ニ社會ノ秩序ガ亂レントスルトカ、或ハ一般ノ公益ニ就テ非常ナ災害ヲ及ボス恐レガアルトカ云フ災害ヲ防グ目的デ發セラルベキモノデ唯積極的公益ヲ增進スル目的ヲ以テ法律ノ缺ケタルヲ補フ爲ニ之ヲ發スルコトハ許シマセヌ。故ニ安寧ヲ保持シ災厄ヲ避クルガ爲ニ緊急ナルト云フコトヲ要件トシテ定メテゴザイマス。又固ヨリ議會ノ閉會中デナクテハナラヌト云フコトハ明文ニ示サレテゴザイマスカラ、云フマデモナク議會開會中緊急ノ必要アリトシテ勅令ヲ以テ法律ニ代ユルト云フコトガアリマシテハ憲法上議會ノ職權ヲ蹂躙スルモノデゴザイマシテ固ヨリソレハ出來マセヌ。ソレガ爲ニ議會ガ開ケテアルノデゴザイマスカラ如何ナル緊急ノ事デモ議會ガ開ケテ居リマスナラ議會ノ議ニ附サナケレバナリマセヌ。且ツ又其ノ精神ヲ推シテ申シマスト議會ノ停會ヲ命ジタト申シマシテモ議會ノ停會ニ乘ジテ緊急勅令ヲ發スルコトハ出來マセヌ。何トナレバ停會ハ議會ノ存在シテ居ルコトヲ認メテ居ルノデゴザイマス。停會中ハ尚ホ議會ノ會期中デゴザイマスカラ議會會期中ニ於テ此ノ勅令ヲ發スルコトハ出來マセヌ。然シナガラ第八條ニ於キマシテハ議會ヲ召集シ得ベカラザルトキト云フコトハ書イテナイノデゴザイマス。此ノ事ハ後ノ憲法、七十條ノ場合トハ少シク違フノデゴザイマス。七十條ノ場合ニ於キマシテハ財政上ノ緊急處分ノコトデゴザイマスルガ財政上緊急處分ノコトニ付キマシテハ唯、閉會中デアルト云フノデハ處分ハ出來マセヌ。特ニソレガ爲ニ議會ヲ召集スル所ノ手續ヲ取ラナケレバナラヌノデゴザイマス。然シナガラ内外ノ事情ニ依リ、假令バ戰爭中トカ内亂ノ起ツテ居ル時トカデ議會ヲ召集スルコトスラモ出來ナイト云フ場合ニ限リ即チ七十條ノ財政ノ緊急勅令ヲ發スルコトヲ得マスル。然シナガラ此ノ第八條ノ法律ニ代ハル勅令ヲ發スルニハ臨時召集ノ必要ハナイノデゴザイマス。議會閉會中デアルナラバ議會ヲ召集スルコトガ出來ルヤ否ヤト云フコトヲ問ハズシテ此ノ勅令ヲ發スルコトヲ許サレテアリマス。

三、效力

次ニハ此法律ニ代ハル勅令ノ効力ヲ說明イタシテ置キタウゴザイマス此ノ勅令ハ法律ニ代ハル勅令ト憲法ノ明文ニ掲ゲテゴザイマスカラ即チ法律ト同樣ノ効力ヲ有ツテ居ルモノデゴザイマス。法律ト同樣ナル効力ト云ヒマスレバ法律ヲ改正スルコトモ出來ルシ又法律ヲ廢止スルコトモ出來ルシ又所謂憲法上ノ立法事項ヲ定ムル事モ出來マス。法律ヲ以テ爲シ得ベキコトハ此ノ勅令ヲ以テ爲シ得ベキモノデゴザイマス。此ノ緊急ノ命令ノ効力ニ付キマシテモ外國ノ或ル憲法ノ規定ト少シク異ナツテ居ル所ヲ申上ゲテ置キマセウ。外國ノ憲法ニハ此ノ緊急命令ヲ認メテ居ラヌモノモゴザイマス。中ニハ我ガ國ノ憲法ト同ジク之ヲ認メタモノモアリマス。然シナガラ之ヲ認メテ居ル憲法ニ付テ見マシテモ例ヘバ普漏西、丁抹、墺地利ノ憲法等ヲ見マシテモ。此ノ勅令發布ノ要件トシテ憲法ノ條項ヲ變更セザル限リニ於テト云フ詞ヲ附ケ加ヘテ居リマス。我ガ憲法ノ第八條ニハ憲法ヲ變更セザル限リト云フ條件ガ附ケ加ハツテ居リマセヌ。チヨツト一覽シマスト我ガ憲法ハ勅令ヲ以テ憲法ノ條項ヲ變更スルコトヲ許シタカト云フヤウニ疑ハレマスガ決シテサウデハナイノデゴザイマス是レハ當然ノコトデ特ニ附ケ加ヘテ置カナイノデアリマス前ニ憲法ノ効力ヲ説明イタシマシタ時ニ申上ゲタト存ジマスガ憲法ハ二種類ゴザイマシテ憲法モ亦法律ノ一デアルト見ル國ト憲法ハ法律ノ力ヨリ強イ法則デアルト見ル國トゴザイマシテ我ガ憲法ノ如キハ法律ヨリ効力ノ強イ法則デアルト云フコトニナツテ居リマスソレ故ニ法律ニ代ハル勅令ト申シテアリマスレバ法律ニハ代ハルコトハ出來マスガ憲法ニハ代ハルコトハ出來ナイノデゴザイマス法律ノ爲シ得ベキコトハ爲シ得ルノデアリマスガ然シ憲法ノ改正ハ爲シ得ナイノデゴザイマス他國ニ於テ、憲法モ亦法律ノ一ツデアルト云フ法理ヲ取ル國デハ此ノ條件ヲ附ケ加ヘテ置ク必要ガアリマス然ラザレバ憲法ヲモ改正スルコトカ出來ルコトトナリマス故ニ更ニ憲法ハ改正スルコトハ出來ヌガ其ノ他ノ法律ヲ改正スルコトガ出來ルト云フコトヲ外國ニテハ明文ニ附ケ加ヘテアルノデゴザイマス。

此ノ勅令ハ法律ヲ廢止スルコトモ出來マスシ停止シ又ハ改正スルコトモ出來ル

モノデゴザイマスル。此ノ勅令ハ必ラズ法律ヲ廢止スルモノトカ停止スルモノトカ極ツテハ居リマセヌ。勅令ノ内容如何ニ因リテ法律ヲ停止スルコトモアリ廢止スルコトモアリ又法律ノ欠ケタルヲ補フコトモアリマス。故ニ此ノ勅令ハ性質上自由ニ法律ヲ變更スル力アルト云フコトヲ申シテ置カナケレバナリマセヌ緊急勅令ノ効力ハ法律ヲ停止スルニ止マルト説クモノモアリマスナレドモ此ノ第八條ニハ其ノ制限ハナク自由デゴザイマス。法律ヲ停止スルコトモ廢止スルコトモ新タナル法則ヲ設クルコトモ許シテアルノデゴザイマス。

四、承諾。 此勅令ヲ發布スルトキハ其ノ次ノ帝國議會ノ會期ニ於テ之ヲ議會ニ提出イタシマシテ承諾ヲ求ムルコトガ必要デゴザイマス。即チ本條ノ第二項ニ規定ガゴザイマスル。此ノ承諾ト云フコトニ就イテ一應説明イタシテ置キマス。承諾ト云フハ議會ノ同意ヲ求ムルコトデゴザイマスル、承諾ヲ得マシタトキニ於キマシテハ此ノ勅令ハ引續イテ法律ト同樣ノ効力ヲ永遠ニ持ツノデゴザイマス、承諾ヲ得マセヌトキニ於キマシテハ政府ハ此ノ勅令ヲ廢止スルト云フコトヲ公布スルノデゴザイマス。承諾ト云ヒマスレバ一院ノミノ可決デハ承諾トハ云ヘマセヌ。

衆議院モ貴族院モ共ニ此ノ勅令ヲ至當ナリト可決シタ時ニ承諾ガアルノデゴザイマス。一院ガ否トスレバ是レハ承諾ハナイノデゴザイマス。又之ヲ議院ニ於テ議決シマセヌトキニ於キマシテモ矢張リ承諾ハナイノデゴザイマス。承諾ガナケレバ之ヲ廢止スト云フ規定デゴザイマスノハ議會ガ之ヲ可決セヌトキハ之ヲ廢止スルノデゴザイマス。

承諾ハ既往ニ溯ツテ此ノ勅令ヲ無効ニスルヤ否ヤノ決定デハゴザイマセヌ。將來ニ向ツテ此ノ勅令ヲ尚ホ繼續シテ存在セシムベキヤ否ヤヲ議決スルノデゴザイマス。例ヘバ政府ガ提出シマシタル所ノ勅令ヲ議會ニ於テ不承諾ニナリマシテモ其ノ勅令ガ發布サレマシタ以來コレガ廢止ニナリマスマデハ固ヨリ有効デ存在シテ居ルノデゴザイマス。其ノ間ニ起ツタ事件ハ其ノ勅令ニ依ツテ處分スルノハ當然デ既往ニ溯ツテ發布セラレタ時ヨリ此ノ勅令ヲ無効ニスルコトハ出來マセヌ。又議會ガ之ヲ承諾スルトセザルトハ何ニ依ツテ議決スルカト云ヒマスレバ普通ノ法律案ヲ議スルト同ジコトデゴザイマシテ是レガ將來ニ必要デアルヤ否ヤヲ議決スルノデゴザイマス。發布ノ當時ニ於テ之ヲ發スル緊急ノ必要ガアリタルヤ否ヤト云フコトニ溯ツテ其ノ當否ヲ審査スルノデハゴザイマセヌ。此ノ點ハ特ニ御注意ヲ願ヒタイト存ジマス。發布ノ當時ニ其ノ緊急ノ必要アリト云フコトハ大權ノ認定ニ任ジテアルノデゴザイマス。第八條ニ依リ公共ノ安寧ヲ保持シ又災厄ヲ避ケル爲ニ今此ノ勅令ヲ發スルコトガ必要デアルト云フ認定權ハ大權ニアルノデゴザイマス。議會ハ既往ニ溯ツテ其ノ必要ガアツタカナカツタカト云フ發布ノ當時ノ狀況ヲ審査スルコトハ權能ノ內ニナイノデゴザイマス。唯議會デ審査スル所ハ今日尙ホ其ノ効力ヲ繼續セシムル必要アリヤ否ヤヲ審査シテ決議ヲスルノデゴザイマス。議會ガ此ノ勅令ヲ否決ジマシテ即チ承諾ヲ與ヘマセヌトキハ政府ハ之ヲ廢止シマス。之ヲ廢止シマスレバ舊法律ハ復活シテ再ビ効力ヲ生ズルヤ否ヤハ一概ニハ論ジラレマセヌ。緊急勅令ヲ廢シマスレバ以前ノ法律ハ當然復活スルト云フコトハ申サレマセヌ。其ノ緊急勅令ノ實質如何ニ依ルノデゴザイマス。若シモ此ノ勅令ノ實質ガ或ル法律ノ効用ヲ停止スルト云フコトデゴザイマシタナラバ此ノ勅令ヲ廢シマスレバ停止サレテアツタ法律ハ復活シテ効力ヲ生ズルノデゴザイマス。然シナガラ前ノ法律ヲ全然廢止スルノ勅令デゴザイマシタナラバ其ノ勅令ヲ廢止シマスト當然前ノ法律ハ活キ復ヘルト云フコトニハナリマセヌ。此ノ事ハ能ク誤解ガアリマスユヱ一應說明イタシテ置キマス。普通ノ立法ノ場合ニ於テ前後ノ法律ノ相互ノ關係ト少シモ異ナル所ハナイノデアリマス。然シナガラ實際此ノ憲法八條ヲ運用スル心得ト致シマシテハ成ルベク現行法ヲ停止スルダケニ止メテ置ク方ガ安全デゴザイマス。停止シテ置キマスレバ後ニ此ノ勅令ガ否決ニナリマシテモ法律ヲ復活スルコトガ出來マス。之ヲ全ク廢止シ置クト勅令ヲ否決サレタトキニ法律ガナクナツテ活動ニ困ルコトガアリマス。

五、外國ノ成例。　此條ハ甚ダ重要ナルコトデゴザイマスユヱ一應外國ノ例ニモ參照イタシマシテ此規定ノ精神ノコトヲ一言畢リニ述ベテ置キタイト存ジマス。外國ノ憲法ニハ此ト同樣ノ條ヲ設ケタモノモアリマスルガ設ケナイノガ多イノデゴザイマス。例ヘバ立憲政體ノ模範トシテ居リマス英國ノ憲法ニ於キマシテハ勅令ヲ以テ法律ニ代ユルコトハ當然認メテアリマセヌ。然シ何レノ國ニ致シマシテモ國家緊急ノコトハ屢アルコトデ又立法ノ機關ハ常ニ成立シテハ居リマセヌ。國會ガ閉會中ナリト云フテ國家緊急ノ場合ニソレヲ傍聽シテ居ルコトハ出來マセヌ。必ラズ政治ノ局ニ當ツテ居ルモノハ臨機ノ處置ヲスルノデゴザイマス又臨機ノ處置ヲスルコトガ國家全體ノ目的ニ適フノデアリマス。然シナガラ憲法ニ此ノ特權ガ認メテアリマセヌユヱ政事家ハ國家ノ爲ニハ已ムヲ得ズ憲法違反ノ手續テスルノデゴザイマス。　英吉利デハ屢〻斯ノ如キ例ガアツタコトデゴザイマス。然シ英國デハ又一種ノ慣例ガアリマシテ、サウ云フ場合ニハ政府ハ議會ヲ開イタ時ニ政府ハ斯ク斯クノ緊急ノコトガアツタルガ爲ニ國家危難ヲ濟フ爲ニ已ムヲ得ズ憲法違反ノ行爲ヲ致シマシタ。就テハ我々ハ責任ヲ以テ行ナツタコトデアルカラ其行爲ヲ是認スルヤ否ヤ議會ノ公論ニ問フト云ツテ議會ニソレヲ報告スルノデゴザイマス。サウシマスト議會ハ是ハ已ムヲ得ザルコトト思ヘバ政府ガ責任ヲ取テ爲シタルコトヲ是認シ大臣ノ責任ヲ解除スルト云フ議決ヲシマス。若シモ政府ノ行爲ハ不當デアルト思フナラバ即チ大臣ノ責任ヲ問フノ議決ヲスルノデゴザイマス。英國ハ慣例ヲ以テ圓滑ニ行ハレテ行ク國デゴザリマスカラ政務モ圓滑ニ歩ユンデ行キマスケレドモ他國ニ於テハ此クノ如ク圓滑ニハ濟ミマセヌ。理論上憲法違反ノ行爲ハ如何ニ大臣ノ責任ヲ以テスルトモ不法デアリマス大臣ノ責任デ憲法ヲ破ルコトガ出來マシテハ憲法ハ重ミガゴザイマセヌ。如何ニ大臣ノ責任ヲ問フトシテモ憲法違反ノ行爲ヲ變ジテ違法ト爲スコトハ出來マセヌ。ソレデアリマスカラ歐羅巴大陸諸國及我ガ國ニ於キマシテハ緊急ノ命令ヲ違反ナリトシ英國ノ如ク大臣責任問題トシテ置クコトハ出來マセヌ。故ニ正面ヨリ之ヲ憲法ノ明文ニ掲ゲタノデゴザイマス。固ヨリ憲法ニ明文ヲ掲ゲマシタ以上ハ此ノ臨機ノ處置ヲ致シマシテモ少シモ憲法違反ノコトデハゴザイマセヌ。又國家必要ノ場合ニ於テ已ムヲ得ズ立法ノ變則ヲ行フト云フハ憲法ノ精神ニ考ヘテ少シモ不當ナルコトデハゴザイマセヌ。國家全局ノ上カラハ當然ノコトデアツテ少シモ差支ナイコトデゴザイマス。ソレ故ニ我ガ憲法ニモ第八條ニ明文ガ掲ゲテアルノデゴザイマシテ英國等ノ例ノ如クコレヲ唯政府ノ責任問題トシテ議會ガ之ヲ否決スレバ憲法違反トナリ議會承諾スレバ憲法違反トナラズシテ適法ノコトトナルト云フヤウナル例ハ採ラナカツタノデアリマス。又我ガ憲法ガ斯ノ如キ例ニ倣ハナカツタコトハ實ニ今ヨリシテ考ヘテ見マスレバ誠ニ幸福ナルコトデアツタカト存ジマスル。英國デハ斯グノ如キ緊急命令ヲ發シタルコトニ對シテハ大臣ノ責任ヲ問フト云フ主義ヲ取ツテ居リマスカラ緊急命令ニ對シテ國會ノ議決シマスルノハ我ガ國ノ如ク此ノ命令ヲ永續スベキヤ否ヤノ議決デナクシテ既往ニ溯リ斯クノ如キ必要ガアツタルヤ否ヤト云フコトヲ議決スルノデゴザイマス。其ノ議決ハ既往ニ溯ツテ既往ノ行爲ノ當否ヲ審議シマスルノデゴザイマス。我ガ憲法ニテハ其ノ議決ハ將來ニ向ツテ此ノ勅令ガ尙ホ必要デアルヤ否ヤト云フコトヲ議決スルノデゴザイマス。此ノ差異ハ自カラ憲法ノ精神ノ異ナルニ由リテ來タルモノデゴザイマス。先刻申上ゲマシタ我ガ法理ト此ノ外國ノ例トヲ照ラシ合ハシテ見マスレハ其ノ差異ハ分明デアルト存ジマス。大要第八條ノ精神ハ斯クノ如キモノデゴザイマス。故ニ本條ハ是レデ講義ヲ終ツテ置キマス。

第九條　天皇ハ法律ヲ執行スル爲ニ又ハ公共ノ安寧秩序ヲ保持シ及臣民ノ幸福ヲ增進スル爲ニ必要ナル命令ヲ發シ又ハ發セシム但シ命令ヲ以テ法律ヲ變更スルコトに得ス

一、命令ノ性質。 恭デ此條ヲ考ヘマスルニ是レハ所謂行政命令ノ大權ヲ定メラレタモノデゴザイマスル。命令ハ專ラ大權ニ依ッテ發セラル、モノデゴザイマシテ帝國議會ノ協贊ヲ必要ト致シマセヌ。法律ト命令ト異ナル所ハ議會ノ協贊ヲ經ルコトヲ必要トスルトセザルトノ點ニアリマシテ法律ト命令トハ共ニ國ノ統治者ノ命スル法則デアルト云フ點ニ於キマシテハ同ジコトデゴザイマス。我ガ憲法ニ於キマシテハ法律ト命令ノ區別ハ形式ノ上ノ區別デアッテ實質上ノ區別デナイト云フコトヲ心得ネバナリマセヌ。

形式上ノ區別ト申シマスルハ之ヲ發布スル手續ト發布ノ形トノ異ナルコトヲ指シタノデゴザイマス。實質上ノ區別ト申シマスルノハ之ヲ制定スル人ガ異ナルトカ、之ヲ發スル意志ノ主體カ異ナルトカ云フコトヲ指シテ云フノデゴザイマス。形式ハ異ナッテ居リマス、何トナレバ法律ハ議會ノ協贊ヲ經ナケレバナリマセヌガ命令ハ議會ノ協贊ヲ經ズシテ大權ニ依ッテ發セラレマス。故ニ法律ト命令トハ形式ヲ異ニシテ居ルノデゴザイマス。然シナガラ實質ハ異ナッテ居リマセヌ。何故ト申シマスレバ法令共ニ主權者タル君主ノ意思ノ發表デゴザイマシテ人民ガ之ニ遵由スル點ニ於キマシテハ法律デアルカラト云ヒ命令デアルカラト云ッテ差別ハアリマセヌ、等シク國家統治者ノ命ズル所デアリマスレバ其ノ形式ノ如何ニ拘ハラズ之ニ遵由シテ守ラナケレバナラヌノデゴザイマス。故ニ我ガ憲法ニ於キマシテハ法令ノ區別ハ之ヲ制定スル人ノ異ナルニモ非ズ人民ノ服從ニ於テ異ナルニモ非ズ唯形式ノ區別デアッテ其ノ本質ニ於キマシテハ區別ハナイト申スノデゴザイマス。

此ノ點ニ就キマシテモ外國ノ或ル憲法トハ異ナッテ居ル所ガアリマスルユヱ其ノ異ナル所ヲ述べマスモ亦本條ノ趣意ヲ明カニスル所由デアルト存ジマスカラ附ケ加ヘテ申シマス。或ル國ノ制度ニ於キマシテハ例ヘバ佛蘭西或ハ白耳義等ノ憲法ノ理論ニ於キマシテハ、法律ハ國家ノ意思デアル命令ハ政府ノ意思デアルト云フヤウナ區別ヲシテ論ジテ居ル者モ多クアリマス斯クノ如キ解釋ニシマスレバ法律ト命令トノ區別ニ唯形式ノ區別ノミナラズ之ヲ發スル主體ノ區別トナリマス。發スル人ガ違フト云フコトニナリマス。我ガ國ニ於キマシテハ此ノ主義ハ採ッテ居リマセヌ。政府ハ國家主權ノ命令ヲ施行スルノデゴザイマシテ國家ノ命令ト政府ノ命令ト云フ國法ノ淵源ニ二途アルコトハ認メナイノデゴザイマス。形式ヲ分チテ法律ト云ヒ命令ト云ヒマシテモ國ノ統治者ノ唯一ノ意思ノ發表デゴザイマシテ共ニ主權ノ命ズル所デゴザイマス。此ノ點ハ國體ノ區別ニモ關係イタシマスルカラ特ニ申上ゲテ置キマスル。

又本條ノ規定ヲ見マスル時ハ命令ヲ發スルノ權ハ唯法律ヲ執行スル爲ニ止マラズシテ安寧幸福ヲ全クスル爲ニハ獨立シテ命令ヲ發スルコトガ出來ルト云フ主義ハ此ノ第九條ガ認メテ居リマス。此ノ事モ特ニ我ガ憲法ニ於テ意ヲ用井テ斯クノ如ク定メラレタルコトデゴザイマシテ政體國體ノ異ナル國ニ於キマシテハ又一般斯樣ニナッテ居ル譯デハゴザイマセヌ。

凡ソ立憲政體ニ於キマシテ君主ノ命令權ヲ定メマス主義ヲ大別シマスレバ二ツアリマス。其ノ一ハ君主ノ命令權ハ法律ヲ執行スルコトニノミ止ッテ居ッテ、法律ノ缺ケテ居ル所ヲ補フトカ、又ハ法律ニ未ダ規定セザルコトヲ獨立シテ命令ヲ以テ規定スルコトハ許サヌト云フ主義ヲ取ッテ居ルモノデゴザイマス。佛蘭西ノ憲法或ハ之ヲ模範トシテ作リマシタ所ノ白耳義等ノ憲法ノ主義ニ依リマスレバ君主或ハ大統領等ノ命令ヲ發シマスルハ國會ノ議決シタル法律ヲ執行スル細則ヲ設ケルトカ、然カラザレバ特ニ法律ガ委任シタルコトニ就テ命令ヲ發スル場合ニ限リ、獨立シテ命令ヲ發スル權ナシト云フ主義ヲ取ツテ居リマス。ソレ故ニ此レ等ノ國ニ於キマシテ君主或ハ大統領ガ發スル命令ハ法律ノ執行細則デアルカ、然ラザレバ法律ノ委任ニ因ルモノニ止ツテ居リマス。又他ノ一ノ例ハ獨立命令權ト云フモノヲ認メテ居リマス。獨立命令權ト申シマスルハ法律ガ未ダ定メザルコトニ就テハ命令權ヲ以テ之ヲ補充スル法則ヲ設クルコトガ出來ルト云フ主義デゴザイマス。是レ即チ我ガ憲法ニ於テモ取ラレテアル所ノ主義デゴザイマス。然シ本條ノ命令ヲ以テ法律ヲ變更スルコトハ出來マセヌ。既ニ法律デ定ツタコトヲ再ビ命令ヲ以テ之ニ異ナルコトノ規定ハ許シマセヌ然シナガラ法律ガ未ダ定メザルコトナラバ命令ヲ以テ獨立シテ定メテ差支ナイト云フコトノ主義ヲ我ガ憲法ニ於テ取ツテ居ルノデゴザイマシテ、即チ第九條ハ其ノコトニ特ニ意ヲ注ギマシテ「法律ヲ執行スル爲ニ」ト云フコトニ止メズシテ其以下ニ文章ヲ附ケ加ヘマシテ「安寧秩序ヲ保持スル爲ニ」モ之ヲ發スルコトガ出來「幸福ヲ增進スル爲ニ」モ發スルコトガ出來ルト云フ規定ガアリマシテ、外國ノ憲法所謂法律執行ノ命令權ノ外ハ君主ニ存セズト云フ消極的ノ主義ヲ取ラナカッタコトヲ明言シテアリマス。

二、命令ノ種類。　此第九條ニ關聯イタシマシテ全體ニ通ジテ命令ノ種類、範圍、効力、等ノコトヲ申シ述ベテ置クガ便宜ト存ジマヌ。我ガ憲法ノ全體ニ通ジテ申シマスレバ命令ハ三ツノ種類ニ分レテ居リマス。即チ大權命令ト法律ニ代ハル命令ト行政命令ト此ノ三ツデゴザイマスル。

茲ニ大權命令ト申シマスルノハ所謂憲法上ノ大權事項ヲ規定スル命令デゴザイマスル。大權事項ト申シマスルハ既ニ説明イタシマシタル通リ憲法ノ第一章ニ特ニ列記サレマシテ此ノ事ハ君主ノ大權ニ專ラ屬スルト云フコトヲ定メラレタル事項ヲ指シテ大權ノ事項ト申シマス。其ノ大權事項ノ規定スル所ノ勅令ハ他ノ勅令ト性質ガ違ヒマスニ依ッテ大權事項ヲ規定ヲ實質トシマスル命令ヲ大權ト申シマスルノデゴザイマス。又法律ニ代ハル命令ハ第八條ニ規定シテアル所ノモノデゴザイマシテ是レハ前回ニ詳シク申上ゲマシタ通リノ性質ノモノデゴザイマス法律ニ代ハル命令ハ所謂憲法上ノ立法事項ヲ規定スル命令デゴザイマス。前回ニモ申シ述ベマシタル通リ立法事項ハ憲法ニ於テ法律ヲ以テ定ムベキコトヲ命ジタル事項ニシテ命令ヲ以テ定ムルコトハ原則トシテ許シマセヌ。然シナガラ憲法ニ於テ緊急ノ場合ニ在テハ例外トシテ命令ヲ以テ以テ之ヲ定メルコトヲ許シテアリマス。是ガ第八條デゴザイマス。此ノ例外タル緊急ノ場合ニ發スル所ノ命令ガ又特種ノ命令デゴザイマスル。而シテ第三種ノ命令ハ行政命令ニシテ即チ本條ノ規定ニ依ツテ定マルモノデゴザイマス。行政命令ハ大權事項及立法事項ヲ除キマシテ、此ノ二ツノ事項以外ニ於キマシテ國家ノ目的ヲ達スル爲ニ法律ニ抵觸セザル限リ獨立シテ發スル命令デゴザイマス。行政命令ハ專ラ、行政ノ目的ノ爲ニ發シマスユヱニ學者ガ之ヲ行政命令ト稱シテ他ノモノト區別スルノデゴザイマス。此ノ第九條ノ明文ニ法律ヲ執行スルコト、安寧秩序ヲ保持スルコト、人民ノ幸福ヲ增進スルコトノ目的ヲ示シテアリマス。此ノ事ガ即チ行政ノ目的デゴザイマス。行政トハ大權及法律ノ下ニアツテ大權又法律ヲ執行シ、安寧秩序ヲ保チ、人民ノ幸福ヲ增進スル國權ノ行動ニシテ本條ハ此ノ行政ノ目的ヲ達スル爲ニ命令權ヲ行フコトヲ示サレテアリマス。之ヲ他ノ命令ト區別スル爲ニ行政命令ト稱ヘテ居ルノデゴザイマス。此ノ行政命令ハ法律ヲ執行スルガ爲ニモ發シマス。法律ハ大體ノ法則ヲ定メテ細則ヲ命令ニ讓ルコトガアリマス、又法律ヲ以テ規定スベキコトヲ命令ニ委任スルコトモアリマス何レノ場合ニ於キマシテモ法律ノ定メタル大體ノ規則ヲ實際行政ノ上ニ適用スルニ當リマシテ執行ノ命令ヲ發スルト云フコトハ固ヨリ明言ガナクトモ行政ノ權力ニ伴フモノニシテ法律ヲ執行スル爲ニ行政命令ヲ發スル權アルコトハ明瞭デゴザイマス。又我ガ憲法ハ佛白國等ノ憲法ニ傚ハズシテ獨立命令ヲ發スルコトヲ規定シタノデゴザイマス。即チ安寧幸福ノ保持ト增進トノ爲ニ此ノ命令ヲ發スルト云フコトヲ定メラレテアルノデゴザイマス。法律ノ執行又ハ委任ニ由ルニ止ラス法律ノ規定ナキコトニ付キ命令ヲ發スルノデアリマス。此ノ行政命令ヲ以テ法律ヲ變更シ又ハ憲法上ノ立法事項ヲ規定スルコトハ許シマセヌ。是レ本條ノ但書ニ依ツテ明カデアリマス。然シ此ノ制限内ニ於テハ命令權ハ自由デアリマス。

此ノ第九條ノ行政命令ヲ尙ホ學者ハ細カク區別シマシテ執行命令、警察命令、及公益命令ト云フ樣ニ區別シテ論スル者モアリマス。此レ等ノ細目ハ憲法ノ大體ノ說明ノ上ニ於テ强イテ必要ハゴザイマセヌガ憲法ノ本條ノ上ニ命令ノ目的ガ示サレテアルニ隨ヒテ之ヲ分チタルノデアリマス。法律執行ノ命令及安寧秩序ヲ保持スル目的ヲ有スル行政則チ所謂警察ノ爲ニ發スルヲ警察命令ト稱シ、積極的ニ公共ノ幸福ヲ增進スルコトヲ目的トスル行政即チ所謂公益行政ニシテソレガ爲ニ發スル命令ヲ公益命令ト稱シマス。此レ等ノ區別ハ行政法ノ說明ニ於テハ必要ナルコトデゴザイマス。

三、命令權ノ範圍。命令權ハ如何ナル範圍ニ於テ之ヲ行ヒ得ルカト云フコトハ甚ダ大切ナルコトデアリマスカラ尙ホ一應說明イタシテ置キタウ存ジマス。命令權ノ範圍ハ我ガ憲法ニ於キマシテハ自ラ命令ノ種類ニ依ツテ異ナツテ居リマス。歐羅巴ノ或ル國ノ憲法ノ解釋ニ於キマシテハ一概ニ命令權ト云フモノハ法律ノ下ニアツテ法律ヲ執行スルモノデアルト云フヤウニ論ジマス。ケレドモ御國ノ憲法ニ於キマシテハ命令ノ範圍ガ廣ク種類ガ多イ爲ニ一概ニ命令ハ法律ノ下ニアリトハ斷言ハ出來マセヌ。此ノ點ハ內外ノ制度ヲ比較シマシテ注意ヲ要スルコトデゴザイマス。畢竟命令權ノ範圍ハ各〻命令ノ種類ニ依ツテ定マリマス。大權命令ハ大權事項ヲ其ノ範圍トシマス。即チ憲法ノ條項ニ列記シテ大權ニ專屬セシメタル事項ヲ其ノ範圍ト致シマス。法律ニ代ハル命令ハ先刻申上ゲマシタル通リ立法事項ヲ其ノ實質トシテ居リマス。故ニ法律ニ代ハル命令ハ法律ト同ジ範圍ニアルノデゴザイマス。法律ノ爲シ得ベキコトハ此ノ命令モ同樣爲シ得ルノデゴザイマス。而シテ本條ニ規定サレマシタ行政命令ハ所謂行政範圍內ニ於テ發セラルヽノデゴザイマス。行政トハ大權及法律ノ下ニアッテ國家ノ目的ヲ達スル爲ニ動ク所ノ國權ノ働キデゴザイマシテ百般ノ事ガアリマス。其ノ百般ノ目的ヲ達スルノハ行政ノ目的デゴザイマシテ而シテ法律ヲ變更セザル限リニ於テ之ヲ發スルト云フガ行政命令ノ範圍デゴザイマス。

憲法上政治事務ヲ區別イタシマシテ大權事項、立法事項、法令共同事項ノ三ツニ分ツコトガ出來ルノデゴザイマス。大權事項ハ大權命令ナラデハ之ヲ定ムルコトガ出來マセヌ。立法事項ハ法律デ定ムベキモノデゴザイマス。法令共同事項ハ憲法ニ於テハ大權ニ專屬スルトモ明言セズ又法律ヲ以テスルトモ明言セサル政務ノ事項ニシテ憲法ノ趣意ハ法律ヲ以テスルモ命令ヲ以テスルモ時ノ宜シキニ從フト云フ餘地ヲ存サレタ範圍デゴザイマス。此ノ種類ノ事項ヲ法令共同ノ範圍ト申シテ居リマス。行政命令ハ即チ法令共同ノ範圍ニ於テ發セラル丶者ニシテ此ノ法令共同ノ範圍ニ於テハ命令ヲ以テ法律ヲ變更スルコトヲ得又法律ヲ以テ命令ヲ變更スルコト妨ゲザルコトガ此ノ條ニ定メラレテアルノデゴザイマス。此ノ輕重ノ差ガ定メテアリマスユヱニ法律ト命令ト同シ範圍ニ、發セラル丶ト臣民ハ之ニ遵由スルニ惑フコトナク國家ノ意思モ一ニ歸スルコトヲ得ルノデアリマス。

四、命令ノ効力。命令ノ効力ニ付キマシテモ又一概ニハ論ゼラレマセヌ。歐羅巴諸國ノ憲法ニ於テハ往々命令ノ効力ハ法律ノ下ニアリト云フコトヲ一概ニ斷言スル者アレドモ日本ノ憲法ヲ解釋スルニハ左樣ニ斷言ハ出來マセヌ、第九條ノ行政命令ニ付キテノミ此ノ斷言ガ出來ルノデゴザイマス。行政命令ハ法律ノ下ニアルト云フコトハ云ハレマスガ然シナガラ命令ノ種類ニ依リマシテハ必ラズシモ其ノ効力ガ法律ノ下ニアルモノデハアリマセヌ。大權命令ハ憲法ノ規定ニ依リマシテ大權ニ專屬スル事項ヲ定ムルモノニテ議會ノ干涉ノ外ニ置クコト憲法ノ趣旨デゴザイマス。ソレ故ニ法律ヲ以テ大權命令ヲ變更スルコトヲ許シマセヌ。又大權命令ヲ以テ法律ヲ變更スルコトモ許シマセヌ。大權命令ト法律トハ二ツナガラ相並ビ立ッテ其ノ範圍ヲ異ニシ相犯サズシテ兩立スルコトガ憲法ノ趣意デゴザイマス。

大權命令ト申シマシテ或ハ誤解ガアッテハイケマセヌ。一言解釋シテ置キマス。總テ勅令ハ大權ヲ以テ發セラレマスカラ或ハ總テノ勅令ハ皆大權勅令デアルト御考ヘガアリマシテハ茲ニ申上ゲル趣意トハ違ヒマス。サウデハアリマセヌ。總テノ勅令ハ必ラズシモ大權勅令デナク、憲法ニ列記シタル大權事項ヲ規定スル爲ニ發セラルル勅令ヲ大權勅令ト申スノデゴザイマス。例ヘバ陸海軍ノ統帥ノコトデアルトカ或ハ宣戰講和ノコトデアルトカ或ハ官制ノ事デアルトカニ付テ發セラルヽ勅令ノ如キデアリマス。大權命令ト法律トハ並ビ立ッテ相犯スコトガナイト云フ所以ハ大權ニ屬スル事項ト立法ノ事項トハ憲法ノ上ニ分類シテアリマシテ大權命令ト法律トハ各其規定ノ範圍ヲ異ニシテ居リマスカラ隨テ相犯スコトモナイノデアリマス。法律ニ代ハル勅令ハ第八條ニ於テ説明イタシマシタ通リ法律ノ下ニアルノデハアリマセヌ。寧ロ法律ヲ變更スル勅令デゴザイマスル、現行法律ヲ停止シ廢止シ又ハ憲法上ノ立法事項ヲ勅令ヲ以テ規定スルモノデゴザイマシテ命令トハ申スモノ、法律ト同様ノ効力ヲ以テ法律ヲ變更スル力ガアルノデゴザイマス。

此ノ第九條ニ定メラレタル行政命令ハ法律ノ下ニアルノデゴザイマス。法律ヲ變更スル力ハアリマセヌ。變更スルト申シマスノハ之ヲ廢止スルコト停止スルコト又ハ改正スルコトモ含ンデ申スノデゴザイマス。現行ノ法律ヲ廢止停止改正スルコトモ出來マセヌ。又未ダ法律ヲ以テ定メラレズトモ此ノ事ハ法律ヲ以テ定ムベキモノデアルト云フコトガ憲法ノ明文ニ掲ゲテアルモノハ行政命令ヲ以テ定ムルコトハ出來マセヌ。普通外國ノ教科書等ニ於キマシテ概括シテ命令ハ法律ノ下ニアリト説明イタシマスノハ此ノ行政命令ノコトニ就テ申スノデゴザイマス。我ガ憲法ニ於キマシテモ命令ヲ以テ法律ヲ變更スルコトヲ得ズト云フ規定ハ第九條ノ行政命令ノ但書ニナツテ居リマシテ各種類ノ命令ノ一般ノ但書ニナツテハ居リマセヌ。

以上ハ命令ト法律トノ相互ノ關係効力ヲ申シタコトデゴザイマス人民ガ法律及

命令ニ遵由スベキ効力ニ至リマシテハ如何ト問ヒマスレバ皆同ジコトデゴザイマス。法律ト云ヒ命令ト云ヒマスケレドモ皆形式ヲ異ニスルノミデアリマシテ國家ノ意思タルコトニ於テハ同ジデゴザイマス。故ニ適法ニ發セラレマシタ者ハ法律デアレ命令デアレ國家ノ名ニ於テ適法ニ發セラレタルモノニ對シマシテ人民ハ同樣ニ之ニ服從スル義務ガアルノデゴザイマス。法律ハ命令ヨリ重シトカ、憲法ハ法律ヨリ重シトカ云フハ形式上ノ効力ノ區別タルコトヲ知ラナケレバナリマセヌ。命令ヲ以テ法律ヲ變更セス。法律ヲ以テ憲法ヲ變更セスト云フノガ其ノ形式的ノ効力デアリマス。臣民ノ服從ノ點ヨリ看マスレバ法律ト命令トニ輕重ノ差ハアリマセヌ。臣民ハ一己ノ私ノ解釋ヲ以テ法律ヲ違法ナリトシテ之ニ服從スルコトヲ拒ム權ハアリマセヌ。國ノ主權者ガ適法デアルト認メテ發シマシタルトキハ命令タルト法律タルトヲ問ハズ如何ナル形デ發セラルヽトモ之ニ遵由シ服從スルコトガ臣民ノ義務デゴザイマス。而シテ國法ハ亦違法ノ處分ニ對シ臣民ノ權利ヲ保護スル救濟ノ道ヲ與ヘテ居リマス。違法ノ行政處分ニ對シマシテハ法律ニ定メタル手續ニ依ツテ行政ノ裁判所ニ訴ヘ之ヲ爭フコトヲ許サレテ居リマス。然シ法律ノ定メタル手續ニ依ラズ單ニ一私人ノ自己ノ獨斷ヲ以テ國家ノ命令スル所ヲ違法ナリトシテ之ニ服從スルコトヲ拒ムコトハ許シマセヌ。

次ニ命令權ノ委任ノコトヲ附ケ加ヘテ説明イタシマス。本條ニ單ニ命令ヲ發スト云ハズシテ「命令ヲ發シ又ハ發セシム」ト云フハ大權ノ親裁ニ依ッテ御發布ニナルコトモアリマセウシ又行政官府ニ委任シテ發セシムルコトモアルヲ示シタルモノデゴザイマス。命令權ノ委任ト云フコトハ行政命令ニ付テノミ行ハレテ居ルコトデゴザイマス。大權命令ハ大權ノ親裁ニ依ッテ發布セラルベキモノデゴザイマス。故ニ是レハ必ラズ勅裁ニ依ッテ發セラレナケレバナリマセヌ。法律ニ代ハル命令モ同ジコトデゴザイマス。法律ニ代ハル命令ヲ發スルコトヲ大臣ニ委任スルトカ知事ニ委任スルトカ郡長ニ委任スルト云フコトハ出來マセヌ。是レハ大權ノ親裁デナクテハ發セラレマセヌ。然シナガラ此ノ第九條ノ行政命令ハ行政百般ノ細目ヲ定ムルコトヲ實質トスルノデゴザイマスカラ重キモノハ勅裁ニ依ッテ勅令トシテ發布サレマスケレドモ或ハ行政官府ヲシテ命令ヲ發セシムルコトモ必要デアルユエニ行政命令ノ委任ノコトガ茲ニ掲ケラレテアルノデゴザイマス。委任ニ依ツテ發セラレマス所ノ行政規則ハ各之ヲ發スル官府ノ種類ニ依ツテ名稱ヲ分ケテゴザイマス。公文式等ノ規定ニ依ツテ見マスト勅裁ニ依ツタモノハ勅令ト申シマスシ、各省大臣ニ與ヘラレタ權限內ニ於テ發スルモノハ省令デアリマスト力知事ガ委任ニ依ツテ發シマスヲ府縣令ト申シマストカ種々之ヲ發布スル所ノ官府ノ種類ニ依ツテ命令ノ形式稱號ガ分ケテゴザイマス。

第十條　天皇ハ行政各部ノ官制及文武官ノ俸給ヲ定メ及文武官ヲ任免ス但シ此ノ憲法又ハ他ノ法律ニ特例ヲ掲ケタルモノハ各其ノ條項ニ依ル

一、官制大權。　恭デ本條ヲ案ジマスルニ所謂官制大權ヲ定メラレタ條デゴザイマスル官制大權ト申シマスルハ行政各部ノ組織ヲ定ムルコトデ君主大權ニ屬シテ國會ノ權限ノ外ニ在ルコトヲ云フノデゴザイマス。君主ハ統治權ヲ總攬セラレマスカラ立法デアラフトモ司法デゴザイマセウトモ又行政デアリマセウトモ總テ君主ノ權力ニ屬スルコトハ今更論ズルコトモナイコトデゴザイマス。然シナガラ此ノ所ニ官制ノ大權ヲ特ニ示サレマシタノハ此ノ官制ノ大權ノミガ君主ノ權力ニ屬スルト云フ意味デハゴザイマセヌ。此ノ事ハ法律ヲ以テ定ムベキモノデナク大權命令ニ依ツテ定マルベキモノデアルト云フ原則ヲ示ン爲ニ此ノ明文ガアルノデゴザイマス。又一方ニ於キマシテハ外國ノ例ニハ君主ハ行政府ノ首長デアルト云フコトヲ云ヒマスル。行政府ノ首長デアツテ立法、司法ノ首長デハナイト云フ意味ヲ以テ之ヲ論ズルモノモアリマス。前ニモ説明イタシマシタ通リ我ガ憲法ハ此ノ主義ヲ取ツテ居リマセヌ。故ニ此ノ第十條ニ於キマシテモ天皇ハ行政ヲ行フトハ書イテゴザイマセヌ。行政各部ノ官制ノコトガ掲ゲテアリマスル。行政ハ君主ガ行ハセラル、コトハ固ヨリ當然ノコトデゴザイマシテ官制ヲ定ムル權ガ示サレマシテアリマスレバ固ヨリ行政權ハ君主ノ大權ノ下ニ屬シテ居ルコトハ云ハズシテ明カデゴザイマス

立法ノ機關或ハ司法ノ機關ハ憲法ニ於テ其ノ組織ト權限トガ定メテゴザイマス又議會裁判所ノ組織ハ憲法上法律ヲ以テ定ムベキモノデゴザイマス。而シテ行政機關ノ組織ニ至リマシテハ大權ニ專屬シテ命令ヲ以テ定ムベキモノデアルト云

フコトヲ本條ニ示シテアリマス。其ノ所由ハ行政ハ君主ノ大權ノ下ニ働クモノデゴザイマスカラ行政ガ既ニ君主ノ大權ノ下ニ屬シテ居ル以上ハ行政ヲ行フ機關ノ組織ハ當然大權ニ屬スベキハ固ヨリデアルト云フコトハ疑ヒモナイコトデゴザイマス。

二、官制。 行政各部ノ官制ト申シマスルハ行政ヲ行フ所ノ機關ノ組織ノ事デゴザイマスル行政事務ヲ分配スル規則ヲ官制ト申シマス。官職トハ行政事務ノ分配デゴザイマス。其分配ヲ定ムルモノガ官制デゴザイマシテ、官制ハ行政事務ヲ區別シテ一定ノ事務ハ一定ノ機關ニ由リ之ヲ行フコトヲ定メタルモノデゴザイマス行政ヲ行フ權アル者ハ又行政事務ヲ分配スル權ガナクテハ叶ヒマセヌ。ソレ故ニ當然ニ此ノ事ハ大權ニ屬シテ居ルノデゴザイマス。法律ニ特例アルモノハ其ノ特例ニ依ルト云フ明文ガアリマスガ其ノ例ヲ擧ゲテ見マスレバ會計檢査院ノ如キ行政裁判所ノ如キ法律ヲ以テ其ノ組織ヲ定メタルモノヲ指スノデゴザイマセウ此レ等ノ如キモノハ普通ノ官府ト性質ガ異ナリマシテ行政官ノ違法ノ處分ヲ審判スル裁判機關デアルトカ、或ハ行政機關全體ノ會計ノコトニ付テ獨立シテ之ヲ審査スル職務ヲ以テ居ル官府デアルトカ云フコトデ、其ノ性質上法律ヲ以テ其ノ權限ト組織トヲ定ムルノ必要アル例外トシテアリマス。然シ一般普通ノ行政組織ハ勅令ヲ以テ之ヲ定ムルコトガ憲法ノ精神デゴザイマス。法律ヲ以テ行政官府ノ權限ヲ左右スルコトハ憲法ノ精神デハゴザイマセヌ。斯クノ如キ例ハ成ルベク避ケナケレバナリマセヌ。

官府ト申シマスルノハ行政ノ事務ヲ掌ル者デゴザイマシテ、行政ノ事務ノ分擔ヲ職ト云ヒマス、而シテ其ノ職權ヲ行フモノガ官府デゴザイマス、官府ハ一定ノ事務ヲ一定ノ區域ニ行フ所ノ主體デゴザイマシテ各其ノ擔任スル所ノ政務ノ範圍ヲ分チマシテ相犯サズシテ其區域ヲ守ル點ヨリシテ官府ハ各〻權限ヲ有ツテ居ルト申シマス。權限ト云フハ官府ノ擔任スル所ノ職務ノ範圍デゴザイマス、然シナガラ官府ト云ヒ權限ト云ヒ職權ト云フハ形容ノ詞ニシテ官府ト云フ獨立ノ權力ノ主體アルノデハゴザイマセヌ。官府ハ畢竟通俗ノ詞ヲ以テ申シマスレバ政府ノ事務所デゴザイマス。官吏ハ事務員デアリマス。官府ノ職權トハ即チ國家權力ノ行使デゴザイマス、官府ソレ自身ガ權限ヲ有ツテ居ルノデナク國家ノ權力デゴザイマス。

ソレ故ニ職權トハ國家ガ其機關ヲ通シテ行フ所ノ權力ヲ形容シテ申スノデゴザイマス。官府ヲ一ツノ法人デアルカノ如クニ見マシテ官府ノ意思デアルトカ、官府ノ權利トカ官府ノ權力トカ云ヒマスルハ法理上誤解デアリマス。然シ百般ノ政務ハ總テ國家ノ權力ノ行動デハゴザイマスケレドモ餘リ繁錯ニシテ混雜ヲ來タス恐レガアリマスカラ形容シテ官府ノ命令トカ權力トカ申スノデアリマシテ便宜上ノコトニ止マリ、歸スル所ハ唯一ノ國家權力デアルト云フコトヲ忘レテハナリマセヌ。

行政ノ組織ハ古來ヨリ二樣アリマシテ一ハ地方主義デアリマシテ地方ヲ區劃シテ其ノ地ニ於ケル立法司法百般ノ行政モ共ニ委任スル主義ト中央集權ノ主義トニツアリマス。中央集權ノ主義ト云フノハ中央ニ於テ總テノ事務ヲ總括シテ地方ノ行政ハ即チ中央ヨリ之ヲ監督スル制度デゴザイマス。我ガ現行ノ行政ノ本則ハ中央集權デゴザイマス。官府ト申シマスケレドモ各〻上下ノ階級ガゴザイマシテ上官ハ下僚ヲ監督シ牽制スル權ガアリマス。サウシテ順次ニ溯リマシテ內閣ハ總テ行政官府ヲ監督スルノ權ヲ有ツテ居リマス。而シテ內閣ハ大權ニ直隷シテ働クノデアリマス。總テノ行政機關ハ大權ニ於テ統一サレルト云フ制度ニナツテ居リマス。

三、官吏。官吏ト云フ詞モ一應説明イタサナケレバナリマセヌ官吏ハ官職ヲ奉ズルモノヲ云フノデゴザイマス。官制ハ行政事務ノ分配デゴザイマシテ官制ガアリマスト事務ノ分配ガ定マリマスル。而シテ其ノ分配サレタル事務ヲ擔任シテ行フ人ガナクテハ行政組織ハ完全シナイノデゴザイマス。故ニ行政機關ノ組織ハ官制ト任官トニ由リテ成立シマスル。官制ニ依リ特定ノ人ニ委任シテ特定ノ事務ヲ行ハスル行爲ヲ任官ト稱シテ居リマス。任官ニ依ツテ官府ノ職權ヲ行フモノガ官吏デゴザイマス。此ノ任官ト云フコト官吏ト云フコトハ行政法ノ説明ノ時ニハ種々細カナル定義ヲモ下シマシテ之ヲ論ジマスコトデゴザイマスガ此ノ憲法ノ大體ノ説明ニ於キマシテハ之ヲ省キマス。官吏ハ特定ノ公務ヲ擔任スル義務ヲ有スル者ニシテ特種ノ監督權ノ下ニ立ツモノデアルト云フコトデ大體ノ趣意ハ分リマセウト思ヒマス。

四、官吏ノ任免。官吏ヲ任免スルコトハ固ヨリ大權ニ屬スルコトハ本條ノ明文ニテ明カナルノミナラズ所謂官制ノ大權ガ君主ノ專權デアルト云フコトヲ云ヒマスレバ官吏任免ノ權ハ之ニ伴フコトハ明カデゴザイマスル。

官吏ヲ任免シ及其ノ俸給ヲ定ムルコトハ大權ニ屬シテ居リマスルガ、然シナガラ或ル場合ニ於テ法律ヲ以テ特ニ其ノ例外ヲ定メラレマシタ時ニハ法律ニ依ルノデゴザイマス。例ヘバ司法裁判官ノ如キハ法律ノ規定ニ依ツテ任免サレルモノデゴザイマス。然シ此ノ事モ誤解ガアツテハイケマセヌ。裁判官ト雖モ法律ガ任免スルノデハアリマセヌ。任免スルノハ大權デゴザイマス。唯任免スル資格條件等ガ法律ニ依ツテ定マルニ止リ法律ノ結果トシテ當然裁判官トナル譯デハゴザイマセヌ。大權ヲ以テ之ヲ任免スル場合ニ其ノ資格條件ハ法律ノ定メタル所ニ依ルノデゴザイマス。又文武官ノ任免ニ於キマシテモ同ジコトデゴザイマス官吏ヲ任免スルコトハ大權ニアルコトハ申スマデモナイコトデアリマスルガ然シナガラ大權ハ又規則ヲ設ケマシテ文官武官ヲ任免スル資格ト條件トヲ定メマシタルトキハ之ニ依準シテ任免ヲ行フコトガ國ノ法則デゴザイマス。文武官ノ場合ト司法官ト異ナリマスル點ハ其ノ資格條件ヲ定メタル法則ガ法律デアルト命令デアルトノコトニ存シマス、命令ハ大權ニ依ツテ之ヲ變更スルコトガ出來ルノデゴザイマス。法律ハ議會ノ協賛ヲ要シマス。畢竟大體ヨリ云ヘバ普通ノ文武官モ裁判官モ同ジク大權ニ依ツテ任免セラルヽモノデゴザイマス。又官吏ノ種類ニ依リマシテハ資格ヲ定メズ條件ヲモ定メズ全ク大權ノ特別ノ御處分ニ依ツテ任免セラルヽモノモゴザイマス。即チ國務大臣ノ如キ地位ハ是レデゴザイマス。

官吏ニ俸給ヲ給與スルコトハ官吏ニ榮典ヲ授ケルコトモ同ジヤウナコトデゴザイマシテ此ノ事モ大權ニ依ツテ定メルト云フコトハ明カデゴザイマス。之ヲ特ニ揭ゲマシタル實際上ノ必要ハ蓋豫算ノコトニ關聯シテ居ルカラデアリマシヤウ國ノ政務ノ費用ハ總テ豫算ヲ以テ之ヲ定メ之ヲ議會ニ提出シテ議セシメ議會ノ協賛ニ依ツテ國ノ政務ノ費用ヲ定ムルモノデアリマス。官吏ニ俸祿ヲ給與スルハ國庫ノ負擔トナルコトデアリマス。ソレ故ニ官吏ノ俸祿ハ豫算ニ見積ツテ議會ニ出シテ議決ヲ經ナケレバナラヌモノデアリマス。然シナガラ議會ノ決スル所ハ俸給費ノ全額デゴザリマシテ特定ノ人ニ特定ノ俸給ヲ與フルコトハ議會ノ干渉ヲ容レマセヌ、全ク大權ノ處分デアルコトヲ茲ニ明白ニシタノデアリマス。然ラザレバ官吏ノ任免ハ大權ニ屬スルト云フ趣旨ガ貫徹シマセヌ。此ノコトハ豫算ノ性質ヲ說明イタシマスルトキニ當リ明カデゴザイマス。憲法ノ主意ハ官吏ニ俸祿ヲ給與スルコトハ大權デアル、然シナガラ俸祿給與スル爲ニ必要ナル費用ハ議會ノ協賛ヲ經ナケレバナラヌノデアリマス。

要スルニ本條ノ大體ノ趣意ハ行政ハ立法、司法ト異ナリマシテ君主ノ大權ニ專屬スルモノニシテ行政ヲ司トル機關ノ組織及官吏ノ任免等モ又議會ノ干涉ノ外ニ在ツテ大權デ專ラ決スル所ノ事デアルト云フコトヲ定メ行政ノ權力ノミナラズ行政機關ノ組織ノコトモ又大權ノ命令ノ範圍ニ屬シテ君主ノ大權ヲ以テ之ヲ定ムル自由ガアルト云フコトヲ定メマシタモノデゴザイマス。是レガ此ノ第十條ノ趣意デアラウト存ジマス。

第十一條　天皇ハ陸海軍ヲ統帥ス

一、陸海軍統帥大權。　恭デ案ジマスルニ此條ハ、陸海軍統帥ノ大權ヲ定メラレタモノデゴザイマス。我ガ邦ニ於キマシテハ兵馬ノ大權ハ君主ニ在リト云フコトハ建國ノ初メヨリ定ツテ居リマスル。上古ハ蓋シ國民皆兵デアリマシテ、而シテ天子ガ大元帥デ在ラセラレタ制度ト存ジマスル。然ルニ歴史ニアリマスル通リ降ツテ中世以後ニ至リマシテハ兵馬ノ實權ガ武門ニ歸シテ實際統帥ノ權ヲ行フ者ハ武人デアツタ時代モゴザリマシタ。然シナガラ是レハ、實際ノ權ガ武門ニ移ツタノデアリマシテ國體上ノ名義ニ於キマシテハ何處マデモ依然トシテ兵馬ノ大權ハ皇位ニアツタノデアリマス。然レバコソ武門ニ於テ兵馬ノ實權ヲ握リナガラモ尚是レハ朝廷ノ御委任ヲ受ケテ其ノ權ヲ行フモノト表向キ考ヘテ居ツタノデゴザリマス。

然ルニ近ク明治ノ初年中興維新ノ業ガ遂ゲラレマシテカラ後ハ再ビ古ノ如ク名實共ニ兵馬ノ大權ハ朝廷ニ歸シマシテ陸海軍統帥ノ大權ハ君主ノ大權デアルト云フ主義ガ定マリマシタ。此ノ統帥權ガ皇位ニアルト云フコトハ憲法ノ此ノ條文ノ規定ヲ俟ツテ始メテ生ジタコトデハゴザリマセヌ。建國ノ初メヨリ此ノ主義ハ定ツテ居ルノデゴザリマシテ縱令中世以後多少時世ノ變遷ガアリマシタトハ申スモノ、國體上ノ名義ニ於キマシテハ此ノ權ガ下ニ移ツタト云フコトハナイノデゴザイマス。而シテ今日ノ憲法ニ於テ益〻此ノ大義ヲ明白ニセラレタノデゴザリマスル。此ノ事タル甚ダ明白ニシテ深ク説明スルマデモナイコトデハゴザリマスガ我ガ國家ノ存立上大切ナコトデゴザリマスカラ一ト通リ陸海軍統帥ノ大權ガ君主親裁ノ大權デナクテハナラヌト云フコトヲ申上ゲナケレバナリマセヌ。

此ノ憲法ノ講義ノ緒言トシマシテ國家ト主權トノコトヲ申上ゲマシタ節ニモ述ベマシタル通リ國家ノ國家タル所以ハ權力ニアルノデゴザリマス。主權ハ即チ最大最重ノ權力ト云フコトデゴザリマス。權力ハ即チ國家ノ存立スル所以デアリマシテ主權ト云フハ歸スル所兵馬ノ大權ガ本ニナルノデゴザリマスル。

國家ハ社會ノ秩序ヲ維持スルモノデゴザリマスガ、社會ノ秩序ヲ維持スルト云ヒマスノハ個人相互ノ間ニ於ケル權力ノ爭鬪ヲ防グノト、外國カラ我國ヲ侵サレヌヤウニ防衛スルノ謂ヒデアリマシテ、此ノ內外ノ力ニ對シテ我國ノ存立ヲ保ツト云フコトハ權力デナクテハ出來マセヌノデアリマス。權力ノ侵犯ヲ防グニハ權力ヲ以テスルニアラザレバ能ハザルコトデゴザリマスル。平和ノ時ニ於キマシテハ法律命令等ノ力デ穩カニ治ッテ居リマスケレドモ法律命令等デ國ヲ治メ得ルノハ畢竟權力ノ後援ガアルカラデアリマシテ唯一片ノ紙ニ書イタ法律規則ガ世ノ中ヲ支配シ得ル譯デハゴザイマセヌ。法律命令ガ世ノ中ノ秩序ヲ保チ得ル所以ハ最後ノ力トシテ最モ力强ク且ツ最モ高キ權力ガアルカラデゴザリマス。其ノ權力ガ即チ國家ノ主權デゴザリマシテ國家ノ主權ハ何デアルカト云フト歸スル所國ノ戰鬪力ガ其ノ基ヲ爲シテ居ルト考ヘマスル。外國ノ學者モ常ニ論ジマス通リ國家ノ成立ハ宗敎團體等ノ成立トハ違ヒマス。宗敎ノ團體ノ如キハ多數ノ人間ヲ結合シテ大ナル勢力アル團體ヲ成シマスケレドモ其ノ多數ノ者ヲ結合スル所以ハ敎義ニ由ルノデゴザリマス。敎義ニ由ルト云フハ宗旨ノ敎ノ信仰ニ由ルト云フコトデゴザリマス。乃チ信仰カラ結合スルノデアリマス。故ニ權力ト云フモノガ其ノ團體ノ必要條件トハナツテ居リマセヌ。然ルニ國家ハ此ノ類ノ宗敎ノ團體トカ學問ノ團體トカ美術ノ團體トカ云フモノトハ違ヒマス。國家ノ國家タル所以ハ國民ヲ權力ニ由ツテ纒メテ而シテ權力ニ由ツテ之ヲ維持スル所ノ團體タルコトニアリマス。故ニ國家ノ存在ニハ必ズ權力ガ伴ハナケレバナリマセヌ。而シテ其ノ權力ト云フハ必ズシモ腕力ノミヲ以テ國ヲ治ムルノ謂ヒデハゴザリマセヌケレドモ腕力即チ國ノ戰鬪力ト云フモノガ根本ニ備ハツテ居ツテコソ平和ノ秩序ガ全ク存スルノデゴザリマスル。

陸海軍ト申シマスノハ帝國ノ戰鬪力デゴザリマシテ統帥ノ大權ト申シマスノハ帝國ノ戰鬪力ヲ指揮スル大權デアルト考ヘマスル。陸海軍ノ編制及ビ兵額ヲ定ムルコトモ次ノ條トシテ大權ニ屬セラレテアリマスガ畢竟スルニ是亦統帥ノ大權ノ中ニ含マレテ居ルコト、考ヘマスル。察スルニ我ガ邦建國ノ基礎トシテ國ノ陸海軍ヲ指揮スル權力ハ天子ノ親裁ニ在リトシ之ヲ統治ノ機關ニ全ク委ヌルト云フコトハナイノデゴザリマス。然シナガラ憲法ヲ定メマス時ニ於キマシテハ國ノ統治權ハ素ヨリ皇位ニ於テ總攬シマスケレドモ其ノ統治權ノ行使ノ種類ニ依リマシテハ統治ノ機關ヲシテ之ヲ行ハシムルト云フコトモ起リマス。例ヘバ立法ノコトニ就テハ帝國議會ガ參與スル權ヲ有ツテ居ルトカ或ハ司法權ハ君主ノ名ニ於テ裁判所ガ行フトカ云フヤウナ規定ガアルノガ即チ憲法ノ定メラレタ所以デゴザリマシテ立憲政體ニ則リマシタ以上ハ唯ダ國ノ統治權ノ作用デアルカラト云ツテ悉ク皆君主ノ大權デアルト云フコトニハナラヌノデゴザリマス。大權ト云フコトノ意味ハ前ニ申述べテ置キマシタカラ既ニ明カデアルト存ジマス。素ヨリ總テノ權力皆皇位ニ屬シテ居リマスケレドモ君主御自身ニ於テ御親裁ニナル働キト、裁判所トカ國會トカ云フモノニ參與ノ權ヲ認メラレタモノトノ區別ガアリマス。其ノ區別カラシテ憲法ニ陸海軍ノ統帥ノ權ハ君主ノ大權デアルト云フコトヲ掲グル必要ガアルノデゴザリマスル。唯ダ統帥ノ大權ト云フコトノミヲ見マシテハ憲法ニ何ガ故ニ此ノ事ヲ掲ゲタカト云フ趣意ガ能ク分リマセヌケレドモ憲法全體ノ組立ニ就テ考ヘテ見マスルト此ノ條ニ於テ統帥大權ガ君主ニ專屬スルト云フコトヲ掲ゲマシタ結果ハ國ノ陸海軍ヲ動カスニ就テハ帝國議會其ノ他國家ノ機關ノ之ニ干渉スルコトヲ許サズシテ全ク君主ノ帷幕ノ中ニ於テ御計畫ガアツテサウシテ御親裁ニ依ツテ帝國ノ戰鬪力ガ運動スルト云フコトノ原則ヲ明白ニセラレタコトニナリマス。

統。帥。權。ト軍。ノ。行。政。ノ事トハ區別シテ考ヘナケレバナリマセヌ。統帥權ハ唯今申上ゲマシタ通リ陸海軍ヲ指揮スル大權デアルト考ヘマスル。軍ノ行政ハ是レト異ツテ居リマス。陸海軍即チ帝國ノ戰鬪力ノ材料ヲ供給スルトカ。之ニ關係スル所ノ各種ノ營造物ノ維持ノ手續ヲスルトカ云フガ如キコトハ行政ノ働キデゴザリマスル。行政ハ大權及法律ノ下ニアツテ行政官ガ其ノ職權ヲ以テ法律命令ニ依テ處分シテ行ク所ノ働キデゴザニマスル。陸海軍ニ關係スルコトデアレバ悉ク皆大權デアルト云フ譯デハゴザリマセヌ。陸海軍ニ關スルコトデアリマシテモ法律ヲ以テ定ムベキコトモゴザリマス。例ヘバ兵役ノ義務ノ如キハ法律ヲ以テ之ヲ定メナケレバナリマセヌ。又臣民ニ對シ兵役及軍事上ノ負擔ヲ命ズル手續ニ至ツテハ矢張リ行政ノ事務デゴザリマス。統師權ノ働キデハゴザリマセヌ。恰モ大藏大臣ガ行政官府トシテ租稅ヲ徵收スルガ如ク陸海軍ノ大臣以下ノ官府ハ總テ是レ等ノ行政ノ責任ニ當ラナケレバナリマセヌ。其ノ他軍事ニ關係シマスルコトデアリマシテモ戰鬪力其ノモノヲ組織スル所ノモノニ就テハ統師權及之ニ伴フ編制權ノ範圍ニ於テ大權ニ專屬シ大權ノ命令ニ依テ直接ニ動キマスケレドモ之ヲ募集スルトカ材料ヲ供給スルトカ云フヤウナコトニナリマスルト矢張行政ノ官府ガ行政ノ處分トシテ之ニ與ラナケレバナリマセヌ。茲ニ於テ純粹ナル統帥權ヲ行フ働キト陸海軍ニ關スル所ノ行政ノ働キト二樣ニ分レマシテ、現今ノ組織ニ於キマシテモ統帥ノ權ハ大權デゴザリマスケレドモ尚其ノ外ニ陸海軍大臣以下ノ行政官府ガゴザリマシテ陸海軍ニ關スル所ノ行政ノ事務ヲ掌ツシ居リマス。

此ノ統帥ト行政トノ區別ニ就キマシテハ實際細イ所ニ渉ツテハ特別ニ其ノモノニ就テ問題ヲ決セナケレバナリマセヌ。此ノ處テハ唯大體ノ說明ノ外ハ申上ゲルコトハ出來マセヌ。茲ニハ規定ノ大體ノ趣意ノミヲ申上ゲルノデゴザリマスガ實際問題ト致シマシテ一事件ガ果シテ統帥權ノ働キニ屬スルヤ或ハ行政ノ權限ニ屬スルヤト云フガ如キコトハ隨分解釋ニ困難ナル場合ガアルデ、ジウト考ヘマス。茲デハ大體ノ區別ノ方針ヲ概括シテ申上グルコトニ止メテ置キマス。

第十二條　天皇ハ陸海軍ノ編制及常備兵額ヲ定ム

一、編制及常備兵額。　恭デ考ヘマスルニ此條ト前條トヲ合セマシテ統帥大權ノ働キガ明白ニナルト存ジマスル。其レ故ニ前條ト此ノ條トヲ併セテ茲ニ說明致シタイト存ジマスル。陸海軍ノ編制ト常備兵額ヲ定ムルコトハ大權ニ屬スルト云フノガ此ノ條ノ規定ノ趣意デゴザリマス。大權ニ屬スルト申シマスレバ編制及常備兵額ヲ定ムルコトハ帝國議會ノ干渉ノ外ニアツテ法律ヲ以テ定ムルニアラズ即チ大權ノ事項デアルト云フコトガ明カデアリマス。

陸海軍ノ編制トハ帝國ノ戰鬪力ノ組織ノコトデアラウト存ジマス。而シテ此ノ編制ト軍ノ行政ノ官制トハ區別シテ考ヘナケレバナリマセヌ大權ノ範圍ニ屬シテ居リマスノハ軍ノ編制ノコトデアリマシテ、陸海軍ニ關係スル行政ノコトハ茲ニ云フタノデハゴザリマセヌ。素ヨリ行政ノ官制ヲ定ムルコトモ大權ニ屬シテ居リマスガ其レハ第十條ノ規定ニ屬シマシテ總テ他ノ行政ノ官制ト同ジク陸海軍ノ行政ノ官制モ亦大權トシテ定メラル、コトハ其ノ條ノ規定ニ於テ明カニセラレテアリマス。此ノ處ニ於キマシテ特ニ編制ノコトダケガ掲ゲテアリマスノハ陸海軍即チ帝國ノ軍ノ組織ノコトハ陸海軍ノ官制トハ異ナルガ故ニ之ヲ明カニセラレタモノト存ジマスル。

編制ノ範圍ニ就キマシテハ陸海軍ノ組織ノ細目ノコトニ渉リマシテハ甚ダ不案内デゴザリマスカラ茲ニ委シク申述ベルコトハ出來マセヌ。且ツ誤ツテハナリマセヌ故ニ御疑問ニ屬スルコトガゴザイマスレバ後トヨリ其ノ專門ノ者カラ說明ヲ申上ゲルヤウニ致シタイト存ジマスル憲法義解ニ掲ゲテアリマスル解釋ニ依テ見マスルト編制ト云フ範圍ハ其ダ廣イコトニナツテ居リマス。啻ニ軍隊艦隊ノ編制ノミナラズ兵器ノ備附トカ或ハ軍人ノ敎育トカ檢閱トカ紀律トカ服制、衞戍、城塞等總テ國防ノ事等ハ皆編制大權ノ中ニ含マレテ居ルト云フコトガ掲ゲテゴザリマス。是レ等ノ名稱ニ就キマシテハ時々陸海軍ノ法令モ變リマスカラ今日ノ編制ノ名稱ト異ナルカモ知レマセヌガ憲法ノ大體ノ趣意ハ茲ニアラウト思ヒマスル。尤モ編制ノ大權ヲ餘リ廣ク解釋シ過ギテ總テノ陸海軍ノ行政ノ範圍ヲ悉ク含ムモノト解釋スルガ如キハ憲法ノ精神デアルマイト考ヘマス。既ニ憲法ニ於テ陸海軍ノ統帥權ト行政權トヲ分ケラレマシタ以上ハ其ノ區別ハ十分明カニスルノガ憲法ノ趣意ニ適フト存ジマス。細カキコトハ別問題トシマシテ大體ニ置キマシテ軍ノ編制ハ即チ帝國ノ戰鬪力ノ組織ノコトデアルト解釋シテ居リマス。常備兵額ト云フハ蓋シ平時ニ於テ陸海軍ノ編制ニアル所ノ常備ノ兵員ヲ指スモノデアラウト存ジマス・陸海軍ノ編制ハ蓋シ平時ト戰時トニ於テ違ツテ居ルト存ジマス。戰時ニ於テハ完全ナル組織ニナルノデゴザリマセウ。常備兵額ハ即チ平時ニ於テ備ヘラレテアル所ノ兵數ノコトデアラウト存ジマスル。

常備兵額ヲ定メマスコトモ素ヨリ大權ノ親裁ニ依ルコトハ此ノ條文ヲ以テ明瞭デゴザリマスガ、此ノ事ニ付キマシテハ我ガ憲法ハ外國ノ憲法ト違フ所モアリマスカラ一應稍〻委シク御話ヲ申上ゲテ置ク方ガ宜シカラウト存ジマス。

諸外國ノ憲法ニ於テハ編制及ビ常備兵額ヲ定ムルノ權ハ必ズシモ君主ノ大權ニ專屬シテ居ルモノトハ定メテ居リマセヌ陸海軍ヲ指揮スル權ハ大概何レノ國ニ於キマシテモ國ノ首長ノ專權ニ任ジテアリマスケレドモ常備兵額ヲ定ムルガ如キハ必ズシモ國ノ首長ノ專權ニ任シテ居ラヌノデアリマスル。或ハ常備兵額ハ法律ヲ以テ定ムルト云フ制度モゴザリマス。又豫算ニ依ツテ定ムルト云フ制度モアリマスガ詰リ外國ニ於キマシテハ法律ト云ヒ豫算ト云フモ同ジヤウナ効力ヲ有セシメマスカラシテ立法ノ手續ヲ以テ常備兵額ヲ定ムルト云フモ豫算ヲ以テ定ムルト云フモ實際ニ於テハ同ジコトデゴザリマス。是レ等ノコトモ我ガ憲法制定ノ時ニ於テ十分考ヘラレタコトニ相違アリマセヌ。然シナガラ我ガ憲法ニ於キマシテハ既ニ統師ヲ大權トシテ置タ以上是レト相離ルベカラザル編制權及常備兵額ヲ定ムル權ハ當然ニ統帥權ニ含マレテ大權トシテ置カル、コトガ道理デアルト考ヘラレタノデアリマセウ。加之實際外國ノ例ニ徵シマスルニ常備兵額ヲ定ムルコトニ就キマシテハ國ノ政治上ニ屢々困難ヲ感ジタ場合ガアツタノデゴザリマス。或ハ獨逸ノ如キ或ハ英吉利ノ屬國ノ如キニモ其ノ例ガアリマシタ。政府ト議會ト軌轢ノ場合ニ於テハ國ノ常備兵額ノコトニ就テモ國會ト政府トノ意見ガ合ヒマセヌデ爲メニ國ノ兵力ノ上ニ影響ヲ及ボスヤウナコトガアリマシタ。我ガ憲法ヲ制定セラル、ニ當リマシテ軍ノ編制及常備ノ兵額ヲ定ムルコトハ法律ヲ以テスルトモ定メラレズ又豫算ニ依テ定ムルトモセズシテ全ク大權ニ專屬スルコトニ定メラレマシタノハ蓋シ外國ニ於テ政治上頗ル困難ヲ感ジタル例等モ參酌シタ結果ト考ヘラレマス。外國ニ於テモ立法ノ手續ニ依テ之ヲ定ムルトハ申シマスルモノ、毎年々々常備兵額ヲ新ニ定ムルガ如キハ國ノ兵力ニ影響ヲ及ボスコト頗ル大ナルガ故ニ或ハ五年トカ七年トカ云フヤウナ鹽梅ニ繼續シテ定ムル手續ヲ取ツテ其ノ不都合ヲ避ケテ居ル國モアリマス。我ガ國ニ於キマシテハ此ノ如

キ困難ハゴザリマセヌ。要スルニ常備兵額ハ大權令ヲ以テ定ムルコトニナツテ居リマス。

此ノ處ニ於キマシテ。憲法上ノ大權ト豫算トノ關係ヲ少シク申上ゲテ置クコトガ必要デアラウカト思ヒマス。

二、大權及豫算ノ關係。

此ノ處ニ於キマシテ。憲法上ノ大權ト豫算トノ關係ヲ少シク申上ゲテ置クコトガ必要デアラウカト思ヒマス。編制權及常備兵額ヲ定ムル權ガ大權ニ屬シテ勅令ニ依テ兵數ヲ定メマスル以上ハ之ニ關係スル豫算ハ議會ニ於テ議スルコトガ出來ヌカト云ヒマストサウデハゴザリマセヌ。議會ハ議定權ヲ有ツテ居リマスカラ縱令大權ニ屬スルコトデアリマシテモ議會ハ矢張リ之ヲ議スルノデアリマス。然シナガラ是レガ大權ニ屬スルコトデアリマス故ニ議會ニ於テ議定スル權限ガ幾分カ制限ヲサル丶コトニナリマス。其ノ制限ノ原則ヲ茲ニ申上ゲテ置キタイト思ヒマスル。其ノ原則ハ三ツニ分ケテ申上ゲレバ明白デアラウト存ジマス。

第一、憲法上ノ大權ニ基ケル既定ノ歲出トナツテ居リマス場合ニハ政府ノ同意ナクシテハ議會ハ之ヲ廢除削減スルコトハ出來マセヌ。此ノコトハ後ニ憲法六十七條ニ於テ委シク説明ヲ致シマスルガ既定ノ歲出ト申シマスノハ現今ノ解釋デハ

大權ニ基イテ居ル所ノ歳出ノ額デアッテ而シテ前年度ノ豫算ノ議決ニ依ッテ既ニ定ッテ居ルモノヲ指シテ既定ノ歳出ト申スノデゴザリマス。其レ故ニ此ノ場合ニ於テ申シマスレバ編制及常備兵額ガ大權デ既ニ定ッテ居リマシテ而シテ是レニ伴フ費額ガ既ニ前年度ノ豫算ニ依テ既定ノ歳出トナッテ居リマスレバ其ノ費額ニ就テハ政府ノ同意ガナクテハ議會ハ之ヲ削減スルコトハ出來マセヌ。是レガ第一ノ原則デゴザリマス。

第二、憲法上ノ大權ニ基イテ居ル歳出ハ議會ハ其ノ目的ヲ變更セザル限リニ於テ審査議定スルコトガ出來マス。茲ニ大權ニ基ケル歳出ト申シマシテ大權ニ基ケル既定ノ歳出ト申シマセヌノハ前ト異ル所デアリマス。例ヘバ大權ヲ以テ新ニ常備兵額ヲ定メラレタトカ或ハ新ニ官府ヲ設ケラレタトカ云フ時ニハ縱令大權ノ働キニ出ヅルト雖モ議會ハ之ヲ審査議決スルノ自由ガアルノデゴザリマス。尤モ自由ト申シマシテモ大權ヲ動カスコトハ出來マセヌカラ其ノ目的ヲ變更セザル範圍内ニ於テ討議スル自由ガアルノデゴザリマス。例ヘバ常備兵額ヲ一萬增スト云フコトニナリマスト一萬ノ兵數ヲ維持シ得ル丈ケノ費用ハ議會ハ之ヲ拒ムコトハ出來マセヌ。然ラバ既定ノ歳出トナッテ居ルト同ジカト云フ御疑ヒガアリマセウガ、サウデハアリマセヌ。一萬八ノ兵ヲ維持スルニ幾干ノ金ヲ要スルヤト云フコトガ討議セラルベキ問題デアリマシテ大權デハ兵數ノミヲ定メ之ニ對スル金額ハ定メマセヌカラ、議會ハ其ノ金ノ多少ヲ議スルノ權ヲ有ッテ居ルノデアリマス、サウ致シマスルト議會ガ不當ニ僅少ナル金額ヲ以テ一萬ノ兵數ヲ維持セヨト云フコトヲ政府ニ向ッテ注文ヲ致シマスレバ實際一萬ノ兵ヲ置クコトヲ否決スルト同ジコトニナリマシテ實際問題トシテハ甚ダ困難ヲ感ズルコトガアリマス法律上ノ解釋トシテハ大權ノ目的ヲ變更セザル限リニ於テ自由ニ討議スルコトガ出來ルト言ハナケレバナリマセヌ。目的ヲ變更セザル限リト申セバ此ノ場合ニ於テ言ヘバ一萬ノ兵數ヲ維持シ得ルダケノ費用ハ是非議決ヲシナケレバナラヌト云フコトニナリマス唯之ニ必要ナル金額ノ見積ガ政府ト議會トニ於テ異ナルコトアルノデゴザイマス。

第三、憲法上ノ大權事項ニ關係スル歳出デゴザリマシテモ政府ハ未ダ法律命令ヲ發シテ之ヲ定メズ將來ニ於テ計畫セントスルノ希望ヲ以テ先ヅ豫算ノミヲ提出スル場合ガアリマス。例ヘバ來年度ニ於テ斯ク〻〻ノ編制ヲシタイトカ斯ク〻〻ノ兵數ヲ增シタイトカ云フコトヲ未ダ大權令ヲ以テ發セザル前先ヅ其ノ豫算ヲ議會ニ提出致シマシタ場合ニ於キマシテハ議會ニ於テ全ク自由討議ノ權ガアルノデゴザリマス。自由討議ト申シマスノハ其ノ金額ノ多少ヲ議スルハ勿論極端ニ申セバ是レヲ全然削除スルコトモ出來ルノデゴザリマス。前述ノ第二ノ場合ニ於テハ削除スル權ハゴザリマセヌ。唯其ノ目的ヲ變更セザル限リニ於テ金額ノ多少ヲ議スルニ止マリマスガ。此ノ第三ノ場合ニ於テ全然削除スルノ權能ガアルノデゴザリマス。

憲法上ノ大權ト豫算トノ關係ハ此ノ三ツノ原則ヲ以テ明瞭デアラウト存ジマス。此ノコトハ唯軍ノ編制常備兵額ヲ定ムル大權ニ就テノミノコトデハゴザリマセヌ茲ニハ此ノ條ヲ籍リテ說明ヲ試ミマシタノデ之ニ類似スル所謂大權事項ト議會ノ豫算議定權トノ關係ノ一般ニ通ズルノ原則デアリマス。

第十三條　天皇ハ戰ヲ宣シ和ヲ講シ及諸般ノ條約ヲ締

結ス

一、外交大權。恭デ案ジマスルニ此條ハ所謂外交ノ大權ヲ定メタモノデゴザリマス。我ガ國體ハ皇位ヲ以テ主權ノ本體トシマスガ故ニ外國ニ對シテ我ガ主權ヲ表ハス者ハ即チ君位デアルコトハ申スマデモアリマセヌ。其レ故ニ外國ニ對シテ國ヲ表ハス者ハ君主デアルト云フコトヲ茲ニ示シタノデゴザリマス。此ノ事ノミデゴザリマスレバ殊更茲ニ掲グル必要モゴザリマセヌガ特ニ茲ニ憲法ノ一ケ條トシテ掲ゲタル所以ハ是レ亦憲法上ノ大權事項デアルト云フコトヲ宣告シタノデゴザリマス。

戰ヲ宣シ和ヲ講ズルコト及諸般ノ條約ヲ締結スルコトハ外國ノ例ニ於キマシテハ或ハ議會ノ議決ニ依ラナケレバナラヌコトニナツテ居ルノモアリマスガ我ガ憲法ニ於キマシテハ其ノ主義ヲ取ラズシテ全然大權ノ親裁ニアルモノトシ統治機關ノ之ニ干渉スルコトヲ許サヌコトヲ此ノ條ニ於テ示シテアルノデゴザリマス。外交ノ關係ハ申スマデモナク統一ヲシナケレバナラズ又敏速ニ謀ラナケレバナリマセヌ故ニ外交關係ニ就テハ縱令議會ヲ設ケテアル國デアリマシテモ政府ノ統一ノ力ヲ以テ外國ニ對シテ働クト云フノガ一般ニ規定ニナツテ居ルヤウデアリマス。然シナガラ或國ニ於キマシテハ戰ヲ宣スルニモ議會ノ議決ヲ經ナケレバナラズ又條約ヲ結ブニモ議會ノ議決ニ依ラナケレバナラヌト云フ規定モ見エテ居リマス。是レ等ノ主義ヲ取リマストキニハ國家ノ行動ニ於テ統一ト敏速トヲ缺クノ恐レガアリマス故ニ我ガ憲法ニ於テハ外交ノ大權ハ君主ノ親裁ニアリト定メ統治機關ノ干渉ヲ許サヌコトニナツテ居ルノデゴザリマス。

外交ノ關係ハ近世ノ文明ノ進歩ニ伴ツテ今日ノ有様ニ至ツタノデゴザリマセウ。古ノ歷史ニ於キマシテハ外國ヲ自國ト對等ノモノト認メマセヌ。故ニ隨ツテ宣戰講和及條約等ノ大權ト云フ觀念ハナカツタノデアリマス。戰ヲ宣シ和ヲ講ズルトカ、條約ヲ結ブトカ云フコトハ相手方ヲ我ト平等ニ見テ而シテ後ニ起ルコトデゴザリマセウ。今日ノ文明諸國ノ關係ハ對等デアル對等デアル故ニ此ノ條約及宣戰講和等ノ形式モアルノデゴザリマス。本條ノ文字上ノ解釋ニハ强ヰテ關係ハアリマセヌケレドモ外交關係ノ變遷シタル跡ヲ歷史上ヨリ考ヘテ見マスルト餘程面白イコトガアルノデゴザリマス。極ク古クハ各國皆自ラ世界ノ主權タル觀念ヲ持テ居リマシテ對等ノ外國ト云フモノヲ認メマセヌ。外國ハ即チ未ダ我王化ニ服セザル蕃民デアルトノミ見テ居リマシタ然ルニ漸々ニ外國ヲ認メテ已レト對等ノモノトナスニ至ツタノハ數百年若クハ千年ヲ經テノコトデゴザリマシテ其ノ間ノ變遷ハ實ニ種々ナル經過ヲ致シタコトデゴザリマス。今日ニ至リマシテハ啻ニ對等ト認ムルノミナラズ外國トノ關係ハ唯ダ腕力ノ關係ノミデハゴザリマセズシテ國ト國トノ間ニ行ハル、國際ノ公法ヲ以テ規律セラレタモノデアルト云フコトヲ認ムルマデニ進歩シマシタ所謂國際公法ナルモノハ法律トシテハ未ダ幼稚タルヲ免レマセヌガ、國際關係ヲ規律スル上ニ於テハ大勢力ヲ有シテ居リマシテ平時ト戰時トヲ問ハズ各國ハ此ノ規則ヲ準據シテ各其ノ權利ヲ享有スルト云フ有樣ニナツタノハ昔ノ歷史ニ見ル所ニ較ベテ非常ナル進歩ヲ爲シタモノデゴザリマス。

宣戰及講和ノ大權ハ畢竟陸海軍ヲ統帥スル大權ト伴ハナケレバナラヌモノデゴザリマシテ既ニ第十一條ニ於テ陸海軍統帥ノ大權ガ君主ノ親裁ニアリトセラレ

タ以上ハ此ノ事モ君主ノ親裁ニ屬スベキ道理デゴザリマス。宣戰講和ト申シマスト專ラ外國ニ向ツテノ關係ヲ茲デ申シタコトデアルト存ジマス。而シテ宣戰講和ノコトガ大權ニ屬スルト申シマスル以上ハ之ニ伴ツテ例ヘバ外國ト外國トガ戰爭ヲ致シマスル時分ニ我ガ國ガ中立ノ宣告ヲスルト云フガ如キコトモ皆大權ニ屬シテ大權令ヲ以テ定メ得ルコト、解釋シテ至當ト存ジマス。

二、條約ノ締結。 條約ハ國ト國トノ約束デゴザリマス。條約ヲ締結スルコトガ憲法上ノ大權デアリマス。 以上ハ縱令之ヲ締結スル爲メニ全權ノ委員ヲシテ商議セシムルコトガアリマシテモ是レハ條約締結ノ準備デアリマシテ條約ノ成立ハ必ズ御批准ニ依ラナケレバナリマセヌ。條約ノ批准ハ即チ大權ノ親裁ニ依ルモノデゴザリマス。條約ハ何ニ依テ締結セラル、カト云フト批准ニ依ツテ締結セラル、ノデゴザリマス。兩國ノ全權委員ガ條約ノ草案ニ調印致シマスノハ未ダ全キ條約デハゴザイマセヌ。其ノ條約ヲ國ノ主權者ガ批准シテ始メテ條約ガ成立ツノデゴザリマス故ニ條約ヲ締結スト云フハ條約批准ノ大權ガ君主ニ專屬スルト云フコトヲ申シタノデゴザリマス。

條約ノ締結權ニ付キマシテモ外國ノ憲法ト我ガ國ノ憲法トハ大ニ違ツテ居ルノデゴザリマス。歐羅巴大陸諸國ノ憲法ハ大概同ジヤウニ通商條約及國民ニ負擔ヲ來スベキ條約ハ國會ノ議決ヲ經テ之ヲ締結スト憲法ノ明文ヲ掲ゲテアリマス。我ガ國ニ於テハ此ノ明文ガアリマセヌ。而シテ帝國議會ノ權限ヲ定メタル條ニ於キマシテモ法律ト豫算トヲ議定スル權ハ認メテアリマスケレドモ條約ヲ議スル權ハ認メテゴザイマセヌ、而シテ此條ニ於キマシテ條約ノ締結ハ大權デアルト云フコトヲ認メマシタ以上ハ外國ノ例ハアリマシテモ我ガ帝國議會ハ條約ノ締結ニ就テ關係スルモノデナイト云フコトガ明カデゴザリマス。

外國ニ於テ條約ノ締結ニ議會ガ干涉スルノハ何ガ故デアルカト申スト全ク理由ナキコトデハゴザリマセヌ。通商條約ノ如キハ政治上ノ條約ト違ヒマシテ國ト國トノ約束デハゴザリマスケレドモ之ヲ實行スル時ニ於キマシテハ內外人民各個人ノ權利義務ニ關係ヲ及ボスコト法律ト同ジ結果ガアリマス。故ニ法律ニ定ムルニハ議會ノ議定ヲ經ナケレバナラヌト云フ原則ヲ推擴メテ即チ通商條約ノ如キ人民ノ權利義務ニ直接ニ關係スル所ノ條約ハ法律ト均シク國會ノ議決ヲ經ナケレバナラヌト云フ主義ヲ取ッタノデゴザリマス。

我ガ國ノ憲法ニ於テハ此ノ主義ヲ取ラナカッタノデアリマスガ其ノ之ヲ取ラナカッタノニモ亦理由ガアリマスル外國ノ例ノ如ク條約ノ締結ヲ國會ノ協賛ニ依ルコトニシマスルト外國ニ對シテ條約ヲ結ブ權ノ統一ヲ失フコトニナリマシテ外國トノ約束ヲ確ニ結ブノニ困難ヲ生ズルノデゴザリマス。現ニ獨逸ニ於キマシテモ隨分之ニ就テ實際問題ノ起ッタコトガゴザリマス。然シ外國ニ對スル關係ハ國内ニ於テ如何ニ憲法違反デアルト論ジマシテモ既ニ成立ッタ條約ハ外國ニ對シテ動カスベカラザルモノデアリマスカラ議會ノ議決ニ依テ條約ヲ結ブト云フコトハ或場合ニ於テハ甚ダ困難デアリマス。是レ等ノ一利一害ノアル所ヲ考ヘテ何レノ立法モ理由アルコトデハアリマスガ我ガ國ノ憲法ニ於テハ條約ノ締結ハ全然君主ノ大權ニアリト云フ主義ヲ取リマシテ議會ノ協賛ヲ必要ナシトセラレタノハ外國ニ對シテ國權ノ統一ヲ全ウスルノ利アルノデゴザリマス。

尚條約ノコトニ就キマシテハ茲ニ要目ヲ掲ゲテ置キマシタ通リ條約ノ性質或ハ條約ト法律トノ關係等ノコトヲ少シ委シク説明ヲシタイト存ジマスガ本日ハ時

間ガ餘リ長クナリマスカラシテ此ノ條ノ說明ハ次回ニ續ケルヤウニ致シタイト存ジマス。

前回ニ第十三條ノ說明ヲ致シマシタガ時間ノ都合デ悉ク陳ベ了ルコトヲ得マセヌデ。條約ノ締結等ノコトハ申上ゲマシタガ尙條約ニ關シテ殘シテ居ルコトガアリマスカラソレヲ續ケテ今夕說明ヲ致シマスル。

三、條約ノ性質及効力。

條約トハ如何ナル性質ノモノデアルカト尋ネテ見マスルト國ト國トノ約束デゴザリマス。是レハ申スマデモナイ明白ナコトデゴザリマスガ然シナガラ條約ノ種類ニ依リマシテハ人民ノ權利義務ノコトヲモ定メマスカラ或ハ法律命令ト同ジモノデハナイカト云フノ誤解モ出ヤウカト存ジマスル故ニ念ノ爲メニ此ノコトハ能ク申上ゲテ置カナケレバナリマセヌ。條約其ノ者ノ性質ハ約束デゴザリマス。其約束ヲスル相手ガ國デゴザリマシテ、我國ト外國トノ間ニ約束ガ結バレルノデゴザリマス。而シテ條約ノ効力トハ何デアルカト云ヘバ國ト國トノ關係ヲ拘束スル力デゴザリマス。即チ國ト國トノ間ニ於テ行ハル、モノデゴザリマス。條約元來ノ性質ハ各國人民ノ各個相互間ニ權利義務ヲ約束スルモノデハゴザリマセテズシ國ト國即チ政府ト政府トノ間ノ權利義務ヲ定ムル性質ノモノデゴザリマスル。ソレ故ニ條約ノ種類ニ依リマシテハ全ク人民ニ知ラサヌモノモゴザリマスル。例ヘバ秘密條約ナドト申シマシテ唯政府ト政府トノ間ニ於テ條約ガ調ツテ居ルダケデ人民ハ一向其ノ約束ノアルコトヲモ知ラヌコトガアリマス。ソレデアリマシテモ條約タル性質ニ於テハ完全デアリマシテ秘密條約ト雖モ條約タルノ效力ハ少シモ缺クル所ハアリマセヌ。條約ハ批准ニ依ツテ成立ツモノナルコトハ前回申上ゲマシタ通リデ。條約ヲ公布スルト否トハ條約ヲ實行スル上ノ便宜ニ過ギマセヌ。即チ條約ハ公布ニ依ツテ成立ツモノデハナイノデアリマス。是レモ亦法律命令ト其ノ性質ノ異ル所以デゴザリマスル。法律命令ハ御裁可ガアツテ而シテ後之ヲ公布スルニ依ツテ效力ヲ全ウ致シマスルガ、條約ハ其効力ヲ全ウスルニ公布ハ必要デナイノデアリマス。秘密條約ト云フガ如キハ即チ公布ヲセザル條約ト云フコトデゴザリマス。

四、條約ノ施行。

條約ヲ國內ニ施行致シマスルニハ如何スルヤト云フコトガ實際問題ニ於テ重要デゴザリマス。條約ヲ施行致シマスルト云フハ外國ニ對シテ約シタルコトヲ其ノ約束ノ趣意ニ基イテ國內ニ於テ其ノ履行ヲ爲スト云フコトデゴザリマスル。條約ノ種類ニ依リマシテハ政府自身デ其ノ趣意ヲ守ツテ遂ゲサヘスレバ約束ガ完全ニ履行サル丶コトモゴザリマス。所謂政治上ノ條約ト云ヒマスモノハ此ノ部類デゴザリマシテ國ト國トノ外交的關係トカ或ハ其ノ他直接ニ人民ノ權利義務ニ關係セズシテ國ノ取ルベキ方針ト云フヤウナコトヲ定メタ所謂政治上ノ條約ニナリマスルト別ニ法律命令ヲ發布シテ其ノ施行ヲ全フスル手續ヲ執ラズトモ政府ガ其ノ趣意ヲ守リ其ノ方針ニ依ツテ政治ヲ施シテ行ケバ條約ノ履行ハ遂ゲラル丶ノデゴザリマス。然シナガラ前囘ニモ申上ゲマシタ通リ條約ニハ政治上ノ關係ヲ定ムルモノト通商貿易其ノ他人民相互ノ關係ニ屬スベキコトヲ外國ノ條約ヲ以テ定ムルコトモゴザイマス。即チ通商條約ノ如キハ性質ハ國ト國トノ約束デゴザリマスケレドモ、之ヲ實行スルトキニ於キマシテハ各國各〻其ノ國ノ人民ヲシテ其ノ條約ノ趣意ヲ守ラシメ其ノ條約ニ依ツテ行政ヲ處分シテ行カナケレバ外國ニ對シテ條約ノ履行ヲ全ウスルコトガ出來マセヌ。サウ云フ條約ニ就テノ施行ノコトガ大切デゴザリマス條約ヲ國內ニ施行スルニ付キマシテハ外國ノ例ヲ見マスルト大體ニ於テ分レテ二ツニナルヤウニ思ヒマスル。前回ニモ申上ゲマシタ通リ佛蘭西、獨逸、墺太利等ノ如キ國ノ憲法ニ於キマシテハ通商條約ハ國會ノ議決ヲ經テ之ヲ締結スルト云フコトニナッテ居リマスル。何故ニ國會ノ議決ヲ必要トスルカト申セバ條約ハ外國ニ對シテ結ブモノデアルケレドモ之ヲ施行スルトキニハ國民各個人ノ權利義務ヲ束縛シナケレバナラヌ。然ラバ法律命令ト同ジ効力ヲ國內ニ有タシムル必要アル故ニ條約ヲ國會ニ於テ議決セシメテ條約ヲシテ法律ト同一ノ効力ヲ有タシメ外國ニ向ッテハ條約デアッテ之ヲ國內ニ公布スレバ法律デアルト云フヤウナ兩樣ノ効力ヲ有セシムルガ爲メニ或國ニ於キマシテハ條約ハ國會ノ議決ニ依ッテ締結スルト云フコトヲ定メタ者ガアリマスル。尤モ政治上ノ條約ハ國會ノ議ニ付セヌガ一般ノ例デアリマス。國會ガ條約ノ締結ニ關係ヲ致スノハ通商條約ニノミ限ルノデゴザリマス。此ノ主義ヲ取ッテ居ル國ニ於キマシテハ條約ヲ直ニ法律トシテ公布ヲナシ、サウシテ國內ニ於テハ法律ト看做シテ裁判所モ之レニ依ッテ裁判ヲ爲シ、行政官モ之レニ依テ處分ヲ致シマス。然シナガラ我ガ國ノ如キニ於キマシテハ前回ニ申シマシタ通リ凡ソ條約ノ締結ハ君主ノ大權ニ專屬シテ居リマシテ議會ノ議ニ付シマセヌ。故ニ唯條約ヲ締結シテ之ヲ公布シタルノミデ法律ノ代用ヲ爲スト云フコトハ法理上出來ヌコトデアリマス。條約ヲ國內ニ施行シマスルニハ條約ノ趣意ニ基イテ更ニ之ヲ施行スルノ法律ヲ作リ又ハ命令ヲ發シテ其ノ條約ノ趣旨ヲ國內ニ全ウスルノガ法理上當然ノコトデゴザリマスル。是レガ第二ノ方法デゴザリマス。

我ガ國ニ於キマシテハ條約ハ議會ノ議決ヲ經ザル主義ヲ取リマス以上ハ此ノ第二ノ方法ニ依ツテ條約ヲ施行スル法令ヲ發スルノガ道理上相當デゴザリマス、尤モ北米合衆國ノ如キニ於キマシテハ其ノ憲法ニ條約ハ總テ法律ト同一ノ效力ヲ有スルコトガ書イテアリマス。憲法ニ此ノ明文ガゴザリマスル故ニ特ニ條約ヲ施行スル法律ヲ設ケズトモ憲法直接ノ效力デ條約ガ法律ト同一ノ力ヲ有ツコトニナリマス。然ルニ我ガ憲法ニ於キマシテハサウ云フ明文モゴザリマセヌカラ道理上條約ヲ國內ニ施行スルニハ其ノ趣意ヲ全ウシ得ルダケノ施行法令ヲ發シナケレバナリマセヌ。然シ今日ノ我ガ國ノ慣例ニ於キマシテハ條約ヲ公布スルコトニナツテ居リマス。尤モ通商條約ニ就イテ申スノデゴザリマス。條約ヲ公布スルト云フハ主權者ガ條約ヲ國民ニ對シテ公ケニシ、之ニ遵由シテ背クベカラズト命令スルモノト解釋シテ居リマス。依テ條約ノ公布ガアリマスレバ其ノ公布ニ依テ我々人民ハ其ノ條約ニ矛盾スルコトハ出來ヌ、即チ之ニ遵由シナケレバナラヌト云フ解釋ニナツテ居リマス。此ノ點ニ就キマシテハ學者ノ議論トシマシテハ種々ナ問題モ起リマスガ、條約ニ關スル我ガ現行ノ解釋ハ大體此ノ如キモノデゴザリマス。然シ條約ト法律トヲ混同シテハナリマセヌ。條約ヲ公布シマスレバ條約ガ變ジテ法律トナルト云フコトデハゴザリマセヌ。唯、主權者ガ人民ニ條約ヲ守レト云フ命令ヲ發シマスルト人民ガ條約ニ遵由スルコトガ即チ法令ニ遵由スルコトニナリマスノデ、ソレデ我々ガ條約ノ規定ニ背クコトガ出來ナクナルノデゴザリマス。條約ト法律トハ別物デアルト云フニ就テハ此二ツノ物ノ關係ヲ一應申シテ置カナケレバナリマセヌ。

五、法律ト條約トノ關係。

約ト法律トハ第一相手方ガ違フノデアリマス。條約ハ外國ニ對シテ結ブモノデアリ。法律ハ國ノ臣民ニ對シテ發スル命令デゴザリマス又條約ハ對等者間ノ約束ニシテ法律ハ權力者ガ服從者ニ對スル命令デゴザリマス故ニ條約ヲ以テ法律ヲ變更スルコトモ出來マセズ又法律ヲ以テ條約ヲ變更スルコトモ出來ナイト云フノガ原則デゴザリマス二者各〻獨立シタルモノデゴザリマス外國ト條約ヲ結ンダノミデハ法律ヲ變更スルコトハ出來マセヌ現行法ヲ變更スルニハ更ニ立法ノ手續ヲ取ツテ法律ヲ以テ法律ヲ變更シナケレバナリマセヌ是レト同ジク外國ニ對スル條約ヲ我國ノ立法ヲ以テ變更スルコトモ出來マセヌ條約ヲ廢棄スルト云フコトガアリマスガ是レハ法律ヲ以テ廢棄スルニアラズシテ外國ニ對シテ條約ヲ廢棄スルト云フ宣言ヲスルノデアリマス法律ト條約トハ各〻異ナリタル範圍ニ働キ異ナリタル方向ニ對スルモノデアリマスカラ二ツノ者相牴觸スルコトモナク二ツノ者相侵スコトモナクシテ別々ノ力ヲ有ツモノデアルト云フコトヲ知ラナケレバナリマセヌ

第十四條　天皇ハ戒嚴ヲ宣告ス

戒嚴ノ要件及効力ハ法律ヲ以テ之ヲ定ム

一、戒嚴宣告ノ大權。恭デ本條ヲ讀ミマスルニ戒嚴宣告ノ大權ヲ定メラレタ條デゴザリマス。戒嚴トハ事變ノ場合ニ普通ノ法律命令ノ働キヲ止メテ國權ノ行使ノ一部ヲ或地方ニ限リ軍事處分ニ委ヌルコトヲ云フノデゴザリマス。

此ノ戒嚴宣告ノ權ハ自カラ陸海軍ヲ統帥スル權ト相伴フベキモノデゴザリマシテ既ニ國ノ戰鬪力ヲ指揮スルコトガ大權ニ屬シテ居リマス以上ハ從ッテ戒嚴宣告ノ權モ亦大權ニ專屬スルノガ當然デゴザリマスル。且又前ノ條ニ置キマシテ戰ヲ宣シ和ヲ講ズルコトモ君主ノ大權ニ屬シテ居リマスカラ戒嚴宣告ノコトモ亦從ッテ是ト同樣ナル規定ノアルノハ當然ノコトデゴザリマス。之ヲ大權トシマシタ結果ハ議會ノ干渉ノ外ニアッテ全ク憲法上ノ大權ノ親裁ニ依テ之ヲ發セラルルコトガ出來ルノデゴザリマス。外國ノ憲法ニ於キマシテハ或ハ戒嚴ヲ布ク時ニハ議院ノ同意ヲ得ナケレバナラヌト云フヤウナ規定モアリマス、恰モ戰ヲ宣告スル時ニ議院ノ同意ヲ得ナケレバナラヌト云フ規定ノアルト同ジコトデアリマスガ、此ノ如キ外國ノ例ガ善キカ惡キカハ暫ク別問題トシテ、兎ニ角我ガ國ニ於キマシテハ國ノ統治ノ權殊ニ其ノ骨子トナッテ居ル所ノ國ノ兵馬ノ權ガ大權ニ屬シテ之ヲ機關ニ委ネナイト云フ根本ノ精神カラシテ宣戰講和ノコトハ勿論戒嚴宣告ノコトモ亦全ク大權ニ專屬セシメタルモノト思ヒマス。

茲ニ戒嚴ノ要件及効力ハ法律ヲ以テ之ヲ定ムト云フ規定ノアリマス趣意ハ戒嚴ヲ宣告スルコトハ大權ニアルノデゴザリマスガ。戒嚴ノ宣告ガアレバ如何ナル程度マデ普通ノ法律ガ停止セラレテ如何ナル有樣ニ於テ普通ノ行政官府或ハ司法裁判所ガ軍事ノ指揮權ノ下ニ屬スルヤト云フ其ノ程度、及戒嚴ノ布カレタ時ニ於キマシテ人民ノ自山ノ制限ガ如何ナル程度ニマデ及ブモノデアルカト云フ、此レ等ノ事ノ如キハ人民ノ權利自由ニ大ナル關係ヲ及ボシ又憲法ノ規定ヲ一時停止スルガ如キ結果ヲ生ズルコトデゴザリマスカラシテ、此ノ要件及効力ハ豫メ法律ヲ以テ定メテ置ク必要ガアルノデゴザリマス。法律ヲ以テ定ムト云フハ即チ議會ノ協贊ヲ經テ定メテ置クト云フノ謂ヒデゴザリマス。唯其ノ戒嚴令ヲ布クト云フコトハ大權ニ屬シマスガ其ノ戒嚴ノ程度効力等ヲ定ムルコトハ大權ニ屬シテ居ラヌノデゴザリマス、戒嚴令ハ常ニ行ハレテ居ラヌ法律デアリマシテ事變ノ際ニ行ハル、法律デゴザリマス。此ノ戒嚴令ヲ行フ時機ヲ定ムルコトガ君主ノ大權ニ屬スルト云フガ此ノ條ノ趣意デゴザリマス。

○戒嚴トハ戰時又ハ事變ノ場合ニ於キマシテ兵備ヲ以テ或地方又ハ全國ヲ警戒スルノ謂ヒデゴザリマス其ノ警戒ノ結果トシテ臣民ノ居住及移轉ノ自由。又ハ罪人ヲ逮捕シ審判スルコト。又ハ家宅ノ捜索、又ハ信書ノ秘密、集會結社ノ自由。出版ノ自由ト云フ如キ平時ノ法律上ノ自由ヲ停止シマシテ之ヲ軍事ノ處分ニ委ヌルコトデゴザリマス。是レ等ノ法律上ノ自由ハ臣民ノ權利トシマシテ是レヨリ後ニ説明ヲ致シマスル所ノ憲法第二章臣民ノ篇ニ於テ揭ゲラレテアルモノデゴザリマス。是レ等ノ自由權利ハ臣民ノ爲ニ憲法ニテ保障セラレテアルノデアリマシテ臣民ハ法律ノ範圍內ニ於テ之ヲ享有シ行政官府ハ法律ノ規定ニ依ラズシテ此ノ自由ヲ制限スルコトヲ許サヌノデアリマス。然レドモ非常ナル事變又ハ戰時ニ於キマシテ戒嚴ヲ宣告スルトキハ普通法律上ニ於ケル臣民ノ自由權利ヲ停止シマシテ軍事處分ニ委ヌルコト、ナルノデゴザリマス。又官制ノ上カラ申シマスレバ戒嚴宣告アルトキハ行政警察ノ權及司法裁判ノ權ノ一部若ハ全部ヲ軍ノ司令權ニ移スコトニナルノデアリマス。

如何ナル場合ニ戒嚴令ヲ布クカト云フ認定ハ固ヨリ大權ニ屬シテ居リマシテ戰時ノミニ限リマセヌ。戰時デナクトモ事變ニ際シ普通警察權ニテ秩序ヲ維持スル能ハズ兵備ノ警戒ヲ必要ト認ムルトキハ之ヲ布カルルノデゴザリマス。戒嚴ハ警戒ヲ必要トスル地域ヲ限ツテ宣告シマスルヲ通常ノ例トシマスレドモ道理上ハ全國ニ對シテ戒嚴ヲ布カレルコトモ爲シ得ベカラザルコトデハアリマセヌ。戒嚴ト申シマシテモ其ノ警戒ノ程度ニ差異ガアリマス。其ノ程度ノ差ハ戒嚴令ト稱ヘマス法律ニ由リテ細カナル定メガアリマスガ細カキ規定ハ餘リ煩ハシクナリマスカラ茲デハ省キマシテ大體ノ趣意ノアル所ノミヲ申述ベテ置カウト思ヒマス。

二、臨戰地境及合圍地境。

戒嚴ハ大別シテ臨戰地ニ於ケル戒嚴ト合圍地ニ於ケル戒嚴トニ分ケルノガ普通ノ例デゴザリマス。戒嚴令ニ臨戰地境ト云ヒマスノハ戰時若クハ事變ニ際シマシテ警戒ヲ要スル區域ヲ云フノデゴザリマス。或地方ガ臨戰地域デアルト云フコトヲ認定シテ布告サレマスト其ノ土地ニ於ケル普通ノ行政及司法ノ働キガ一部停止セラルルノデゴザリマス。又合圍地境ト申シマスト敵ノ合圍ニアル地トカ、敵ノ攻撃ニ際シテ居ル地方トカヲ指シテ云フノデゴザリマス。其ノ細イコトハ申上ゲマセヌガ、大體ニ於キマシテ臨戰地ト合圍地トニ於ケル軍ノ司令權ト普通ノ行政權及司法權トノ關係ヲ玆ニ述ベテ置キマス。

臨戰地ニ於キマシテハ普通ノ行政權及司法裁判權ハ尙働イテ居ルノデゴザリマス。全ク軍事處分ニ委ヌルノデハゴザリマセヌ。然シナガラ軍事ニ關係スル所ノ行政警察トカ或ハ軍事ニ關係スル所ノ司法裁判ノコトハ其ノ臨戰地ノ軍司令官ノ指揮ニ從ツテ之ヲ行ハナケレバナラヌト云フコトニナリマス。行政權ト司法權トヲ全ク軍ノ司令權ニ移スノデハゴザリマセヌ。軍事ニ關係シマスル重要ナル部分ニ限リテ軍ノ司令權ニ屬セシムルノデゴザリマス。此ノ場合ニ於キマシテハ行政官及司法官ハ軍司令官ノ請求スルコトハ之ニ應ジテ働カナケレバナラヌト云フ關係ニナリマス。

合圍地ニナリマスト其ノ關係ガ一層軍事ノ方ニ强クナツテ來マス。合圍地ニ於テハ司法裁判ノ權モ、普通ノ行政權モ共ニ全ク軍ノ司令權ノ下ニ移サルルノガ原則デゴザリマス此ノ場合ニテモ行政官府及司法裁判所ハ全ク手ヲ引イテ何事ヲモ爲サヌト云フ譯デハゴザリマセヌ。實際ニ於テハ軍ノ司令官ガ行政官府ニ依テ事ヲスルノデゴザリマスガ行政官ノ責任ヲ以テスルノデハゴザリマセヌデ全ク軍司令官ノ責任ニ於テ指圖ヲスルコトトナリ行政官ハ機械的ニ軍司令官ノ補助トナルコトニナリマス。合圍地ニナリマスレバ前述ノ通リ普通ノ行政權ト司法權トガ軍ノ司令官ノ手ニ移リマス。故ニ臣民ノ法律上ノ自由ヲ制限スルコト或ハ罪人ヲ搜索シ逮捕スル等ノコト、或ハ重キ犯罪ノ審判ノコトニ付キマシテハ全ク軍司令權ニ於テ處分シ又ハ裁判ヲシマス。是レガ最モ戒嚴ノ強キ程度デゴザリマス。臨戰地境ト合圍地境ト云フ區別ハ文字ノ上カラハ唯土地ノ區別ノヤウニ見エマスケレドモ法律ノ解釋ノ上カラハ土地ノ區別デアルト同時ニ戒嚴ノ程度ノ區別ニナリマス。必ズシモ事實上敵ノ合圍ガアルカラ其ノ土地ガ合圍地ト宣告ヲサル譯デハゴザリマセヌ。其ノ土地ヲ特ニ嚴重ニ警戒スル必要ガアルト認メマスレバ敵ノ合圍若クハ攻擊ナクトモ唯戒嚴ノ程度ヲ重クスル爲メニ或地方ヲ合圍地ト宣告スルコトモ出來ルノデアリマシテ外國ノ例ヲ見マスレバ平時ニ於テモ小戒嚴ナドト稱ヘテ戒嚴令ノ最モ輕キ程度ノモノヲ或地方ニ布クヤウナコトモゴザリマス。

戒嚴ノ要件及効力ハ法律ヲ以テ定ムト云フ規定ガゴザリマスガ現行規則ハ明治十五年ニ發布サレマシタ戒嚴令デゴザリマスル、此ノ戒嚴令ハ議會開會以前ニ定メラレタモノデゴザリマスガ然シナガラ憲法附則ノ効力ニ依リマシテ法律ト同樣ノ効力ヲ有ツテ居リマスカラ今日此ノ第十四條ニ依リ戒嚴ヲ布キマス時ニ於キマシテハ此ノ戒嚴令ガ即チ戒嚴ノ要件及効力ヲ定メタルモノト見テ差支ナカラウト思ヒマス。

是レデ第十四條ノ趣意ノ大體ハ盡シマシタ積リデゴザリマス。戒嚴宣告ノコトハ素ヨリ軍事上ノ必要カラ起ツタモノデゴザリマシテ其ノ目的ハ軍事上ノタメニ用ヰラルルコトガ多イノデゴザリマス。然シ外國ノ例ヲ見マスルト是レガ必ズシモ軍事上ノ目的ノミニアラズ國內ニ於テ秩序ヲ紊ル如キコトガ甚ダシクナリマシテ何分普通ノ警察ノ力ヲ以テ之ヲ鎭壓スルコトガ出來ナイ場合ニハ戒嚴ヲ宣告スルト云フヤウナ事實モ度々見エマス。是レ等ノコトニ至リマシテハ最モ濫用ヲ愼マナケレバナリマセヌガ。然シ戒嚴ヲ必ズ戰時ニノミ限ルモノト解スルモ亦タ餘リ狹イ解釋ト思ヒマス。事變ト云フコトハ必ズシモ戰爭ニ限ラズ軍事上ノ目的カラ見マシテハ未ダ戰ト云フ情態デナク平和ノ時デゴザリマシテモ、社會ノ多數ノ者ガ多數ノ力ヲ恃ンデ行動スルト云フヤウナ時ニ於キマシテハ矢張リ此ノ手續ニ依ラナケレバナラヌコトガアルデアラウト考ヘマスル。

第十五條　天皇ハ爵位勳章及其ノ他ノ榮典ヲ授與ス

一、榮典授與ノ大權。恭デ案ジマスルニ此條ハ榮典授與ノ大權ヲ定メラレタモノデゴザリマス。榮典授與ノコトハ深ク說明ヲセズトモ明瞭デゴザリマスカラ單簡ナル說明ニ止メテ置キマス。

本條ノ規定ヲ俟チマセヌデモ古來ヨリ我ガ國ニ於キマシテハ榮譽ノ源泉ハ朝廷デアルコトハ歷史上定マツテ居ルコトデアリマスル。外國ニハ一方ニ朝廷アリ一方ニハ宗敎ノ首長ガアルト云フヤウナ譯デ權力ノ源泉ト榮譽ノ源泉トガ一途ニ出デズシテ二途ニ出タコトモゴザリマスガ我ガ歷史ニ於キマシテハ權力ガ皇位ニ歸一シテ居ルト同ジク榮譽ノ源泉モ常ニ朝廷ニアツタコトハ明白デゴザリマス其ノ歴史ヲ逐フテ此ノ憲法ノ十五條ニモ之ヲ掲ゲラレタノデゴザリマス。此ノ事ニ就キマシテハ少シク外國及我ガ國ニ於ケル國民ノ階級ト云フコトヲ一言述ベテ置キタウ存ジマスル。

榮典トハ文字ノ如ク榮譽ヲ表ハス特典デゴザリマシテ人ノ權能ノ差等ヲ意味シタコトデハゴザリマセヌ。此ノ條ニ定メラレマス所ノ爵位勳章及其ノ他ノ榮典ハ國家ニ功績アル者ヲ特ニ表ハシテ特種ナル榮典ヲ賜ハルノデゴザリマシテ國民ノ法律上ノ人格權利ニ於テ階級差等ヲ付ケルト云フ譯デハゴザリマセヌ。故ニ諸外國ノ憲法ニ於テ恰モ我ガ此ノ十五條ト相當スル條ニ「特權ヲ與フルコトヲ得ズ」ト云フヤウナ附則ノ條文ノアルモノガ多クアリマスル。然シ我ガ憲法ニハ其ノ明言ハゴザリマセヌ。特權ト云フ詞ヲ廣ク解シ榮譽上ノ待遇ノコトモ含ムモノト見マスレバ爵位勳章其ノ他ノ榮典ヲ授ケラレタ者ニハ榮典相當ノ待遇モアリマスカラ特權ガ全クナイデハゴザリマセヌガ。然シナガラ外國ニ於テ其ノ規定ヲ特ニ嚴格ニ設ケマシタ理由ハ歐羅巴アタリデハ從來國民ノ組織ガ階級ニ分レテ居ツタカラ其ノ弊ヲ矯ムル主旨デアリマセウ。歐羅巴デハ極ク古イ時代ヨリ人民ニ自由ノ人民ト奴隷ノ人民トノ區別ガゴザリマシタ。彼ノ中世ニ於キマシテ封建制度トモ云フベキ時代ニハ尙更階級ガ分レマシテ貴族ト云ヒ平民ト云フモ尙其下ニ奴隷ノ如キ者ガゴザリマシテ其ノ階級ノ分レテ居ルノハ今日ノ如ク唯榮譽ノ有無ニ依テ地位ガ異ルノミデハゴザリマセズ法律上ノ權能ガ全ク異ツテ居リマシタ貴族ニハ貴族ノ法律ガアリ。平民ニハ平民ノ法律ガアリ、又ハ貴族ト平民トノ間ニハ互ニ結婚スルコトヲ許サヌトカ、或ハ貴族ノ人ノ身體ニ傷ヲ付ケレバ刑罰ガ何レ程デ、奴隷ノ身體ニ傷ヲ付ケレバ刑罰ガ何レ程デアルト云フヤウニ國民ノ階級ニ依テ同ジ罪ヲ犯シマシテモ之ヲ償フ程度ナドガ悉ク違ツテ居リマス。其ノ他總テノ事ニ於テ人間ノ資格權能ガ違フモノト見テ居リマシタガ、今日ハ此ノ階級制度ハ認メマセヌデ唯榮譽ノミヲ與ヘテ特ニ國家ニ勳勞アリ社會ニ公益ヲ起シタ者ヲ表彰スルコトニナツテ居リマス。我ガ國ニ於キマシテモ是ト同ジヤウナ變遷ヲ有ツテ居リマシテ、上世以來國民ノ階級モアリマシテ而シテ其ノ階級タルヤ今日ノ如ク唯榮譽ノ特典ニ於テ違ヒガアルノミデハナク權能ヲ享有シマスル法律上ノ地位ニ於テモ區別サレテ居リマシテ同ジ法律ノ下ニ同ジ權利ヲ有ツコトヲ許サレナカツタノデアリマスルガ、維新以來ハ形勢ガ一變シマシテ國民同一ノ權能ヲ有ツコトガ出來、法律ハ國民ニ對シテハ一デアツテ人ニ依テ法律ヲ異ニシナイト云フ主義ガ定マリマシタ以上ハ特ニ此ノ第十五條ニ説明ノ明文ガナクトモ榮典ノ授與ヲ以テ國民ノ法律上ノ人格階級ヲ分ツト云フコトナク全ク榮譽ノ特典ニ止マルト云フ趣意ガ明瞭デアラウト存ジマス。

爵位勳章ノ何タルハ申上グルマデモナク今日ノ御制度デ明瞭デゴザリマス、上世ヨリシテハ姓《カバネ》ヲ以テ貴賤ヲ分ツタコトモアリマス。其ノ後推古天皇ノ御代ニ冠位十二階ヲ御定メニナリマシタ以來種々御改革モゴザリマシタガ大寶令ニ於テハ整然タル位階爵位ノコトノ規定ガ見エテ居リマス。此ノ沿革ヲ襲ハレマシテ今日ノ御制度ガ定ツテ居リマス。今日ノ制度ニ於キマシテハ爵ハ明治十七年ニ御定メガゴザリマシテ之ヲ五等ニ分ツコトニナツテ居リマス位ハ明治二十年ノ勅令ニ依リマシテ正一位ヨリ從八位ニ至ルマデ十六階ニ定メラレテゴザリマス。又國家ニ功勞アル者ヲ褒賞スル御趣意ヲ以テ明治八年ニモ御布告ガアリマシテ勳章ヲ御定メニナリマシタシ、又明治二十三年ニ於キマシテ特ニ武功ヲ褒賞セラルル御趣意ヲ以テ金鵄勳章ノ創設ノ勅令モ發セラレマシタ。其ノ他公益ヲ起シタル者善行アル者ノ如キ社會ノ模範トモスベキ者ニ對シテハ褒賞ヲ賜ハルト云フ條例モ定ツテ居リマス。

是レ等ノコトハ皆大權ニ屬シテ居リマスカラシテ之ヲ定メマスノモ皆勅令ニ依ルベキモノデ法律ヲ以テ爵位ノ事ヲ定ムルト云フヤウナコトハ此ノ十五條ノ趣意デゴザリマセヌ。大權トシテ爵位勳章其ノ他ノ榮典ノ規則ヲ御定メニナリ、且又功績アル者ニ榮典ヲ賜ハルコトモ全ク大權ノ自由ニ屬シテ居ルノデゴザリマス。特ニ華族ニ付キマシテハ明治十七年ニ華族令ノ制定ガアリマシタ。其ノ制定ニナリマシテ華族令ノ趣意ヲ見マシテモ華族ハ即チ特種ノ待遇ヲ賜ハルモノデゴザリマシテ公法上、私法上特ニ普通ノ法律ヨリ離レテ特別ノ法律ノ下ニ立ツモノデハゴザリマセヌ。唯世襲財産ヲ設クルガ如キコトハ稍〻普通ノ人ニハ許サレナクシテ有爵者ノ特權ノ如クナツテ居リマスガ此クノ如キ僅カノ例外ヲ除キマシテハ國民ノ權利ノ享有ニ於テ一向差等ハ見エテ居リマセヌ。朝廷ニ於キマシテ國ニ功績アリ或ハ由緒ノアル人ヲ厚ク御待遇ニナルト云フノガ今日ノ爵位榮典等ノ性質デゴザリマシテ此ノ榮典ハ固ヨリ國法上ノ保護ヲ受ケ權利ナクシテ榮譽ノ稱號ヲ犯スモノハ法律ヲ以テ之ヲ罰シマスル。然シ之ヲ以テ人ノ法律上ノ人格權能ノ差等トナサザルコトガ原則トナッテ居リマス。本條ハ大切ナコトデハゴザリマスレド條文明白ニシテ委シイ說明ヲスル必要ハナイカト存ジマス大體ノ趣旨ノミヲ述ベ此ノ席ヲ退キマス。

第十六條　天皇ハ大赦特赦減刑及復權ヲ命ス

一、恩赦ノ大權。　恭デ本條ヲ案ジマスルニ恩赦ノ大權ヲ揭ダラレタモノデゴザリマスル。恩赦ト申シマスルハ法律ノ適用ニ依ッテ當然制裁ヲ受クベキモノヲ特ニ恩典ヲ以テ赦免スルコトヲ云フノデゴザリマス。

元來大赦特赦減刑等ノコトハ刑罰法ノ適用ニ關係シタルコトデゴザイマシテ、刑罰ハ法律ニ依ルニアラザレバ科スルコトヲ得ザルハ憲法ニモ明文ガゴザリマスル。故ニ犯罪アルモノニ刑ヲ科スルニハ必ズ法律ノ明文ニ依ラナケレバナリマセヌ是レガ國法ノ原則デゴザリマス。而シテ憲法ニ其ノ明文ガゴザイマスルノミナラズ刑法ノ總則ニ於キマシテモ如何ナル所爲ト雖モ法律ニ明條ナキモノハ罰スルコトヲ得ズト云フコトガ揭ゲラレテアリマス。又法律ニ依ルニアラザレバ罰スルコトヲ得ズト云フ規定ノ精神ヲ推シテ論ジテ見マスレバ法律ニ依ルニアラザレバ罪ヲ赦スコトモ出來ナイト云フコトヲ自ラ含ンデ居ルノデゴザリマス。刑罰ノコトハ最モ重イコトデゴザリマスカラ之レヲ科スルニモ之ヲ赦スニモ法律ノ規定ニ依ルト云フコトガ立憲制度ノ原則トナツテ居ルノデゴザリマスル。然シナガラ實際ニ於キマシテ、法律ヲ以テ犯罪ノ種類ヲ定メマスコト、及其ノ種類ニ對シテ適當ナル制裁ヲ付スルト云フコトハ立法者ノ最モ難ンズル所デゴザリマス。同ジク殺人ノ罪トカ同ジク竊盜ノ罪トカ申シマシテモ社會ノ種々ノ事情デアリマス爲ニ外形ニ現ハレタル罪跡ガ同ジデアリマシテモ其ノ事情ニハ種々樣々ノ差異アルコトデゴザリマス。其ノ事情ニ能ク適スルヤウニ刑法ヲ編纂シマスルノガ刑法編纂ノ趣意デゴザリマス。然シナガラ社會ノ事情ハ如何ニモ錯雜ナモノデゴザリマスルシ又民情風俗等ノ關係モゴザリマスカラ如何ニ法律デ細カニ揭ゲマシテモ、如何ニ立法者ガ苦心ヲシテ罪ト刑罰トノ釣合ヲ謀ラウト勉メマシテモ。何分場合ニ依ツテハ情狀憐ムベキ者ニ對シテモ法律ノ明文上重キ刑ヲ科サナケレバナラヌト云フ已ムヲ得ザルコトガ屢々起ルノデゴザリマス是レハ稀レニアルコトデハゴザリマセヌ裁判官トシテ職務ヲ執ツテ居ル者ハ常ニ此ノ事ニ苦シンデ居ルノデゴザリマス然レバト申シテ罪ヲ罰スルノ程度即チ刑罰ヲ裁判官ノ見込ニ任ゼルコトニシマシテハ國法ノ原則ヲ破リ、且ツ極メテ危險ニシテ人ヲ見テ法ヲ設クルト云フヤウナ弊ニ陷リマスカラ之ヲ裁判官ノ認定ニ委スト云フコトハ出來マセヌ此ノ原則ト事情トヲ參酌サレマシテ玆ニ大權トシテ恩赦ノ權ガ定メラレテアルノデゴザリマス法律ニ依ルニアラザレバ刑罰ヲ科セラレザルコトハ勿論デアリマスガ刑罰ヲ科スベキモノヲ特ニ赦スト云フコトモ裁判官ノ權限ニハアリマセヌ故ニ事情ニ適スルヤウ致ス爲メニ君主ノ大權ト致シテ大赦特赦減刑等ノ恩赦ノ權ガ玆ニ掲ゲラレテアルノデゴザリマス是レハ何レノ國ノ憲法ヲ見マシテモ同樣ノ規定ガゴザリマス又我國ノ憲法制定以前ノ歷史ヲ見マシテモ特典ヲ以テ恩赦ヲ行ハセラルヽコトハ古來ヨリアルノデゴザリマス我ガ國古來ノ沿革ト諸國ノ立法例トニ鑑ミ且ツ立法ノ困難ナル事情裁判ノ實情ニ適シ難キ點等ヲ酌ンデ此ノ條ヲ定メラレタモノト存ジマス。

大赦ト申シマスルハ或種類ノ犯罪ヲ限ツテ特ニ其ノ犯罪ヲ赦免スルコトデゴザリマス。例ヘバ或種類ノ重罪ヲ犯シタ者ハ特ニ赦スト云フヤウナ大權ノ命令ノ出ル如キコトデゴザリマス。此ノ場合ニ於キマシテハ唯々特定ノ人ニ向ツテ其ノ罪ヲ赦スノデアリマセズシテ或種類ノ犯罪人ニ對シテ一般ニ赦サルヽコトデゴザリマス。且ツ又大赦ハ罪ヲ消滅セシメル効力ガゴザリマス。大赦ハ恩赦ノ中ノ最モ强キモノデゴザリマシテ既ニ刑罰ヲ宣告サレテ居リマシテモ其ノ宣告ヲ取消シ、既ニ重罪ノ嫌疑ガアツテ裁判所ニ於テ審理中デゴザリマシテモ其ノ審理ヲ止メテ放免スルト云フ結果ヲ生マジス。詰リ全ク無罪ナモノトナルノデゴザリマシテ、法律上ノ細カイ結果ヲ申シテ見マスルト、罪ヲ屢〻重ネテ犯シマシタ者即チ再犯以上ノ者ハ重ク罰セラルヽコトガゴザリマスガ。大赦ニ逢ヒマシタル者ハ二度目ノ罪ヲ犯シタルトキデモ再犯トハシマセズシテ初メテ罪ヲ犯シタ者トシテ論ゼラレマスカラ本人ノタメニハ大變ナ幸福デゴザリマス。斯クノ如ク大赦ハ廣ク行ハルヽモノデ且ツ其ノ結果ガ全ク罪ヲ消スコトニナリマスカラ是レハ容易ニ行フベキモノニアラズシテ或特別ノ場合ニ於テノミ行ハルヽノデゴザリマス。

特赦ト申シマスハ特定ノ人ニ對シテ刑ノ執行ヲ免除スルコトデゴザリマス。或種ノ罪ヲ限ツテ一般ニ其ノ種類ノ犯人ヲ免除スルト云フデハゴザリマセズシテ特定ノ犯人ノ情狀ニ憐ムベキ理由ガアルトシマシタトキニ其ノ執行ノ全部又ハ一部ヲ赦スノデゴザリマス。刑ノ執行ヲ赦スト申シマスルハ刑罰ノ宣告ヲ全然取消スノデハゴザリマセヌ。即チ全ク無罪ノモノトハナリマセヌ。罪ヲ犯シタ者デアルト云フ不名譽ナル結果ハ何處マデモ殘ツテ居リマス。唯刑ノ執行ヲ赦免シマス。例ヘバ重罪ヲ犯シタ者ハ懲役ニ處スルト云フ如キ場合ニ其ノ勞役ニ就クトカ獄內ニ繫ガルヽトカ云フコトヲ免ルシテ之ヲ外ニ出シテヤルト云フガ如キコトヲ云フノデ罪ノ消滅ニアラズシテ唯々刑ノ執行ノミヲ免除スルノデゴザリマス。

減刑ハ文字ノ示スガ如ク刑罰ヲ輕クスルノデゴザリマス。例ヘバ十年ノ懲役ノ者ヲ七年ニ減ズルト云フヤウナコトデゴザリマス。是レモ亦特別ノ事情ニ依ツテ其ノ犯人ニ就テ個々別々ニ恩赦ノ權ガ行ハルヽノデ一般ニ或種類ノ罪ニ對シテ減刑スルト云フコトハナイノデゴザリマス。前ニ申シマシタ通リ大赦ハ容易ニ行ハレマセヌモノデゴザリマス。是レハ犯人ノ悔悟ノ情ガ著シクアリマストカ、又ハ犯シタ罪ハ法律上赦スベカラザルコトデアリマシテモ其ノ事情ニ憫然ナモノガアルトカ云フヤウナ場合ニ時々行ハルヽノデゴザリマス。

復權ト申シマスルト公權ヲ剝奪セラレタ場合ニ其ノ公權ヲ回復セシムル恩典デゴザリマス。例ヘバ重罪ヲ犯シタル者ハ終身ニ公權ヲ剝奪セラレマス。公權ト申シマスルハ例ヘバ官職ニ就クノ權ノ如キ或ハ兵籍ニ入ル權ノ如キ總テ榮譽アル國民ノ權利ノコトデアリマス。重罪ヲ犯シタ者ハ之ヲ剝ガルヽノデゴザリマス。然ルニ復權ヲ命ゼラレマスルト其ノ權ヲ再ビ享有スルコトガ出來マスル。

此ノ恩赦ノ權ハ固ヨリ大權デゴザリマスルカラ君主ノ御親裁ニ由ツテ行ハセラルヽモノデゴザリマス憲法ノ精神ハ法律ノ餘リ苛酷ナル適用ヲ柔グルニアルノデアリマス。而シテ法律ノ適用ヲ斟酌スルコトハ立憲政體ノ趣意ニ於テハ最モ愼ム所デゴザリマシテ之ヲ裁判官ノ認定ニ任セルトカ或ハ此ノ恩赦ノ權ヲ行政ノ官府ニ委任スルトカ云フヤウナコトハ憲法ノ精神デナイノデゴザリマス。素ヨリ實際ノ取扱ヲ見マスレバ下ヨリ其ノ事情ヲ申立テルコトニナツテハ居リマスケレドモ恩赦ノ權ハ上ニ在ツテサウシテ親裁ニ依ツテヾナクテハ此ノ權ヲ行フコトノナイト云フノガ憲法ノ趣意デゴザリマス。恩赦ノ權ノ濫用ヲ防グニハ此ノ趣意ガ貫徹シテ居ラナケレバナリマセヌ。

第十七條　攝政ヲ置クハ皇室典範ノ定ムル所ニ依ル
攝政ハ天皇ノ名ニ於テ大權ヲ行フ

一、攝政。　恭デ案ジマスルニ此條ハ攝政ノコトヲ定メラレタルモノデゴザリマス。攝政ハ條文ニゴザリマス通リ天皇ノ名ニ於テ大權ヲ行フト云フ最モ重キ地位デゴザリマス。蓋シ攝政ノ制度ハ古來ヨリアルノデゴザリマシテ今日ノ憲法ニ於テ始メテ定メラレタモノデハゴザリマセヌ。然シナガラ我ガ國ノ歷史ニ於テ攝政ト稱ベ來ツテ居ルモノト此ノ憲法及皇室典範ニ定メラレマシタ攝政トハ細目ニ至ツテハ必ヲズシモ一致シテ居リマセヌ。蓋シ上古ニ於キマシテハ萬機御親裁ト云フコトガ名實共ニ行ハレテ居ツタコトヽ考ヘラレマス。故ニ已ムヲ得ズ君主ガ御自身ニ政務ヲ御執リニナルコトガ出來ヌトキハ皇太子トカ皇后トカ又ハ皇族中ニ於テ最モ皇位ニ近キ御方々ガ君主ニ代ツテ君主ノ權力ヲ行ハセラレタノデゴザリマシタ。然シナガラ後世ニ至リマシテハ此ノ制度ガ稍ゝ弛ンダカト思ハレマスル。攝政ナルモノハ恰モ一ノ官職ノ如クナリマシテ而シテ古ハ皇族ニアラザレバ攝政タル能ハザリシモノガ中世以後ハ臣下ニシテ攝政ノ職ニ當ルコトモ起リマシタ。又歷史上ニ見ル所ニ於テハ必ズシモ御親裁ガ出來ナイト云フ重大ナル故障ガナクトモ萬機ヲ攝政ニ御委セニナルト云フヤウナコトモアツタカト思ハレマス。此ノ中世以後ノ制度ハ上古ノ制度ト精神ヲ異ニシテ居リマス。蓋シ攝政本來ノ趣意ハ上古ノ制度ニ現ハレタモノガ本當デアラウト考ヘマスル今日ノ憲法ニ於キマシテハ攝政ハ古ノ攝政ノ如ク皇族ニアラザレバ攝政タルコトヲ得ナイノデアリマシテ又殊ニ攝政ヲ置カレマス場合ノ如キハ最モ之ヲ愼重シ天皇ガ萬已ムヲ得ズ親ラ萬機ヲ御執リニナルコトガ出來ナイ時ニ限ツテ置カルヽコトニナツタノデゴザリマス。

攝政トハ君主ノ名ニ於テ大權ヲ行フモノデゴザリマシテ普通ノ官職トハ區別シ

ナケレバナリマセヌ。官職ハ如何ニ重大ナモノデアリマシテモ大權ニ依テ政務ノ一部分ヲ御委任ニナツテ其レヲ執リ行フモノデアリマスガ。攝政ハソレトハ違ヒマシテ恰モ皇位ノ繼承ノ如ク皇室典範ト憲法ノ規定ニ依リマシテ當○然○攝政ノ任ニ當ルノデゴザリマ。ス大權ヲ以テ特ニ攝政ヲ任命ニナツテ任命ニ依ツテ攝政ヲ爲スト云フコトデハゴザリマセヌ。攝政ヲ置ク必要ハ親裁ヲ以テ御任命ヲ爲サルコトモ出來ナイ場合ニアルノデアリマスカラ全ク官吏ヲ任命スルコト、ハ違ヒマス。

又攝○政○ト○皇○位○ト○ノ○關○係○ヲ申セバ攝政ガ置カレマシテモ統治ノ權ガ攝政ニ移ルノデハゴザリマセヌ。統治ノ權ハ固ヨリ皇位ニアリマシテ唯ニ皇室典範ト憲法トノ規定トニ依リマシテ攝政ガ天皇ノ名ニ於テ天皇ノ權力ヲ行フノデゴザリマス。決シテ自己ノ名ニ於テ行フノデハゴザリマセヌ。攝政ノ行フ所ノ權力ハ即チ皇位ニ屬スル所ノ大權デアリマシテ攝政ノ權力デハゴザリマセヌ。故ニ攝政ヲ置キタル場合ト雖モ決シテ權力ガ二途ニ岐ル、コトハゴザリマセヌ。國ニ二ツノ君位ナシト云フコトハ何處マデモ貫イテ居ルノデゴザリマシテ攝政ハ權力ノ源ニアラズ皇位ニ屬スル權力ヲ皇位ノ名ニ於テ行フニ止ルノデゴザリマス。又君主ガ一時ノ故障ノタメニ代理者ヲ命ジテ政務ヲ行ハシムルコトト攝政トハ其ノ性質ヲ異ニスルノデアリマス。攝政ハ所謂代理人ノ如キモノデハゴザリマセヌ。君主ガ親ラ人ヲ選任シテ代ツテ事ヲ行ハシムル如キハ攝政デハゴザリマセヌデ寧ロ一ノ官職ノ部類ニ入リマス。攝政ハ當然其ノ位ニ居リ當然其ノ權力ヲ行フ者ニシテ特別ノ委任ニ由ルニアラザルコトガ其ノ特質デゴザリマス。

攝政ハ大權ヲ行フト揭ゲテゴザリマス故ニ總テ大權ノ全體ヲ行フノデゴザリマシテ其ノ一部分ノミヲ行フモノデハゴザリマセヌ。唯憲法ノ改正ト皇室典範ノ改正トハ攝政在任ノ間ハ之ヲ爲スコトヲ許シマセヌ。此ノ事ハ憲法ニ規定ガアリマス。憲法及典範ノ改正ノコトヲ除キマシテハ大權ニ屬スル總テノ權力ハ代テ行フノデゴザリマス。外國ニ對シマシテモ攝政ハ天皇ノ名ニ於テ條約ヲ締結シ又法律ノ裁可モ其ノ他總テノ儀式上ノコトモ亦行フノデゴザリマス。

二、攝政ヲ置ク場合。　如何ナル場合ニ攝政ヲ置クカト云フコトハ皇室典範ノ規定ニ詳カデゴザリマス。是レハ皇室典範ノ說明ニ於テ委シク說明スベキデゴザリマスガ大體ハ玆ニ述ベテ置カナケレバナリマセヌ。攝政ハ君主ガ未ダ成年ニレザル時又ハ久シキニ亘ル故障ガアリマシテ大政ヲ自ラ御執リニナルコトガ出達セラ來ナイ時ニ置カルヽノデゴザリマス。皇室典範ニ依リマスレバ天皇及皇太子皇太孫ハ滿十八年ヲ以テ成年トスト揭ゲテゴザリマス(皇室典範十三條)普通ノ成年ハ二十年デゴザリマシテ皇族方ニ於キマシテモ同ジク二十年ヲ以テ成年ト見ラルルノデゴザリマスガ。天皇皇太子皇太孫ニ就キマシテハ十八年ヲ以テ成年トセラレテアリマス。天皇ガ未ダ成年ニ達セラレヌ場合ニ於テハ當然攝政ガ其ノ任ニ當リマス。久シキニ亘ルノ故障ガアツテ大政ヲ御親裁ニナルコトガ出來ヌト云フ場合ハ豫メ是レ〳〵ノ場合ト列記シテ示スコトハ出來マセヌ。唯其ノ故障ガ最モ重大ナル故障デナクテハナラヌト云フコトハ憲法及皇室典範ノ精神ニ於テ明カデゴザリマス。然シナガラ如何ナル種類ノ故障デアリマシテモザリ實際故障アリ大政ヲ親ラ御執リニナルコトガ出來ナイ場合ニハ攝政ヲ置カレナケレバナリマセヌ。故障ノ如何ハ事實ノ問題デゴザリマスカラ皇室典範ノ規定ニ依リマシテ皇族會議及樞密顧問ノ議ヲ經テ攝政ヲ置クコトニナツテ居リマス。

皇族會議及樞密顧問ガ議定致シマスル所ハ何人ヲ以テ攝政トスルヤト云フ認定ノ問題デハゴザリマセヌ。憲法ニ謂フ所ノ重大ナル故障アリヤ否ヤト云フ故障ノ存在如何ヲ議定スルノデゴザリマス。而シテ故障アリト定リマスレバ當然攝政ハ其ノ職ニ就クノデゴザリマス。歐羅巴ノ憲法ノ或モノニ於キマシテハ國會ガ攝政ヲ選任スルヤウナコトモアリマス。或ハ又内閣諸大臣ガ全體デ攝政ノコトヲ行フト云フコトモゴザリマスガ。我ガ憲法ニ於キマシテハサウ云フ例ハ取リセマヌ。故障ノ有無ハ皇族會議ト樞密顧問ノ議ヲ經ルコトヲ必要トシマスケレドモ攝政ヲ選任スル權ハ何人モ持ツテ居ラレヌノデゴザリマス。是レ明ニ皇室典範ニ規定スル所デゴザリマス。

三、攝政トナルノ順位。

如何ナル人ガ攝政タルカト云フ問題ハ即チ攝政タルノ順位ノ問題デゴザイマシテ。皇室典範ニ詳カナル規定ガゴザイマス。其ノ要點ヲノミ茲ニ摘ンデ申上ゲマスル。

皇太子又ハ皇太孫ガ攝政ノ任ニ御當リニナルコトヲ本則トシテゴザリマス。然シナガラ皇太子又ハ皇太孫ガ未成年デアラセラル、時ハ攝政ヲナサルコトハ出來マセヌ故ニ其ノ場合ニ於キマシテハ他ノ皇族ガ攝政ニ御當リニナルノデゴザリマス其ノ順序ハ第一親王及王第二皇后第三皇太后第四太皇太后第五內親王及女王デアリマシテ此ノ順序ヲ以テ攝政ノ任ニ當ラルヽノデゴザリマス此ノ御方々ノ中デ攝政ノ任ニ當ラルヽハ皇位繼承ノ順序ニ依ルノデゴザリマス而シテ皇位繼承ト異ル所ハ女子ハ皇位繼承ノ權ガナイコトニ皇室典範ニ規定ニナツテ居リマスガ攝政ニハ女子ト雖モナルコトヲ得ルト云フ規定ニナツテ居リマス然シナカラ內親王及女王ガ攝政ニ當ラルヽハ配偶者ナキ者ニ限ルト皇室典範ニ規定セラレテアリマス此ノ順序ハ第一ニ先ヅ親王及王ニ就テ皇位繼承ノ順序ヲ遂フテ攝政ト爲リ而シテ若シ其レガナカツタ場合ニハ第二ニ移リマシテ卽チ皇后ガ攝政ニ當ラルヽノデゴザリマスサウ云フ順序ヲ遂フテ第五ニ及ブノデゴザリマス。

親王以下ノ御方ガ攝政御在任中ニ皇太子又ハ皇太孫ガ成年ニ御達シニナリマスレバ攝政ノ任ハ皇太子又ハ皇太孫ニ御讓リ申スノデゴザリマス典範ト憲法トノ精神ハ皇位繼承者タルベキ人ガ攝政ノ任ニ當ラルヽコトヲ本則トシテ居リマス

カラ天皇ノ御親政ノ出來ナイ場合ニ於キマシテハ皇嗣卽チ皇位繼承ノ順序ニ當ラル、方ガ當然ニ代ツテ攝政ヲナサルノデゴザリマス。然シ皇太子皇太孫以外ノ御方ニ對シテハ一度攝政ノ任ニ當ツタ者ガ攝政ノ位ヲ讓ルト云フコトハアリマセヌ。

攝章ノ何タルコト、攝政ヲ置ク場合、攝政タルノ順位ノコトハ大略此ノ如キモノデゴザリマシテ、其ノ委シキハ典範ニ依ツテ說明ヲ致シテ宜イト考ヘマスカラ細目ハ茲ニハ省イテ置キマス。

攝政ノコトニ就キマシテハ、或ハ攝政ノ行爲ト君主ノ行爲トハ別物デアルヤノ如ク考ヘル者ガゴザリマスガ、是レハ誤リデゴザリマス。攝政ノナサレタコトハ國法上卽チ君主ノ爲サレタコト、看做スノデアリマス。故ニ君主ガ後日成年ニ達セラレタ時ニ改メテ攝政ノ從來爲シタコトヲ追認スルト云フヤウナ宣言ヲスルコトハ必要デアリマセヌ。民法ノ關係ヲ以テ之ヲ論ジマスルト後見人ノ爲シタコトヲ未成年者ガ後ニ成年ニ達シタ時ニ之ヲ追認スル等ノコトガアリマスガ攝政ニ關シテハサウ云フコトハゴザリマセヌ。序デニ誤解ヲ防グタメニ申シテ置キタイコトハ普通民法デ所謂後見人ト憲法ノ攝政ト稱スルモノトハ全ク其ノ性質ガ違フノデゴザリマス。後見人ハ未成年者ノ身體財産ノ保護ノ爲メニ設クル所ノ保護人デゴザリマス。攝政ハ國政ヲ行フ爲メニ置カル、モノデゴザリマス。故ニ後見人ノ權限ハ此ノ趣意ニ依ツテ狹ク限ラレテアリマスガ攝政ハ國務ヲ廢スルコトヲ得ズト云フ趣意ニ依リ國政ヲ行フ爲メニ置カル、モノデアリマスカラ權限ガ廣クシテ總テノ大權ヲ行フコトガ出來ルノデゴザリマス。攝政ト普通ノ後見人トガ外形相似テ居ル所ガアリマスガ爲メニ後見人ニ關スル法理ヲ以テ攝政ノコトヲ説明スル者ガゴザリマスガ。其ノ性質、目的及權力ノ範圍ニ於テ餘程異ル所ガアルト云フコトヲ御承知アラセラレムコトヲ願ヒマスル。

此ノ説明ヲ以テ第一章ヲ終リマス。第一章ハ君主ノ大權ヲ專ラ掲ゲタモノデゴザリマシテ今日マデ説明致シマシタ所ハ其ノ重要ナルモノガ掲ゲテアルノデゴザリマス。而シテ茲ニ掲ゲテアル以外ノコトハドウナルカト云フ御疑ガアラウカト考ヘマスルガ茲ニ掲ゲラレマシタ以外ノコトモ素ヨリ君主ノ權力ニ屬シテ居ルノデゴザリマス。此ノ事ハ講義ノ始メニ申上ゲテ置イタ積リデゴザリマス。然ラバ玆ニ或モノハ掲ゲ或モノハ掲ゲテナイノハドウカト云フ御疑ヒモアリマセウガ、玆ニハ所謂大權ヲ列記シタノデゴザリマシテ、是レダケノコトハ君主ノ權力ノ範圍デアルト云フ趣意デハナイ是レダケノコトハ君主ノ大權トシテ國會ノ干渉以外ニ於テ君主ノ親裁專斷ヲ以テ行ハセラルヽコトデアルト云フコトヲ示シタモノデアリマス。即チ憲法上ノ大權事項ヲ掲ゲタモノデゴザリマス。此ノ以外ノコトハ時ノ宜シキニ從ツテ君主ガ御親裁ニナツテ御定メニナルコトモゴザリマス。又國會ガ發議ヲシテ法律ヲ以テ規定スルコトモゴザリマス。ソレハ憲法ガ餘地ヲ存シタ所デゴザリマシテ玆ニ掲ゲタ以外ノコトハ或ハ御親裁ニ依リ或ハ帝國議會ノ發議ニ依リ或ハ法律ヲ以テ或ハ勅令ヲ以テセラルヽコトガアルノデゴザリマス。要スルニ是レダケノコトハ帝國議會ガ發議ヲシテ法律ヲ以テ定ムルコトハ出來ナイモノデ君主ノ大權ニ依ツテノミ御定メニナルト云フコトヲ示サレタノデアリマス。

第二章　臣民權利義務

一、總論。此ノ章ハ臣民ノコトヲ規定シタル章デゴザリマス。憲法ノ編成ノ體裁ト致シマシテ天皇編ヲ第一ニ掲ゲ臣民篇ヲ第二章ニ掲グタルハ我々日本國民ノ目ニハ言フマデモナク當然ノコトニシテ說明モ不必要ト考ヘマスガ、之ヲ諸外國ノ憲法ニ比較シテ見マスルト又玆ニ意ヲ注ガナケレバナラヌコトモアルノデゴザリマス。歐羅巴諸國ニ於キマシテハ所謂君主國ト名ケラレテアル所ノ憲法ニシマシテモ多クハ第一章ニ於テ人民ノ權利義務ヲ掲ゲ其後ニ君主、國會、國務大臣ト云フガ如キ條章ヲ掲ゲテ居リマス。法律ノ文字ノ解釋トシテハ條章ノ前後ハ無意味デアルカノ如ク見エマスガ、實ハ其ノ體裁ニ於テ佛蘭西ノ大革命後ニ憲法ヲ制定シマシタ時分ノ精神ガ自ラ現ハレテ居ルノデゴザリマスル。卽チ國ノ主權ハ國民ニアリ、國ノ國タル所以ハ國民ノ合衆ニアリト云フコトガ本ニナツテ居ルノデアリマス。其ノ觀念ハ國民ガ主權ノ本體デアツテ國民ノ機關トシテ君主ガアリ國會ガアリ裁判所ガアルト云フヤウニ見タノデゴザリマス。故ニ憲法ノ根本トシテ先ヅ國民ノ權利義務ト云フコトヲ始メニ掲ゲ、次ニ其ノ國民ノ權利義務ヲ擔保スルタメノ道具機關トシテ或ハ君主或ハ國會ト云フヤウナ順序ニ掲ゲタノデゴザリマスル。

又憲法ノ文字ノ用キ方ヲ見マシテモ臣民ト云フ文字ハ我々ノ目ニハ當然ナコトデアリマスガ歐羅巴ノ所謂君主國ノ憲法ヲ見マスルト臣民ト云フ文字ヲ殊更避ケテ用井マセヌ例デアリマス。佛蘭西ノ大革命ノ憲法ニハ國民トモ云ハズシテ唯人間ノ權利義務ト書キマシタ。其ノ趣意ハ佛蘭西ノ大革命ハ甚ダ大ナル希望ヲ以テ起ツタモノデゴザリシマテ獨リ佛蘭西國民ノ權利ヲ擔保スルト云フニ止マラズ凡テノ人類ノ權利ヲ宣言シ人類ノ憲法ヲ作ルト云フ考デアリマシタカラ國民ト云フ文字スラ用井マセヌデ人間ノ權利ト云フ文字ヲ掲ゲタノデアリマス。其レカラ後ノ佛蘭西ノ憲法ニ到リマシテモ臣民ト云フ文字ハ用井マセズシテ國民ト云フ文字ヲ用井タノデアリマス。而シテ其ノ憲法ヲ制定シマシタ當時ノ佛蘭西ノ政治家ノ言葉ニ既ニ立憲政體トナツタ以上ハ最早我々ハ臣民デハナイト言ツテ大ニ其ノ地位ノ高クナツタコトヲ誇ツタコトガアリマス。其ノ意味ハ主權ハ人民ニアツテ我々ガ卽チ主權者デアルカラ專制時代ニ於テコソ我々ハ臣民デアツタガ今日ハ最早臣民デハナイト云フコトデアリマス。其ノ後ノ白耳義又ハ孛漏西等ノ憲法ハ稍〻穩カナル精神ヲ以テ制定サレマシタケレドモ。尙民主論ノ盛ナル時代デアリマシタカラ明白ニ臣民ト書クコトヲ避ケテ白耳義人ノ權利、孛漏西人ノ權利ト云フ文字ヲ用井テアリマス是レ等ハ皆殊更ニ臣民ト云フ文字ヲ避ケタノデアリマス。我々ノ目カラ見マスルト白耳義臣民ノ權利孛漏西臣民ノ權利ト書イテ當然ノヤウニ思ヒマスガ其ノ當時ノ政治上ノ風潮ガ臣民ト云フ文字ヲ奴隷ニ近キカノ如ク考ヘテ居リマシタ故ニ之ヲ避ケテ別ニ白耳義人トカ孛漏西人トカ言フ文字ヲ用井タノデアリマス。

歐羅巴諸國ノ憲法ハ此クノ如キ例ガアルニ拘ラズ我ガ憲法ヲ御制定ノ時ニ於キマシテハ固ヨリ當然ニ天皇編ヲ第一章トシ、第二章ニ被治者タル臣民ノコトヲ揭ゲラレタノデゴザリマス。而シテ文字ヲ撰ミマスニモ外國ノ憲法ヲ其ノ儘眞似テ來マスレバ日本人ノ權利義務トデモ書クベキ所ヲ斷然主權者ト服從者トノ區別ヲ明カニシ大義名分ヲ正シテ臣民ノ權利義務ト書イテゴザリマス。權利義務ハ憲法ノ最モ尊重スル所ニシテ十分ニ之ヲ保障シテアリマスガ然シナガラ臣民タルノ分ヲ明ニシ臣民ハ服從ノ地位デアル治者ト被治者トノ分界ハ建國ノ初メヨリ定ツテ居ルト云フコトヲ此ノ憲法ニ於テ益々明カニ示ス爲メニ此クノ如ク臣民ト云フ文字ヲ用井ラレテアルノデゴザリマス。臣民ノ文字ヲ用井タルハ何ノ意味モナイヤウデゴザリマスケレドモ歐羅巴ノ憲法ノ編成ノ體裁ト文字ノ用井方ニ較べテ見マスルト極ク僅カナ文字ノ用井方ニ於テモ自カラ我ガ憲法ノ精神ガ現ハレテ居ルト考ヘマス。尚第二章ノ全體ノコトニ就キマシテハ逐條ノ説明ニ移ル前ニ述べタイコトガゴザリマスガ其レハ次ノ會ニ讓リマシテ本夕ハ是レデ退キマス。

前回ニ第二章ノ總論ヲ説明致シマシタガ、第二章全體ニ通ジマシタコトニテ尚引續イテ説明ヲ致シタイコトガゴザリマス。

一、臣民。 第二章ハ臣民ノ章デゴザリマスル。故ニ先ヅ臣民ト云フコトノ觀念ヲ正シク辨ヘルコトガ必要デゴザリマス。法理上ノ説明ト致シマシテハ臣民ハ絶對無限ニ國ノ主權ニ服從スル者ノ義デゴザリマス、臣民ハ一方ニ於キマシテハ又國ヲ構成スルノ分子デゴザリマシテ唯々服從者ト云フノミデハゴザリマセヌ。卽チ國ト云フ團體ヲ構成スル所ノ活動スル分子デアリマス。但是ハ國家ト云フ組織ノ全體カラ見タ觀察デゴザリマスル。國ノ組織ノ中ニ主權者アリ臣民アリト云フ關係カラシマシテ其ノ服從者タル地位ニアル所ヨリ觀察シマスレバ臣民ハ絕對無限ニ主權ニ服從スルモノト見ナケレバナリマセヌ。絕對ニ服從スルト言ヒマスルハ臣民ノ主權ニ服從スルコトガ約束合意ニ因ルコトデナク、又或特種ノ條件ニ由ルモノデモナクシテ全然服從スルト云フノ意味デゴザリマス。曾テ佛蘭西デ行ハレマシタ民約說卽チ國民ノ主權ニ服從スルハ約束ニ由ルノデアルト云フ說ハ法理論トシマシテハ誤リデゴザリマス。又實際論トシテ何レノ國ノ建國ノ當時ニ考ヘテ見マシテモ平等ナル個人ノ申合セ約束ニ由リテ國ヲ成シタルニアラズ。我々ガ商賣ノ會社ヲ設立スルトカ、又ハ娛樂ノ倶樂部ヲ組織スルトカノ如クニ平等ノ者ガ寄合ヒテ契約ヲシテ國ヲ建テタルコトハナイノデゴザリマス。民族ガ合體シテ國ヲ成シ其ノ中ニ主權者アリ服從者アリト云フコトハ社會變遷ノ自然ノ結果デゴザリマシテ、決シテ人ノ申合セニ成ルコトデハゴザリマセヌ。歷史ニ依テ見マスレバ或ハ戰爭ノ結果他ノ民族ヲ併吞シ、又ハ一家族ガ發達シテ一民族トナリ其ノ民族ガ更ニ又大キクナツテ一ノ國ヲ建ツルト云フノガ是レガ社會ノ自然ノ發達ニ基イテ國ノ成立ツタ初メデアリマス。之レニ依テ考ヘテ見マシテモ臣民ガ主權ニ服從スルハ約束ニ由ツタノデナク絕對ノ服從デアルコトガ分リマス。絕對ノ服從ト申シマスト或ハ誤解シテ臣民ヲ恰モ奴隷ノ如ク權利モナク自由モナキ者ノ如クニ見ル者ガアルカモ知レマセヌガ決シテ然樣デハゴザリマセヌ。臣民ハ主權ニ服從スルガ故ニ主權ノ保護ヲ享ケ主權ノ保護ヲ享クルガ故ニ權利ヲ有シ自由ヲ有スルノデゴザリマス。即チ服從ガ根本トナツテソレカラシテ主權ノ保護ヲ享ケ從ツテ又權利ヲ生ジ自由ヲ生ズルノデアリマス。然ラバ臣民タル本來ノ性質トシテ絕對無限ニ主權ニ服從スルト云フコトハ少シモ臣民ノ權利ノ尊キコト自由ノ重キコトノ觀念ト牴觸ハセヌノデゴザリマス。

又或者ハ臣民ハ法律ニハ服從スルモ法律以外ノコトニハ服從ハシナイ、即チ絕對ニ服從スルニアラズシテ法律ノ規定ニ服從スルノデアルト云フ解釋ヲシマスルガ是モ誤リデアリマス。我々ハ何ガ故ニ法律ニ服從スルカト云フト決シテ法律其ノ物ノ尊キガ爲メニアラズ實ニ主權ノ尊キガ故デアリマス。主權ガ尊キガ故ニ其ノ主權ノ命ズル所ノ法律ニ服從スルノデアリマス。是レニ由テ臣民ハ主權ニ服從スルニアラズシテ法律ニ服從スルノデアルト云フ說ノ誤リナルコトガ分リマスル。歸スル所臣民本來ノ性質ハ主權ニ對スル絕對ノ服從ニ外ナラヌノデゴザリマス。

又無限ノ服從ト云フコトニ就テモ一應說明ヲ致サナケレバナリマセヌ。無限ノ服從トハ服從ノ程度ニ限リナキノ意味デアリマス。此ノコトハ先キニ憲法說明ノ緖言トシテ第一回ニ申述ベマシタ通リ主權ハ無限ノ力デアリマスカラ從ツテ臣民ハ無限ニ之ニ服從シナケレバナラヌ道理デアリマス。申スマデモナク臣民ハ憲法ノ規定ニ依ツテ支配セラル、モノデアリマシテ憲法ニ依ルニアラザレバ臣民ノ自由ヲ制限セラル、コトナシト云フハ明白ナコトデアリマスガ。然シ憲法ガ獨リ今日ノ憲法ニ止ラズ將來改正セラレマスル憲法ニモ亦臣民ハ服從シナケレバナラヌノデアリマス。憲法ガ改正セラルレバ君臣ノ關係ガ全ク改マルカト云フト決シテサウデハナク、憲法ガ如何ニ改正セラレマシテモ法律ガ如何ニ改正セラレマシテモ我々ノ服從ニ變リナキコトヲ思ヘバ本來服從ノ程度ニ限界ノナイコトガ分ルノデアリマスル。

此ノ如ク臣民タルノ資格ヲ法律上ニ解釋シテ見マスルト絶對無限ニ主權ニ服從スルモノタルコトガ分リマスル。例ヘバ外國人ノ如キハ絶對ニ服從スルモノデハゴザリマセヌ。日本帝國ノ版圖内ニ居ルト云フ條件ニ依ツテ其ノ版圖内ニ居ル間或程度ニ於テ服從シマスルガ一歩境ヲ出デレバ最早日本帝國ノ主權トハ關係ガナイノデゴザリマス。

三、臣民ノ權利。

臣民ハ權能ヲ有ツテ居ル者デゴザリマス。臣民ノ權利ハ憲法ノ最モ重ンズル所デアリマシテ之ヲ確メ保障スルト云フノ意味ガ第二章ノ規定ノアル所以デアリマス。臣民ノ權利ト云フハ何デアルカト言ヘバ國法ノ保護ニ依ツテ享有スル所ノ利益ニ外ナラヌノデアリマス。權利ト云フコトヲ詳細ニ解釋シマスレバ種々定義ノ致シ樣モアルノデゴザリマセウガ平易ニ申シマスレバ權利ハ國法ノ保護ニ依ツテ享有スル利益デアルト解釋シテ大體ノ趣意ヲ誤ラヌノデアリマス。

權利ハ國法ノ保護ニ依ツテ生ズルモノデゴザリマス。而シテ保護ハ服從ニ依ツテ得ラルヽノデゴザリマス。故ニ服從アツテ然ル後ニ保護アリ、保護アツテ然ル後ニ權利アルノデアリマシテ完全ナル服從ハ完全ナル權利ノ享有ノ原因トナルノデゴザリマス。臣民ガ絶對無限ニ服從スルト云ヘバ臣民ノ權利ト牴觸スルガ如クニ見ヘマスケレドモ實際ニ於テハ全クソレト反對ニテ完全ニ服從スレバコソ完全ナル保護ヲ受ケ完全ナル權利ヲ享有スルコトガ出來ルノデゴザリマス。然レバ絶對無限ノ服從ト權利ノ完全ナル享有トハ兩ナガラ竝ビ立ツコトヲ得ルノミナラズ竝ビ立タナケレバナラヌ譯ノモノデアリマス。申スマデモナク保護トハ強キ者ガ弱キ者ヲ助クルコトヲ意味スルノデアリマス。換言スレバ權力者ガ無權力者ヲ助クルノ謂ヰデアリマス。卽チ權力者タル主權者ハ無權力者タル一個人ヲ保護スルノデアリマス。而シテ其ノ保護ハ服從ノ完全デアルダケソレダケ完全ニナルノデアリマス。權力者ガ弱キ者ヲ十分保護シヤウト云フニハ弱キ者ニ於テ絶對ニ其ノ命令ニ服スルニアラザレバ能ハヌコトデアリマス。故ニ臣民ニシテ完全ナル保護ヲ求メント欲スレバ國家ノ命令ニ完全ニ服從スル覺悟ガナクテハナリマセヌ。國權ヲ弱メテ而シテ保護ヲ十分ニ享ケヤウト云フコトハ道理ニ叶ハザルコトデゴザリマスル。

本章ニ於テ揭ゲマシタ所ノ權利ト義務トハ臣民ガ國權ノ行動ニ對シテ有スル所ノ權利義務ノ最モ重要ナルモノデアリマス。凡ソ權利ニ就テハ通常公法上ノ權利ト私法上ノ權利トノ二ツニ分ケマスガ、所謂公法上ノ權利トハ人民ガ國權ニ服從スル關係ニ於テ享有スル權利デアリマシテ、私法上ノ權利ハ對等ノ私人相互ノ間ノ關係ニ於テ享有スル所ノ權利デゴザリマス。此ノ章ニ於テ保障サレテアル所ノ權利ハ即チ公法上ノ權利ヲ指シタモノデアリマス。而シテ此ノ章ニ於キマシテハ直接ニ權利ヲ與ヘル規定ハ揭ゲテゴザリマセヌデ間接ニ權利トナリ得ル所ノ基礎ヲ示サレテアリマスル。例ヘバ言論ノ自由ハ法律ヲ以テスルニアラザレバ制限スルコトガ出來ナイト云フヤウナ規定ガアリマスルハ表面ノ意味デハ命令ヲ以テ言論ノ自由ヲ制限スルコトハ出來ナイ、之ヲ制限セントスルトキハ必ズ法律ニ依ラナケレバナラヌト云フ立法手續ヲ示シタ規定デゴザリマス。然シナガラ之ヲ一私人ノ方面ヨリ見マスルト此ノ大切ナル自由ノ制限ハ法律ニ依ツテノミ制限セラルヽノデアツテ行政官ガ法律以外ノ權力ヲ以テ濫リニ之ヲ制限スルコトガ出來ナイト云フ擔保ヲ受ケタルコトニナルノデゴザリマス。其レ故ニ一私人カラ見マスルト憲法ノ規定ニ依リ自己ノ權利及自由ガ確メラルヽノデゴザリマス。

四立法事項。此章ハ臣民ノ權利ヲ掲ゲタモノデゴザリマスケレドモ又之ヲ一方カラ見マスルト立法事項ヲ掲ゲタモノデゴザリマスル。前來述ベマシタ通リ憲法第二章ノ規定ハ此レ〱ノコトヲ規定スルニハ法律ヲ以テシナケレバナラヌト云フ體裁ニ條文ガ示サレテアリマス故ニ是レヲ立法事項ノ規定ト見ルコトガ出來ルノデアリマス。憲法ガ臣民ノ權利ヲ重ンジ行政權ノ爲メニ之ヲ紊サルヽコトヲ防グノ精神ヲ以テ權利義務ノ重要ナルモノハ必ズ法律ヲ以テ定ムルノ外他ノ權力ヲ以テ之ヲ侵スコトハ出來ナイト云フコトヲ示シタノハ卽チ是レ立法事項ヲ定メタノデアリマスル。立法事項ト申シマスルハ憲法ノ規定トシテ必ズ法律ヲ以テ定ムルノ外命令等ヲ以テ之ヲ定ムルコトヲ許サザル事項ヲ指シテ云フノデゴザリマス。第二章ノ規定ハ卽チ其ノ立法事項ヲ指示シタルモノデアリマシテ同時ニ又臣民ノ權利義務ヲ保障シタルモノデアリマス。我ガ憲法第一章ノ規定ハ天皇ノ大權ヲ定メタ章デアリマシテ所謂憲法ノ大權事項ヲ列記シタモノデアリ

第二章ハ之ニ對シテ臣民ノ權利ヲ掲ゲタ章デアリマシテ、且ツ立法事項ヲ定メタ章デアリマス。第一章ノ大權事項ノ規定ト第二章ノ立法事項ノ規定ト相對照シテ體裁ヲ爲シテ居ルノデゴザリマス。

第十八條　日本臣民タルノ要件ハ法律ノ定ムル所ニ依ル

一國籍。此條ハ臣民籍ノコトヲ定メタルモノデゴザリマス。臣民籍又ハ國籍ト稱スルハ人ガ國ニ從屬スル關係ヲ言フノデゴザリマシテ之ヲ定ムルコトハ臣民ノ權利ニ大ナル影響ヲ及ボスコトデゴザリマス。故ニ法律ヲ以テ之ヲ定ムルコトヲ此ノ條ニ示サレタノデゴザリマス。如何トナレバ先刻モ申シマシタ通リ權利ノ完全ナル享有ハ完全ナル服從者ニ於テ始メテ之ヲ得ルノデアリマス。而シテ權利ノ完全ナル享有ハ臣民ニシテ始メテ之ヲ得ラル丶ノデ外國人ハ完全ナル權利ノ享有ハ得ラレナイノデアリマス。故ニ人ガ日本臣民デアルヤ否ヤト云コトガ我ガ帝國內ニ於テノ權利ノ享有ニ大ナル差等ヲ生ジマスル。臣民籍卽チ日本國籍ノコトヲ定メマスルノハ權利ノ享有ノ基礎ヲ定ムルコトデゴザリマシテ最モ重キコトデゴザリマスルカラ茲ニ掲ゲテ法律ヲ以テ之レヲ定メラル、コトヲ示サレタノデアリマス。法律ヲ以テ定ムルト申シマスルハ法律ヲ以テ臣民籍ヲ得又ハ喪フ所ノ條件ヲ定ムルト云フノ意味デゴザリマス。

國籍ノコトハ近頃國籍法ト云フ法律ガ制定サレマシテ稍〻明瞭ニナリマシタ。沿革的ニ申シマスルト從來我ガ國ハ外國ト交際スルコトモ少ナウゴザリマシタシ、外國人ガ内地ニ雜居スルト云フコトモ比較的ニ少ナウゴザリマシタカラ强ヰテ國籍ノコトヲ餘リ委シク立法スルコトガゴザリマセヌデ、凡ソ日本國内ニ居ル者ハ皆日本人デアルカノ如キ考ヲ以テ國ヲ支配シテ居リマシタノデアリマス。外國ノ例ニ於キマシテモ權利ノ享有ハ國民ニ限ルモノデアッテ外國人ハ殆ド無權利ノモノヽ如ク取扱ッタコトハ歐羅巴ノ古キ法律ニ於テモ同ジコトデゴザリマス。然ルニ近世ニ至リマシテ國ト國トノ交際ガ頻繁ニナリ且又列國相互ニ獨立ノ權ヲ認ムルニ就キマシテハ各國民ガ相交通スル間ニ於テ其ノ國籍ヲ明ニスルコトガ頗ル必要ナコトヽナリマシタ。故ニ諸國トモ皆國籍ノコトハ重大ナルコトヽシテ委シキ規定ヲ設ケテ居リマス。我ガ國ハ曾テ之ニ關シテ委シイ規定ガアリマセンデシタガ近頃ニ至ツテ之ヲ制定セラレマシタ。國籍ハ卽チ人ガ國ニ從屬スル關係ヲ定メタモノデゴザリマシテ、國籍ノ取得ト喪失トヲ定メタノガ國籍法ノ實質デゴザリマス。

玆ニ於テ如何ナル場合ニ外國人ガ日本ノ國籍ヲ得ルカ。又如何ナル場合ニ於テ日本人ガ其國籍ヲ喪フカト云フコトノ簡單ナル說明ヲ致シテ置キタウゴザイマス。

二、國籍ノ得喪。

日本臣民タル資格ヲ得マスルニハ大體ニ於テ親族關係カラ生ズルモノト特別ノ行政處分ニ依ツテ生ズルモノトノ二ツガゴザリマス。親族關係カラ生ジマスルノハ第一出生、第二婚姻、第三養子緣組、第四認知是レ等ノコトニ由リマシテ民籍ガ生ズルノデゴザリマス。日本人ノ子ハ日本人デアルト云フコトハ當然ノコトノヤウデアリマスガ、諸國ノ立法例ニ於キマシテハ甚ダ區々デゴザリマス。我ガ國デハ昔ヨリ屬人主義ヲ取ツテ居リマシテ日本人ノ子ハ日本人デアルト云フコトハ當然ノヤウニ思ツテ居リマスガ、或國ニ於キマシテハ屬地主義ヲ取リマシタ結果トシテ本國ニ於テ生レタルモノハ本國人デアルガ外國デ生レタ者ハ特ニ本國ノ民籍ニ入ラナケレバ當然本國人タルベキモノデハナイト云フヤウナ制度ニナツテ居ル所ガアリマス。此二ツノ制度ハ諸國ニ於テ現ニ行ハレテ居ル所デアリマス。日本ノ國籍法ハ人ヲ主トスル主義ヲ取リマシテ、出生地ヲ問ハズ父ガ日本人デアルトキハ其ノ子ハ當然日本人デアルトシテアリマス。然シナガラ母ガ日本人デアリマシテモ其ノ子ガ當然日本人デアルト云フコトニハナリマセヌ。父ノ國籍ガ主タル標準ニナツテ居ルノデゴザリマス。婚姻ニ依リマシテ外國ノ女ガ日本人ノ夫ニ嫁シマスレバ其ノ妻ハ日本ノ民籍ニ入リマス。是レハ大概諸國共ニ一致シタル慣例デゴザリマス。養子縁組ノコトハ餘リ外國ニハ例ノナイコトデゴザリマスルガ日本ニハ從來ヨリ此ノ制度ガアリマスル。而シテ日本人ガ外國人ヲ養子トシマスレバ養子縁組ニ依ツテ其ノ者ハ日本ノ民籍ニ入リマス。又認知ト申シマスルハ私生子ヲ父又ハ母ガ認知スルコトデゴザリマス。外國人デアル未成年ノ子ヲ日本人ノ父ガ認知シマスレバ其ノ認知セラレタ子ハ日本ノ民籍ニ當然入ルノデゴザリマス。法律ノ委シキ規定ニ渉ツテ申シマスルト外國人ガ養子縁組、入夫又ハ認知等ニ由リ日本民籍ニ入ルヽニ付テハ種々ナル制限ガアリマシテ國籍ノ關係ヲ紊ルコトヲ防グヤウニナツテ居リマシテ法律文デハ誠ニ明瞭デアリマスケレドモ餘リ細カイコトデゴザリマスカラ態ト茲ニハ省イテ申シマセヌ。

行政處分ニ依ツテ外國人ニ民籍ヲ與フルコトハ法律ガ之ヲ歸化ト名ケテ居リマス。歸化ニハ又普通ノ歸化ト特別ノ歸化ノ二ツガアリマス。普通ノ歸化ト云フノハ一定ノ條件ヲ備ヘタル外國人ハ内務大臣ノ許可ヲ得テ日本民籍ニ入ルコトヲ許サレテアリマスガ其ノ條件ノ主モナルモノヲ擧ゲテ見マスレバ歸化ヲ志願スル者ハ成年以上デナクテハナラヌコト品行端正ニシテ且ツ獨立ノ生活ヲ營ミ而カモ五年以上日本ニ住所ヲ有スル者ト云フヤウナコトデアリマス。特別ノ歸化ト申シマスルハ日本ニ特別ノ功勞アル者ハ右ノ條件ヲ備ヘズ例ヘバ五年以上日本ニ住所ヲ有ツテ居リマセヌデモ勅裁ヲ經テ歸化ヲ許スコトガ出來ルト云フ特例ヲ指シテ云フノデアリマス。

日本ノ國籍ヲ喪フ場合モ前ニ申シマシタ通リ親族關係ヨリ起ル事實ニ基クモノト特ニ外國ニ歸化スル者トノ二ツノ區別ガアリマス。外國人ノ妻トナル者ハ日本ノ國籍ヲ喪ヒ又外國人タル父ニ認知セラレタル者モ外國ノ籍ニ入リマス。其ノ他我ガ臣民ハ外國ノ國籍ヲ任意ニ取得スルコトヲ許サレテアリマス。此ノ事ハ我ガ立法ノ沿革デハ新ラシキコトデゴザリマシテ、古キ立法例ニ於テハ日本人ガ國籍ヲ捨テテ外國人ニナルト云フコトハ事實ニ於テハ兎モ角日本ノ法律デハ認メナカツタ時代ガアルノデアリマスガ、今日ハ明カニ其レガ認メラレタノデアリマス。然シ外國ニ歸化シマストカ或ハ外國人ノ認知ニ依ツテ外國ノ國籍ヲ取得スルトカ云フ場合ニハ一定ノ制限ガ付ケテゴザリマス。其ノ制限ハ陸海軍ノ現役ヲ終ツタ者トカ或ハ現役ニ服從スル義務ガナキコトノ證明ヲ有スル者デナケレバ離籍ヲ許サヌトカ云フ如キ大體ノ取締ガ附イテ居リマス。然シ日本人ガ外國ノ民籍ニ入ルコトヲ禁ズルノ主義ハ之ヲ廢シ自由ニ外國ニ歸化スルコトヲ許サルヽコトニナツテ居リマス。

以上申シマシタノハ日本ノ民籍ヲ得又ハ喪フ場合デゴザリマス。之ヲ定メマスルノハ法律デナクテハナラヌ命令ヲ以テ之ヲ定ムルコトハ出來ナイト云フノガ憲法ノ規定デゴザリマス。ナゼ之ヲ法律ニ限ツテ命令ヲ以テハ之ヲ許サナカツタカト云ヒマスト日本ノ民籍ハ大切ナモノデ總テノ權利ノ享有ハ民籍ニ係ルモノデゴザリマスカラ是レハ行政權ヲ以テ濫リニ變更スルコトヲ許サズ必ズ鄭重ナル法律ノ規定ニ依ラナケレバナラヌト云フ趣意デ此ノ規定ガ設ケラレタノデゴザリマセウ。

三、外國人ノ權利。

序ニ外國人ノ權利ノコトヲ申上ゲテ置キマス。日本ニ在ル外國人ハ如何ナル權利ヲ享有シ得ルヤト云フコトハ大體ニ於テ我々モ皆心得テ居ラナケレバナラヌコトデゴザリマス。從來ハ外國人ハ權利ノナキモノデアルト見タ時代モアリマシタ。是レハ獨リ東洋ノ如キ外國人ヲ排斥スル國々ニ於テノミナラズ西洋モ同樣デアリマシタ。歐羅巴諸國ニ於テモ古キ法律ニ在テハ外國人ヲ排斥シテ居リマス。然シ今日ニ於キマシテハ世界各國ガ國際ノ通義トシテ妨ゲナキ限リハ外國人ノ權利ノ享有ヲ成ルベク本國人ト同ジヤウニスルト云フ精神ニ所ノ傾イテ居リマスカラ内外人ノ權利ノ差等ハ實際ニハ少ナウゴザイマス。特ニ條約ヲ結ンデ各國人ノ權利ヲ定メル者モ多クゴザリマシテ普通ノ私權ニ就キマシテハ日本人モ外國人モ大體ハ同ジデゴザリマス。然シ我ガ國ニ於キマシテモ歐羅巴諸國ニ於キマシテモ公權ニ就キマシテハ内外人ノ區別ヲ付ケルノガ一般ノ例デゴザリマス。公權ト申シマスルハ臣民トシテ國家ニ對スルノ權利デゴザリマスガ、此ノ公權ニモ二種アリマス。其ノ一種ハ一私人ノ身體財產ニ關係スル所ノ公權デアリマシテ他ノ一種ハ參政權ト稱ヘ國ノ政務ニ參與スル所ノ權利デアリマス。參政ノ權利ハ外國人ニハ許サヌト云フノガ我ガ國ノミナラズ一般ノ立法例デゴザリマスル。其レハ何ガ故デアルカト申シマスルト國ノ政治ニ參與スルコト例ヘバ帝國議會ノ議員トナルトカ或ハ議員ノ選擧ニ關係スルトカ云フコトハ其ノ國ノ臣民ニシテ忠誠ニ國ノ爲メニ謀ルト云フ精神ヲ前提基礎トシテ始メテ之ヲ行フコトヲ許スモノデアリマスカラ外國ヨリ來ツテ未ダ我國ヲ本國ト定メザル者ニハ其ノ權利ノ性質上之ヲ享有セシムルコトヲ得ズト云フノガ一般ノ理論ニナツテ居ルカラデゴザリマス。一身上ノ身體財產等ニ關シマスル公權ハ事實今日ノ立法ニテハ日本臣民モ外國人モ大概同樣ニ之ヲ享ケテ居リマス。然シナガラ憲法ノ表面ニ於キマシテハ外國人ト日本臣民トノ地位ハ違ヒマスル。憲法ノ第二章ハ特ニ茲ニ注意シテゴザリマシテ、例ヘバ單ニ所有權ハ侵スベカラズトカ。言論ハ自由デアルトカ言ハズシテ必ズ各條ノ上ニ「日本臣民ハ」ト云フコトガ書イテゴザリマスル。日本ノ主權者ガ日本ノ臣民ニ向ツテ憲法ヲ發スルノニ「日本臣民ハ」ト書クノハ不必要デアルカノ如ク見ヘマスガ、憲法ハ決シテ無用ナコトハ書イテナイノデゴザリマシテ、條文ニ日本臣民ハ法律ニ依ルニアラザレバ自由ヲ侵サル丶コトナシト云フコトガ書イテアルノハ卽チ日本臣民ノ特權ヲ示シタモノデゴザリマス。實際上ハ外國人ノ所有權デモ外國人ノ言論ノ自由デモ侵サル丶コトハアリマセヌ。法律又ハ命令ハ國際ノ通義ニ從ツテ外國人モ日本同樣ニ保障シテ居リマスカラ實際上ハ內外人少シモ異ル所ハゴザリマセヌケレドモ憲法ノ表面上其ノ權利ヲ主張シ得ル者ハ何人カト云フト我ガ臣民デアリマス。外國人ハ憲法ノ第二章ヲ引イテ權利ヲ主張スルコトハ出來ナイノデアリマス。

外國人ノ私權ニ就キマシテハ民法ニ規定ガゴザリマシテ法令又ハ條約ニ特別ノ禁止ノナキ限リハ內國ノ臣民ト同樣私權ヲ享有スルト云フノガ原則デゴザリマス。條約或ハ命令ヲ以テ特ニ禁止シタル場合ニハ其ノ權利ヲ享有スルコトハ出來マセヌ。例ヘバ土地ノ所有權ノ如キハ純然タル私權デゴザリマスガ特別ノ法律ヲ以テ外國人ノ所有スルコトヲ禁ジテアリマスカラ日本臣民同樣ニ外國人ガ所有スルコトハ出來マセヌ。此ノ如キ例ハ僅々デゴザリマシテ大體ニ於テハ內外人同等デゴザリマス。

此ノ如キ主義ヲ取リマシタ日本ノ立法ハ諸外國ニ對シテ少シモ遲レテ居リマセヌ寧ロ一步進ンデ居ル位デゴザリマスル。佛蘭西ノ現行民法制定ノ當時ニ於キマシテハ其ノ精神ニ於テ日本民法程外國人ノ權利ヲ認メテハ居リマセヌ。實際上ニ於テハ殆ド差ヒハアリマセヌケレドモ法典ノ上カラ言ヒマスルト民法ノ權利ハ佛蘭西人民ノ權利デアルト云フコトヲ頻リニ主張シテ居リマシテ恰モ恩惠的ニ外國人ニ及ボスト云フヤウニナツテ居リマス。是レ等ハ昔羅馬法時代カラシテノ習慣デゴザリマシテ東洋ト同ジク歐羅巴ニ於キマシテモ內外人ノ區別ヲ嚴格ニ立テ外國人ニ權利ヲ享有セシムルコトヲ甚ダ惜ンダ其ノ立法例ガ殘ツテ居ルノデゴザリマス。其レニモ拘ラズ日本ハ極ク新シイ理論ニ基イテ公平ニ進步シタル主義ヲ採リテ規定ヲシタノデゴザリマス。

今夕ハ尙十九條ヲモ說明致ス積リデゴザリマシタガ時間ガ足リマセヌカラ次回

ニ讓リマシテ今夕ハ御宥シテ願ヒタウゴザリマス。

第十九條　日本臣民ハ法律命令ノ定ムル所ノ資格ニ應シ均シク文武官ニ任セラレ及其他ノ公務ニ就クコトヲ得

公務ニ就クノ權。此條ハ公務ニ就クノ權ヲ定メタルモノデゴザリマスル。文武官ニ任ゼラレ又ハ帝國議會ノ議員トナリ其ノ他總テノ公ノ政務ニ參與スルコトヲ得ルノ權能ハ日本臣民トシテ均シク之ヲ享有スルト云フ原則ヲ憲法ノ此ノ條ニ掲ゲラレタノデゴザリマスル。從來我ガ國ニ於キマシテモ又タ諸國ノ歴史ヲ見マシテモ文武ノ官ニ任ゼラレ又ハ其ノ他ノ公務ニ就クコトハ必ズシモ國民トシテ一般ニ其ノ權能ヲ有スルモノニアラズシテ特種ノ階級ニ限ラレタル權能トスルノ制度ガゴザリマシタ。貴族ニアラザレバ官吏トナルコトガ出來ナイト云フ制度モアリ、又或ハ官職ガ恰モ其ノ家ニ附隨シテ居ルカノ如クニ親ヨリ子ニ傳ヘ子孫相承ケテ其ノ家ノ特權ノ如キ有様ヲ爲シタコトモゴザリマス。我ガ國ノ歴史ニ於キマシテ斯ノ如キコトノアリマシタコトハ委シク例ヲ引イテ申上ゲズトモ素ヨリ御承知ノコトデゴザリマスル。其ノ制度ハ國民ノ階級ニ就イテ公務ニ就ク所ノ權能ニ差等ヲ設ケタモノデゴザリマシテ、農工商ノ如キ階級ニアル所ノ人民ハ啻ニ才能資格ガ文武官ニ任ゼラル、コトヲ得ナイト云フノミニアラズシテ、權能トシテ公務ニ就クコトヲ許サレナカツタノデアリマスガ、此ノ階級制度ヲ破リマシテ國民ハ國民トシテ平等ニ取扱ハル、ト云フコトガ憲法ノ此ノ條ヲ制定セラレマシタ精神デゴザリマス。御一新ノ大改革ノ最モ顯著ナルモノハ蓋シ此ノ點デアラウト思ヒマス。從來ノ國民ノ階級ヲ廢シテ一般ニ權能ノ平等ナルコトヲ認メラレタノガ政體ノ變更上大ナル注目スベキ點デゴザリマス。諸外國ノ憲法デ見マシテモ此ノ條ノ規定ニ附帶シテ國民ハ法律ノ前ニ同等デアル而シテ均シク文武官ニ任ゼラル、權能ガアルト云フヤウニ書イタ例モゴザリマスル。國民ハ平等デアルト云フコトヲ文字ニノミ拘ツテ見マスレバ君主國體ニ於キマシテハ貴族モアリ平民モアリ榮譽上ノコトニ於キマシテハ國ニ功勞アル者ニ特ニ榮譽ヲ與ヘルト云フ制度ガアリマスカラ單純ニ榮譽ノ上カラ言ヒマスルト全ク國民ニ階級ノナイト云フコトハ申サレマセヌガ然シ是レハ榮譽上ノコトデアリマシテ公法上ノ權利私法上ノ權利ヲ享有スル所ノ權能ニ於テハ均シクアルト云フコトハ我ガ憲法ニ於キマシテモ原則トナツテ居リマス。故ニ茲ニ文字上國民ハ平等デアルト云フコトハ書イテゴザリマセヌケレドモ其ノ精神ハ憲法ノ認ムル所デアリマシテ夫レニ附帶シテ此ノ條ニ臣民ハ均シク公務ニ就クコトヲ得ルコトガ定メラレタノデゴザリマス

「日本臣民ハ」ト書イテゴザリマスカラ固ヨリ文字ノ通リ日本臣民ノ權能ヲ定メラレタモノデゴザリマスル。官吏トナリ公務ニ就クコトハ茲ニ「日本臣民」ト書イテアルナシニ拘ハラズ是ハ一般ノ法理論ニ於キマシテモ權利ノ性質上國民ノ特權デアルト云フコトヲ認メテ居リマスル。國ノ政務ニ關係スルハ文武ノ官吏トナツテ政府ノ事務ヲ執ルニ致シマシテモ或ハ法律ノ規定ニ依リ議會ノ議員トシテ國務ニ參與致シマスルニシマシテモ、總テ國ノ分子トシテ其ノ國ニ同化シ其ノ國ノ一分子トナツテ忠誠ニ奉公スルト云フ精神ヲ基トシテ務ムルコトデゴザリマスカラ此ノ權利義務ノ性質上國民タル資格ガナケレバ之ヲ享有スルコトハ出來マセ

ヌ。故ニ諸外國ノ制度ヲ見マシテモ。又我ガ國法ニ依ツテ考ヘテ見マシテモ、文武ノ官ニ任ゼラレ及ビ其ノ他ノ公務ニ就クノ權能ハ外國人ニ許サヾルヲ本則トシマ。シテ日本臣民ノ特權ト看做スベキモノト認メマスル。然シナガラ文字論トシマシテ此ノ處ニ「日本臣民」ハト書イテゴザリマスカラ外國人ニ及ボスコトハ出來ナイト云フ議論ハ少々誤リガアルカト思ハレマス。何トナレバ此ノ以下ノ條ニモ日本臣民ノ權利ヲ確メタ條ガ多クゴザリマスガ、然シナガラ必ラズシモ其ノ權能ヲ外國人ニ與ヘルコトハ出來ナイト否認シタル精神トノミハ見エマセヌ。唯ニ公務ニ就クノ權ハ其ノ權利ノ性質ガ外國人ニハ及バザルモノデアルト認メテ居リマス」此ノ條文ニゴザリマスル通リ、文武官ニ任ゼラレ及公務ニ就クコトガ均シク臣民ノ享有シ得ベキ權能デアルトハ申シマスモノヽ素ヨリ重大ナル國ノ政務ニ參與スルコトデゴザリマスカラ何人ヲ以テモ之ニ當リ得ルト云フコトデナイコトハ明白デゴザリマス。尤ニ其ノ人ノ撰擇ニ愼マナケレバナラズ、其ノ資格條件等ニ於テハ最モ嚴格ナ規定ヲ要スルコトデゴザリマス。故ニ玆ニ法律命令ノ定ムル所ノ資格ニ應ジト云フコトガ揭ゲラレテアルノデゴザリマス。資格ヲ定メ條件ヲ規定スルコトハ必ラズシモ臣民ノ一般ニ公務ニ就ク權能アリト云フコトヲ否認スルノデハゴザリマセヌ。若シモ或種類ノ階級ニアラザレバ公務ニ就クコトガ出來ヌト云フ如キ規定ヲ設ケマスレバ此ノ條ノ規定ニ反シマスケレドモ、一定ノ學識ガ必要デアルトカ、一定ノ年齡ガ必要デアルトカ、一定ノ身體ノ強壯ナルモノガ必要デアルトカ云フ如キ、資格條件ヲ定メマスコトハ少シモ權能ノ均一ナルコトヲ妨ゲヌノデゴザリマス。特ニ此ノ條ニ明文ヲ以テ其ノ趣意ガ明カニシテゴザリマス。」

此ノ條ニ附加ヘマシテ少シク唯今ノ說明ノ例外トモナリ得ベキカト想像スル場合ヲ玆ニ述ベマスル。其レハ前回ニモ述ベマシタ歸化人ノコトデゴザリマス。前回ニ述ベマシタ通リ外國人ハ一定ノ條件ヲ備ヘテ居リマスレバ內務大臣ノ許可ヲ得テ歸化スルコトガ出來マス。歸化人ニ就テハ國籍法ニ於キマシテ公務ニ就ク權能ニ幾分カノ制限ガ設ケテゴザリマス。何トナレバ歸化人ハ當然生レナガラ日本ノ民籍ニ在ル者デナクシテ行政ノ處分ニ依ツテ民籍ニ入ツタモノデゴザリマスカラ純粹ニ日本人ト生レタモノト稍〻區別ヲシタ規定ガアルノデゴザリマス。故ニ歸化人ハ或公務ニ就クコトガ出來マセヌ。卽チ國務大臣、樞密顧問、宮內省ノ勅任官、特命全權公使、陸海軍ノ將官、大審院、會計檢査院、行政裁判所等ノ長官、帝國議會ノ議員等ニナル權能ハ許サレテアリマセヌ。是レ等ノ例モ獨リ我ガ國ノミデハゴザリマセヌ。諸外國ノ立法例ガ殆ド皆サウナッテ居リマス。或ハ外國ニ於キマシテハ歸化ヲ二段ニ分ッテ單純ナ歸化ニテハ未ダ公權ハ十分ニ享有スルコトヲ許シマセヌ。大歸化ト稱ヘマス鄭重ナ手續ヲ踏ンデ始メテ本國人ト同ジヤウニ法律上ノ權利ヲ享有セシムルト云フヤウナ制度モアリマス。日本ノミガ此ノ如キ制限ヲシタノデハゴザリマセヌ。然シ此ノ制限ハ法律デ設ケタ制限デゴザリマシテ憲法上ノ制限デハゴザリマセヌカラ事情ニ依リマシテハ法律ヲ改正シテ此ノ制限ノ範圍ヲ狹クスルコトモ廣クスルコトモ出來得ルノデゴザリマスル。是レハ稍〻此ノ條ノ一般ノ規定ノ例外ヲ爲スモノデゴザリマスル。然シ本條ノ精神ニ矛盾ハ致シマセヌ。何トナレバ此ノ條ノ精神ハ純粹ノ日本臣民ニ就テ此ノ權能ノ均一ナルコトヲ認メマシタモノデゴザリマスノデ歸化人ノ如キハ例外ニ屬スルモノデアリマスカラ憲法ノ精神ニ矛盾シテ居ルトハ認メナイノデゴザリマス。

第二十條　日本臣民ハ法律ノ定ムル所ニ從ヒ兵役ノ義

務ヲ有ス

一兵役ノ義務。此條ハ兵役ノ義務ヲ宣告シタルモノデアリマス。兵役ノ義務ハ日本臣民トシテ憲法上當然負擔スルモノデアルコトヲ茲ニ明カニシタノデゴザリマスル。義務ノ程度ハ法律ノ定ムル所ニ從フノデゴザリマスガ、臣民トシテハ兵役ノ義務アルコトハ憲法ノ命ズル所デゴザリマシテ之ヲ憲法上ノ國民ノ義務ト稱ヘテ宜シイト存ジマスル。國民ハ國ヲ構成スル分子デゴザリマシテ國家ノ生命獨立、榮譽ヲ防衛スルハ卽チ自己ノ生命、獨立、榮譽ヲ防衛スルコトデゴザリマシテ、國家ノ觀念ハ國民ガ國家ト同體ヲ爲シ同化シテ國ノ生命獨立ヲ以テ自己ノ生命獨立ト認ムルヤウニナツテコソ國ガ鞏固ニナルノデゴザリマスル。此ノ觀念ガナケレバ國家ノ組織ガ全キヲ得ナイト云フコトハ緒論ニ説明致シマシタル時ニ國家ノ觀念トシテ申上ゲタト存ジマス。此ノ趣意ヨリシマシテ國民ハ當然ニ國ノ分子トシテ防衛ニ當ラナケレバナラヌト云フコトヲ憲法ガ茲ニ宣言シタノデゴザリマスル。

又此ノ理論ノミナラズ我ガ國ハ古來武ヲ以テ國ヲ建テタルモノデゴザリマシテ建國ノ基礎ハ國民ノ申合セデモナク、又偶然營利ノ爲メニ多數ノ人間ガ組合ヲ成シタノデモゴザリマセヌ。民族トシテ獨立ト生存トヲ全フスル爲メニ武ヲ以テ鞏固ナル國家組織ヲ成シタノデゴザリマスル。上世ハ此ノ趣意ニ從ヒ國民ハ皆兵デアリマシテ兵馬ノコトヲ以テ社會ノ一階級ノ職業ト致シタコトハゴザリマセヌ然ルニ中世以後ニ至リマシテハ兵ヲ以テ職業トスル者ト農民トガ分レマシテ、國ヲ防衞スルノ義務ハ國民ノ一階級ニ存シテ國民全體ノ義務デハナイカノ如キ有様ニナリマシタ、是レハ時世ノ變遷上然ラシメタ所デゴザリマシテ決シテ我ガ建國ノ趣意ニ適フテハ居ラヌノデゴザリマス。上古ノ觀念ハ此ノ如キコトデハナカツタノデゴザリマス。此ノ事ニ就キマシテモ前條ニ述ベマシタル公務ニ就クノ權能ト相俟ツテ同ジコトデゴザリマシテ、國民トシテ國ノ政治ニ關係スル所ノ權能ガ國民一般ニ認メラルヽト均シク國民トシテ國ノ獨立ヲ防衞スル負擔ハ一般均一デナケレバナラヌコトモ亦タ明白デゴザリマス。是レハ亦明治維新ノ大改革ノ一ノ美果ト申シテ宜シウゴザリマセウ。

維新ノ改革ノ結果ト致シマシテ從來兵ハ一種ノ階級的職業タリシモノヲ改メテ之ヲ一般國民ノ均一ナル負擔ト爲シ光榮アル義務トシテ一般臣民ニ及ボシ、國民ガ國ノ分子タル觀念ヲ養ヒ、共ニ我ガ國ヲ防衛スルト云フ觀念ヲシテ益々鞏固ナラシムルコトハ確カニ認メラル、所デゴザリマスル。蓋シ維新ノ改革ノ精神ハ茲ニアツタラウト存ジマス。要スルニ此ノ條ノ立法ノ精神ハ兵役ハ國民一般ノ義務デアルト云フコトヲ明カニシ、且ツ憲法上ノ義務デアルコトヲ明言シマシテ、而シテ又間接ニハ兵役ノ義務ハ人ノ身體生命ヲ國ノ用ニ供スル重キ負擔デゴザリマスガ故ニ、必ズ之ヲ定ムルニハ法律ヲ以テスベク之ヲ行政權ニ任ジテ濫用ノ虞ナキヲ期スルト云フ精神ヲ茲ニ示シタノデゴザリマス。即チ一方ニ於テハ國民ノ義務タルコトヲ明カニシ、又一方ニ於テハ兵役ノ義務ハ立法事項デアルト云フコトヲ本條ニ掲ゲタノデゴザリマス。

二、兵役ノ性質。　兵役トハ帝國ノ戰鬪力ノ組織ニ入リマシテ服役スベキ法律上ノ義務デアルト解釋シテ居リマス。即チ兵役ハ國民ノ義務デゴザリマス。前ノ公務ニ就クノ權能ニ就テ申シタ所ト同ジ道理デ兵役ハ唯人夫ヲ使役スルガ如ク勞力ノ結果ノミヲ目的ト致シマセズシテ、國家ノタメニ忠誠ニ奉公ヲスルト云フ國民ノ愛國心ヲ實質トシテ之ニ其ノ義務ヲ行ハシムルモノデゴザリマスカラ、外國人ヲ兵役ニ就カシメルト云フコトハ義務ノ性質上許サヌコトデゴザリマス。故ニ公務ニ就クト同ジク兵役ノ義務ハ國民タル資格ニ伴フ所ノ義務デアルト云フ意味デゴザリマス。兵役ハ國ノ戰鬪力ノ組織ニ入リテ服役スル義務デアルト云フ意味ハ即チ帝國ノ陸海軍ノ編成ニ入ルコトヲ意味スルノデゴザリマス。直接間接ニ國民ガ國ノ軍事ノタメニ負擔スベキ所ノ義務ハ種々ゴザリマシテ必ズシモ兵役ニハ限リマセヌ。兵役ノ外ニモ所謂軍事負擔ト稱ヘマシテ財産上ノ負擔モアリマスルシ、又單ニ勞務ヲ目的トスル負擔モゴザリマス。兵役ハ他ノ負擔ト異ル所ハ國ノ戰鬪力ヲ組織スル分子トシテ勞役ニ就クト云フ點デゴザリマス。又兵役ガ法律上ノ義務デアルト申シマシタノハ本條ノ規定ニゴザリマスル通リ法律ノ定ムル所ニ從ヒ兵役ノ義務ヲ有スルノデゴザリマシテ、兵役ノ義務ハ法律ヲ以テ其ノ負擔ノ程度、範圍、種類等ヲ定ムルノデゴザリマスル。國民ノ負擔ト申シマシテモ行政權ノ命令ニ任シテアルモノモゴザリマスルシ、法律ヲ以テ其ノ分量程度種類ヲ定ムルモノモゴザリマス。法律ニ依ルニアラザレバ之ヲ負擔セシムル能ハザルコトヲ稱シテ法律上ノ義務ト稱ヘマスガ、兵役ノ義務ハ其ノ種類デゴザリマシテ、兵役ノ義務ノ範圍程度ハ必ラズ法律ヲ以テ定ムベキコトヽ示サレテアルノデゴザリマスル。

三、服役。

服役ト兵役トハ自ラ異ツテ居リマス。兵役ハ唯今申シマシタ通リ帝國ノ戰闘力ノ組織ニ入リテ服役スベキ義務デゴザリマス。服役ト申シマスルト現ニ其ノ組織ニ入リテ其ノ勞務ニ就イテ居ル有樣ヲ云フノデゴザリマス。兵役ノ義務アル者ノ全部又ハ一部分ヲ服役セシメルノデゴザリマス。其ノ服役ノコトハ卽チ法律ガ定メテ居ルノデゴザリマス。法律ノ定ムル所ニ從ヒト云フ意味ハ服役ノ程度種類等ノ法律ノ規定ニ依リテ定マルモノデアルト云フコトヲ意味スルノデゴザリマス。招集ニ應ジテ陸海軍ニ入リ其ノ勞務ニ就クト云フコトハ服役デゴザリマス、現行ノ制度ヲ考ヘテ見マスルニ服役ニ就キマシテハ細カイ規定ガゴザリマス。然シ茲ニハ憲法ノ大體ノ說明デゴザリマスカラ大體ノ趣意ノミヲ申上ゲマス。

帝國ノ臣民ハ滿十七年ヨリ滿四十年マデノ男子ハ總テ兵役ノ義務ヲ有スルモノ

デゴザリマスル。而シテ兵役ハ分ツテ常備兵役、後備兵役、補充兵役及ビ國民兵役トナツテ居リマス。常備兵役ハ又現役ト豫備役ニ分ツテゴザリマシテ、現役ハ陸海軍ニ於テ年限ニ差異ガゴザリマスルガ兎ニ角三年或ハ四年ト心得テ居リマス。而シテ現役ヲ終ツタ者ガ豫備兵役ニ服スルノデゴザリマスル。豫備兵役ハ陸軍四年四ケ月海軍三年ト法律ニ見エテ居リマス。後備兵役ハ五年デゴザリマシテ常備兵役ヲ終ツタ者ガ之ニ服役シマス。補充兵役ト申シマスルハ毎年壯丁ヲ募リマシテ現役ニ編入シマスル所ノ員數ニ超過シタ部分ヲ之ニ充テルノデゴザリマス。國民兵役ト申シマスルト總テ兵役ニ服スル義務アル者デゴザリマシテ常備後備若クハ補充兵役ニアラザル者ヲ總稱シテ云フノデゴザリマス。國民ハ滿十七年ヨリ滿四十年マデノ間ハ此ノ何レカノ兵役ノ義務ノ負擔ヲ爲シテ居ルノデゴザリマス。

四、軍事負擔。

國民ガ國ノ軍事ノ爲メニ負擔シマスルノハ先刻申シマシタ兵役ノ義務ノミニ限リマセヌ。序デニ他ノ軍事負擔ノコトヲ申上ゲテ置キマスガ軍事ニ關スル國民ノ義務ハ兵役ト軍事負擔ト二ツニ分ケマシテ軍事負擔ハ國ノ防衞ニ供スル所ノ營造物及ビ軍ノ需用ノタメニ財産ノ制限ヲ受クルコト或ハ財産ノ給付ヲ爲スコトヲ云フノデゴザリマス。財産ノ制限ヲ受クルト云ヘバ例ヘバ國防ニ必要ナ營造物ノ近傍ニ於キマシテハ土地建物等ニ一定ノ制限ガアルコトモゴザリマス。又財産上ノ給付ト云ヒマスレバ徴發令等ノ規定ニアリマスル通リ軍ノ需用ノタメニ或場合ニ或程度ニ於テ國民ノ動産及勞力ヲ徴收シテ軍用ニ供スルコトモゴザリマス。此レ等ノ負擔ハ大體ニ於テ財産上ノ負擔デゴザリマスガ然シ租税トハ異ツテ居リマス。租税ハ國庫ノ收入ヲ增ス目的デ人ノ財産ヲ徴收スルノデゴザリマスガ、是レハ國庫ノ收入ヲ增スノデハゴザリマセヌ、軍ノ需用ヲ充シ或ハ國防ノ營造物ノ目的ヲ全カラシムル爲メニ財産上ノ制限ヲ爲スノデゴザリマス。又兵役ト異リマス所ハ兵役ハ唯勞役ヲ目的トセズシテ國ノ爲メニ忠誠ニ奉公スルト云フ國民ノ愛國心ヲ實質トシテ居ル所ノ義務デゴザリマスガ、軍事負擔ハ財産上ノ負擔デゴザリマスカラ必ラズシモ國民ノミデハゴザリマセヌ外國人ニ及ブコトモゴザリマスル。徴發ノ如キ其ノ他所有權ノ制限ハ軍事上ノ目的ノタメニ國民ニ負擔ヲ命ズルコトデハゴザリマスケレドモ內外ヲ問ハヌノガ本則デゴザリマス。兵役ト軍事負擔トハ目的ハ同ジデゴザリマスガ其ノ負擔ノ實質ガ異ナルノデゴザリマス、此ノ如ク兵役ト他ノ軍事負擔トヲ比較シテ見マスレバ自ラ明瞭ニナラウト存ジマスル。

第二十一條　日本臣民ハ法律ノ定ムル所ニ從ヒ納税ノ義務ヲ有ス

一、納税ノ義務。　納税ノ義務ハ國民ノ負擔ノ一デゴザリマジテ特ニ重キモノデゴザリマスガ故ニ憲法ニ特ニ此ノ條ヲ置キテ之レヲ明言シテゴザリマス。國民ノ義務タル點ハ兵役ト同ジコトデゴザリマシテ國民ハ國ノ分子トシテ國ヲ防衛スル義務アルガ如ク、又國ノ獨立存在ヲ維持スル所ノ義務ガアルノデゴザリマス。國ハ我々ガ幸福ヲ全ウシ生命ヲ寄托スル所ノ團體デゴザリマシテ、我々人民ガ此ノ獨立存在ヲ維持スル義務アルコトハ其ノ分子タル資格ニ當然伴フノデゴザリマスル。故ニ其ノ費用ノ負擔ノ如キハ當然ノ義務デゴザリマス。

納税ノコトニ就キマシテハ我ガ國ノ歴史上又歐羅巴諸國ノ歴史上ニ見ル所ノ觀念ノ今日ノ觀念ト異ツテ居ルコトガ認メラレマスル。古ハ國家的ノ觀念ガ甚ダ發達シテ居リマセヌ故ニ國民ヲ以テ國ノ分子ト爲ス觀念ガ乏シウゴザリマシテ、恰モ國家ノ政務ハ王室ノ私事デアルカノ如ク看做サレ從ツテ政務ノ費用ヲシテ王室一家ノ費用ト看做シタコトガゴザリマス。其ノ當時ニ於テハ國ノ政務ノ費用ハ當然國民ニ分擔サセルト云フ觀念モ亦ナカツタノデゴザリマシテ、王室ガ自己ノ財產ヲ以テ政務ノ費用ニ充テ其ノ足ラザル場合ニハ國民ヨリ貢獻ヲ促シタモノデゴザリマス。國民ガ朝廷ニ貢獻スルト云ヒマスレバ事實上ハ租稅デゴザリマシタラウガ諸外國ノ例ヲ見マスルト自由ノ貢獻デゴザリマシテ國王ガ補助ヲ國民ニ乞ヒ、國民ハ特ニ王室ヲ補助スルト云フ如キ意味合デ貢獻ヲ致シタモノデゴザリマス。國民ハ貢獻ヲ爲スノヲ當然ト心得マセヌカラシテ君主ガ多ク貢獻ヲ促ス時ニ於キマシテハ國民ハ之ニ反對ヲスルト云フヤウナ例モ見エテ居リマス。中世以後ニ於テハ歐羅巴デモ日本ト同ジデアリマシテ所謂封建ノ時代ニハ土地ヲ統治スルコト、土地ヲ財產トシテ持ツコトノ觀念ガ混同シテ居リマシタカラ國民カラ租稅ヲ取ルコトハ恰モ大地主ガ借地料ヲ取立ツルガ如ク考ヘ、又租稅ヲ納ムル者ハ土地ヲ使用スル代價ヲ拂フト心得之ヲ取立ツル者モ納ムル者モ共ニ其ノ考ヘデアツタノデゴザリマス。近世ニ至リマシテ國家ノ觀念ハ一變致シマシテ國ハ即チ國民ガ分子トシテ成立シテ居ル所ノ共同生活ノ團體デアルト云フ觀念ガ明カニナリマシタ。其ノ以來租税ハ即チ國民ガ當然國ノ費用ヲ分擔スルモノデ自由ノ意思ヲ以テ朝廷ニ貢献スルト云フ如キ德義上ノモノデモナク。又此ノ土地ニ住シ此ノ土地ヲ耕スニ就テ拂フ所ノ借地料ノ種類デモナク、絶對的ニ國民トシテ納ムベキモノデアルト云フ觀念ガ明カニナリマシタ。

二、租税ノ性質。

租税ノ性質ハ國庫ノ收入ノ爲メニ、無償ニテ一私人ノ財産ノ一部ヲ强制的ニ徵收スルノデゴザリマス。國民ガ德義トシマシテハ自由ノ意思ヲ以テ租税ヲ納ムルコトモゴザリマスケレドモ、法理上ノ解釋トシテハ國家政府ガ權力ヲ以テ强制シテ取立ツルモノデゴザリマスル故ニ、歴史上ノ所謂貢献トハ異リマス。且又租税ハ國庫ノ收入ノ爲メニ取立ツルモノデゴザリマス。國家ガ權力ヲ以テ人ノ財産ヲ制限シ或ハ徵用スルト云フコトハ必ラズシモ租税ニハ限リマセヌ、國庫ノ收入ヲ增ス爲メニ取ルトキニ之ヲ租税ト名クルノデゴザリマス。例ヘバ通路ヲ造ル爲メニ土地ガ必要デアルトキニハ公用徵收ト稱ヘマシテ權力ヲ以テ人ノ財產ノ一部ヲ公ノ用ニ供セシムルコトガアリマス此ノ類ハ租稅デハゴザリマセヌ之ヲ區別シマスル標準ハ國庫ノ金錢ノ收入ヲ增ス目的デアルカ又ハ其ノ物ヲ直接ニ公ノ用ニ供スルト云フノデアルカノ點ニ在リマス又直接ニ公ノ用ニ供シマセヌデモ警察上ノ徵收モアリマス例ヘバ警察ノ規則ニ反シテ家ヲ建テタトカ云フヤウナ場合ニ其ノ軒先キヲ伐ラセルトカ衞生ニ害ノアルモノヲ販賣スル時ハ之ヲ差押ヘテ徵收スルトカ云フノ類ハ人ノ財產ニ屬スルモノヲ權力ヲ以テ徵收スルノデゴザリマスガ國庫ノ收入ヲ增スト云フ目的デゴザリマセヌカラ租稅トハ區別シテ見マスル

租稅ハ無償ニテ絕對的ニ取立テルモノデアルト云フ意義ハ租稅ハ國庫ノ收入ヲ增スコトヲ目的トシテ居ルモノデゴザリマスルカラ之ニ賠償ヲ與ヘテハ固ヨリ其ノ目的ヲ達セヌノデゴザリマス又從來ノ觀念ニ於キマシテ租稅ハ政府ノ保護ヲ受クルニ就テ其ノ保護ノ代價トシテ拂フトカ君主ノ土地ヲ耕スガ故ニ其ノ借地料トシテ拂フトカ云フガ如キ代價タリ賠償タル所ノ觀念ハ現今ノ租稅ノ意味ノ中ニハ含ンデ居リマセヌ現今ノ租稅ハ絕對無償ノモノデアルト云フコトヲ明

カニスルノガ租税ノ性質ヲ知ルニ於テ必要デゴザリマス。

三、賦課。租税ノ性質ハ此ノ如キモノデゴザリマシテ而シテ租税ヲ賦課シ徴收スルニハ法律ノ定ムル所ニ從ハナケレバナラヌト云フコトガ本條ノ規定ニ示サレテアリマス。租税ハ國民ノ當然ニ負擔スベキ所デハゴザリマスガ、然シナガラ國民ノ財産ハ國民ノ身體ト均シク最モ大切ナモノデゴザリマシテ權力ヲ以テ之ヲ強制徴收スルト云フコトハ已ムヲ得ザル場合ニ行フベキモノデ漫リニ之ヲ爲スベキデハゴザリマセヌ。從來ハ兵役ノ義務ト云ヒ、租税ノ義務ト云ヒ、行政權ノ自由ニ任シテアリマシタ時代ニハ已ムヲ得ザルノ必要ナクシテ臣民ノ膏血ヲ絞ルト云フヤウナ弊ガゴザリマシタ。立憲政體ヲ促シタノハ君主及ビ貴族ガ下等人民ニ苛酷ナ税ヲ課シタト云フノガ一ツノ原因デゴザリマシタ。即チ租税ヲ課スル權ヲ最モ愼重ニスルト云フコトハ立憲政體ノ立テラレマシタ大精神デゴザリマスルカラ此ノ憲法ニ於キマシテモ租税ヲ賦課スルト云フコトニ就テハ本條ノミナラズ後ノ條ニモ細カキ規定ガゴザリマシテ、税ヲ課シ税率ヲ改ムル等ノコトハ總テ帝國議會ノ協賛ヲ經テ法律ヲ以テスルコトヲ要スルコトガ重ネテ憲法ニ揭ゲテゴザリマス。此ノ條ニ於テ既ニ法律ニ定ムル所ニ從ヒト云フ條件ガ定メラレテアリマスニ依テ租税ヲ賦課シ徴收スルコトハ法律ノ規定ニ依ラナケレバナラナイ命令權ノ自由ニ任セナイト云フ趣意ガ明白ニ掲グラレテゴザリマス。是レハ國民ニ義務ヲ命ズルト同時ニ國民ノ義務ヲ果サシムルニ於テ公平均一ニシテ苛酷ニ涉ラヌト云フ憲法ノ精神ヲ此ノ處ニ示シタノデゴザリマス。租税ノ賦課徴收ノコトニ付キマシテ細目ハ行政法ニ於テ説明スベキデアツテ憲法ニ於テ申述ベルノハ煩雜ニ涉リマスカラ省イテ置キマスル。

唯法律上ノ義務ト申シマス結果ハ兵役ノ義務デモ納税ノ義務デモ行政官タル者ハ法律ヲ解釋シテ之ヲ個人ニ適用スルニ止マリマシテ法律ノ範圍外ニハ一歩モ踏出スコトヲ許サズ行政官ノ處分ガ法律ニ束縛サレテアルト云フコトニナリマシテ是レガ國民ヨリ見マスレバ權利ノ擔保トナルノデゴザリマス。國民ハ兵役ノ義務ヲ負ヒ納税ノ義務ヲ果スコトニハ少シモ吝ム所ハゴザリマセヌ喜ンデ義務ヲ盡スノデゴザリマスガ、然シナガラ是レト同時ニ行政官ガ濫リニ權力ヲ利用シテ人ノ身體財産ヲ侵害スルコトハ何處マデモ防ガナケレバナラヌノデゴザリマス。其ノ保障擔保ヲ憲法ガ示シテ居ルノデゴザリマス。臣民ノ納稅ノ義務兵役ノ義務ハ總テ法律ノ定ムル所ニ依ルト云フコトヲ定メテアルノハ憲法ノ特ニ意ヲ用井タ所ト考ヘマスル。今夕ハ是レニテ止メテ置キマス。

第二十二條　日本臣民ハ法律ノ範圍內ニ於テ居住及移轉ノ自由ヲ有ス

此ノ第二十二條ヨリ以下第三十條ニ至リマスルマデノ間ノ規定ハ臣民ノ自由ト權利トヲ揭ゲタモノデゴザリマスル。總テノ法律上ノ自由又ハ權利ヲ揭ゲタモノデハゴザリマセヌガ其ノ最モ重大ナル者ヲ憲法ニ列記シテ保障シタノデゴザリマスル。故ニ本條文ヲ說明致シマスル前ニ一通リ此ノ列記ノアル所以ヲ玆デ申上ゲテ置カウト思ヒマスル。

近頃歐羅巴諸國ノ憲法ニ於キマシテ、國民ノ自由及ビ權利ノ重大ナル者ヲ列擧スルコトガ普通ノ例デゴザリマスル。其ノ由ツテ來リマシタル源ハ曾テ英國ニ於キマシテ二度モ大ナル政治上ノ改革ガゴザリマシテ其ノ度每ニ憲法ト云フ名稱ハゴザリマセヌケレドモ臣民ノ權利ノ宣告ト稱ヘマシテ臣民ノ權利自由ヲ擔保スルノ宣告ヲ致シマシタ。此レガ英國ノ立憲政體ノ基礎ヲ爲シテ居ルノデゴザリマスル。ソレカラ後亞米利加ノ獨立ノ時ニ至リマシテ、亞米利加ノ憲法ニハ第一ニ其根本ノ原則トシテ國民ノ自由ト權利ヲ宣告ヲシテゴザリマス。更ニ其ノ後ニ至リマシテ近世歐羅巴大陸ノ立憲政體建設ノ直接ノ原因トモ云フベキ佛蘭西ノ大革命ノ時代ニ於キマシテ人權ノ布告ト云フコトガゴザリマシタ。卽チ人類トシテ又國民トシテノ權利ヲ布告スルト云フ宣告書デゴザリマスル。是レ等ノ先例ガアリマスル。故ニ、後ニ英、佛等ニ倣ヒマシテ憲法ヲ定メタル國々ニ於キマシテ國民ノ自由及權利ノ重大ナル者ヲ憲法ニ列記シマシテ之ヲ保障スルト云フコトガ慣例トナツテ居リマス。然シナガラ此ノコトニ就キマシテハ憲法ヲ解釋スルモノニ往々誤解ガアリマスカラ一應辯明シテ置カナケレバナリマセヌ、ソレハ國民ノ權利トハ申シテモ實ハ國家主權ニ對シテ國民ガ權利ヲ有スルト云フコトノ意味デゴザリマセヌ。臣民ハ國家主權ニ對シテハ絕對ナル服從者デゴザリマシテ、一個人ガ國家主權モ侵ス能ハザル所ノ權利自由ヲ有ツテ居ル譯デハゴザリマセヌ。唯法律以外ノ力ニ依ツテ侵サレナイト云フ擔保ヲ名ケテ臣民ノ權利或ハ自由ト申スノデゴザリマスル。元來元憲政體ノ起リマシタルハ今日ノ如ク國法論ノ發達シタル時代ニ起ツタノデハゴザリマセンデ、全ク政治上ノ勢カラ起ツタモノデゴザリマス。コレハ佛蘭西等ニテ立憲政體ノ起ツタコトニ就イテ申スノデゴザリマスル。其ノ時代ニハ政府及政府ノ官吏ガ權力ヲ擅ニシテ人民ヲ壓制スルノ弊ガ甚シカリシニ由リ其ノ弊ヲ防グト云フコトガ主タル目的デゴザリマシタカラ、政府及官吏ノ權力ヲ濫用スルコトヲ抑ヘルト云フガ政治改革ノ結果デゴザリマシタ。其レ故ニ憲法ニ於テ法律ニ依ルニアラザレバ自由ヲ侵スコトガ出來ヌトカ或ハ臣民ノ權利ヲ侵スベカラズト云フヤウナコトヲ掲ゲタノデゴザリマスル。國家トシテ主權トシテ侵スベカラザル臣民ノ權利アリ自由アルト云フノデハナイノデゴザリマシテ行政權ガ侵スコトガ出來ナイト云フ意味デアツタノデゴザリマス。此ノ趣意ヲ辨ヘマセヌト國家ト個人トガ對等ノ權利ヲ有ツテ居ツテ、是ヨリ以內ハ國權ハ踏込ムコトガ出來ヌト云フ劃然タル權力範圍ガ一個人ニアル如ク見エマシテハ今日ノ法理論ト違ヒマスル。固ヨリ國家ハ一個人ノ權利自由ヲ尊重スルコトハ申スマデモナイコトデゴザリマスガ、法律ヲ作ツテモ憲法ヲ改正シテモ侵スベカラザル一個人ノ自由アリト云フコトハ法理上デハ認メヌノデゴザリマス。勿論國家ノ存立ハ人民ノ安寧幸福ヲ全ウスル目的デアルガ故ニ人民ノ安寧ト幸福トヲ害スル如キコトヲ行フハ國家存在ノ目的ニ違ヒマスルカラ國家ハ決シテサウ云フ權力濫用ヲスルコトハ致シマセヌノデゴザリマスル。然シ國權ニ對スル所ノ個人ノ權力有リ主權ト對峙スル譯デハゴザリマセヌ。此ノ第二十二條以下第三十條ニ至ル規定ハ專ラ行政權ノ濫用ヲ防グガ爲メノ目的デゴザリマシテ主權其ノ者ニ對シテ臣民ノ權利ヲ確メタモノデハゴザリマセヌ。

居住及移轉ノ自由。

此第二十二條ハ居住及移轉ノ自由ヲ掲ゲタモノデゴザリマス。居住及移轉ト申シマスハ文字ノ通リ人ノ身體ノ運動ノ自由ヲ指シタモノデゴザリマスル。何レ所ニ住居シ何レノ所ニ動クモ法律ノ範圍内ニ於テスレバ、自由デアツテ法律ノ規定ニ依ラズシテ行政ノ權力ヲ以テ漫ニ制限ヲ加ヘルコトハ憲法ノ條ノ許サヾル所デゴザリマス。舊時ハ人民ハ恰モ土地ニ附屬シテ居ル者ノ如ク看做サレタコトモゴザリマシテ、農民ハ土地ニ土着スル木石ノ如ク其ノ土地ヲ領スル者ノ許可ナクシテハ其ノ地ヲ離ルコトヲ許サレナカツタノデゴザリマス。夫レヨリ以後ニ至リマシテモ人民ガ住所ヲ國内何レノ所ニ定ムルモ自由デアルト云フ如キコトハ認メマセンデ餘程制限ヲ受ケテ居リマシタ。然ルニ憲法ノ制定ニ依リマシテ始メテ居住ノ自由ガ得ラレタノデゴザリマス。移轉ノ自由ト申シマスルハ旅行ヲ致シマシタリ、住所ヲ轉ジタリスル人ノ身體ノ運動ノ自由ヲ云フコトデゴザリマスガ、此ノ自由ガ他ノ百般ノ自由ノ基礎ヲ爲シテ居ルノデゴザリマシテ、例ヘバ營業ノ自由ト云フ如キコトモ此ノ中ニ精神上含ンデ居ルノデゴザリマス。居住及移轉ノ自由ガゴザリマセヌトキハ自由ニ營業スルコトモ出來マセヌシ其ノ他百般ノ自由ヲ享有スルコトガ出來マセヌカラ特ニ之ヲ重ンジテ茲ニ掲ゲタノデゴザリリス。

茲ニ定メラレマシタ所ハ卽チ法律ノ範圍內ニ於テ自由デアルト云フ意味デゴザリマシテ法律ヲ以テ之ヲ制限スルコトハ固ヨリ憲法ノ許ス所デゴザリマス。其ノ制限ノ重大ナル者ノ例ハ司法上及警察上ニ在リマシテ法律ハ安寧秩序ノ取締ノ爲メニ其ノ自由ヲ制限スルコトガゴザリマス。現行法ニ於ケル實例ヲ申シマスレバ刑法ノ宣告ノ結果トシテ此ノ自由ヲ奪ハル丶コトガゴザリマス。例ヘバ警察監視ト稱ヘマシテ重罪ヲ犯シタ者等ハ刑ノ宣告ヲ受ケマシテ刑罰ノ執行ヲ濟シマスレバ最早自由ノ身體トナルベキ筈デゴザリマスケレドモ、猶裁判所ハ一定ノ時期ヲ限ッテ之ヲ監視ニ付スルト云フ宣告ヲナスコトガゴザリマス。監視ニ付スルト申シマスルハ其ノ者ガ再ビ自由ノ身體トナラバ再ビ直ニ罪ヲ犯シ秩序ヲ紊ル虞レガアリマス。故ニ之ヲ警察官ノ特別ノ監督ノ下ニ置クノデゴザリマス。監視ニ付セラレマスルト居住及移轉ノ自由ハ得ラレマセヌ。警察官ノ許シヲ受ケナケレバ住所ヲ轉ズルコトガ出來マセヌ。又或區域内ニ立入ルコトガ出來ヌトカ、或區域内ニ於テノミ生活シテ居レトカ云フヤウナ命令モ發セラル丶コトガゴザリマス。故ニ警察監視ニ付セラレタ者ハ居住及ビ移轉ノ自由ハ有シマセヌ。

又行政警察ノ手續キニ基キマシテ居住及移轉ノ自由ヲ制限スルコトガゴザリマス、現行法ニハ行政執行法ト稱ヘマス法律ガゴザリマシテ其第三條ノ規定ニ治安或ハ風俗ノ取締ニ必要アルトキハ其ノ虞アル業務ヲ營ム者ノ居住ヲ一定ノ場所ニ制限スルコトヲ行政權ニ許サレテアリマス。其ノ他豫戒令ト申シマスル規則ニ依リマシテ平生一定ノ職業ガナキ浮浪ノ徒ニシテ秩序ヲ害スルノ虞レガアル者ニハ居住及ビ移轉ノ自由ヲ制限シ得ルヤウニナツテ居リマス。又或ハ外國ヘ出稼ヲスル移民等ニ對シマシテ許可ガナケレバ移民ノ渡航ヲ許サヌト云フ移民法ノ規定ガゴザリマス。以上ハ最モ重大ナル制限ヲ述ベタノデゴザリマスガ此ノ如ク臣民ノ自由ノ制限ハ隨分多クゴザリマス。然シ憲法制定以來ハ法律ニ基ク規定ニ依ルノ外他ニ漫リニ此ノ自由ヲ制限スルコトハゴザリマセヌ。是レ憲法制定ニ依ツテ受ケタル恩惠ノ一ツデゴザリマス。

第二十三條　日本臣民ハ法律ニ依ルニ非スシテ逮捕監禁審問處罰ヲ受クルコトナシ

人身ノ自由。此條ハ所謂人身ノ自由ヲ保障シタルモノデゴザリマス。人ノ身體ヲ拘束シ自由ヲ剝奪スルコト最モ愼ムベキコトニテ權力ノ使用ハ是ヨリ重キコトハナイノデゴザリマス。其レ故ニ憲法制定ノ大主意ハ人身ノ自由ヲ安全ニ保護スルニ存スルノデゴザリマス。

此ノ條ニ掲ゲタル逮捕、監禁、審問、處罰等ノコトハ蓋シ刑事ノ訴追ノコトニ關シテノ規定ト存ジマスル。人ノ身體ノ自由ヲ制限シマスルニハ、刑事上ノコト、警察上ノコト、ゴザリマスルガ就中刑事上ノコトガ最モ濫用ヲ恐ル、ノデゴザリマスル、刑事ノ執行ニ致リマシテハ罪アリト嫌疑セラル、者ハ之ヲ拘引モシナケレバナラズ、監禁モシナケレバナラズ、又審問ヲシテ糺サナケレバナリマセヌ。果シテ犯罪人デアリマシタナラバ是レハ素ヨリ當然ノコトデアリマスルガ。調ベテ後ニ無罪ト分ルモノモゴザリマスル。故ニ最初ヨリ餘程愼マナケレバナリマセヌ。然レバト云ッテ無罪ノ者ノ身體ヲ拘束スルコトヲ恐レテ嫌疑アル者ヲ逮捕スルコトヲ怠ル時ニハ秩序ヲ保チ法律ヲ正スノ國權ノ働キガ鈍クナリマスカラ之ヲ避クルコトハ出來マセヌ。故ニ刑事訴訟法ニ於キマシテハ其ノ手續キニ就イテ嚴重ナル取締リヲ設ケテゴザリマスル。人ヲ逮捕スルニ付キマシテハ現行犯デアリマスレバ直チニ警察官ガ捕押ヘルコトヲ認メテゴザリマスルガ、現行犯デアリマセヌ者ハ裁判所ガ勾引狀ヲ發シテ之ヲ示スニアラザレバ之ヲ勾引スルコトヲ許シマセヌ。式ニ從ッテ其ノ職ニ在ル者カラ受ケタル所ノ勾引狀ヲ示シテ然ル後之レヲ勾引スルコトガ出來マス。彼告人ヲ勾引シマシタ時ニハ直チニ審問ニ移ラナケレバナリマセヌ。勾引シタ儘デ置クコトハ法律ガ許シマセヌ。然シナガラ勾引ノ結果證據ガ湮滅スル慮レガアルトカ或ハ被告人ガ逃亡スル慮レアリテ之ヲ留メ置クコトガ必要デアル時ニハ已ムヲ得ズ勾留シテ置キマス。勾留ハ即チ其ノ者ノ身體ヲ監禁シテ置クノデゴザリマスル。而シテ審問ヲ致シマスルノハ犯罪アリヤ否ヤニ就イテ審問スルノデゴザリマシテ、審問ノコトハ一々說明ハ出來マセヌガ審判ノ細カナ手續ガアリマシテ被告人ハ之レニ依ツテ十分寃罪ヲ暢ブル方法ガ與ヘテアリマス。而シテ有罪ト認メ之ヲ罰スル塲合ニ至リマシテハ其ノ罰ハ必ズ法律ニ依ラナケレバナリマセヌ。是レ本條ノ明カニ示ス所デゴザリマス。假令本條ノ規定ガゴザリマセヌデモ國法ノ普通ノ原則トシテ法律ナケレバ罰スルコトヲ得ストハ一般ニ認メラル、所デゴザリマス。罰ハ犯罪ニ對シテ制裁ヲ加ヘルコトデアリマシテ、身體ニ對スル罰モアリ、又財産ニ對スル罰モアリ、種々罰ノ種類ハアリマスガ罰ニ處スルニハ必ズ法則ニ依ラナケレバナリマセヌ法則ニ依ルト申シマスノモ唯罰スルコトヲ得ト云フガ如キ廣キ漠然タル法則デハゴザリマセヌデ、一定ノ所爲ニ就テハ一定ノ罰ニ處スルト云フ法律ノ規定ガナクテハ叶ヒマセヌ。是レ卽チ細カナ刑法典ノ備ハル所以デハゴザリマス。

刑法ハ重罪輕罪等ヲ規定シタルモノデゴザリマスガ、行政ノ命令ニ背イタ者モ亦罰シナケレバナラヌコトガゴザリマス。是レモ秩序ヲ維持スル以上政權ノ働キトシナクテハナラヌコトデゴザリマス。而シテ行政ノ命令ノ違反ニ對スル罰ハ一々帝國議會ノ協賛ヲ經タル法律ヲ以ッテ定メルコトノ出來ヌ事情ノアルコトモゴザリマスル、例ヘバ僅カナル違警罪目ニ就キマシテハ各地方各場合々々ニ於テ細カニ其ノ土地ニ應ジタル警察ノ規則ヲ設ケナケレバナリマセヌカラ刑法典ニ輕罪重罪ヲ規定スルガ如ク一般全國ニ通ジテ永久ナル罰ノ種類ヲ定メテ置クコトガ出來マセヌ。此ノ場合ニ於キマシテハ已ムヲ得ズ命令ヲ以テ罰則ヲ定ムルコトヲ許シテゴザリマス。是レハ行政ヲ執行スル上ニ於テ已ムヲ得ザルコトデゴザリマス。卽チ明治二十三年ノ法律ニ依リマシテ行政命令ヲ以テ罰則ヲ設クルコトヲ許シテゴザリマス。然シ罰則ハ程度ヲ限ッテゴザリマシテ重イ罰ハ許シテゴザリマセヌ。

本條ノ規定ハ文字上專ラ刑事訴追ノ手續キノコトデアルト存ジマスルガ。然シ警察行政ノコトニ就キマシテモ此ノ精神ヲ守ツテ行カナケレバナラヌト思ヒマス。警察上ノ必要カラシテ屢々人ヲ勾引スルコトモゴザリマスルガソレニハ又夫レ夫レ法則ガゴザリマス。唯ニ犯罪ノ疑ヒガアルトカ、又ハ犯罪アリトシテ人ノ身體ヲ拘束スルノミデハゴザリマセヌデ警察ノ目的カラ言ヒマスルト本人ノ身體ノ保護ノ爲ニモ本人ノ身體ヲ拘束シナケレバナラヌコトモゴザリマス。例ヘハ精神ノ錯亂シタル者ガ道路ヲ歩イテ居リマスト其ノ身體ヲ拘束シテ危害ナキヤウニシナケレバナラヌ。又自ラ知ラズシテ危害ニ陷ルガ如キ者ガアリマスレバ其ノ者ヲ保護スル點カラ身體ヲ拘束スルコトモゴザリマス。刑事上デハ罪ノ疑ヒガアルトカ若クハ現行犯ガアル時ニ勾引シマスルガ警察上デハ尚警察ノ目的カラ人ヲ勾引勾留スルコトガ屢々ゴザリマスル。然シ是レ皆法律ノ規定ニ依ツテ行ハレナケレバナリマセヌ。

第二十四條　日本臣民ハ法律ニ定メタル裁判官ノ裁判

ヲ受クルノ權ヲ奪ハルヽコトナシ

裁判ニ關スル權。此條ハ公平ナル裁判ヲ受クルノ權ハ行政ノ權力ヲ以テ之ヲ左右スルコトヲ許サヌト云フ主義ヲ示シタモノデゴザリマス。今日ノ如ク我々聖明ノ世ニ當ツテ公平ナル御政治ノ下ニ住ンデ居ル者カラ見マスルト此ノ如キ條ノ規定ノ必要アリヤ否ヤヲ疑フ位ノコトデゴザリマシテ既ニ裁判所ニ訴ヘテ權利ノ救濟ヲ求メ得ルノ權利ガ法律ニ認メラレテ居リマスレハ行政ノ權力ヲ以テ之ヲ奪ウコトハ無論想像スルコトスラ出來ヌ位ノコトデゴザリマス。然シ此ノ如キ條ノアリマスノハ矢張先刻モ述ベマシタ通リ歐羅巴殊ニ佛蘭西ニ於テ立憲政體ノ起リマシタ所以ハ君主及官吏等ガ甚ダ暴政ヲ行ヒマシタ其ノ反動ノ力トシテ暴逆ニ對抗スルト云フノ精神ガ主モナル原動力デゴザリマシテ、當時ノコトヲ考ヘテ見マスレバ斯樣ナ規定ノ必要モアツタノデゴザリマス。又憲法ノ條項トシテ揭グルニハ此ノ如キ明言ハ是非ナクテハナラヌノデゴザリマス。

此ノ條ノ意味ハ明瞭デゴザリマス文字ノ通リ法律上裁判ヲ受クベキ所ノ裁判官ノ裁判ヲ受クル權利ヲ我々ハ有スル、而シテ其ノ權利ハ行政ノ權力ヲ以テ奪ハルルコトハナイト云フノガ此ノ趣意デゴザリマス。例ヘバ民事ノ訴訟ハ通常裁判所ニ於テ管轄スルト云フコトガ定ツテ居リマスレバ如何ナル人ニ對シテ民事ノ設訟ヲ起シマシテモ通常裁判所ニ於テ其救濟ヲ求メ得ラルヽノガ當然デゴザリマス。然シナガラ壓制ノ時代ニ於キマシテハ同ジ民事ノ訴訟デアリマシテモ貴族ニ對スル訴訟トカ政府ノ權勢アル人ニ對スル訴訟トカハ之ヲ特別ノ裁判所ニ移シテ特判ノ裁判官ヲシテ調ベサセルト云フヤウナ不法ナコトガアツタヤウニ歷史ニ見エテ居リマス。其他法律上デハ普通ノ刑事ノ裁判所ニ於テ普通ノ刑事ノ訴訟法ニ依ツテ罪ヲ審判サルベキ筈デアルノニ或種類ノ犯罪例ヘバ政府ニ反抗スル國事犯ノ如キモノハ政治上ノ勢ヒニ驅ラレテ普通ノ裁判所ニ之ヲ裁判セシメズシテ特ニ臨時特別ノ裁判所ヲ開イテ其罪ヲ斷ズルト云フヤウナコトガ往々專制ノ時代ニハ行ハレタモノデゴザリマス。此ノ如キコトハ憲法制定以後ニ於テハ許サザル所デゴザリマス。元ヨリ裁判所ニ特別裁判所ト謂フ者ハゴザリマス。然シコレハ時機ヲ見人ヲ見テ裁判所ヲ設ケルノデゴザリマセヌ。豫メ裁判所ノ種類ヲ限ツテ設ケテ置クノデゴザリマス。ソレハ此ノ條文ト決シテ抵觸ハ致サヌノデアリマス。我ガ國ニ於テハ例ハゴザリマセヌガ。商業ノコトニ就キマシテハ商事裁判ヲ設クル外國ノ例モゴザリマス。サウ致シマスルト。商人ガ商取引ニ關スルコトハ普通裁判所ニ訴訟ヲ提起セズシテ商事裁判所ニ於テ裁判ヲ受ケルノデアリマス。此ノ如ク法律ヲ以テ定メテアル時ニハソレデモ差支アリマセヌ。何故トナレバ人ヲ見テ法ヲ作ルノデモナク人ヲ見テ裁判官ヲ置クノデモナク、又人ヲ見テ裁判所ヲ設ケルノデモナイカラデアリマス。專制ノ時代ニ於テ往々起ツタ所ノ例ハ或ル重大ナル事件ガ起ルト其ノ事件ト人トヲ見テ特別ナ裁判所ヲ組織シ特別ナ裁判官ヲ任命シテ其ノ罪ヲ斷ズルト云フ如キコトガアツタノデアリマス。此ノ如キハ後ニ法ヲ作ツテ前ノ事ニ及ボスノデアツテ憲法ノ精神ニ違ツテ居ルノデアリマス。

第二十五條　日本臣民ハ法律ニ定メタル場合ヲ除ク外其ノ許諾ナクシテ住所ニ侵入セラレ及捜索セラルヽコトナシ

住所ノ安全。此條モ亦最モ重大ナル人ノ權利ヲ擔保シタモノデゴザリマス。卽チ住所ノ安全ヲ保障スルノデゴザリマシテ、人ノ私ノ住所ニハ行政ノ權力ヲ以テスルモ法律ニ規定アル場合ノ外濫リニ立入リ又ハ搜索スルコトヲ許サナイト云フ主義ガ憲法ニ掲ゲラレタノデアリマス。

人ノ住宅ノ侵スベカラザルハ人ノ身體ノ侵スベカラルザルト同ジ道理デゴザリマシテ形容シテ申シマスレバ人ノ私ノ住家ハ恰モ己レノ體ノ膨脹シテ居ル如キモノデゴザリマスカラ我ガ身體ノ自由ヲ侵サレザルガ如ク我ガ住宅モ他ノ權力ニ依ツテ侵サル丶コトナシト定ムルノガ一身一家ノ安全ヲ保ツニ必要デゴザリマス。卽チ憲法ハ特ニ此ノ自由ヲ尊重シマシテ本條ヲ設ケテ之ヲ擔保致シタノデゴザリマスル。然シナガラ先刻モ申上ゲマシタ通リ茲ニ、列擧シテアル自由ト云ヒ權利ト云フモノハ總テ法律以外ノ力ニ侵サレナイト擔保シタモノデアリマスカラ。國權ガ法律ヲ定メ其ノ法律ニ依リテ爲ストキニハ私人ノ住宅ニ侵入シ及ビ搜索スルコトモ出來ルノデゴザリマスル。茲ニハ唯住所ノ侵スベカラザル原則ヲ掲ゲ而シテ秩序ヲ維持スルタメニ國家ノ行政上必要已ムヲ得ザル場合ニハ人ノ住所ニ侵入シ及捜索スルト云フコトヲ法律ガ定ムルノデゴザリマス。現行ノ法律ヲ考ヘマスルニ人ノ住所ニ立入リ又ハ捜索スルト云フコトハ刑事上カラ起ルコトモゴザリマス。又警察ニ屬スルコトモゴザリマス。民事裁判ノ執行カラ起ルコトモゴザリマス。又收稅ノ規定ノ上カラ起ルコトモアルカト覺エテ居リマス。實ニ僅々ノ場合デゴザリマスルガ皆其ノ必要ハ明白ナコトデゴザリマス。

刑事上ノコトデ例ヲ擧ゲテ申シマスレバ、犯罪人ヲ逮捕スルタメニハ其ノ者ノ住宅デアルカラト云ツテ立入ラヌ譯ニハイキマセヌ。卽チ當然踏込ンデ之ヲ捕ヘルコトヲ許サレテアリマス。然シナガラ前ニ申シマシタ通リ裁判所ノ勾引狀ヲ示スニアラザレバ此ノ事ヲ行フコトハ出來マセヌ。其ノ他證據ヲ擧ゲマスニ就テ證據ノ存在スルト認メマシタ場所ニハ一私人ノ居宅ニ入ツテ捜索スルコトヲ許サレテアリマス。是レ等ハ明白ナ必要ニ依ルモノデゴザリマス。又警察ノ例ヲ申シマスト住宅ノ保護ノタメニ立入ラナケレバナラヌコトガゴザリマス。或ハ火災ガアルトカ盜難ガアルトカ又ハ警察官ガ往來ニ居ル時ニ一家ノ中ヨリ呼ブ聲ガ聞エルトカ云フトキニハ固ヨリ立入ラナケレバナリマセヌ。又犯罪ノ嫌疑ノアル時ニハ立入ルコトガアリマス。一般ノ秩序ヲ維持シ若クハ本人ノ保護ヲスルタメニハ警察ノ權ヲ以テ人ノ住宅ニ立入ルコトモゴザリマス。然シ刑事訴訟及ビ行政法上ニ於テ夜間ニ人ノ住宅ニ立入ルコトハ禁ジテゴザリマス。刑事訴訟デハ全ク夜間ニハ立入ルコトヲ許サヌ精神デゴザリマス。行政執行法ニ於キマシテハ危險ノアル場合等ニ於テハ日沒後日出前ト雖モ人ノ住宅ニ立入ルコトヲ許サレテアリマス。此ノ如ク住宅ノ侵スベカラザルコトヲ法律ガ鄭重ニ保障スルコトハ甚ダ著シイコトガゴザリマシテ是レ實ニ憲法ノ精神ヲ全フスル所以デゴザリマスル。其ノ他民事訴訟ノ規定ニ於キマシテモ裁判ノ執行ノ爲ニハ已ムヲ得ズ人ノ住宅ニ入ルコトガアリマス。又收稅ノ官吏ハ納ムベキ租稅ヲ隱匿シ又ハ詐僞ヲ行フ者ガアリマストキニハ法律ノ規定ニ依ツテ其ノ家ニ侵入シテ物件ヲ取調ベルコトガゴザリマス。何レニシテモ公ケノ安寧秩序ノタメトカ或ハ人ノ身體ノ保護ノタメトカ、行政上及ビ司法上已ムヲ得ザル場合ニ於テ許サレテアルノデゴザリマシテ決シテ之ヲ濫リニ行フコトハ出來マセヌ。

第二十六條　日本臣民ハ法律ニ定メタル場合ヲ除クノ

外信書ノ秘密ヲ侵サルヽコトナシ

信書ノ秘密。本條ハ信書ノ秘密ヲ保障シタモノデゴザリマスル。信書ノ秘密ト申シマスルハ文書ニ依ッテ往復スル所ノ人ノ思想ノ交通ハ行政ノ權力ヲ以テ之ヲ妨ゲ侵スコトヲ許サヌト云フ意味デゴザリマス。此ノ自由モ即チ法律上ノ自由デゴザリマシテ法律ニ於テ特ニ規定ノアル場合ノ外ハ之ヲ侵スコトハ出來マセヌ。信書ノ秘密ニ就テハ特ニ行政ノ取扱上甚ダ關係ガ深ウゴザリマス。何トナレバ今日ノ我國ノ制度ニ於キマシテハ一私人ガ書狀ヲ運送スルコトヲ營業トスルコトヲ禁止シテゴザリマシテ總テ郵便電信電話等ノ事業ハ政府ノ專ラニスル事業トナッテ居リマス。故ニ一私人ガ信書ノ秘密ヲ侵スヨリモ行政ノ取扱上ニ於テ此ノ秘密ヲ侵ス虞レガ餘程多イノデゴザリマス。其レ故ニ信書ノ秘密ニ就テハ特ニ法律上ノ取締モ嚴重ニ定メテアリマス。

此事ニ就キマシテハ現行法ニ於テ如何ナル場合ニ信書ノ秘密ヲ侵スコトガアルカト云フコトヲ述ベマシタ方ガ此自由ノ範圍ヲ確メルニ便利ト思ヒマスカラ其

主モナル例ヲ茲ニ申上ゲマスルガ是レモ前ノ條ニ同ジク刑事ノ犯罪ノ搜索ノタメニ時トシテ必要ナコトガゴザリマシテ刑事訴訟法ニ許サレテゴザリマス。事業發覺ノタメニ必要ノアルトキニハ刑事裁判官ハ其ノ旨ヲ信書ヲ取扱フ所ノ官吏ニ通知ヲシテサウシテ被告人ノ發シタ所ノ書狀電信又ハ被告ニ宛テ、發スル書狀電信ヲ差押ヘテ披見スルコトガ出來マスル。是レハ裁判所ノ命令デ已ムヲ得ヌコトデゴザリマシテ。動モスルト濫用スル虞レモナイデハゴザリマセヌケレドモ此ノ途ヲ杜絶スレバ證據ヲ得ルノ途ガナクナリマスカラ何レノ國ニ於キマシテモ之ヲ法律デ認メテアリマス。其ノ他ニ於テハ殆ド例外ハゴザリマセヌ。郵便法及電信法ト云フ法律ニ特ニ此ノ秘密保護ノコトガ揭ゲテゴザリマシテ郵便及ビ電信ヲ取扱フ官吏ガ信書ノ秘密ヲ侵シマストカ或ハ郵便物ヲ毀損スルトカ隱匿スルトカ云フコトガアリマシタトキニハ普通ノ者ガ之ヲ犯シタヨリモ重ク罰セラルヽコトニナツテ居リマス。又何人ヲ問ハズ他人ノ信書ノ秘密ヲ侵シタモノハ重キ刑罰ニ處セラルヽコトモ法律ニ定メテゴザリマス。刑罰ノ程度ハ一々茲ニ申シマセヌガ唯此ノ如ク法律ハ之ヲ愼ミ制裁ヲ加ヘテ信書ノ秘密ヲ保護シテ居ルト云フコトヲ申述ベテ置クノデゴザリマス。

文信書ノ秘密ト云フ文字ハ文書ノコトデアリマスケレドモ、今日ノ立法ノ程度デ見マスレバ郵便法及電信法ノ規定ニ依レバ電話ノ交通ノコトニ就テモ同ジク取締ヲ爲シ罰ヲ加ヘルコトガゴザリマス、電話ニ付テハ固ヨリ秘密ト云フコトノ程度ハ違ヒマスケレドモ故意ニ之ヲ洩スト云フヤウナコトハ法律ニ制裁ガゴザリマス。此ノ第二十六條ノ趣意ハ文書其ノ他總テ電話等ニ至ルマデ人ノ思想ノ交通ノ秘密ヲ保護スルノ趣意デゴザリマス。法律ノ規定トシテ一私人相互ノ間ニ信書ノ秘密ノ侵害アルトキハ罰セラル丶コトモゴザリマスガ憲法ニ特ニ此ノ條ヲ置カレマシタ趣意ハ主トシテ行政權ノ働キニ對シテ一私人ガ自由ヲ侵サル丶コトナキヲ希望シテ此ノ規定ガアルノデアラウト存ジマスル。

是レ等ノ條々ハ何レモ皆大切ナ自由ノ規定デゴザリマスルガ、若シ之ヲ委シク說明ヲ致シマスレバ即チ細カナル行政法律ヲ委ク說カネバナリマセヌ。茲ニハ細カナ行政法律ハ說キマセズ大體ニ於テ觀察シマスレバ憲法ノ條規ハ解釋ノ然程困難ナルコトモゴザリマセヌ。事柄ノ大切ナル程サウ長イ說明ヲ必要ト致シマセヌカラ甚ダ簡略ナルガ如クニ見エマスケレドモ大體ノ説明ヲ以テ是レデ止メテ置キマス。

第二十七條　日本臣民ハ其所有權ヲ侵サルルコトナシ
公益ノ爲必要ナル處分ハ法律ノ定ムル所ニ依ル

一、本條ノ精神。本條ハ所有權ノ安全ヲ確ムル規定デゴザリマス。所有權ト云フ觀念ハ物ヲ自由ニ使用シ又ハ處分スル權利ヲ申スノデゴザリマス。所有權ト云フ語ハ民法ノ上デハ動産及不動産ニ付テ云フコトデゴザリマシテ特別ナル意味ガゴザリマスガ、然シ憲法ノ此ノ條ノ大體ノ精神ハ蓋必ズシモ所有權ト云フノミニ限ラズ、廣ク日本臣民ハ其ノ財産ヲ侵サルルコトガナイト云フノガ即チ立法ノ精神デアルカト考ヘマスル。而シテ所有權ハ財産權中ノ最モ重キモノデゴザリマスルカラ、所有權ヲ安全ニ保護スルト云ヘバ即チ財産ノ基礎ヲ安全ニ保護スルト云フ意味ニナリマスノデ茲ニ所有權ト揭ゲテアルノデゴザリマス。此ノ條ノ趣意ハ前條ニアリマスル自由ノ保護ト同ジコトデアリマシテ、行政權ヲ以テ濫リニ一私人ノ財産ヲ侵スコトナキヲ宣言シタルモノデゴザリマシテ、法律ヲ以テスルモ之ヲ制限スルコトガ出來ナイト云フ趣意デハゴザリマセヌ。故ニ公益ノ爲ニ必要ナル場合ニハ特ニ法律ヲ以テ所有權ヲ制限スルト云フ意味ガ此ノ條文中ニ見エテ居リマス。所有權及財産權ガ如何ニ法律上デ制限セラルルカハ頗ル大切ナコトデゴザリマスカラ一應附加ヘテ說明ヲ致シテ置カウト思ヒマスル。

二、所有權ノ觀念。

所有權ト云フ意味ハ民法ノ第二百六條ニ示シテゴザリマスル通リ物ヲ法律命令ノ範圍內ニ於テ自由ニ使用シ收益シ又ハ處分スル權利デゴザリマス。物トハ總テ有體ノ物ヲ指シテ云フノデ、動産モゴザリマスルシ、不動産モゴザリマスル。其ノ物ヲ法律命令ノ範圍內ニ於テ自由ニ使用シ或ハ收益シ或ハ之ヲ賣買讓與スル等ノ處分ヲスルノガ即チ所有權ノ働キデゴザリマス。所有權ハ財産權ノ基ヲ爲シテ居リマシテ、廣ク財産ト申シマスルトキニハ唯動産不動産ノ權利ノミナラズ其ノ他債權ヲモ含ミマスケレドモ、根本ハ所有權デアリマス故ニ、特ニ所有權ノコトヲ此ノ條ニ揭ゲマシタノデゴザリマス。所有權ニ就キマシテハ從來誤ツタル觀念ガゴザリマスカラ其ノ一、二ヲ擧ゲテ玆ニ正シテ置カナケレバナリマセヌ。

所有權ハ天賦ノ權利デ國家法律ガアツテ始メテ出來タモノデハナイト云フ說ガ一時行ハレ一シタガ是レハ法理論トシテハ誤ツタモノデゴザリマスル。權利ハ國家アリ國法アツテ其ノ國ノ法律ノ保護ニ依ツテ始メテ生ズルノデゴザリマス。人ガ國家モナク法律モナキ時代ニ物ヲ自由ニ使用シ又ハ處分スルノハ喩ヘバ禽獸ガ物ヲ占有シテ之ヲ自由ニスルト同ジコトデゴザリマシテ唯一身ノ天賦ノ腕力ノ及ブダケノ働キニ過ギマセヌ。然ルニ所有權ハ獨リ其レダケノ働キニハ止マリマセヌデ今日ノ國法上ノ解釋ニ於テハ所有權ハ天賦自然ニ備ツテ居ル一身ノ腕力デハナク國家ノ主權ガ法律ヲ設ケ人ニ此ノ權利ヲ與ヘテ保護スルニ由ツテ始メテ生ズルモノデアルト云フ解釋ニナツテ居リマス。故ニ國家ガ公益ノ爲ニ必要ナル場合ニ法律ヲ以テ所有權ヲ制限シマスレバ天賦ノ權利ヲ奪フノデハゴザリマセズシテ元來法律ノ保護ニ由ツテ生ジタル權利デゴザリマスカラ公益ノ爲ニ法律ヲ以テ制限セラルルハ當然ナコトニナルノデアリマス。

所有權ノ中デモ最モ大切ナルモノハ土地ノ所有權デアリマシテ、之ニ就キマシテモ亦誤解ガゴザリマスルカラ一應辯ジテ置カナケレバナリマセヌ。東洋ノ歷史ニ於キマシテモ西洋ノ歷史ニ於キマシテモ古ハ土地ヲ所有スル權ト國ヲ統治スル權力トヲ混同致シマシテ國王ガ國ヲ支配スルハ即チ其ノ國ヲ所有スルノデアルト考ヘテ居リマシタ、此ノ混同ハ東西ノ諸國共ニ一時或社會ノ變遷ノ程度ニ伴フテ行ハレタルモノデゴザリマスル。即チ封建ノ制度ナドト申スコトガ支那ニモ日本ニモゴザリマシテ其ノ狀態ハ全ク同ジデハゴザリマセヌガ、夫レ等ノ歷史及制度ヲ比較シテ考ヘテ見マスルト、其ノ時代ニハ國ヲ支配シテ治ムルコトト土地ヲ自己ノ財產トシテ有ツコトトヲ混同シテ居リマスル。我ガ國ニ於キマシテモ、亦歐羅巴ニ於キマシテモ、封建時代ニハ私人ガ土地ニ付完全ナル所有權ヲ有スルコトヲ許シマセナンダデアリマスル。其ノ當時ノ觀念デハ土地ヲ一私人ガ所有スルハ國王ノ土地ヲ竊カニ侵スモノデアツテ、一私人ニ土地ヲ所有スル權利ガアルダケソレダケ國王ノ權利ハ侵サレルモノト考ヘテ居リマシタ。詰リ所有權ト統治權トヲ混同シテ居リマシタカラ其結果トシテ一私人ニ土地ノ所有ヲ許スコトガ出來ナンダノデアリマス。然ルニ爾來社會モ發達シ法律制度モ發達致シマシテ、近世ニ至リマシテハ土地ノ所有權ハ土地ヲ經濟的ニ利用スル私ノ權利デアツテ國ヲ統治スル主權トハ全然別ナモノデアルト云フコトガ明カニナリ、從ツテ一私人ノ完全ナ所有權ヲ認メマシテモ其ノ土地ヲ支配スル國權ハ少シモ爲メニ侵サルルコトガナイト云フコトガ明カニナリマシテ、國ヲ統治スル權ト完全ナル土地所有ノ權トハ併立ツコトヲ得マシテ法律上土地所有權ガ完全ナル保護ヲ受クルヤウニナツタノデアリマス。我ガ國ニ於キマシテモ明治ノ初年カラ一私人ガ土地ヲ所有スルコトヲ認メラレ自由ニ之ヲ賣買讓與スルコトモ認メラレマシタガ、憲法ハ尚進ンデ所有權ハ侵スベカラザルモノデアルト云フコトノ本則ヲ掲ゲマシテ、已ムヲ得ズ公益上ノ理由デ之ヲ制限シナケレバナラヌ場合ニハ必ズ法律ノ規定ニ依ルベク行政ノ權力ヲ以テ濫リニ之ヲ侵スコトヲ許サヌト云フ原則ヲ示サレマシタ。古ト今トヲ較ベテ見マスルト制度ノ進歩ハ非常ナルモノデアリマシテ此ノ自由ノ擔保ハ實ニ憲法ノ恩惠デゴザリマス。

三、所有權ノ制限。　所有權ハ法律ノ範圍内ニ於テ一私人ガ有スル所ノ權利デゴザリマスガ固ヨリ法律ニ依リテ制限ヲ加ヘラルルコトガアリマス。本條ニモ公益ノ爲ニ必要ナル場合ニハ之ヲ制限スルコトガアルト云フコトヲ明言シテゴザリマス。所有權ヲ制限シマスルニハ法律其ノ者ガ所有權ノ範圍ヲ定メテ居ルコトモゴザリマス。之ヲ名ケテ所有權ノ限界ト申シマス。是レハ民法ノ第二篇第三章等ニ定メテゴザリマシテ、所有權ハ是レダケノ範圍ノモノデアルト云フコトヲ定メタモノデゴザリマス。此ノ民法ノ規定ハ所有權ヲ制限シタルト云ハンヨリハ寧ロ所有權ノ範圍ヲ明カニシタモノデゴザリマス。而シテ民法デ認メラレテアル所有權ノ範圍ヲ時トシテハ行政上ノ都合ニ依リ公益ノ爲ニ行政ノ權力ヲ以テ之ヲ制限シ又ハ之ヲ收用スル場合ガゴザリマス。行政ノ權力ヲ以テ公益ノ爲ニ之ヲ制限スルハ必ズ法律ヲ以テ之ヲ許シタル場合ニ限ルノデゴザリマス。ソレニハ警察上ノコト、裁判上ノコト、軍事上ノコト、公益事業ニ關スルコト、等ガゴザリマス。其ノ主モナル例ヲ擧ゲマシテ所有權ハ無限ノ權力ニアラズシテ公益ノ爲ニハ制限ヲ受クルト云フコトヲ明カニ致シタイト存ジマス。警察上ニ於テ所有權ノ制限セラルルコトハ例〻多イコトデゴザリマス。例ヘバ交通警察上道路ニ沿フテアル建物ニ一定ノ制限ヲ爲スコトガアリ、又傳染病ノ豫防ノタメニ人ノ所有物ヲ燒棄テルコトモアリ又運搬ヲ禁止スルコト等モゴザリマス。其ノ他震災火災水害等ノ危害ヲ防グタメニ土地建物ノ構造ヲ制限シテ一定ノ構造デナケレバ許サヌト云フコトモゴザリマス。是レ等ノ例ヲ一々述べマスレバ殆ド遑モゴザリマセヌガ要スルニ警察ノ目的上カラ所有權ノ制限セラルルコトノ多クアルコトハ御承知ノ通リデアリマス、是レ固ヨリ法律ノ許ス所ニ依ッテ定メラレタル警察規則ヲ以テ制限ヲスルノデゴザリマス。裁判上ニ於テ制限ヲ受クル場合ハ例ヘバ犯罪ノ用ニ供シタル物ハ官ニ沒收スルト云フ如キ、其ノ他訴訟ノ目的物トナッテ居ルモノハ訴訟手續ニ示シタ場合及方法ニ於テ之ヲ差押ヘルト云フ如キ、皆人ノ所有物ヲ制限スルノデゴザリマス。軍事上ニ於キマシテハ前回ニモ一寸申上ゲタト覺エテ居リマスガ、軍用ノタメニ動產ヲ徵發スルコトモゴザリマス。又不動產ニ就キマシテモ軍事ノ設備ノタメニ制限ヲ受クルコトガアリマス。例ヘバ砲臺ノ周圍ニ於テハ其ノ土地ニ設クル建物ニ制限ヲ附セラルルト云フ如キ類デアリマスル。公益事業ノタメニ一私人ノ所有權ガ制限セラルル場合ハ所謂土地收用法ニ於テ定メタル場合デゴザリマス。唯今マデ申述べマシタノハ警察、裁判、軍事、等ニ關スルコトデゴザリマシテ是レ等ノコトノタメニ所有權ヲ制限スルノ必要ハ申スマデモナク明瞭デゴザリマス。然シ今日ノ行政ノ上ニ於テハ是レ等ノコトノミナラズ進ンデ公ケノ利益トナル事業ヲ行フノニ一私人ノ土地ヲ使用シナケレバ其ノ目的ヲ達スルコトガ出來ヌト云フ場合ニハ一私人ノ土地ヲ收用スルコトヲ法律デ許シテゴザリマス。收用ヲ爲シ得ル事業ハ公ケノ利益トナルベキ事業デナケレバナラヌコトハ勿論デアリマスガ。其ノ解釋ガ漫リニナリマシテ權力ヲ濫用ヌル處レガゴザリマスカラ、土地收用法ニ是々ノ事業ニ就テハ收用ヲ許スト云フ項目ヲ定メテ解釋ヲ明瞭ニシテゴザリマス。其ノ項目ハ一々ハ煩ハシウゴザリマスカラ此處ニハ申述ベマセヌ。又其ノ事業ハ必ズシモ政府ノ事業ノミデナク一私人ノ事業デゴザリマシテモ公共ノ利益ノ爲ニハ收用ヲ許サルル場合ガゴザリマス。即チ所謂公用徵收ノ場合デゴザリマシテ其ノ實例ノ最モ多キモノハ鐵道敷設ノ場合、道路開通ノ場合ノ類デゴザリマス。政府ガ鐵道ヲ造リ道路ヲ造ル時ニ當ッテ必要ナル土地ヲ土地收用ノ手續ニ依ッテ徵用スルハ勿論デゴザリマスガ、一私人一會社ガ公益ノタメニ鐵道道路ヲ造ル時ニ當リマシテモ亦之ヲ徵用スルコトヲ許シテゴザリマス。

然シ已ヲ得ズ徴用スルノ必要アリヤ否ヤハ固ヨリ法律ニ依リ政府ガ之ヲ認定シテ然ル後ニ之ヲ許スノデゴザリマス。而シテ前ニ述ベマシタ警察、裁判、軍事ノ徴用ノ場合ニ於テハ賠償ヲ與ヘヌノガ原則デゴザリマシテ或場合ニノミ例外トシテ賠償ヲ與ヘマスガ、公益ノ事業ノ爲ニ一私人ノ所有權ヲ取上ゲル場合ニハ是非共賠償ヲシナケレバナラヌト云フ法律ノ規定ニナツテ居リマス。賠償ノ金額ヲ定メマスニ就イテモ鄭重ナル手續ガゴザリマシテ、一私人ノ利益ヲ濫リニ害スルコトノナイヤウニナツテ居リマス。若シ土地ノ收用又ハ其ノ賠償ニ就テ一私人ガ不服ノ時ニハ裁判ヲ請フテ公平ナル判決ヲ求ムル途モ開イテアリマス。一私人ノ所有權ノ保護ハ頗ル厚ク定メラレテアルノデゴザリマス。

本條ノ大體ノ精神ハ政府ノ權力ヲ以テ濫リニ臣民ノ所有權ヲ侵スコトヲ防グノガ趣意デゴザリマス。所有權ハ元來法律ニ由ツテ生ジタモノデアルガ故ニ、法律ヲ以テ之ヲ制限スルコトハ認メテゴザリマス。唯法律ニ依ラズ行政權ヲ以テ濫リニ人ノ所有權ヲ制限シ或ハ徴收スルコトヲ禁ズルコトガ憲法ノ趣意デゴザリマス。此ノ規定モ畢竟歐羅巴ノ沿革カラ諸國ノ憲法ニ上ツテ居リマスノデ、佛蘭西ナドデモ立憲政治ノ布カレマス以前ニハ政府ガ濫リニ一私人ノ土地ヲ取上ゲ一私人ノ財産ヲ沒收スルト云フヤウナコトガ度々行ハレタコトガゴザリマシタ。此ノ弊ニ懲リテ歐羅巴ノ革命ノ際ニハ所有權ハ侵スベカラザルモノデアルト云フコトヲ一般ニ唱ヘマシテ其レヨリシテ諸國ノ憲法ニ必ラズ所有權ノ侵スベカラザルコトヲ掲グル例トナリマシタノデゴザリマスル。

第二十八條　日本臣民ハ安寧秩序ヲ妨ケス及臣民タルノ義務ニ背カサル限ニ於テ信教ノ自由ヲ有ス

一、信敎ノ自由。　此ノ條ハ信敎ノ自由ヲ保障シタルモノデゴザリマス。信敎ノ自由ト申シマスレバ人ガ何レノ宗敎ナリトモ自ラ好ンデ撰ム宗敎ヲ信仰スルコトハ國家ハ權力ヲ以テ之ヲ妨ゲヌト云フノガ信敎ノ自由デゴザリマス。此ノ自由モ人ノ思想ノ自由デゴザリマシテ最モ人生ノ貴重ナルモノデゴザリマスカラ、日本臣民ハ安寧秩序ヲ妨ゲズ及臣民タル義務ニ背カザル限ニ於テハ政府ノ權力ヲ以テ信敎ノ自由ヲ侵サルルコトガナイト云フコトヲ憲法ニ宣言シタノデゴザリマス。

宗敎ノ自由ハ固ヨリ尊ムベキコトデゴザリマスケレドモ臣民タル資格ガ第一デゴザリマシテ然ル後ニ我々ニ信敎ノ自由ガアルノデゴザリマス。臣民タル資格ニ伴フ義務ニ背クガ如キ敎義ヲ有スル宗敎ヲ信仰スルコトハ臣民タル義務ト併立チマセヌガ故ニ、國家ハ之ヲ許シマセヌ。加之信敎ノ自由アリト云フ口實ヲ設ケマシテ安寧秩序ヲ害スル行爲ヲスルコトハ固ヨリ許シマセヌ。社會ノ安寧秩序ト臣民タル義務トニ背カザル限リニ於テ信敎ノ自由ガアルノデゴザリマシテ絕對ノ自由ガアルノデハゴザリマセヌ。

宗敎ハ何デアルカト云フ哲學上ノ議論ヲシマスレバ如何樣ニモ說キヤウガゴザリマセウガ、私ニハ其ノ深イコトハ分リ兼ネマスル。然シ普通ノ意義ハ人間以上ノ力即チ神ガアルト云フコトヲ信仰シマシテサウシテ我々ノ今日ノ生活ニ就テハ其ノ人間以上ノ力ガ制裁ヲ加ヘテ支配スルト云フコトヲ信ズルノガ宗敎ノ信仰デアラウト思ヒマス。宗敎ハ殆ンド人類ト共ニ起ツタ位ノモノデアリマシテ人間社會ノ最モ古キ制度デゴザリマス。故ニ國家ノ發達ハ宗敎ノ發達トハ大ニ密接シタル關係ヲ有ツテ居リマス。是ガ爲メニ外國デハ宗教ト國家トノ關係ガ餘程錯雜致シテ度々大變亂ノ起ツタコトガゴザリマシタガ、近世ニ至リマシテ信教ノ自由ト云フ主義ガ定メラレテ始メテ國家ト宗教トノ關係ガ明カニナリマシタ。我ガ國ニ於キマシテハ幸ヒニ宗教上ノコトデ政治上ニ大ナル紛爭ヲ起シタコトハ少ナウゴザリマス。然シ宗教ハ國家ノ大勢力デゴザリマス故ニ、一應此ノ處デ歐羅巴諸國ニ於テ國家ト宗教トガ如何ニ錯雜シタル關係ヲ爲シテ遂ニ今日ノ制度ニ至ツタカト云フコトヲ申上ゲテ置キタイト存ジマス。是レ蓋シ憲法ノ制定ニ至ツタ理由ヲ知ルニ便宜デアラウト存ジマス。

二、國家ト宗教トノ關係。

歐羅巴デモ東洋デモ極ク古キ時代ニ於キマシテハ宗教ト云フ名モナク又國家ト云フ名モナクシテ、人間ガ團體ヲ成ス所以ハ同一ノ神ヲ崇拜スルニアツタノデアリマス。而シテ又公ケノ政事モ神事ニ過ギナカツタモノデアリマスカラ所謂祭政一致ノ有樣デゴザリマシテ、國家ト云フ考ト宗教ト云フ考トハ別ニ離レテハ居ナカツタノデアリマス。然ルニ歐羅巴デハ耶蘇教ガ入リマシテヨリ始メテ大宗教ナルモノガ起リマシテ其レヨリシテ國家ト宗教トノ關係ニ就テ種々ナ制度ノ變遷ガ起リマシタ。私ノ是ヨリ申上ゲヤウト思ヒマスルノハ其ノ以後ノ變遷ニ就テデゴザリマス。

東羅馬帝國ノ皇帝コンスタンチンノストト云フ有名ナル帝王ガ耶蘇敎ニ歸依シテ之ヲ神聖ナル宗敎ト認メマシテ躬ラ耶蘇敎ノ首長トナリ羅馬帝國ハ即チ耶蘇敎ノ團體デアルト云フ思想ヲ以テ制度ヲ定メマシタ。今カラ申シマスト之ヲ宗敎國ノ制度ト言ツテ宜シイト思ヒマス。皇帝ハ即チ宗旨ノ首長法王デアリ法王ハ即チ皇帝デアツテ宗敎ノ首長ト政治ノ首長トガ同一ノ人デアツテ總テ政治ト宗敎ノコトヲ分タナカツタノデアリマス。此ノ制度ヲ以テ東羅馬帝國ハ長イ間維持サレテ居リマシタ。今日ノ露國ハ尚其ノ精神ヲ襲フテ居リマス。

然シ其ノ後ニ至ツテ歐羅巴ハ全ク分裂シマシテ所謂中世以降ノ時代トナリマシテカラハ宗敎ノ權ハ羅馬法王ニ歸シ各國ノ王ハ羅馬法王ノ委任ヲ受ケテ其ノ下ニアツテ俗世界ノ政治ヲ行フト云フ觀念ニナリマシタ。是レガ二度目ノ大變動デゴザリマス。各國王ハ宗敎ノ法王デハゴザイマセヌデ宗敎ノ主權ハ羅馬法王ニ在リ世界中ノ宗敎ノ主權者デアルト看做シ、各國王ハ羅馬法王カラ委托ヲ受ケテ其ノ國ノ土地ト人民トノ上ニ俗世界ノ權ヲ行フモノト考ヘマシタ。是レハ中世ノ狀態デゴザリマス。

各國漸ク羅馬ノ法王ノ覇絆ヲ脫シテ遂ニ國教制度ガ起リマシタ。國教ノ制度ノ起リマシタ所以ハ種々ノ原因ガアルコトデアリマスケレドモ名高キマルチン、ルーテルガ宗教上ノ大改革ヲ始メマシテ其改革ノ政治上ノ方面ヲ申シマスレバ羅馬法王ノ主權ニ反對シテ羅馬法王ヨリ離レテ宗教組織ヲシヤウト云フコトガ其ノ目的デアツタノデゴザリマス。其ノ目的ヲ達スル手段トシテ先ヅ國王ハ即チ宗教ノ首長デアル宗教ハ即チ國ノ教義デアルト云フ觀念ヲ擴メルコトニ努メマシタ。夫レニ依ツテ國教ト云フ制度ガ起ツタノデアリマス。是レハ封建ノ制度ガ稍ゝ崩レテ諸國ガ發達シテ君主專制ノ政治トナツタ時代ニ最盛ニ行ハレタ制度デゴザリマス。其ノ時代ニ於キマシテハ政治ノ格言トシテ一王一法一教ト言ヒマシタ一國ニハ一ツノ王ガアリ一ツノ法律ガアリ一ツノ宗教ガアルモノデアルト云フコトヲ格言トシテ唱ヘタモノデゴザリマス、即チ一國ニ二人ノ國王ガナキガ如ク一國ニ二ツノ宗教ガアルベキ道理ガナイト云フノデ一ツノ宗教ヲ以テ國教ト定メ國民一般ニ之ヲ信仰スベキモノト定メマシテサウシテ君主ハ宗敎ノ首長トシテ羅馬法王ヨリ離レテ獨立シテ宗敎ノ首長タル地位ヲ古ムルコトニナツタノデゴザリマス。此ノ國敎制度ノ起リマシタノハ幾分カ羅馬法王ノ主權ニ反抗スルト云フ政治上ノ影響モアツタラウト思ヒマス。英吉利佛蘭西和蘭其他獨逸等ニ於キマシテモ一時ハ皆此ノ制度ニ依ツタノデゴザリマス。

然シナガラ一方ニ於キマシテハ其ノ後ト雖モ羅馬法王ノ權力ハ未ダ頗ル強クゴザリマシタ故ニ羅馬法王ノ權力ノ及ブ國ニ於テハ所謂獨立制度ナルモノガ起リマシタ。獨立制度ト云フノハ宗敎ト國家トハ全然別物デアツテ、宗敎團體ハ羅馬法王ヲ主權者トシテ其指圖ヲ仰ギ之ニ關スル宗敎上ノ法律アリ而シテ國家ハ俗世界ヲ支配スルモノデアルカラ又國家トシテモ法律アリ此ノ二ツノ者ハ各々獨立シテ對峙スルモノデアルト云フ仕組デゴザリマス。是レハ政治上カラ申シマスレバ羅馬法王ガ外國ニアル所ノ信仰者ヲ直接ニ支配スルニ最モ便宜ナ仕組デゴザリマス。曰耳義ノ如キハ今日ニ於テモ此ノ制度ヲ取ツテ居ルノデゴザリマシテ其ノ宗敎團體ハ國家ノ監督ヲ受ケズ別ニ羅馬ノ主權ニ服スルコトニナツテ居リマス。

其ノ他ノ歐羅巴ノ諸國ハ從來國敎制度デ國敎以外ノ宗敎ヲ壓制シタノガ紛亂ノ種トナリマシタノデ其レヨリ一變シテ所謂公認制度ニ傾キマシタ。獨逸諸國或ハ英吉利等モ今日ノ有樣デハ國敎制度ト言ハンヨリモ寧ロ公認制度ト言ツタ方ガ宜シイノデゴザリマス。其意味ハ昔ノ如ク或一派ノ宗敎ヲ國敎トシテ他ノ宗敎ヲ禁ズルト云フノデハゴザリマセヌ。信敎ノ自由ハ認メマスガ、唯國ノ沿革ニ伴フテ發達シタ由緒アル宗敎ハ特ニ公ノ團體ト云フ資格ヲ與ヘ普通ノ宗敎團體ニ與ヘザル特權ヲ與ヘルノデアリマス。例ヘバ僧侶ハ官吏ニ准シテ取扱フトカ、寺院ハ國家ノ公ケノ建設物ト同ジク看做シテ之ニ特別ノ保護ヲ與ヘルトカ云フ如キ特權ヲ與ヘテ、或種類ノ宗敎ヲ公ケニ認定スル制度デゴザリマス。公認セラレタ宗敎ノ外ニ如何ナル宗敎ヲ信仰シマスルモ憲法上人民ノ自由ニ屬シマスケレドモ、國家ガ保護スル點ニ於キマシテ公認セラレタ宗敎ハ唯一個人ガ私ニ信仰禮拜シテ居ル宗敎ト大ニ地位ヲ異ニスルノデアリマス。公認制度ハ所謂國敎制度カラ一轉シタモノデゴザリマス。佛蘭西ノ大革命以來ノ極端ナル自由ノ思想カラ云ヘバ今日歐羅巴ニ於テ公認制度ト云フガ如キコトヲ認メテ信敎ノ自由ノ中ニ幾分カ等差ヲ附ケルト云フヤウナコトハ主義ニ適ハヌノデゴザリマスガ、歐羅巴ト雖モ宗敎ハ古キ時ヨリ發達シタモノデ大勢力デゴザリマスカラ、ナカ〳〵理論通リニ一樣ノ法律規則ヲ以テ之ヲ同樣ニ取扱フコトハ出來ナイモノト見エマスル。其レ故ニ公認宗敎ノ制度ガ起ッテ居ルノデゴザリマス。

ソレカラ今一層新ラシキ者ハ自由制度デゴザリマス。是レハ亞米利加等ニ行ハレテ居リマス通リ全ク公平ナル制度デゴザリマシテ、何レノ宗敎ヲ公ケニ認定シテ特權ヲ與ヘルト云フコトモゴザリマセヌ。元ヨリ國敎トスルコトモゴザリマセヌ又國家ヨリ離レテ獨立シタル團體デアルト云フコトモ認メマセヌ。人民ガ宗敎ヲ信ズルハ各好ム所ノ學問ヲ信ズルト同ジコトニ見テ居ルノデゴザリマス。宗敎ノ團體ヲ造ルコトハ恰モ學問ノ研究會ヲ設クルガ如キコトト同ジニ見テ居リマス。全ク言論ノ自由ト結社ノ自由トヲ宗敎ノコトニ當嵌メテ支配シテ居ルノデゴザリマス。亞米利加ハ歷史ノ未ダ新シイ國デゴザリマスカラ是レデ能ク治ッテ居ルヤウデゴザリマス。

是レ等ノ變遷ヲ以テ見マシテモ我ガ國ハ歐羅巴諸國ト違ヒマシテ宗敎ノコトニ就イテ政治上ニ大亂大革命ヲ起シタナドト云フコトハゴザリマセヌデ。我ガ國ハ幸ニ古來宗敎ノ自由ヲ有ツテ居ツタノデゴザリマス。古來宗敎ニ就テ多少制限ヲ受ケタコトモゴザリマスケレドモ歐羅巴ニ於ケル如キ排斥ハゴザリマセンデ寧ロ宗敎ニ就テハ我ガ國民ハ甚ダ自由デアツタノデゴザリマス。而シテ此ノ憲法二十八條ニ於キマシテモ亦信敎ノ自由ガ最モ大切ニ保護サレテ居リマス。唯此ノ二十八條ノ大體ノ趣意ヲ述ベマスニ就テモ注意ヲスベキコトハ宗敎ノ敎義ガ臣民タルノ義務ニ背クガ如キモノハ如何ニ自由制度ヲ取ツタカラト云ヒマシテモ之ヲ信ズルコトヲ許サヌコトデゴザリマス。宗敎ノ種類ニ依リマシテハ此ノ恐レノアルモノガゴザリマス。例ヘバ「メンチモニテン」ト云フヤウナ宗敎者ニナリマスト縱令國ヲ保護スルタメデモ、法律ヲ執行スルタメデモ、何デモ人ヲ殺スコトハ人間ノスマジキコトデアルト云フヤウナ敎義ヲ唱ヘテ居リマス。之ヲ信仰スルコトニナリマスト政府ガ罪人ヲ死刑ニ處スルコトモ出來ズ、外國ニ向ツテ戰爭スルコトモ出來ナクナリマシテ、臣民タルノ義務ニ背ク結果ヲ生ズルコトニナリマスカラ此ノ如キ宗敎ハ許サレナイノデアリマス。其ノ他秩序ヲ害シ善良ノ風俗ニ反スル敎義ヲ本旨トスルモノハ固ヨリ國權ヲ以テ之ヲ禁壓スルコトガ當然デアリマス。宗敎ト云ヘバ如何ナルコトヲ爲シ如何ナルコトヲ唱ヘテモ國權ヲ以テ之ニ干涉スルコトガ出來ナイト云フマデニ信敎ノ自由ヲ神聖ナルモノノ如ク考ヘシムルハ憲法ノ本旨デナイト思ヒマス。

第二十九條　日本臣民ハ法律ノ範圍內ニ於テ言論著作印行集會及結社ノ自由ヲ有ス

一、本條ノ精神。　此條ハ最モ貴重ナル言論及結社ノ自由ヲ擔保シタモノデゴザリマス。言論著作印行ノコトハ人ノ思想ヲ自由ニ交通スルコトデゴザリマシテ此ノ事ガ自由ニ行ハレマセヌ時ニ於テハ人ガ幸福ヲ全フスルコトガ出來マセヌ。又集會及結社ノコトハ一個人デ爲シ得ベカラザルコトヲ數多ノ人ガ合同ヲシテ力ヲ合シテ事ヲ爲シ得ルノデゴザリマシテ、一私人ノ目的ヲ達スル上カラ見マシテモ、亦社會ノ福利ヲ起ス上カラ見マシテモ、甚ダ大切ナル自由デゴザリマス。言論、著作、印行、集會、及結社ノ自由ハ法律ヲ以テ保護サレテアリマス。然シ此ノ自由ハ大切ナルモノデアルト同時ニ其ノ濫用ハ甚ダ危險ナルモノデゴザリマス。危險ナル所由ハ言論著作印行等ハ一個人ノ思想ヲ多數ノ人ノ上ニ及ボス所ノ方法デゴザリマス。集會及結社ハ多數ガ合同シテ勢力ヲ爲ス自由デゴザリマス。一個人個々別々ノ力ハ左程恐ルルニ足リマセヌガ、多數ガ合同ヲシタ力ハ社會ノ大勢力デゴザリマシテ、若シモ之ヲ濫用シマスル時ハ國家ノ秩序ヲ紊ル恐ガアルノデゴザリマス。其ノ故ニ一私人ノ爲メ及公益ノ爲メ最モ必要ナル利器デアリマスルト同時ニ又社會ノ秩序ヲ紊ルコトノ恐レノ最モ多キモノデゴザリマス。サレバ從來ノ專制時代ニハ政府ハ勉メテ言論ノ自由ヲ束縛シ結社ノ自由ヲ束縛シタモノデゴザリマス。一個人ノ個々別々ノ働キ、一個人ノ個々別々ノ思想ヲ表白スルコトハ甚ダシキ害モアリマセヌガ之ヲ多數ニ及ボシ多數ガ合同シテ働クトキニナリマスト秩序ヲ紊リ或ハ政治上ノ大變動ヲ起ス等ノ恐レガアリマス。故ニ之ヲ抑ヘタモノデゴザリマス。其ノ反動トシテ歐羅巴ノ近世ノ政治上ノ變動ニ於テハ憲法上保障スベキ人間ノ自由トシテ第一ニ言論ノ自由結社ノ自由ト云フコトヲ唱ヘマシタ。我ガ憲法ニ於キマシテモ之ヲ本條ニ掲ゲマシテ法律ノ範圍内ニ於テ臣民ハ之ヲ享有スルト云フコトヲ明白ニ致シタノデゴザリマス。法律ノ範圍内ニ於テト申シマスルト法律ノ規定ニ依ツテ與ヘマシタル自由ヲ有スルノデアツテ法律ノ外ニ超エテ之ヲ有スルノ自由ハナイト云フコトヲ意味シテ居リマス。又ソレト同時ニ行政ノ處分ヲ以テ束縛シマスルニハ法律ノ規定ニ依ラナケレバナラヌト云フコトガ意味シテアルノデゴザリマス。此ノ自由ヲ保護シ且ツ之ノ濫用ヲ防グコトハ法律ノ規定ニ依ラナケレバナラヌコトデゴザリマシテ、我ガ現行法ニ於キマシテモ治安警察法ニ於テ集會結社ノコトガ規定セラレテゴザリマス。其ノ他著作ノ保護ニ就キマシテハ著作權法ガゴザリマス。印行ノコトニ就テハ出版法ガゴザリマス。是レ等ノ法律ガソレ〳〵備ツテ居リマシテ、多少公ケノ秩序ヲ維持スルタメニ警察上ノ取締ガゴザリマスケレドモ、極メテ寛大ナル自由ノ範圍ガ示サレテアリマス。之ニ依ツテ我々ハ自由ノ思想ヲ世間ニ公ケニスルコトガ出來、又自由ニ集會シ結社スルノ權ヲ有シテ居ルノデゴザリマス。其レ等ノ法律ノ規定ハ唯今述ブルノニハ少シク時間ガ足リマセヌカラ中途ニシテ止メマスルノハ宜シクゴザリマセヌケレドモ成ベク講義ヲ拔取ラセタイト存ジマスル所カラ大意ノミ今日申上ゲマシタノデ細目ハ次回ニ述ブルコトニ致シマス。

二、言論、著作、印行ノ自由。

言論著作印行ノ自由ト申シマスルハ人ノ思想ヲ公ケニ發表スル自由デゴザリマシテ最モ貴重スベキモノデゴザリマス。人ノ思想ヲ公ケニ發表シテ社會ノ交通ノ上ニ顯ハストヰフコトハ獨リ一個人ノ利益ノ爲メノミデハゴザリマセヌ、社會一般ノ公益ヲ起ス方法デゴザリマシテ社會一般ノ公益ノ上カラ見テ厚ク之ヲ保護シ自由ナラシムル必要ガアルノデゴザリマスル。故ニ法律ハ此ノ自由ヲ大切ニ保護致シテ行政ノ權力ヲ以テ濫リニ之レヲ侵スコトヲ許シマセヌ。唯安寧秩序ヲ維持スル爲ニ已ムヲ得ザル場合ハ法律ヲ以テ之レヲ定メテ、其ノ規定ニ依ツテノミ行政ノ權力ヲ以テ之ヲ制限スルコトガ出來ルノデゴザリマス。固ヨリ一私人ガ自己ノ腦中ニ於テ如何ナルコトヲ考ヘ、又ハ言ヒマセウトモ公ケニ世上ニ向ツテ發表スルノデゴザリマセネバ法律ハ之レニ干渉スルコトハゴザリマセヌ。之レヲ公ケニシテ多數ノ人ニ知ラシムル場合ニ至リマシテハ公ケノ利益トナルコトモアルト同時ニ甚ダ危險ヲ釀スコトモゴザリマスルカラ已ムヲ得ズ法律ニ於テ之レヲ取締ルコトモゴザリマスル。憲法ノ此ノ條ノ主義ハ自由ヲ本則トシ秩序ヲ維持シ風俗ヲ正ス等ノ已ムヲ得ザル場合ニノミ干渉ヲスルコトガアルト云フ趣意デゴザリマス。

諸國ノ歴史ニ見エマスル通リ專制ノ世ニ於テ政府ガ一私人ノ自由ヲ束縛シマシタ時代ニ於テハ今日ノ如ク言論著作印行ノ自由ハ與ヘラレナンダデアリマス、今日自由ノ制度ノ下ニ居リマスル我々ニ取ツテハ秩序ヲ害セザル限リ如何ナル言論ヲ公ケニシマスルモ著作ヲシマスルモ共ニ自由デアルコトハ當然ノ如クニ考ヘマスケレドモ、少シク專制時代ノ歴史ヲ知ツテ居ルモノハ往時斯ノ如キ自由ハナカ〳〵得ノレナカツタコトハ皆記憶シテ居リマス。其ノ時勢ト今日トヲ較ベテ考マスレバ憲法ノ此ノ規定ハ特別ノ恩惠デアルコトハ明白デゴザリマセウ。著作ヲ爲シ出版スルニ當ツテハ先ヅ特ニ檢閲ヲ經テ差支ナイト認メラレタル後ニ之ヲ公ケニスルコトヲ得ルノ制度ハ我ガ國ニ於キマシテモ近頃マデ存シタノデゴザリマス、言論ノ如キモ今日コソハ自由ニ多數ノ人ヲ集メテ演説スルコトガ出來マスガ、專制時代ノ政府ノ干渉ノ甚ダシカツタ時ニ於テハ多數ノ者ヲ集メテ政治上ノコトヲ講談論議スルコトハ事ノ善惡ニ拘ハラズ不穩當ナル擧動トシテ許サレナカツタノデアリマス。此レ等ノ事情ヲ考ヘテ見マスルト憲法ノ此ノ規定ニ依テ我々ノ得タ所ノ自由ノ甚ダ大ナルコトガ分ルデゴザリマセウ。專制ノ時代ニハ政府ハ此ノ如ク權力ヲ濫用シテ不必要ナル場合ニモ言論ノ目的ヲ抑ヘルコトガゴザリマシタカラ、立憲政體ノ主義トシテ公ケノ安寧秩序ヲ害セザル以上ハ自由デアルト云フノ主義ヲ確メル必要ガゴザリマシテ、即チ憲法ニ此ノ明文ガアルノデゴザリマスル。

今日ノ我ガ國ノ御制度ヲ見マスルト甚ダ寬大デゴザリマシテ言論著作出版ヲ箝束スル場合ハ誠ニ僅カデゴザリマスル。言論ニ就キマシテハ直接ニ言論ヲ束縛スルノ規定ハ殆ドゴザリマセヌ。唯公ケニ多數ノ人ヲ集メテ集會ヲ催シ演說等ヲ致ス時ニハ幾分カ警察上ノ制限ガゴザリマスル。例ヘバ公ケノ集會ニ於キマシテ犯罪人ヲ曲庇スルヤウナ演說ヲスルコトハ許シマセヌ。又重罪輕罪ニ渉ルベキ事犯ヲ爲シタル者ガアツテ裁判所ニ於テ豫審中ニ屬スル者ニ就テ其ノ罪ノ有無等ヲ講談論議スルコトハ許シマセヌ。勿論犯罪ヲ煽動スルトカ之ヲ曲庇スルトカ言フヤウナ言論ハ許シマセヌ。是レ等ノ外ニ一々斯々ノコトハ許サヌト云フ細カイ規定ハゴザリマセヌデモ、安寧秩序ヲ害スルトカ、或ハ風俗ヲ害スルトカ云フ虞レノアル講談論議ハ警察ノ權ヲ以テ之ヲ差止メルコトガ出來マスル。如何ニ自由ヲ許シタ國デゴザリマシテモ安寧秩序及ビ風俗ノタメニハ言論ノ自由ヲ制限スルコトハ已ムヲ得ザルコトデゴザリマスル。又安寧秩序ト云フ詞ガ漠然トシテ居ルガタメニ之ヲ濫用シテ差止ムルノ虞レガアルト云フ非難モアルカ知レマセヌガ、社會ノ安寧秩序トカ風俗トカ云フコトハ時ト場合ニ依リ事ニ臨ミ相關係シテ判斷スベキコトデゴザリマシテ豫メ是々ノ事ガ安寧秩序ヲ害スル是々ノコトガ風俗ヲ害スルト云ツテ法律ニ目錄ヲ作ツテ其ノ場合ヲ豫メ示シテ置クコトハ實際出來ヌコトデゴザリマス。故ニ法律ニハ單ニ安寧秩序及ビ風俗ヲ害スル時ニハ之ヲ差止メルト云フコトヲ廣ク示シテ居ルノデゴザリマスル。是ハ已ムヲ得ズ廣ク此ノ權力ヲ與ヘテアルノデゴザリマス。又言論ノ自由ガアルト申シマシテ人ヲ誹毀譏謗スルコトハ法律ガ禁ジテ居リマス。然シ私人相互ノ場合ニハ行政權ガ立入ツテ禁ズルノデゴザリマセヌ、害ヲ受ケタル者ガ裁判所ヘ告訴シマスレバ其ノ告訴ニ依ツテ裁判所ガ加害者ニ制裁ヲ付スルト云フコトニナツテ居リマス。

著作ト申シマスルハ文書、演說、圖畫、其ノ他文藝上、學術上、又ハ美術上ノ製作ヲ指スノデゴザリマスル。著作ハ人ノ精神上ノ發明產物デゴザリマシテ、文化ヲ助クルニ最モ必要デゴザリマスカラ、啻ニ自由ヲ與ヘテ之ヲ妨ゲザルノミナラズ、法律ハ積極的ニ著作權ト云フ特種ノ私權ヲ認メテ厚ク之ヲ保護シテ居リマス。著作ノ最モ普通ノ場合ハ書物トカ新聞紙トカニ思想ヲ文字ニ現ハシテ公ケニスル場合デゴザリマシテ著作ノ自由ハ言論ノ自由ヲ實行致シマスルニ就テ必要ナノデゴザリマスル。口ノ上デ傳ヘマスルコトハ多數ト云フテモ限リアル人數ニ止マリマスガ之ヲ文章ニ寫シマシテ廣ク頒チマスルトキハ限リナク多數ノ人ノ上ニ影響ヲ及ボシマスル。而シテ其ノコトガ善ケレバ利益ノ大ナルダケ惡シキトキニモ亦從ツテ弊ガ大ナルノデゴザリマスル。故ニ著作ニ就テハ前ニ申シタト同ジ主義デ秩序及ビ風俗ノ取締リノ上カラ制限ヲ加ヘナケレバナリマセヌ。從前ハ著作物ハ豫メ政府ノ檢閱ヲ經テ政府ニ於テ差支ナイト認メ許可ヲ與ヘタル後ニアラザレバ公ケニスルコトヲ許サナカツタノデ、當然許可ナクシテ公ケニスルコトハ許サナカツタノデアリマシタガ、憲法ノ制定以後ハ此ノ如キ干渉ハ行ハレマセンデ何事ナリトモ自ラ信ズルコトヲ著作シ之ヲ公ケニスル自由ガアルノデゴザリマスル。但シ之ヲ公ケニシマシタ以上ニ於テ其ノ著作物ガ秩序及ビ風俗ニ反スルモノデゴザリマシタナラバ行政ノ權力ヲ以テ之ヲ差止メルコトガ出來ルノデゴザリマス。著作權ト申シマスルノハ憲法ノ此ノ條ニ云フ著作ノ自由ト云フコトトハ違ヒマス。著作權ハ所謂私法上ノ權利デアリマシテ財産權ト同ジヤウナモノデゴザリマスル。著作ヲ公ケニスルニ依ツテ著作者ガ自己ノ利益ヲ獨リ專ラ占ムル所ノ權利ヲ指シテ著作權ト申シマスル。著作權ノ保護ハ著作權法ト云フ近來發布ニナリマシタ法律ニ特ニ厚ク定メラレテゴザリマスル。之ヲ他ノ財産權等ニ比較シマスルニ寧ロ其ノ保護ハ一層厚ウゴザリマス。蓋シ著作ノ自由ヲ重ンジ又著作ノ公行ハ世上ヲ益スル大ナル所カラ著作者ガ著作ニ依ツテ受クル所ノ私ノ利益ヲモ厚ク保護スルト云フノガ立法ノ精神デアラウト考ヘマスル。著作權ノコトハ私權ニ屬シマシテ直接ニ此ノ二十九條ニ關係ガゴザリマセヌカラ此ノ權利ノ性質等ハ茲ニ述ベマセヌ。

印行ノ自由ト申シマスルハ文書圖畫等ノ著作物ヲ印行シテ公ケニ頒布スル自由デゴザリマス。之ニ就キマシテハ出版法ト稱スル特別ノ法律ガゴザリマシテ之ヲ保護スルト同時ニ公ケノ秩序風俗ノタメニ幾分カ制限スル所モゴザリマス。然シ其ノ制限ハ甚ダ僅カデゴザリマス。例ヘバ人ガ書物ヲ著シマシテ之ヲ出版シテ公ケニスルニハ屆出ヲ必要ト致シマスガ、單ニ屆出ノミデ決シテ許可ヲ受クル必要ハゴザリマセヌ。又書物新聞雜誌等ノ出版スルニシテモ如何ナルコトヲ記載シテハナラヌト云フ制限ハ甚少ナウゴザリマス。唯前ニモ申シマシタ通リ、犯罪ヲ曲庇スルトカ、豫審中ノコトヲ論議スルトカ、又出版法ニ於テハ外交、軍事等ニ關シテ官廳ニ於テ特ニ機密トシテ公ケニセザルモノ、及ビ外交軍事ニハ止ラズ總テノ官廳ニ於テ機密文書トシテ公ケニセザルモノヲ一私人ガ私ニ出版スルコトハ許サレマセヌ。是レ等ノ制限ノ外ハ一般ノ制限タル秩序及ビ風俗上ノ取締リデゴザリマスガ、是レハ出版致シマシタ後ニ其ノ出版物ガ治安ヲ妨害シ風俗ヲ壞亂スルモノナリト認メタルトキニ行政權ヲ以テ差止メルコトガ出來マスル。其ノ理由ハ前ニ言論ノ自由ニ就テ述ベタル所ト同ジデゴザリマス。

新聞紙ハ特ニ世上ニ廣ク行ハレマシテ影響ノ殊ニ大ナルモノデゴザリマス。新聞紙ノ取締リニ就テ諸國ノ政治上ノ沿革ヲ見マスルト其ノ變遷ハ區々デゴザリマスガ、何レモ政府ガ新聞紙ヲ治安妨害ノ虞アルモノトシテ嚴シク取締ツタ例ガ澤山ゴザリマス。我ガ國ニ於キマシテハ新聞紙ガ行ハレマシテ以來最初ハ隨分嚴シイ取締リノ條例モゴザリマシタガ、今日行ハレテ居リマス所ノ新聞紙條例ハ甚ダ寛大ナルモノデゴザリマス。新聞紙ノ發行ハ屆出ニ依テ何人デモ自由ニ出來マスル。僅カニ保證金ヲ納ムルノ必要ガゴザリマスガ其ノ他ニ於テハ別ニ豫メ定メタル制限ハゴザリマセヌ。然シナガラ新聞紙ノ記事ニ於キマシテハ秩序及ビ風俗ニ反スルコトガゴザリマスレバ警察ノ權力ヲ以テ之ヲ禁止スルコトハ出來マスル其ノ權力ハ内務大臣ガ有ツテ居リマスル。然レドモ檢閲ヲ經ナケレバ新聞紙ニ記載スルコトヲ許サヌト云フヤウナ檢閲主義ノ立法ハ今日我國ニハ行ハレテ居リマセヌ。諸國ニ較ベテ見マシテモ我ガ國ノ出版法及ビ新聞紙條例ハ頗ル寛大ナルモノデゴザリマシテ是レダケノ自由ガ與ヘラレテアリマスレバ憲法ノ趣意ハ十分全フサレテアルモノト考ヘマスル。

三、集會結社ノ自由。

集會結社ノ自由トハ多數ノ人ガ集會爲シ又團體ヲ結ビマシテ共同ノ目的ヲ達スルタメニ働ラクノ自由デゴザリマス。是レモ亦一私人ノ目的ヲ達スルノミナラズ社會ノ公益ヲ起スニ就テ缺クベカラザル所ノ自由デゴザリマスル。故ニ憲法ハ特ニ之ヲ貴重シマシテ玆ニ明言ガアルノデゴザリマス。多數ガ會合シ或ハ結社ヲスルコトハ從前專制時代ニ於キマシテハ政府當局者ハ之ヲ忌ミ嫌ツタモノデゴザリマスル。縱令其ノ目的ガ何タルニ拘ハラズ、多數ガ徒黨ヲ組ムト云フコトハ甚ダ忌ミ嫌ヒタルコトデゴザリマシテ、我ガ國ノ歷史ヲ見マシテモ外國ノ歷史ヲ見マシテモ、力メテ之ヲ禁壓シタモノデゴザリマスガ、其ノ反動トシテ歐羅巴ノ立憲政體ニ移ル時代ニハ先ヅ人ノ自由ト云フ中ニモ第一ニ主張シマシタモノハ此ノ集會結社ノ自由デゴザリマシタ。社會ノ發達上カラ考ヘマシテモ、集會結社ノ自由アルニ由リテ今日ノ文化ガ斯クマデ進歩シタノデゴザリマス。世ノ中ノコトハ一私人ノ單獨ノ力ヲ以テ爲シ得ベカラザルコトガ多々アルノデゴザリマシテ、政治ヲ目的トスル集會結社ハ別トシマシテモ最モ睹易キ例ヲ申セバ、今日ノ如ク商業上ノコトガ發達シタノハ何ニ起因スルカト申シマスルト、多數ノ力ヲ併セテ事業ヲ營ムカラデアリマシテ、若シ個々別々ニ獨立シテ仕事ヲシマシタナラバ此ノ如ク經濟上ノ發達ハ出來ナカツタノデアリマス。其ノ他文學上ノコトデアリマシテモ、技術上ノコトデアリマシテモ宗敎上ノコトデアリマシテモ、社會百般ノ文化ノ發達ハ多數ノ人ガ集マツテ思想ヲ交通シ且ツ共同ノ目的ヲ以テ力ヲ併セ財產ヲ合シテ勢力トナツテ働イタタメニ今日ノ文化ヲ致シタノデゴザリマスル。然レバ集會又ハ結社ノ自由ヲ與フルコトハ社會文明ノ進步ノタメニ最モ必要デゴザリマス。然シナガラ從來ハ一槪ニ結社ナルモノヲ上ニ向ツテ反抗スル處アルモノノ如クニ見テ之ヲ抑壓シタ例ガ多クゴザリマス。歐羅巴ニ於キマシテモ立憲政體ニ移ル以前ニハ甚ダシキ壓制モアリマシテ其ノ反動トシテ憲法ニ集會結社ノ自由ヲ諸國共ニ皆必ズ之ヲ宣言スルコトニナリマシタ。是レモ前ニ申シマシタ通リ程度ノアルコトデゴザリマシテ公ケノ秩序風俗等ノ上カラハ國家ハ何處マデモ取締リヲシナケレバナリマセヌ。故ニ集會結社ノ自由モ法律ノ範圍內ニ於テアルノデゴザリマシテ、如何ナル點ニ於テ法律ガ之ヲ制限スルカト云ヒマスレバ安寧秩序及ビ風俗ノ保護ノ上カラ之ヲ取締ルノデゴザリマス。

集會ニ就キマシテハ現行ノ制度ハ全ク自由デゴザリマスル屋內ニ於キマシテ武器ヲ携ヘズ平穩ニ集會シマスルコトハ全ク自由デゴザリマスル。然シナガラ屋外ニ於テ多數ガ集ルニ就テハ警察ニ屆出ヲ爲シ認可ヲ經ナケレバ出來ヌコトニナツテ居リマス。コレモ法律ニ除外例ガゴザリマシテ、民俗慣行ニ依ルモノハ此ノ限リニアラズトゴザリマス。例ヘバ氏神ノ祭禮ト云フヤウナコトデ多數ガ集リマスノハ民俗慣行ト看做シテ之ヲ止メマセヌ。然シ特ニ或問題ノタメニ多數ガ上野ノ公園ニ集マルト云フヤウナコトニナリマスレバ警察ガ多少ノ干渉ヲ爲シ得ルノデゴザリマス。屋內ノ集會モ殆ド全ク自由デゴザリマスルガ然シ政治上ノ集會ト稱ヘマシテ集會ノ目的ガ政治上ノ事ヲ講談論議シ、政治運動ヲスルタメデゴザリマスレバ其ノ集會ニハ屆出ヲ要スルコトニナツテ居リマス。是レモ屆出ダケデ必ズシモ許可ヲ得テ開クト云フコトデハゴザリマセヌ。然シ政治集會ニハ屆出ノアリマシタ後警察上必要ガアリト考ヘマシタトキニハ警察官ガ制服ヲ着ケテ職務上其ノ場所ヘ臨ムコトヲ得ルノ權ガ與ヘテゴザリマス。是レハ政治ノ集會ニ限ルコトデゴザリマシテ。宗敎、學術、遊戲等ノ集會ニハ然樣ナ制限ハゴザリマセヌ最モ他ノ衛生トカ火災ヲ防グトカ云フ方面カラ多數集會ノ場所ニ警察官ガ入ッテ監督ヲスルコトモゴザリマスガ、是レハ集會其ノ者ヲ制限スル趣意デハゴザリマセヌデ衛生等ノ目的デゴザリマスカラ茲ニ云フ自由ノ主義トハ反對致シマセヌノデゴザリマス。

結社ハ文字上多數ノ人ガ共同ノ目的ヲ以テ一ノ團體ヲ結ブコトヲ云フノデゴザリマス。結社ニモ種々ナ種類ガゴザリマシテ此ノ條ニ云フ所ノ結社トハ必ズシモ政治上ノ結社ノミヲ指シタモノデハゴザリマセヌ。經濟上ノモノ、文學技藝ノモノ、宗教上ノモノモ皆此ノ中ニ含ンデ居リマス。然シナガラ結社ニ就テハ其ノ種類ニ依テ今日ノ法律ノ定メ方ガ違ッテ居リマス。營利ヲ目的トシマスル社團ハ即チ商法ニ定メテアル所ノ商事會社ト申スモノデゴザリマシテ是レハ商法ノ規定ニ依テ組織シナケレバナリマセヌ其ノ規程ハ甚ダ煩雜ニシテ又組織ノ方法ヲ制限シテアリマス。商法ノ規定ニ依ッテ組織シナケレバナラヌト申シマスルト甚ダ窮屈ニシテ憲法ノ主義ニ反シ結社ノ自由ヲ妨ゲラルルガ如ク見エマスケレドモ、趣意ハサウデハゴザリマセヌ。已ムヲ得ザル理由ガ存スルノデゴザリマス。商事會社ハ多數ノ人ガ其ノ會社ヲ信用シテ煩雜ナル取引ヲスルノデゴザリマスカラ。取引ヲスル一般ノ人ヲ保護スルタメニハ其ノ會社ノ組織責任ヲ明カニシテ置イテ後ニ迷惑ヲ被ルコトナキヤウニシナケレバナリマセヌ。故ニ營利ヲ目的トスル商事會社ハ一定ノ組織ニ依リ一定ノ手續ヲ以テ之ヲ成立セシムルト云フコトヲ法律ガ定メテ居ルノデゴザリマス。是レ公益保護ノ上カラ已ムヲ得ザルコトデゴザリマス。營利ヲ目的トセザル宗敎上、學術上、遊戲上、其ノ他ノ結社ハ自由デゴザリマス。是レハ法律ガ何等ノ形式ヲモ定メテ居リマセヌ。唯結社ヲ法人組織トナスニハ行政廳ノ許可ヲ得ナケレバナリマセヌ。法人組織ト云フハ民法上ノ人格ヲ有スルコトヲ指シテ云フノデゴザリマス。

結社ノ中デ專ラ政治上ノ運動ヲ目的トスルモノヲ法律ハ名ケテ政社ト稱ヘテ居リマス。即チ政治上ノ結社ノコトデゴザリマス。政社ノコトニ就キマシテハ治安警察法ト云フ法律ニ規定ガゴザリマシテ其規定ニ依リマスルト政社ハ其ノ組織ノ規則ト之ヲ代表スル人トヲ定メテ屆出ヲシナケレバナリマセヌ。從來ハ政社ニ加入スル者ハ悉ク名簿ヲ備ヘテ屆出ヲサセルヤウニナツテ居リマシタガ、近來ハ唯代表者ヲ屆出サヘスレバ宜イヤウニナリマシテ餘程寬大ニナリマシタ。政社ニハ軍人、警察官、僧侶、宗教ノ教師、學校ノ教師、生徒及女子、未成年者、公權剝奪者、又ハ公權停止中ノ者ハ加入スルコトヲ許シマセヌ。政社ニ限ッテ此ノ制限ガアルノデゴザリマス。又政社ニハ外國人ノ加入ヲ許シマセヌ。且ツ若シ政社ニシテ治安ヲ妨害スル虞レガアリマシタトキニハ内務大臣ノ權力ヲ以テ之ヲ禁止スルコトガ出來マス。然シ政社ガ禁止ノ處分ヲ受ケマシタ場合ニハ法律ニ特ニ行政訴訟ヲ提起スル途ヲ開イテアリマス。内務大臣ガ秩序違反デアルトシマシテ政社ヲ解散セシメタルトキニ於テハ固ヨリ其ノ命令ニ服從シテ解散シナケレバナリマセヌガ、然シナガラ内務大臣ノ命令ガ法律ニ違ッタ處分デアルト考ヘマシタ時ニハ行政裁判所ニ訴ヘテ裁判ヲ仰グコトヲ許シテゴザリマス。是レハ寛大ニシテ且ツ最モ公平ナル制度デゴザリマシテ之ニ依ッテ内務大臣ガ權力ヲ濫用スル弊ヲ防グコトガ出來、又一私人ガ不法ノ處分ノタメニ苦シムコトヲ免ルルノデゴザリマス。集會結社ニ對スル我ガ國ノ現今ノ立法ハ歐羅巴諸國ニ較ベテモ尚一歩ヲ進ンデ自由デアリマシテ憲法ノ此ノ條ノ希望ハ十分ニ充サレテアルト思ヒマス。

本條ノ全體ノ趣意ハ前回申上ゲマシタガ、尙一言附加ヘテ置キタイコトハ此ノ條ノ起リマシタ所以ハ專制政體ヨリ立憲政體ニ移ル沿革上ノ理由ガ主ナル原因トナツテ居ルコトデゴザリマス。專制政體ノ特色ハ甚ダシク一私人ノ言論ヲ制限シ集會結社ヲ大ニ忌ミ嫌ツタモノデ、其ノ反動トシテ此ノ束縛ヲ將來ニ免レンガタメニ此ノ自由ヲ特ニ憲法ニ揭ゲルヤウニ致シタノデゴザリマス。然シ我ガ憲法ハ絕對的ニ一個人ノ自由ヲ認メルノデハゴザリマセヌ、臣民タル資格ガ第一デゴザリマシテ臣民タル資格ト相容レザル如キ言論及集會結社ノ自由ハ當然之ヲ許シマセヌ。加之普通ノ秩序或ハ風俗ヲ害スルコトガゴザリマシテモ法律ハ重キ制裁ヲ附加ヘテ之ヲ抑制シマス。是レ等ノ自由ヲ規定シ又取締ヲ爲シマスル法律例ヘバ治安警察トカ著作權法トカ出版法トカ云フ法律ニハ啻ニ手續ヲ示シタノミナラズ風俗ヲ壞亂スルトカ秩序ヲ紊ルトカ云フコトガアツタ場合ニハ之ヲ重ク罰スルト云フ細カイ嚴重ナ罰則ガ付イテ居リマス。之ニ由ツテ考ヘマスレバ立法ノ趣意ハ一方ニハ及ブベキ限リ自由ノ範圍ヲ廣ク與ヘナガラ、一方ニ於テハ秩序風俗等ノ壞亂ヲ防クタメニハ極メテ重キ制裁ヲ附スルト云フコトガ現ハレテ居ルト思ヒマスル。

第三十條　日本臣民ハ相當ノ敬禮ヲ守リ別ニ定ムル所ノ規程ニ從ヒ請願ヲ爲スコトヲ得

一、請願ノ自由。　此條ハ所謂請願ノ自由ヲ掲ゲマシタモノデゴザリマスル。請願ト申シマスルハ文字ノ如ク臣民ヨリ上ニ向ツテ希望ヲ上達スル方法デゴザリマシテ、我國ノミナラズ諸國ノ憲法ニ請願ノ自由ト云フコトヲ掲ゲテ特ニ之ヲ重ク見テゴザリマスル。大體ヨリ説明致シマスレバ是モ亦沿革上ノ理由ガアルノデゴザリマスル。何レノ國ニ於キマシテモ從來ノ專制時代ニ於キマシテハ國會ノ制度ハ固ヨリ無ク、自治ノ制度モ行政裁判ノ制度モ整ヒマセヌ。故ニ一私人ガ行政權ノ濫用ニ對シ自己ノ權利ヲ伸ストカ、自己ノ希望ヲ述ベルトカ、又ハ一私人ガ政治上ニ就テ公私ノ利害得失ノ上カラ政府ニ意見ヲ奉ルトカ云フ途ハナカツタノデゴザリマスル。賢明ノ君主ハ下民ノ陳情ヲ聽キ、憂國ノ士ハ一身ノ危險ヲ冒カシテ建言スルコトモアリマスレドモ例外ノコトニテ權利自由トハ致シマセヌ下民ハ一般ニ唯沈默シテ服從スルノミト云フノガ往時ノ臣民ノ情態デゴザリマシタ。夫レ故ニ政府ハ下民ノ情ヲ知ルノ途ハ殆ドナカツタノデアリマス。故ニ時トシテハ下民ヨリ意見ヲ奉ル自由ノナキヲ奇貨トシテ民情ニ反スル政治ヲ行フトカ、罪ナキ者ヲ罰スルトカ、其地方ノ不利益トナルベキコトヲ強ヒテ行フトカ云フヤウニ行政權ヲ濫用シタコトガ多カツタノデゴザリマス。其ノ時代ニ唯一ノ方法トシテアツタノハ君主或ハ官府ニ向ツテノ陳情ト云フコトデゴザリマシタ。然レバ東西トモ古ヘヨリ上ニ在ル人ハ德義トシテ下民ノ請願ヲ容レテ民情ニ伴フ政治ヲ行フコトヲ尊トシ、下ニ在ル者ハ請願ノ自由ヲ得ルコトヲ此ノ上モナイ幸福トシテ居ツタノデゴザリマスル。其ノ沿革ガゴザリマスル故ニ、立憲政體ニ移ルニ際シマシテ歐羅巴ノ人民ガ先ヅ第一ニ確メントシタ所ハ言論集會ノ自由、及ビ請願ノ自由デゴザリマシテ、爾來殆ド慣例トナツテ諸國ノ憲法ニ請願ノ自由ヲ特ニ揭グルコトニナリマシタ。

請願ヲ爲スコトハ本條ニ明文ノゴザリマスル通リ自由デゴザリマスガ、特ニ玆ニ相當ノ敬禮ヲ守ルト云フコトガアルノニ注意ヲシナケレバナリマセヌ。請願ハ素ト對等者ノ間ニ權利ヲ以テ爭フ所ノ言論デハゴザリマセヌ。下臣民ヨリ上政府ニ對シテ哀願スル性質ノモノデゴザリマシテ、上ニ向ツテ反抗スル精神ガアツテハ憲法ニ許サレタル請願ノ自由ト戻リマス。故ニ日本臣民ハ相當ノ敬禮ヲ守リ穩當ニ謹ンデ意見ヲ上ニ奉ルト云フコトヲ憲法ニ許サレタノデゴザリマス。且又此第三十條ノ明文ガアルカラト云ヒテ何レノ所ニ向ツテモ直ニ請願ヲ爲シ得ルカト云フト、サウ云フ譯ニハ行キマセヌ。別ニ定ムル所ノ規程ニ從ヒトアリマスカラ請願ニ關スル特別ノ規程ガナクテハ請願ヲ取次グコトハ出來マセヌ。而シテ現今ノ法則ヲ調べテ見マスルト從來アリマシタ請願規則ハ今日云フ行政訴願ノコトデアリマシテ從來ノ所謂請願規則ハ既ニ廢サレテ居リマスルカラ。議院ニ呈出シマスル請願ニ就テハ別ニ議院ニ規則ガアリマスガ、其ノ他ニ請願スルモノハ別ニ未ダ規程ガゴザリマセヌノデ茲ニ所謂別ニ定ムル規程ト云フノガ如何ナル規程デアルカ不明瞭デアリマス。故ニ憲法第三十條ノ趣意ニ從ツテ請願ノ規程ガナクテハ適ハヌコトト私カニ考ヘテ居リマスル。

廣ク請願ト申シマスルト一私人ノ利害ヲ訴ヘルコトモアリ、又公ケノ利害得失ニ就イテ自己ノ意見ヲ上ニ奉ルコトモアリマス。請願ハ必ズ一私人ノ權利義務ニ係ラナケレバ爲スコトヲ得ズト云フコトハゴザリマセヌ或ハ國ノ政治ニ就テ或ハ法律ノ改廢ニ就テ意見ヲ述ベルニモ請願ノ式ニ依ルコトガ出來マス然シ今日ハ從來ノ專制時代ト違ヒマシテ權利ヲ伸ブル方法ニ就テハ請願ト云フ法式ニ依ラズ訴訟及ビ訴願ノ形式デ自由ノ權利ヲ全フスル方法ガ就テ居リマス民事ノ訴訟ノコトハ申スマデモナク、行政官ノ處分ガ違法デアリマシテ一私人ノ權利ヲ害シタト云フ場合ニ於キマシテハ請願ト云フ式ニ依ラズトモ、行政訴訟ト云フ式ニ依テ行政裁判所ヘ訴ヘテ權利トシテ裁判ヲ受ケルコトガ出來マス又行政廳ノ違法ノ處分デナクトモ不當ノ處分ニ依テ一私人ノ利益ヲ害サレタ場合ニ於キマシテハ行政官廳ニ訴願ヲ爲シテ裁決ヲ仰グコトガ出來マス權利ヲ害サレタ時ニハ裁判所ヘ訴ヘテ救濟ヲ求ムルコトモ出來マス而已ナラズ權利トナリマセズトモ行政官ガ不當ノ處分ヲシテ一私人ノ利益ヲ害シタト云フ時ニハ訴願ノ形式ニ依テ行政ノ裁決ヲ仰グコトモ許サレテアリマス故ニ請願ノ自由ハナクトモ既ニ一私人ノ權利ト自由トニ就テハ甚ダ厚キ保護ヲ受ケテ居ルノデゴザリマスルガ、憲法ハ尚ソレノミナラズ、一層臣民ノ言論ヲ上ニ達スルノ途ヲ開クコトヲ欲シテ議院ニ對シテ一私人ガ請願書ヲ呈出スルコトガ出來ルヤウニナツテ居リマスル。其ノ他尚別ニ定ムル所ノ規程ニ依リ君主政府ニ向ツテ請願ヲ爲スコトモ許ス精神デゴザリマス。斯ノ如ク憲法ノ趣意ハ廣ク請願ノ自由ヲ許ス趣意デアルヤウニ認メマスル。

終リニ一言請願ト訴訟トノ區別ニ就テ申シマスル。歐羅巴デモ從來ハ請願ト訴願トノ區別ヲ立テナカツタノデアリマスガ、近頃ノ行政ノ制度ニ於キマシテハ、歐羅巴ニ於キマシテモ亦我ガ國ニ於キマシテモ、請願ト訴願トヲ分チマス。訴願ト申シマスノハ行政官廳ノ處分ニ依テ一私人ノ利益ヲ害サレマシタ時ハ上級行政官廳ニ訴ヘテ裁決ヲ求ムルノデゴザリマシテ、是レハ法律上ノ權利トシテ裁決ヲ求ムルノデゴザリマス。訴願ハ如何ナル明白ノコトデゴザリマシテモ之ヲ受取リマシタ以上ハ行政官ハ之ニ裁決ヲ與ヘナケレバナリマセヌ。請願ハ行政處分ニ對シテノミナラズ、立法ノコトデゴザリマシテモ、行政上ノコトデゴザリマシテモ何事ニ付テモ爲シ得ルノデゴザリマスル。又一私人ガ之ヲ提出致シマシタトテ政府ニ於テハ必ズシモ之ニ向ツテ採納ノ如何ノ決ヲ與ヘルト云フ必要ハナイノデゴザリマス。請願ハ下ノ意ヲ上ニ通ズルダケノコトデゴザリマシテ訴願ノ如ク裁決スルト云フコトハアリマセヌ。是レガ違ヒデゴザリマス。故ニ請願ハ廣クシマシテモ弊害ハ少ウゴザリマスガ、訴願ノ方ハ或一定ノ事項ヲ限ツテ之ヲ許サナケレバ漫リニ許ス時ハ行政ノ處分ノ進行ヲ大層妨ゲルコトニナリマスカラ一方ニ於テハ臣民ノ權利ト自由ヲ重ズルタメニ成ルベク廣ク行政ノ訴訟ト訴願ヲ許シマスガ又一方ニ於テハ行政權ガ敏活ニ行ハルルタメニ其ノ事項ガ限ツテアリマス。請願ノ方ハ事項ヲ限ラズ廣ク許シテゴザリマス。是ハ上政府ニ於テ臣民ノ訴ヘル所ヲ參考トシテ聞置クダケノコトデゴザリマスカラ廣ク自由ヲ與ヘテ差支ナイノデゴザリマス。

本條ノ規定ノ説明ハ簡單デゴザリマスガ大體ノ趣意ハ茲ニ止ツテ居リマス。唯請願ノ規程ノ定メガゴザリマセヌ故ニ、如何ナル形式ヲ以テ如何ナル手續ニ依ツテ請願ヲ爲シ得ルカト云フコトハ茲ニ説明ガ出來マセヌ。尚引續キ第三十一條ヲ説明致ス考デゴザリマシタガ、ツイ前條ノ説明ガ少シ長過ギマシテ時間ガ迫リマシタカラ第三十一條ノ説明ハ次回ニ述ベマスル。

第三十一條　本章ニ揭ケタル條規ハ戰時又ハ國家事變ノ場合ニ於テ天皇大權ノ施行ヲ妨クルコトナシ

非常大權施行。　恭デ案ジマスルニ此條ハ天皇大權ノ非常施行ノ場合ヲ規定シタルモノデゴザリマスル。天皇大權ノコトハ第一章ニ詳カナル規定ガゴザリマシテ其ノ範圍等ハ明瞭デゴザリマスル。且又此ノ第二章ニ於イテハ臣民ノ權利義務ガ揭ゲテゴザリマシテ臣民ノ法律上ノ權利ト自由トハ明カニ其ノ範圍ガ示サレテゴザリマスル。第一章ニ揭ゲマシタ大權ノ働キト、第二章ニ揭ゲマシタ臣民ノ法律上ノ權利自由トハ相俟ツテ少シモ悖ラザルモノデゴザリマス。憲法ノ規定ハ社會ノ秩序ヲ保チ臣民ガ各〻法律ノ下ニ平穩ナル生活ヲナス普通ノ場合ヲ見テ定メラレタモノデ、臣民ノ權利ト自由トニ重キヲ措イテ規定セラレテ居リマスガ、戰時又ハ事變ノ場合ニ際シテ憲法ノ法文ニ拘ツテ國家ノ危急ヲ救フコトヲ怠ル如キハ國家ノ存在上素ヨリ容スベカラザルコトデゴザリマスル故ニ、我ガ國ノ憲法ニ於キマシテハ平時ノミナラズ國家事變ノ場合ノコトヲモ豫想シマシテ此ノ條ヲ特ニ設ケラレタノデゴザリマスル。

此ノ如キ變例ニ屬スル規定ハ歐羅巴諸國ノ憲法中多クハ明文ヲ以テ定メテハ居リマセヌ、然ラバ歐羅巴諸國ノ戰時ノ場合或ハ國家事變紛亂ノ時ニ於キマシテ法律ノ爲メニ拘束セラレテ國權ノ自由ナル行動ヲ許サザルカト考ヘマスルト實際ニ於ケル働キハ事變ニ處シテ自由デゴザリマスル、此ノ事ハ憲法ノアルニ拘ラズ實際ノ歷史ニ於テ明白デゴザリマスル。而シテ歐羅巴ノ國民及ビ學者ノ解釋ガ共ニ此ノ事ヲ必ズシモ憲法違反トハ看做シマセヌ。素ヨリ文字ノ上ニ於キマシテハ憲法ノ條項ニ違ツタ處置デゴザリマスルガ、憲法ヲ定メタル所以ハ素ト國ヲ統治スル目的デアツテ國ヲ統治スルト云フハ國民ノ安全ヲ謀リ國家ノ獨立ヲ維持スルノ謂デゴザリマスルカラ。憲法アルガタメニ國家ノ危急ヲ救ハヌト云フノハ立法ノ精神ニ反スルト云フ解釋ヲ取テ居リマス。故ニ歐羅巴諸國ニ於キマシテハ此ノ如キ明文ナキ國ニ於キマシテモ戰時或ハ國家事變ニ際シテ我ガ國ノ憲法ノ規定ト同ジ實際上ノ働キヲ爲シテ居リマス。然シ國民ノ一致ノ觀念ト學者ノ解釋ガ此ノ事ヲ認メテ居ルトハ申シマシテモ之ヲ明文ニ許シテナイノハ不備デアリマス國家存立ノ上カラ既ニ其ノ必要アリト認メタ以上ハ憲法ニ明カニ之ヲ宣告シテ置クニ如クハナイノデゴザリマス之ヲ殊更ニ明言セズ非常ノ場合ニ於キテモ國權ノ自由行動ハ許サザルガ如ク裝ヒテ而シテ國家ノ秩序紊レ獨立ヲ危フスル時ニ突然非常大權ノ施行ヲ現ハスハ望マシクナイコトト思ハレマス是レ等ノ實例ト法律上ノ考トヲ參酌サレマシテ我ガ憲法ニ於キマシテハ第一章ニ於テ大權ノ範圍ヲ明確ニ定メ又第二章ニ於テ臣民ノ法律上ノ權利自由ヲ明カニ定メテアルニモ拘ラズ憲法ノ條項ノ一トシテ明文ヲ掲ゲテ戰時或ハ國家事變ノ場合ニ國家ノ存立國民ノ身體財產ノ秩序安全ヲ維持スルタメニ已ムヲ得ザル場合ニ於テハ大權ノ施行ヲ法律上ノ自由擔保ニ拘ラズ適宜臨機ノ處分ヲ行フベキコトヲ正面カラ宣言サレテアリマシテ我ガ國憲法ノ立法ノ體裁ハ最モ宜シキヲ得タルモノデアラウト思ヒマスル。

戰時又ハ國家事變ノ場合ト申シマスルハ如何ナル場合ヲ指シテ云ヒマスルカ細カニ之ヲ列擧シテ說明スルコトハ出來マセヌ事變ハ即チ豫想スベカラザル變亂ノ起ツタコトヲ云フノデアリマスカラ豫メ何レダケノ範圍デアルト云フコトヲ

定義シテ茲ニ述ベルコトハ出來マセヌ。又戰時ト云フノハ現行ノ規則ニ依リマスレバ特別ノ布告ニ依ツテ戰時ト定メラルル例モゴザリマスルガ、是レハ戰時ト平時トハ陸海軍ノ取扱其ノ他行政上ノ取扱ニ於テ法令ノ結果トシテ相違ヲ生ジマスル故ニ、何月何日ヨリ何ノ地方ヲ戰時戰地ト認ムルト云フヤウナ布告ガ必要ナノデゴザリマス。憲法ニ所謂戰時事變トハ全ク事實ヲ認ムルノデゴザリマシテ秩序ガ紊レテ兵力ヲ以テ之ヲ維持スル外普通ノ行政權、警察權ヲ以テ維持スルコトガ出來ナイ場合ヲ云フノデゴザリマスル。既ニ前ニ説明致シマシタル通リ天皇大權ニ依ツテ戒嚴ヲ宣告セラルルコトモゴザリマス。戒嚴ハ或ル範圍内ニ於テ普通ノ行政及司法ノ働キヲ止メマシテ軍事處分ニ委ネルノデゴザリマシテ戒嚴ノ宣告ニ依ツテ事變或ハ戰時ニ於テ尙秩序ヲ維持スルコトガ出來ルト見テ居ルノデゴザリマスル。然シ此三十一條ガゴザリマスル以上ハ國家ノ存立ニ危キガ如キ場合ガゴザリマシタナラバ戒嚴ノ程度ヲ超エテモ主權ノ非常ノ行動ヲ以テ國ノ獨立ト國民ノ安全ヲ謀ラナケレバナラヌト云フノガ此條ノ精神デゴザリマスル。此ノ條ノ規定ヲ誤解シマシテ大權ヲ以テ憲法ヲ紛更スルコトヲ許シマシタモノノ如ク解釋スル者ガ或ハアラウモ知レマセヌガ法律上ノ解釋トシテ決シテ大權ヲ以テ憲法ヲ紛更スルコトトハナリマセヌ。歐羅巴ノ例ノ如ク事變ノ場合ノコトヲ公言セズシテ唯實際ノ必要上、事實上、非常大權ノ施行ヲ爲シマスルハ道理上已ヲ得ザルトスルモ明文上ハ憲法違反デアリマス。然シ我ガ國ノ憲法ハ此ノ疑義ヲ避クル爲メニ憲法第三十一條ニ明白ニ此非常大權ガ示サレテアリマス。之ヲ憲法ヲ紛更シ又ハ憲法ヲ中止スルノ權ガ君主ニアルト解スルハ宜シクゴザリマセヌ。非常ノ場合ニ非常大權ノ施行ガアルト云フコトハ憲法ノ豫期スル所デゴザリマス。申サバ國ヲ統治スル責任ガアル御方ハ非常ノ場合ニ於テ非常ノ權力ヲ以テ國家ノ獨立存立ヲ維持遊バサルル憲法上ノ御責任ガアルト申シテモ宜イ位ノコトデ、是レハ憲法上爲サナケレバナラヌ場合ガナイトモ限ラヌノデゴザリマスカラ此ノ條ニ托シテ實際ノ必要ヲ見ザル場合ニ非常權ヲ行フト云フ如キコトハ素ヨリアルベカラザルコトデアツテ、又アツテハナラヌコトデゴザリマス。夫レハ國ヲ治ムル人ノ德義ニ存スルノデゴザリマス。

第三十二條　本章ニ掲ケタル條規ハ陸海軍ノ法令又ハ紀律ニ牴觸セサルモノニ限リ軍人ニ準行ス

本條ノ主旨。　此條ハ軍人ト本章ニ掲ゲマシタ臣民ノ法律上ノ權利及自由等ノ關係ヲ定メタルモノデゴザリマスル。軍人ハ統帥大權ノ下ニアリマシテ特別ナル服從關係ヲ有シ統帥權ニ對シテ絕對ニ服從スベキモノデゴザリマス、臣民トシテハ憲法及法律ニ定ムル所ニ依リテ自由及權利ヲ有シテ居リマスレドモ其ノ上ニ軍人タル身分ニ伴ヒテ特別ニ統帥大權ニ絕對服從ヲ爲スノデゴザリマス。故ニ軍紀軍令ニ依ツテ軍人タル資格ノ上カラ一身上ノ自由ヲ束縛セラルルコトガ多クアルノデゴザリマス。是レハ又サウナクテハ軍人トシテ帝國ノ戰鬪力ヲ組織シ其ノ任務ヲ全フスルコトガ出來ヌノデゴザリマスル。其ノ場合ト第二章ニアル臣民トシテノ權利自由ヲ有スル場合ニ就テ或ハ疑ヒノ起ル恐レガアリマスルノデ特ニ第二章ノ末條ニ於テ此ノ規定ヲ置カレタノデゴザリマスル。此明文ハ縱令ゴザリマセヌデモ解釋上サウナラナケレバナラナイノデアリマスガ明文ガアツテ益〻疑ヒナカラシメルノデゴザリマスル。

陸海軍ノ法令又ハ紀律ハ即チ統帥大權ノ發動デゴザリマシテ軍人ハ其ノ下ニ絶對ニ服從シテ居リマスカラ軍人タルノ身分ニ對シマシテハ服從ノ準則タル軍令及紀律ニ依テ動作スルノデゴザリマス。而シテ一面臣民タル資格ニ於テ權利及自由ヲ有シマスルノハ軍人タルガ故ニ臣民タル資格ヲ失フ理由ガナイカラデゴザリマス。然シ特別服從關係ノ下ニアルモノデゴザリマスカラ軍人タル身分ノアル間ハ軍ノ法令、紀律ガ先ヅ其ノ自由ヲ束縛シテ普通一般ノ法律命令ハ之ニ牴觸セザル限リニ於テ適用セラルルノデゴザリマス。

軍ノ法令又ハ紀律ハ私ノ解釋デハ統帥權ノ發動ニ限ルト見マスル。統帥權ノ發動ニアラズシテ軍人デアルカラト云ツテ普通法ノ待遇ニ特別ノ除外ヲスルハ今日ノ立法精神ニハナイコトデゴザリマス。歴史ヲ考ヘテ見マスルト歐羅巴デハ從前身分ニ依テ總テノ法律ヲ異ニシテ居ツタ時代ガゴザリマス。

例ヘバ農民ニハ農民ノ法ガアリ、武士ニハ武士ノ法ガアリ、僧侶ニハ僧侶ノ法ガアリ、軍人ニ對シテハ民法上ノ事デゴザリマシテモ刑律ノ事デゴザリマシテモ其ノ他一般ノ警察上ノ取締リデゴザリマシテモ總テ軍事ニ關係セザル俗事マデモ特別ノ法律ヲ以テ支配スルト云フヤウナコトガ行ハレタ時代ガゴザリマシタ。然シ近世ニ於キマシテハ歐羅巴デモ軍人タル身分ニ對スル特別ノ法令ハ即チ軍事ニ關係スル點ヨリ起ルノデゴザリマシテ軍事ニ直接ノ關係ナキコトニ於キマシテハ軍人デアルカラト云ッテ特別ノ法律ヲ以テ支配スルコトハ致サヌノガ大體ノ原則トナッテ居リマス。故ニ本條ニ揭ゲテアリマス所モ專ラ統帥權ノ働キニ係ル所ノ法令紀律ヲ指シタモノデゴザリマスル。

此ノ規定ハ軍人ニ對シテノ特別ノ規定デ軍事ニ對シテノ特別ノ規定デナイト云フコトモ注意シナケレバナリマセヌ。普通ノ臣民ニ對シテハ軍事ニ關係スルカラト云フテ此ノ三十二條ニ依リ憲法上ノ權利ト自由トヲ特別ニ束縛スルコトハ出來マセヌ。此ノ規定ハ單ニ軍人ニ對スルノデゴザリマスル。而シテ普通ノ人ニ對シマシテハ戒嚴其ノ他ノ方法ニ依リマシテ軍事ノ場合ニ特別ニ自由ノ制限ヲスルコトモゴザリマス。軍人ニ對シテハ身分ニ伴ッテ此ノ制限ガアルノデゴザリマス。例ヘバ一般臣民ハ自由ニ演說スルコトモ集會スルコトモ自由ニ出來マスガ軍人ニ對シテハ軍紀上此ノ如キ自由ヲ與ヘルコトガ不都合ト認メラレマスレバ平素ヨリ之ヲ禁ズルコトガ出來マス。一般臣民ニ對シマシテハ軍事上其等ノ自由ノアルコトガ不都合ト思ハレマシテモ法律ヲ以テスルニアラザレバ單ニ軍ノ命令紀律ヲ以テシテハ之ヲ制限スルコトハ出來マセヌ。戒嚴等ノ場合ニ至リマスレバ戒嚴法ノ結果トシテ戒嚴地ニ於テハ集會ヲ制限スルトカ新聞紙ヲ檢閲スルトカ云フコトガ出來マスル其ノ場合ハ一般ノ人ニ制限ガ及ブノデゴザリマスル。

本條ノ主旨ハ文字デ明白デゴザリマシテ深イ説明ハ必要ト存ジマセヌガ是レト類似ノコトデ一言附加ヘテ置キマスルコトハ特別ナル身分ニ依テ特別ナル制限ヲ受クルト申スコトハ必ズシモ軍人ニノミ限ツタコトデハゴザリマセヌ。憲法ノ趣意ハ臣民タル資格ニ於テ有スル所ノ法律上ノ權利ト自由トヲ定メタノデゴザリマシテ特別ノ服從關係ニアル者ニ對シテハ其ノ關係上特別ナル制限アルコトヲ許スノデゴザリマス。前ニモ説明致シタト心得テ居リマス。官吏ノ如キハ官吏タル身分ニ於キマシテ特別ナル服從關係ノアルモノデゴザリマス。官吏タル身分ニ伴ヒ其ノ職務ニ關シテ身體ノ自由ヲ服務紀律ト云フ窮屈ナル規定ニ依テ束縛セラルルニ對シ憲法第二章ノ規定ヲ援引シテ之ヲ免ルルコトヲ主張スルコトハ出來マセヌ。官吏タル身分ヲ捨テ一般臣民トシテナラバ之ニ依ツテ其ノ自由ノ權利ヲ主張スルコトガ出來マスガ、官吏タル身分ノアル間ハ特別ナ制限ヲ免ルルコトハ出來マセヌ。官吏ニ任命セラレタノハ其ノ職務上ノ監督ニ就テハ特別ナル命令ノ下ニ立ツト云フコトヲ前提トシテ居ルノデアリマスカラ在官中ニ其ノ制限ヲ免カルルコトハ出來マセヌ。例ヘハ一般臣民ハ居住ノ自由ガアルト申シマスケレドモ官吏ハ自分ノ好ム所ニ居住シ職務ノ地ヲ離ルルコトハ出來マセヌ。服務紀律ハ即チ官吏タル身分ノアル間ハ憲法上與ヘテアル法律上ノ自由ノ制限ヲ爲シ得ルコトヲ前提トシテ定メラレタモノデゴザリマスル。此ノ類ノコトハ他ニモ往々アルコトデゴザリマス。身分ニ伴フコトハ例ヘテ申シマセウナラバ家族ハ戸主ノ許諾ヲ得ナケレバ住所ヲ定ムルコトハ出來ヌト云フヤウナ民法ノ規定モゴザリマス。是レハ特別ノ服從關係トハ違ヒマス。法律ニ特ニ戸主權ノ一トシテ家族ノ住所ヲ指定シ得ル權能ヲ與ヘテアリマスル。法律ガ與ヘタル權能デゴザリマスカラ憲法ノ條項ヲ引イテ直チニ居住ノ自由ヲ主張スルコトハ出來マセヌ。軍人ニ就テハ特ニ重イコトデゴザリマシテ若シ之ニ誤解ガゴザリマシテハ統帥權ノ鋭敏ナル働キヲ妨ゲマスカラ茲ニ特ニ明言ガゴザリマス。之ヲ推及シテ考ヘマスルト法律家ノ所謂特。別。服。從。關。係。ニ入ッテ其ノ身分ニアル間ハ其ノ身分ヲ脱スルコトハ自由デアリマスガ其ノ身分ヲ脱セザル以上ハ特別ノ束縛ヲ受クルコトハ法理上免レザルコトデアリマス。是レハ本條ノ解釋ニ附加ヘテ申上ゲテ置ク必要ガアルト存ジマシテ茲ニ述ベタノデゴザリマスル。

此ノ三十二條ノ説明ヲ以テ第二章ノ説明ヲ了リマス。第二章全體ニ通シタルコトハ初メニ申上ゲテ置キマシタカラ再ビ茲ニ繰返ス必要ハゴザリマセヌガ、一言附加ヘテ置キマスノハ憲法ニ於テ臣民ノ權利義務ヲ定メタト申シマスノハ行政權ニ對シテ準則ヲ示シタモノデゴザリマシテ、此ノ第二章ノ數ケ條ノ規定ノミニ依テ直ニ權利或ハ自由ガ生ジタノデハゴザリマセヌ。通俗ニ申シマスレバ憲法ニ依リ將來立法スル方針目録ヲ茲ニ掲ゲタノデゴザリマス。立法ノ制度ヲ全フシマスルニハ國ノ立法者ハ憲法第二章ノ趣意ニ依リ其ノ條項ヲ案ジテ之ニ伴フ所ノ各種ノ法律ヲ作リ、憲法ノ趣意ヲ全フシ國民ノ權利自由ヲ保護シナケレバナリマセヌ。即チ憲法ハ立法者ガ將來ニ於テ爲スベキ標準ヲ茲ニ示シタノデゴザリマス、而シテ此ノ列記以外ノコトハ、臣民ハ權利自由ヲ有セザルカト云ヒマスルト無論列記以外ニ於テ法律ガ多クノ自由ト權利トヲ與ヘテ居リマス。法律ガ與ヘマシタ以上ハ素ヨリ茲ニ列記シタルト否トニ依テ差ヲ生ズルコトハアリマセヌ。然シナガラ茲ニ列記シテアル所ノ權利自由ハ將來如何ニ法律ヲ變更シマスルトモ憲法ヲ變更セザル限リハ其ノ自由ト權利トヲ奪フコトハ出來マセヌ。茲ニ列記ノナイ權利ト自由トハ法律ヲ以テ之ヲ與ヘ或ハ場合ニ依テハ法律ヲ以テ全ク之ヲ剝奪スルコトモ出來ルノデゴザリマス。其ノ差ガ憲法上ノ保障ノ有ル無シノ差デゴザリマスル。

第三章　帝國議會

第三章ハ帝國議會ノ組織及權限ヲ揭ゲタモノデゴザリマシテ、憲法ノ規定中特ニ新ニ設ケラレタル制度デゴザリマス。故ニ委シク此ノ制度ヲ說明致スコトガ頗ル必要デゴザリマスル。然シ此ノ章ノ中ニ組織及權限ニ關スル條文ガ數多ゴザリマスルカラ其ノ條文ニ就キマシテ場合ニ依テハ條文以外ノコトヲモ附加ヘテ申上ゲタイ考デゴザリマス。但シ其ノ前ニ帝國議會ノ制度ノ大體ニ就キマシテ今日茲ニ說明シテ置キタイト存ジマスル。

帝國議會ハ我ガ憲法ニ於キマシテハ主權者ガ國ヲ統治スル所ノ機關ノ一デゴザリマシテ、政府及裁判所ト相並ンデ憲法上ノ統治ノ機關ヲ成シ主權ガ上ニアリ其ノ下ニ帝國議會ガアツテ專ラ立法ノコトニ參與スルコトヲ職トスルモノデゴザリマス我ガ帝國ノ憲法上ノ帝國議會ノ地位ハ甚ダ明瞭デゴザリマス。然シナガラ帝國議會ノ制度ハ我ガ國ニ於キマシテハ憲法制定ト共ニ始メテ起ツタモノデゴザリマシテ他ノ機關ト少シク來歷ヲ異ニシテ居リマス。政府及裁判所ノ組織ハ憲法ニ依テ一變シマシテ制度ガ甚ダ整ヒマシタケレドモ其ノ機關ノ觀念ハ從來專制ノ時代ニ置キマシテモ存シテ居リマシテ、唯憲法ノ發布ニ依ツテ是レ等ノ制度ガ益〻整頓ヲ加ヘ完備シタノデゴザリマスガ。帝國議會ニ至リマシテハ我ガ數千年引續イタル歷史ノ中ニ曾テ見ザル所ノ制度ヲ憲法ノ制定ニ依テ始メテ設ケラレタノデゴザリマス。且又憲法ノ發布ニナリマシタ所以ヲ考ヘテ見マスルト百般ノ制度ヲ整頓セシムルノガ素ヨリ其ノ目的デゴザリマスケレドモ、直接ノ目的ハ帝國議會ヲ起シテ之ヲシテ國ノ立法ニ參與セシムルコトヲ實行スルニアルト考ヘラレマスル。故ニ帝國議會ノ制度ハ憲法ノ規定中ニアツテ特ニ新タナモノデゴザリマシテ此ノ性質ヲ明カニスルガ最モ必要ト存ジマスル。

帝國議會ノ我ガ憲法上ノ地位ニ就テハ後ニ委シク申上ゲル考デゴザリマスガ。其ノ前ニ帝國議會ト云フ制度ハ我ガ憲法ニ於テハ新設ノモノニシテ其ノ來歷ヲ申シマスレバ歐羅巴諸國ノ例ヲ見テ採用シタルト云フコトハ否ムコトハ出來マセヌ。此ノ制度ノ沿革ハ歐羅巴ニアルノデゴザリマスカラ。我ガ帝國議會ノ説明トシテ歐羅巴ノ例ヲ述ベルハ體裁ヲ失シテ居ルガ如キ感モアリマスケレドモ、他ノ機關又ハ規定ト違ヒマシテ我ガ數千年ノ歷史ニ見ザルコトデアリマスニ依テ一應簡單ニ外國ニ於テ如何ニ國會制度ガ發達シタカト云フコトヲ御參考ノ爲メニ申上ゲテ置キタウ存ジマス。

一、國會制度ノ沿革。

國會ト云フ制度ハ蓋シ古ノ社會ニハ餘程廣ク行ハレタモノデアリマシテ決シテ近世ノ發明デハゴザリマセヌ。歷史ヲ委シク調ベテ見マシタナラバ社會ノ發達ノ始ニハ多クハ國民ガ集會ヲシテ公ケノ事ヲ議シタコトガ發見セラルルデゴザリマセウ。然シ社會學ノ研究ト違ヒマシテ法律上ノ研究トシテハ强イテ各種ノ社會ニ通ジテ比較シテ考ヘル必要ハゴザリマセヌ。最モ此ノ制度ノ明瞭ニ發達シタ所ノ歐羅巴ノ例ヲ參考トシテ申上ゲルノデゴザリマスル。

歐羅巴ハ國會制度ノ國デゴザリマスル、歐羅巴人ノミガ古ヨリ國會制度ヲ有ッテ居ッタノデゴザリマセヌ。前ニ申ス通リ古ノ社會ニハ多ク此ノ制度ガゴザリマシタ。然シ歐羅巴人ハ他ノ國民ト違ヒマシテ此ノ制度ヲ今日マデ維持シテ今日ノ立憲政體ニマテ變遷セシメタト云フノガ彼ノ歷史ノ特色デゴザリマス。歐羅巴ノ極ク古キ歷史ヲ見マスルト希臘トカ羅馬トカ云フ國ハ素ヨリ國民總會ヲ以テ公ケノ事ヲ議シタ國デゴザリス。此ノ事ハ誰モ皆歷史上知ッテ居ルコトデゴザリマス。然シ今日ノ歐羅巴人ノ祖先ハ希臘人羅馬人デハゴザリマセズゲルマン人種ト稱ヘマシテ蓋シ亞細亞地方カラ歐羅巴ノ東ノ方ヘ漂泊シタル民種ノ一デゴザリマス。此ノゲルマン人種ガ歐羅巴ノ中央ニ殖民ヲシマシタ有樣ヲ見マスルト、極メテ小サイ部落ニ分レマシタ。其ノ部落ハ平等ナル寄合デゴザリマシテ部落ノ組織ハ全ク部落ノ民會ヲ中心トシテ居リマシタ。民會ト申シマシテモ素ヨリ今日ノ如ク秩序立ツタ國會ノ制度ハアリマセヌデ、唯〻時々原野ニ集會シタト云フコトガ歴史上殘ツテ居リマス。年二回民會ヲ原野ニ催シマシタ目的ハ何カト申スト、或ハ神ヲ祭ルコト又ハ兵馬ノ相談デアリマス。何レノ國ニ於キマシテモ古ヘノ社會ハ宗教上ノ事カ軍事上ノ事ノ外ハ殆ド政治ト云フ程ノコトハナカツタノデゴザリマス。

ゲルマン人種ノ部落ニ於ケル民會モ後世ノ歴史家ハ民會ハ即チ軍隊デアルト唱ヘテ居リマス。國會ト申シマスルト今日ノ社會デハ軍人以外ノ人ガ國ノ政ヲ議スルヤウニ思ヒマスルガ、古ヘノ國會ト云フノハ即チ軍隊デゴザリマシテ政治ハ即チ軍事デアリ、國會ノ議員ト言ヘバ所謂武士兵士デゴザリマシタ。國會ヲ開クコト、決議ヲスルコト等ノ儀式ハ委シク制度史ニ殘ツテ居リマスガ、皆矛ヲ携ヘテ原野ニ集リマシテ決議ヲ表スル時ニハ其ノ矛ヲ振廻シテ表ハシタト云フコトガ書イテアリマス。此ノ集會ニハ總テ武器ヲ携ヘル能力ノアル者ハ出マシタノデアリマシテ、即チ當時ノ參政權ハ武器ヲ携ヘテ一人前ノ兵士トシテ軍隊組織ニ入ツタコドヲ指シタノデゴザリマス。最古ノ民會ハ神ヲ祭ル會合ニテ稍々發達シタル民會ハ軍隊ノ會合デアルコトガ古キ國會組織デゴザリマス。其レヨリ後ニ小サイ部落ガ合併シマシテ稍々大ナル民族ヲ爲シマシタ時代ニハ集會制度ハ益々發達致シマシテ一般ノ民族ニ集會アルノミナラズ各地方々々ノ集會ガ起リマシタ。又古ハ平等ナル集會ノミニテ事ヲ議シマシタモノガ外國ニ向ツテ戰爭ヲスルノ必要カラ將帥ヲ選ンデ其ノ命令ノ下ニ運動スルコトトナリマシテ乃チ集會ニ於テ將軍ヲ選ム式ガ起リマシタ。而シテ其ノ將軍ハ初ハ事アル時ダケノモノデアリマシタノガ、歴史上遂ニ終身官トナリ後ニハ世襲トナリマシタ。ゲルマンノ古代歴史ニ於キマシテ貴族ト云ヒ或ハ君主ト稱ヘマスモノハ此ノ國民會カラ推選セラレテ將帥ノ任ニ當ツタ人及其血統ノ家族等ヲ指シタノデゴザリマスル。君主ノ制度ハ國民會カラ後ニ起ツタノデゴザリマシテ、平等共和ノ團體タル時代ガ最モ古イノデゴザリマス。是レ等ノコトハ委シク述ベルト却ツテ煩雜ニナリマスカラ省キマスガ、歴史家ガ唯想像シテ申スノデハゴザリマセヌ。羅馬ノ將軍シイザル又タシトスナドガゲルマン人種ヲ征服シタ時ノ記錄ヲ遺シテ居リマシテ、其ノ記錄ハ甚ダ有益ナル歴史ノ材料デゴザリマス。其ノ歴史ヲ我々ガ今日讀ンデ見マスルト誠ニ整然トシテ民會組織ノコトガ能ク分リマス。

其ノ後ニ至リマシテ歐羅巴ハ大國ノ組織ニナリマシタ。大國ノ組織ニナリマシテ以來ハ古ヘノ民會制度ハ其ノ形ヲ繼續スルコトハ出來マセヌデ大ニ變更致シマシタ。古ハ小部落デアリマシタカラ國民總會ト云フコトガ出來マシタガ、大國ニナリマシテハ事實上國民總會ハ出來マセヌ。然シナガラ國民ノ階級ガ分レマシテ貴族ト云ヒ僧侶ト云フガ如キ或ハ町市府ノ團體ト云フガ如キモノガ出來マシタカラ、其ノ階級團體ノ代表者ガ集ツテ國會ヲ構成スルコトニナリマシタ。先ヅ概括シテ申シマスレバ中世ノ國會ハ國民ノ階級ヲ代表シタルモノト云ツテ宜シイト思ヒマス。獨逸ノ舊帝國時代ニ於ケル國會トカ、或ハ帝國ガ分裂シテ各州獨立トナリタル後、又ハ佛蘭西、英吉利等ニ於テ發達シタル國會ハ皆此ノ中世以後ノ階級代表ノ國會デゴザリマスル。君主ハ國ヲ統治スル所ノ權力ヲ有ツテ居リマスケレドモ中世ニ於ケル君主ノ權力ハ甚ダ弱キモノデゴザリマシテ兵ヲ動カスニモ、租税ヲ取ルニモ、君主ノ單獨ナル命令ヲ以テ之ヲ爲スコトハ出來ナカツタノデアリマス。

君主ノ下ニハ豪族貴族ガアリマシテ各々土地ヲ領シテ居リマシタカラ、君主ガ直接ニ租税ヲ取ルコトモ出來ズ、又兵馬ヲ動カスニシテモ君主ガ直接ニ自己ノ手ノ下ニ總テノ兵ヲ有ツテ居ル譯デアリマセヌ。故ニ事アル時ニハ諸侯ニ命ジテ兵ヲ出サシメ又必要アル時ニハ諸侯ニ命ジテ租税ヲ徵セシメタノデゴザリマス。君主ハ恰モ諸侯ノ君主ノ如キ有樣デゴザリマシテ、大事ヲ決行スルニハ諸侯ヲ集メテ議シテ其ノ全體ノ同意ヲ得ナケレバナラヌト云フノガ歐羅巴中世ノ有樣デゴザリマシタ。概シテ歐洲諸國ハ皆同一ノ時代ヲ經テ居リマス、此ノ實際ノ必要カラシテ國會制度ガ起ツタノデゴザリマシテ、今日ノ如ク人民ノ權利トカ自由トカ參政權トカ云フヤウナ觀念デ國會ヲ起シタノデハゴザリマセヌ。全ク封建時代ニ於テハ中央權力ノミヲ以テ總テノ事ヲ行フコトガ出來マセヌニ由ツテ諸侯豪族及市府團體ノ同意ヲ求メルト云フ趣意デ國會ヲ組織シタノデアリマス。貴族、僧侶等ハ各領地ヲ有スルガ故ニ國會ニ列シ又社會經濟上ノ發達ニ由リ市府團體モ代表者ヲ出シ會合ヲ致シマシテ事ヲ決定シタモノデゴザリマス。其ノ當時ニ於キマシテハ農民ハ之ニ與カルコトヲ得ナカツタノデアリマス。農民ハ恰モ土地ニ附隨シテ居ル奴隷デアルカノ如ク看做サレテ居リマシテ土地ヲ領スル所ノ諸侯豪族ノ下ニ屬シ直接ニ參政ノ權ハ與ヘラレテ居ラナカツタノデアリマス。此ノ中世ノ階級制度ハ歐羅巴全體ニ行ハレマシテ、佛蘭西ノ大革命ニ至ルマデ時ニ盛衰ガアリマスケレドモ表面上ノ制度トシテハ殘ツテ居ツタモノデゴザリマス。此ノ制度ガアリマシタニ依テ、十七世紀十八世紀ニ於テ人ノ權利ノ議論ガ起リ、或ハ國家主權ノ議論ガ起リ、近世ノ所謂民權ノ議論自由ノ議論ト結付イテ國會ノ性質ガ一變シテ今日ノ如キモノトナツタノデゴザリマスル。此ノ變遷ニ就キマシテハ誠ニ簡略ナ説明デゴザリマシテ要領ヲ得マセヌノハ甚ダ恐レ入ツタコトデゴザリマスガ、大體ノ主義ハ古ノ國會ト云フ制度ハ國民ノ總會デアリ、中世ニ於テハ豪族、貴族及都府等ノ階級代表ノ會デアツテ、今日云フ所ノ國會制度ノ精神トハ異ツタモノデアルト云フ大體ヲ述ベタノデゴザリマスル。

二、現今ノ國會制度。　前回ニ歐羅巴ニ於ケル國會制度ノ沿革ノ大略ヲ申上ゲマシタ。上古ノ歐羅巴ノ國會制度ハ部落ノ村民ノ總會デアリマシテ甚ダ單純ナモノデアリマシタコト、及ビ其ノ後封建時代ニ移リマシテカラノ中世ノ國會制度ハ社會ガ階級ニ分レテ居リマシタカラ、其ノ階級制度ニ依テ國會モ成立チマシテ貴族トカ市府トカ僧侶トカ云フヤウナ階級ヲ各々代表シテ會合スルコトニナツタコト等ハ既ニ申上ゲマシタ。

其ノ後ニ至リマシテ歐羅巴列國ハ漸々中央集權ノ勢ヒトナリマシテ、國權ノ中央ニ歸一スルト同時ニ自然ニ豪族貴族ノ權力ガ殺ガレマシテ而シテ國會ノ制度ハ自然ニ衰ヘルコトニナリマシタ。中世ノ歐羅巴ノ封建分裂ノ社會ニ於ケル君主ハ君主トハ申シマスモノヽ、貴族中ノ貴族ト云フヤウナ位地ニアリマシテ、主權者タリ臣民タル君臣ト云フ斷然タル區別ガナカツタノデアリマス。夫レガ故ニ國會ト申シマシテモ君主ハ貴族ノ首長トシテ貴族ヲ集メテ國ノ大事ヲ謀ルト云フヤウナ有樣デアリマシタガ。近世ニ至リマシテ君主ハ純然タル權力者デアツテ、貴族ト云ヒ僧侶ト云フモノハ臣下ノ身分トナリ其ノ下ニ全然服從スル有樣トナリマシタカラ權力ハ君主ノ手ニ統一セラレテ所謂君主國ノ基礎ガ固クナリマシタ。是レハ歐羅巴ノ歷史ニ於キマシテ十七世紀ト十八世紀ノ間ニ於テ最モ發達ヲシタノデアリマス。佛蘭西ノ大革命以前ニ於キマシテハ、英吉利ハ別デアリマスガ、他ノ歐羅巴諸國ハ君主ノ中央集權ノ勢ヒガ甚ダ熾デアリマシテ、國會ハ制度トシテハ存在シマスレドモ、實際召集サルヽコトハ殆ント無イ位ノ有樣トナリマシタ。然ルニ佛蘭西ノ大革命ニ由リマシテ國會制度ガ再ビ歐羅巴ニ起リマシタ。其ノ起リマシタ所以ハ一ツハ君主專制ノ時代ニ君主ガ貴族豪族ノ權力ヲ殺イデ統一シタル結果、其ノ專橫ヲ抑ヘル者ガナクナリマシタカラ君主ハ政ヲ擅ニシ人民ヲ壓制シタノガ一ツノ原因トナリマシテ、其ノ壓制ニ反抗スル精神カラ國民ノ權利自由ト云フ思想ガ起リマシタ。又一ツニハ中世ノ國家ハ階級制度ヨリ成立ツテ居リマシタガ、近世ノ國家ハ國民ヲ分子トシ國民ガ平等ニ結合シテ成立ツ團體デアルト云フ觀念ガ盛ニナツテ參リマシタ、即チ國ヲ成ス基礎ハ階級ニアラズシテ各個人デアルト云フ觀念ガ又國會制度ヲ再興シタル一ツノ原因デアリマシタ。是レ等ノ原因即チ一方ニハ君主專制ノ弊ヲ除キタイト云フ考ト、又一方ニハ個人ガ國家ヲ成ス分子デアルト云フ個人的ノ思想ガ結ビ付キマシテ從來ノ階級制度ヲ一變シテ國民代表ノ精神ヲ以テ國會ヲ起スコトニナリマシタ。

佛蘭西ノ大革命ハ歐羅巴諸國ノ制度ヲ一變致シマシタ。而シテ佛蘭西ノ大革命ニ由ツテ舊來ノ制度ヲ改メマシタ諸國ハ大概何レモ此ノ趣意デ國會ヲ採用シタノデゴザリマス。故ニ現今ノ國會制度ノ性質ハ國民代表ノ思想ニ基イテ居ルト云フノガ其ノ特質デアリマス。然シナカラ之ニ就テ誤解ヲ防グタメニ一應辯ジテ置カナケレバナラヌコトガゴザリマス國民代表ト云フハ形容シテ申ス辭デゴザリマシテ、國民社會ノ有樣ヲ寫ストカ國民多數ノ希望ヲ國政ノ上ニ參酌スルトカ云フ精神カラ名ケテ國民代表ト申スノデ、決シテ其ノ代表ト云フ辭ハ法律上ノ權利ヲ代理人ニ委任シテ行使セシムルト云フ關係デハゴザリマセヌ。國民ガ立法ノ權力ヲ有ツテ居ツテ其ノ權力ヲ投票ニ依テ議員ニ委任シテ己ノ代理者トシテ自己ノ權利ヲ行ハシムルト云フ法律上ノ委任、代理、代表等ノ關係デハゴザリマセヌ。唯ニ國會ト云フ制度ヲ起シマス所ノ憲法上ノ精神ノ大體ヲ見テ國會ハ國民全體ヲ寫シ現ハス精神デアル、國民ノ一般ノ希望ヲシテ立法上ニ容ルヽノ道具デアルト云フコトヲ形容シテ代表ト申スノデアリマス。代表ト云フ辭ニ拘泥シテ國會ト選擧民トノ關係ヲ法律上ノ關係トシテ論スルノハ間違ツテ居リマス。然シ歐羅巴中世ノ國會ガ階級ヲ代表シマシタノニ較ベテ見マスレバ今日ノ國會ヲ國民トシテ一般ニ代表スルモノデアルト申シテ差支ナイノデゴザリマス。

國會ノ制度ハ歐羅巴諸國デ必ズシモ一樣デハゴザリマセヌ。英吉利ノ如キハ中古以來ノ階級制度カラ漸々ニ今日ノ國會制度ニ移ツタモノデゴザリマス。佛蘭西及佛蘭西ノ大革命ノ影響ヲ受ケタ國々ノ制度ハ政治ノ甚ダシキ變革ニ依ツテ一新セラレタル社會ニ成立ツタモノデアリマスカラ、中古ノ國會ヲ繼續シタルニアラズシテ新ニ人民ノ參政權ト云フ理想カラ設ケラレタモノデアリマス。然シ歐羅巴ノ今日ノ政體ニ於テナゼ國會ト云フモノガ起ツタカト云ヒマスレバ彼等ノ祖先タルゲルマン人ガ古ヨリ此ノ制度ニ依ツテ國ノ政治ヲ行ツタト云フ古キ歷史ガアリマスノデ今日ニ於テモ引續イテ此ノ國會制度ガ起ツテ居ルノデゴザリマス。是レハ歐羅巴ノ歷史ノ特色タル所デゴザリマシテ支那日本等ノ歷史ニハ餘リ斯樣ナ現象ハナイノデゴザリマス。夫レ故ニ今日我ガ憲法ニ於テ國會ノ制度ヲ採リマシタルニ就テモ幾分カ參考トシテ歐羅巴ノ沿革ノコトヲ茲ニ申上ゲタノデゴザリマス。

三、國會ノ國法上ノ地位及權限

次ニ國會ノ立憲諸國ニ於ケル地位ニ就

テ一言御話ヲイタシタイト考ヘマス。我ガ帝國議會ノ帝國憲法上ニ於ケル地位ハ次條ノ説明トシテ申上ゲルコトニ致シマシテ此ノ際ハ歐羅巴ノ所謂立憲制度ノ國ニ於テ同シク國會ト申シテモ其ノ地位ニ甚シキ差異ガアリマスカラ、先ツ其差異アルノ點ヲ申述テ置クガ必要デアラウト存ジマス。國會ヲ其ノ組織ノ上ヨリ見マスレバ何レノ國モ同ジヤウデアリマスガ其ノ權。方。ヲ有スル點カラ言ヒマスルト甚ダシキ差異ガゴザリマス。民。主。主。義。ノ。國。ノ國ニ於キマシテハ多クハ國會ガ主權ノ本體ト看做サレテ居リマス。是レハ國民ガ主權者デアルト云フ考ヨリ推シテ來マシテ國民カラ成立ツ所ノ國會ガ即チ主權ノ本體デアルト見ルノデゴザリマス。又君。主。國。ニ於キマシテハ主權ハ君主ノ位ニアリトシ國會ハ唯ニ法律ヲ制定シ豫算ヲ定ムル等ノコトニ對シテ參與スル權限ヲ有スルニ過ギマセヌ。即チ君主ガ國ヲ統治スルニ就テ國會ト云フ機關ヲ設ケテ一定ノ權限ヲ附與シテ之ニ參與セシムルト云フ解釋ニナリマス。國會ヲ以テ主權ノ存スル所トスル制度ト、國會ハ主權者ガ國ヲ統治スル機關デアツテ裁判所モ政府モ同ジモノデアルト見ル制度トハ大ナル差異テゴザリマシテ、之ニ依ツテ見マシテモ一口ニ國會ト云フモノヽ國體ニ依リ政體ニ依ツテ其地位ニ甚ダシキ區別ノアルコトヲ了解セナケレバナリマセヌ。其ノ著シキ例ヲ申シマスレバ、英國ノ如キハ中世以來君主ノ位ガ貴族ノ權力ノタメニ制限セラレタ國柄デアリマスカラ、國會即チ貴族豪族ノ寄合ガ甚ダ權力ガ強大デゴザリマシテ近世ノ國體ニ移リマシテハ君主ガ國ノ主權ヲ有ツテ居ルト表向キ唱ヘテ居リマスケレドモ。實際ハ國會ノ權力ガ強ウゴザリマシテ君主ト國會トガ合シテ國ノ主權ヲ有シテ居ルト說明スル者モ多クゴザリマス。斯ウ云フ國柄ニナリマスト一概ニ國會ヲ以テ主權者ト看做スコトモ出來ズ、又君主ヲ以テ一概ニ主權者ト看做スコトモ出來ヌコトニナリマス。是レ等ハ特種ノ歷史ヲ有シ大勢變遷中ニアルモノデアリマスカラ必ズシモ一轍ニ論ズルコトハ出來マセヌ。然シナガラ佛蘭西トカ白耳義トカ亞米利加合衆國トカ云フ立憲ノ國柄ニナリマスト憲法ノ明文ニ於テ主權ガ國民ニアルト云フコトガ規定セラレ、國會ノ權力ヲ以テ最高ノ權力トスルト認メラレテアリマスカラ、憲法ノ明文上國會ヲ以テ主權トスル國體テアルコトガ明白デアリマス。獨逸諸國中多クハ國體トシテハ君主主義ヲ捨テマセヌ。君主ヲ以テ統治者トスルコトヲ常ニ主張シテ居リマシテ而シテ英吉利佛蘭西等ニ於ケルト同ジク國會ヲ設ケテ居リマス。其ノ解釋ニ依ルト國會ハ立法及豫算ノコトニ向ツテ國ノ統治者ヲ補弼シ賛助スル所ノ機關デアルト申シテ居リマス。斯ウ云フヤウナ區別ガアリマスカラ一概ニ國會ノ地位ヲ論ジテハ謬リヲ生ジマス。其國々ノ憲法ニ就テ其地位ヲ察シナケレバナリマセヌ。又政治上ノ實際ノ働キトシテ見マシテモ近世ニ於キマシテハ議院政治ト名ケマス制度ト立憲君主制ト稱ヘマスモノト二種類ニ分ケテ論ズルハ政治學者ノ大概一致スル所デゴザリマス。此ノ區別モ亦國會ノ地位カラ起ルノデアリマス。議院政治ト申シマスノハ總テノ權力ノ中心ヲ議院ニアリトシテ議院ガ唯ニ立法豫算ニ協賛スルノミナラズ一般ノ政治行政ノコトニ就キ最高ノ權力デアリ、又何事ニモ干渉シ得ル所ノ全能ノ權力ヲ有ツテ居ル制度デアリマス。例ヘバ英國ノ政體ノ如キハ議院政治デアリマス。而シテ又一方ニハ國會ハ立法機關デアルト云フ主義ヲ取ツテ居ル國モアリマス。例ヘバ獨逸ノ君主國ノ政體等ノ如キ所謂立憲君主制デゴザリマシテ、君主ハ主權者デアリマシテ而シテ憲法ヲ定メテ立法ノ權ヲ行フニハ國會ノ協賛ニ依ルコトヲ認メテ居リマスケレドモ、國會自ラガ行政ノ中心タルコトヲ許シマセヌ。其權限ハ法律及豫算ヲ議定スルノミニ止メテ居リマス。此ノ二ツノ區別ガ政治上最モ顯著ナル區別デアリマス。國體論トシテ主權ガ國會ニ存スルヤ否ノ問題ガ最重要デアリマス。又國體ト云フ名義ニ拘ラズ、政體論トシテハ實際ノ政治上ノ働キ即チ權力ノ中心ガ國會ニ存スルヤ君主ノ大權ニ存スルヤノ問題ガ大問題デゴザリマス。是レハ各國共ニ其ノ沿革モアリ事情モアルコトデアリマシテ、一概ニ紙ノ上デ何レガ可デ何レガ不可デアルト云フ斷言ハ出來マセヌ。各國共ニ其憲法ガアリマスカラ其憲法ニ依ツテ判斷セナケレバナリマセヌ。御國ノ政體ハ又御國ノ憲法ガアリマシテ之ニ依ツテ自ラ定マルコトデアリマス。而シテ私ノ考ヘマスル所デハ、我ガ帝國ノ憲法ニ於キマシテハ、名實共ニ統治ノ權ノ中心ガ皇位ニアルコトハ論ヲ俟タヌノデアリマシテ、而シテ又憲法ノ明文ニ依リテ國會ニ立法及豫算ヲ議定スル權限ノアルコトモ明白デアリマス。即チ我カ政體ハ君主專制ニ非ス又所謂議院政治ニ非ス寧ロ所謂立憲制テアリマシテ、近世ノ制度ニ於ケル純然タル君主國體ト立憲制ノ特色タル國會制度トヲ採用シ而シテ國會ノ權力ハ立法豫算ノ協賛ニ止メタル者デゴザリマシテ英國又ハ佛國ノ政體トハ同一ニ論スルコトハ出來マセヌ。尚此ノ點ハ次條ニ於テ説明致シマス。

第三十三條　帝國議會ハ貴族院衆議院ノ兩院ヲ以テ成立ス

一、帝國議會ノ性質。　本條ハ帝國議會ノ構成ヲ定メタルモノデゴザリマス。我カ憲法上ノ帝國議會ハ君主ガ國ヲ統治シ賜フ所ノ機關デゴザリマシテ素ヨリ民主國體ニ於ケル國會ノ如ク國家ノ統治者タル地位ニアルモノデハゴザリマセヌ。國會ト云フ制度ハ國ノ憲法ニ依リテ或ハ統治ノ主體タルコトモ又統治ノ機關タルコトモアリマス。又政治上ノ勢トシテモ國會ヲ以テ權力ノ中心トスルモアリ又或ハ權力ノ一部分ヲ行フ統治ノ機關トスル者モアリマスガ、我ガ憲法ニ於キマシテハ帝國議會ハ君主ガ國ヲ統治スル機關ノ一トシテ政府及裁判所ト相併ンデ憲法上ノ統治機關ヲ爲ス主義ヲ取リマシテ之ヲ以テ統治ノ主體トセサルハ勿論之ヲ政治ノ中心トモ致シマセヌ。

我ガ國會ハ憲法上ノ機關デゴザリマス。憲法上ノ機關ト申シマスハ憲法ニ依ツテ始メテ設ケラレ其ノ權限モ憲法ニ依ッテ定メラレタル者タルコトヲ云フノデゴザリマス。即チ國會ハ自己固有ノ權力ガアッテ獨立シテ存スルモノデナク、憲法ニ依ッテ始メテ設ケラレタモノデアッテ、又憲法ニ依ッテ廢セラルルコトモアルベキモノデアルト云フ意味デゴザリマス。此ノ事ハ當然ノコトノ如ク見エマスケレドモ是レガ即チ國會ガ主權ノ本體デナキコトヲ明白ニスルノデアリマス。國會ハ憲法ニ依ッテ設ケラレタモノデアリマスカラ國會ガ憲法ヲ作ッタモノデハアリマセヌ。其ノ本末ハ此ノ如ク明白デアリマシテ我ガ國ノ國會ハ裁判所ト云ヒ政府ト云フガ如ク皆此ノ憲法ニ依ッテ制定セラレ又他日憲法ノ變更ニ依ッテ其ノ權能ガ變更セラレ得ルモノデアルト云フコトヲ考ヘテ見マスレバ、言フマデモナク帝國議會ヲ以テ固有獨立ノ權力アルモノト云フコトノ出來ヌコトハ明瞭デゴザリマス。而シテ議會ノ權限ト申シマスルモノハ尚裁判所ノ權限ト云フト同ジコトデ國權ノ一部ヲ指シテ云フノデアリマス。國家ニ對シテ議會ガ自己ノ權力ヲ有ッテ居ルト云フコトデハアリマセヌ。國會ト云フ機關ニ依ッテ行ハルル國權ノ作用ヲ國會ノ權限ト云フノデアリマス。普通ノ行政ノコトニシマシテモ知事ノ權力デアルトカ大臣ノ權力デアルトカ、警察權デアルトカ、種々ナ名稱ヲ附ケマスガ大臣知事ニ固有ノ權力ガアル譯デハゴザリマセヌ、皆唯一ノ國權ガ種々ナ機關ヲ通シテ外部ニ現ハルルニ依ツテ外部ヨリ假リニ形容シテ大臣ノ權トカ警察ノ權トカ、裁判ノ權トカ申スノデアリマス。其レト同ジコトデアリマシテ國會ノ權力トカ立法ノ權トカ申シマシテモ何モサウ云フ權力ガ獨立シテ存在シ君主或ハ政府ノ權ト對峙スルト云フ意味デハゴザリマセヌ。皆一ノ國ノ主權ガ種々ナル機關ヲ通シテ現ルヽ所ヲ見テ種々ノ名ヲ施シタニ過ギヌノデアリマス。

此ノ同ジ意味ヲ法律家ノ言葉デ解釋シテ見マスルト國會ハ法人タル資格ノナイモノデゴザリマス。法人ト云フコトハ學術上用井ル言葉デ、自然人以外ニ團體ノ如キモノガ權利ノ主體トナルコトヲ指シテ法人ト申スノデアリマス。例ヘバ商賣ノ會社ノ如キモノハ法律ニ依テ法人ト認メテゴザリマス。其結果ハ商事會社ハ自己ノ財産ヲ有チ負債ヲ有ツコトガ出來マス。而シテ他人ト自己ノ名ニ於テ自己ノ責任ニ於テ取引ヲシマシテ恰モ肉體ヲ備ヘタ商賣人ト同ジ法律上ノ地位ヲ有チマス。此ノ如キ者ヲ名ケテ法人ト申シマス。或者ハ帝國議會ヲ法人デアルカノ如ク解釋シマスガ是レハ謬リデアリマス。別シテ我ガ憲法上ノ帝國議會ハ法人タル資格ハ自己ノ獨立ノ生存目的ヲ有ツテ居ラナケレバナリマセヌ。然ルニ帝國議會ハ國家ノ機關デアッテ國家ノ目的國家ノ權力ノ外ニ國會ノ權力國會ノ目的ト云フモノガアルノデハアリマセヌ。歸スル所。國。會。ハ。國。家。ノ。事。務。所。デ。ア。リ。マ。シ。テ。國。家。ヨ。リ。離。レ。タ。所。ノ。權。利。ノ。主。體。デ。ハ。ゴ。ザ。リ。マ。セ。ヌ。此ノ如ク説明シマスレバ何人モ不同意ハゴザリマセヌケレドモ世上國會ノコトヲ論シマスモノハ往々國會ノ權利トカ國會ノ目的トカ國會ノ權力トカ云フテ恰モ國會ハ自己ノ權力權利目的ヲ有スル主體デアッテ法人格ヲ持ッテ居ルカノ如ク言做スコトガ多クアリマスガ是レハ力メテ法律論トシテハ避ケナケレバナリマセヌ。唯ニ便宜上國會ノ爲スコト、政府ノ爲スコト、ヲ區別シテ混雜セザル爲メニ我々モ亦是レハ國會ノ權力ニ屬スル、政府ノ權力ニアラズナド、申シマスガ實ハ正確ナル語デハアリマセヌ。是レモ國會ヲ以テ國民ノ代表ト云フノト同ジコトデ便宜ノタメニ形容シテ云フノデアリマスカラ國内ニ國會ノ權力ト政府ノ權力ト二ッアッテ我々ヲ支配スルト云フ觀念ヲ持ッテハ間違ヒデアリマス。

我カ國ノ議會ハ君主ノ諮詢ニ應ヘテ國ノ立法及豫算ノコトニ參與シテ議定スル權力ヲ有ッテ居ルノデアリマス。一般政治ノ中心トナルコトハ憲法ニ認メテ居リマセヌ、議院政治ニ於キマシテハ國會ハ百般ノ政治ノ中心タルコトヲ原則トシテ居リマス。英吉利ノ法律家ノ語ニ、英吉利ノ國會ハ女ヲ男ト爲スコトハ出來ヌガ其ノ以外ノコトハ何事デモ出來ルト云フコトヲ申シマス。其ノ意味ハ天帝ノ爲シタルコトヲ顚覆シテ自然ヲ矯メルコトハ出來ヌケレドモ、人爲ノコトナラバ何事デモ國會デ出來ナイコトハナイト云フ國體法理ヲ唱ヘタモノデアリマス。即チ議院全權ノ政體デアリマス。英吉利デハ國會ガ通常法律豫算ヲ議スルノ外裁判權ノコトニシマシテモ、行政ノコトニシマシテモ外交問題デアリマシテモ國會ガ喙ヲ容ルヽコトハ憲法違反ナリト云フコトハ出來マセヌ。憲法上ハ國會ガ如何ナルコトニ喙ヲ容ルヽモ如何ナルコトヲ議決スルモ國會ノ議決ガ即チ憲法デアリ法律デアルト云フ國體デアリマスカラ憲法上違憲ト申スコトハナイノデアリマス。是ハ即チ議院政治ノ國ノ特色デゴザリマシテ國會ヲ以テ最高ノ權力トスルカラノコトデアリマス。日本憲法ノ如キニ於キマシテハ此法理ヲ以テ論ズルコトハ出來マセヌ。國會ノ職分ハ憲法ノ列擧ニ依テ定ツテ居リマス。憲法ニ列擧セラレテアルコトハ國會ガ行ヒ得ルコトデアリマス、又行ハナケレバナラヌコトデアリマス。然シナガラ憲法ニ列擧シテナイコトハ國會ノ爲シ得ベカラザルコトデアリマス。憲法ガ國會ノ權限ヲ規定スルニ爲スベキコトヲ命ズルノデアリマシテ爲シテハナラヌト云フ禁止ハ書カナイノデアリマス。例ヘバ憲法ノ規定トシテ「國會ハ何々スルコトヲ得ズ」ト云フヤウニ禁止ノ文ノミガ示シテゴザリマシタナラバ、其ノ解釋トシテ禁止文ニ觸レザルコトナラバ國會ハ何事ヲ爲シテモ差支ナイト云フ解釋ガ起リマス。我ガ憲法ハ此ノ主義ヲ採リマセヌデ、列擧的ニ國會ハ法律ヲ議シ豫算ヲ議スト云フヤウニ積極的ニ列記シテアル精神ヲ考ヘ見マスレハ憲法ノ明文ニ於テ指示シテアル事ノミヲ行フ機關デアリマシテ、憲法ニ禁止ノ明文ナキヲ口實トシテ列記以外ノ事ヲ行フコトハ許サヌノデゴザリマス。此ノコトハ又先刻法律論トシテ述ベマシタ國會ハ人格ヲ有セヌト云フコトニ歸着致シマス。人格ヲ有スルモノハ法律ハ何事ヲ爲シテモ宜シイト云フコトヲ前提トシテ、而シテ爲シテハ宜シクナイト禁ズベキコトヲ法律ガ列記スルノデアリマス。例ヘハ我々一個人ハ法律ノ禁止セザルコトナラバ何事ヲ爲シテモ宜シイト云フ原則ヲ以テ論スルコトガ出來マス。法律ハ盜ムナカレ殺スナカレト云フノデアリマスカラ盜ムトカ殺ストカ云フコトハ出來マセヌ、ケレドモ一々法律ガ指示シタコトノ外他ノコトハスルコトガ出來ヌト云フノデハゴザリマセヌ。何ドナレバ自主獨立ノ目的ガアツテ自ラ生存ヲ計ル爲ニ人間トシテ存在スルノデアリマスカラ法律ハ當然行爲ノ能力アルコトヲ認メ、而シテ社會ノ安寧秩序ノタメニ害アル行爲ニ對シテ禁止ヲナスノデアリマス。故ニ人格アル者ハ法律論トシテハ法律ノ禁止セザルコトハ行爲ノ自由アリト認ムルノデゴザリマス。人格ノナイモノハ法律ガ指示シタコトノ外ハ爲シ得ナイト云フノガ一般ノ道理デアリマス。帝國議會ハ既ニ申ス如ク國家ノ事務所デアリマス。故ニ國會ト云フ事務所ニ於テ取扱フベシト定メタコトノ外ハ帝國議會自身デ發意シテ其ノ權限ヲ推擴メテ政治ニ干涉スルコトヲ許サヌノハ明白デゴザリマス

又帝國議會ハ我ガ憲法ノ解釋トシテハ事ヲ議スル機關デアリマスカラ國權ヲ外部ニ對シテ行フ機關デハアリマセヌ。此ノコトガ又國法上他ノ機關ト區別シテ特色トスル所デアリマス。裁判所ト云ヒ政府ト云フ機關ハ國權ヲ外部ニ對シテ行フ

テ命令スル職權ヲ有スル機關デアリマス。帝國議會ハ國家ノ機關デハアリマスガ外部ニ對シテ命令ヲスルコトハ出來マセヌ。國會ハ國家ノ重要ナル機關デアリマスケレドモ、知事ヤ郡長ノ如ク人民ニ向ツテ何々スベシ何々スベカラズト命令ヲ發スルコトハ出來マセヌ、唯ニ上ニ向ツテ自己ノ意見ヲ奉ル機關デアリマシテ立法ノ手續キニ參與スル權アリマストモ立法スル權ハアリマセヌ。議決ヲ爲スノミデ命令ヲスルコトハ出來マセヌ。法律ヲ議決スル權ハアリマスガ法律ヲ行フ權ハアリマセヌ。國會ノ議決ガ直チニ立法スルノデハアリマセヌ御裁可ニ依ツテ始メテ法律ガ成立ツノデアリマス。國會ノ議決スル所ハ法律案ヲ議定スルノデアリマシテ、法律案ヲ法律ト爲スハ御裁可ニ依ルト云フノガ憲法ノ主義デアリマス。國會ハ外部ニ對シテ命令權ヲ有セズシテ議決ヲスル機關デアルト云フコトガ又其性質ノ一ツデゴザリマス。

二、二院制度。

本條ハ我ガ帝國議會ハ貴族院衆議院ノ二局部ヲ以テ成立ツト云フコトガ示サレテゴザリマス。二局部ハ各々平等ノ地位ニアリマシテ帝國議會ガ此ノ兩院ヨリ成立ツモノデアルト云フ主義ヲ定メラレタノデアリマス。國會ヲ二局部ニ分ツカ一局部トスルカト云フコトハ實際問題トシマシテモ學問上ノ研究トシマシテモ從來種々ナ例モアリ議論モアルコトデアリマス。然シ大體ニ於テ近世ノ文明國ハ多クハ二院制度ニ依ツテ居リマス。我ガ憲法モ其ノ一デアリマス。茲ニ二院制度ガ何ガ故ニ起ツタカト云フコトヲ一應御參考ノタメニ申シテ置カウト存ジマス。

歐羅巴ノ中世ノ國會制度ノ歷史ガ今日ノ二院制度ノ行ハル、原因ノ一ツデアリマス。是レハ先刻モ申上ゲマシタ通リ中世ノ國會ハ階級制度ヲ代表シタモノデアリマス。而シテ其ノ當時ノ階級ト申シマスノハ今日ノ如ク唯ニ榮譽ノ區別デハナクシテ全ク種類ヲ異ニスル國民ノ階級デアツタノデゴザリマス。故ニ貴族ハ貴族ト同列ヲ爲セドモ他ノ階級トハ同列ニ事ヲ議スルコトヲ爲シマセヌ。其ノ觀念カラシテ各種ノ階級ガ國會トシテ集合シ貴族ハ貴族ノ團體ヲ成シ、他ノ階級ハ他ノ階級デ又團體ヲ成シテ事ヲ議スルト云フヤウナコトガ自然起ツタノデアリマス。其レ等ノ慣習カラシマシテ歐羅巴ニ於キマシテハ多ク國會ガ二局部ニ分レテ參リマシタノデアリマス。獨逸ノ舊帝國時代ニハ國會ガ三局部ニ分カレタコトモアルヤウニモ覺エテ居リマス。而シテ英吉利ノ國會ハ中世ノ國會ノ沿革ヲ襲フテ其ノ體裁ヲ變更セズシテ今日ノ文明ノ需用ニ應ズルヤウニシテ來タ制度デアリマスカラ、英國ニ於キマシテハ貴族ノ會合スル一局部ト平民ノ集ル一局部トヲ分チテ上下兩院ニ區別ヲスルコトガ行ハレテ居リマス、此ノ英國ノ例ガ自カラ他國ニ及ボシテ二院制度ガ廣ク行ハレタノデゴザリマス。夫レカラ又亞米利加ノ如キ新シキ國ハ階級制度ハゴザリマセヌガ、北亞米利加合衆國ハ名稱ノ如ク聯邦國デゴザリマスカラ國民トシテノ一般代表機關ノ外、聯邦ノ組織分子タル各種ノ釣合ヲモ國會ニ代表セシムル必要ガアル等ノコトカラ聯邦國ニ於テ聯邦ヲ代表セシムル一局部即チ上院ト一般ノ國民ヲ平均シテ代表セシムル下院トヲ分ツ必要ガ起リマシタ。又國政ニ熟達セル者智識アル者ヲ集ムルト云フ思想ガ原因トナリテ二院制度ヲ起シタコトモアリマス。二院制度ノ利害ヲ論ズル學説等ニ於テハ多ク此點ニ重キヲ措イテ居ルヤウデアリマス。國會ハ國民ヲ代表スルモノデアルト云フ單純ナ議論カラ行キマスト一院ニシテ普通選擧デ組織セラレタ國會ガ最モ其目的ヲ達スルニ適シテ居ル筈デアリマスケレドモ、然シ國民多數ノ議論ハ國ノ運命ヲ決スル上ニ於テ必ズシモ適當デナイコトハ何レノ國何レノ時代テモ皆認メテ居ルコトデアリマス。夫レ故ニ一方ニ於テハ國民ノ多數ト云フコトニ重キヲ措イテ代表ノ機關ヲ設ケルト同時ニ國務ニ鍛練ニシテ智識アリ功績アル政治家ヲ集メテ國事ニ献替セシムルト云フヤウナ趣意デ上院又ハ元老院ノヤウナモノヲ設クル制度ノ起ツタコトモアリマス。佛蘭西ノ革命以後ニ於テ歐羅巴諸邦ニ於テハ斯ウ云フ趣意ヲ以テ上院ヲ設ケタ例ガ多クアリマス。又國ハ個人ヲ以テ分子トスルト云フコトモアリマスケレドモ一方ニ於テハ國ハ大キナ地方團體ニ依ツテ組立テラレタモノデアリマスカラ、一般ノ普通選擧ニ例ツテ、多數投票ニ依ツテ選マレタル議院ヲ組立テル外尙府縣トカ云フヤウナ大ナル地方自治團體ヲ代表セシメテ一院ヲ成シ一般國民代表ノ一院ト相合シテ國會ヲ成サシムルコトヲ主張スル者モアリマス。

是レ等ノ種々ナル點ヨリシテ歐羅巴諸國ニ二院制度ガ行ハレマシタ。我ガ國ニ於キマシテモ歐羅巴ノ沿革トハ關係ハアリマセヌガ然シ是レト相似タル趣意カラ二院制度ガ置カレテアルコト、察シマス。其ノ一ツハ歷史的ノ沿革デゴザリマシテ我ガ社會ハ歷史上階級ガアッテ貴族ガ國ノ公ケノ事ニ與ルノガ久シキ例デアリマス。素ヨリ今日ノ國法ノ原則ニシマシテ國民一般平等ニ政治ニ關係スルコトヲ希望スルノデアリマスガ、社會ノ組織ガ貴族ト平民トニ分レテ居ル以上ハ社會ノ有樣ヲ國會ニ移シテ代表セシムルニハ貴族ノ分子ヲ集メテ一ノ局部トスルコトモ歐羅巴ノ例ト均シク我ガ社會ニ於テモ必要ト認メラレタノデアリマス。其外國務ニ鍛練ナル者智識アル者財產アル者等ヲ集ムル必要モアリマセウ、或ハ又地方的ノ利害ヲ代表セシムルヤウナ趣意モアリマセウ。又立憲政體ノ從來ノ實驗トシテ國會ノ如キ多數決ハ時トシテハ甚ダ極端ナル感情ニ驅ラレテ偏シタ議決ヲ爲ス憂ガアリマス。人間ハ妙ナモノデアリマシテ個々別々ニ置イテ見ルト穩カデアル者ガ多數集マルト狂燥ニ騷グト云フ性質ハ免レヌモノト見エマシテ國會ノ如キ重大ナ集會デアリマシテモ諸國ノ歷史ニ徵シマスルニ個々別々デハ愼重ナ人ガ多數集ルト一時ノ勢ヒニ驅ラレテ輕卒ナ擧動ヲスル恐レガアリマス、且ツハ又多數ノ議會デアリマスレバ事ヲ議スルニ最モ詳密デアルベキ筈デアリマスガ、實驗ニ於キマシテハ却テ粗ニ流ルノ弊ガアリマス。是レ等ノ弊ヲ矯メ一時ノ感情ノタメニ極端ニシテ輕卒偏頗ナル議決ヲ爲スコトヲ防グタメニハ國會ヲ二局部ニ分ケテ、一院ノ議決ガアツテモ尚他ノ一院ニ於テモウ一應同ジヤウナ議決ガナケレバ國會ノ議決トハ看做サヌト云フコトニスルノガ議事ヲ愼重ニナラシムル一ツノ方法デアリマス。又事ヲ議スルニ愼重精密ナラシムルニハ一院ヨリモ二院ニシテ同一ノコトヲ二度審議セシメタ方ガ目的ヲ達スルニ適シテ居リマス。是レ等ノ立法上ノ必要モアリマスルシ又ハ殊更我ガ國ノ如キ數千年ノ沿革アル社會ニ於テハ自カラ社會ノ中ニ階級ガアリマスカラ、今日ノ社會ヲ代表スルニハ今日ノ有樣ヲ其ノ儘移サナケレバナリマセヌカラ、貴族或ハ國民ノ上流社會ニアル者ノ地位ニ相當スル代表機關ヲ與ヘテ國務ニ參與セシムルノガ必要デアツタノデアリマス。大體斯樣ナ趣意カラ二院ノ制度ヲ我ガ憲法ノ上ニ採ラレタコト、思ヒマス。貴族院及衆議院ノ組織權限等ノコトニ就キマシテハ後ニ夫々條文ガゴザリマスルカラ其ノ條文ニ就テ現今ノ規定ヲ悉シク申上ゲル考デゴザリマス。

帝國憲法講義前編 終

皇族講話會に於ける
帝國憲法講義

（非賣品）

帝國憲法講義後編目次

第六章　會計

第七章　補則

帝國憲法講義後編目次終

帝國憲法講義後編

講師　法學博士　穗積八束

第三十四條　貴族院ハ貴族院令ノ定ムル所ニ依リ皇族華族及勅任セラレタル議員ヲ以テ組織ス

貴族院ノ組織及特權

此條ハ貴族院ノ組織ヲ定メラレタモノデゴザリマス。本條ノ趣意ハ貴族院ハ皇族、華族、及勅任セラレタル議員ヲ以テ組織スルト云フ大原則ノミヲ揭ゲマシテ其ノ組織ノ細則ニ至リマシテハ貴族院令ニ讓ツテゴザリマス。何故ニ之ヲ貴族院令ニ讓ツテ茲ニハ委シク之ヲ揭ゲナカツタカト申シマスルニ、察シマスル所皇族華族及勅任ト云フ原素ヨリ貴族院ヲ成立セシムルト云フコトハ動カスベカラザル原則デハゴザリマスケレドモ、其ノ年齡トカ資格トカ選擧ノ方法トカ云フ如キハ時世ノ變遷ニ依ツテ改正ヲ加ヘル必要ガナイトモ言ヘマセヌ。其ノ度每ニ憲法ヲ改正スルト云フコトハ甚ダ望マシカラヌコトデアリマスカラ態ザト憲法ノ條項中ニハ之ヲ除キ之ヲ貴族院令ニ讓リマシテ、憲法ニハ唯ニ大原則ヲノミ示シタコト、存ジマスル。

貴族院ノ性質ハ國民中ノ上級ノ社會ヲ代表セシムル機關デアリマス。是レハ前回二院制度ノコトヲ説明致シマシタトキニ略〻申述ベテ置キマシタカラ、玆ニハ重ネテ委シクハ申上ゲマセヌ。蓋シ國會ガ國民全體ヲ代表スルト云フ趣意ノモノデゴザリマスナラバ、唯ニ機械的ニ國民ノ多數ノ者ノ選擧ノミデ國民ノ實際ノ有樣ヲ寫スト云フコトハ出來マセヌ。數ハ少クトモ歴史的又社會上ニ勢力アル階級ガゴザリマス。殊ニ我ガ國ノ如キ數千年ノ引キ續イタ歴史ヲ有スル社會ニ於キマシテ唯機械的ニ個人ガ集ツテ國ヲ成シタト云フコトノミデハゴザリマセンデ、歴史ニ依ツテ社會ノ組織ガ複雜ニナツテ居リマスカラ、從ツテ其ノ複雜ナル社會ヲ寫シテ代表セシムルニハ又複雜ナル原素ニ依ツテ致サナケレバナラヌノデアリマス。夫レ故ニ國會ヲ二局部ニ分ケマシテ、上院ニハ歴史沿革ニ依ツテ國民ノ上級社會ニ在ル貴族ヲモ代表シ、又國民中ニ在ツテ智力財産或ハ勳勞ノ點ヨリ國民中ノ少數デハアリマスガ勢力ヲ迨ボスコト大ナル者ニハ適當ナル途ヲ與ヘテ政治ニ參與セシメ其ノ智識勢望ヲ國ノ立法ノ上ニ用ヰシムルコトニナツテ居リマス。之ヲ貴族院ハ國民代表ノ外ニアルモノ、如ク云フノハ間違ツテ居リマス。國民トハ獨リ農民トカ商民トカヲ限ツテ云フノデハゴザリマセヌ。複雜ナル組織ノ全體ガ即チ國民デアリマス。國民全體ガ皆同ジヤウナ地位ニ在リ同ジヤウナ境遇ニ在リマシテ、全ク平等ナル社會デアリマシタナラバ、平等均一ナル普通選擧ニ依ツテ國民ノ全體ノ眞相ガ現サル、デアリマセウガ、雜複ナル社會デアル以上ハ已ムヲ得ズ複雜ナル手續ニ依ツテ國民代表ノ機關ガ備ヘラル、譯デアリマス、

貴族院令ハ勅令デアリマス。憲法附則ノ勅令デアリマス。憲法ノ條項ニ依リマシテ。其ノ施行ノ細則ヲ定メタモノデゴザリマス。然シ普通ノ勅令トハ違ヒマシテ、貴族院令ノ改正ハ貴族院ノ議決ヲ經ルコトヲ要スト云フコトガ貴族院令中ニ定メラレテゴザリマス。又此ノ貴族院令ハ議院法ノ除外例ヲナスモノデゴザリマス。議院法ト云フ法律ハ貴族衆議兩院ニ通ズル一般ノ規則ヲ定メタモノデゴザリマスガ、貴族院ニ就キマシテハ先ヅ貴族院令ニ定ムル所ガ當テ嵌リマシテ貴族院令ニ特別ノ規定ナキ以上ハ議院法ニ依ルト云フコトニナツテ居リマス。普通ノ考カラ云

ヒマスルト法律ガアツテ法律ニ矛盾セザル限リ命令ガ行ハル、ヤウデアリマスガ、此ノ場合ニ於キマシテハ法律デハアリマセヌケレドモ、特別令デアリマス故ニ、貴族院ニ對シテハ貴族院令ガ先ヅ適用セラレ、其ノ規定ナキモノハ議院法ニ依ルコトニナツテ居リマス。

貴族院ノ組織ハ五ツノ種類ノ議員カラ成立ツテ居リマス。第一皇族、第二公侯爵、第三伯子男爵、各々其同爵者中ヨリ選擧セラレタル者、第四國家ニ勳勞アリ又ハ學識アル者ヨリ特ニ勅任セラレタル者、第五各府縣ニ於テ土地或ハ商業工業ニ就キ多額ノ直接國税ヲ納ムル者ノ中ヨリ一人ヲ互選シテ勅任セラレタル者、以上五ツノ種類ノ者ヨリ成立ツテ居リマス。貴族院令ニ依リマスレバ皇族ハ成年ニ達セラレマシタ時ニ議席ニ列セラレマスル。第二公侯爵ハ滿二十五年ニ達シマシタ時ニ議席ニ列シマス。而シテ終身議員タルノ權アルコトハ申スマデモナイコトデアリマス。第三ノ伯子男爵ニ在ツテハ各同爵者中ヨリ互選ヲ致シマスル。互選ト申スノハ伯爵ハ伯爵中ヨリ子爵ハ子爵中ヨリ選ムト云フ趣意デアリマス。而シテ議員ノ數ハ同爵者ノ五分ノ一以上ヲ超ユルコトハ出來マセヌ。且ツ年期ハ七年デゴザリマシテ七年ノ後ニハ更ニ又改選ヲ行フ譯デゴザリマス。伯子男爵ノ選擧ニ當選致シマシタ者ハ特ニ勅任セラレズトモ、選擧ノ結果デ當然議員トナリマス。第四ノ勅選ニ依リマス議員ハ國家ニ勳勞アリ又ハ學識アル者ノ中ヨリ特ニ大權ニ依ツテ勅選セラル、ノデアリマス、勅選ニ就キマシテハ別ニ資格ニ制限ハゴザリマセヌ全ク大權ノ自由ニナツテ居リマス。第五ノ普通多額納税議員ト稱ヘテ居リマス者ハ各府縣ニ於キマシテ土地又ハ工業商業ニ就イテ最モ多ク國税ヲ納メマス者ヲ十五人調ベマシテ、其ノ十五人中ヨリ一人互選セシムルノデアリマス。而シテ當選シタ者ヲ勅選セラレテ議員トナスノデゴザリマス。此ノ制度ハ外國ニハ餘リ多ク例ヲ見マセヌ。唯孛漏西ニ之ニ類似ノ制度ガアリマス。蓋シ各地方ニ於キマシテ土着シテ財産ヲ有シ有力ナル階級ヲ爲ス者ヲ代表セシムル趣意カラ來タコト、存ジマス。是レモ亦七年ノ年期ヲ以テ議員トナリマス。

貴族院ノ權限ニ就キマシテハ前回ニモ申述べマシタ通リ我ガ憲法ノ趣意ハ帝國議會ト云フ全體ニ屬スル職權ヲ認メテ居ルノデアリマシテ、各議院ニ於テ各々格別ニ權限ヲ有ツト云フコトハ認メマセヌ。故ニ貴族院ノ權トカ衆議院ノ權トカ云スコトハナイ譯デゴザリマス。權限ハ帝國議會全體ノモノデゴザリマシテ、貴族院ハ其ノ一部分トシテ法律案及豫算案等ヲ議スルノデゴザリマス。且又我ガ國ノ制度ニ於キマシテハ兩院同權ノ主義ヲ採リマシテ、貴族院衆議院各々其ノ權能ヲ同ジウシテ居ルノデゴザリマス。此ノ點ハ特ニ御注意ヲ仰ギマス。英吉利ヲ初メ歐羅巴諸國ノ憲法ニハ上下兩院各々其ノ權能ヲ異ニスル制度ガゴザリマス。例ヘバ財政ノコト租税ノコト等ニ就キマシテハ特ニ下院ニ重キヲ措キマシテ上院ハ唯大體ノ可否ヲ表スルニ止リ之ヲ修正スルコトハ許サヌト云フヤウナ制度モアリマスシ、又總テ上院ハ下院ノ議決ヲ可否スル權能ヲ有セズト云ウヤウニ論ズル學説等モゴザリマスル。此ノ如ク制度上學説上、上院ト下院トノ間ノ權能ノ差異ヲ主張スル者ガ歐羅巴ニハ多ク見ユルノデゴザリマス。其ノ事ノ善惡ハ別論トシマシテ、其ノ國ノ憲法ガ其ノ通リ定メテアリマスナラバ、憲法通リ解釋スル外ハアリマセヌ。然ルニ我ガ國ノ憲法ニ於キマシテハ上下兩院共ニ立法豫算ヲ議スル上ニ權限ノ差異ハ認メラレマセンデ全ク同權デアリマスカラ、法律案豫算案等ニ就イテ之ヲ議シ之ヲ修正スルハ兩院更ニ優劣ヲ存セヌノデアリマス。故ニ若シ法律ヲ作ッテ上下兩院ノ間ノ權限ニ差異ヲ設ケヤウトスル者ガアリマシタナラバ則チ憲法違反デアリマス。斷ジテ之ヲ許スコトハ出來マセヌ唯貴族院ニ就キマシテ特別ナコトガ茲ニ二ツアリマス。其レハ豫算及立法ノ上ニ關係シタコトデハゴザリマセンデ、貴族令ニ於テ華族ノ特權ニ關スルコトデ、貴族院ニ御諮詢ノアル時ハ貴族院ハ其ノ御諮詢ニ應ヘテ議決ヲスルト云フコトガ見ヘテ居リマス、是レガ其ノ一デアリマス。華族ノ特權ニ就キマシテハ貴族院ガ當然自ラ問題トシテ之ヲ議スルコトハ出來マセヌ。諮詢ニ依リトアリマスカラ、御上ヨリ御諮詢ガナケレバ自ラ提出シテ議スルコトハ出來マセヌ。則チ御諮詢ノアル時ニ當ツテ貴族院ノ見ル所ノ意見ヲ奉ルノデアリマシテ其ノ意見ヲ御採納ニナルト否トハ大權ノ自由ニ存スルノデアリマスカラ、法律案ヲ議シ豫算ヲ議スル場合トハ違ヒマス。然シ華族ノ特權ニ關スル制度ニ就イテハ貴族院ノミガ御諮詢ニ與ルノデアリマシテ衆議院ハ與ラヌノデアリマスカラ即チ一ツノ特權ト申スコトガ出來マスル。他ノ一ツハ貴族院議員中伯子男爵又ハ多額納稅者ノ選擧ニ關シテ爭訟ノ起リマシタ時ニハ貴族院ニ於テ之ヲ判決スルト云フ特權デゴザリマス。衆議院ニ於キマシテハ選擧及ヒ當選ノ訴訟ハ普通裁判所ニ於テ裁判スルコトニナツテ居リマスガ、貴族院議員ノ選擧ノ訴訟ハ貴族院内ニ於テ裁判セラル、ノデアリマスカラ、是レハ一ツノ特權ト申シテ宜カラウト思ヒマス。以上二ツノ特權ガ貴族院ニアリマスガ、然シ是レハ國會トシテ全體ニ通ジテ重キヲナスコトデハゴザリマセヌ。事其レ自身ガ貴族院ノミニ關係スルコトデアリマスカラ是レ等ノ特權ガ存スルニ過キマセヌ。大體ニ於テハ我ガ國ノ制度ハ即チ上下兩院同權ノ制度デアルト解釋シテ差支ナイト存ジマス。

第三十五條　衆議院ハ選擧法ノ定ムル所ニ依リ公選セラレタル議員ヲ以テ組織ス。

一、衆議院ノ組織　此條ハ衆議院ノ組織ヲ定メタモノデゴザリマシテ、衆議院ノ組織ハ一ニ國民ノ公ケノ選擧ニ依ルト云フ大原則ガ示サレテゴザリマス。而シテ其ノ選擧ノ細目ニ至リマシテハ別ニ選擧法ノ規定ニ讓リマシタルコト猶ホ前條貴族院ノ組織ノ細目ヲ貴族院令ニ讓リマシタト同ジ趣意デゴザリマス。

衆議院若クハ下院ト稱ヘマスモノ、組織ハ歐羅巴一般ニ皆選擧ニ依ルト云フコトガ通則デゴザリマス。是レ又立憲政體ノ一大原則ト申シテ宜シイノデゴザリマス。國民一般ノ選擧ニ依テ成ル所ノ立法機關ヲ備ヘルト云フコトハ立憲政體ノ精神デゴザリマシテ、是レ無クテハ立憲政體ノ精神ヲ滅却スルノデアリマスカラ、最モ大切ナコトデゴザリマス。國民ノ選擧ト申シマスレバ唯一語ニシテ容易ニ聞エマスガ、其ノ選擧ノ如何ガ實ニ制度上又學問上至難トスル問題デゴザリマス。衆議院ノ性質ハ是レモ前回ニ申シ述ベタト心得テ居リマスガ、形容シテ申シマスレバ國民ヲ代表スル機關タラシムルコトデゴザリマス。然シ國民ト申シマシテモ社會ノ複雜ナル組織ニ於キマシテ同一ノ方法ヲ以テ總テノ原素ヲ代表セシムルコトハ出來マセヌカラ、廣ク一般ニ通ズル選擧ノ方法ニ依ツテ國民ノ輿望ヲ擔ツテ居ル者ハ選出シテ國ノ政治ニ參與セシムルト云フ趣意デ衆議院ガ存在スルノデアリマス。然シ衆議院ガ國民ノ代表デアルト云フコトハ前申ス如ク、形容シテ云フノデアリマシテ、之ヲ餘リ嚴格ニ法律的ニ解釋シテ衆議院ノミガ國民ヲ代表スルト云フヤウニ見マスルト大ナル誤リデアリマス。又代表ト云フコトヲ法律上ノ關係トシテ、國民ニ參政ノ權ガアリ、衆議院議員ハ國民ノ代理人トシテ參政ノ權ヲ行フモノデアルト云フヤウニ見マシテハ又間違デアリマス、畢竟憲法ノ法理上ノ解釋トシテハ、國民ノ選擧ニナリマセウトモ。君主ノ勅選ニ成リマセウトモ帝國議會ヲ組織シマシタ以上ハ即チ帝國ノ機關ニシテ其ノ職分ハ立法及豫算ノコトヲ議決スルニ在リト斯ウ解釋シナケレバナリマセヌ。帝國議會ハ決シテ人民ノ事務デハゴザリマセヌ。人民ノ權利ヲ代ツテ茲ニ行フ所ノ役所デハゴザリマセヌ。國家ノ政務ヲ執ル所デゴザリマス。

二、選擧　選擧法ハ法律デゴザリマス。憲法ニ附屬シタ所ノ法律デゴザリマス。選擧法ヲ特ニ憲法ヨリ離シテ別ニ法律トシマシタノハ、元來選擧ノ方法ハ極メテ難キ問題デアリマシテ、且ツ社會ノ變遷ニ由リ時勢ヲ逐フテ時ニ改メナケレバナラヌモノデゴザリマス、然ルニ之レヲ憲法ノ條項トシテ置キマス時ハ僅カニ選擧ノ方法ノ變更ガ必要デアルタメニ其ノ度每ニ憲法ヲ改正シナケレバナラヌト云フ虞ガアリマスカラ、之レヲ避クルタメニ特ニ選擧法ヲ別法トシマシテ、茲ニハ唯公選ト云フコトノミヲ原則トシテ揭ゲ、其ノ如何ニシテ公選セラルヽカ、又選擧權被選權ノ範圍ノ如何ハ特ニ選擧法ニ讓ツタト云フノガ憲法制定者ノ特ニ意ヲ用井タ所デアラウト存ジマス。憲法發布ノ年ニ於テ選擧法モ御發布ニナリマシタガ、十年ヲ出デズシテ之レヲ改正スル必要ガ起リマシテ、屢〻議事ニ上ッタ末遂ニ昨年デゴザリマシタガ、新ニ選擧法ハ改正セラレマシタ。而シテ將來ニ於テモ亦改正ヲ必要トスルコトガナイトモ言ヘマセヌ。

是レヨリ選擧ノ手續ヲ一應申上ゲヤウト存ジマスガ、選擧ノ手續ノ細カイコトハ此ノ處デ御話ヲ申上ゲマシテモ、御聽取ニナリマシテ御記憶ニナリマスコトハ甚ダ難イコト、存ジマスカラ、細目ニ至リマシテハ法文ヲ御覽ヲ願上ゲル外ハゴザリマセヌ。唯凡ソ斯ウ云フ順序ニシテ斯ウ云フ方法デ選擧スルト云フコトノ大略ノミヲ申上ゲルコトニ致シマス。而シテ選擧ノ手續ノ如何ヲ辨ジマスニハ、第一選擧權被選擧權ノコト第二選擧區ノコト、第三選擧人名簿ノコト第四投票ノコト第五當選ノコト等ヲ一ト通リ申上ゲナケレバナリマセヌ。

選擧權、被選擧權ノコトニ就キマシテハ選擧法ニ精細ナル規定ガゴザリマス。選擧權ト申シマスハ議員ヲ投票シテ選擧スル權利ノ謂ヒデゴザリマス。被選權ト申シマスノハ投票ニ依ッテ衆議院議員トナリ得ル資格ヲ申スノデゴザリマス。選擧權ノ資格ノ要點ハ、日本臣民ニシテ男子タルコトヲ要シ、年齡二十五年以上タルコトヲ要シマス。又一年以上選擧區內ニ引續キ居住シテ居ルト云フコト、一年以上地租十圓以上ヲ納メマスルカ、又ハ地租以外ノ直接國稅ナレバ二年以上引續イテ十圓以上納メタル者ト云フコトガ要點ニナツテ居リマス。被選權ニ付キマシテハ年齡ガ三十年以上デナケレバナラヌト云フコトニ定メラレテゴザリマス。

次ニ選擧區ト申シマスルハ選擧ヲ行フ區劃ヲ謂フノデアリマス全國ヲ選擧ノ目的ノタメニ數多ノ選擧區ニ分チマス。而シテ其ノ選擧區ヨリシテ一人又ハ數人ノ議員ヲ選ムコトニナツテ居リマス此ノ選擧區ノ分チ方ニ就キマシテハ、大選擧區ニ分ツノト小選擧區ニ分ツノト二ノ方法ガアリマス。我ガ國ノ從來ノ選擧法ハ寧ロ小選擧區ノ制度ト申シテ宜シイデゴザリマセウ、一議員ヲ選擧スル區劃ヲ一選擧區ト致シタノデゴザリマス。然ルニ新シキ選擧法ニ於キマシテハ、所謂大選擧區ノ主義ヲ採リマシテ、選擧區ヲ大ニシテ一選擧區ヨリ數多ノ議員ヲ選出スルト云フコトノ制度ニ更ヘマシタ。選擧區ノ大小ハ政治上ノ問題ト致シマシテハ種々利害得失ノアルコトデアリマスガ、茲ニハ唯法律ノ規定ヲ述ブルニ止メマシテ、現行選擧法ガ大選擧區ノ主義ニ由ツテ居ルト云フコトヲ申上ゲテ置キマス。

次ハ選擧人名簿、是レハ選擧ヲ行ヒマス準備トシテ作ルモノデアリマス。選擧人名簿ト申スノハ毎年十月町村長ガ其ノ町村内ニ於ケル選擧資格アル者ノ姓名ヲ調ベマシテ書載セタ帳簿デゴザリマス。其ノ名簿ハ一定ノ期間一般公衆ノ縦覽ニ供シマス。而シテ其ノ縦覽期限内ニハ其ノ名簿ニ脱漏ガアルトカ誤載ガアルトカ云フコトヲ發見シタ者ハ何人ト雖モ是レガ訂正ヲ申立テル權利ガアルノデアリマス。而シテ其ノ縦覽期限ガ過ギテ、異議ノ申立ガアツタ時ニハ其レニ決定ヲ與ヘテ修正ヲシマシタ後ハ名簿ハ確定トナリマス。確定名簿ノ效力ハ投票ノ時ニ至リマシテ其ノ名簿ニ掲載セラレタモノニアラザレバ投票スルコトヲ許サヌト云フ點ニアリマス。縦令實際ニ於テハ投票ヲスル資格ガアルト申シテ主張致シマシテモ、豫メ名簿ニ自己ノ姓名ヲ載セテ置キマセヌ時ハ投票スルコトヲ許シマセヌ。是レガ確定名簿ノ效力デゴザリマス。尤モ確定名簿ニ姓名ガ記載サレテアリマシテモ、其ノ後ニ犯罪ヲシマシタトカ、或ハ破産ヲシマシタカト云フヤウナコトデ、名簿確定後投票ノ前ニ於テ選擧資格ヲ失ヒマシタ者ハ縦令名簿ニ名ガ載ツテ居リマシテモ投票ヲスルコトハ出來マセヌ。

次ハ投票デアリマスガ、我ガ國ノ制度ハ一人一票ノ制度デゴザリマシテ、又秘密ノ無記名ノ主義デアリマス。一人一票ノ制度ト申シマスルハ、例ヘバ東京ニ於キマシテ十人ノ議員ヲ選擧致シマスニ當ツテ。選擧人ガ一人ニシテ十名ノ議員ヲ指名シテ投票ヲ行ヒ得ルカト申シマスルトサウデハゴザリマセヌ唯一人ダケヲ指名シテ投票スルコトガ出來ルノデゴザリマス。是レハ單記ノ制度トモ申シマシテ、即チ一人一票ノ主義デゴザリマス。又秘密ノ主義ト申シマスノハ、選擧セムト欲スル人名ハ記載致シマスガ。投票者自己ノ姓名ハ投票ニ記載スルコトヲ許シマセヌ。即チ何人ガ投票シタカト云フコトガ秘密ニナツテ居リマシテ之ヲ知ルコトガ出來マセヌ。之ヲ無記名ノ秘密ノ方式ト申シマス。立法論、政治上ノ問題ト致シマシテハ一人一票ニ限ラス、一人ニシテ其ノ選擧區ヨリ選出スベキ議員五人ナリ十人ナリヲ聯記シテ投票スルガ宜シイト云フ議論モアリ、又投票ハ公平ニシテ正確ヲ期スルモノデアルカラ秘密ヨリハ公然ト投票者ノ名ヲ投票ニ書カシメテ、明白ニスル方ガ正シイト云フヤウナ議論モアリマス。此ノ如ク種々ナ制度モアリ議論モアルコトデアリマスガ、其ノ利害得失ハチヨツト此ノ處ニ御話ハ出來マセヌ。兎ニ角我ガ新選擧法ニ於キマシテハ投票一人一票ノ制度デアツテ無記名ノ秘密ノ方式デアルト云フコトダケヲ申上ゲテ置キマス。

次ハ當選デアリマスガ、新選擧法ハ從來ノ規定ト少シク其ノ趣キヲ異ニシテ居リマス。投票ノ多數ヲ得タ者ガ當選者デアルコトハ從來ト變リマセヌ然シナガラ唯多數デアレバ其レデ宜イト云フノデハゴザリマセヌ。新選擧法ノ規定ニ依リマスレバ、選擧區內ノ議員ノ定數ヲ以テ選擧人名簿ニ記載シマシタ總數ヲ除シマシテ。而シテ其ノ除シテ得タル數ヲ更ニ五分シテ其ノ五分一以上ノ投票ヲ得タルモノデナケレバナラヌト云フコトニナツテ居リマス。此ノ規定ハ選擧法ノ第七十條ニ見ヘテ居リマス。是レハチヨツト例ヲ申上ゲタ方ガ早ク御分リニナラウカト存ジマス。例ヘバ一選擧區カラ二人ノ議員ヲ出スベキモノト假定シテ、其ノ選擧區ニハ投票者ノ數ガ千人アルト致シマス。サウスルト千人ヲ議員ノ二人デ割リマシテ五百トナリマス。其ノ五百ノ五分ノ一ト云フノデアリマスカラ、即チ百トナリマス。詰リ此ノ百票以上ノ投票ヲ得ナケレバ當選者トナルコトガデキマセヌ。唯多數ト云フダケデハ當選ニハナリマセヌ。少クトモ百票以上ニシテ多數ヲ得タ者デナケレバナリマセヌ。斯ク說明ヲ致シテ見マスルト誠ニ簡單ノコトデゴザリマス。

次ハ選擧ニ關スル爭訟ノコトデアリマス。選擧ハ大切ナコトデアリマシテ、公ケノ利益ニモ關係シ且ツ人ノ選擧被選擧ノ權利ニモ關係致シマスカラ、選擧ヲ執行スル方法ニ關シ又ハ當選ニ關シテ異議ノアリマシタ時ニハ裁判所ニ訴ヘテ判決ヲ求メルコトヲ法律ガ許シテ居リマス。之レヲ名ケテ選擧訴訟及ビ當選訴訟ト申シマス。選擧訴訟ト申シマスト選擧ノ手續ニ就イテ不法ナコトガアルト云フノデ訴ヘルコトヲ云フノデゴザリマシテ當選訴訟ト申シマスルト落選者ガ自己ガ當選者デアルノニ他ノ者ヲ以テ當選者トシタノハ不服デアルト云ッテ當選ヲ爭フ訴訟デアリマス、此ノ二ツノ訴訟ハ控訴院ニ於テ受付ケテ審判スルコトニナッテ居リマス、貴族院ニ於ケル選擧ノ訴訟ハ貴族院自ラ裁判致シマスガ、衆議院ノ選擧訴訟ニ就イテハ之ヲ普通裁判所ノ管轄ニ屬セシメテアリマス。此ノ點ニ就イテハ歐羅巴諸國ト我ガ國トハ大ニ制度ガ異ッテ居ルト言ハナケレバナリマセヌ。歐羅巴ニ於キマシテハ議院ハ自治ノ權アリト云フヤウナ精神カラ致シマシテ議員ニ關係スル選擧ノ爭ヒノ如キハ議院自身デ裁判スルト云フ例ガ多イヤウデゴザリマス。然シ法律ヲ解釋シテ適用スルト云フコトハ實際ノ經驗ニ依リマスト、議院ノ如キ多數決ニ依ルノハ甚ダ公平ヲ失スル虞ガアリマス。殊ニ議員ノ當選スルヤ否ヤト云フコトハ自ラ黨派ノ爭ヒノ種子トナリマシテ、其ノ者ガ自己ノ黨派ノ者デアリマスナラバ之ニ利益ナル投票ヲスルデアリマセウ、又若シ反對ノ黨派ニ屬スル者デアルナラバ法律ノ解釋ノ如何ハ第二トシテ、之ニ反對ノ投票ヲスルノデアラウト云フ虞ガアリマス。故ニ從來ノ經驗ニ顧ミテ衆議院議員ニ關スル選擧ノ爭ヒハ衆議院ニ於テ裁判セシメズ却テ普通裁判所ノ權限ニ屬セシメタ方ガ公平デアルト云フノデ此ノ如キ規定ニナツテ居ル譯デアリマス。

是レデ大體選擧ノ手續ニ於ケル要項ハ申述ベマシタガ、序デニ茲ニ選擧ト云フコトニ就イテ一言説明ヲ加ヘテ置キタウ存ジマス。選擧ハ政治問題トシテハ甚ダ錯雜シタコトニ解釋シマスケレドモ唯法律ノ上カラ論ジマスレバ深イ意味ハゴザリマセヌ適任ナル者ヲ推薦スルト云フ文字通リノ解釋ニ過ギマセヌ。選擧ト云フコト夫レ自身ハ少シモ深遠ナル意味ハアリマセヌ。後見人ヲ選擧スルコトモアリマセウ、支配人ヲ選任シテ事務ヲ委スコトモアリマセウ又ハ國會議員ヲ選擧スルコトモアリマセウ、何レモ選擧ト云フ意味ハ同ジコトデアリマシテ、唯ニ最モ適任者ト思フ者ヲ指摘スルト云フニ外ナラヌノデアリマス。而シテ憲法ガ國民ニ國會議員ヲ選擧スル權利ヲ與ヘタル趣意ハ唯各個人ガ自己ノ利益ヲ主張スルタメトカ、自己ノ屬スル地方ノ利益ヲ主張スルタメニ之ヲ與ヘタルニハアラズシテ國ノ政治ニ參與スルニ最モ適任ト思フ者ヲ指名シ投票スルコトヲ希望シテ與ヘタルノデゴザリマス。憲法ノ趣意ハ是レヨリ外ニハアリマセヌ之レヲ枉ゲテ解釋シマシテ、選擧夫レ自身ニ於テ自己ノ代表者ヲ出スト云フヤウナコトニ見マスノハ誤リデゴザリマス。又選擧區ヲ設ケマシタ趣意ハ全國ヲ通ジテ一ト纏メニシテ一般ニ選擧ヲスルト云フコトハ理論上ハ出來得ナイトモ申シマセヌガ、實際ニ於テ行ハレマセヌ故ニ、適當ニ選擧區ヲ別チテ其ノ選擧區カラ或數ノ議員ヲ選擧セシムルノデアリマス。然ルニ之ヲ曲ゲテ解釋ヲシマシテ、選擧區ヲ一ノ政治上ノ團體デアルカノ如ク見、其ノ選擧區ノ選擧人モ、選擧セラレテ國會ニ列スル者モ唯己レノ選擧區ノ利害ヲ主張スレバ足ル如ク考ヘ、國會ハ各地方ノ利益ヲ互ニ相爭フ市場デアルカノ如ク看做スノハ憲法ガ選擧權ヲ與ヘタ趣意ニ背クノデアリマス。畢竟憲法ノ趣意ハ國會ノ一部ハ統治者自ラ選任ヲスルノデアリマスガ。尙國民一般ノ希望ト社會ノ一般ノ利害ヲ代表セシムルコトノ必要ヲ感ジテ、國民ニ國會議員トシテ國政ニ參與スルニ適任ナル者ヲ指名セシムルノ權利ヲ與ヘラレタノデアリマス。

此ノ選擧ニ就キマシテハ歐羅巴諸國デハ多ク普通選擧ト云フコトニ傾イテ居リマス。我ガ國ニ於キマシテハ未ダ普通選擧ニハナリマセヌデ、年齡ニ於テ財產ニ於テ制限ガ付セラレテアリマス。歐羅巴諸國ハ彼ノ一般ノ政治上ノ主張トシテ選擧權ハ總テ一般人民ニ及ブノヲ趣意ト致シマス故ニ、犯罪人又ハ不能力者ヲ除クノ外ハ一般ニ選擧權ヲ與フルヲ本則トシ、財產上ノ制限ノ如キハ之ニ附セヌノデアリマス。故ニ我ガ國ノ選擧法ノ趣意トハ違ッテ居リマス我ガ國ニ於キマシテモ時トシテハ普通選擧ヲ採用シタガ宜カラウト云フ議論ヲ聞クコトモアリマスガ、是レハ大ニ勘考ヲセネバ同意スルコトノ出來ヌ問題デゴザリマス。畢竟普通選擧ノ結果ハ唯多數ニ依ッテ國ノ運命ヲ決スルト云フコトニ歸着スルノデアリマス。國民ガ皆平均シテ同等ノ者デアルト見マシタナラバ、百人ノ見ル所ヨリハ千人ノ見ル所ノ方ガ正シイデゴザリマセウ。從ツテ選擧モ成ルベク廣クシテ成ルベク多數ノ人ノ決スル所ニ委スヤウニスルノガ當然デアリマセウ。然シ人間ハ平等デハアリマセヌ。殊ニ歷史アル社會ニ於キマシテハ智識ニ於テ財産ニ於テ總テノ歷史的ノ沿革ニ於テ極メテ不同等デアリマス故ニ、其ノ不同等ナル社會ニ於テ唯數ノ多數ノミヲ以テ國ノ運命ヲ決スルハ不條理ナルコト明白デアリマス。又社會ニ於テ各々職業ガ異ツテ居ル點カラ考ヘテ見マシテモ分リマス。若シ唯數ノ多イ者ノ利益ニ從フト云フコトデアリマスナラバ、日本アタリデハ農民ガ最多數デゴザリマセウカラ、國家ノ經濟ハ農業ニ重キヲ措イテ農民ノ決スル所ニ依ルトスルノガ其ノ趣意ニ適フコトニナリマス。然シ國ノ經濟ノ發達及運命ヲ農民ノミニ托スルト云フコトハ頗ル危險ナルコトハ申スマデモアリマセヌ。故ニ一概ニ普通選擧ヲ以テ理想トスルコトハ未ダ今日ノ社會ニ於テハ許サレザル所デアリマス。是レハ附加ヘテ茲ニ申上ゲテ置キマス。

第三十六條　何人モ同時ニ兩院ノ議員タルコトヲ得ス

本條ノ趣旨　此條ノ趣意ハ自カラ明瞭デゴザリマシテ深ク説明ヲ致ス必要ハナカラウト存ジマス。文字ノ如ク何人モ同時ニ兩院ニ於テ發言シ或ハ投票スル權ヲ有ツコトハ出來マセヌ唯々何人モト申シマスルハ素ヨリ議員ニ關係致シタコトデゴザリマシテ、國務大臣又ハ政府委員等ニ於キマシテハ同一ノ人ガ兩院ニ何時デモ出席シ何時デモ議事ニ與ルコトヲ得ルノデゴザリマス。然シ是レハ議員デハゴザリマセヌデ、唯ニ憲法ノ規定ニ依ツテ發言權ヲ得テ居ルノデアリマスカラ此條トハ關係致シマセヌ。此條ノ趣意ハ明白デゴザリマシテ、元ト國會ヲ分ケテ貴族院衆議院トシタ以上ハ一人ニシテ同時ニ衆議院議員タリ貴族院議員タルコトハ條理ノ許サヾル所デアリマス此ノ精神カラシテ選擧法ニ於キマシテモ華族ノ當主ハ衆議院議員ノ選擧權及被選權ヲ有セヌト云フ規定ガゴザリマス。伯子男爵等ハ既ニ貴族院ニ向ツテ投票權ヲ有シ選擧ヲ行シテ所謂代表者ガ出シテアリマス故ニ、衆議院ニ向ツテハ再ビ選擧ノ權ヲ行フコトノ出來ヌヤウニ法律ガ定メラレテアルノデアリマス。被選權モ亦タ同ジデ既ニ貴族院議員ノ被選權ヲ有スル以上衆議院議員タルノ被選權ヲ有スルコトハ條理ノ許サヾル所デアリマス。勅任議員ハ衆議院議員ノ選擧ニ關係スルコトヲ妨ゲマセヌ。是レハ有爵者ノ如ク國體ヲ代表スル性質ノ者デナイカラデアリマス。若シ勅任議員ガ衆議院議員ニ當選シマシタルトキハ貴族院議員ヲ辭スルニ非ザレバ當選ノ効力ヲ失ヒマス。本條ニ就キマシテハ是レヨリ以上說明スルコトモナイヤウニ存ジマスカラ是レニ止メテ置キマス。

第三十七條　凡テ法律ハ帝國議會ノ協贊ヲ經ルヲ要ス

此條ハ立法權ヲ行使スルニ付テ帝國議會ガ之ニ參與スルコトヲ定メラレタル法文デゴザリマシテ、前ニ述ベマシタル第一章第六條「天皇ハ法律ヲ裁可シ、其ノ公布及執行ヲ命ス」ト云フ條、及ビ第五條ノ「天皇ハ帝國議會ノ協贊ヲ以テ立法權ヲ行フ」トアリマスル此ノ二ツノ條ト牽聯致シマシテ本條ヲ解シマスルコトガ必要デゴザリマス。既ニ第五條ニ於キマシテ立法權ハ帝國議會ノ協贊ヲ以テ君主ガ之ヲ行ハセラレルモノデアルト云フコトガ定メラレテアリマシテ、而シテ第六條ニ法律ヲ裁可スルハ君主ノ大權デアルト云フコトガ定メラレテアリマス。而シテ尚ホ此ノ條ニ於キマシテ凡テ法律ハ帝國議會ノ協賛ヲ經ナケレバナラヌト云フコトガ指示サレテゴザリマスルノデ、此ノ三ツノ條カラ致シテ立法權ノ行使ノコトガ自ラ明白ニ分ツテ參リマスル。

一、帝國議會ノ立法權限。 凡テ法律ハ帝國議會ノ協賛ヲ經ナケレバナラヌト云フコトハ帝國議會ガ立法ノ手續ニ參與スルコトヲ定メタルモノデゴザリマス。立法ノ手續ニ參與スルト申スノハ立法權其ノ物ヲ行フト云フ意味デハゴザリマセヌ。立法權其ノ物ヲ行フノハ君主ノ大權ニアルコトハ前ニ示サレテゴザリマスル。然シ君主ガ立法ノ大權ヲ行ハセラルヽニ付キマシテ、法律トナルベキモノヽ草案ノ確定ニ關シテ帝國議會ガ憲法上ノ權限トシテ之ニ參與スルト云フコトガ本條ノ意味デゴザリマスル。之ヲ名ケテ帝國議會ノ立法權限ト申シマスル。立法權限ハ立法權ヲ行フノデハアリマセヌ、立法ノ手續ニ參與スルニ止ルト云フコトヲ第一ニ明カニシナケレバナリマセヌ。又帝國議會ガ立法ノ手續ニ參與致シマスルノハ法律案ノ實質ヲ確定スルノデアルト云フコトヲ明カニシナケレバナリマセヌ法律ハ人民ニ對シテ守ルベキ所ノ準則ヲ命令スルモノデゴザリマスガ。帝國議會ハ人民ニ對シテ命令スル權ハ有シテ居リマセヌ。法律案ヲ効力アル法律トスルノハ裁可ニ依ルノデアリマシテ、議會ノ議決ニ依ルノデハアリマセヌ、議會ハ御裁可ニナルベキ法律ノ案ヲ確定スルノデアリマス。議會ノ議定シテ上奏致シマシタ所ノモノハ法律ノ案デアツテ、マダ法律デハアリマセヌ。其ノ法律ノ案ヲ法律トスルト否トハ裁可ノ大權ノ自由ニアルモノデゴザリマシテ、議會ハ自ラ立法權其ノ物ヲ行フノデナクシテ立法ノ手續ニ參與スルト云フコトハ此ノ道理ニ訴ヘテ見テモ明白デアラウト思ヒマス。

協贊ト申シマスル語ハ歸スル所法理上帝國議會ノ議決ヲ經ルコトヲ要スト言ヒマスルト實際ニ於テ異ル所ハアリマセヌ。協贊ヲ經ルト云フノハ議會ガ議決スルコトヲ必要トスルノデアリマス。若シ之ヲ誤解致シマシテ君主ト國會ト對等ノ地位ニアツテ條約ヲ結ブガ如クニ合意約束シテ事ヲ行フト見マス時ニ於テハ此ノ憲法ノ大體ノ趣意ニ適ヒマセヌ。前ニモ申述ベマシタ通リ、我國ノ憲法ニ於キマシテハ帝國議會ハ君主ガ國ヲ統治スル所ノ機關トナツテ居リマシテ、君主ト相對峙シテ統治權ヲ有スル所ノモノデナイコトハ明白デアリマス。故ニ帝國議會ト君主ト合意約束シテ事ヲ行フト云フガ如ク解釋スルコトハ此ノ憲法ノ精神ト反シマスル。是レハ外國ニ於キマシテハ或ハ君主ト國會ト合意約束スルガ如クニ說明スル者モアリマスケレドモ、自ラ國柄ガ異ナルノデアリマスカラ彼ヲ推シテ我ヲ論ズルコトハ出來マセヌ。然シ帝國議會ノ協贊ヲ立法權行使ノ必要條件トシマシタコトハ即チ立憲政體ノ特色デゴザリマシテ。議會ノ協贊ガ無ケレバ法律ヲ作ルコトハ出來ナイト云フコトハ立憲政體ノ根本デゴザリマスル。故ニ此ノ規定ニハ最モ重キヲ置キテ見ナケレバナリマセヌ。若シモ法律ヲ制定スルニ議會ノ協贊ハ必要デナイト云フコトデゴザリマシタナラバ、縱令國會ト云フモノヲ形ノ上デ開キマシテモ專制ノ政體ト少シモ異ナル所ハナイノデアリマス。法律ヲ制定スル權力ハ君主ノ大權ニアリマスルガ、然シナガラ君主ガ法律ヲ制定シ給フ際ニ方ツテハ、法律ノ案ハ議會ノ議決ヲ經ルコトヲ必要條件トスルト云フコトガ卽チ立憲政體ノ特色デアリマス。是レ無ケレバ立憲政體ハ無イノデアリマス。

君主ト國會トノ關係ニ就キ、此ノ憲法ノ精神ヲ明カニスルタメニハ、之ト異ナリタル外國ノ例ヲ引キテ見マスト分リ易カラウト思ヒマス。前ニモ申上ゲマシタ通リ共和民主ノ國ニ於キマシテハ國會ヲ以テ主權ノ本體ト致シマスルカラシテ、國會ガ立法權ヲ行フノデゴザリマシテ、國會ノ議決ガ即チ法律ヲ作ルノデアリマス。大統領ハ立法權ヲ行フノデハゴザリマセヌデ、行政權ノ首長タル所ノ共和ノ大統領ハ不同意デアルトキハ之ヲ否認スルト云フ消極的ノ權力ヲ有ツテ居リマス。國會ト國ノ君主トノ他位ガ我ガ國ノ如キ憲法ト佛蘭西等ノ憲法トニ於キマシテハ主客地位ヲ異ニシテ居ルノデアリマス。我ガ國法ニテハ君主ガ立法權ヲ行ハセラルニ付テ國會ガ其ノ手續ニ參與スルト云フコトニナツテ居リマス。又佛蘭西等ノ解釋ニナリマスト國會ガ立法權ヲ行フニ付イテ、若シモ行政權ノ首長タル所ノ大統領ガ不同意デアルナラバ、外部ヨリ之ヲ否認スルト云フ法理デアリマシテ立法權其ノモノ、在ル所ノ地位ガ異ナツテ居リマス。又歐羅巴ノ北ノ方ノ小國ニ至リマスト少シ異ナツタル制度モアリマス。君主ガ發案シタコトヲ國會ガ議決スレバ裁可ハナクテモ國家ノ法律トナル、若シ國會ガ發案シタモノナレバ君主ノ裁可ヲ要スルト云フ憲法モアリマス。此レ等ノ憲法ハ君主ト國會ト云フモノハ對等ノモノデアツテ、同等ノ權力デアツテ互ニ同意スレバ法律ガ成立ツト云フノデアリマスカラ、法律ハ凡テ裁可ヲ要スルト云フ主義ヲ取リマセヌデ、國會ガ發案シタモノナレバ君主ノ裁可ヲ要スルガ、政府ノ提出シタモノナレバ裁可ヲ待タズシテ國會ノ議決ヲ以テ法律トナルト云フ制度デゴザリマス。皆國體政體ノ異ナル所ガ現ハレテ居ルノデアリマシテ我ガ國ノ憲法ノ條項ト照シテ見マスルト其ノ異ナル所ガ明瞭デアラウト思ヒマス。

二、法律。 法律ト申シマスルハ國會ノ議決ヲ經テ御裁可アツテ公布ニナツタ所ノ一定ノ形式ヲ具ヘタル國ノ法則ヲ指シテ申スノデアリマス。然シ從來法律ト云フ語ハ種々ナル意味ニ用ヒ來リマシタガ、大體ハ分ケテ二樣ニ用ヒ來ツテ居リマス。第一ニハ法律ト云フ語ヲ總テ各種ノ法則ヲ汎稱スルコト、解シマシテ、命令デアリマセウトモ、法律ト云フ名稱デアリマセウトモ、或ハ布告デアリマセウトモ、何デアリマセウトモ總テ國ノ法則トナルモノハ一般ニ法律ト總稱スル例モアリマス。又佛蘭西及佛蘭西一派ノ憲法ノ用ヒ方ニ於テハ、法律ト云フ語ハ實質ノ如何ニ拘ハラズ、國會ノ議決ト云フコトニ用ウルコトモゴザリマス。國會ガ議決シタモノハ何ニテモ皆法律ト云フ慣例モアリマス。固ヨリ國會ハ法則ヲ定メルコトガ主タル職分デアリマスカラ、其ノ議定スル所ハ多クハ法則デアリマスケレドモ、然シ國會ガ國ニ功勞アリタル人ニ謝辭ヲ呈スル決議ノ如キスラモ之ヲ法律ト云フコトモアリマス。又外國條約ノ如キ豫算ノ如キモ國會ガ之ヲ議定シタト云フ理由ニテ法律ト申スノデアリマス。是ハ佛蘭西ノ憲法ニ於テハ斯ノ如ク解サネバナリマセヌ。又一般ニ法律ト云フ語ハ命令ニ反對スル意味ニ用ヰズシテ單ニ法則ト云フ意味ニ用ヰラル、コトモアリマスカラ、此ノ事モ注意シテ解サナケレバナリマセヌ。然シ我ガ國ノ憲法ノ上ニ於キマシテハ此ノ佛蘭西風ノ意義モ取リマセズ、又一般ノ法律ノ意味ニモ之ヲ用ヰマセズシテ我ガ憲法ニテ云フ法律トハ成文法ノ一ツノ種類デアッテ特殊ノ形式ヲ具ヘタモノデアリマシテ、命令ト區別シタルモノデアリマス。國會ノ議決ヲ經テ御裁可ニナッテ發布ニナッタル法則ヲ特ニ名ケテ法律ト申スノデアリマシテ、此ノ意義ハ之ヲ佛國憲法ノ用例及其ノ他廣キ意義ト區別シテ混雜シナイヤウニ致サナケレバナリマセヌ。

法律ト云フコトニ付キマシテハ外國ノ學者中餘リ之ニ重キヲ置キ過ギタ說モアリマスカラ、一應ハ辯ジテ置カナケレバナリマセヌ。外國ノ憲法ヲ說明致シマス者ハ多クハ法律ヲ以テ最高萬能ノ力デアルガ如クニ說明ヲ致シマス、是レハ法律ト云フ觀念ガ我ガ憲法ノ觀念ト異ナルカラ此ノ說明ガアルノデアリマシテ日本ノ憲法ノ上デハ法律ヲ以テ最高ノ力ト見ルコトハ出來マセヌ。何故ト申シマスレバ國會ヲ以テ主權ノ本體ト致ス國ニ於テハ、國會ノ議決ハ即チ主權ノ發表デアリマス、主權ノ意思ノ發動デアリマスル。而シテ法律ハ國會ノ議決シタル所デアリマスカラ、法律ヨリ上ノ力ノアルモノハナイトシテアルノデアリマス。從テ憲法ト法律トハ區別ヲ致シマセヌ。憲法ト云フハ矢張リ法律ノ一ツノ種類デアルト見テ居リマス。恰モ刑罰ヲ定メタモノヲ刑法ト云ヒ、人ノ財產及親族ノ關係等ヲ定メタモノヲ民法ト云フガ如クニ、國ノ政體ノ規則ヲ定メタ所ノ法律ヲ憲法ト云フト解釋シテ居リマシテ、憲法モ亦法律ノ一ツト見テ居リマスカラ、ソレデ法律ヲ以テ最高ノ力ト云フノデアリマスガ、我ガ國ノ憲法ニ於テハ憲法ト法律トハ形式ヲ異ニシテ居リマスカラ。法律ヲ以テ最高ノ力ト云フコトハ言ハレマセヌ。寧ロ憲法ヲ以テ國家最高ノ法ト言ハナケレバナリマセヌ。又歐羅巴ノ國法ノ大家中ニハ法律ハ國家ノ意思デアル、命令ハ君主ノ意思デアルト云フヤウニ説イタ者モアリマス。汎ク此ノ説ガ行ハレテ居リマスガ、是レモ亦國體ニ依リ其ノ當否ヲ解釋シナケレバナリマセヌ。君主ヲ以テ主權ノ本體ト爲サズシテ、君主ハ最高ノ官吏デアッテ國務大臣ヨリ一等上ナル所ノ國ノ機關デアルト云フヤウニ解釋シ國民ヲ以テ主權ノ所在ト爲ス國柄ニ於テハ、國會ハ即チ國民ヲ代表スルモノデアリマスカラ、國會ノ議決シタル法律ハ國家ノ意思デアルケレドモ、命令ハ君主ガ命令スルノデアッテ國家ガ命令スルノデナイト云フヤウニ解釋スルノデアリマセウ。此ノ解釋ハ我ガ憲法上ニ於テハ採ルコトハ出來マセヌ。法律モ命令モ君主ノ御裁可ニ依ッテ成立スルモノデアッテ法律命令共ニ其ノ淵源ヲ異ニ致シマセヌ。皆一ツノ源カラ流レ出ル所ノ形式デアリマスカラ、法律ハ國家ノ意思デアルガ命令ハ國家ノ意思デナイト云フヤウナ區別ハ論ゼラレマセヌ。

三、立法ノ範圍　此條ニ「凡テ法律ハ帝國議會ノ協賛ヲ經ルヲ要ス」ト云フコトガ掲ゲテゴザリマスガ、如何ナルコトヲ以テ立法ノ範圍ト致スカ、法律トスベキコトハ如何ナル事物デアルカト云フコトハ茲ニ直接ニハ定メテゴザリマセヌ。是レハ又此ノ第三十七條以外ノ別問題デゴザリマスガ、然シ之ニ附加ヘテ立法範圍ガ如何ニ我ガ憲法ニ於テハ定メラレテアルカト云フコトヲ申上ゲテ置カナケレバナリマセヌ。凡ソ憲法ニ於テ立法ノ範圍ヲ定メマスルニハ概括的ニ定メル例ト、事項ヲ列記致シマス例ト二様ゴザリマス。佛蘭西憲法ヨリ出デ、此ノ模範ニ則ッテ憲法ヲ定メタ白耳義デアルトカ伊太利デアルトカ南獨逸デアルトカ云フ國々ニ於テハ多クハ皆所謂概括主義ヲ採ッテ居リマス。概括的ノ主義ト申シマスルハ總テ人ノ自由權利ニ關係致シマスル法則ハ法律ヲ以テ定メナケレバナラヌト云フ原則ヲ採ルノデ斯ク申スノデアリマス。如何ナル事ガ法律ヲ以テ定メナケレバナラヌカト申シマスレバ、人ノ自由權利財産ニ關スル法則ハ皆法律ノ形式ヲ以テ定メナケレバナラヌト云フ主義デアリマス。然シナガラ此ノ主義ハ我ガ憲法ニ採用サレテアリマセヌ。我ガ憲法ハ寧ロ列記ノ方法ヲ採ッテ居リマス、列記ノ方法ト申シマスルノハ憲法上必ズ法律ヲ以テ定メナケレバナラヌ事項ハ之ヲ特ニ其ノ條項ニ列記シテアルノデアリマス。總テ人ノ權利自由財産等ニ關スルコトハ法律ヲ以テ定メナケレバナラヌト云フ原則ヲ採ラズシテ、或重要ナル事柄ハ法律ヲ以テ定ムベシト云フコトヲ事物ニ依テ列記シテアルノガ我ガ憲法ノ體裁デアリマス。前ニ説明ヲ致シマシタ憲法第二章ニ於ケル「臣民ノ權利義務」ノ篇ニ掲ゲラレテアル如ク則チ立法ノ事項ヲ定メタモノデアリマス。例ヘバ納税ノ義務ハ法律ニ依ラナケレバナラヌ、兵役ノ義務ハ法律ニ依ラナケレバナラヌ、人ノ居住移轉ノ自由ハ法律ノ範圍ニ於テ有スルト定メテアリマスルガ、此レ等ハ皆立法事項デアッテ此等ノ事項ヲ規定スルニハ法律ヲ以テ爲サナケレバナラヌト云フコトヲ示サレテアルノデゴザリマス。而シテ特ニ法律ヲ以テ定ムベキコトヲ憲法ニ列記シテアリマセヌ事ハ法令孰レヲ以テスルモ自由デアリマシテ、時宜ニ依テ命令ヲ以テ定メルコトモアリマセウシ。或ハ法律ヲ以テ定メラレルコトモアリマセウ。故ニ憲法上ニ於テ政務ノ事項ヲ分ッテ見マスレバ、立法事項ト大權事項ト自由立法事項ト三ツニスルコトガ出來マスル。所謂立法事項トハ第二章ニ掲ゲラレテアル如ク、必ズ法律ヲ以テ定メナケレバナラナイト云フ事項デゴザリマスル。又大權事項ト申シマスルハ憲法第一章ニ定メテアルガ如ク、必ズ大權ノ親裁ニ依テ御定メニナルコトヲ憲法上必要トシテ居ル事項デアリマス。例ヘバ陸海軍ヲ統帥スルトカ行政各部ノ官制ヲ定ムルトカ、文武官ヲ任免スルトカ云フ如キデアリマス。是レハ必ズ御親裁ニ依テ決定スベキモノデアッテ帝國議會ノ協賛ニ依ラナイモノデアリマス。第三ノ自由立法事項ト名ケマスノハ憲法ニ於テハ必ズ法律ヲ以テスベシトモ規定セズ、又大權ニ依ルトモ規定セズ、憲法ニ別段ニ明文ノ掲ゲテナイモノデアリマス。此ノ事項ハ或ハ法律ヲ以テ定メ或ハ命令ヲ以テ定ムルハ時ノ宜シキニ從フモノデアッテ憲法ハ其ノ自由ヲ與ヘテ居リマス。

四、法律ノ效力。　法律ハ如何ナル效力ヲ有ッテ居ルモノカト云フコトヲ一言附加ヘテ申上ゲテ置カナケレバナリマセヌ。法律ハ形式ノ上カラ言ヒマスルト憲法及命令ト效力ガ違ッテ居リマス。實質ノ上カラ云ヘバ其ノ效力ハ同ジモノデアリマス。形式ノ效力ト申シマスト、憲法或ハ命令ニ對スル所ノ輕重ノ差デゴザリマスル。法律ヲ以テ憲法ヲ變更スルコトヲ得ズト云フハ第一ノ效力ノ原則デゴザリマス。我ガ國ニ於キマシテハ先刻申上ゲマシタル通リ、憲法ト法律トヲ區別致シマスル。法律ヲ以テ憲法ヲ變更スルコトハ許シマセヌ。英吉利ノ如キ國ニ於キマシテハ憲法ト云ヒ法律ト云ヒ別ニ形式ヲ分チマセヌカラ普通ノ法律ノ改正ノ手續ヲ以テ憲法ヲ改正スルコトハ差支アリマセヌ。又其ノ他ノ國ニ於キマシテモ法律ハ萬能ノ力デアルト云フ主義ヲ採ッテ居リマシテ、憲法モ法律ノ一種トシテ居ルカラ法律ヲ以テ憲法ヲ變更スルコトハ差支アリマセヌガ、我ガ國ニ於テハ憲法ハ法律ト區別シテアリマシテ法律ハ憲法ノ範圍內ニ於テ制定セラルヽノデアリマスカラ、法律ヲ以テ憲法ヲ變更スルコトハ許シマセヌ。又法律ト命令トノ關係ニ付キマシテハ大體ニ於キマシテハ命令ヲ以テ法律ヲ變更スルコトハ出來マセヌ。法律ヲ以テ命令ヲ變更スルコトハ出來マスル。二ツノモノヲ較ベテ見マスレバ法律ガ重クシテ命令ガ輕イト云フハ一般ノ通則デアリマス。ケレドモ命令ノ種類ニ依テハ法律ヲ以テ變更スルコトガ出來ナイモノガアリマス所謂大權命令デアリマス。大權命令ト云フハ前ニモ說明致シマシタルコトガアルヤウニ記憶シマスガ、大權事項ヲ實質トシテ定メラレタ所ノ命令デゴザイマスル。斯ノ如キ命令ハ大權事項ヲ定メラレタモノデアリマスカラ、法律ヲ以テ之ヲ變更スルト云フコトハ憲法ノ精神デナイト認メマス。例ヘバ陸海軍ノ統帥ハ大權事項デアルト云フコトニナツテ居リマス以上ハ陸海軍ノ統帥ニ付テノ命令ハ命令ノ形式デハゴザリマスガ、帝國議會デ法律案トシテ其ノ命令ヲ變更スルト云フコトハ實質上出來マセヌ。自ラ大權ノ占ムル所ノ範圍ト、立法手續ノ占ムル所ノ範圍トハ、範圍ガ異ナツテ居リマスカラ二ツナガラ相並ンデ行ハレテ居リマシテ、大權命令ト法律トハ一ヲ以テ他ヲ侵スコトハ出來マセス。又抵觸モシナイヤウニナツテ居リマス。併シ大權命令以外ノ行政ニ關係スル命令ハ法律ニ依テ變更スルコトヲ免レマセヌ。憲法第九條ニ依ツテ發セラル、モノハ法律ト比スレバ其ノ効力弱キモノデアリマシテ、法律ヲ以テ命令ヲ變更スルコトハ差支アリマセヌ、

實質ノ効力ト申シマスルハ人民ヲ拘束シテ之ニ服從セシムルノ効力ヲ申スノデアリマス。法律ノ實質ノ効力ニ至リマシテハ、憲法モ命令モ法律モ同ジコトデアリマス。例ヘテ申シマスナレバ我々臣民ハ正當ニ發布セラレタ所ノモノデアルナラバ、法律デアリマシテモ命令デアリマシテモ、服從スルコトハ同ジヤウニ服從致サナケレバナリマセヌ。法律デアルカラ重ク服從スル、命令デアルカラ輕ク服從スルト云フコトハアリマセヌ。凡テ憲法ノ規定モ法律ノ規定モ命令ノ規定モ國

法上正シク發布セラレタモノナラバ之ニ服從スルコトハ輕重ノ差ハアリマセヌ。此ノ大體ノ説明ヲ以テ本條ノ大略ノ解釋ト致シマスル。本條ノ趣意ハ國會ハ立法ノ手續ニ參與スルコトヲ憲法上ノ權限トスルト云フコトガ規定ノ精神デゴザリマシテ、從ツテ如何ナルモノヲ以テ法律ノ實質ト爲スカト云フコトハ、原則的ニ定メスシテ、憲法全體ニ通ズル各種ノ規定ノ上ニ列記シテ之ヲ定ムルト云フコトニナツテ居ルノデアリマス。是レガ外國ノ憲法ト我ガ邦ノ憲法ト少シク趣キノ異ナツタ所デゴザリマスカラ。之ヲ詳カニ説明致シタ譯デアリマス。

第三十八條　兩議院ハ政府ノ提出スル法律案ヲ議決シ及各々法律案ヲ提出スルコトヲ得。

第三十九條　兩議院ノ一ニ於テ否決シタル法律案ハ同會期中ニ於テ再ヒ提出スルコトヲ得ス

此二箇條ハ立法手續ノコトヲ定メテ居リマスモノデ、牽聯シテ居リマスカラ一ツニ纒メテ説明ヲ致シマスル。三十八條ハ法律案ノ提出及ビ議決ノコトヲ定メタモノデゴザリマシテ、次ノ第三十九條モ同ジク法律案ノ提出ノコトヲ定メタモノデゴザリマスル。故ニ之ヲ一纏メニシテ同時ニ説明ヲ致シマスコトガ或ハ時間ヲ省ク爲ニ便宜デアラウト思ヒマスカラ略式デハゴザリマスガ同時ニ説明ヲ致シマスル。

一、法律案ノ提出。　法律案ノ提出ト申シマスルハ、法律ノ案ヲ議院ニ提出致シマスルコトヲ申スノデゴザリマシテ、政府ト兩議院ト三ツノ者各々平等ニ此ノ權ヲ有シテ居リマス。提出權ニ就テハ三者同等ノ權ヲ有シテ居ルト云フコトガ此ノ規定ノ精神デゴザリマスル。是レニ付キマシテハ外國ノ例モ區々デゴザリマス。多數ノ國ハ固ヨリ御國ノ憲法ト同樣ニナツテ居リマス。然シ或國或時代ニハ法律案ヲ提出スルハ政府ノ特權デアツテ國會ハ唯政府ノ提出シタル案ヲ可否スルダケノ權ヲ有ツテ居ルト云フヤウナ制度モゴザリマシタ。例ヘバ佛國ノ從前ノ憲法ニ於テハ國王若クハ大統領ガ法律案提出ノ權ヲ專有シマシテ議院ハ其ノ成案ヲ可否スルノミニ止マツタ制度モアリマシタ。又或制度ニ於キマシテハ法律案ノ種類ニ依テ提出者ヲ異ニスルモノモアリマス、例ヘバ財政ニ關係スル法律案ハ政府ガ提出スルトカ或ハ下院ガ提出スルトカ云フヤウナ、習慣或ハ法律ノアル國モゴザリマスル。我ガ憲法ニ於テハ全ク政府及兩議院三ツノ者ガ平等ノ權ヲ有ッテ居リマシテ、法律案ノ種類ニ依テ制限ハアリマセヌ。只唯一ノ制限ハ同會期中ニ於テ一度否決セラレタル案ヲ再ビ提出スルコトガ出來ナイト云フコトガアルノミデゴザリマス。即チ第三十九條ニ定メタ所デゴザリマス。同ジ會期中ニ於テ提出案ガ一タビ否決サレマシタ時ハ同ジ案ヲ再ビ提出スルコトハ出來ナイノガ事理明白デアリマシテ、深ク說明スルマデモナク、明瞭デゴザリマスル唯同ジ名稱ノ議案ト云フノミデナク、憲法ノ精神ハ同一ノ事ヲ同會期中ニ再ビ議スルコトヲ避ケル趣意デアリマスカラ、法律案ノ名稱ガ異ナッテ居リマシテモ、實質ニ於テ同ジモノデアルナラバ再ビ提出スルコトハ違法デアルト言ハナケレバナリマセヌ。

法律案ノ提出ニ付キマシテハ第一章ヲ說明致シタ時分ニ略ゝ述べテ置キマシタト考ヘマスカラ。此處デハ委シクハ說明致シマセヌ政府ガ何人ニ命ジテ法律ノ草案ヲ作ラシメマスルモ自由デアリマシテ別ニ何ノ差支モナイコトデアリマス。提出ト申スノハ政府ガ命ジテ其ノ官吏ニ法律ノ草案ヲ起サシメルト云フコトヲ指スノデハアリマセヌ。政府ガ之ヲ衆議院又ハ貴族院ニ提出スルコトヲ指シテ言フノデアリマス。又議院ニ於キマシテモ議員一個人ガ法律案ヲ提出スルト云フコトハ通俗ノ用語デアリマシテ嚴格ナル法理上ノ解釋デハ議員一個人ニハ所謂提出ノ權ハ無イノデアリマス議員ハ之ヲ法律案トスルコトヲ發議スルニ止マルノデアリマス。憲法ノ明文ニ依レバ提出者ハ貴族院デアルカ衆議院デアルカ、政府デアルカデアツテ、何ノ某ト云フ議員一個人ガ提出者デアルト云フコトハ見エマセヌ、實際ニ於テ何ノ某ガ法律案ヲ提出シタト云フノハ。議院ニ於テ之ヲ法律案トシテ他ノ議院ニ提出スルコトヲ希望スル發議ト見ナケレバナリマセヌ。

二、法律案ノ議決。 法律案ノ議決ハ卽チ國會ノ意思ノ發表デゴザリマシテ、法律案ヲ確定シテ上奏致シマスニハ兩議院ガ同一會期中ニ同一ノ事ニ付テ同一ノ議決ヲ爲サナケレバナリマセヌ。帝國議會ノ議決ハ衆議院貴族院兩院トモ同一ノ案ヲ同會期中ニ議決スルコトヲ條件トシテ居ルノデアリマス。固ヨリ一院ガ可トシテ一院ガ否トスル場合ニハ成立シマセヌノデアリマス。又會期ヲ隔テ、前會期ニ一院ガ可決シ。後ノ會期ニ他ノ一院ガ可決スルト云フコトデハ亦議會ノ議決トハナリマセヌ。此レ等ノコトハ委シク申サズトモ明瞭デゴザイマセウ。此ノ法律案ノ提出議決等ノ細カキ事ニ至リマスト議院法ニ依テ説明致サナケレバナリマセヌガ、議院法ハ條數モ多ク甚ダ煩雜デゴザリマシテ茲ニ述ブル暇ナク又其ノ規定ハ手續ニ渉ルコトデアリマスカラ一讀スレバ解シ易ウゴザリマスカラ、茲ニハ大體ノ説明ニ止メテ置キマス。

第四十條　兩議院ハ法律又ハ其ノ他ノ事件ニ付キ各〻其ノ意見ヲ政府ニ建議スルコトヲ得但シ其ノ採納ヲ得サルモノハ同會期中ニ於テ建議スルコトヲ得ス。

此條ハ建議ノコトヲ定メテゴザリマスルガ、同ジク議會ノ議事ノ手續ニ渉ッタコトデゴザリマシテ、極ク簡單ナ説明デ明瞭ト思ヒマスカラ一言附加ヘテ置キマス建議ハ政府ニ對シテ議院ノ意見ヲ陳ブルコトデゴザリマシテ、上奏トハ異ナッテ居リマス。上奏ハ別ニ條ガゴザリマシテ第四十九條ニ其ノ事ガ定メテゴザリマスル。建議ヲ致シマスル目的ハ立法ノ事ニ渉ルノガ通常デゴザリマスルガ、必ラズシモ法律ノ事ニノミ制限セラレマセズ、其ノ他ノ事ニ付テモ建議ヲスルコトガ出來ルト云フコトガ法文ニ見エテ居リマス。其ノ他ノ事ト言フノハ蓋シ行政ノ事ニ付テ建議スルコトヲ許サレタ精神デゴザリマセウ。勿論其ノ他ト云フコトニ付テハ司法權ノ行使ニ付テノコトモ含マヌトハ申サレマセヌガ、元來帝國議會ノ性質ト致シテ司法裁判所ノ裁判ニ干渉ヲ致スコトハ憲法ノ精神ノ許サヾル所デアリマスカラ、司法裁判所ノ確定判決ノアツタル事ニ付テ帝國議會ガ決議ヲ以テ建議ノ形式ナリ上奏ノ形式ナリヲ以テ司法裁判ニ關スル建議ヲ爲スコトハ精神上許サザル所デアルト解シテ居リマス。然シ行政ノ事項ニ付テ建議ヲスルコトハ此ノ法文上差支ナイノデアリマス。最モ立法行政ノ事ニ就テ建議ヲ致シテモ、建議ハ議會ノ意思ヲ表白スルニ止リマシテ、建議ニ向ツテ政府ハ必ズ採納スルヤ否ヤノ返答ヲ致スト云フモノデハアリマセヌ。政府ハ採納スベキモノハ採納シ採納スベカラザルモノハ採納セズト云フ自由ノアルコトハ申スマデモナク、又採納セザルカラト云ツテ採納セザル所ノ理由ヲ示ス必要モナク、謂ハヾ建議ハ立法ニ參與スルコトヽ違ヒ効力ハ稍〻薄弱ナルモノデゴザリマス。然シナガラ直接ノ効力ハ薄弱デアリマシテモ、議會ト云フ重キ國家ノ機關デアリマシテ、其ノ機關ガ政府ニ向ツテ立法及行政ノコトニ付テ多數ノ意思ノ決定ヲ以テ建議ヲ致スト云フコトハ、間接ニ重大ナル影響ノアルコトデゴザリマスカラ。此ノ權ハ又餘程愼重シテ行ハナケレバナリマセヌ。蓋シ政治上ノ意味カラ申シマスレバ。憲法ガ建議ノ自由ヲ國會ニ認メマシタノハ幾分カ政府ノ行政ニ向ツテ大體ニ付テ議會ガ間接ニ監督ノ權ヲ行フ意味ヲ持ツタノデアリマセウ。建議ニ付テハ別ニ詳細ナル解釋ハ必要ト致シマセヌカラ。短簡ニ此ノ事ヲ附加ヘテ置クニ止メマスル。

第四十一條　帝國議會ハ每年之ヲ召集ス。

此條ハ帝國議會ヲ召集ノコトヲ定メラレタモノデゴザリマスル。召集ヲ行フハ大權ニ屬スルト云フコトハ第一章ノ第七條ニ掲ゲテゴザリマシテ、其ノ條ノ說明ノトキニ大略ヲ御話申上ゲマシタカラ、此ノ處ニハ再度繰返シテ說明ハ致シマセヌ。此條ヨリ以下五六條ハ皆ナ帝國議會ノ成立及ビ議事ニ關係スル手續ノ規程デゴザリマシテ、條文ノ意味ハ大體文字通リデ、別ニ深イ六ケ敷キコトモアリマセヌカラ、詳シク申上ゲマスル必要モアリマセヌト思ヒマスカラ、大略ノコトノミ述ベル考デゴザリマス。

一、帝國議會ノ召集。　召集ハ議員各個人ニ對シテ發スル命令デゴザリマシテ、議會ヲ召集スト云フ文字ニナツテ居リマスガ、實ハ召集ト云フコトハ議員各個人ヲ呼出シ集ムルコトヲ謂フノデアリマス。故ニ召集ノ勅命ハ議會ヲ成立セシメマスル爲ニ四十日前ニ之ヲ發スルコトガ必要デゴザリマスル、勅諭ニハ召集ノ時日ト召集ノ場所トヲ定メマシテ何月何日ニ何レノ所ニ召集スト云フ勅命ガ發セラレマス。此ノ勅命ハ官報ヲ以テ公ケニシテ、一々議員ニ各別ニ送達ハ致シマセヌ。法律ノ結果ハ官報ニ載セテ勅諭ヲ公ケニ致シタノハ各議員ニ對シ召集狀ヲ發シタルト同ジ効力ヲ持ツノデゴザリマス。外國ノ例ナドニハ各議員ニ特別ノ召集狀ヲ發スル慣例モゴザリマスルガ、我ガ國ノ慣例ニ於キマシテハ勅諭ヲ官報ヲ以テ公布スルニ由リテ召集ヲ爲スノデゴザリマス。

召集ハ固ヨリ兩議院同時ニ行フモノデゴザリマシテ、貴族院ノミ召集致シマスルトカ、或ハ衆議院ノミ召集ヲ致シマスルトカト云フコトハ致シマセヌ。帝國議會ハ前ニモ説明致シマシタ通リ常ニ貴衆兩院同時ニ竝ンデ成立シテ憲法上ノ働キヲ爲スモノデゴザリマシテ、一院ノミデハ議會ハ成立マセヌ。憲法上ノ職權ヲ行フコトハ出來マセヌ。故ニ必ズ議會ヲ召集スルト云ヒマスレバ貴族院衆議院兩院ヲ同時ニ召集スルコトヲ意味スルノデゴザリマス。每年之ヲ召集スト申シマスルハ、少ナクトモ每年一回之ヲ召集セラレルコトヲ申スノデゴザリマス。蓋シ四十一條ノ規定ハ通常會ヲ見テ定メラレタモノデゴザリマシテ、每年一回通常會ヲ開クコトハ憲法上ノ例デゴザリマス、素ヨリ臨時必要ノコトガアリマシタ時ニハ、又臨時會ヲ開クコトハ他ノ條ニ定メラレテゴザリマスル。

每年開會スルコトニ就キマシテハ或ハ外國ノ例ト我國ノ例トハ大ニ異ッテ居ル所モアリマスカラ、其ノ例ヲ御參考マデニ附加ヘテ申シマスル。外國ノ憲法ノ中ニハ每年何月ヨリ何月マデニ至ルマデ議會ヲ開クト云フヤウニ、開クベキ月日ガ豫メ一定シテアル國モアリマス。又墺太利ノ憲法ノ如キハ每年冬期ニ開クト云フコトガ揭ゲテゴザリマス。然シナガラ我ガ憲法ニハ每年トノミゴザリマシテ、冬期ニ開クト云フ明文モゴザリマセヌ。又何月何日ヨリ何月何日マデ開クト云フコトモゴザリマセヌカラ、毎年一回之ヲ開クコトハ憲法ノ規定スル所デゴザリマスガ、何時之ヲ開クト云フコトハ固ヨリ大權ノ自由ニアル譯デゴザリマシテ、憲法上ノ拘束ハアリマセヌ。通常會ト云フハ何デアルカト云フコトハ能ク問題トシテ論ズルコトモアリマスガ、外國ノ憲法ニ於キマシテハ、豫算ヲ議スルノヲ以テ通常會トスル慣例モアリマスルガ、我ガ國ニ於キマシテハ別ニ是レ等ノコトハ定ツテ居リマセヌ。實際上豫算ハ毎年議會ノ協贊ヲ經ルコトヲ必要ト致シマスカラ、縱令他ノ法律案ノコトニ就テ議會ヲ開ク必要ガアリマセヌデモ、豫算ヲ議スル爲ニハ必ズ毎歳國會ヲ召集スル必要ガゴザリマスルカラ。自然事實ニ於テハ豫算ヲ議スル爲ニ開ク會ガ通常會ト云フコトニ成ルカ知レマセヌガ、憲法ノ解釋上通常會ト云フモノハ豫算ヲ議スルモノデアルト云フヤウニ定マツタルコトハアリマセヌ。通常會ト臨時會ノ區別ハ唯會期ノ長短ノ區別アルノミデゴザリマシテ、畢竟帝國議會ガ勅令ニ依テ召集セラレテ開會ニ至レバ、通常會デモ、臨時會デモ、同ジヤウナ權能ヲ持チ同ジ働キヲ爲スノデアリマス。又説明スルマデモ無イコトデゴザリマスガ、帝國議會ハ毎年之ヲ開クト云フコトガ憲法ノ規定デアリマシテモ、召集ノ命ナクシテハ議員ハ集會スルコトガ出來ナイコトハ明白デアリマス。外國ノ例ニハ憲法上集會ノ時期ガ定メラレテアリマシテ、若シモ國王ガ其ノ時期ニ召集ヲシナカツタナラバ議員自カラ集會スル權ガアルナド、云フコトヲ國法トスル制度モアリマス。是レ等ハ唯便宜上斯ノ如クナツテ居ルト云フノミデハゴザリマセヌデ、帝國議會ト云フモノヽ性質ガ自カラ彼ト我ト異ツテ居ルカラデゴザリマス。或國ニ於キマシテハ、帝國議會ト國王ト對等ノ權力ヲ以テ國ヲ治メルモノデアリマシテ、國王ガ國會ヲ召集スルコトヲ怠ツタ時ハ國會ハ自ラ集會スル權ガアルト云フヤウナ制度モ是レ二者對等ノ權力ガアルト云フ所カラ來ルノデアリマセウ。我ガ憲法ニ於テハ帝國議會ハ君主ガ國ヲ統治シ給フ所ノ機關デアリマシテ、主權者タル君主ト其ノ機關タル帝國議會トハ對等ノ地位ニアリマセヌデ、常ニ議會ハ君命ヲ待ツテ集會シ、其ノ命令ノ下ニ動ク職分ヲ以テ居ルモノデゴザリマスルカラ、自ラ集會シ自ラ會議ヲ開キ議會タル働キヲ爲スト云フコトハ出來マセヌ性質ニナツテ居リマス。

二、其ノ成立。

此條ニ附加ヘマシテ議會ハ如何ニ成立チマスカト云フコトヲ

一應簡單ニ申述ベテ置クデゴザリマセウ。議院法ニ詳シイ規定ガゴザリマスガ、議院法全體ニ通ジテ説明スルコトハ出來マセヌデゴザリマスカラ、議院法ニ於ケル主ナル規定ヲ此ノ憲法ノ條項ノ下ニ附加ヘテ説明スルコトニ致シマセウ。議會ハ召集ガアリマシテ、召集ノ時期ニ議員ガ集マリマシテモ直チニ議事ヲ開クコトハ出來マセヌ。先ヅ各議院ニ於テ議長副議長ヲ選ンデ候補者三名ヲ選ビマシテ、其ノ中ヨリ各一人勅任ヲ得マシテ議長副議長ヲ定メマス。固ヨリ議長副議長ハ四年トカ或ハ七年トカノ年期ヲ以テ任選セラルヽモノデゴザリマスルカラ、一度定ツテ居レバ其ノ改選ノ時期ニ至ルマデハ別ニ選ブ手續ハ必要デアリマセヌガ、議長副議長ガ無ケレバ議會ガ成立シナイト云フコトガ一ツノ原則デゴザリマス。ソレカラ議員ハ各々部屬ニ分チマス。部ト申シマスノハ議員ヲ各部分ニ別チマシタノデゴザリマシテ、是レハ全ク唯議院ノ組織ノ便宜ノ爲ニ致スモノデゴザリマス。召集ノ勅諭發セラレ、議員ハ召集ニ應ジ、議長副議長ヲ選擧シテ、サウシテ部屬ヲ別チ、然ル後ニ議院ノ成立ヲ告グルノデゴザリマス。議院ガ成立シタト云フコトヲ報告致シマスルト、其ノ上デ開會ノ式ヲ行ハセラレルノデゴザリマス。開院式ト申シマスルハ唯議院ヲ開クト云フ儀式ノミデハゴザリマセヌ、之ヲ時期トシテ是ヨリ始メテ帝國議會ガ憲法上ノ權能ヲ以テ議事ヲ開キ得ルト云フ時期ヲ定メタノデアリマシテ、單純ニ禮式ノミデハゴザリマセヌ。是レハ議事ヲ爲シ得ル能力ノ始マル時デアリマシテ大切ナ形式デアリマス。通例ハ天皇ガ御親臨ニナリマシテ開カセラレルコトデゴザリマスガ、兎ニ角開會ト云フコトハ議會ガ始メテ議事ヲ行ヒ得ル時期ヲ示ス形式デゴザリマス。召集ニ依テハ未ダ議會トシテハ成立チマセヌ。

第四十二條　帝國議會ハ三箇月ヲ以テ會期トス必要アル場合ニ於テハ勅命ヲ以テ之ヲ延長スルコトアルヘシ

帝國議會ノ會期。此條ハ會期ノコトヲ定メラレタルモノデゴザリマシテ、專ラ通常會ノ會期ヲ定メタモノデゴザリマス、會期ト申シマスルハ開會ヨリ閉會ニ至ルマデノ間ヲ云フノデゴザリマシテ、召集ニ依テハ未ダ議會ノ初メトハ致シマセヌ。開院ノ式ヲ行ツテ開會致シテソレヨリ後ヲ數ヘルノデアリマス。三箇月ハ最短期ヲ示サレタモノデゴザリマス。三箇月以上ニ涉リマスルコトハ勅命ヲ以テ之ヲ延長スル場合ガアリマスルケレドモ三箇月ノ會期ヲ勅命ヲ以テ之ヲ短縮スルト云フコトハ此ノ條ノ意味スル所デハアリマセヌ。故ニ三箇月ガ議會ノ會期ノ最短期ヲ定メタモノデゴザリマス。會期ヲ延長致シマスルハ特ニ勅命ニ依ラナケレバナラナイノハ此ノ處ニ文字ノ示ス通リデアリマス。素ヨリ議會ガ自ラ議決シテ會期ヲ延長スルコトハ出來ナイノハ申スマデモアリマセヌ。而シテ會議ヲ延長スルコトハ必ズシモ一回ニ限ルト云フコトハ法文ニ定ツテ居リマセヌカラ。一度ノミナラズ再度延長スルト云フコトモ出來ルノデアリマセウ。又延長スルニ就テハ最長期間ハ示シテ居リマセヌカラ、數日間延長致シマスルモ、或ハ一箇月二箇月ニ亘ツテ延長スルモ、是レモ法文上差支ハアリマセヌ。三箇月ノ會期ハ之ヲ短縮スルコトハ出來マセヌガ、實際ニ短縮スルト同ジ働キヲ命ズルコトハ出來マス。即チ停會ヲ命ズルコトデゴザリマス。停會ノコトハ尙ホ後ノ條ニ說明ヲ致スデゴザリマセウ。停會ハ議事ヲ中止セシメル働キガゴザリマスルカラ、三箇月アリマシタ會期中デゴザリマシテモ停會ヲ命ゼラレマスレバ其ノ停會ノ日數間ハ議事ヲ中止ジナケレバナリマセヌ。恰モ會期ガ短縮セラレタト同ジヤウナ結果ト思ヒマス。然シナガラ停會中ハ矢張リ會期ニ數ヘマスカラ會期ヲ短縮スルトハ申サレマセヌノデアリマス。又停會ノ場合ノミナラズ三箇月ノ會期中デゴザリマシテモ衆議院ガ解散ニナリマシタ時ハ素ヨリ當然議會ノ會期ハ解ケマスル。貴族院ノミヲ以テ職權ヲ行フコトハ無論出來マセヌカラシテ會期ノ半ニシテ衆議院ガ解散ニナリマスレバ當然ニ其ノ會期ハ盡キテ仕舞ヒマス。是レ等ノ變例ノ場合ノ外ハ通常會ハ三箇月ヲ會期ト致スノデゴザリマス。

會期ノコトニ就テハ外國ノ例ハ種々ニナツテ居リマシテ、最短期ヲ定ムルモノガ往々ゴザリマス。三十日以上デアルトカ(和蘭)又ハ四十日以上デアルトカ(白耳義)云フヤウナ例モゴザリマス。三十日四十日ト云フノハ最少限ヲ極メタノデゴザリマシテ、其ノ上ニ二箇月モ三箇月ニモ涉ルコトハアリ得ルノデゴザリマス。又丁抹等ノ例ヲ見マスレバ最長期限ガ示シテゴザリマス。必ズ二箇月以上開會スルコトハ出來ヌト云フヤウナ規定ガゴザリマス。尤モ國王ガ特ニ許可ヲ與ヘタ時ハ此限ニアラズト云フコトハアリマスガ、法文ノ定メ方ハ何箇月ヲ限リトスルト云フ制限的ノ極メニナッテ居ル所モゴザリマス。又瑞典等ノ例ニ依リマスレバ、議院自ラ請求スル場合ヲ除クノ外ハ四箇月ヲ終ラザレバ散會スルコトハ出來ナイト云フ規定ガアリマス。此レ等ハ日本ノ例ヲ以テ考ヘルト異樣ナ感ガアリマスガ、議院ガ自ラ請求スレバ會期ガ短カクナルケレドモ、議院ガ請求ヲシナゲレバ四箇月間ハ開クト云フヤウナコトニ成ッテ居リマス。是レ等ハ各國其ノ便宜ニ依ッタモノデアリマシテ、一定ノ條理ヲ以テ推スコトハ出來マセヌ。唯會期ノ定メ方ニ就テハ種々ノ制度ノアルコトヲ御參考ニ申述ベテ置クニ止メマス。

第四十三條　臨時緊急ノ必要アル場合ニ於テ常會ノ外臨時會ヲ召集スヘシ

臨時會。此ノ條ハ文字ノ通リ臨時會ノコトヲ定メラレタモノデアリマシテ、臨時會ト申シマスルノハ第四十一條ニ依テ每年例會トシテ議會ヲ召集スルノ外、特別ノ必要アル時ニ之ヲ開クコトヲ指シテ申スノデゴザリマス。併シ常會ト臨時會トノ區別ハ議會其ノモノヽ性質ニ區別ガアルノデハゴザリマセヌデ、畢竟帝國議會ヲ召集致シマスル勅諭ニ依テ、通常會ヲ開クトアリマスルカ、臨時會ヲ召集スルトアリマスルカ、勅諭ノ文ニ依テ之ヲ判斷スルノ外ハアリマセヌ、臨時緊急ノ必要アリト申シマスルハ廣イ語デアリマシテ、何等ノコトニ拘ハラズ議會ノ集會ヲ必要ト認ムル場合ノアツタ時ヲ指スノデアリマス、必ズシモ豫算ノコトノミニ限ルト云フコトモアリマセズ。又立法上ニ限ルト云フコトモアリマセズ。必要ノ有ル無シヲ定メルハ大權ニ依テ定マルノデ勅命ニ依テ召集スルノデゴザリマス。

此ノ處ニ一ツ注意スベキコトハ、我ガ憲法ニ於キマシテハ第八條ノ法律ニ代ルノ命令ノ制度ガゴザリマシテ、緊急ノ場合ニ於テ帝國議會ガ閉會中ニ臨時ノ法律ヲ必要トスルコトガ起リマシタナラバ、先ヅ命令ヲ以テ法律ニ換ヘテ之ヲ發布シテ後ニ議會ニ之ヲ提出シテ承諾ヲ請フト云フ條ガゴザリマス故ニ立法上ノコトニ就キマシテハ憲法第八條ノ條件ニ適ヒマス事ナレバ、必ズシモ臨時會ヲ開カズトモ緊急ノ勅令ヲ以テ之ヲ定ムルコトガ出來マス。唯財政上ノ必要ノ處分ニ至リマシテハ臨時議會ヲ必要ト致シマス。尤モ憲法ノ第七十條ニ財政上臨時ノ處分ヲ必要トスルコトガ有ル時ニ議會ヲ召集スル能ハザル時ニハ先ヅ處分ヲシテ後ノ議會ノ議ニ附スト云フコトガ見ヘテ居リマス、之ヲ財政上ノ緊急處分ト唱ヘテ居リマス、併シ此ノ緊急處分ハ内外ノ情況ニヨリ政府ハ帝國議會ヲ召集スルコト能ハザル時ハ勅令ニ依リ必要ノ處分ヲ爲スト云フコトニナッテ居リマス、カラ、内外ノ情況ニ依テ帝國議會ヲ召集シ得ベキ時ハ帝國議會ヲ召集シナケレバナリマセヌ。斯ノ如キ場合ニ臨時ノ財政上ノ處分ヲスル必要ノアリマシタ時ニハ、臨時議會ヲ開カル、ノデアリマス。尤モ臨時會ヲ開ク場合ニハ必ズシモ財政上ノ處分ノコトニ止マルト云フノデハアリマセヌ。何事デモ必要トスル時ハ開カレルノデアリマス。臨時議會ノ會期ヲ定メルハ勅令ニ依ルトアリマスノハ前條ノ三箇月ヲ以テ會期トスルト云フコトニ對シテ定メタノデアリマス。通常會ハ三箇月デゴザイマスガ、臨時議會ノ會期ハ特ニ勅命ニ依テ定メラレルト云フ主義ヲ示サレタノデゴザリマス。蓋シ臨時議會ハ特別ノ必要ニ依テ特別ノ事件ヲ議スル爲ニ召集スルノデアリマスカラ、其目的トシテ開カレタル事以外ニ渉ッテ議事ヲ致スコトハ臨時議會ノ性質デハアリマセヌ。故ニ其ノ臨時議會ヲ開ク必要ノ事柄ノ性質ニ依リマシテ、會期ハ或ハ短カクシテ宜シイコトモアリマスルシ、或ハ長キヲ要スルコトモアリマスカラ、豫メ定メズシテ其ノ特別ノ場合ニ就テ勅命ヲ以テ定メラレルコトデゴザリマス。

第四十四條　帝國議會ノ開會閉會會期ノ延長及停會ハ兩院同時ニ之ヲ行フヘシ
衆議院解散ヲ命セラレタル時ハ貴族院ハ同時ニ停會セラルヘシ

帝國議會ノ開閉。此條ハ帝國議會ノ開會、閉會、會期ノ延長及停會ノコトヲ定メタモノデアリマシテ、第一章ノ第七條ニ天皇ノ大權トシテ開會、閉會、停會等ヲ命ズルト云フコトノ注文ガゴザリマス、是レト相對シテ本條ヲ解シナケレバナリマセヌ。議會ノ開會ト申シマスルハ議會ガ職務ヲ行フ時期ヲ示スコトデゴザリマシテ、開會ノ式ガアツテ始テ議會ガ其ノ職務ヲ行フコトガ出來マス。開會以前ハ議會トシテ働クコトハ出來マセヌ。而シテ開會ハ素ヨリ兩院同時ニ之ヲ行フノデゴザリマシテ、實際ノ式トシテハ兩院議員ハ同ジ所ニ會シマシテ式ヲ擧ゲテ開會ノコトヲ行フノデゴザリマス。閉會ハ會期ノ終結ヲ申スノデゴザリマス。開會ヨリ閉會マデヲ會期ト申シマス、閉會ニ依テ帝國議會ノ働キハ止ミマスル。閉會ノ後ニ事實上議會ヲ繼續シテモ素ヨリ帝國議會ノ議事トハナリマセヌ。且ツ又閉會ニ依リマシテハ總テノ議事ヲ止メテシマヒマシテ後ノ會期ニ引續クコトハゴザリマセヌ。帝國議會ハ、普通ノ常設ノ官府ト違ヒマシテ、會期ノ度ニ更ニ新タニ議事ヲ行フモノデアリマシテ。前會期中ヨリ引續キ後ノ會期ニ之ヲ議スルト云フコトハアリマセヌ。開會ヨリ閉會マデガ會期中デゴザリマシテ、一會期中ニ議事ヲ終ラナカツタモノハ後ノ會期ニ於テハ更ニ新タナモノトシテ之ヲ提出スルニ非ザレバ議スルコトヲ得マセヌ。閉會モ素ヨリ兩院同時ニ行フノデゴザリマス。

會期ノ延長ハ前ニ第四十二條ニ定テアル通リ、勅令ヲ以テ延長致スノデゴザリマシテ、此ノ會期ノ延長ハ兩院同時ニ行フコトヲ再ビ此ノ條ニ示サレタノデゴザリマス。停會ハ會期中ニアリマシテ議事ヲ中止スルノデゴザリマス。閉會ト異リマスル所ハ停會ガ解ケマシタ時ニハ停會以前ノ議事ヲ繼續シテ再ビ議事ヲ開キマスルガ、閉會ニ至リマシテハ總テ議事ヲ斷絶シマシテ之ヲ後ニ引續ガナイト云フ所ガ停會ト閉會ノ區別ノアル所デアリマス。停會ハ會期ヲ終了セズシテ議事ヲ中斷スルノデアリマス。議院法ノ定ニ依リマスレバ停會ハ十五日以内ニ限ラレテゴザリマス。蓋シ停會ト云フコトヲ濫用致シマスレバ、三箇月ノ會期ト雖モ實際ニ之ヲ僅々ノ時日ニ短縮スルコトガ出來マスカラ、若シ左樣ナコトガアツテハ議事ノ權能ヲ傷クル恐ガアリマスカラ停會ヲ命ズルハ、一定ノ期限即チ十五日以内ト云フコトニ限ラレテアルノデアラウト察セラレマス。尤モ停會ヲ命ズルコトハ必ズ一回ニ限ルト云フコトハゴザリマセヌ。必要ガアル時ハ再ビ停會ヲ命ズルコトモアリマス。併ナガラ停會ノ日數ハ十五日ヲ超ヘナイト云フノガ議院法ノ規定デゴザリマス。停會ハ素ヨリ兩院同時ニ行フモノデゴザリマシテ一院ノミ停會スルト云フコトハゴザリマセヌ。何故ト申シマスレバ帝國議會ハ兩院同時ニ成立致シマシテ同時ニ働キマスルコトガ必要トナツテ居リマスカラ一方ノミ開イテ其ノ一方ノミ權能ヲ行フコトハ出來マセヌ。必ズ開會、閉會、停會共ニ兩院同時ニ行ハルヽノデゴザリマス。

本條ノ第二項ノ衆議院ガ解散ヲ命ゼラレタ時ハ貴族院ハ同時ニ停會セラルベシト云フコトハ是ハ無論ノ結果デアリマス。縱令特ニ此ノ塲合ニ貴族院ニ停會ヲ命ジマセズトモ帝國議會ノ憲法上ノ性質上衆議院ガ解散ニナリマスレバ貴族院ノミガ憲法上ノ權能ヲ行フト云フコトハ出來マセヌカラ、更ニ停會ヲ命ズルト云フコトハゴザリマセヌデモ衆議院ノ解散ト共ニ貴族院ハ働キヲ止メナケレバナラヌノデゴザリマス。然シ此ノ條ニ特ニ此ノ事ガ定メテゴザリマスカラ尚更明瞭デゴザリマス。

第四十五條　衆議院解散ヲ命セラレタルトキハ勅命ヲ以テ新ニ議員ヲ選擧セシメ解散ノ日ヨリ五箇月以内ニ之ヲ召集スヘシ

解散。此條ハ衆議院ノ解散ノコトヲ規定シタルモノデゴザリマス。解散ノコトモ前ノ第七條ニ規定ガゴザリマシテ、天皇ハ衆議院ノ解散ヲ命ズト云フ注文ガゴザリマシテ、其ノ條ノ說明トシテ畧〻申述べテ置キマシタカラ此ノ處ニ再タビ申シマセヌ。解散ヲ行フノ權ハ大權ニアルコトハ第七條ニ見ヘテ居リマス。本條ハ解散ノ命ガ下リマシタ後ノコトヲ專ラ指ザシタモノデゴザリマス。解散ト云フハ議員タル資格ヲ解除スルコトヲ申スノデゴザリマス。衆議院ノ解散ト云フ文字ヲ用井テゴザリマスケレドモ、是レハ便宜斯ノ如ク用井マシタノデ、衆議院議員ノ資格ヲ同時ニ皆解クコトヲ申スノデゴザリマス。選擧ニ依テ四箇年間議員デアルト云フガ法律上ノ規定デゴザイマスガ、未ダ四箇年ヲ經ザル議員ノ資格ヲ短縮解除シテ任期ヲ終了セシムルコトガ即チ解散デゴザリマス。解散ハ衆議院ニノミ對シテ行フモノデゴザリマシテ貴族院ニ對シテハ行ハレマセヌ。此ノ事ハ外國等ノ例ヲ見マスレバ種々規定ガゴザリマシテ、上下兩院共ニ解散ヲ行フモノモアリマス。然シ是レ等ハ上院ト申シマシテモ、縱令バ白耳義デアルトカ和蘭デアルトカ云フ國ノ如キハ矢張國民ノ選擧ニ依テ成立ツ所ノ上院デゴザリマシテ、我ガ國ノ如キ世襲ノ議員トカ、其ノ他特ニ勅任ニ依テ終身議員ニナルトカ云フ組織トハ異ツテ居リマシテ、矢張下院ト同ジ樣ニ一般ノ選擧ニ依テ一定ノ年期ヲ以テ組織セラレタ所ノ上院デゴザリマスカラ、ソレデ上院モ亦解散ヲスルト云フヤウナ規定ガアルノデアリマセウ。

衆議院ノ解散ヲ致シマスルハ素ヨリ大權ノ作用デゴザリマス。是レモ亦外國ノ例ヲ見マスルト時トシテハ下院ヲ解散スル時ハ上院ノ同意ヲ得ナケレバナラヌト云フヤウナコトモアリマスガ、我ガ國ニ於テハ全ク大權ノ自由ニアリマシテ總テ他ノ拘束ハ受ケナイノデアリマス。又解散ヲ行フコトハ如何ナル場合ニ必要デアルカト云フヤウナコトハ往々政治上ノ問題トシテハ之ヲ議スルコトデゴザリマスガ、憲法ノ法理ノ解釋トシマシテハ如何ナル場合ニ解散スルカト云フコトハ豫メ之ヲ列擧シテ説明スルコトハ出來マセヌ。如何ナル事由アリトモ大權ニ於テ必要ヲ認メタ時ハ之ヲ行フノデアリマス。例ヘバ政府ト衆議院ト憲法上ノ意見ガ衝突致シマシテ國務ヲ進行スルコトガ出來ヌト云フヤウナ場合等ニハ君主ハ衆議院ヲ解散スル權モアリマスシ、或ハ又國務大臣ヲ自由ニ任免スル權モアリマスカラ、此ノ大權ノ働キデ何レカニ依テ其ノ裁斷ハ遂ゲラレル譯デアリマス。又其ノ他議院ガ憲法上ノ職分ヲ行フコトニ於テ憲法ノ規定ニ違犯スルガ如キコトガアリマスルトカ、或ハ種々ナル理由カラシテ解散ノ行ハレル例ガ度々見エマスルガ、何レモ此レ等ハ皆政治上ノ勢ニ依ツテ決セラレルモノデゴザリマシテ、憲法及ビ之ニ附屬スル所ノ法律中ニハ如何ナル場合ニ於テノミ解散ヲ行ヒ得ルト云フ制限ハゴザリマセヌ。解散ヲ行ヒマシタルトキハ五箇月以内ニ再ビ帝國議會ヲ召集シナケレバナラヌト云フコトガ此ノ條ノ規定デゴザリマス。此ノ規定ガアリマセヌ時ニハ若モ解散ノ權ヲ濫用致シマスレバ議會ト云フ制度ハ或ハ有名無實ニナル恐レモアリマスカラ、憲法ハ特ニ此ノ弊ヲ防グコトニ注意致シマシテ解散ヲ行フタル後ニハ必ズ五箇月以内ニハ國會ヲ開カネバナラヌト云フコトヲ命ジテ居ルノデゴザリマス。議員ハ元ヨリ再選セラレルコトヲ妨ゲマセヌ、故ニ場合ニ依テハ解散セラレタト同ジ議員ガ再ビ出テ帝國議會ヲ組織スルコトモアリマセウ。何レニシマシテモ斯ノ如ク議員ガ再ビ又選擧ニ應ジテ議員トナルコトハ妨ゲマセヌカラ一方ニ於テハ選擧ハ自由デアリマス。是レ等ノ事ニ就キマシテモ我ガ憲法ノ全體ノ精神ヲ理解シナケレバ趣意ガ分リマセヌカラ一言附加ヘテ置キマス。抑モ立憲政體ノ精神ト申シマスルモノハ、政府ト貴族院衆議院トノ。三者ガ各々國家ノ爲ニスル所ノ意見ヲ以テ相合スレバ則チ國ノ事務ガ擧リ意見ガ衝突致シマスレバ國ノ事務ハ進行ガ妨ゲラレルト云フ仕組ノモノデゴザリマス。是レハ立憲政體ニ伴フ利ナル所デモアリ、弊ノアル所デモアリマスル。又政府ト上下兩院三ツノモノガ衝突シテ國務ノ進行ヲ妨ゲルカラ立憲政體ハ國家ノ進運ヲ妨ゲルト云フヤウニ嘆息スル者モアリマスガ、成程衝突シテ國務ノ進行シナイ塲合カラノミ言ヘバ嘆カハシイコトデゴザリマスガ、然シ立憲政體ヲ採リマシタル所以ハ時トシテ此ノ衝突アルコトヲ豫メ期シテ設ケラレタ制度デゴザリマス。權力ガ一方ニ偏重シマスレバ事務ハ敏活ニ行ハレ統治機關ノ衝突ハ避ケラレマスルガ其ノ弊タルヤ歴史上ニ見ユル專制ノ弊デゴザリマシテ、他ノ者カラ批評スルコトモナク、他ノ者カラ牽制スルコトガアリマセヌカラ、遂ニハ一機關ガ專横ヲ極ムルヤウナコトニナリマス。故ニ立憲政體ニ於テハ權力ノ偏重ヲ防グ爲ニハ三ツノ者ガ調和シテ働カナケレバ國家ノ大事ヲ擧行スルコトヲ得ザルヲ意味シテ居ルノデ、多クノ塲合ニハ緩漫ニ流レ或ハ紛爭ヲ招クノ制度デゴザリマスガ、永遠ニ考ヘテ見マスレバ是レガ爲ニ一局部ノ者ノ專横ヲ防ギ得ルノデゴザリマスカラ、必ズシモ一概ニ之ヲ排斥スルコトハ無論出來マセヌ。此ノ憲法ニ於テ立憲政體ヲ採ツテアリマス以上ハ之ヲ巧ニ運用シテ行クコトデナケレバ此ノ憲法ノ主意ハ立チマセヌ。解散ノ權ガアリマスルコト、及上院ハ君主ノ大權ヲ以テ組織スルモノデアルト云フコト、或ハ國務大臣ノ進退ハ君主ノ大權ノ自由ニアルト云フヤウナコトハ、此ノ趣意カラ論ジテ見マスレバ、機關ガ衝突スル場合ニハ最終ノ――結局ノ裁斷スル力ハ君主ノ大權ニ依賴シテアルコトハ分リマシテ、君主ノ大權ヲ中心トシテ最終ノ場合ニハ之ヲ以テ決裁ノ力ト致シテ、從テ其ノ決裁ノ力ノ下ニハ政府ト貴族院、衆議院等ガ各々國家ノ爲ニハ意見ヲ鬪ハシテ國事ヲ愼重ニ議スルト云フコトガ此ノ憲法全體ノ主意ニナッテ居リマス。

第四十六條　兩議院ハ各々其ノ總議員三分ノ一以上出席スルニ非サレハ議事ヲ開キ議決ヲ爲スコトヲ得ス

第四十七條　兩議院ノ議事ハ過半數ヲ以テ決ス可否同數ナルトキハ議長ノ決スル所ニ依ル

此二條ハ共ニ議事ノ手續ノコトデゴザリマスカラ、便宜ノタメ二條合併致シテ簡短ノ説明ヲ致シテ置キマス。

議事。　兩議院ハ各〻別ニ分レマシテ議事ヲ致シマスル。而シテ議事ノ規則ハ議院法ガアリマシテ細カキ規定ガアリマスカラ固ヨリ是レハ一々玆ニ申述ベル遑ハアリマセヌ。此ノ條ニ定メラレテアリマス所ハ、所謂定足數ノ規定デアリマス。定足數ト申シマスルモノハ是レダケノ議員ガ出席スルニアラザレバ有效ノ議事ヲ開クコトガ出來ナイト云フ最少限ノ數ヲ申スノデアリマス。此ノ條ニ依リテ總議員ノ三分ノ一以上ノ出席ヲ必要ト致スノデゴザリマス。議事ノ順序ハ、通常ノ塲合ヲ申シマスレバ先ヅ定足數ニ滿チマシタル上デ議事日程ニ依ツテ議事ヲ進行致シマスル。議事ノ日程ハ議長ガ定メルモノデゴザリマシテ、是レハ議事ノ順序ヲ載セタルモノデゴザリマス。之レニ依テ議事ヲ進行致シマス。

法律案ノ議事ハ必ズ三讀會ヲ經ルコトヲ通則トシテゴザリマス。三讀會ト申シマスルハ、第一讀會ニ於キマシテ議案ノ大體ヲ可否致シマシテ、第二讀會ニ於キマシテ各條精細ニ之ヲ議シマシテ、而シテ更ニ第三讀會ニ於テ全體ニ付テノ可否ヲ問フノデゴザリマシテ、畢竟議事ヲ鄭重ニスルタメニ此ノ慣例ガアルノデゴザリマス。併シ法律案以外ノモノ、例ヘバ豫算案デゴザリマストカ、其ノ他ノ上奏トカ建議トカ云フモノ、議事ニ付キマシテハ必ズシモ三讀會ヲ經ル例デゴザリマセヌデ、適宜ニ議事ヲ行ヒマスル又議案ヲ議シマスルトキニハ政府ノ提出シマシタ議案ハ先ヅ委員ヲ設ケテ委員ニ審査セシメテ其ノ報告ヲ聞イテ然ル後ニ議決ニ附スルト云フコトガ通則デゴザリマス。議院法ニ此ノ規定ガゴザリマスル。殊ニ豫算案ニ就キマシテハ必ズ委員ヲ設ケテ之ヲ審査シテ然ル後ニ議決ヲシナケレバナリマセヌ。又豫算ニ關係シマスル委員ハ必ズ十五日以内ニ審査ヲ結了シテ議院ニ報告シナケレバナラヌト云フ規定モゴザリマス。然シ政府提出ノ法案及ビ豫算案以外ノモノニ就キマシテハ必ズシモ委員ニ附託シテ審査セシムルト云フコトガ必要デハアリマセヌデ唯其ノ必要アルニ應ジテ便宜委員ニ附託スルノデアリマス。法律案及ビ其ノ他ノ議案ヲ議シマスルニ就キマシテハ一定ノ贊成者アルトキハ修正ノ動議ヲ出スコトハ自由デゴザリマス。例ヘバ法律案ニ付テハ二十人以上ノ贊成者トカ、或ハ豫算案ニ付テハ三十人以上ノ贊成者トカ云フ條件ガゴザリマス。

其ノ規則上ノ賛成者ヲ得マシタトキニ於キマシテハ修正案ヲ議題トシテ、之レニ付テ可否ヲ採ルノデゴザリマス。而シテ議事ガ盡キマシタルトキニハ之ヲ表決ニ附シテ議決ヲ致シマス。其ノ議決ハ此ノ第四十七條ニ定メテアリマスル通リ、過半數ニ依リテ決シマスル。過半數ガ可ト致シマスレバ之レヲ議院ニ於テ可決シタルモノト爲スノデゴザリマス。可否同數ナルトキハ議長ノ決スル所ニ依リマス。議長ハ固ヨリ議員デゴザリマスカラ議員トシテ當然ニ表決ノ權ヲ有スルモノデアルト認メテ居リマス。然シナガラ議長タル資格ニ於テモ亦特ニ決議ノ權能アルコトヲ認メタノデゴザリマシテ、議長ハ可否同數ナルトキノミニ於テ表決ノ權ガアルト云フノデハゴザリマセヌ固ヨリ議員タル資格ニ於テ表決スル權ハ有シテ居ルノデアリマス。

表決ニ付キマシテモ議院法及ビ貴族院或ハ衆議院ノ議院規則ニアリマスル規定ニ依リマシテ或ハ姓名ヲ公ケニシテ可否ヲ表スル方法モアリマスシ、或ハ秘密ニ表決スル方法モゴザリマス。例ヘバ議長ガ可否ヲ決スルニ起立ヲセシメテ之レヲ表セシメ或ハ其ノ姓名ヲ呼ビマシテ各ゝ可否ヲ公衆ノ前デ明言セシムル等ノコトハ、是レハ公ケニ表決セシムルノデゴザリマス。又能ク例ニ見マスル通リ白イ珠ヲ入レルトカ黑イ球ヲ入レルトカ云フ方法等秘密ノ投票ニ依ッテ採決スルコトモアリマス。是レハ皆議院規則ニ定ムル所デアリマス

議事ノコトニ付キマシテハ議院法及ビ各議院ノ議院規則ニ依ラナケレバ細カキコトハ申上ゲラレマセヌ。大約斯ノ如キ方法順序ヲ以テ法律案其ノ他ノ議事ヲ行フモノデアルト云フ大體ノコトヲ此ノ處ニ申上ゲタルニ過ギマセヌ。

定足數卽チ此ノ四十六條ニ於キマシテハ總議員數三分ノ一トアリマスルコトニ付テ外國ノ例ヲ御參考ノタメニ申上ゲマスレバ、二分ノ一以上ノ出席ヲ必要トスルモノガアリマス。例ヘバ三百人ノ議員デアリマスレバ百五十人出席シナケレバナラヌト云フヤウナコトヲ定メテ居ル所ガアリマス。又極端ノ例ガアリマス。英國ナドハ上院ハ三人出席スレバ議決ガ出來ル、下院ハ四十人出席スレバ議決ガ出來ルト云フヤウナ慣例モアリマス。其ノ他上院ハ半數以上デアルガ、下院ハ三分ノ二以上出席シナケレバナラヌト云フヤウナ例モアリマス。是レハ墺地利、又ハ「ウルテンブルク」等ノ例デアリマス。斯ノ如ク各國種々ノ例ガアリマスル、餘リ此ノ數ノ制

限ガ高キニ失シマスレバ事實上議事ノ進行ニ差支ヘマスルシ、又餘リ少數ニ失シマスレハ議事ハ眞實ニ議院ノ審議ヲ遂ゲタト云フコトニ適ヒマセヌカラ、適當ナル所ヲ見テ少ナクモ三分ノ一以上ノ出席ト云フコトニ定メラレタノデアリマセウ。甚ダ簡短ナル說明デゴザリマシテ、趣意ガ或ハ明瞭デアリマセヌカモ知レマセヌガ、元ト議會ノ議事ノ順序等ヲ規定サレタ條文デゴザリマシテ、別ニ深キ意味ハアリマセヌ。大概此ノ文字通リノコトニ止マッテ居リマスカラ此ノ講義ノ進行ヲ計リマスタメニ數條連ネテ簡略ノ說明ヲ致シタ譯デアリマス。

第四十八條　兩議院ノ會議ハ公開ス但シ政府ノ要求又ハ其ノ院ノ決議ニ依リ秘密會トナスコトヲ得

此條ハ議院ノ會議ヲ公ケニ開クコトニ付キテノ規定デゴザリマス。議院ノ會議ハ公開スルコトヲ本則ト致シマスル。公開ト申シマスルハ議員及ビ其ノ他議院ノ職務ニ關係スル者ニ非ザル一般公衆ヲシテ自由ニ議院ノ議事ヲ傍聽セシムルノ謂ヒデゴザリマスル、素ヨリ議院ハ議院內ノ秩序ヲ維持スルコトガ必要デゴザリマシテ、議院ハ政府ノ手ヲ藉ラズ議院内部ニ於テ規律ヲ保チ警察ヲ行ヒ議場ノ秩序ヲ維持スルノ權ヲ有スルモノデゴザリマスカラ、一般ニ公開シテ公衆ニ傍聽ヲ許スト申シマシテモ議院内ノ秩序ノタメニ設ケタル規則ハ之ヲ勵行シマシテ、或ハ適當ニ人數ヲ制限シ其ノ規則ニ依リテ一般ニ議事ヲ傍聽セシムルモノデゴザリマス。兩院ノ會議ヲ筆記致シマシテ之ヲ公ケニ刊行致スコトモ亦タ此ノ趣意ニ由ルノデアリマス。

此條ハ會議ヲ公開スルト云フコトヲ本則ト致シマシテ、其ノ例外トシテ秘密會トナスコトヲ得ルト云フコトニナツテ居リマス。秘密會ト申シマスルハ文字ノ通リ傍聽ヲ禁ジテ唯議員及ビ議院ノ職務ニ關係スル者ノ外入場ヲ禁ジ議事ヲ致スコトヲ申スノデアリマシテ、秘密會ノ性質トシテ其ノ議事ヲ筆記シ之ヲ世上ニ公布スルコトヲ許シマセヌ。秘密會ハ如何ナル場合ニ之ヲ行フカト云フコトハ豫メ憲法及ビ議院法ニ於キマシテ定メラレテゴザリマセヌカラ其ノ事項ヲ列擧スルコトハ出來マセヌ。唯政府ノ要求アリ又ハ其ノ院ノ決議ニ依ツテ秘密會トスルノデゴザリマス。察スルニ議事ガ外交ノ秘密ニ渉リマストカ、或ハ議員ノ一身上ノ事ニ渉リマストカ、其他政務上政略上ヨリ之ヲ公ケニスルハ不利益デアルト云フ如キ場合ニ秘密會トスル例ノ如クニ心得テ居リマス。政府ノ要求ニ依リトアリマスカラ、政府ヨリ其ノ事件ノ議事ハ秘密會ト爲スコトヲ要求スル通知ガアリマシタトキニハ、其ノ議院ニ於テ更ニ決議ヲ採リマセズトモ當然秘密會ト致スノデゴザリマス。又其ノ院ノ決議ニ依リトゴザリマスノハ、議院法ノ規定ニ依リマスレバ議長ガ發議ヲシマシテ之ヲ秘密會ニ致スヤ否ヤト云フコトヲ議場ニ諮ヒマシテ議場ガ可決ヲ致シマシタトキニハ秘密會トナリマス。又議員ガ十人以上贊成者ヲ得マシテ議事ヲ秘密ニスルト云フコトヲ發議致シマシタトキニハ之ヲ直ニ其ノ可否ヲ議場ニ諮ヒマシテ院議ガ可決ヲ致シマスレバ直ニ秘密會ト致スノデアリマス。秘密會トスルヤ否ヤト云フ議事ハ討論ヲ許シマセヌデ、發議者ガアツテ定規ノ贊成者ガゴザリマスレバ討論ヲ用ヰズ直ニ其ノ可否ヲ議場ニ諮フコトニナツテ居リマス。是レハ皆議院法ニ細キ規定ガゴザリマスカラ茲ニハ大體ノコトヲ申述ベテ置キマスガ、其手續等ニ至リマシテハ議院法及議院規則ノ細則ニ依ルノ必要ナルコトハ申スマデモナイコトデゴザリマス。秘密會ハ素ヨリ他ノ者ニ傍聽ヲ許シマセヌガ國務大臣政府ノ委員ハ秘密會ニ出席シテ差支ナイノデゴザリマス。憲法第五十四條ニ「國務大臣及政府委員ハ何時タリトモ議場ニ出席スルコトガ出來ル」トアリマスカラ是レヨリ推シテ、考ヘマスレバ議院ガ會議ヲ秘密會トシテ國務大臣及政府委員ノ入場ヲ拒ムコトハ之ヲ許サヌ精神デアルト解釋シマス。秘密會ハ素ヨリ性質上之ヲ筆記シテ公ケニスルモノデハゴザリマセヌ。要スルニ本條ノ精神ハ公開ヲ原則トシ例外トシテ秘密會ニスルコトが出來ルト云フノデアリマシテ、秘密會ハ政府ノ要求又ハ其ノ院ノ決議ニ依ルト云フ規定ニナツテ居リマス。其ノ細目ハ議院法及議院規則ニ讓ツテアリマス。深ク說明ヲ用井マセズトモ此ノ條ノ精神ハ明瞭ト思ヒマスカラ是レニ止テ置キマス。

第四十九條　兩議院ハ各〻天皇ニ上奏スルコトヲ得上奏。

本條ハ兩議院ガ各〻上奏スルノ自由アルコトヲ定メラレタ條デゴザリマス。上奏ト申シマスルハ此場合ニ於キマシテハ文書ヲ捧呈シテ奏聞スルコトヲ指シテ云フノデゴザリマス。法文ニ兩議院トアリマスカラ。貴族院或ハ衆議院各〻上奏スル自由ガアルノデゴザリマシテ。帝國議會全體ガ議會トシテ上奏ヲスルト云フコトデハゴザリマセヌ。上奏ノ動議ハ三十人以上ノ賛成アルコトヲ必要トスルト云フコトガ議院法ニ定メラレテアリマス是レハ上奏ノ如キ重キコトハ輕々シク動議ヲ出シ輕々シク決定ヲスベキモノデナイコトハ申スマデモナイ次第デアリマスカラ特ニ此ノ動議ヲ出スコトニ就イテ鄭重ニスルタメニ三十人以上賛成者ガナケレバ問題トスルコトガ出來ヌト云フ規定ニナツテ居ルモノト思ヒマス。上奏ハ如何ナル場合ニ之ヲ爲スカト云フ事項ニ付キマシテハ憲法ニ別ニ制限ガゴザリマセヌ。故ニ文字上何事ヲ上奏致シマスルモ差支ナキガ如ク見エマスガ然シナガラ憲法全體ノ精神ヲ推シテ考ヘマスルニ帝國議會ハ國ノ統治全般ニ關係シテ全能ノ力ヲ有ツテ居ルモノデハゴザリマセヌ。主トシテ法律及豫算ノ議定ヲ職トシテ居リマスカラ總テノ事ニ渉ツテ廣ク權限ヲ有スルモノデハゴザリマセヌ。故ニ上奏ヲ致シマスルニモ敬禮ノタメニ上奏ヲスルトカ、又ハ特ニ勅語ヲ賜ツタコトニ對シテ奉答スル等ノ外ハ主トシテ立法上ノコトニ付テ上奏ノ必要アル場合ニ之ヲ爲スベキモノデアラウト考ヘマス唯上奏スル自由ガアルト申シテ大權ノ行動ニ渉ルコトニ付イテ漫リニ上奏ヲ爲スノハ憲法ノ精神デアルマイト考ヘマス。憲法上ノ大權ハ既ニ第一章ヲ說明致シタルトキニ申上ゲマシタ通リ、憲法上君主ガ親裁シテ行ハセラル、コトヲ必要ト認メテ列記サレタコトデゴザリマシテ、例ヘバ海軍ヲ統帥スルトカ、外國トノ條約ヲ結ブトカ、或ハ文武官ヲ任免スルトカ云フコトノ如キ特ニ憲法上君主ノ大權トシテ定メラレテアリマス以上ハ帝國議會ハ之ニ對シテ喙ヲ容ルベキモノデナイト云フ精神ガ現レテ居リマス。故ニ法律及豫算ニ關係シテ意見ヲ奉ルコトハ自由デゴザリマスガ、漫ニ大權ノ行動ニ付イテ干渉ガマシキ上奏ヲスルト云フコトハ憲法ノ精神ノ許サヾル所デアラウト考ヘマス。

上奏ハ素ヨリ敬禮ヲ缺キ尊嚴ヲ侵スヤウナコトガアツテハナラヌコトハ別ニ說明スルマデモナク、又別ニ規定ヲ設クルマデモナク、明白デゴザリマス。又上奏ハ單ニ議院ノ意見ヲ上聞ニ達スルト云フニ止ルコトデゴザリマシテ。御裁可ヲ仰グ性質ノモノデハゴザリマセヌ。上奏シタル意見ヲ御採納ニナルトナラヌトハ一ニ大權ノ自由デゴザリマシテ上奏ニ對シテ勅答ヲ賜ハルベキモノト爲ス性質デハゴザリマセヌ。基ヨリ勅答ヲ賜ハルコトモ。大權ノ自由デゴザリマスガ、上奏ヲシタカラ御採納如何ヲ仰ギ聞クコトガ出來ルト云フ性質ノモノデハゴザリマセヌ。謹ンデ敬禮ヲ表シ議院ノ見ル所ヲ上聞ニ達スルト云フダケノコトデゴザリマス。

第五十條　兩議院ハ臣民ヨリ呈出スル請願書ヲ受クルコトヲ得

請願。此條ハ請願ヲ受理スル權アルコトヲ示シタモノデザリマス。帝國議會ハ國家ノ重要ナル機關デゴザリマスルガ、裁判所又ハ政府ト異リマシテ臣民ト直接ニ交渉スル機關デハゴザリマセヌ。唯君主ガ立法ノ權ヲ行ハセラル、ニ付イテ之レニ參與スル機關デゴザリマス。即チ上ニ向ツテ協賛スル機關デゴザリマシテ、下臣民一般ニ向ツテ命令權ヲ傳達スル機關デハゴザリマセヌ。是レ其ノ性質ガ他ノ政府又ハ裁判所等ト異ル所デゴザリマス。故ニ帝國議會ハ重要ナル機關デアリマスガ臣民ト直接ニ往復スルノ自由ナキヲ原則ト致シマス、故ニ茲ニ例外トシテ請願書ダケハ臣民ヨリ議會ニ呈出ヲシテ議會ハ之レヲ受理スルコトヲ許スノデゴザリマス。特ニ此ノ條ノ請願受理ノ外ハ臣民ト議會ト往復スルコトハ許シマセヌ。此ノ條ハ一方カラ見マスルト臣民ニ請願ノ自由アルコトヲ示シタルモノデゴザリマス。我々臣民ハ憲法ノ第二章第三十條ノ規定ガゴザリマシテ、日本臣民ハ相當ノ敬禮ヲ守リ請願ヲ爲スコトヲ得ルト云フコトガ既ニ示サレテゴザリマスカラ相當ノ敬禮ヲ守ツテ規則ニ從ヒマスレバ、請願書ヲ奉ルコトガ出來ルノデゴザリマス。三十條ノ規定ハ專ラ政府ヲ經テ奉ル所ノ請願デゴザリマス。此ノ條ニ於キマシテハ政府ニ對スルニ非ズシテ帝國議會ニ對シテモ尙臣民ハ請願書ヲ呈出スル自由ガアルト云フコトヲ示サレタノデゴザリマス。請願書ト申シマスノハ公共ノ利害ニ關スルコトデアリマシテモ、或ハ法律ノ改正ヲ望ムコトデアリマシテモ、或ハ其ノ他一身上ノ利害ニ關係スルコトデゴザリマシテモ、廣ク何事ニ付キテモ自己ノ意見ヲ表白シテ救濟ヲ求ムルタメニ文書ヲ呈出、スルコトデゴザリマシテ、從來ヨリ請願ノ自由ハ認メラレタノデゴザリマス。政府ニ對シマシテハ獨リ唯一般ニ請願ヲ許スノミナラズ行政ノ處分ニ依リマシテ權利ヲ毀損セラレマシタ者ハ行政訴訟ヲ提起スルコトモ出來マス、是レハ後ニ說明ヲ致シマスルガ、行政裁判所ト云フモノガゴザリマシテ行政訴訟ヲ受理シテ審判ヲ致シマスル之レニ依ツテ臣民ガ行政權ノ濫用ノタメニ苦痛ヲ感ジマシタ場合ニハ其ノ救濟ヲ求メマスル方法ガ定ツテ居ルノデゴザリマス。而シ又行政ノ處分ニ依ツテ利益ヲ毀損セラレマシタキニハ訴願ヲ提出スルコトガ出來ルト云フコトモ他ノ法律ニ規定シテアリマス、訴願ト申シマスノハ請願トハ異ツテ居リマス。訴願ハ行政處分ニ對シ自己ノ利益ニ關係シタコトノミヲ訴出ヅルモノデゴザリマス。行政官廳ハ訴願ヲ受理シテ之ヲ審査シ採決ヲ與ヘルノデアリマス。而シテ行政訴訟及行政訴願ノ外ニ尙請願ト云フコトヲ認メマシタ所以ハ右ニ申マスル訴訟及訴願ハ自己ノ權利自己ノ利害ニ關係スルコトデナクテハ提起スルコトヲ許シマセヌガ。請願ヲ以テシマスレバ公ケノ利害得失ニ關シテ意見ヲ述ブルコトガ出來マス、又訴願ハ行政ノ處分ニ對スルモノデアリマスガ、請願ハ立法及行政ノコトニ涉リ廣ク意見ヲ述ブルコトガ出來マス。例ヘバ此ノ如ク法律ヲ定メテ貰ヒタイトカ或ハ此ノ如ク處分ヲシテ貰ヒタイトカ一般ノ利害ニ關係スルコトヲ申述ベルコトガ出來ルノデアリマス。依ツテ請願ハ議院ニ取リマシテハ立法上ノ參考トナルコトモアリ、又政府ニ擅横ナル處置ガアッテ臣民ガ苦痛ヲ受ケテ居リマスレバ之レヲモ知ルコトガ出來ルノデアリマス。故ニ請願ハ臣民ニ取リマシテハ甚ダ大切ナル自由デゴザリマス。

請願ニ付キマシテハ議院法ニ規定ガゴザリマスカラ、一寸之ヲ附加ヘテ申上ゲテ置カナケレバナリマセヌ。

憲法ノ改正ヲ希望スル請願ハ議院之ヲ受理スルコトハ出來マセヌ。憲法ハ國體政體ノ根本ヲ定メタモノデゴザリマシテ議院ハ憲法ノ改正ヲ發議スルコトヲ許シマセヌ。又臣民モ憲法ノ改正ヲ希望スル所ノ請願ヲ差出スコトハ許サレナイノデアリマシテ即チ議院ニ於テ憲法ノ改正ヲ希望スル請願ハ受取ルコトガ出來マセヌ。又請願書ニシテ皇室ニ對シテ不敬ノ語ヲ用井政府又ハ議院ニ對シテ侮辱ノ語ヲ用井タルモノハ之ヲ受理スルコトガ出來マセヌ。又請願ニシテ司法裁判ノ事又ハ行政裁判ノ事ニ干渉ヲスルヲ目的トスルモノモ亦之ヲ受理スルコトガ出來マセヌ司法權ノ獨立ヲ全ウセシムルノ精神デゴザリマス。

請願ノ形式ニ付キマシテハ相當ノ敬禮ヲ用井テ哀願ノ式ヲ以テ差出スベキコト

ガ議院法ニ定メテアリマス。是レハ脅迫ガマシキコトハ許サヌト云フ趣意デゴザリマス。眞實ニ利害得失ヲ訴ヘルモノヲ受理シマシテ脅迫ノ性質ヲ帶ブルガ如キ形ヲ以テ請願ヲ提出スルコトハ許サヌノデアリマス。請願ヲ議院ガ受取リマシタトキハ之ヲ請願委員ニ付シテ之ヲ審査致サセマス。其ノ審査ノ報告ヲ聞キマシテ請願ニシテ採用スベキモノデアリ又ハ參考トスルニ足ルベキモノデアリマスナレバ或ハ之ヲ政府ニ送附シテ其ノ參考ニ供シ、又ハ議院自ラ之ヲ參考ト致ストシテ立法ノ材料トスルコトモゴザリマス。又ハ政府ニ送ツテ政府ノ處置ヲ促スモノモアリマス。然シ此ノ請願ニ對シマシテ議院ハ可否ノ返答ヲ致ス譯ノモノデハゴザリマセヌ。又政府ニ於キマシテモ請願ハ必ズ之ヲ採用スルト否トヲ裁決スル義務ハアリマセヌ。歸スル所請願ハ訴訟訴願ト異ナリテ立法行政上ノ參考ニ止マルモノデゴザリマス。訴訟ハ必ズ裁判シナケレバナリマセヌ。訴願モ亦タ裁決ヲ與ヘナケレバナリマセヌ。然シナガラ請願ニ至リマシテハ唯〻意見ヲ述ブルダケノモノデアリマシテ政府及議院ハ必ズ之ニ向ツテ採決ヲ與ヘナケレバナラヌト云フ法律上ノ必要アルモノデハゴザリマセヌ。

第五十一條　兩議院ハ此ノ憲法及議院法ニ掲グルモノノ外內部ノ整理ニ必要ナル諸規則ヲ定ムルコトヲ得

議院規則。　此條ノ趣意ハ文字通リ甚ダ明白デアルト考ヘマス。帝國議會ハ憲法及ビ議院法ニ依ツテ其ノ職務ヲ行フモノデゴザリマスガ、其ノ內部ノ秩序ヲ維持スルコト及其ノ職務ヲ行フニ付テノ規則ヲ定メマスコトハ議院內部ノ自治ニ任スト云フコトガ本條ノ精神デゴザリマス。政府ノ機關デゴザリマスレバ勅令ヲ以テ必要ナル規則ヲ定ムルト云フノガ本則デゴザリマス。又司法裁判ノ機關デゴザリマスレバ縱令瑣末ノコトデゴザリマシテモ總テ裁判ヲ行フコトニ關係スルモノハ法律ヲ以テ之ヲ定メルト云フノガ憲法ノ精神デゴザリマス。然ルニ議院ハ立法機關デアリマシテ政府ノ機關デゴザリマセズ、又司法裁判所トモ異リマスカラ。帝國議會內部ノ規定ハ勅令ヲ以テ之レヲ定ムルト云フコトニモ致サズ又法律ヲ以テ定ムルト云フコトニモ致シマセンデ各議院ノ議決ニ依ツテ內部ノ秩序ヲ維持スルコトヲ許サレテアルノデゴザリマス。之ヲ通常議院ノ自治ノ權ト申シテ居リマス。自治ト申ス語ハ法律上適當ナ語デハゴザリマセヌガ、兎ニ角議院ノ決議ヲ以テ議院内部ノ規則ヲ設ケルト云フノガ憲法ノ精神デゴザリマス議院内部ノ規則ヲ設クル權ガゴザリマスカラ從ツテ議院内部ノ秩序ヲ行フ權力ハ議院ニゴザリマス。例ヘバ議院内ニ於キマシテ犯則者ガアリマシタナラバ之ニ對シテ懲戒ヲ加ヘル等ノコトハ矢張リ議院内部ノ秩序維持ノ權ニ存スルノデゴザリマシテ、政府ノ警察ノ力ハ之ヲ容ルヽコトヲ許シマセヌ。議院法ハ憲法附屬ノ法律デゴザリマシテ憲法ト同時ニ發布ニナリマシタ。其ノ議院法ノ規定スル所ノ大體ハ帝國議會ノ成立ノコト、開會ノコト、職務ヲ行フ順序ノコト、其ノ他上奏建議質問請願等ノコト、總テ議院トシテ立法及豫算ニ關シ協賛ノ職務ヲ行ヒマスタメニ必要ナル大體ノ規定ハ此ノ議院法ニ定メラレテアルノデゴザリマス。然シ議院法ノ範圍内ニ於テ尚細カキ規則ノ必要ガゴザリマス。其ノ細則ハ兩議院各〻自由ニ之ヲ定ムルコトガ出來ルノデゴザリマス。故ニ議院法ハ貴族院衆議院兩院ニ通ズル法律デゴザリマスガ、別ニ貴族院ニハ貴族院規則衆議院ニハ衆議院規則ガアリマシテ各院ノ議決ニテ之ヲ定メテアリマス。是レハ各議院ノ所謂自治權ニ委セラレテアルノデゴザリマス。

第五十二條　兩議院ノ議員ハ議院ニ於テ發言シタル意見及表決ニ付院外ニ於テ責ヲ負フコトナシ但シ議員自ラ其ノ言論ヲ演説刊行筆記又ハ其ノ他ノ方法ヲ以テ公布シタルトキハ一般ノ法律ニ依リ處分セラルヘシ

議院ノ言論自由。此條ハ議院ニ於キマスル言論ノ自由ヲ擔保致シタル法文デゴザリマス。議院ガ立法ノ職務ヲ行ヒマスニ就イテ議場ニ於イテ發言ヲ致シマスルコトハ議場ニ於ケル規則ニ依ツテ制裁ヲ受クルノ外ハ一般ノ法律ニ依ツテ處分ヲセラルヽコトガナイト云フノガ本條ノ趣意デゴザリマス。議員ハ大切ナル立法ノ議事ニ關係スル者デゴザリマスカラ自己ノ意見ヲ自由ニ吐露シナケレバナリマセヌ。自由ニ意見ヲ吐露セシムルト云フコトガ即チ衆議ヲ集メテ宜シキニ決スル所ノ目的ニ適フノデゴザリマシテ、議員各個ノ言論ヲシテ自由ナラシムルノガ即チ其ノ議事ヲ精密ニシ愼重ニシ且ツ十分利害ヲ闘ハス所ノ目的ニ適フ譯デゴザリマシテ議會ノ性質上此ノ原則ガナケレバナリマセヌ。歐羅巴ノ憲法歷史ノ沿革上議員ノ發言ニ就イテ政府ガ權力ヲ以テ之ニ干涉ヲシテ自由意思ノ發表ヲ妨ゲタコトガゴザリマス是レハ行政權ヲ以テ漫ニ立法ノ職務ヲ行フモノニ對シテ干涉スルモノデアリマシテ是非トモ之レハ排斥ヲシナケレバナラヌト云フ議論ガ盛ニ行ハレマシテ其ノ結果諸國ノ憲法ニハ必ズ議員ノ言論ノ自由ヲ擔保スル例トナリマシタ。我ガ國ニ於キマシテハ元ヨリサウ云フヤウナ例ハゴザリマセヌガ、然シナガラ外國ノ例ヲ見テ鄭重ニ茲ニ言論ノ自由ノ擔保ヲ掲ゲラレタコト、察シマス。是レヨリ條文ノ意味ヲ一ト通リ說明致シテ置キマス。

言論ノ自由ハ議員ト云フ資格ニ伴フモノデハゴザリマセヌ。議員デアルカラト云ツテ其ノ人ノ特權トシテ言論ノ自由ガアル譯デハゴザリマセヌデ議場ニ於テ立法ノ職務ヲ行フニ就イテ此ノ特權ガアルノデゴザリマス申スマデモナク議員ガ議院以外ニ於テ政治意見ヲ吐露致シマスレバ普通ノ人ノ演說ト同ジヤウニ一般ノ取締リヲ受ケナケレバナラヌノデゴザリマス。唯議員ガ議院ニ於キマシテ言論ヲ致シマスル場合ニハ如何ナルコトガアリマシテモ議院内部ノ規則ニ依ツテ制裁ヲ加ヘラル、外、外部ノ制裁ハ更ニ受ケナイト云フノガ特權デゴザリマス。茲ニ發言シタル意見及表決ニ就キトゴザリマスカラ意見ノミナラズ表決ニ就キマシテモ外部ニ對シテ責任ハ負ハヌコトハ明カデゴザリマス。例ヘバ此ノ問題ニ就イテ可ト言ツタトカ否ト言ツタトカ云フヤウナコトニ就イテモ外部ニ於テ之ニ責任ヲ負ハスコトハ出來マセヌ。茲ニ發言シタル意見トアリマスカラ或者ハ其意見ニ就イテハ外部ヨリ責任ヲ問フコトハ出來ヌガ其ノ發言シタル事實ニ就イテノ責任ニ就イテハ責任ヲ問フコトガ出來ルト云フヤウニ解スル者モゴザリマスガ、此條ノ精神ハ然樣ナル細カキ區別ヲ爲スモノデハゴザリマセヌ。議院内ニ於テ發言ヲシタコトニ付キテハ總テ議院外ニ於イテ法律ヲ以テ責任ヲ問ハヌト云フ廣キ意味ニ解釋スルノガ宜カラウト思ヒマス。發言シタルコトニ就イテ責任ヲ負フト申シマスレバ、例ヘテ申セバ人ヲ誹毀シマスレバ刑法上罪トナツテ罰セラルルコトモゴザリマス。又何カ人ノ商賣ニ妨ゲデモナルヤウナコトヲ演説シマスレバ場合ニ依ツテハ民事ノ訴訟トナツテ損害賠償ノ責ニ任ズルコトモアリマス、是レハ一般ノ人ニ於ケル普通ノ場合デゴザリマスガ。議員ガ議場ニ於キマシテ然様ナコトガアリマシテモ議院內部ノ懲戒權ニ服スル外ハ外部ヨリ之ヲ以テ訴訟ヲ起ストカ刑罰ニ處スルトカ云フコトハ出來ナイト云フノガ此ノ趣意デゴザリマス。然シナガラ議員ガ自ラ其ノ言論ヲ演說シ刊行シ筆記シ又ハ其ノ他ノ方法ヲ以テ公ケニ致シマシタ時ニ於テハ一般ノ臣民同樣ニ一般ノ法律ニ依ツテ責ヲ問ハレナケレバナリマセヌ。即チ議員自ラ議院內部ニ於テ爲シタ演說ヲ公ケニシマスレバ外部ニ於テ演說ヲシタト同樣ニ其ノ責ヲ免ル丶コトハ出來マセヌ。然シ自ラトゴザリマスカラ他人ガ之ヲ公ケニスルノハ本人ノ責任デハゴザリマセヌ。例ヘバ帝國議會ニ於キマシテ議員ノ言論ヲ速記シテ官報ノ附錄トシテ公ケニシマシタ所ガ、是レハ議員自ラ公ケニスルノデハゴザリマセヌカラ之ニ就イテハ責任ハナイノデゴザリマス。

然カク說明ヲシテ見マスルト議員ガ議場ニ於テ如何ナルコトヲ發言ヲシテモ宜シイト云フヤウニ見エマスガ決シテサウ云フ意味デハゴザリマセヌ。議院內ニハ夫々嚴格ナル禮儀規律モアリマシテ議長ハ秩序ヲ維持スル職權ヲ持ツテ居リマスカラ不敬ニ渉ル言論デアルトカ。又ハ他ニ對シテ誹毀讒謗ニ渉ル言論デアルトカ。又ハ風俗ニ關スル言論デアルトカ云フモノニ對シテハ素ヨリ之ヲ差止メ及懲戒スル權力ガアルノデゴザリマス、議院内部ニ於テ嚴重ナル秩序維持ノ規則ガアルコトハ素ヨリ憲法ノ希望スル所デアリマス。唯議院ニ於ケル發言ニ付キテ裁判所デ罰スルトカ又ハ其ノ人ガ官吏デアレバ行政ノ處分ヲ以テ其ノ人ヲ懲戒スルトカ或ハ民事ノ訴訟ニ訴ヘルトカ云フ如キコトヲ許サヌト云フノガ此ノ議院ノ特權ヲ擔保シマシタ本條ノ趣意デゴザリマス。

第五十三條　兩議院ノ議員ハ現行犯罪又ハ内亂外患ニ關ル罪ヲ除ク外會期中其ノ院ノ許諾ナクシテ逮捕セラルヽコトナシ。

議員ノ逮捕。　此條ハ又議員ノ特權ヲ示サレタモノデゴザリマス。議員タル資格アルモノハ帝國議會ノ會期中ニハ其ノ議院ノ許諾ナクシテハ逮捕セラルヽコトナシト云フノヲ本則トシテアルノデゴザリマス。但シ現行犯ノ場合又ハ内亂外患ノ罪ノ場合ニハ議院ノ許諾ナクシテモ直ニ警察權ヲ以テ之ヲ逮捕スルコトガ出來ルト云フ規定デアリマス。此ノ規定モ歐羅巴ノ歷史上ノ沿革カラ起ツタノデゴザリマス。從來外國ニハ時トシテハ政府ノ權力ヲ濫用致シマシテ政府ノ都合ニ不利益ナル議員ハ犯罪ノ嫌疑アリト云テ濫リニ其ノ者ヲ拘引シ身體ノ自由ヲ拘束スルヤウナコトガアツタノデアリマス。素ヨリ一般ノ場合ニ於キマシテハ警察及裁判ノ權力ハ嫌疑アル者ヲ何時デモ拘引シテ審査ヲスルコトガ出來ルノデゴザリマス。然シナガラ此ノ權ヲ濫用致シマシテ會期中議員ガ立法ノ職務ヲ行フニ際シテ殊更妨害ヲ與フル意味ヲ以テ拘引スル等ノコトヲ避クル爲ニ近世ノ憲法ニ於キマシテハ特ニ議員ハ會期中逮捕スルコトハ出來ナイト云フ原則ヲ取ルノガ例トナツタノデアリマス。我ガ憲法モ此ノ近世ノ例ニ依ツテ此ノ條カ置カレタノデアリマス、條ノ大體ノ趣意ハ然程解シ難キコトハアリマセヌ、文字ノ通リデゴザリマス。唯文字上ノコトヲ茲ニ説明致シテ置キマス。

會期中ト申シマスルハ開會ヨリ閉會ニ至ルマデノ間デゴザリマシテ縱令貴族院

議員トカ衆議院議員トカ云フ資格ヲ有ツテ居リマシテモ平生ハ此ノ特權ガアルノデハゴザリマセヌ、會期中ノミニ限ルノデゴザリマス。其ノ所以ハ會期中ハ大切ナル職務ニ關ルベキモノデアリマスカラ此ノ自由ヲ與ヘラレテアルノデゴザリマス。又會期中トゴザリマスカラ縱令議會ハ停會シテ居リマセウトモ矢張リ此ノ特權ハアルモノト解釋スルガ正シイノデアリマス。會期中ニハ時トシテハ停會ト云フコトモゴザリマス。然シ停會ハ矢張リ會期ノ中ニ數ヘマスカラ停會中ト雖モ議員ニ此ノ版權ハアルノデゴザリマス。其ノ許諾ヲ經ナケレバナラヌト申シマスルハ司法上ノ警察權ニ於テ何ノ某ハ犯罪ノ嫌疑ガアルニ依ツテ之ヲ逮捕スルノ令狀ヲ發スルト云フコトニ就イテ其ノ院ノ許諾ヲ請フノデアリマス。其ノ者ニ於テ多數ガ之ヲ認メテ許シマスレバ直ニ其ノ者ヲ拘引スルコトガ出來マス。然シ此ノ條文ニゴザリマス通リ、現行犯罪ノ場合ト內亂外患ニ關スル場合ハ例外デゴザリマシテ其ノ院ノ許諾ナク直ニ之ヲ逮捕スルコトガ出來ルノデゴザリマス。現行犯罪ト申シマスノハ現ニ其ノ罪ヲ犯シツヽアル時トカ或ハ丁度其ノ犯罪ヲ遂ゲタ際ニ發見セラレタ所ノ罪ヲ指シテ云フノデゴザリマス。サウ云フ場合ニ於キマシテハ直ニ其ノ現場ニ於テ其ノ八ヲ逮捕スル必要ガアリマスカラ別ニ院ノ許諾ヲ經ズシテ司法警察ノ權ヲ以テ之ヲ拘引スルコトガ出來マス。又內亂外患ニ關シマスル罪ハ現行刑法第二編第二章國事ニ關スル罪ノ中デ第一節內亂ニ關スル罪、第二節外患ニ關スル罪ト云フモノガ列記サレテアリマス。是レハ凡ソ刑法ノ百二十一條カラ百二十八條マデガ內亂ニ關スル規定デ、百二十九條カラ百三十五條マデ是レガ外患ニ關スル罪ノ列記デアリマス。刑法ニハ委シク其ノ場合ヲ示シ又其ノ犯罪ノ種類モ列記シテゴザリマス。例ヘバ內亂ニ關スル罪ト申セバ政府ヲ顚覆スルトカ。朝憲ヲ紊亂スルトカ或ハ多數ノ者ヲ召集シマシテ不穩ナ擧動ヲ企テルトカ云フ如キコトノ罪ガ內亂ニ關スル罪デゴザリマシテ罪ノ種類ガ數種ニ分ケテ列記シテゴザリマス。外患ニ關スル罪ト申シマスレバ例ヘバ敵國ニ向ツテ我カ國ノ軍事秘密ヲ漏ラストカ、或ハ敵國ニ通ジテ幇助ヲ爲シタリトカ、或ハ和親ノ條約ガ整ツテ平和デアル所ノ國ト國トノ間ニ殊更ラ戰爭ヲサセルヤウナ働キヲスルトカ種々ナル罪目ガゴザリマシテ何レモ皆外國トノ交際ニ關シ又ハ帝國ガ外國ニ對スル所ノ地位ニ關係致シマシタ罪ガゴザリマス。是等ノ犯罪ハ重キモノデゴザリマスカラ其ノ嫌疑アル者等ハ直ニ司法警察權ヲ以テ逮捕スルコトガ出來ナクテハ叶ヒマセヌカラ此ノ如キ時ニハ其ノ院ノ許諾ナク直ニ拘引狀ヲ發スルコトガ出來マス。又序デニ逮捕ト云フコトニ就イテ一言附加ヘテ置キマスガ、逮捕ト申シマスト刑事ノ訴訟法ノ一定ノ手續ヲ經ルモノデゴザリマシテ唯疑ハシイト云ツテ自由ニ行政ノ役人ガ之ヲ拘引スルト云フ譯ニハ行キマセヌ是レハ特ニ拘引ノ令狀ヲ發シマシテ其ノ令狀ヲ示シテ之ヲ執行ヲスルノデゴザリマス。例ヘバ證據ガ湮滅スル處ガアルトカ犯罪人ガ遁亡ヲシテ再ビ捕ヘルコトガ出來ヌト云フ處ノアルモノニ限ツテ豫審判事ガ命令ヲ下シテ檢事ニ依ツテ警察ノ力ヲ以テ其ノ者ヲ拘引スルノデゴザリマス。現行犯罪ノ場合ハ例外デアリマス。一般ノ場合ニハ證據ヲ保存スルタメニ或ハ本人ノ遁亡ヲ防グタメニノミ逮捕致スノデアリマス。

尙次ノ條モ說明ヲ致ス考デアリマシタガ段々時刻モ移リマスシ且又次ノ條ハ國務大臣ニ關シテ居リマスカラ第四章ノ國務大臣ノ項トノ關係モゴザリマスルシ旁々次回ニ延ベマシテモ不釣合ニハナラヌト考ヘマスカラ今夕ハ此ノ條ニ止メ

テ置キマス。

第五十四條　國務大臣及政府委員ハ何時タリトモ各議院ニ出席シ及發言スルコトヲ得。

國務大臣及政府委員。此條ハ國務大臣及政府委員ノ議院出席及發言ノ權ヲ認メタモノデゴザリマス。議院ハ元來其ノ議員ノミヲ以テ討議スルモノデゴザリマシテ、議員ノ資格ナキ者ニ出席及發言ヲ許サザルヲ以テ當然ノコトト致シマス。故ニ本則トシテハ國務大臣及政府委員ニ出席ヲ許サザルノデアリマス。現ニ英國ノ如キハ議院政治ノ模範ト云ハルル國デゴザリマスガ、議院ニ出席シ及發言スルハ議員タル資格アル者ノミニ限ラレテ居リマシテ政府ノ大臣ト雖モ議員タル資格ヲ兼有スル者ニ非ザレバ出席發言スルコトヲ許シマセヌ。亞米利加ノ如キモ亦タ同ジ制度ヲ取ツテ居リマス。其ノ結果ト致シマシテ英國ニ於キマシテハ内閣大臣タル者ハ必ズ國會ノ議員タル資格ヲ兼ネテ居ルコトガ必要デゴザリマス。何故トナレバ内閣大臣ニシテ國會議員ノ資格ヲ有シマセヌトキニハ國會ニ出席シテ議案ノ辯明ヲ爲シ又ハ政府ノ方針ヲ説明スルコトガ出來マセヌカラデアリマス。而シテ上院議員ニシテ大臣トナツテ居リマス者ハ上院ニ於テ發言スルコトハ出來マスガ下院ニ出席シ發言スルコトハ出來マセヌ。又下院ノ議員ニシテ大臣トナツテ居ル者モ下院ニ於テ發言スルコトハ出來マスガ上院ニ出席スルコトハ許シマセヌ。故ニ英國ニ於キマシテハ政府ノ役人ヲ特ニ政府委員トシテ議會ニ出席セシメテ説明辯明等ヲ爲サシムルコトハ出來マセヌ。從ツテ各省ノ重要ナル職務ニ當ル官吏ニハ必ズ議員ノ資格アル者ヲ採用致スコトニナツテ居リマス。即チ議員ノ資格アル者ヲ總務長官トカ局長トカ云フモノニ致シテ置キマシテ政府ノ議案ヲ説明シ又ハ政府ノ方針ヲ示ス必要ノ起リマシタ時ニハ其ノ議員ノ資格アル官吏ヲシテ議員タル資格ニ於テ議會ニ出席セシメテ辯明説明等ヲ爲サシムルノデアリマス。是レニ因リマシテ英國ニハ政務官ト云フ制度ガゴザリマス。所謂政務官ナルモノハ議院ニ出席シテ政府ノ議案ヲ説明シ又ハ政府ノ方針ヲ説明スルコトノ出來ル官吏ヲ云フノデアリマス。何故ニ此ノ政務官ノ制度ガ起ツタカト申シマスト、單ニ國務大臣政府委員トシテハ議院ニ出席シテ發言スル權ガアリマセヌカラ、據ロナク議員中ヨリ大臣及其ノ他重要ナル官吏ヲ任用スルコトニナリマシテ此レ等ノ官吏ハ内閣ガ更迭ヲシマスルト其ノ職ヲ罷メテ再ビ議員專務ニナリマスノデ其ノ習慣ヨリシテ政務官ト云フ制度ガ起ツタノデアリマス。

出席及發言。

我ガ憲法ニ於キマシテハ前述ノ英國ノ例ヲ採リマセズ、第五十四條ニ於キマシテ國務大臣政府委員ハ何時タリトモ各議院ニ出席シ發言スルコトヲ得ト規定セラレテアリマス。故ニ國務大臣ハ議員タル資格ガアリマセヌデモ議院ニ出テ發言スルコトヲ許サレテアリマス啻ニ一院ニ於テ發言スルコトヲ許サルルニ非ズシテ貴族衆議兩院ノ孰レニモ出席シ發言スルコトガ許サレテアルノデアリマス。而已ナラズ「何時タリトモ」トゴザリマスカラ、普通ノ議員ノ發言ハ議事ノ日程ノ順序ニ依リ其ノ他種々束縛セラル、所ガアルノデアリマスガ國務大臣及政府委員ハ議事ノ進行ノ順序ニ拘ラズ何時タリトモ議長ニ請フテ議場ニ發言スル特權ガ認メラレテアルノデアリマス。此ノ事ハ政府ト國會トノ交渉ノ上ニ於テ甚ダ便宜ナルコトデアリマスカラ英米兩國ノ外他ノ歐洲大陸諸國ニ於キマシテハ多ク國務大臣政府委員ハ何時ニテモ議院ニ出席シテ發言スルノ權ヲ認ムルノデアリマス。

茲ニ「發言スルコトヲ得」ト規定シテアリマスカラ發言ノ自由ハアリマスガ、議員デハアリマセヌカラ投票ヲスルコトヲ許サレヌノハ勿論デアリマス。尤モ國務大臣委員タルト同時ニ其ノ議院ノ議員ノ資格ヲ有スル者ハ議席ニ着キ投票ヲ爲スコトハ無論出來マスルガ、唯國務大臣政府委員トシテハ其ノ問題ニ就テ説明シ意見ヲ述フルノミデアリマシテ表決ノ數ニ加ハラザルコトハ明文ヲ俟タズシテ明瞭デアラウト考ヘマス。

此ノ條ヲ以テ第三章ヲ終リマス。第三章ノ規定ハ前ニ申上ゲマシタ通リ帝國議會ノ組織ト其ノ職務ヲ行ヒマス手續及議員ノ特權等ニ關シマシテ重要ナル規則ノミヲ定メタモノデゴザリマス。而シテ本章ノミデハ未ダ法規ガ完全シテ居リマセヌ故ニ。議會ノ組織ニ付テハ貴族院令及衆議院議員選擧法ニ依ッテ其ノ規定ヲ補充シ又議院ガ議事ヲ行ヒマス手續等ニ付キマシテハ更ニ議院法ヲ以テ細目ノ規定ヲ設ケテゴザリマス。故ニ憲法第三章ハ貴族院令及衆議院議員選擧法及議院法等ノ規定ヲ參照致シマシテ帝國議會ノ組織及職務ヲ行フニ付テノ手續ヲ了解シナケレバナリマセヌ。

第四章　國務大臣及樞密顧問

此ノ章ハ國務大臣及樞密顧問ノコトヲ揭ゲラレタモノデゴザリマス。此章ノ條項ハ簡單デハゴザリマスルガ制度トシテハ甚ダ重要ナコトデゴザリマシテ、種々委シク說明ヲ致ス必要ガゴザリマス。今日此ノ處ニ細目ヲ御覽ニ入レテ置キマシタガ、時間ノ都合ニ依リマシテハ全ク此ノ通リニ說明ヲ盡スコトハ出來マセヌカモ知レマセヌ。時間ノアル限リニ於キマシテ稍々委シク申上ゲテ置キタイト存ジマス。

國務大臣及樞密顧問ノ憲法上ノ地位。

國務大臣及樞密顧問ハ憲法上ノ機關デゴザリマス。憲法上ノ機關ト申シマスルハ帝國議會及裁判所ト同樣ニ憲法ヲ以テ設ケマシタ機關デゴザリマシテ其ノ權限ハ憲法ニ依テ定マリ普通ノ法律又ハ勅令ヲ以テ之ヲ存廢スルコトノ出來ヌモノデゴザリマス。故ニ之ヲ憲法上ノ機關ト申シマス。又國務大臣及樞密顧問ハ大權ノ行使ニ參與スルモノデアリマス。大權ト申シマスルハ則チ第一章ニ於キマシテ委シク說明致シマシタル通リ君主ガ親裁シテ行セラルル政務ノ範圍デゴザリマシテ帝國議會ノ干涉ヲ容サヾル所ノモノデゴザリマス。君主ノ大權ヲ行ハセラルルハ基ヨリ君主親裁ノ自由デゴザリマスガ、然シ尙國務大臣及樞密顧問ノ機關ニ依テ之ヲ發表スルト云フコトガ憲法ノ規定デゴザリマス。之ヲ誤解シテ君主ト國務大臣及樞密顧問トガ合意約束シテ事ヲ行フモノヽ如ク解シテハナリマセヌ。大臣及樞密顧問ハ君主ノ諮詢ヲ受ケテ意見ヲ奉リ又ハ自己ノ意見ヲ以テ大權ノ行動ヲ輔弼スル任務ノアル者デゴザリマシテ君主ハ太臣或ハ顧問ノ同意ヲ得ナケレバ事ヲ行フコトハ出來ヌト云フモノデゴザリマセヌ。君主ノ大權ハ基ヨリ君主自ラ之ヲ親裁シテ行セラルルノデゴザリマス。唯之ヲ親裁シテ行セラルルニ際シテ太臣及顧問ノ意見ヲ御聽キニナルト云フノガ此ノ憲法ノ規定デアリマス。而シテ大臣又ハ顧問ノ奉ル意見ヲ採納アルト否トハ一ニ聖裁ノ自由ニ在ルノデアリマシテ大臣又ハ顧問ノ同意ナクテハ之ヲ行フコトヲ得ストフノデハゴザリマセヌ。故ニ大臣及顧問ガ大權ノ行使ニ參與スルト云フ規定ガアリマシテモ大權ノ自由ノ行動ニハ少シモ妨ゲハナイデアリマス。例ヘバ立法ノコトニ至リマシテハ國會ノ協賛ガナケレバ法律ヲ作ルコトハ出來マセヌ。卽チ國會ノ意思ニ反シテ法律ヲ作ルト云フコトハ出來マセヌカラ、立法ノ行動ト大權ノ行動トハ少シク趣キヲ異ニ致シマス。又司法權モ基ヨリ君主ノ統治權ノ一部デハゴザリマスガ裁判所ヲシテ行ハシムト云フ憲法ノ規定ガゴザリマスルカラ大權トシテ君主自ラ行セラルヽコトハデキマセヌ。故ニ是レモ亦タ大權ノ行動トハ趣キヲ異ニ致シマス。然シ立法權及司法裁判ノ事ノ外ニ付キマシテ國務大臣ガ君主ヲ輔弼スルト申シマスノハ意見ヲ奉ルコトデゴザリマシテ、國務大臣ノ同意ヲ得ナケレバ之ヲ行フコトガ出來ヌト云フ意味デハゴザリマセヌ。若シモ君主ノ意見ト國務大臣ノ意見トガ一致イタサヌトキニハ言フマデモナク君主ノ意見ヲ行フノデゴザリマス。決シテ大臣ノ同意ヲ得ナケレバ事ヲ行フコトガ出來ヌト云フ規定デハゴザリマセヌ。唯君主ノ御參考ノタメニ國務大臣及樞密顧問ハ意見ヲ奉ルト云フコトニナツテ居リマス。其ノ結果ト致シマシテ國務大臣及樞密顧問ハ君主ガ自由ニ任免スルコトニナツテ居リマス。國務大臣及樞密顧問ハ君主ノ大權ヲ輔弼スル議關デゴザリマスカラ君主ガ自由ニ選擇シテ任免セラル、モノデゴザリマス此ノ自由ノ任免權ハ卽チ大權ノ行使ヲシテ眞實ニ自由ナラシムル所以デゴザリマス若シモ君主ガ大臣及顧問ヲ自己ノ信任ニ依ツテ任免黜陟スルコトガ出來ナイモノデゴザリマシタナラバ卽チ大權ハ親裁ニ依ルト申スモノ、實際ハ國務大臣ガ其ノ權力ヲ行フコトトナルデアリマシヨウ。而シテ我ガ憲法ニ於キマシテハ大臣及顧問ノ任免進退ハ一ニ君主ノ信任ニ依リ大權ノ自由ニ存スルト云フコトニナツテ居リマスカラ從ツテ大權ノ行動ガ全ク君主自由ノ權力ニアルコトニナリマス。

茲ニ國務大臣及樞密顧問ト分ツテゴザリマスガ此ノ制度ノ沿革ヲ見マスルト從前ハ必ズシモ分レタモノデハアリマセヌ。我カ國ノ制度歷史ノ委シキコトハ茲ニ申上ゲ兼ネマスガ古クヨリ朝廷ニ於テ大政ヲ行セラル、ニ付テ國ノ重キ臣僚ノ輔弼ニ俟タレタト云フコトハ歷史ニ見エテ居リマス。又整然タル太政官以下ノ官制ガアリマシテ太政大臣以下ノ重キ官吏ガ君主ノ聖明ヲ輔弼シテ大政ヲ翼贊シタルコトモ歷史ニ見エテ居リマス。後ニ此ノ事ガ稍々有名無實ニナリマシタケレドモ、近ク申上ゲマスレバ御一新ノ後ニ於キマシテ再ビ王政ノ時代ノ官制ニ復セラレマシテ、先ツ左右ノ大臣參議等ノ職ヲ置カレ、後明治四年ニ太政大臣ノ官ヲ再ビ置カル、ニ至リマシタ。降ツテ明治十八年ニ於キマシテ大改革ガ行ハレマシテ太政大臣參議各省卿等々制ヲ止メラレ遂ニ內閣總理大臣及各省大臣ヲ置クノ內閣制度ヲ行ハセラレタノデゴザリマス。此ノ十八年ノ大改革以後今日マデ大體同ジヤウナ制度ヲ以テ引續イテ居リマスガ、憲法以前ノ時代ニ於キマシテハ國務大臣ハ卽チ君主ノ顧問デアリ、君主ノ顧問ナルモノガ卽チ國務大臣デアツタノデゴザリマス。歐羅巴ノ例ヲ見マシテモ同ジコトデアリマシテ、英國デハ今日國務大臣ト稱スル者ハ皆樞密顧問ノ官ニ居ルノデゴザリマス。古ヘハ英國デモ其ノ他歐洲大陸諸國ニ於キマシテモ國王ガ專ラ親任スル所ノ者ハ樞密顧問デゴザリマスル。樞密顧問ノ官ガゴザリマシテ而シテ其ノ樞密顧問ノ中ノ一部分ノ人々ガ行政事務ヲ負擔シタノデゴザリマス。ソレヨリシテ自然ニ行政ノ事務ニ當ル者ガ國務大臣トナリ單ニ行政ノ事務ニ當ラズシテ國王ノ諮詢ヲ俟ツテ意見ヲ奉ル官ガ樞密顧問トナツタノデゴザリマス、我國ノ今日ノ制度ニ於キマシテモ樞密顧問ト國務大臣トヲ二ツニ分ケテ置カレマシタ。其ノ故ハ國務各大臣ハ各々政務ノ衝ニ當リマシテ繁劇ナル職務ヲ行ツテ居リマスカラ一方ニ於キマシテハ更ニ國ノ重臣ヲ聚メテ樞密顧問トシテ靜思熟慮シテ重要ナル國務ヲ詮議セシムル機關トシテ別ニ之ヲ置カレタノデアリマス。

玆ニ國務大臣ノ制度ガ憲法以前ト憲法以後トニ於テ如何ナル性質ノ差異アルカト云フコトヲ一言申述べテ置カナケレバナリマセヌ。憲法以前ノ政體ニ於キマシテモ國務大臣ハ君主ヲ輔弼スル者デゴザリマス。憲法以後ニ於キマシテモ是レト同ジ職務ヲ取ツテ居リマス。然シナガラ憲法以前ニ於キマシテハ君主ノ大權ヲ行ハセラルヽノハ必ズシモ國務大臣ヲ通シテ發表スルト云フ規定デハゴザリマセヌ。或ハ君主ガ直接ニ御命令ニナツテモ矢張リ同ジヤウニ行ハレマシタ。或ハ君主ガ大臣ヲ經ズシテ宮中ノ官吏ヲ經テ命ヲ發セラルヽコトモアツタノデアリマス。必ズシモ國務大臣ヲ通過シナケレバ君主ノ命令ハ命令トシテ外部ニ對シテ法律上ノ効力ヲ有タヌト云フ規定デハナカツタノデゴザリマス。然ルニ憲法ヲ發布サレマシテ所謂立憲政體ニ則リマシタ後ハ法律勅令及詔勅等ハ必ズ國務大臣ノ副署ヲ俟タナケレバナリマセヌ、又總テ大權ヲ行フニハ總テ君主ノ命令ハ必ズ國務大臣ヲ經由シテ發表スルト云フコトニナツテ居リマス。國務大臣ヲ經由セズシテ發表シタル命令ハ形式ニ違フコトニナツテ居リマス。此ノ所ガ卽チ憲法ノ定ツタ後ト專制ノ時代ト異ル所以デゴザリマス、必ズ國務大臣ヲ經由シテ君主ノ命令ヲ外部ニ發スルト云フコトハ立憲君主政體ノ通則デゴザリマシテ又最モ重キモノデゴザリマス。

國務大臣ノ制度。

國務大臣ト云フ制度ハ特ニ政體上重キ關係ガゴザリマスカラ尙外國ノ例ヲ比較致シマシテ少シク說明ヲ致シテ置キタウ存ジマス。國務大臣ノ制度ハ單獨制ノモノト合議制ノモノトゴザリマス。單獨制ト申シマスハ國務各大臣ガ各別ニ責任ヲ取ツテ自己ノ意見ヲ以テ君主ヲ輔弼スルノ制度デゴザリマス。合議制ト申シマスルハ五人或ハ十人ト云フ國務大臣ガ單獨ニ君主ヲ輔弼スルニアラズシテ合議體ヲ成シマシテ、一ツノ團體ヲ作リマシテ其ノ内閣團體ノ名ニ於テ君主ヲ輔弼スルノデゴザリマス。從ツテ責任モ一人格別ニ取ルノデハゴザリマセヌデ內閣ト云フ一ツノ團體ガ聯帶シテ其ノ責ニ任ズルノ制度デゴザリマス。諸國ノ制度上此ノ二ツノ區別ガゴザリマスガ。御國ノ憲法ニ於キマシテハ、明

百

カニ其ノ五十五條ニ於テ「國務各大臣ハ天皇ヲ輔弼シ其ノ責ニ任ズ」ト規定セラレテゴザリマス、各大臣トアリマスノハ即チ各大臣各別ニト云フ意味デゴザリマシテ是レ即チ單獨制ヲ採ッテ合議制ヲ採ラヌト云フ意味ガ明白デゴザリマス。國務大臣ハ憲法上ノ大權ヲ輔弼スル所ノ憲法上ノ機關デゴザリマス、行政上ノ長官ト必ズシモ同一ノモノデハゴザリマセヌ。此事ハ世俗ニ於テ往々誤解シテ居リマスカラ特ニ辯明ヲ致シテ置キマスル。今日ノ我ガ國ノ内閣官制ニ於キマシテハ各省ノ長官ガ同時ニ國務大臣トナッテ居リマス。歐羅巴諸國ノ制度ヲ見マシテモ多クハ行政ノ長官ガ即チ國務大臣トナッテ居リマス。是レハ實際上便宜デゴザリマスカラ此ノ如クナッテ居ルノデゴザリマスガ、法理論ノ上カラ申シマスルト憲法上國務大臣ト申シマスルト必ズシモ行政ノ長官タルコトヲ必要トスルノデハゴザリマセヌ。即チ國務大臣デゴザリマシテ君主ノ大權ノ行使ニ付イテ之ヲ輔弼スル所ノ官ヲ指シテ然カ名クルノデゴザリマス。故ニ例ヘバ國務大臣ト各省ノ長官トヲ區別シマシテ各省ノ長官ト國務大臣トヲ別ニ置カル丶ト云フ樣ナ制度ヲ採リマシテモ、其ノ實際ノ便不便ハ別論トシテ憲法ノ理論上ニ於キマシテハ更ニ差支ハゴザリマセヌ。今日國務大臣ト各省ノ長官トガ同一人ニシテ兼ネテ居ルト云フヲ以テ憲法上ノ國務大臣ハ卽チ各省ノ長官ナリト誤解シテハナリマセヌ歐羅巴ノ例ニ於キマシテモ行政ノ長官ニアラザル國務大臣ガ屢々ゴザリマス。例ヘバ孛漏西ニ於キマシテモ總理大臣及副總理大臣ト云フモノガアツタコトガゴザリマス。大藏トカ陸軍トカ文部トカ云フヤウナ行政ヲ兼ネルノデハアリマセヌ、唯內閣ノ大臣トシテ席ヲ占ムル者デゴザリマス。又佛蘭西ニ於キマシテモ行政ノ受持ナキ國務大臣ヲ置イタコトモ度々ゴザリマス。何ノ爲カト申シマスルト其ノ國務大臣ニハ專ラ議院ニ出席シテ政府ノ委員トシテ政府ノ方針ヲ說明スル等ノ受持デアリマシテ別ニ行政ノ長官ト云フ受持ハナイノデアリマシタ。今我ガ國ノ制度ニ於キマシテモ總理大臣ハ卽チ國務大臣デゴザリマスガ直接ニ行政ノ一局部ヲ受持ツテ居ル者デゴザリマセヌ、是レ等ノ例ヲ考ヘテ見マシテモ國務大臣ト行政ノ長官トハ法理上必ズシモ同一ノモノデナイト云フコトハ明カデアリマス

大臣及樞密顧問ヲ任免スルノ權ハ君主ノ大權ニアルコトハ我カ憲法ニ於テ申スマデモナイコトデゴザリマス。別ニ明文ガゴザリマセズトモ君主ガ官吏ヲ任免ス

ルコトハ一般ノ規定ニ依ッテ明カデゴザリマスカラ是レハ別ニ明文ヲ要シマセヌ。ソレカラ國務大臣及樞密顧問ノ人數ニ付キマシテハ必ズシモ憲法ニ何人置カナケレバナラヌト云フ規定ガゴザリマセヌ。又大政ヲ行フニハ國務大臣ノ輔弼ノ必要ガアルト申シマシテモ今日現在ノ國務大臣十人ガ十人悉ク揃ッテ同ジ意見デ輔弼シナケレバナラヌト云フコトハアリマセヌ。一人ガ輔弼ヲシマスレバ即チ國務大臣ノ輔弼トナルノデアリマス。國務大臣ノ數ハ諸國ニ於テ區々デゴザリマス。英國ニ於テハ一定ノ員數ハ定マッテ居リマセヌ。唯時ノ内閣ノ都合デ或官吏ヲ内閣ニ列セシメ又時ノ都合ニ依ッテハ人數ヲ制限スルコトモアリマス。今日ノ英國ノ内閣員ハ數ガ甚ダ多クナッテ居リマシテ、近時英國ニテハ此ノ如ク國務大臣ノ數ガ多クナリ過ギテハ政治上甚ダ不便デアルト云フコトヲ論ズル者モアリマス。是レハ時ノ内閣ノ都合デ行政ノ長官ノ中デ隨時内閣ニ列席セシムルカラデアリマス。我ガ國ニ於キマシテハ内閣官制ガアリマシテ人員ガ定メラレテアリマス。此ノ事ハ後ニ至ッテ御話ヲスルヤウニ致シマス。

國務大臣ト君主トノ關係及國會トノ關係ハ今日諸國ノ政體ノ分カルル最モ重要

ナル點デゴザリマス。此ノ關係ヲ明ラカニスルノガ憲法制度ノ解釋ニ於テ最モ必要デゴザリマスカラ、此ノ點ヲ少シク說明シ兼ネテ外國ノ例ヲモ述ベテ置キタイト存ジマス。

大權內閣及議院內閣ノ制度。

國務大臣ト君主及國會トノ關係ノ如何ニ依リマシテ今日ノ立憲政體ノ本質ヲ國法學者ハ大權內閣ノ制度ト議院內閣ノ制度トニ分ケテ論ジテ居リマス。大權內閣ノ制度ト申シマスハ內閣大臣ヲ任免黜陟スルノ全權ハ名實共ニ君主ノ大權ニ在ルノ制度デゴザリマス。唯形式ノミ君主ノ大權ニアルノデハナクシテ事實君主ノ權力ニ在ルモノヲ然カ云フノデゴザリマス。又君主ノ憲法上ノ大權ハ獨立シテ居ルモノデアリマシテ國會ノ干涉ヲ許サヾルヲ主義トシテ居リマスカラ其ノ大權ノ獨立ヲ全ウシ國會ノ干涉ノ外ニアラシムル爲ニハ大權ヲ輔弼スル所ノ大臣ノ任免ノ權ハ君主ノ手ニ握ッテ居ラナケレバナラヌト云フノガ大權內閣ノ一ノ要件デアリマス。又大權內閣ニ於キマシテハ君主ノ大臣ニ對スル關係ハ自己ノ信任スル者ヲ以テ自己ノ權力ヲ行フ輔弼ノ任ニ當ラシムルノデアリマスカラ、大臣ノ責任ハ君主ニ對シテ輔弼ノ任ヲ完ウスルト云フコトニナルノデアリマシテ、決シテ國會ニ對シテ責任ヲ有スルノデナイト云フ主義ヲ取リマスル。此ノ如ク國務大臣ト君主トノ關係ヲ密接ナルモノト見タノガ所謂大權内閣ノ制度デゴザリマス。此ノ制度ノ精神ハ卽チ立憲政體ノ精神タル所ノ立法ト行政トノ權力ヲ分ケマシテ立法權ハ國會ニ依ッテ之ヲ行ヒ、行政權ハ國務大臣ノ輔弼ニ依ッテ之ヲ行ヒ、各々相對峙シテ侵スコトナカラシメ一方ニ專横ノ行アレバ一方ガ之ヲ押ヘルト云フ方法ニ依ッテ專制ノ弊ヲ防ガウト云フ點ニ存スルノデアリマス。立憲政體ノ精神ヲ全ウスルタメニハ國務大臣ノ進退ハ君主或ハ大統領ノ自由ノ權力ニ在ラヌナケレバナラヌト云フ主義デゴザリマスル。此ノ大權内閣ノ制度ハ我カ憲法ニ示サレテアル所ノ國務大臣ノ地位ニ適スルノデアリマシテ、是レ唯君主國ニ於テ此ノ如キ制度ガアリマスノミナラズ、亞米利加合衆國ノ如キ共和民主ノ國ニ於キマシテモ内閣ノ制定ハ元首ノ大權内閣ノ性質デアリマシテ國務大臣ハ國會ニ對シテ責任ヲ有ツノデナク大統領ニ對シテ責任ヲ有ツコトニナッテ居リマス。亞米利加ノ大統領ハ自由ニ國務大臣ヲ任免黜陟スル實權ヲ有ッテ居リマス。之ニ依ッテ國會ト大統領ノ權力トガ各々相對峙シテ行クコトガ出來マシテ、大統領ニ專橫ナル所アレバ國會之ヲ抑ヘ、國會ニシテ專橫ナレバ大統領ノ力ヲ以テ之ヲ抑ヘルト云フコトガ出來マス、卽チ行政權ト立法權トヲ分ツテ對峙セシメ相牽掣シテ專制ヲ防グト云フ立憲政體ノ精神ニ則ル者デアリマス、獨逸帝國モ亦タ此ノ主義ニ則ツテ居リマス。其ノ他獨逸聯邦諸國例ヘバ孛漏西、撒孫、巴威里、瓦敦堡、婆典等ノ諸國ハ皆此ノ主義ノ內閣制度ニ則ツテ居リマス。瑞西國モ共和國デアリマスガ矢張リ此主義ヲ採ツテ居リマシテ國務大臣ハ大統領ニ附屬シテ居リマス。

議院內閣ノ制度ト申シマスルハ英國ニ起ツタ制度ヲ學者ガ此ニ名ケタノデアリマシテ全ク前者ト性質ヲ異ニシテ居リマス。國務大臣ノ責任ハ君主ニ對スルノデハナク國會ニ對スルモノデアルト云フ主義デアリマス。英國ニ於テハ國會ガ國務大臣ノ責任ヲ問ヒマス。國會ノ信任ガアルト否トニ依ツテ國務大臣ハ進退スルノデアリマス。國會ニ於テ大臣ニ信任ヲ致シマセヌトキニハ大臣ハ其責ヲ引イテ職ヲ退カナケレバナラヌト云フ慣例ニナツテ居リマス。國會トハ申シマシテモ、實ハ英國ニ於テハ專ラ下院ニ此ノ權力ガアルノデゴザリマス。上院ハ實力ヲ失ヒマシテ下院ガ專ラ國務大臣ノ責任ヲ問ヒマス。而シテ下院ニ於キマシテモ全會一致ト云フコトハ決シテ望レマセヌカラ下院ニ於ケル議員ノ多數黨派ノ權力ヲ以テ國務大臣ノ責任ヲ問フコトニナリマス。卽チ歸スル所下院ニ於ケル政黨ノ多數ノ力ヲ以テ大臣ヲ任免黜陟スル事實ニナッテ居リマシテ君主ハ形式上是レガ任免ノ儀式ヲ行ヒマスケレドモ要スルニ國會ガ大臣ヲ進退スル權ヲ有ッテ居ルト云フコトニナルノデアリマス。斯ノ如キ制度ハ本來ノ英國ニ於テモ憲法ノ法理トシテアルノデハゴザリマセヌガ、凡百年以來自然ニ勢ヒヲ爲シテ斯ノ如キ慣例ニナッタノデゴザリマス。此ノ議院內閣ノ制度ニ於キマシテハ內閣ト云フモノガ團體ヲ成シテ政治上ノ働キヲ爲シ連帶シテ責ヲ負フノデゴザリマス。國務各大臣ガ格別ニ君主ヲ輔弼スルト云フコトデハゴザリマセヌ。內閣ガ君主ヲ輔弼スルノデゴザリマス國務大臣ガ集ッテ內閣ト云フ合議體ヲ成シ其ノ團體ガ連帶ノ責任ヲ取リマス故ニ內閣員ノ一人ニ失策ガゴザリマシテ其ノ責ヲ問ハレ彈劾ヲ受ケマスレバ他ノ者ニモ延ヒテ其ノ責ヲ分ットト云フコトニナッテ居リマス。此ノ制度ハ英國ニ起リマシテ英國ノ制度ガ一般ニ歐羅巴諸國ノ模範トナッテ居リマス所カラ、多數ノ國ニモ此ノ制度ガ行レテ居ルヤウデゴザリマス。佛蘭西、白耳義、和蘭、伊太利、其ノ他歐羅巴ノ小國及英國ノ殖民地々方ニモ此ノ制度ガ行レテ居リマス。主義トシテ行レテハ居リマスガ眞實ニ圓滿ニ行レテ居リマスハ英國及白耳義ノミデアリマシテ、佛蘭西ヲ初メ其ノ他ノ諸國ニ於キマシテハ決シテ英國ノ如ク圓滿ニ行ハレテハ居リマセヌ。然シ兎ニモ角ニモ之ヲ行フコトヲ主義トスル國ガ多クゴザリマス。此ノ兩樣ノ制度ガ國務大臣ト君主及議會トノ關係ニ於キマシテ今日文明諸國ニ於テ二ツニ分レテ居ル大主義デゴザリマス。其ノ由ツテ來ル所ハ英國ノ歷史ニ基クノデゴザリマス。

議院內閣ノ制度ハ立法權ト行政權トヲ混同スル處ガアリマス、立憲政體ノ趣意ハ立法權ト行政權トハ各々別ノ機關ニ依ツテ行ハルルコトヲ趣意トシテ居リマスガ、議院內閣ト云フ制度ニ依リマスレバ立法ノ機關ガ行政ノ機關タル大臣ヲ黜陟スル權ヲ握ルト云フノデアリマスカラ歸スル所立法機關ト行政機關トガ混同ヲスル處ガゴザリマス。元來立憲政體ハ專制政治ニ反對シテ起ツタモノデゴザリマスケレドモ此ノ議院內閣制度ニ依リマスルト君主ノ專制ハ之ヲ避クルコトガ出來マストモ議院ノ專制ヲ招クコトニナルノデゴザリマス。是レ其ノ缺點デゴザリマス。唯民主主義ノ國ハ國民ガ主權者デ國民ノ意見ヲ以テ最上ノ力ト致シマスカラ之ヲ缺點トセズ却ツテ之ヲ希望スルカモ知レマセヌガ、要スルニ君主國ニ於テハ是レハ條理ニ反スルコトデゴザリマス。殊ニ我ガ國ノ如キ憲法上ノ大權ノ獨立ト云フコトヲ重ク見テ居リマス。憲法上ノ大權ハ國會ノ權限ト之ヲ區別ヲシマシテ之ヲ國會ノ干渉以外ニ置クヲ憲法ノ精神トシマス。然ルニ議院ノ多數ガ大權ノ機關タル内閣ノ組織ヲ自由ニスルト云フコトニナリマシテハ憲法ノ精神タル大權ノ獨立ト云フコトハ自ラ失フコトニナリマシテ歸スル所大權ガ國會ノ左右スル所トナルト云フ虞ガゴザリマス。又君主國ニ於キマシテハ大臣ヲ任免スル權ノ君主ニアルコトハ明白デゴザリマスガ然シナガラ大臣ノ進退ガ議院ノ多數ノ政黨ノ投票ニ依ツテ定マルコトニナリマシテハ君主ノ任免ノ權力ハ有名無實ニナツテシマヒマシテ任免權ガ君主ニアリト云フ主義ト兩立ヲ致シマセズ。衝突ヲ來シマシテ法理上甚ダ不都合ナ結果ニナリマス。且ツヤ實際ニ於キマシテハ英國ヲ初メ歐羅巴諸國ノ此ノ制度ヲ取ツタ所ニ於キマシテハ其ノ結果國務大臣ノ更迭ガ頻繁トナリマシテ永久ノ政策ヲ維持スルニ甚ダ困難ヲ感ジテ居リマス。是レ何レノ國ニ於テモ同ジ經驗ヲ持ツテ居ル所デアリマシテ、公平ニ觀察シマスレバ此ノ制度ハ政策上甚ダ不利益ナル結果ヲ呈シマス。斯樣ナ缺點ハアリマスガ又他ノ一方ニ於テハ議院內閣ノ制度ハ國ノ政務ヲ圓滿ニ行ハシムルト云フ結果ハアリマス。其レハ議院ノ多數黨派ノ人ガ卽チ入テ內閣大臣ノ席ヲ占ムルノデゴザリマスカラ議院ノ多數ト政府內閣トハ常ニ同一體ヲ成シ從ツテ政府ト議會トガ衝突ヲシテ國務ノ進行ヲ妨ゲルコトガ少イデゴザリマセウ。政府ト議院トノ衝突ヲ避クル點ノミヲ見マスレバ甚ダ利益デアルカノ如ク見ヘマスガ、憲法ノ精神タル所ノ議院ハ政府ノ過ヲ正シ。政府ハ議院ノ濫權ヲ抑ヘ兩々相對峙シテ互ニ專制ナラシメザルヲ期スルト云フ主義ニ對照シテ見マスルト之ヲ單ニ利益ナル制度トハ言ヘマセヌ。殆ド利害相半バスル所デアラウト存ジマス。之ニ反シマシテ歐羅巴ニモ行ハレ又我ガ憲法ニ於テモ取ル所ノ大權內閣ノ制度ニ至リマシテハ君主ノ大權ノ獨立ト云フコトガ名實共ニ行レ、且ツ國會ト政府トヲ區別シタル憲法ノ利益ヲ全ウスルコトガ出來マスル。且ツ議院ノ多數ト云フモノハ必ズシモ常ニ得ラル、モノデハゴザリマセヌデ、時トシテハ數多ノ小黨派ニ分ル、コトガアリマス。其ノ時ニハ絶對的ノ多數黨派ナルモノハナイノデアリマスガ其ノ場合ニ於テモ國務大臣ハ君主ノ任免權ニ依ツテ獨立シテ政黨ノ爭ヒノ外ニ立ツテ國ノ政治ヲ公平ニ行フコトガ出來マスカラ、通常ノ場合ニ於キマシテハ我ガ憲法ニ示ス如ク大權ヲ以テ內閣ヲ組織スルト云フ主義ニ依ラナケレバナリマセヌ。蓋シ議院內閣ト云フモノハ英國ノ特種ノ事情カラ起ツタモノデゴザリマシテ其ノ歷史ニ付イテモ申上ゲタウゴザリマスガ時間モゴザリマセヌカラ唯ニ其ノ要點ノミヲ摘ンデ述ベテ置キマスル。

英國ガ何故ニ此ノ制度ニ則ツタカト申シマスルト御承知モアラセラレマスル通リ英國ハ古來貴族政治ノ國デゴザリマシテ君主ノ權力ハ甚ダ薄弱デゴザリマス。殊ニハノーブルカラ迎ヘラレテ英國ノ君主トナリマシタ時代ニ於キマシテハ全ク國會ガ君主ヲ廢立シタノデゴザリマス。卽チ國會カラ迎ヘラレ君位ニ着イタノデゴザリマス。況ヤ又ハノーブルカラ迎ヘラレタヂオルジ第一世ノ如キハ歷史ニ依リマスレバ英語ガ通ジナカツタト云フコトデアリマス。英語ガ通ジマセヌ故ニ國務大臣ノ會議ニモ親臨セラレナカツタノデアリマス、之ニ依ツテ從來內閣會議ハ必ズ君主ノ御前ニ於テ開イタノデアリマシタノガ此ノ時カラ御前會議ノ例ヲ止メマシタ。是レハ些々タルコトノヤウデゴザリマスガ遂ニ大臣ノ權力ヲ偏重ナラシメタル一ノ原因トナツタト云フコトガ歷史ニ書イテアリマス。卽チ大臣ハ私ニ會合シテ政略ヲ決定シ其ノ結果ヲ君主ニ上奏スルニ止ルヤウニナリマシタ。其レヨリ後ヂオルジ第三世ノ時分再ビ舊來ノ親臨會議ノ慣例ニ復シ內閣大臣ハ君主ノ御前ニ於テ會議ヲスルヤウニ爲サシメントシマシタガ一度オヂルジ一世ノ時ニ慣例ヲ成シマシタカラ君主ノ力ト雖モ之ヲ回復スルコトガ出來マセヌデ、君權ガ再ビ伸ビナカツタト云フコトデアリマス。又英國ノ政治ハ貴族政治デアリマシテ上下兩院ニ分レテハ居リマスルガ、下院ト申シマシテモ其ノ時代ニハ尙平民ガ眞實ニ代表サレテ居ルノデハゴザリマセヌ。矢張リ貴族ノ子弟トカ又ハ貴族ノ緣故アル者ガ選マレテ其レガ下院ノ議員トナツテ居ルノデアリマス。其ノ故ハ英國ノ貴族ハ大地主ガ多クゴザリマシテ地方ニ於テ勢力アル者ハ卽チ其大地主デアリマスカラ從ツテ地方ノ選擧ニ於テ選擧權ヲ左右シ下院ヲ組織スル上ニ於テ貴族ノ權力ガ多キニ居ルト云フ結果ニナリマス。故ニ上下兩院ニ分レテハ居リマスルガ、英國デハ眞ニ平民的ノ原素ハ入ルコトガ出來マセヌデ貴族的原素ヲ以テ兩院ヲ充タシテ居リマス。茲ヲ以テ上下兩院ノ軋轢ガ少ウゴザリマシテ自カラ國會ガ上下兩院ヲ通ジテ二ツノ大黨派ニ分ル、コトガ出來タノデアリマス。二ツノ黨派ニ分ル、ト云フコトハ議院内閣制度ノ必要ナル點デゴザリマシテ英國ニハ是レガ出來テ居リマスル。何故カト申シマスルト英國ノ貴族ハ國ノ憲法ニ於テ大主義ニ於テ各意見ガ一致シテ居リマス。佛蘭西ノ如キハ共和政治ヲ主張スル者アリ、又必ズ君主國ニ復スルコトヲ主張スル者モアリ其ノ他社會主義ヲ主張スル者モアルト云フ有樣ニテ憲法ノ改正ヲ希望スル者モ多クアリマス。英國ニテハ其ノ憲法ニ於テハ皆一致ノ意見ヲ採ッテ居リマスカラ爭フ所ハ唯ニ細目ニ過ギマセヌ。サウシテ大體ニ於キマシテハ貴族ガ二ツノ黨派ニ分レマシテ一方ガ政府ニ入リマスレバ一方ノ者ハ野ニ在ッテ反對ヲ爲シ互ニ爭フ所ハ政權卽チ政府ニ入リテ大臣タルコトデアリマス。此ノ二大黨派ニ分レテ政治上ノ意見ヲ鬪ハスト云フコトハ英國ニ偶然存スルコトデアリマシテ諸外國ニ於テハ必ズシモ斯ノ如クナツテハ居リマセヌ英國ニ於キマシテモ近頃ノ政治上ノ有樣ヲ見マスレバ選擧權ガ擴張セラレタト共ニ平民的原素ガ下院ニ入ッテ參リマシテ種々ナ改革黨ガ現ハレマシタ故ニ昔ハ二ツノ大黨派ニ分レテ居リマシタガ今日デハ少クトモ六以上ノ黨派ニ分レテ居リマス、而シテ政治上ノ爭モ從來ハ政府ニ入ルカ政府ニ反對スルカ極メテ單純ナモノデゴザリマシタガ。今日デハ資本家ノ利益ヲ主張スルトカ、勞働者ノ利益ヲ計ルトカ、又ハ愛蘭土ノ獨立ヲ希望スルトカ、種々各異ッタ目的ヲ黨派ノ主義トシテ相爭ッテ居リマシテ之ヲ二大黨派ニ整然ト分ツコトハ難クナリマシタ。是レ等ノ結果トシマシテ英國自身ニ於キマシテモ百年以來繼ケテ居リマシタ議院制度ヲ圓滿ニ維持スルコトガ甚ダ難イ有樣デアリマス。將來ハ如何ナリマセウカ、豫メ測ルコトハ出來マセヌガ、必ズシモ英國ノ模範ハ諸國ニ通ズルモノデナイト云フコトハ明カデアリマス。現ニ英國以外ノ國ニ於キマシテハ十分圓滿ニ行ハレテハ居リマセズ、且ツ英國自身デスラモ近頃ニ至リマシテハ甚ダ之ヲ維持スルニ困難ヲシテ居ルト云フ事實デアリマス。

今日ハ餘リ長クナリマスカラ是レニ止メテ置キマシテ餘ハ次回ニ申述ベルコトニ致シマス。

第五十五條　國務各大臣ハ天皇ヲ輔弼シ其ノ責ニ任ス
凡テ法律勅令其ノ他國務ニ關ル詔勅ハ國務大臣ノ副署ヲ要ス。

一、國務大臣ノ輔弼及副署。此條ハ國務大臣ノ憲法上ノ職務ヲ定メタルモノデゴザリマスル。國務大臣ノ制度ニ付キマシテハ前回ニ大體ノ說明ヲ致シテ置キマシタガ、今夕ハ此條ノ規定ノ細目ニ就キマシテ御話ヲ致ス考デゴザリマス。國務大臣ハ既ニ述べマシタ通リ憲法上ノ機關デゴザリマシテ、其ノ職務トスル所ハ天皇ノ大權ヲ行ハセラルルニ就キマシテ輔弼ノ任務ニ當タルコトデゴザリマス。立憲政體ノ大體ノ原則トシテ立法權ヲ行フニハ國會ノ協賛ニ依リ、司法權ヲ行フニハ裁判所ニ依リ、而シテ君主ノ大權ヲ行フニハ國務大臣ノ輔弼ニ依ルト云フコトガ一般ノ採ル所デゴザリマシテ、我ガ憲法ニ於テモ此ノ主義ヲ採ツタノデゴザリマス。然シナガラ國務大臣ガ大權ノ行使ヲ輔弼致シマスノハ國會ガ立法權ノ行使ニ參與スルトハ其ノ趣意ヲ異ニスルモノデアルコトハ前回略〻申述べテ置キマシタ。一口ニ申シマスレバ立法權ニ就キマシテハ國會ノ議決ガナケレバ法律ヲ作ルコトガ出來ナイト云フノガ原則デゴザリマス。國會ガ可決ヲセザルコトハ君主ノ大權ヲ以テスルモ之ヲ法律トシテ發布スルコトハ出來マセヌ。然シ國務大臣ガ大權ノ行使ニ就イテ輔弼ヲ致シマスノハ、國務大臣ガ承諾ヲシナケレバ大權ヲ行フコトガ出來ナイト云フ譯ノモノデゴザリマセヌ。君主ガ法律ヲ裁可シ命令ヲ發セラルル等ノコトニ就キマシテハ素ヨリ大臣ノ輔弼ヲ俟ツノデゴザリマスガ、然シナガラ大臣ガ承諾ヲシナケレバ君主ガ勅令ヲ發スルコトガ出來ナイト云フ法理デハゴザリマセヌ。君主ハ大臣ノ意見ヲ聽キテ之ヲ採納スベキトキハ採納セラレ、之ヲ採納スベカラズトセラルルトキハ大臣ノ意見如何ニ拘ハラズ大權ノ行動ガ外部ニ現ハルルノデゴザリマス。輔弼ト云フコトハ承諾ヲ與ヘ同意ヲスルト云フコトノ區別ノアルコトハ知ラナケレバナリマセヌ。茲ニ輔弼トアリマスノハ文字ノ意ノ如ク君主ノ聰明ヲ啓クト云フコトデゴザリマシテ、大權行使ニ就イテ大臣自ラ見ル所ヲ以テ補翼ノ任ニ當ルノデゴザリマス別ニ深イ意味ハゴザリマセヌ。歸スル所輔弼ハ大臣ノ意見ヲ奉ルコトニ過ギナイノデゴザリマス。然シナガラ樞密顧問ガ君主ノ大權ノ行使ニ關係ヲ致シマスルコトト大臣ガ之ニ關係致シマスルコトノ違ヒノアルコトハ明カニシテ置カナケレバナリマセヌ。樞密顧問ハ諮詢ヲ待ツテ然ル後意見ヲ奉ルノガ本則デゴザリマス。諮詢ナクシテ自ラ進ンデ大政上ニ就イテ意見ヲ奉ルト云フコトハ本分デゴザリマセヌ。然ルニ國務大臣ノ輔弼ノ任ハ固ヨリ諮詢アレバ之ニ對シテ意見ヲ奉ルコトハ勿論、諮詢ヲ待タズトモ自ラ意見ヲ奉ツテ御採納ヲ仰グコトガ出來ルノデゴザリマス。又輔弼ノ任ハ大臣ガ各自ニ持ツテ居ルノデゴザリマシテ必ズシモ內閣ト云フ一ツノ團體ガ其ノ會議ノ決議トシテ輔弼ノ任務ヲ盡スト云フモノデハゴザリマセヌ。帝國議會ガ立法ニ參與致シマスルニハ帝國議會ノ議員各個人ガ其意見ヲ以テ協贊スルノデハゴザリマセンデ、議會ト云フ會議體ガ多數決ニ依ツテ一定ノ意志ヲ定メマシテ、其ノ議決ヲ以テ立法權ニ參與スルノデゴザリマス。國務大臣ガ輔弼ヲ致シマスルハ立法權ニ參與スル國會ノ地位トハ異ツテ居リマス、此ノ第五十五條ノ明文ニ國務各大臣ハ天皇ヲ輔弼シ其ノ責ニ任ズト明カニ示シテゴザリマス。國務大臣ト云イテ內閣ト云ハズ、殊更ニ各大臣ト單數ノ語ヲ用井テアリマスノハ憲法ノ明文上輔弼ノ任務ト之ニ依ッテ生ズル所ノ責任トハ國務大臣ガ各別ニ單獨ニ其ノ責ヲ有シ其ノ意見ヲ以テスルモノデアルト云フコトガ明白デゴザリマス。事實ニ於キマシテハ重要ナル國務ハ國務大臣ガ會議ヲ開イテ熟談ヲ遂ゲテ然ル後ニ上奏シテ裁可ヲ仰グト云フ順序デゴザリマスガ、是レハ事實ニ於テコトヲ鄭重ニスル所以デゴザリマシテ、憲法上ノ法理論トシテハ各大臣ハ各〻自己ノ意見ヲ以テ輔弼ヲスルノデゴザリマシテ、極端ニ申シマスレバ一國務大臣ノ奉ル所ノ意見ト他ノ國務大臣ガ奉ル所ノ意見トガ相違シテ居リマシテモ差支ハナイノデゴザリマス。又種々ナ意見ヲ御聽キニナッテ然ル後ニ其ノ宜シキモノヲ選ンデ御採納ニナルト云フコトモアルベキコトデゴザリマス。此ノ事ハ啻ニ文字上ノ解釋ノミナラズ即チ前回ニモ申述ベマシタ通リ英吉利ノ慣例ニ起リマシタ內閣連帶責任ノ制度ト我ガ國ノ如キ單獨責任ノ制度トガ違フ所デゴザリマシテ、一口ニ英吉利ノ內閣トカ日本ノ內閣トカ申シマスルト其ノ內閣ト云フ語ニ依ッテ同ジヤウニ感ジマスケレドモ性質ガ全ク異ッテ居ルト云フコトヲ忘レテハナリマセヌ。例ヘバ英國ニ於キマシテハ久シキ間ノ慣例ニ依リマシテ國務大臣ハ內閣ト云フ一ツノ團體ヲ作リマシテ內閣員ハ連帶ヲ以テ機密ニ會議ヲシテ其ノ會議ノ結果ヲ以テ君主ヲ輔弼スルト云フコトガ憲法上ノ慣例トナッテ居リマス。我ガ國ノ制度ハ必ズシモ是ト同一ニ見テハ誤リデゴザリマス。

副署ト申シマスルハ文字通リ國務大臣ガ法律勅令其ノ他詔勅ニ署名ヲ致スコトデゴザリマス。此ノ副署ト云フコトニ種々附會シテ解釋ヲ致ス者モアリマスルガ多クハ歐羅巴ノ或國々ノ特種ノ制度ニ就イテ云フノデゴザリマシテ、我ガ憲法上ノ解釋トシマシテハ副署ト云フコトハ文字通リ大臣ノ署名ノコトニ過ギナイノデゴザリマスル。凡ソ立憲政體ニ於キマシテハ君主ノ大權ハ固ヨリ君主ノ自由ノ權デゴザリマシテ、何人モ其ノ行使ニ就イテ妨ゲルコトハ出來ナイモノデゴザリマスルガ、然シナガラ君主ガ其自由ノ大權ヲ行フニ就イテハ必ズ國務大臣ヲ經由シテ行フト云フノガ原則デゴザリマス。是レガ專制ノ政體ト異ル所デゴザリマス。專制ノ時代ニ於テモ大臣ハ君主ヲ輔弼シテ居リマス。又君主ノ命令ニハ慣例トシテ副署モ致シテ居リマス。然シナガラ專制ノ時代ニハ法律論トシテ縦令或命令或詔勅ハ大臣ノ副署ガナクトモ大臣ノ輔弼ニ依ラナクトモ宮中ノ官吏ヲ通ジテ之ヲ外部ニ發表致サレマシテモ、眞實君主ノ命令デアレバ効力ヲ完全ニ有スルコトニナルノデゴザリマス。立憲政體ノ趣意ハ君主ノ命令ハ固ヨリ君主ノ命令トシテ効力アルノデ大臣ノ輔弼又ハ副署ニ依ッテ効力ヲ加フル譯デハアリマセヌガ、然シナガラ君主ノ命令ハ必ズ大臣ヲ通ジテ出ルモノデアッテ大臣以外ノ途ヲ經由シテ出ルモノハ形式ニ於テ缺グル所ガアルト云フコトノ原則ヲ取ッタノガ立憲制ノ副署ノ主意デゴザリマス。其レ故ニ茲ニ規定セラルル所ノ輔弼及副署ト云フコトガ憲法上甚重大ナル結果ヲ有スルノデゴザリマス。茲ニ明文ニ示サレテアリマス通リ法律勅令其ノ他國務ニ關スル詔勅ハ必ズ國務大臣ノ副署ガ必要デゴザリマス。然シナガラ國務大臣ノ副署ト申シテ國務大臣ガ總テ皆連名ヲシテ副署センナラヌト云フ意味デハゴザリマセヌ。一人ガ副署ヲシマシテモ憲法上ノ要件ハ充タサルルノデゴザリマス。又總員ガ連名シテ副署ヲ致シマシテモ憲法上ノ要件ニ適フノデゴザリマス。且又副署ノコトニ就キマシテ必ズシモ之ヲ大臣ノ行政ノ分擔ノコト附會シテ論ジマスルハ又憲法ノ趣意デゴザリマセヌ。前回ニ申述ベマシタ通リ憲法上ノ國務大臣ト云フモノハ法理ニ於テ必ズシモ各省大臣デナクテハナヌト云フ譯ノモノデハゴザリマセヌ。行政ノ長官ト國務大臣トハ必ズシモ同一ノ人デナクテハナラヌト云フ道理ハナイノデゴザリマス。唯現今ノ官制ニ於キマシテハ同一ノ人ガ之ヲ兼ネテ居ルト云フニ過ギマセヌ。故ニ憲法ノ副署ト云フコトノ要件ハ國務大臣ノ副署ガ必要デゴザリマシテ必ズシモ行政長官ノ副署ヲ必要トスル趣意デハゴザリマセヌ。例ヘバ例外ノ場合デハゴザリマスルガ、財政上ノコトニ關スル勅令ニ陸軍大臣ガ副署ヲ致シマシタ所ガ、其ノ副署ハ行政ノ分擔上達例デハアリマスガ憲法上ニ於テハ矢張リ國務大臣デゴザリマスカラ副署ヲスルニ差支ハナイノデゴザリマス。此ノ事モ甚ダ混同シ易イコトデゴトデアリマスカラ序デニ辯明ヲ致シテ置キマス。固ヨリ今日ノ内閣官制ニ於キマシテハ行政長官ガ同時ニ國務大臣デアッテ國務大臣ガ各〻分擔スル行政事務ガアリマスカラ陸軍ノコトニ就イテハ陸軍大臣ガ副署ヲシ、財政ノコトニ就イテハ大藏大臣ガ副署ヲスルト云フヤウニ分レテ來ルノハ當然デアリマシテ是レ亦最モ其ノ宜シキニ適フタモノデゴザリマスルガ、然シナガラ法理論トシテハ憲法上ノ意味ヲ明カニシテ置カナケレバナリマセヌ。

二、大臣責任ノ制度。

此條ニ國務大臣ハ輔弼ノ責ニ任ズルト云フコトガ明

言シテアリマス。大臣責任ノコトニ就キマシテハ從來ヨリ種々ナ誤ツタル見解モゴザリマスカラ此條ノ文字上ノ意味ヲ說明致シマスルト同時ニ大體ノ誤解ヲモ併セテ辯明ヲ致シテ置キタイト存ジマスル。我ガ憲法ノ此條ニ於ケル大臣ノ責任ノ性質ハ文字上明白デゴザリマス。大臣ハ輔弼ノ重任ニアル者デゴザリマスカラ、其ノ輔弼ノ任務ニ付キテ責ヲ負フノデゴザリマス。而シテ其ノ責任ト申シマスルハ刑事上トカ民事上トカノ責任ヲ云フノデゴザリマセヌデ輔弼ニ付テノ責任デゴザリマスカラ大臣トシテノ政治上ノ職務ヲ盡スニ就イテノ責任デゴザリマス。大臣ガ犯罪ガアリマスドカ、大臣ガ民事ノ相手トシテ訴ヘラルルトカ云フゴトキコトハ固ヨリ此條ノ關係スル所デハゴザリマセヌ。大臣トシテ憲法上ノ職務ヲ行フニ付イテ輔弼ノ任務ニ過チアルトキニ於イテ其ノ責ヲ免ルルコトガ出來ナイト云フコトヲ茲ニ示シタノデゴザリマス。又大臣ノ責任ヲ負フノデゴザリマス。國務各大臣ハ其ノ責ニ任ズト云フ明文ガゴザリマス以上ハ大臣ノ責任ハ連帶シテ負フモノデナク單獨ニ各〻其ノ責ニ當ルモノデアルト云フコトハ深ク辯明ヲセズシテ明白デアルト考ヘマス。又大臣ノ責任ハ固ヨリ君主ニ對スルモノデアルト云フコトハ其ノ性質上明白デゴザリマセウ。輔弼ヲ致スノハ申スマデモナク君主ノ大權ノ行使ニ付イテ輔弼ニ付イテノ責任ハ君主ニ對スルモノデアルコトハ明カデゴザリマス。且又大臣ヲ任免黜陟スル所ノ大權ハ君主ノ大權ニアルモノデゴザリマスカラ大臣ヲ任免黜陟スル權利ノアル人ガ即チ大臣ヲ懲戒スル權力アリト云フコトハ條理ニ於テ明白デゴザリマス。且又我ガ政體ニ於キマシテハ總テ憲法ニ特別ノ明文ナキ以上ハ總テノ權力ハ君主ノ大權ニ屬スルヲ本則ト致シマスル。而シテ憲法ニ於テハ大臣ノ責任ヲ問フモノハ帝國議會デアルトカ或ハ裁判所デアルトカ云フコトハ明言シテゴザリマセヌ。勿論大臣ガ刑法ニ觸レマシタトカ或ハ民事上ノ訴ヲ受ケマシタトキニハ裁判所ニ於テ審判セラルルコトハ法律上明白デアリマスケレドモ其ノ官職上ノ責任ハ普通裁判所ニ於テ裁判ヲスルト云フコトハ見エテ居リマセヌ。故ニ此ノ單純ナル條文解釋トシテモ大臣ノ責任ヲ問フモノハ君主デアルト云フコトハ言ハズシテ明カデゴザリマス。是レ我ガ憲法ノ此條ノ解釋デゴザリマシテ虚心平氣ニ考ヘテ見マスレバ何等ノ疑ヒモ起ルコトデハゴザリマセヌ。大臣ノ責任ハ輔弼ノ任務ニ就イテノ責任デアル、大臣ノ責任ハ各大臣各別ニ負フ所デアッテ連帶ノモノデナイ。且又大臣ノ責任ハ君主ニ對スルモノデアッテ國會ニ對スルニモアラズ又普通裁判所ニ對スルモノデナイト云フコトハ此條ノ義理トシテ言フマデモナク甚ダ明白ナコトト思ヒマスル唯此ノ事ニ付キマシテハ歐羅巴ノ或ル國ノ制度ヲ以テ猥リニ我ヲ論ジ我ガ憲法ノ條章ヲ委シク研究ヲセズ唯立憲政體ト云ヘバ一樣ナモノデアルト云フヤウナ誤解ガ世上ニアリマス。即チ政體ノ異ッテ居リ憲法ノ文面ノ異ッテ居ル所ノ英國或ハ佛蘭西或ハ白耳義等ノ憲法ニ於ケル大臣責任ノコトヲ以テ直ニ我ガ憲法ノ上ニ當嵌メヤウト云フ誤リガ種々世上ニアルノデゴザリマス。歐羅巴諸國ニ於キマシテハ或ハ法律上ノ明文ヲ以テ大臣ノ責任ヲ議院ニ於テ彈劾シ審判スルト云フコトヲ定メタ所モアリマス。憲法ニ於テ斯ノ如キ明文アル場合ニハ其理論ノ如何政策ノ善惡ハ別論トシテ其ノ國ノ憲法ニ於キマシテハ大臣ノ責任ハ議院ニ對スルモノデアルト云ッテ宜シウゴザリマスル。又或國ノ制度ニ於キマシテハ大臣ハ内閣ト云フ一ツノ合議團體ヲ成シマシテ内閣ガ連帶責任ヲ負フト云フ法理ヲ取ッテ居リマス。此ノ類ノ國ノ憲法ヲ說ク時ニハ大臣ノ責任ハ連帶デアルト言ッテ差支アリマスマイ。凡ソ憲法ノ法理ハ國々ノ憲法次第ニ依ツテ異ツテ居ルノデアリマシテ、必ズシモ之ヲ一様ニ説ク必要ハナイノデゴザリマス。故ニ英國佛蘭西或ハ白耳義ノ憲法ハ如何ニアリマセウトモ、彼等ノ制度ニ於テ大臣ノ責任ガ如何ニアリマセウトモ、我ガ憲法ノ五十五條ヲ解釋スルニ於テハ直接ニ關係セザル所デアリマシテ平易ニ此ノ文字通リニ解釋シテ誤リナイコトト考ヘテ居リマス。

三、内閣官制。　國務大臣ノ憲法上ノ職務ハ茲ニ申述ベマシタ所デ大體ノ趣意ハ盡キテ居リマスガ、現行ノ官制ニ於キマシテ内閣ト云フモノヲ設ケラレマシテ内閣ノ職責ガ明白ニ定ツテ居リマスカラ此ノ事ヲ附加ヘテ説明ヲシテ置キマスル。内閣官制ハ明治二十二年ニ勅令ヲ以テ定メラレタノガ今日マデ繼續シテ居ルノデゴザリマス。内閣ハ國務大臣ヲ以テ組織スルモノデゴザリマス。内閣ト云フ語ハ申スマデモナク君主ノ内閣デゴザリマス。之ヲ誤解シテ内閣ハ一ノ團體ニシテ國務大臣ハ其ノ分子デ、憲法上ノ輔弼ノ任務ハ内閣其ノモノニアルト見テハナリマセヌ。君主ヲ輔弼シマスルノハ國務大臣デゴザリマス法令ニ副署スルノモ内閣ガ副署スルノデハゴザリマセヌ、國務大臣ガ副署スルノデゴザリマス。唯國務大臣ガ集ツテ相談ヲスル所ガ內閣デアルト見レバ宜シイノデゴザリマス。內閣ハ內閣總理大臣ト各省大臣トヲ以テ組織サレテアリマス。內閣總理大臣ハ各大臣ノ首班トシテ內閣ニ首席ヲ占ムルニ止ルノデゴザリマシテ、憲法上國務大臣トシテ內閣總理大臣ハ少シモ他ノ大臣ト地位ニ區別ハゴザリマセヌ。總理大臣ハ長官ニシテ他ノ各省大臣ガ之ニ附屬シテ居ルガ如ク考ヘルノハ即チ行政長官ト國務大臣トヲ辨別セザルノ誤リデゴザイマス、內閣總理大臣モ他ノ各省大臣モ共ニ憲法上ニ於キマシテハ平等ニシテ均衡ナル權能ヲ有ツテ居ルノデゴザリマス。唯內閣ニ於テ會議ヲ致シマスル際內閣官制ニ依リマシテ內閣總理大臣ハ各省大臣ノ首班トシテ其ノ決議ヲ纏ムル任務ヲ有ツテ居ルノデゴザリマス。官制ニ首班トアリマスノハ猶普通ニ首席ト云フノト同ジ意味デアリマシテ。決シテ監督ノ長官ト云フ意味デハゴザリマセヌ。內閣ニ於テ會議シテ決スベキコトハ內閣官制ノ第五條ニ掲ゲテゴザリマス。是レハ細カイコトデゴザリマスカラ說明ハ致シマセヌガ然シ一應玆ニ申述ベテ置キマス。

第五條ニ依リマスレバ

一、法律案及豫算決算案
二、外國條約及重要ナル國際條件
三、官制又ハ規則及法律施行ニ關スル勅令
四、各省間ノ主管權限ノ爭議
五、天皇ヨリ下付セラレ又ハ帝國議會ヨリ送致スル人民ノ請願
六、豫算外ノ支出
七、勅任官及長官ノ任命及進退

其他各省主任事務ニ就キ高等行政ニ關シ事體稍〻重キ者ハ總テ閣議ヲ經ベシ

斯ウ云フコトガ列記セラレスアリマスカラ、是等ノ事項ハ閣議ヲ經テ上奏ヲスルコトニナッテ居リマス。然シ此ノ列記ハ制限的ノモノデハゴザリマセヌ。此ノ事項以外ニ付キマシテハ何事ナリトモ各大臣ガ閣議ニ提出シテ意見ヲ求メタイト思フコトハ之ヲ閣議ニ付スルコトガ自由デゴザリマス。必ズシモ權限ガ是レニ制限セラルルト云フ列記デハゴザリマセヌ。

內閣ハ國務各大臣ヲ以テ組織スルモノトナッテ居リマスガ前回以來屢〻申シマ

シタ通リニ國務大臣ハ必ズシモ行政長官デナイト云フ主義ハ自カラ官制ノ中ニ現ハレテ居リマス。官制ノ中ニ「特旨ニ依ツテ國務大臣トシテ内閣員ニ列セラルルコトアルベシ」ト云フ規定ガゴザリマスル。是レハ各省大臣デナクシテ他ノ國ノ重臣ニ特ニ國務大臣トシテ内閣ニ列セシムルト云フコトノ御命ノアルコトガアリマス。之ヲ以テ見マシテモ國務大臣タル資格ハ憲法上ノモノデアルト云フコトハ明カデゴザリマス。

第五十六條　樞密顧問ハ樞密院官制ノ定ムル所ニ依リ天皇ノ諮詢ニ應ヘ重要ノ國務ヲ審議ス

一、樞密顧問。　樞密顧問モ亦國務大臣ト共ニ憲法上ノ大權ヲ補翼スル所ノ重要ナル機關デアルコトハ屢〻申シ上ゲマシタ通リデゴザリマス。此條ニ於キマシテ樞密顧問ノ職務ノ原則ガ示サレテゴザリマス。樞密顧問ノ地位ハ國務大臣ト同ジク大權ヲ補翼スルノデゴザリマスガ、國務大臣ト異ル所ハ樞密顧問ハ諮詢ヲ俟ツテ始メテ意見ヲ奉ルモノデアリマシテ、自ラ進ンデ大政ノ方針ニ就イテ意見ヲ奉ルト云フモノデハゴザリマセヌ。故ニ諮詢ニ應フ重要ナル國務ヲ審議スト云フコトガ憲法ニ明言セラレテゴザリマス。且又樞密院官制ヲ見マシテモ樞密顧問ハ天皇ノ至高ノ顧問デアルナレドモ大政ノ施行ニ與ルコトナシト云フ意味ノ規定ガゴザリマスル。是レハ憲法上特ニ意ヲ用ヰタモノデゴザリマシテ、大權ノ機關ニ國務大臣ト樞密顧問ト二樣アリマシタトキニ於イテ其職責ガ明白ニ分レテ居リマセヌケレバ却テ國務ノ進行ヲ害スル虞レガアリマスカラ、大政ヲ外部ニ向ツテ行フ所ノ責務ハ國務大臣ヲシテ專ラ之ニ當ラシメ、樞密顧問ハ諮詢ヲ俟ツテ然ル後ニ國務ヲ審議スルモノトナサレタノデゴザリマス。之ニ依ツテ二ツノ者ガ相軋轢ヲスルコトモナク、又重複ヲスルコトモナク各〻其長所ヲ以テ大政ヲ輔弼スルコトガ出來ルノデゴザリマス。樞密院ノ制度ハ其名稱ハ新デアリマスケレドモ、國ノ重臣ヲ聚メテ大政ヲ御諮詢ニナルト云フコトハ古來ヨリノコトデゴジリマシテ、從來ハ顧問ノ官ト大臣ノ官ト同一デアツタノデゴザリマス。別ニ之ヲ顧問ト大臣トニ分ツタノデゴザリマセヌ、然シナガラ憲法ヲ實施致シマスルニ就イテハ國務大臣ハ政治ノ情勢ニ從ヒ進退ノ頻繁ナルコトモアルノデアリマセウ、又一定ノ方針ヲ以テ一定ノ政ヲ行フノデゴザイマスカラ其ノ大政ノ方針ガ變更シマスレバ自ラ退イテ他ノ者ガ之ニ代ツテ行フト云フコトガ必要デゴザリマスル。然ルニ一方ニ於キマシテハ國務ニ鍛錬ニシテ經驗アリ智識アル國ノ元老ガ常ニ君側ニアツテ諮詢ニ應ヘ意見ヲ奉ルト云フ途ノアルコトモ亦必要デゴザリマスカラ之ヲ分タレマシテ樞密顧問ト實際ノ政治ニ當ル大臣トヲ分離致シマシテ大臣ノ進退内閣ノ統一等ノ外ニ於テ大權ヲ輔弼スル所ノ經歷アリ智識アル者ヲ顧問トシテ之ヲ動カザル位地ニ置クノ主義ヲ採ツタノデゴザリマス。是レ最モ便宜ニ適フタ制度デアラウト存ジマス。歐羅巴諸國ノ例ヲ見マシテモ樞密顧問ハ實際ニ於テハ權力ヲ餘リ有セザルモノモ多クアリマスガ、制度トシテハ必ズ君主ノ至高ノ顧問府トシテ存在シテ居リマシテ英國等ノ例ニ依リマスレバ國務大臣ハ實ニ樞密顧問中ノ者ガ實際ノ事ニ當ルノデゴザリマシテ表面上ハ樞密顧問ノ外國務大臣ハナイヤウナ有樣ナ國モアリマス。諮詢ト申シマスルハ申スマデモナク意見ヲ御尋ネニナルコトヲ指シテ云フノデゴザリマスガ其レニ對シテ樞密顧問ノ奉ル所ノ意見ヲ御採納ニナルト否トハ君主ノ大權ノ自由デアルコトハ申スマデモナイ明カナコトデゴザリマス。

二、樞密院官制。　樞密顧問ノ職務ハ内閣ノ官制トハ異リマシテ特ニ此條ノ明文ニ於テ樞密院官制ノ定ムルトコロニ依ルト云フコトガ定メラレテゴザリマス。樞密院官制ハ勅令ヲ以テ布告ニナツテ居リマスガ憲法ニ此條ガアルガタメニ樞密院官制ノ規定ハ即チ憲法附屬ノ規定トナルノデゴザリマス。前條ニハ「國務各大臣ハ」ト云ヒ此條ニハ「樞密顧問官ハ樞密院官制ノ定ムル所ニ依リ」トアリマス即チ自カラ樞密院ノ議決ハ樞密顧問ガ會議ヲシテ其ノ會議ノ結果ヲ以テ之ヲ發表スルト云フコトガ現レテ居リマス。國務各大臣ノ如ク個々別々ニ單獨ノ責任ヲ以テ意見ヲ奉ルノデハゴザリマセヌ。樞密院官制ノ定ムル所ニ依ツテ會議ヲ開イテ會議ノ結果ヲ奉答スルノデゴザリマス。故ニ樞密院ノ組織權限等ハ樞密院官制ニ依ツテ述ベルガ便宜デゴザリマスル。

樞密院官制ニ依リマスレバ樞密院ハ「天皇親臨シテ國務ヲ諮詢スル所」デゴザリマスル。君主ガ御親臨ニナツテ國務ヲ諮詢ニナルト云フコトハ樞密院ノ特色デゴザリマシテ總テ會議ハ必ズ御前ニ於テスルト云フノガ原則デゴザリマスル。歐羅巴ノ慣例ヲ見マシテモ例ヘバ英國ノ如キハ或偶然ノ慣例カラ致シマシテ内閣ノ會議ニハ君主ハ親臨ヲセラレマセヌ。尤モ近頃ニ至リマシテ此ノ親臨制度ヲ回復シナケレバナラヌト云フ議論モ往々英國ノ新聞紙等ニ見エテ居リマスガ、兎ニ角デオルジ一世ガ英語ニ通ゼズ且ツ政治上ノ勢力ガナカツタガタメニ內閣會議ニ親臨ヲセラレナカツタ偶然ノコトガ例トナリマシテ今日マデ內閣會議ハ秘密デアリマス。啻ニ外部ニ向ツテ之ヲ示サザルノミナラズ實ハ君主ノ御前ニ於テ之ヲ議セズシテ秘密ニ議シテ其ノ結果ヲノミ上奏シテ裁可ヲ仰イデ居ツタノデゴザリマス。然シナガラ樞密顧問ニ對シテハ必ズ親臨シテ意見ヲ聽クト云フコトガ英國ニ於キマシテモ親臨ニナルノガ憲法上ノ主義デアルト彼ノ書籍ニ見エテ居リマス。

樞密院ノ組織ハ議長副議長顧問官二十五人ヲ以テ成立ツテ居リマス。然シナガラ樞密院ニ列席セラルルモノハ樞密顧問官ノミデハゴザリマセヌ。明治二十一年五月十八日ノ勅ガゴザリマシテ丁年以上ノ各親王方ハ樞密院ニ列セラレテ重要ナル國務ノ審議ニ御與リニナルト云フコトガ定マツテ居リマス。ソレカラ又特旨ヲ以テ樞密院ニ列セラルルコトモゴザリマス。又國務各大臣ハ大臣タル職務上樞密院ニ顧問タル地位ヲ有シテ議席ニ列席ヲシテ表決ノ權ヲ有スルト云フコトガ樞密院官制ニ定メテゴザリマス。故ニ顧問官トシテ列席スル者ノ外ニ丁年以上ノ各親王方ヲ初メトシ各國務大臣ガ其ノ議ニ列シマスル。

樞密院ノ職掌ハ官制ニ依ツテ定ツテ居リマス。其ノ大目ヲ茲ニ讀上ゲテ置キマス。

一、皇室典範ニ於テ其ノ權限ニ屬セシメタル事項

二、憲法ノ條項又ハ憲法ニ附屬スル法律勅令ニ關スル草案及疑義

三、憲法第十四條戒嚴ノ宣告同第八條第七十條ノ勅令及其ノ他罰則ノ規定アル勅令

四、列國交渉ノ條約及約束

五、樞密院ノ官制及事務規定ノ改正ニ關スル事項

六、前諸項ニ揭グルモノノ外臨時ニ諮詢セラレタル事項

此ノ列記モ亦制限的ノモノデハゴザリマセヌ。茲ニ列記シテアルモノハ必ズ御諮詢ニナルノガ例デゴザリマスガ、此ノ以外ノ事ニ就キマシテモ何事ナリトモ御諮詢アルトキニハ樞密院ハ會議ヲ開キ其ノ意見ヲ上奏スル任務ヲ持ツテ居ルノデ

ゴザリマス。此ノ列記ニ依ツテ樞密院ノ職掌ノ主モナルモノヲ見マスレバ第一ニ憲法上ノ疑義ニ付イテノコトデゴザリマス。又皇室典範ニ依ル所ノ樞密院ノ任務ガ重要ナルモノデゴザリマス。憲法ノ改正或ハ憲法上ノ疑義ハ必ズ樞密院ニ御諮詢ニナツテ其ノ會議ヲ開イテ意見ヲ奉ルト云フコトガ官制ノ規定デゴザマシテ之ニ依ツテ自カラ政府或ハ議院トノ間ニ憲法ノ解釋ガ區々ニ渉リ國務ノ進行上妨害アルトキニ上奏ガアツテ其レニ對シテ御裁斷ヲ下サルルニ當ツテノ御參考トナルノデアリマス。

三、皇室典範ニ因ル樞密顧問ノ職掌。

又皇室典範ニ關係ズル職務ハ甚ダ重要ナモノデゴザリマス。其ノ場合ハ今日委シク申述ブルコトハ出來マセヌガ、唯項目ダケヲ述ベテ置キマスル。「第一ニハ皇室典範第九條ノ場合デゴザリマシテ、是レハ皇位繼承ノ順序ヲ御變更ニナル重大ナコトデゴザリマス。皇室典範ニ定ツテ居リマスガ、重大ナコトガゴザリマシテ其ノ順序ヲ御變更ニナルトキニハ皇族會議及樞密顧問ニ諮詢ニナルト云フコトニナツテ居リマス。

次ハ第十九條ノ場合デゴザリマシテ、「天皇久シキニ亘ル故障ニ由ツテ大政ヲ親ラスルコト能ハザル時ハ皇族會議及樞密顧問ノ議ヲ經テ攝政ヲ置ク「ト云フ御規定ニナツテ居リマス。故ニ天皇久シキ故障ニ由ツテ攝政ヲ置カルルトキニハ必ズ樞密院ノ議ヲ經ルモノデゴザリマス。

次ハ第二十五條ノ場合デゴザリマシテ、攝政ノ順序ノ變更ノコトデゴザリマス。攝政ノ順序モ典範ニ依ツテ定ツテ居リマスガ攝政タルベキ人ニ重大ナル事故ガアリマスレバ其ノ順序ヲ更ヘルコトガアリマス。此場合ニ於テモ亦皇族會議及樞密顧問ノ議ヲ經ルコトヲ必要トシテアリマス。

次ハ第二十七條ノ場合デゴザリマス。太傅ヲ任ゼラルル場合ノコトデゴザリマス。先帝ノ遺命ヲ以テ太傅ヲ置カレマシタトキハ固ヨリ太傅タルベキ人ガ定ツテ居リマスガ、遺命ナキ場合ニ於キマシテハ皇族會議及樞密顧問ノ議ヲ經テ之ヲ選任スルコトニナツテ居リマス。又第二十九條ノ太傅ヲ退職セシムル場合デゴザリマス。太傅ニ重要ナル任務ヲ有ツテ居ル者デゴザリマスカラ攝政ガ在職中ニ太傅ヲ斥クルトシマスル時ハ單獨ニ之ヲ斥ケルコトハ出來マセンデ皇族會議及樞密顧問ノ諮詢ヲ經テ後ニ之ヲ行フコトニナツテ居リマス。

又第四十六條ニ依リマスレバ世傳御料ニ編入スル土地物件ヲ樞密顧問ニ諮詢シテ之ヲ定ムル御規定ニナツテ居リマス。

次ニ又第六十二條ニハ將來此ノ皇室典範ノ條項ヲ改正シ又ハ增補スル時ニハ皇族會議及樞密顧問ノ議ヲ經テ之ヲ勅定スルト云フコトガ示サレテゴザリマス。

皇室典範ニ依リマスレバ是レ等ノ重キ場合ニ皇族會議及樞密顧問ノ議ヲ經ルコトガ示サレテゴザリマス。蓋シ樞密顧問ノ地位ハ憲法上ニ於キマシテハ國務ノ機關デゴザリマスルガ、國務大臣ト異リマシテ時ノ政治上ノ事ニノミ關係シテ居ル者デハゴザリマセヌ。皇室及國家ノ重要ナル事ニ付イテ御信任ノアル機關デゴザリマシテ憲法上ノ職務ノ外ニ尙皇室典範ニ關係スル所ノ重キ任務ヲ命ゼラレテアルノデゴザリマス。

樞密顧問ノ憲法上ノ地位ノ大權ノコトハ深ク說明ヲ致シマセズトモ此條ニアリマス通リ諮詢ニ應ヘテ重要ナル國務ヲ審議スルノデゴザリマシテ而シテ此ノ重要ノ國務トアリマスノハ官制ニ依ツテ如何ナルモノヲ必ズ御諮詢ニナルト云フコトガ定ツテ居リマス。官制列記以外ノ事デアリマシテモ重要ナルモノハ之ニ御諮詢ニナルト云フコトガ憲法ノ精神デアルト見エマス。

以上述ベマシタ通リ國務大臣及樞密顧問ノ二ツノ機關ガアツテ君主ノ大權ハ君主ノ自由ニ行ハセラルル所デアルト同時ニ其行使ヲ最モ愼重ニセラレマシテ此ノ二ツノ機關ヲ經由シテ行フト云フノガ憲法ノ趣意デゴザリマス。而シテ大臣及顧問トハ君主ガ自由ニ任免セラルルモノデアリマスカラ大臣及顧問ノ輔弼ニ依ツテ之ヲ行フト申シマスルハ少シモ大權ノ自由ヲ妨ゲヌノデゴザリマス。其ノ大體ノ趣意ヲ申述ベテ今夕ハ是レニ止メテ置キマス。

第五章

此章ハ司法權ノ行使ニ就キテ其ノ重要ナル原則ヲ示シタノデゴザリマス。國家統治ノ權力ハ立法權、大權、司法權ノ三ツニ分レマス、立法權ハ法律ヲ制定スル權力、大權ハ君主ガ親裁シテ行ハセラルル所ノ權力デアリマスガ、其ノ外ニ司法權ナルモノガアルノデアリマス。是レハ國家ノ權力其ノモノヲ三ツニ分ツノデゴザリマセヌデ、國家ノ權力ガ國ヲ統治シマスルニ就イテ三ツノ作用ニ分レテ働クノデゴザリマス。立憲政體ニ於キマシテハ此三ツノ權力ヲ各別々ノ機關ニ依ツテ行フト云フコトガ原則デゴザリマシテ、前ニ述ベマシタ通リ、我ガ憲法ニ於キマシテモ第一章ニ於キマシテ天皇ノ大權ノコトヲ掲ゲ、續イテ帝國議會ト云フ機關ヲ掲ゲマシテ帝國議會ニ依ツテ立法權ヲ行フコトガ示サレテ居リマス。而シテ此ノ章ニ於キマシテハ司法ノ權力ハ裁判所ニ依ツテ行ハル、ト云フ、即チ司法權ヲ行フニ就イテノ大體ノ原則ガ示サレテアルノデアリマス。

一、司法。司法ト申シマスルハ法律ヲ適用シテ民事刑事ノ裁判ヲ爲スコトヲ云フノデアリマス。司法ト云フ語ニ就イテ説明ヲ致シマスレバ、法則ヲ適用シテ事件ヲ判決スルト云フコトニ當リマス。然シ法則ヲ適用スルト云フコトハ司法ノコトノミニハ限リマセヌ。行政上ノ處分ニ致シマシテモ法則ヲ適用シテ處分ヲスルコトガ多クゴザリマス。然シ普通ノ行政處分ト異リマシテ權利ヲ爭ヒ或ハ刑罰法ノ適用ノコトハ昔ヨリ特種ナ扱ヒニナツテ居リマシテ、之ヲ取扱フコトヲ司法裁判ト稱ヘ來ツテ居リマス。

司法裁判ノコトヲ普通ノ行政事務ヨリ之ヲ分ツテ之ヲ特別ナル機關ニ依ツテ行

フコトハ今日憲法始ツテ後ニ起ツタコトデハゴザリマセヌ。我ガ國ニ於キマシテモ、又外國ノ例ヲ見マシテモ、君主專制ノ時代ニ於キマシテモ民事刑事ノ訴ヘヲ裁判スルコトハ普通ノ行政事務トハ別種ノモノデアルト云フ慣例ニナツテ居リマス。故ニ發達シタル國家ニ於キマシテハ立憲政體ニ則ルト否トヲ問ハズ必ズ裁判所ヲ設ケテ民事刑事ノ訴訟ヲ裁判スルコトニナツテ居リマス。然シナガラ君主專制ノ時代ニ於キマシテ裁判所ヲ設ケテ裁判ヲ掌ラシムルト申シマスハ唯便宜上事務ヲ普通ノ行政機關ヨリ分ツテ獨立ノ機關ヲ設ケテ取扱ハシムルト云フコトニ止リマシテ憲法上ノ原則トシテ行政力ト司法ノ權力トヲ相分ツテ混同セシメヌト云フ原則的ノ趣意カラ來ルモノデゴザリマセヌ。其ノ故ニ裁判ノコトニ就キマシテ行政權ヨリ干涉ヲシタコトモアリマス。又下級ノ官府ニ於キマシテハ裁判ノ職ヲ掌ル者ト行政ノ職ヲ掌ルモノトガ分カレテ居リマシテモ上級ノ官府ニ至リマスルト同一ノ役所ニシテ重大ナ裁判ノコトモ行ヒ又法律ヲモ作リ又行政ヲモ掌ルト云フヤウナ組織ニナツテ居リマシタ。斯ノ如ク立法司法行政ノコトヲ混合スルコトヲ避ケマシテ各々別々ノ機關ヲ設ケテ相干涉セシメズ又相混同セシメズ、獨立シテ事ヲ行ハシムルト云フノガ今日ノ立憲政體ノ趣意デゴザリマシテ、此ノ憲法モ亦タ其ノ趣意ニ則ツテ居ルノデゴザリマス。

二、司法權及其ノ範圍。

司法權ト申シマスト何カ普通ノ國權ノ外ニ特ニ司法權ト云フ獨立ノ權力ガアルカノ如ク聞エマスガ。決シテサウ云フ意味デハゴザリマセヌ。便宜ノタメニ司法權トカ行政權トカ或ハ立法權トカ行フテ居リマスケレドモ實ハ國權ガ立法シ國權ガ行政シ又司法スルノデゴザリマシテ、唯一ノ國家統治權ガ司法裁判ヲスル働キヲ見テ司法權ト名クルノデアリマス。司法權ト云フ文字ガアルガタメニ特ニ司法權ト云フ特別固有ノ權力アルモノト解シテハナリマセヌ。

又司法權ハ獨立ノモノデアルト云フコトヲ近世ノ學說ニ於テ普通唱ヘテ居リマス。司法權ノ獨立ト云フコトハ無論立憲政體ノ趣意デゴザリマスガ、獨立ト云フ文字ニ拘ツテ根本ノ趣意ヲ誤ツテハナリマセヌ。司法權獨立ト云フコトハ一ハ君主專制時代ノ弊害ニ對シテ之ヲ矯メル爲ニ起ツタ所ノ主義デゴザリマス。從來專制ノ時代ニ於キマシテハ司法裁判ノコトヲ裁判官ノ獨立ノ意見ニ任カサズシテ、行政部カラ裁判ヲ斯ノ如ク爲セトカ、此ノ者ハ赦セトカ、此ノ者ハ是非トモ罰スベシトカ云フヤウナコトヲ干渉指圖シタコトガ多クアツタノデアリマス。殊ニ歐羅巴ノ歷史ニ於テ佛蘭西ノ君主專制ノ時代ニハ君主ノ權力ガ盛ナルト共ニ司法權ノ行使ニ就イテモ何事モ中央ノ君主ヨリ指圖ヲスルト云フ弊害ガアリマシテ爲メニ人民ノ爭ヒノ是非曲直ヲ判ズル裁判上ノ公平ヲ失シタコトガ多々アツタノデアリマス。夫レヨリシテ此ノ弊害ヲ矯メ公平無私ニ爭ヒノ曲直ヲ斷ジ法律ノ適用ヲ正シウスルタメニ司法權ガ獨立シナケレバナラヌト云フコトヲ政治上唱ルコト、ナリマシタ。故ニ司法獨立ト云フ意味ハ司法權ト云フ權力ガ國家ノ權力ヨリ離レテ獨立スルト云フ意味デハゴザリマセヌデ、全ク從來ノ弊害ニ對シテ行政權ノ干渉ヲ受ケザルコト、云フ意味デアリマス。獨立ト云フハ行政權ト混合スルコトヲ防グト云フ趣意ニ外ナラヌノデアリマス。畢竟行政ノ權ヨリ獨立スルト云フ意味デアリマス、故ニ憲法ニ於キマシテモ司法權ノ獨立ト云フ文字ハ認メテゴザリマセヌ、然シナガラ司法權獨立ノ主義ハ自カラ現レテ居リマス。

又司法ト云フコト、立法ト云フコト、ハ如何ナル差ガアルト云フコトヲ一言述ベテ置キマス。立法ハ法則ヲ作ルコトデアリマス。法則ト申シマスノハ個々別々ノ事件ニ對シテ處分ヲスルノデハアリマセヌ。一般ノ事ヲ見テ概括シテ人ノ行爲ノ標準ヲ定ムルノデゴザリマス。即チ規則準則トナルモノヲ設クルノデアリマシテ特別ノ事件ガ起ツタトキニ之ヲ斯ク々々ニスベシト云フ處分ヲスルノデハアリマセヌ。司法ト申シマスルハ特別ニ起ツタル事件即チ犯罪ガアルトカ或ハ權利ノ爭ヒガアルトカ云フ場合ニ其ノ事件ニ就イテ法律ノ解釋ヲ示シテ效力アル判決ヲナスコトデアリマス。然レバ立法權ハ一般普通ノ行ヒノ準則ヲ示スモノデアリマシテ司法ハ刑罰ノ適用又ハ權利ノ爭ヒニ對シテ特別ノ法律關係ヲ確定スル國家ノ働キデゴザリマス。裁判所デ事件ヲ判決シマスニ其ノ判決ノ效力ハ唯判決ヲ受ケタ本人ノ間ニノミ及ブノデアリマシテ決シテ立法官ガ法律ヲ作ル如ク是レガ一般ノ權利義務ノ標準トハナラヌノデゴザリマス。是レ立法ト司法トノ區別ノアル所デアリマス。

又司法ト行政トノ區別ニ就キマシテモ種々誤解モアリマスカラ一應辯明ヲシテ置カウト思ヒマス。司法ト行政トノ區別ニ就イテハ從來學者ナドモ種々說明ヲ致シマシテ或ハ司法ノ目的ト行政ノ目的トハ異ツテ居ルト云フコトヲ主張スルモノモアリマス其ノ説ニ依レバ行政ハ國家ガ自己ノ目的ヲ達スルタメニ働クノデアルガ、司法ノ塲合ニ於テハ國家ガ自己ノ目的ヲ達スルノデハナクテ個人ノ權利ノ爭ヒヲ裁斷シ個人犯罪ニ對シテ刑罰ヲ適用スルノデアリマスカラ國家ノ爲ニスルノデハナク個人ノ爲ニ司法權ノ行動ガアルノデアル、行政ノ方ニ於テハ個人ハ主タルモノデナクテ國家ノ目的ヲ達スルト云フコトガ其ノ本領デアルト云フコトヲ説クノデアリマス。此ノ説明モ大體ニ於テ行政ト司法トノ精神ノ異ルヲ示スニ於テ必ズシモ誤ツテハ居ラヌノデアリマシテ實際サウ云フ傾キモアリマス。然シナガラ之ヲ餘リ文字通リ解釋シテ國家ノ目的ヲ達スル行爲ガ行政デ、司法ト云フハ國家ノ目的ノタメニ存スルノデナク個人ノ權利保護ノタメニノミ存スルト解シテハ嚴格ニ云ヘバ餘リ適當デハゴザリマセヌ。國家ノ目的ヲ廣ク見マスレバ法律ヲ正シ法則ヲ維持シ人々ノ權利義務ガ正確ニ保護サルルコトヲ目的トスルノデアリマスカラ、人ノ權利ヲ保護シ刑罰ヲ正シテ秩序ヲ紊ス者ニ制裁ヲ加フルト云フコトハ國家ノ目的ノ最モ主モナル部分デゴザリマスカラ司法裁判ノコトモ亦タ國家ノ目的タルコトハ行政ノ事項ガ國家ノ目的タルト少シモ變リマセヌ。大體カラ云ヘバ共ニ國家ノ目的ヲ達スル働キデゴザリマス。又或説明ニハ行政ハ法律ノ範圍內デ國家政府ガ自由ニ動クノデアルガ司法ノ場合ニ於テハ法律ノ範圍ニ於テ自由ニ行動スルノデハナク法律ヲ解釋シ適用スルノデアル、是レガ二者相異ル所デアルト云フノデアリマス。是レモ大體ニ於テハ正シキ見解デアリマスケレドモ又精密ニ考ヘテ見マスルト今日ノ行政ハ成ルベク法則ヲ以テ規律シテアリマスカラ行政ノ大部分ハ司法ト同ジク行政ノ法律規則ヲ解釋シ適用スルノデアリマシテ行政官ガ自由任意ニ處分ヲスルコトガ出來ヌ場合ガゴザリマス。例ヘバ租稅ヲ課スル場合ノ如キ行政官ハ租稅法ヲ解釋シ之ヲ適用スルノ外ハ一歩モ自由ニ處分ガ出來マセヌ、全ク法律ノ解釋ト適用ノ外ハ自由ノ餘地ガナイノデアリマス。行政處分モ司法ト同ジク法律ヲ以テ一私人ノ義務ノ程度ヲ明カニシテ行政官ガ自由任意ニ處分スルコトナク成ルベク法律ノ解釋適用ヲシテ目的ヲ達スルヤウニナルコトガ所謂法治國ノ行政ノ主義デアリマシテ、實際ハ然樣ニ完全ニハ行ハレ居リマセヌケレドモ成ルベク此ノ思想ニ近寄ルヤウニト云フコトガ今日ノ行政ノ主義デアリマスカラ、司法ハ法律ヲ解釋シ適用スルモノデ行政ハ法律ノ範圍内デ自由ニ處分ヲスルモノデアルト云フ説明モ精密ニ之ヲ考ヘマスレバ必ズシモ適當デハアリマセヌ。唯司法ト行政トノ區別ニ就イテ最モ注意スベキ所ハ裁判官ガ裁判ヲシマスル場合ト行政官ガ處分ヲ致シマスル場合ト其ノ監督權ノ働キ方ノ異ルコトガ最モ重要ナル區別ノ點デアリマス。行政官ハ法令ヲ解釋シ適用スルコトガアリマスシ、又法令ニテ與ヘラレタ職權内デ自由ニ處分ヲスルコトモアリマスガ、何レノ場合ニ於テモ行政官ハ總テ上級官府ノ命令ニ服從スルト云フコトガ原則デアリマス。上級ノ官府ガ訓令ヲ示セバ下級官府ハ之ニ反抗ハ出來マセヌ。上級官府ノ監督訓令ニ從ツテ下級官府ハ行政處分ヲ行フノデアリマス。然ルニ司法裁判ノ方デハ各裁判官ハ各獨立ノ意見ヲ以テ法律ヲ解釋シテ獨立ノ判決ヲ與ヘマス。決シテ上級裁判所ノ訓令ヲ受ケマセヌノデアリマス。唯時トシテ下級ノ裁判所デ判決シタモノヲ上級ノ裁判所デ破棄スルト云フコトハアリマス。然シナガラ是レハ裁判ヲシタ後ニ上級ノ裁判所ガ其レト異ツタ判決ヲスルノデアリマシテ判決ヲスル前ニ斯ノ如ク判決ヲ爲セ斯ノ如ク解釋ヲ爲セト云フ訓令指圖ヲ示スコトハ出來マセヌ。是レガ司法權ノ獨立スル所以デアリマシテ且ツ裁判官ノ地位ト行政官ノ地位ノ異ル最モ著シキ點デアリマス。此ノ區別ハ最モ大切デアリマシテ司法權ハ獨立ノ裁判官ニ依ツテ行ハル、ルト云フハ此ノ點デアリマス。斯ノ如ク裁判官相互ノ間ニ監督權ガアリマセヌカラ無論行政官ヨリ裁判官ニ向ツテ訓令シ法律ノ解釋ヲ示スコトガ出來ヌノハ申スマデモナイコトデアリマス。全ク此ノコトヲ以テ司法權ノ獨立ノ意味トスルノデアリマス。

司法權ノ範圍ガ如何ナルコトデアリマスカハ委シク玆ニ説明ハ出來マセヌガ大略ノコトヲ申上ゲテ置キマス。今日ノ我ガ法律制度ニ依ツテ見マスレバ司法權ノ範圍ハ概シテ二ツニ分レテ居リマス。一ハ爭訟事件ト稱ヘ、一ハ非訟事件ト稱ヘマス。爭訟事件ト稱ヘマスノハ文字通リ爭訟ノコトデゴザリマシテ民事及刑事ノ訴訟ヲ受理シ審判スルノデゴザリマス。非訟事件ト申シマスノハ訴訟ノ裁判デゴザリセヌデ、人ノ私權ノ確定ノタメニ裁判所ガ法律ノ命ズル所ニ由リ取扱フモノニシテ是レニハ種々ナ場合ガゴザリマス。概括シテハ申上兼ネマスガ、最モ著シキ例ハ不動產ノ登記ト云フヤウナコトヲ裁判所デ扱マス。是レ等ハ爭訟事件デハアリマセヌガ司法裁判所ニ於テ取扱フ事件トシテゴザリマス。此レ等ノコトハ其ノ實質ヨリ申セバ行政ノ役所デ戶籍簿ヲ取扱フモ裁判所ニ於テ登記簿ヲ取扱ヒマスモ實際ニ於テ少シモ異ル所ハナイノデゴザリマス。然シナガラ行政ノ役所デ戶籍簿ヲ取扱フトキニハ內務大臣以下ノ上級ノ行政官ノ訓令ヲ受ケルノデアリマスガ同ジヤウナコトデアリマシテモ裁判所デ登記事務ヲ取扱ヒマストキニハ裁判官ノ獨立ノ權限ニ於テ之ヲ取扱フノデアリマス。是レガ同ジヤウナコトデアリマシテモ司法裁判所ノ職權ニ屬セシメタトキト行政官廳ニ屬セシメタルトキトハ趣ヲ異ニスル點デアリマス。

民事刑事ノ裁判及所謂非訟事件ノ取扱ノ外ニ尙特別ノ權限トシテ法律ガ與ヘマシタトキニ於キマシテハ公法上ノ訴訟ヲモ取扱フコトガアリマス。例ヘバ衆議院議員ノ選擧ニ就イテノ訴訟ハ控訴院デ裁判ヲスルト云フガ如キ是レハ例外トシテ法律ニ依ツテ定メラレテアリマス。是レ等ノ特別ノ權限ヲ除ク外ハ大體ニ於テ司法權ノ範圍ハ民事刑事ノ裁判ト非訟事件ノ取扱ヒデアルト見テ宜シイノデアリマス。其ノ外司法行政ト稱ヘマシテ裁判官ノ身分ノ取扱或ハ裁判事務ノ進行ノ監督或ハ刑罰ノ執行監獄ノ事ノ如キハ矢張リ裁判所ノ機關ニ依ツテ行ハルヽコトガアリマス。是レハ司法權ノ行使デハアリマセヌデ、司法權ヲ輔助スル行政事務デゴザリマス。之ヲ司法行政ト稱ヘヲリ居マス。即チ司法上ニ關スル行政事務ト云フ意味デゴザリマス。是レハ全ク訴訟ヲ裁判スルトハ違ヒマシテ司法大臣ノ權限ニ屬シ又其ノ事務ノタメニ司法大臣ガ存スル譯デアリマス。司法大臣ハ總テ是レ等ノ監督ヲナシ訓令ヲ發シ取扱ツテ居ルノデアリマス。此ノ事ト司法權ノ本領タル裁判ノ事務トハ之ヲ區別シテ考ヘナケレバナリマセヌ。是レ等ノコトハ細カク申上ゲマスト餘リ煩シクナリマスカラ大體ノコトノミニ止メテ置キマス。

三、民事及刑事。

民事刑事ト云フコトハ一言説明ヲシテ置キマセネバ此講義ノ意味ガ十分徹底致サヌト考ヘマスカラ附加ヘテ置キマス。司法權ハ何ヲスルモノカト云ヘバ其本來ノ性質ハ民事ト刑事トノ裁判ヲスルノデゴザリマス。刑事ト申シマスルハ刑罰ノ適用ヲ目的トスル事件ヲ云フノデゴザリマス。犯罪ニ對シテ刑罰ガアリマスカラ其ノ犯罪ヲ審査シテ之ニ適合スル刑罰ヲ申渡スコトガ刑事ノ裁判デゴザリマス。凡ソ罰ハ法律ヲ以テスルニアラザレバ科スルコトヲ得ズト云フコトハ憲法ニ明條ガアリマシテ是レハ前ニ説明ヲ致シタト心得テ居リマス。昔ハ犯罪ヲ見テ然ル後ニ刑罰ノ法律ヲ作ルト云フ弊モアリマシテ必ズシモ豫メ設ケラレタル刑法アルヲ要セズ臨機ニ制裁ヲ加ヘル等ノコトガアリマシタガ、斯ノ如キコトデハ秩序ヲ維持スルニ足ラズ且ツ公正ヲ失スル結果ヲ來シマスカラ立憲政體ニ於キマシテハ刑罰ハ必ズ法則ニ依ツテ豫メ定マラナケレバナラヌト云フ主義ヲ取ルコトニナリマシタ。法則ナケレバ刑罰ナシト云フノガ動カスベカラザル原則デアリマス。然レバ刑罰ヲ加ヘマスル事件ハ必ズ法律ヲ解釋シテ適用スル事件デアリマスカラ刑事ノ審判ハ裁判所ヲシテ之ヲ掌ラシムルノデアリマス。又民事ト申シマスコトハ一個人ノ私權ノ爭ヒデゴザリマス。私權ト申シマスハ公法上ノ權利デハアリマセヌデ、一私人トシテノ財産ノ權デアルトカ、親族關係ヨリ生ズル權利デアルトカ、總テ人ト人トガ平等ナル關係ニ於テ社會上ノ交際ニ生ズル所ノ權利ヲ指シテ私權ト申シマス。國權ノ働キニ對シテ生ズル所ノ權利デハゴザリセヌ。此ノ權利義務ノ爭ニ就イテ裁判ヲ致シマスコトヲ民事ノ裁判ト申シマス。民事ノ事件ト民事ニアラザル事件トノ區別ハ精細ニ之ヲ述ベマストキニハ學說ニ渉ラナケレバナリマセヌカラ其ノ煩ヲ避ケテ大體ノ意味ダケノ說明ヲ致シテ置クノデアリマス。民事ノ訴訟ハ一般ニ普通裁判所ニ於テ裁判ヲスルコトニナツテ居リマス。若シモ民事ノ訴訟ニシテ特ニ普通ノ裁判所ニ依ラズ他ノ特別ノ機關ニ依ツテ裁判スルモノデアリマシタナラバ特別ノ法律ヲ以テ之ヲ定メラレナケレバナラヌト云フコトガ後ノ條ニ定メラレテゴザリマス。要スルニ人ノ私權ノ爭ヒ例ヘバ財產權ニ關係スル爭ヒトカ或ハ親族關係ニ伴フ爭ヒデアルトカ或ハ人ノ能力身體ノ自由ニ關係スルコトノ爭ヒノ如キ國家ノ權力ニ對シテノ爭ヒニアラズシテ一私人相互ノ間ニ於ケル法律關係ノ爭ヒデアレバ民事ノ訴訟トシテ之ヲ受理シ審判スルノガ裁判所ノ本職デゴザリマス。依ツテ裁判所ノ權限ハ民事刑事ノ訴訟ヲ審判スルコトデアリ、其ノ審判ハ法律ニ依ツテスルト云フ所カラ民法及刑法ノ制定ガ必要トナツタノデゴザリマス。今日デハ民法及刑法ハ一部ノ法典トナツテ編成サレテアリマスガ、然シナガラ其ノ編成セラレテアル所ノ民法刑法ノミヲ適用スルモノデハゴザリマセヌ。總テ刑罰ノコトヲ規定シタル法令又ハ人ノ私權ノ關係ヲ規定シタル法則ヲ適用スルノデアリマス。此ノ民法ト刑法トハ特種ナ法律デゴザリマスカラ茲ニ少シク説明ヲシテ置カウト考ヘマス。

四、民法及刑法。

民法ハ人ノ私權ノ關係ヲ定ムル法律デゴザリマス。素ヨリ今日民法トシテ定メラレテアル法典ノ中ニハ私權關係ノコトデナク公ノ權力ノ働キニ屬スル規定モ含マレテアリマスガ是レハ附隨トシテ含マルルノデアリマシテ民法ノ本來ハ私權關係ヲ定ムルノデアリマス。而シテ私權關係ノ特質ハ人々ガ自己ノ目的ヲ達スルタメニ國家ガ認メテ保護スル權利デアリマスカラ各人自ラ主張スルコトナケレバ國家ハ保護シナイト云フノガ其ノ特質デゴザリマス。例ヘバ私ニ財産權ガアルトカ或ハ私ガ他人ニ對シテ債權ヲ有ツテ居ルトカ云フコトガアリマシテモ私ガ其ノ財産權ヲ拋棄シテ居ルトカ又ハ其ノ債權ヲ主張セズニ居ルトキニ於キマシテハ國家ハ之ヲ保護致シマセヌ。警察ノ規則デアリマスレバ本人ガ知ルト知ラザルト。主張スルトセザルトニ拘ラズ國家ハ公ケノ秩序ノタメニ之ヲ施行致シマスケレドモ、民法ノ規定ハ概シテ云ヘバ一私人ガ之ヲ拋棄スルコトヲ得ル權利ノ規定デゴザリマスカラ本人ガ主張スルニアラザレバ國家ハ立入ツテ之ヲ保護スルコトハ致シマセヌ。故ニ民法上ノ權利ヲ全フスルニハ本人ガ自ラ進ンデ裁判所ニ訴ヘテ其ノ保護ヲ請求シナケレバナラヌノデ、若シ本人ガ請求スルコトガナケレバ國家ハ保護ヲ致シマセヌノデアリマス。他ノ行政法律ハ租税ノ法律デモ警察ノ法律デモ其ノ他公ノ營造物ニ關係スル法律デモ國家ガ自己ノ目的ヲ達シ自己ノ利益ヲ全フスルタメニ法則ヲ設ケタモノデアリマスカラ國家ハ行政機關ヲシテ强制シテ執行セシムルノデアリマス民法ノ規定ハ概シテ權利ヲ享有スル本人ガ之ヲ主張シナケレバ其ノ權利ハ國家ガ立入ツテハ保護ヲシナイト云フ主義ノモノデゴザリマス。刑法ハ固ヨリ公ノ秩序ヲ維持スル法律デゴザリマシテ警察ノ法律ト種類ヲ同ジウシテ居リマスカラ民法トハ性質ガ異リマス、然シナガラ刑法ニ就キマシテハ裁判所ニ檢事ヲ置キマシテ檢事ガ犯罪ヲ搜索シテ刑ノ請求ヲ致シマスルトキニ其ノ請求ヲ受ケテ裁判官ガ裁判ヲスルコトニナツテ居リマス。民法トハ違ヒマシテ是レハ公ノ秩序ヲ維持スル法則デゴザリマスカラ、犯罪人ハ之ヲ搜索シ逮捕シテ法廷ニ引出ス手續ガナクテハナリマセヌ。之ヲ行政ノ機關タル檢事ガ致スノデゴザリマス。行政ノ機關タル檢事ハ犯罪人ヲ法廷ニ訴ヘテ刑ノ請求ヲスルノデゴザリマス。

第五十七條　司法權ハ天皇ノ名ニ於テ法律ニ依リ裁判所之ヲ行フ裁判所ノ構成ハ法律ヲ以テ之ヲ定ム

一、司法權ノ行使、本條ハ司法權ノ行使ト裁判所ノ構成ヲ定メタモノデゴザリマス。此兩樣ノ點ヲ簡略ニ申述ベテ置キタイト存ジマス。司法權ハ天皇ノ名ニ於テ行フト明文ニ揭ゲラレテゴザリスルハ前ニ述ベマシタ通リ司法權ハ特別ナル權力ニアラズシテ君主ノ統治權ノ一部分デアルト云フコトヲ示サレタノデゴザリマス。司法權ハ決シテ裁判所ノ權力デハゴザリセヌ。君主ノ統治權ニ屬シテ居リマス。故ニ裁判所ガ之ヲ行フノハ自己ノ權力ヲ行フニアラズシテ君主ノ名ニ於テ君主ノ權力ヲ行フモノタルコトヲ明文ニ示サレタノデゴザリマス。又司法權ハ法律ニ依リテ事ヲ行フト申シマスルハ司法權ヲ行フ準則ハ法律ニ依ルベキモノデアッテ、君主ノ大權ヲ以テ定ムル命令以下ノ規則ニ依ッテ行フモノデナイト云フコトヲ定メタノデゴザリマス。法律ニ依リト云フ文字ニ就キマシテハ司法裁判所ニ於テ適用スル法則ハ法律デナクテハナラヌ命令ハ適用シナイト云フヤウニ解ル者モアリマスガ、是レハ誤リデアルト考ヘマス。裁判所ガ事件ヲ裁判スルニ就イテ適用スルモノハ必ズシモ法律ニノミ限リハ致シマセヌ。勅令モ適用致シマス。其ノ他ノ命令規則モ適用致シマス。然シナガラ裁判ヲスル手續ガ法律ニ依ッテ定マッテ居ナケレバナリマセヌ。裁判ノ公平ヲ期スルニハ裁判ノ手續ヲ嚴格ニスルコトガ最モ必要デアルノデアリマス。故ニ其ノ結果トシテ民事訴訟法刑事訴訟法ト云フモノガアリマスガ、是レハ命令ヲ以テ定ムルコトハ出來マセヌ。必ズ法律ニ依ッテ定メナケレバナラヌノデアリマス。司法裁判ヲ爲ス所ノ手續方法ハ必ズ法律ノ規定ヲ俟タナケレナバラヌト云フノガ此條ノ精神デゴザリマス。又法律ニ依リ之レヲ行フト云フコトノ意味ハ獨立ノ裁判官ガ法律ノ解釋ニ依ッテ行フコトヲ云フノデアリマシテ決シテ上官ノ訓令ニ依ッテ司法權ヲ行フモノニアラズト云フ意味ヲモ持ッテ居ルノデゴザリマス。行政官ガ行政ヲ致シマスルハ上官ノ訓令ニ依ッテモ行ヒ又法律ニ依ッテモ行ヒマスガ、自分一個獨立ノ法律ノ解釋ヲ以テ行フノデハゴザリマセヌ。上官ノ解釋ニ依ッテ訓令セラレマシタトキニ其ノ訓令ニ従テ行ハナケレバナラヌノデアリマスガ、司法裁判官ハ唯法律ニ依ッテノミ事件ヲ裁判スルノデゴザリマシテ、法律ヲ解釋シ適用スルコトハ法律以外ノ力ニハ左右セラレナイト云フコトガ司法權ノ獨立スル所以デゴザリマシテ此條ノ精神モ茲ニアルト考ヘマス。

二、裁判所ノ構成。

裁判所ノ構成ハ法律ヲ以テ定ムトアリマスガ、裁判所ノ組織及權限ハ法律デナクテハ定ムルコトガ出來ナイノデ命令ヲ以テ定ムルコトガ出來ナイト云フ主義ガ示サレテアルノデゴザリマス。行政機關ハ君主ノ大權ヲ執行スルモノデゴザリマスカラ行政部ノ官制ハ勅令ヲ以テ定ムルノガ本則デゴザリマス。此ノ事ハ前ノ章ニ於テ既ニ説明ヲ致シタコトガゴザリマス。行政機關ハ勅令權ヲ以テ定ムルコトガ本則デゴザリマスガ、司法裁判ハ法律ニ依ツテ之ヲ行フモノデアツテ獨立シテ法律ノ解釋ヲスルノデゴザリマスカラ之ニ伴フテ其ノ機關タル裁判所ノ權限ト組織トハ法律ノ力ヲ以テ之ヲ制定スルモノデアルト云フノガ當然ノ結果デゴザリマス。是レモ亦司法裁判權ノ獨立ヲ保障スルニ就イテ必要ナル原則デゴザリマス。裁判所ノ構成及權限ノ事ハ今夕申上ゲヤウト存ジマスケレドモ餘リ煩雜ニ渉リマスカラ唯々裁判所ノ種類ノミヲ茲ニ申上ゲテ置キマス。

現今ノ裁判所構成法ニ依リマスレバ裁判所ノ種類ハ四ツニ分レテ居リマス。第一ガ區裁判所第二ガ地方裁判所第三ガ控訴院第四ガ大審院デゴザリマス。區裁判所ハ最下級ノ裁判所デゴザリマシテ輕易ナ民事ノ訴訟及輕易ナル刑事ノ訴訟ヲ裁判致シマス地方裁判所ハ區裁判所ノ權限ヨリモ稍〻廣フゴザリマシテ、區裁判所ノ權限ニ屬セザル民事刑事ノ較〻重大ナ事件ヲ裁判致シマス。此權限ノ分配區別ハ裁判所構成法ノ明文ヲ見マスレバ明瞭デゴザリマスルカラ茲ニハ省イテ置マシテ唯々大體ノ趣意ヲ申シマスレバ普通輕易ナ事件デゴザリマスレバ區裁判所ニ於テ先ヅ第一審トシテ判決ヲ下シ若シ當事者ガ其ノ判決ニ不服デアレバ地方裁判所ニ控訴ヲ致シマス。地方裁判所ノ判決ニモ不服デアリマシタナラバ次ニ控訴院へ行キマス。控訴院ノ判決ニモ亦タ不服デアリマシタナラバ、大審院ニ上告スルト云フヤウナ順序ニ溯ツテ參リマス。斯ノ如ク鄭重ニ各種ノ裁判所ヲ經テ幾度モ繰返シテ同ジ事件ヲ審判セシムルヤウニ法律ニ定メラレテゴザリマスノハ人民ノ權利自由ヲ大ニ尊重致シマシテ罪ナクシテ罰セラルヽ人ノヤウニ、權利ヲ枉ゲラレテ損害ヲ受クルモノガナイヤウニ意ヲ用ヰテ法律ノ公平ニ行ハルヽコトヲ期シテアルノデゴザリマス。人民ノ權利自由ノ保護ニ最モ重キヲ置カレタ制度デゴザリマス。又裁判ヲシマスルニ就イテハ區裁判所ハ一人ノ裁判官ガ裁判ヲシマス即チ單獨ノ裁判官ノ裁判デゴザリマスガ。地方裁判所控訴院及大審院ニ於キマシテハ三人五人或ハ七人ト云フガ如ク數名ノ裁判官ガ一事件ニ就イテ合議ヲシマシテ、合議ノ結果デ判決ヲ下スコトニナツテ居リマス。此ノ合議制ヲ採リマシタノモ蓋シ裁判ノコトヲ愼重ニシ輕卒ノ事ノナイヤウニスルタメト考ヘマス。大審院ハ最高ノ裁判所デゴザリマス。大審院ニ於テ裁判ガ確定ヲ致シマシタトキニハ其ノ上ニ裁判所ガゴザリマセヌカラ、更ニ訴ヘテ裁判ヲ仰グコトハ出來マセヌ。即チ民事刑事ニ就キマシテ大審院ノ裁判ハ最終ノ確定ヲ爲スモノデゴザリマス。唯刑事ノ裁判ニ就キマシテハ前ニモ申述ベマシタ通リ君主ノ大權トシテ大赦減刑等ノ特典ガゴザリマスカラ場合ニ依ツテハ大審院ノ判決ヲ受ケマシタ者デモ後ニ大權ヲ以テ其ノ刑ヲ減免セラルヽコトガゴザリマス。然シ是レハ司法權ノ働キデハゴザリマセヌ、全ク君主ノ大權ニ依ツテ特別ナ恩典ガアルノデゴザリマス。裁判トシテハ無論大審院ノ判決ヲ以テ最終ト致シマス。此ノ簡略ナル説明ヲ以テ此條ノ文字通リノ意味ハ盡キテ居リマス。

三、訴訟及裁判。

訴訟及裁判等ノコトハ特ニ民事訴訟法及刑事訴訟法ト云フ精密ナル法典ガゴザリマシテ、其レニ依ツテ定メラレテゴザリマス。其ノ規定ハ茲ニ簡略ニハ申上兼ネマス。然シ裁判ヲスルニ就キマシテハ民事ノ訴訟ヲ取扱フ原則ト刑事ノ裁判ヲスル原則トハ違ツテ居リマス。其ノ點ヲノミ茲ニ申上ゲテ置カウト思ヒマス。

人ノ私法上ノ權利ハ公益ニ關セズ又他人ヲ害セザル以上ハ自ラ抛棄スルコトガ出來ルト云フノガ其ノ性質デアリマスカラ、其ノ結果トシテ民事上ノ裁判ニ就キマシテハ當事者即チ權利ヲ主張スル本人ガ裁判所ニ向ツテ請求スルニアラザレバ裁判ヲスルコトガ出來ナイト云フノガ原則デゴザリマス。例ヲ示シテ申シマスレバ、例ヘバ甲ガ乙ニ百圓ノ金ヲ貸シテ返サナイカラ請求ヲスルト見マスル。然ルニ甲ガ百圓貸シタト云フ事實アルニモ拘ハラズ五十圓シカ請求ヲシマセヌトキニ於キマシテハ固ヨリ裁判官ガ立入ツテ汝ハ百圓貸シタノデアルカラ五十圓デハ足リナイ百圓請求スルガ宜シイト云フコトヲ助言スルコトハ出來マセヌ。又然様ナ裁判ヲスルコトモ出來マセヌ。民事ノ訴訟ニ於キマシテハ總テ請求ガナケレバ判決ヲ下サヌ、請求ノ程度ニ於テデナケレバ權利ヲ與ヘヌ、眠ッテ居ル權利ニハ保護ヲ與ヘヌト云フノガ原則デゴザリマス。然ルニ刑事ノ裁判ニ於キマシテハサウデハゴザリマセヌ。刑法ハ公ノ秩序ヲ維持スルモノデゴザリマスカラ本人ガ自白ヲスルト否トニ拘ラズ、裁判所ハ職權ヲ以テ事實ノ捜索ヲ盡シマシテ刑ヲ適用致スノデアリマス。此ノ區別ガアリマスガタメニ均シク裁判デゴザリマシテモ刑事ノ裁判ト民事ノ裁判トハ訴訟ノ原則ガ大ニ違ッテ居リマス。

判決ト申シマスハ民事ニ於テハ權利義務ノアル所ヲ言渡スノデゴザリマス。又刑事ニ於キマシテハ刑罰ヲ言渡スノデゴザイマス。判決ノ効力ハ當事者ニノミ及ブモノデアルト云フノガ原則デゴザリマス。當事者ト申スノハ刑事ニ就イテハ被告人デゴザリマス。民事ニ就キマシテハ權利者義務者ノ方ヲ指シテ云フノデゴザリマス。此等ノ關係者即チ當事者ノミニ判決効力ヲ有スルモノデゴザリマス。是レガ又一ツノ特色デゴザリマス行政ノ處分トカ行政ノ訓令トカ又ハ命令トカ云フコノハ其ノ事ガ一般ニ對シテ効力ヲ有ツコトモゴザイマスガ、司法裁判ノ判決ニ就キマシテハ判決ヲ受ケタ者ノミニ効力ヲ有シマシテ決シテ他ニハ及ビマセヌ。故ニ例ヘバ此ノ机ガ甲ト乙トノ間ノ裁判ニ於キマシテ甲ノ所有物ナリト云フコトガ確定ヲシテモ、甲ハ世間ノ總テノ人ニ對シテ是レハ所有物デアルト言張ルコトハ出來マセヌ。共ニ裁判ヲ受ケタ乙ニ對シテハ最早ヤ自己ノ所有物件デアルコトガ確定ヲシテ居リマスガ第三者ノ丙トカ丁トカ云フ者ハ後ニ此ノ机ハ甲ノ物デハナイモノデアルト云フコトヲ言出スコトガ出來マス。其ノ爭ヒニナツタトキニ是レハ既ニ裁判ガ確定シテ居ルト云ツテ排斥スルコトハ出來マセヌ即チ判決ハ當事者即チ裁判ヲ受ケタ者ノ間ニノミ權利關係ヲ確定スルモノデアツテ一般世上ニ對シテ權利ノ確定ヲスルモノデナイト云フ謂ヒデゴザリマス。

今夕ノ說明ハ稍〻煩雜ニ涉ツタコトニツキマシテ申上ゲマシタカラ甚ダ連續ガ惡ウゴザリマシテ或ハ御了解ニ難カツタカトモ存ジ恐レ入リマスガ何分時間ノ制限モゴザリマスノデ十分ナ說明ヲ致スコトガ出來マセヌ。唯司法權ヲ行フ所ノ憲法上ノ大體ト原則ガ明カニナツテ居リマスレバ憲法ノ說明トシテハ足ルコト、存ジマシテ是レデ止メテ置キマス。

第五十八條　裁判官ハ法律ニ定メタル資格ヲ具フル者ヲ以テ之ニ任ス

裁判官ハ刑法ノ宣告又ハ懲戒ノ處分ニ由ルノ外其ノ職ヲ免セラルヽコトナシ

懲戒ノ條規ハ法律ヲ以テ之ヲ定ム

裁判官ノ任免及懲戒。本條ハ裁判官ヲ任免シ及ビ懲戒スルコトニ就イテノ原則ヲ掲ゲタルモノデゴザリマス。此ノ章ニ於キマシテハ司法權ノ行使ニ關スル總テノ原則ヲ掲グルノデハゴザリマセヌデ、其ノ中ノ最モ重要ナルモノヲ茲ニ載セラレタノデゴザリマス。其ノ他ノ條規ハ別ニ裁判所構成法又ハ民事訴訟法或ハ刑事訴訟法等ノ特別ナル法律ヲ以テ之ヲ定メ唯憲法ノ原則トシテ動スベカラザルモノヽミヲ茲ニ掲ゲマシテゴザリマス。此ノ裁判官ノ任免及懲戒ノコトハ甚ダ主要ナルコトデゴザリマスカラ特ニ憲法ニ載セラレタノデゴザリマス。

此條ノ趣意ハ裁判ハ公平デナケレバナラヌト云フコト、裁判官ハ獨立ノ地位ニ在ッテ獨立シテ法律ヲ解釋シ以テ事件ヲ裁判シナケレバナラヌト云フコト、行政權ヨリ干渉ヲ受ケテハナラヌト云フコト等ノ趣意ヲ全フスルタメニハ裁判官ノ地位ヲ獨立ニシ鞏固ニスル必要ガアルト云フ精神カラ此條ノ規定ガ出テ來タノデアリマス。裁判官ノ任免及懲戒ガ普通ノ行政官ニ於ケル如ク行政長官ノ意思ニ依ッテ容易ニ左右セラル、モノデアリマシタナラバ、假令理論上裁判官ハ上官ノ意思ヲ受ケルコトナク獨立シテ裁判ヲスルト申シマシテモ實際ニ於テ其ノ地位身分ヲ支配スル權ガ行政官ニアリマストキハ、間接ニ行政官ノ權力ヲ以テ裁判權ノ行使ヲ動スト云フ虞レガアリマスガ故ニ其ノ虞レヲ避ケテ名實共ニ裁判ノ公平ニシテ獨立ナルコトヲ希望スル所カラ憲法ニ於テ特ニ裁判官ノ地位ヲ獨立ニシ鞏固ニ致シタノデアリマス。

裁判官ノ任命ハ法律ニ定メタル資格ヲ備フル者ヲ以テスルノデゴザリマス。而シテ裁判官ヲ任ジマスノハ君主ノ大權デアリマシテ法律ガ當然ニ裁判官ヲ命ズル譯デハゴザリマセヌ。此ノ點ニ於キマシテハ普通ノ行政官ト異ル所ハゴザリマセヌ。然シナガラ裁判官ハ民事刑事ノ裁判ヲ掌ル者デゴザリマスカラ特種ノ專門ノ知識ヲ備ヘナケレバナリマセヌ。又裁判官ハ殊ニ權利ノ爭ヒヲ裁判スル重キ職分ヲ有ツテ居リマスカラ其ノ資格品位等ニ於テ最モ世上ヨリ信用ヲ受クル者ヲ採用セネバナリマセヌ。然ルニ裁判官トナリ得ル所ノ資格ヲ行政命令ニ一任シテ置キマストキハ裁判官ヲ得ルコトニ就イテ行政權ノ干渉ヲ容ルヽ慮レガアリマスカラ特ニ憲法ニ於テ裁判官ニ任命スルノ資格ハ法律ヲ以テ定メナケレバナラヌ。普通ノ行政規則ヲ以テ定ムルコトハ出來ナイト云フ原則ガ示サレテアルノデゴザリマス。現行ノ法律ノ規定ヲ見マスレバ裁判官タルノ資格ハ學術試驗ニ依ツテ候補者ヲ採用シマシテ其ノ者ヲ尚數年間實務ニ當ラセマシテ第二回ノ試驗ヲ經テ始メテ判事ニ採用スルト云フコトニナツテ居リマス。是レ等ノ細カイ手續ニ至リマシテハ茲ニハ述べマセヌ。

裁判官ハ終身ノ官デゴザリマス。終身官ト申シマスハ本人ノ自由ノ意思ニ依ツテ願ヒ出デマスレバ免ゼラルヽコトモアリマスガ其ノ意思ニ反シテ其ノ官職ヲ奪ハルヽコトナシト云フ意味デアリマス。是レガ最モ裁判官ノ獨立ヲ鞏固ニスルニ必要ナ原則デゴザリマシテ「司法權ノ獨立公平ハ此ノ規定アルニ依ツテ全イノデゴザリマス。故ニ此ノ條ノ第二項ニ「裁判官ハ刑法ノ宣告又ハ懲戒ノ處分ニ由ルノ外其ノ職ヲ免ゼラル丶コトナシ」ト云フ規定ガ設ケラレマシタ。普通ノ行政官ニ於キマシテハ法律上ノ擔保ハゴザリマセヌ。尤モ現今ノ行政規則デハ一度官職ニ就イタ者ハ理由ナクシテ漫リニ其ノ職ヲ免ズルコトハナイト云フ方針ニ進ンデ居リマスガ法律上ノ擔保ハゴザリマセヌ。加之裁判官ノ如ク刑法ノ宣告又ハ懲戒ノ處分ニ由ルノ外ハ免ゼラル丶コトナシト云フ原則ハ其ノ任用及分限ノ規則ニ於テモ見エマセヌ。裁判官ニ就キマシテハ現ニ此ノ條ニ規定セラルル如ク憲法ノ原則トシテ刑法ノ宣告又ハ懲戒處分デナクシテハ其ノ職ヲ免ゼラル丶コトハナイト定マツテ居リマス。

刑法ノ宣告ト申シマスレバ例ヘテ申セバ裁判官ガ犯罪ガアツテ刑事ノ被告人トナツテ裁判ヲ受ケマシタ結果公權ヲ剝奪セラレタト云フ如キ場合ニハ當然其ノ官職ヲ剝ガレマス。其ノ他ノ場合ハ懲戒處分ニ由ルノミデゴザリマス。而シテ其ノ懲戒ノ條規ハ法律ヲ以テ之ヲ定ムトゴザリマシテ其ノ懲戒規則ハ普通ノ行政文官ニ對スル如ク行政ノ定ムル所ノ命令規則ヲ以テ定ムルコトハ出來マセヌ。法律ト云フ重キ法則ヲ以テ之ヲ定メナケレバナラヌノデアリマス。現行ノ判事懲戒法ト云フモノハ明治二十三年ニ發布ニナッテ居リマスガ、其ノ規定スル所ヲ見マスルト職務上ノ義務ニ違背シ又ハ職務ヲ怠リタルトキ及官職上ノ威嚴及信用ヲ失フベキ所爲アリタルトキ、是レ等ノ場合ニ懲戒ニ付セラルヽノデゴザリマス。刑法ノ罪ヲ犯シマスレバ刑事ノ被告人トシテ當然其ノ職ヲ失フノデアリマスガ、刑法上ノ罪トナリマセズトモ職務上ノ義務ニ背キ又ハ職務ヲ怠ルコトガアルトカ或ハ職務上ノ威嚴ヲ失シ或ハ信用ヲ失フガ如キ所爲ノアッタトキニハ懲戒ニ處セラルヽコトガ規定サレテアリマス。而シテ其ノ懲戒ハ唯長官ガ一個ノ見込ヲ以テ之ヲ處分スルコトデハゴザリマセヌ。控訴院又ハ大審院ニ特ニ懲戒裁判所ヲ開キマシテ公平ナル裁判ノ手續ヲ以テ恰モ刑事ノ被告人ニ對シテ刑罰ヲ宣告スル場合ト同ジヤウニシテ頗ル鄭重ナル形式ヲ履ミマス決シテ上官ノ一人一個ノ意思ヲ以テ自由ニ懲戒ノ權ヲ行フト云フコトデハアリマセヌ。裁判所ノ決議ニ依ッテ懲戒ノ判決ヲ下スノデアリマス。其ノ懲戒ノ種類ハ例ヘバ譴責減俸、轉所、停職、免職等デアリマス。是レ等ハ細目ニ渉リマスガ、大體ノ原則トシテ懲戒ハ裁判所ヲ開イテ裁判手續ヲ以テ愼重ナル審査ヲ經テ宣告スルモノデアルト云フコトガ最モ重要ナル點デゴザリマス。

要スルニ本條ノ趣意ハ裁判官ノ獨立ヲ擔保スルタメノ規定デゴザリマシテ其ノ獨立ヲ擔保スルタメニハ終身官トシナケレバナラヌ。終身官トスルニハ初メ任用ノトキニ於テ之ヲ愼マナケレバナリマセヌカラ、特ニ裁判官ニ任用スル資格ノコトガ嚴格ニ定メラレテアルノデゴザリマス。而シテ一度裁判官トナツタルトキハ行政官ノ意見ヲ以テ之ヲ黜陟スルコトハ出來マセヌ。刑事ノ裁判カ懲戒裁判ノ判決ニ依ラナケレバ其ノ職ヲ失フコトガナイト云フノガ本條ノ精神デゴザリマス

第五十九條　裁判ノ對審判決ハ之ヲ公開ス但シ安寧秩序又ハ風俗ヲ害スルノ虞アルトキハ法律ニ依リ又ハ裁判所ノ決議ヲ以テ對審ノ公開ヲ停ムルコトヲ得

裁判ノ公開。　此條ハ裁判公開ノ原則ヲ認メラレタモノデゴザリマス。裁判ハ

法律ニ依ッテ嚴格ナル手續ヲ履ンデ之レヲ行フモノデゴザリマシテ、人命ニモ關シ又少ナクトモ人ノ權利財產ニ關係スルコトデゴザリマスカラ最モ愼重ニシナケレバナラヌノデゴザリマス。且又國家ガ裁判權ヲ行ヒマスニハ世上ニ對シテ公平無私デアルト云フ所ノ信用ヲ有セナケレバナリマセヌ。國民ガ國家ノ裁判所ヲ疑フコトニナリマシテハ國ノ治安ヲ保ツコトハ出來マセヌ。國民ハ裁判所ニ行キサヘスレバ權利ハ權利トシテ通リ、正シキハ正シキトシテ通ルト考ヘテ居テコソ始メテ日常ノ生活ニ於テ安心シテ居ラルヽノデアリマス。故ニ政略トシテモ國民ヲシテ裁判所ノ獨立公平無私ナルコトヲ信用セシメネバナリマセヌ。故ニ裁判ハ之ヲ公開シテ決シテ秘密ニ付スベキモノデナイト云フノガ此ノ原則デゴザリマス。此ノ原則ガ近世ノ憲法ニ於テ認メラレマシタ所以ヲ歐羅巴ノ例ニ依ッテ申シテ見マスレバ、從來憲法以前ノ君主專制時代ニ於キマシテハ君主ガ特別ノ裁判所ヲ開イテ裁判權ヲ秘密ニ行フタ例ガゴザリマス。秘密ニ行フト云フニハ自カラ其ノ中ニ曖昧ナル手續ガアリ得ルノデアリマス。人民ハ其ノ弊ニ懲リマシテ近世憲法ヲ作ルトキニハ必ズ第一ニ裁判ハ必ズ公衆ノ前ニ公ケニ開イテ何人ニモ傍聽ヲ許スト云フコトニナラナケレバナラヌト云フコトヲ要求致シマシタ。故ニ近頃ノ憲法ニ於キマシテハ何レノ國ニ於テモ裁判ノ公開ト云フコトヲ原則ト致シマス。

本條ノ文字ニ付イテ少シク説明ヲ致シテ置キマスガ、茲ニ裁判ノ對審及判決ハ之ヲ公開ストゴザリマスカラ唯々裁判ノ結果タル判決ヲ公ケニスルノミナラズ審判ノ手續モ亦タ公ケニ開クコトガ憲法ノ本義デゴザリマス。然シ茲ニ例外ガ但書トシテ定メテゴザリマス。夫レハ安寧秩序又ハ風俗ヲ害スルノ虞アルトキハ公開ヲ停ムルコトヲ得ト云フノデアリマス。是レハ説明ヲ致シマセズトモ理由ハ明白ト思ヒマス。裁判ノ事件ノ種類ニ依リマシテハ之ヲ公衆ノ前ニ開キマシテハ其害ハ却テ社會ニ毒ヲ流スヤウナコトモアリマスカラ、殊更ニ之ヲ秘密ニ審判スルコトノ必要ナル場合ガアリマス。又裁判ノ事件ニ依リマシテハ風俗ヲ害スル虞ノアルコトガアリマス。裁判官ガ事件ヲ審判シテ適當ナ判決ヲ得マスルニハ人ノ隱微ナルコトニモ立入ツテ調ベナケレバナリマセヌ。然ルニ其レヲ公衆ノ前ニ公ケニ調ベマストキニ於キマシテハ社會ノ善良ナル風俗ヲ害スル虞モアリマスカラ此ノ如キ場合ニハ公開ヲ停メテ審査致シマス。然シ如何ナル場合ニ於テモ裁判官ガ自由ニ公開ヲ停メルト云フコトハ出來マセヌ。即チ法律ノ規定ニ定マツテ居ル場合カ或ハ特ニ裁判所ニ於テ會議ヲシテ其ノ決議ノ結果トシテ之ヲ秘密ニスルコトガ出來ルト云フ但書ニナツテ居リマス。茲ニ「對審ノ公開ヲ停ムルコトヲ得」トアリマスカラ双方對審ノ手續又ハ被告人ヲ調ベマスル手續ハ之ヲ秘密ニスルコトガ出來マスガ、如何ナル事件ト雖モ其ノ最終ノ判決ハ秘密ニスルコトハ出來マセヌ。判決ハ是非トモ公ケニシナケレバナラヌノデアリマス。是レガ大體ニ於テ本條ノ意味デゴザリマシテ餘リ解シ難キコトデゴザリマセヌカラ、此條ノ説明ハ是レダケニ致シテ置キマス。

第六十條　特別裁判所ノ管轄ニ屬スベキモノハ別ニ法律ヲ以テ之ヲ定ム

特別裁判所。　此條ハ特別裁判所ヲ設クル必要アルトキハ必ラズ法律ニ依ラナケレバナラヌト云フコトノ原則ヲ示サレタノデゴザリマス。特別裁判所ト云フバ普通裁判所ニ對シテ云フ名稱デアリマス。普通裁判所ハ民事刑事ノ訴訟ニ付イテ一般概括的ノ權限ヲ以テ居ルモノデゴザリマスガ、民事刑事中ノ或種類ノコトノミニ付イテ特ニ裁判所ヲ設クルコトガアリマス。之ヲ名付ケテ普通裁判所ト申スノデゴザリマス。

我國ニハ餘リ其ノ例ハゴザリマセヌガ、歐羅巴ニアル所ノ例ヲ引イテ申シマスレバ例ヘバ商事裁判所ナド、云フモノヲ設クルコトガゴザリマス。總テ商業上ノ取引カラ起ル所ノ事件ハ一般ニ申シマスレバ民事ノ事件デゴザリマシテ普通ノ裁判所ニ於テ管轄スベキ筈デゴザリマスガ、商業上ノ事件ニ付キマシテハ特ニ或ハ地方ノ習慣ヲ參酌シナケレバナラヌトカ或ハ或種類ノ訴訟ニ付キマシテハ時間ヲ爭ッテ急速ニ裁判ヲスルコトガ必要デアルトカ云フヤウナ種々ナル理由カラシテ普通裁判所ノ權限ニ屬スベキ事件ヲ特ニ裁判所ヲ設ケテ專ラ之ヲ掌ラシムルト云フヤウナコトヲ致スコトガアリマス。刑事ニ付キテモ特種ノ人又ハ特種ノ罪ニ關シテ特別裁判所ヲ設クルコトモアリマス。是レ等ガ即チ特別裁判所デゴザリマス。

此ノ特別裁判所ヲ設ケ及ビ其ノ管轄ヲ定ムルニハ法律ヲ以テセネバナラヌト云フコトガ本條ノ精神デゴザリマス。言換ヘテ見マスレバ行政權ヲ以テ之ヲ設クルコトハ出來ナイノデゴザリマス。命令ヲ以テハ之ヲ設クルコトハ許シマセヌ。此ノ規定ガ何ガ故ニ憲法ニ載セラレテアルカト云ヒマスト、我ガ國ノ實際ニ付キマシテハ十分了解シ兼ヌルヤウデアリマス。歐羅巴デハ特種ノ事情ガアッテ特ニ此ノ事ガ憲法ニ記載セラルヽニ至ッタノデゴザリマス。歐羅巴ノ從來ノ歷史ヲ讀ンデ見マスルト、英國ニ於キマシテモ佛蘭西等ニ於キマシテモ裁判所ト政府トガ往々ニ軋轢ヲ致シマシテ政府ガ自己ノ政略通リニ裁判ヲスルコトガ出來ナイト云フコトヲ不便トシテ特別ノ事件ニ就イテハ漫リニ勅令ヲ以テ特別ノ裁判所ヲ開イテ專横ナル裁判ヲサセテ之ヲ普通ノ司法裁判所ノ權力ヨリ奪ッタコトガアリマス。人民ハ之ヲ甚ダ不公平ナルコトヽシテ專制時代ノ弊害ノ甚シキモノトシテ國王ガ私ニ特別裁判所ヲ設クルト云フコトハ權力ノ濫用デアル、將來ニ於テハ此ノ權力ノ濫用ヲ止メナケレバナラヌト云フコトガ一般ノ希望トナリマシタ。十九世紀ニ於テ歐羅巴諸國ノ憲法ガ制定セラレタ時代ニ於キマシテハ、特別裁判所ヲ設クルコトハ出來ヌ、之ヲ設クル必要ノアルトキニハ國王單獨ノ權ヲ以テ之ヲ定ムルコトハ出來ヌ必ズ法律ヲ以テ之ヲ定メナケレバナラヌト云フコトヲ定メタノデアリマス。此ノ規定カラ影響ヲ受ケテ我ガ憲法ニモ此ノ規定ガアルノデゴザリマス。

第六十一條　行政官廳ノ違犯處分ニ由リ權利ヲ傷害セラレタリトスルノ訴訟ニシテ別ニ法律ヲ以テ定メタル行政裁判所ノ裁判ニ屬スヘキモノハ司法裁判所ニ於テ受理スルノ限リニアラズ

一、行政裁判ノ制度。此條ハ行政裁判ト司法裁判トノ區別ヲ劃然ト分チマシテ之レヲ混合スルコトヲ防グト云フノガ趣意デゴザリマス。又一方ニ於キマシテハ若シ行政裁判ヲ許スナラバ必ズ法律ヲ以テ特別ノ行政裁判所ヲ設クルモノデアルト云フ趣意ヲモ併セテ玆ニ示サレタノデゴザリマス。此ノ事ハ甚ダ重要ナコトデゴザリマシテ、憲法ノ精神ニモ大イニ關係スル所デゴザリマスカラ少シク詳細ニ說明ヲ致シタイト存ジマス。

司法權ハ裁判所之ヲ行フト云フコトハ前ニ規定セラレテゴザリマス。司法權ハ固ト民事刑事ノ訴訟スルコトヲ本領トスルノデゴザリマス。然シナガラ從來ノ歐羅巴ニ於ケル沿革ヲ見マスルト司法權ノ範圍ガ明カニナツテ居リマセヌ所カラシテ裁判所ト云フモノハ何事デモ人民ガ訴ヘテ來レバ之ヲ裁判スルモノデアルト云フヤウナ漠然タル解釋ガ行レテ居リマシタ故ニ司法裁判所ハ其ノ權限ヲ過度ニ押シ擴ゲマシテ何事デモ、民事刑事以外ノ事件デアリマシテモ人民ガ訴ヲ起シテ參リマスレバ總テ裁判ヲスルト云フヤウナコトガアリマシタ。其ノタメニ裁判所ノ判決ヲ以テ行政權ノ働キヲ大ニ妨ゲタノデアリマス。又一方ニ於キマシテハ歐羅巴ニ於テ十八世紀ノ未ダ憲法政體ノ定リマセヌ時代ニ於キマシテハ君主ガ行政權ヲ行フトハ申シマスケレドモ行政權ト云フモノハ如何ナル範圍ヲ適當トスルカト云フコトガ定ツテ居リマセヌカラ行政權ヲ濫用シマシテ、民事刑事ノ訴訟デアリマシテモ之ヲ行政官廳ニ引受ケテ行政官廳ノ都合ノ好イヤウナ裁判ヲ下シタト云フヤウナコトガアリマス。語ヲ換ヘテ單簡ニ申シマスレバ司法權カラシテ行政權ヲ侵ス弊ガゴザリマスト、同時ニ又行政權ヲ以テ司法權ノ本來ノ領分ヲ侵スト云フヤウナコトモゴザリマシタ故ニ此二ツノ力ガ常ニ軋轢シタモノデゴザリマス。其ノ事ハ佛蘭西ノ歷史等ニ於テ最モ著シクアリマシタ。佛蘭西ノ大革命以前未ダ今日ノ政體ニ則ラヌ以前ニ於ケル政治上ノ歷史ヲ見マシテモ著シク現ハレテ居リマスノハ王朝ト裁判所トノ爭ヒデゴザリマス。佛蘭西ノ裁判所ト申シマスルハ今日ノ如キ裁判所デハゴザリマセヌデ、裁判官ガ團體ヲ作リマシテ一ノ自主獨立ノ團體ノヤウナモノデゴザリマシタ。之ヲ喩ヘテ見マセウナラバ宗敎ノ團體ト同ジヤウナモノデアリマス。其ノ故ニ君主ト裁判官ノ團體トガ各〻權力ヲ爭ヒマシテ民事刑事トカ行政事件トカ云フヤウナ今日ノ如キ條理ニ適ツタ區別ハ認メマセヌデ唯〻權力ノ範圍ヲ擴グルコトヲ勉メテ居リマシタ。是レ等ノ弊ヲ矯メテ今日ノ政體トナリマシタカラシテ今日ノ憲法ノ原則ト致シテハ司法權ハ裁判官ガ獨立ノ職權ニ依ツテ行フモノデアル、然シ司法權ハ民事刑事ノ裁判ヲスルモノデアツテ他ノ事ニ干涉スルコトハ許サナイ、行政權ハ君主ノ大權ノ下ニ動ク所ノ國家ノ働キデアツテ裁判官ノ干涉ヲ受ケナイ而シテ假令人民ガ權利ノ侵害ヲ訴ヘテ來マシテモ其ノ事柄ガ民事刑事ノ訴ヘデゴザリマセヌデ、行政ノ處分ヲ取消シテ貰ヒタイトカ或ハ變更シテ貰ヒタイトカ云フ如キ行政處分ニ對スル訴ヘデアッタナラバ司法裁判所ニ於テ裁判セシメズ之ヲ行政裁判所ニ於テ裁判セシムルト云フコトニスルノガ憲法ノ普通ノ精神トナリマシタ。我ガ憲法ノ規定スル所モ其ノ趣意デゴザリマシテ。此ノ六十一條ノ趣意ハ行政裁判ハ司法裁判所ニ於テ取扱フコトヲ許シマセヌ。然シナガラ行政訴訟ヲ禁ズルノデハナクシテ、行政ノ處分ニ就イテ訴ヘガアレバ特別ノ行政裁判所デ之ヲ審判スルト云フコトヲ明記致シタノデゴザリマス。

又行政裁判ト司法裁判トヲ區別致シマスル實際上ノ理由ハ司法裁判所ハ民事刑事ヲ審判スルモノデゴザリマシテ民法及刑法ノ規定スル所ニ依ッテ裁判ヲ行フノデアリマスガ、行政ノ事件ハ煩雜ナル行政法規ニ依ッテ之ヲ審判致スノデゴザリマス。同ジク裁判ト申シマシテ其ノ手續ハ相似テ居リマスケレドモ裁判致シマス本質、標準、基礎等ハ全ク種類ヲ異ニシテ居リマス。故ニ實際上ノ必要カラシテ司法裁判官トナル所ノ知識經驗ト行政裁判官トナル所ノ知識經驗トハ相似テ自ラ異ツテ居リマス。是レ等モ實際上ノ理由トナリマシテ司法裁判官ヲシテ行政裁判ヲ掌ラシメズ更ニ特別ナル行政裁判所ヲ設ケテ之ヲ審判セシムルト云フコトニナツタノデゴザリマス。

行政裁判ノ制度ニ就キマシテ一言外國ノ例ヲモ申上ゲテ置キタイト存ジマス。ナゼト申シマスルニ司法裁判所ノコトハ海外諸國同ジヤウニナツテ居リマスガ、行政裁判ノコトハ諸國ニ於テ大ニ異ツタル制度ヲ取ツテ居リマスカラ御參考ノタメニ一言述ベテ置キマス。英國、米國、伊太利、白耳義等ノ國ニ於キマシテハ行政訴訟ト民事刑事ノ訴訟トハ訴訟ノ性質ニ區別アルコトハ認メテ居リマスガ實際上ハ矢張リ司法裁判所ニ於テ之ヲ受理シテ審判シテ居リマス。別ニ行政裁判所ナルモノハ設ケテ居リマセヌ。又佛蘭西ニ於キマシテハ特種ナル取扱ニナツテ居リマス。行政裁判ノ制度ハ佛蘭西ヲ以テ祖國ト致ス位デアリマシテ、此ノ國デ特ニ發達致シタ制度デアリマス。然シナガラ前ニ申上ゲマシタ通リ佛蘭西ノ沿革ハ特種ナモノデゴザリマシテ、君主ト裁判所トガ權力ヲ爭フ結果遂ニ行政裁判所ノ制度ガ起ツタノデアリマスカラ、君主或ハ大統領ノ諮詢ノ府トナツテ居ル所ノ參事院トモ云フベキコンセーユ、デタ、是レガ行政訴訟ヲ受理シテ裁判スルコトニナツテ居リマス。此ノ參事院ハ獨立シタル行政裁判所ト云フ性質デハゴザリマセヌ。最モ事實ニ於テハ獨立ノ解釋ヲ以テ審判シテ居リマスガ、其ノ形ニ於キマシテハ行政ニ附屬シテ居ル所ノ一ツノ會議デゴザリマス。是レガ特種ノ例デゴザリマス。又獨逸諸國等ノ例ニ於キマシテハ行政ノ訴訟ハ普通裁判所ニ於テ審判スルコトヲ許シマセヌ。又行政訴訟ヲ普通ノ行政官廳ニ於テ裁判スルコトモ許シマセヌ。特ニ獨立シタル行政裁判所ヲ組織シマシテ、其ノ組織ノ體裁タル普通ノ裁判所ト大體ニ於テ同ジヤウニナツテ居リマシテ、其ノ獨立セル行政裁判所ガ行政訴訟ヲ受付ケテ裁判ヲシテ居リマス。我ガ國ノ制裁ハ此獨逸ノ制度ト相似テ居ルノデゴザリマス、唯獨逸ニ於キマシテハ中央ノ上級ノ行政裁判所ハ獨立ヲシテ居リマスガ中級及ビ下級ノ行政裁判官ハ普通ノ行政官ガ兼ネテ居リマス。例ヘバ知事ガ中級ノ行政裁判官デアリ、郡長ガ下級ノ行政官デアルト云フガ如ク普通ノ行政官ヲ以テ行政裁判官ニ充テヽ居リマス。然シナガラ上級ノ行政裁判所ハ獨立シテ設ケテアリマス。又行政裁判ヲ許ス範圍ニ就キマシテモ大ニ相違ガアリマスカラ此ノ事モ一言御參考ニ申述ベテ置キマス。民事刑事ハ固ヨリ一般ニ何事ニ就イテモ訴訟ヲ許スト云フコトガ普通ノ原則デゴザリマスガ、行政ノ處分ニ對シテ訴訟ヲ許スト云フコトハ總テノ場合ニ許スノデハゴザリマセヌ。ナゼト申シマスルト行政ハ國家ガ當然ニ權力ヲ行フノデアリマシテ人民ハ行政官ノ法令解釋ニ當然服從スベキガ原則デアリマス。唯今日立憲政體ヲ行ヒマシタ以上ハ人民ノ權利自由ハ法律命令ヲ以テ擔保シテアリマスカラ若シ行政官ガ權力ヲ超エ法ニ違ヒ人民ノ權利ヲ害スルコトガアツタナラバ特別ノ事件トシテ人民ニ訴訟ヲ爲スコトノ權利ヲ與ヘテ其ノ行政ノ違法ヲ訴ヘルコトヲ許スノデゴザリマス。其ノ故ニ實ハ行政裁判ノ途ヲ開クト云フコトハ行政ノ目的ヲ妨ゲザル限リニ於テスルコトデゴザリマシテ行政處分ニ對シテ一般ニ制限ナシニ訴訟ヲ許スト云フガ如キハ必ズシモ望ムベカラザルコトデゴザリマス。故ニ諸國ノ制度ヲ見マシテモ行政裁判ヲ許ス範圍ニ付テハ大ニ異ツテ居リマス佛蘭西或ハ墺太利等ノ制度ニ於キマシテハ概括主義ト稱ヘマシテ總テ行政ノ處分ニ依ツテ權利ヲ毀損セラレタモノハ訴出ヅルコトガ出來ルト云フ廣イ原則ヲ掲ゲマシテ概括シテ訴訟ヲ許シテ居リマス何等ノ事件タルヲ問ハズ行政處分ガ法令ニ違ツテ居リマシテ而シテ人民ノ權利ヲ害シタト云フ場合ニハ訴ヘ出ヅルコトガ出來ルト云フ至極自由ニシテ廣キ主義デゴザリマス。違法處分權利毀損ト云フ原則ヲ示シマシテ細カク其ノ事ヲ制限致シマセヌ制度デアリマス。細目ニ渉ツテ申シマスレバ尚多少ノ制限變例モアリマスガ大體ノ趣意ハ是レデアリマス。又獨逸中孛漏西等ノ制度ニナリマスト列記主義ト稱ヘテ居ル制度ヲ取ツテ居リマス。列記主義ト稱ヘマスルハ概括シテ違法ノ處分權利ノ毀損ガアレバ必ズ訴訟ヲ許スト云フコトヲ申シマセヌデ、各種ノ法律及規則等ニ其ノ事ニ付テハ行政裁判所ニ訴出ヅルコトガ出來ルト特ニ明文ヲ掲ゲマシテ訴訟ヲ許スベキ事件ヲ示シタモノデアリマス是レガ事件ヲ列記スル主義デゴザリマシテ其ノ結果ハ概括主義ニ依ルヨリハ大ニ行政裁判ノ範圍ヲ制限シテ狹クスルコトニナリマス。此ノ二主義ノ違ヒガゴザリマス。我ガ國ノ制度ハ稍〻此ノ孛漏西ノ如ク器械的ニ列記スルノデハゴザリマセヌ。現行ノ制度ハ甚ダ不完全デゴザリマシテ一部分ニ付テハ列記主義ニ則リマス。例ヘバ市町制ト云フヤウナ法律ヲ見マスルト行政訴訟ヲ起シ得ベキコトガ列記シテゴザリマス。其ノ外ニ於キマシテハ特ニ法律ガ設ケラレテゴザリマシテ一定ノ原則ガ示シテゴザリマス。其レハ違法ノ處分ニ由リ權利ヲ毀損セラレタルモノハ行政裁判ヲ受ケルコトガ出來ルト書イテゴザリマシテ、而シテ其ノ裁判ノ事項ハ特ニ列記シテゴザリマス。其ノ項目ハ五ツデゴザリマシテ、第一海關稅ヲ除ク外租稅及手數料ノ賦課。第二租稅滯納處分。第三營業免許ノ拒否、又ハ取消第四水利及土木第五土地ノ官民有區分ノ查定。此ノ五ツノ事項ニ付イテ違法ノ處分權利ノ毀損ト云フコトガアレバ何事ニ限ラズ行政裁判所ニ訴ヘ出テ裁判ヲ求ムルコトガ出來マス。然シナガラ行政訴訟ノ範圍ハ之ヲ限ツテ居リマセヌ其ノ外ニ特別ノ法律又ハ命令ニ特ニ列記シテ行政訴訟ヲ提起スルコトヲ許スト云フ條項ガゴザリマスレバ其レニ依ツテ訴ヘヲ起スコトガ出來マス。

此ノ條ニ於キマシテ行政裁判制度ノコトヲ今少シク申上ゲタイト存ジマシテ行政訴願、行政訴訟、行政裁判所ノコトヲ大略申上ゲタイト存ジマスガ、時間ノ都合モゴザリマスカラ是レハ次回ニ讓ツテ置キマシテ次回ニハ引續イテ此ノ說明ヲ致ス積リデゴザリマス、前回ニ第六十一條ノ行政裁判ニ關スルコトヲ御話ヲ致シマシタガ、時間ノ都合モゴザリマシテ未ダ全ク述ベ了リマセヌデアリマシタカラ今夕續ケテ御話ヲ致シマス。行政裁判所ハ現行ノ規定ニ依リマスレバ一般ノ通則トシテハ行政裁判ノ事件ハ先ヅ行政訴願ヲ提起シテ裁決ヲ經テ然ル後ニ行政訴訟ヲ提起スルト云フコトニナツテ居リマスカラ先ヅ行政訴願ノコトヲ一ト通リ説明ヲ致サナケレバナリマセヌ。

二、行政訴願。

行政訴願ト申シマスルハ行政廳ノ不當ノ處分ニ由ツテ利益ヲ毀損セラレタリトスル者ガ行政廳ヲ相手取ツテ上級官廳ニ訴願ヲ提出致シマシテ裁決ヲ請フコトデアリマス。例ヘバ行政廳ガ一私人ニ對シテ或處分ヲ致シマシタルトキ其ノ處分ガ法ニ違ツテ居ルトカ或ハ公益ニ反シテ居ルトカ、不當ナル處分デアリマシテ爲メニ其ノ者ノ利益ヲ毀損セラレマシタルトキニ其ノ處分ヲ取消スコトヲ請求スルカ或ハ變更シテ貰ヒタイト云フコトヲ請求スルノガ訴願デゴザリマス。訴願ノ起リマス所以ハ行政廳ニ不當ナル處分ガアルカラデゴザリマス。不當ナル處分ト申シマストキハ必ズシモ法則ニ違ツタコトノミヲ指スノデハゴザリマセヌ。假令法則ニ違ツタコトデアリマセズトモ行政ノ目的ニ違ヒ公ノ利益目的ニ違反シタル處分デゴザリマスナラバ之ニ對シテ訴願ヲ爲スコトヲ許シマス。且又利益ヲ毀損セラレタルトキト申シマスレバ必ズシモ權利ヲ毀損セラレタル塲合デアリマセズトモ其ノ處分ニ由ツテ利益ヲ毀損セラレタリト云フコトヲ證明シマスレバ訴願ヲ提出スル所ノ理由トナリマス。

訴願ハ上級ノ官廳ニ提出スルモノデゴザリマス。例ヘバ郡長ノ處分ヲ不當ナリト致シマスレバ之ヲ其ノ上級行政官タル知事ニ訴ヘルノデゴザリマス。サウシマスルト知事ハ其ノ訴願ニ對シテ審査ヲ致シテ裁決ヲ致シマス。裁決ハ訴願ニ對シテ處分ガ正シクアルトカ或ハ正シクナイカラ變更ヲスルトカ取消ストカ云フコトヲ申渡スノデゴザリマス。訴願ハ行政ノ訴訟ト異リマシテ行政部内ニ於ケル手續デゴザリマス。裁判所ヘ訴ヘ出ルノデハゴザリマセヌ。下級ノ行政廳ノ處分ニ對シテ上級ノ行政官廳ニ裁判ヲ請フノデアリマス。行政ノ官府ハ相互ニ連絡ガ附イテ居リマシテ上級ノ官府ハ下級ノ官府ヲ監督致シマス。監督ヲ致スト申シマスハ訓令ヲ發シテ下級ノ官府ノ爲シタ處分ヲ變更スル權ガアルノデゴザリマス。其ノ故ニ知事ハ郡長ノ處分ヲ審査致シマシテ不法デアル不當デアルト見タトキニハ之ヲ取消ストカ變更スルトカ云フコトノ裁決ヲ與ヘルノデゴザリマス。

如何ナル場合ニ行政訴願ヲ提出シ得ルカト云フコトハ前回ニモ略〻申シ上ゲマシタ通リ法律命令ニ特別ナル規定ガゴザリマシテ、此ノ場合ニハ訴願ヲ許スト云フコトノ明文ガゴザリマストキハ何等ノ事項ヲ問ハズ其ノ法文ノ結果トシテ訴願ヲ提出スルコトガ許サレテゴザリマス。此ノ特別ノ明記ガゴザリマセヌトキニ於キマシテハ左ノ六ツノ事項ニ付イテ一般ニ訴願ヲ提出スルコトヲ許サレテゴザリマス。第一租稅及手數料ノ賦課、第二租稅ノ滯納處分、第三營業免許ノ許否又ハ取消、第四水利及土木、第五土地ノ官民有區分、第六地方警察。此ノ列記ノ項目ハ前回ニ申シ上ゲマシタ行政裁判事項ノ項目ト略〻同ジデゴザリマス。唯地方警察ノコトハ訴願ハ許シマスガ訴訟ハ許シマセヌ。是レガ行政裁判ノ事項ト異ナル事項デゴザリマス。

三、行政訴訟。　行政訴訟ト申シマスルハ行政廳ノ違法ノ處分ニ由ッテ權利ヲ毀損セラレタリトスル者デ其ノ處分ノ取消又ハ變更ヲ行政裁判所ニ訴ヘルコトデゴザリマス。違法ノ處分、權利ノ毀損ト云フコトハ行政訴訟ヲ提起スル標準デゴザリマシテ此二ツノモノアルニ依ッテ訴訟ガ起ルノデゴザリマス。違法ノ處分ト申シマスレバ法則ニ違犯シタル處分ノ謂ヒデゴザリマス。訴願ノ場合デアリマスレバ不當ノ處分ナラバ訴ヘルコトガ出來マス必ズシモ違法ト云フコトニハ限ラレテ居リマセヌガ、行政訴訟ノ場合ニハ法律命令等ノ規定ニ違反シタル處分デナクテハ之ヲ訴ヘルコトヲ許シマセヌ。且又行政廳ノ違法ノ處分デアルカラト申シテ其レガタメニ權利ヲ毀損セラレタリト云フコトガナケレバ訴ヘルコトハ許シマセヌ。唯行政官ニ不法ナ行爲ガアルカラト云ッテ無關係ノ者ガ之ヲ訴ヘルト云フヤウナ趣意デハゴザリマセヌ。違法ノ處分ニ由ッテ權利ヲ害サレタリト云フ事實アル場合ニ此ノ訴訟ガ許サレテゴザリマス。是レハ行政官ニ訴フルノデハゴザリマセヌ。特別ニ設ケラレタル行政裁判所ニ訴ヘテ裁判ヲ求ムルノデゴザリマス。斯ノ如ク行政ノ訴訟ト訴願ト云フモノハ別ノモノデゴザリマス。然シナガラ現行ノ規則ニ依リマスレバ、凡ソ行政訴訟ヲ提起セムト欲スル者ハ通則トシテハ先ヅ訴願ノ形式ヲ以テ裁決ヲ經ナケレバナリマセヌ。其ノ裁決ヲ經タル後尚不服ナルトキニ非ザレバ行政訴訟トシテ之ヲ行政裁判所ニ訴ヘルコトヲ許シマセヌ。其ノ故ニ行政訴願ハ行政訴訟ヲ提起シマスル準備トナッテ居ルノデゴザリマス。例ヘバ郡長ノ處分ニ付イテハ知事ニ訴ヘ、知事ノ裁決ニ不服デアレバ尚大臣ノ裁決ヲ得ルコトガ出來マス。大臣ノ裁決ヲ以テ訴訟ハ最終ノ裁決トシマシテ其ノ上ニ訴ヘルコトハ出來マセヌ。然シナガラ行政裁判事項デゴザリマスレバ裁決ヲ得タル後不服デアレバ大臣ノ裁決ハ請ハズシテ直ニ行政裁判所ニ訟ヘテ審判ヲ求ムルコトガ出來ルノデゴザリマス。

四、行政裁判所。

行政裁判所ハ前回ニ述ベマシタ通リ法律ヲ以テ設ケラレタル裁判所デゴザリマス。且又行政裁判官ハ司法裁判所ノ判事ト同ジヤウニ獨立ノ地位ヲ有ッテ居リマス。獨立ノ地位ト申シマスハ行政長官ノ訓令ヲ受ケズシテ自己獨立ノ法律ノ解釋ヲ以テ判決ヲ與ヘルト云フ趣意ヲ以テ然カ稱スルノデゴザリマス。例ヘバ各省ノ大臣ニ於キマシテモ行政裁判所ノ判事ニ法律命令ノ解釋ヲ訓令シテ之ニ依ッテ裁判ヲ下スベシト云フコトヲ命ズルコトハ出來マセヌ。是レ行政裁判ノ公平ヲ維持スルニ必要ナル原則デアリマス。現行ノ制度ニ於キマシテハ行政裁判所ハ全國ニ一箇所ノミ設ケテアリマス。外國ノ例ヲ見マスレバ行政裁判所ノ組織モ尚普通ノ司法裁判所ノ如ク上級裁判所中級裁別所下級裁判所ト云フヤウニ階段ヲ分ケテ居ル例モゴザリマスガ、我ガ國ニ於キマシテハ中央ニ唯一ノ行政裁判所ガ設ケラレテゴザリマス。而シテ知事或ハ郡長ノ如キ行政官ガ訴願ト云フ名義デ訴ヘテ裁決致シマスカラ實際ニ於キマシテハ最レ等ノ行政官ガ中級或ハ下級ノ行政裁判ヲスルト同ジヤウナ結果ニナリマス。唯今モ申上ゲマシタ通リ知事ノ裁決ニ不服デアルトキハ行政裁判所ニ訴ヘ出テ最終ノ判決ヲ求ムルノデゴザリマス。

行政裁判所ハ普通ノ裁判ノ手續ト同ジヤウナル手續ヲ以テ事件ヲ審判致シマスル。例ヘバ其ノ裁判ハ公ニ開キタル法廷ニ於テ當事者ヲ喚出シテ審査致シマスル。サウシテ辯護人ヲ附シテ事件ヲ辯護セシムルコトモ出來マス。總テ民事ノ裁判ヲ致シマスルト同ジヤウナル方法形式ニ於テ致シマス。然シナガラ前ニ民事ノ裁判ノ原則トシテ述ベマシタコト、此ノ行政裁判ノ手續ニ關シマスル原則トハ違ツタ所ガゴザリマスカラ是レハ一應申上ゲテ置キマス。

民事ノ裁判ハ概シテ云ヘバ放棄シ得ベキ一個人ノ權利ノ爭ヒデゴザリマスカラ双方ノ當事者ガ爭ハヌコトハ行政裁判所ハ裁判ヲシナイト云フノガ原則デゴザリマス。唯當事者ガ請求致シマス點ニ於テノミ裁判ヲ致シマス。ナゼト申シマスルニ一私人ノ財產權等ニ關スル事件ハ一私人ガ自己ノ利益ノタメニ主張シ得ルノデゴザマシテ之ヲ主張スルト否トハ必ズシモ公ノ秩序ニ關係スルコトデゴザリマセヌカラ一私人ノ自由ニ任セテアルノデゴザリマス。然シナガラ行政裁判ハ一私人ノ私ノ權利爭ヒデハゴザリマセヌ。一私人ノ點カラ申シマスレバ自己ノ權利ヲ毀損セラレタリトスル事件ヲ訴ヘルノデゴザリマスガ、國家ノ目カラ見マスルト國ノ行政ノ法則ガ適當ニ適用セラレズ處分ヲ誤ツテ居ルト云フコトデゴザリマスカラ國ノ法則ヲ正ストト云フコトハ即チ公益ニ關スルコトデゴザリマス。其ノ故ニ民事ノ原則ト違ヒマシテ行政裁判所ニ於キマシテハ本人ガ請求スルトセザルトニ拘ラズ本人ガ爭フ點ノ如何ニ拘ラズ職權ヲ以テ事件ヲ審査致シマシテ法律ヲ正確ニ適用スルト云フコトヲ目的トシテ判決ヲ下シマス。行政裁判所ノ判決ハ當事者ニ對シテ効力アルモノデゴザリマス。而シテ其ノ判決ハ亦行政官ヲ羈束スルモノデゴザリマス。行政官ヲ覊束スルト申シマスルハ行政裁判所ニ於テ處分ガ違法デアルカラ取消セトカ、或ハ變更スベシトカ云フ判決ヲ下セバ行政官廳ハ其ノ裁判ニ拘束セラレテ裁判通リ處分ヲ改メナケレバナラヌト云フ効力アルコトヲ云フノデゴザリマス。

第六章 會計

憲法ノ此ノ章ハ國ノ財政ニ關スル大原則ヲ示シタモノデゴザリマス。國會ノ會計ニ關スル規定ハ甚ダ煩雜デゴザリマシテ特ニ會計法ト云フ法律ガ規定セラレテゴザリマシテ之ニ細カイ規定ガゴザリマス。憲法ハ必ズシモ會計ニ關スル原則ノ全體ヲ掲グル趣意デハゴザリマセヌ。唯會計ニ關スル法則中デ最モ重要ナル點ヲ拾ツヲ掲ゲタモノデゴザリマス。恰モ前ノ司法ト云フ章ニ於キマシテ司法裁判ニ關スル總テノ事ヲ掲グルノデナクシテ其ノ中ニ就イテ最モ重要ナル原則ノミヲ定メラレタルト同ジ趣意デゴザリマス。故ニ此ノ章ノ各條ニ移ツテ說明ヲ致シマヌル前ニ簡單ニ此ノ會計制度ノ大要ヲ玆ニ述ベテ置カウト存ジマス。

一、財政制度。

國家ハ百般ノ事業ノタメニ費用ヲ要スルコトハ申スマデモナイコトデゴザリマシテ之ヲ支辨致シマスル方法ハ今日ニ於テハ國民ガ租稅ヲ以テ此ノ負擔ヲナスト云フコトガ原則デ當然ノコトノヤウニ考ヘテ居リマスガ、沿革上是レハ今日ノ政體ニ於テ始メテ確定シタルコトデゴザリマシテ從來ノ例ヲ以テ見マスレバ外國ノ歷史等ニ於キマシテハ君主國ニ在ツテハ君主ガ自己ノ財產ヲ以テ總テノ政務ノ費用ニ充テルト云フコトガ原則デゴザリマシタ。其ノ時代ニ於キマシテハ國家ノ事務ハ簡單デアリマシテ今日ノ如ク煩雜デハゴザリマセヌカラ從ツテ國家ノ費用ト云フモノモ少カツタト見ヘマス。然レドモ國家ノ事業ハ日々ニ煩雜ニ涉ルモノデアリマスカラ原則ハ君主ガ自己ノ私ノ財產ヲ以テ國用ニ充テルト云フノデアリマシテモ實際上國用多端ナルトキニハ之ヲ人民ヨリ取立ツタノデアリマス。然シ今日ノ如ク純然タル國民義務トシテ之ヲ賦課スルノデハナクシテ、或ハ封建時代ニハ諸侯ニ命ジテ國用ヲ負擔セシムルト云フヤウナ事ガゴザリマシタ。又國民カラ取立テルノデアリマシテハ今日ノ如ク純然タル租稅ノ形式デハアリマセヌデ、土地ハ國王ノ私有ノ財產デアリマスカラ其ノ土地ヲ耕ス者ハ借地料ヲ拂フ義務ガアルト云フヤウナ原則カラシテ國民ヨリ貢物ヲ取ツタト云フヤウナ有樣デアリマス。當時ハ國家ト云フ觀念ガ今日トハ違ツテ居リマシテ國土ハ君主ノ私有ノ財産デアルト云フ觀念デアツタノデアリマス。然ルニ近世ニ至リマシテハ、君主ノ私ノ財産ト國家ノ經濟トハ之ヲ分ツガ道理デアルト云フ主義ガ立チマシテ以來國ノ費用ニ充テルタメニ國民ハ義務トシテ租稅ヲ拂ハンナラヌト云フ原則ガ確定セラレタノデアリマス。此ノ原則ハ素ヨリ委シク說明ヲ致シマセズトモ今日我ガ政體ノ取ル所デゴザリマシテ前ニ憲法ノ第二章ノ人民ノ義務ヲ述ベマシタトキニ憲法ノ原則トシテ兵役ノ義務ト納稅ノ義務トガ特ニ其ノ章ノ始メニ揭グラレテアルコトヲ說キマシタ。國家ノ生存ヲ維持スルタメニハ國ヲ防衛スル戰鬪ノ力ヲ形造ルコト。生存ヲ計ルタメニ國家ノ費用ヲ分擔スルト云フコトハ國民トシテノ當然ノ義務デアツテ君主ガ私ノ財産ヲ以テ之ニ充ツルト云フコトデモナク又國ヲ防衛アル義務ハ唯國民中特種ノ階級ノ特別ノ權利義務デナイコトハ前ニ述ベマシタ通リデアリマス。此ノコトガ即チ憲法ノ第六章ニ於テモ現レテ居リマス。

二、國家ノ財產。

國家ノ財產ハ固ヨリ國用ニ充ツル爲ノモノモアリマスルシ、又國家ノ利益ヲ計ル爲ノモアリマス。然シナガラ國家ハ財產ヲ蓄積致シマシテ富ヲ增スコトヲ目的トスル團體デハゴザリマセヌ。國家ハ公ノ秩序ヲ維持スルノ目的ヲ以テ存立シテ居ルモノデゴザリマスカラ國家ガ財產ヲ有スルハ其ノ目的ヲ達スルニ必要ナル限度ニ於テ之ヲ有スルノデゴザリマス。故ニ國家ハ一個人ノ如ク、其ノ財產ノ收獲ヲ以テ國ノ費用ニ充ツルト云フ原則ヲ取ラナイノデゴザリマス。即チ國ノ費用ハ租稅トシテ取ルト云フコトガ原則ニナッテ居リマス。然シ國家ガ財產ヲ有スル能力アルコトハ申スマデモナイコトデゴザリマス。

現在ノ所國家ト財產ト申シマスハ大別シテ二種類ニナッテ居リマス。一ハ公用ニ充ツル所ノ財產デアリマス。公用ニ充ツル財產ト申シマスルヲ直接ニ公用ニ用井ラレテアル所ノ國ノ公ケノ財產デゴザリマス。例ヘバ國家ガ道路ヲ敷設致シマストカ或ハ學校ヲ設ケルトカ云フ如キハ其ノ土地建物ハ國家ノ財產デゴザリマスガ其財產ヲ有スル目的ハ之ヲ以テ營利ノタメニ維持スルニアラズシテ其ノ物ガ國家ノ行政ノ目的ヲ達スルタメニ設置セラレテアルノデゴザリマス。之ヲ國家ノ公產ト申シマシテ普通ノ私法上ノ關係ヲ以テ之ヲ論ズルコトハ出來マセヌ。是レハ特別ナル取扱ニナツテアリマス。其ノ外ニ國家ハ又田地ヲ有スルコトモアリマス。或ハ地面ヲ有シテ借地料ヲ取ツテ他人ニ貸與フルコトモアリマス。是レ等ノ場合ハ國家ガ財產ヲ有スルガ如キ有樣ニ於テ持ツテ居ルノデゴザリマスカラ之ヲ國家ノ私ノ財產ト稱ヘテ居リマス。國家ノ私ノ財產ハ一私人ノ財產ト同ジヤウナ法律關係ヲ有ツテ居ルモノデゴザリマス。一樣ニ國家ノ財產ト申シマシテモ此二種類アルコトヲ明カニシナケレバナリマセヌ。其ノ種類ニ依ツテ之ニ適用スル法律關係ガ異ツテ居リマス。然シナガラ前ニモ申上ゲマシタ通リ國家ハ一私人ノ如ク營利ヲ目的トスルコトハゴザリマセヌカラ、國家ガ私ノ財產ヲ有スルト云フコトハ寧ロ例外デゴザリマシテ、是レハ寧ロ成ルベク持タナイト云フコトガ近世ノ財政ノ方針ノヤウニ見エマス。

三、收入及支出。

國家ノ收入ハ國家ノ費用ニ充ツルタメニ國庫ニ入ル、所ノモノデゴザリマスガ、現今ノ政體ニ於キマシテハ其ノ大部分ハ國民ヨリ取立ツル租稅ヲ以テスルト云フノガ原則デゴザリマス。租稅ノコトハ次條ニ至ツテ委シク説明ヲスル積リデゴザリマスカラ玆ニハ述ベマセヌ。唯租税ガ收入ノ大部分ヲ爲ストヽ云フコトハ先ヅ御承知置カセラルヽヤウニ希望致シマス。然シナガラ租税ノミデハゴザリマセヌデ其ノ外ニ國家ガ財産ヲ有スルトキハ必ズシモ營利ノ目的デナイトシテモ自然ノ關係カラシテ其ノ財産ヨリ年々ノ收獲ガアルコトガアリマス。例ヘバ郵便鐵道ノ類デゴザリマス。是レハ收入トシテ歳入ノ部ニ編入スルノデアリマス。其ノ他ニ於キマシテハ臨時ノ必要ガアツテ通常ノ租税或ハ其ノ他ノ收入ヲ以テ國家ノ經費ニ充ツルニ足リマセヌトキニハ國債ヲ起シテ收入ヲ增スコトモアリマス。此ノコトモ次ノ條ニ明文ガゴザリマスカラ其ノ條ニ於テ說明ヲ致シマスガ國債ハ國ガ金錢ヲ借入ルヽノデゴザリマシテ借入レタモノニハ辨償スル義務ガアリマスカラ歸スル所又歳出ノ形ヲ以テ之ヲ返却シナケレバナリマセヌ。唯國債ヲ起シマシタ其ノ年ニ收入ガ殖エルダケデゴザリマス。是レ等ノ種類ノ收入ガ先ヅ普通ノモノデゴザリマス。其ノ他臨時ニ特別ノ事由ガアツテ國家ノ歳入ガアルコトモゴザリマス。是レハ豫メ測ルベカラザルコトデゴザリマス。兎ニ角現今ノ會計ニ於キマシテハ國家ノ收入ハ專ラ租税ニ由ルト云フコトガ原則デアルト云フコトヲ先ヅ申述ベテ置ケバ宜シイト存ジマス。

國家ノ支出ニ至リマシテハ國家ノ目的ノ繁雜ナルニ從ッテ其ノ種類モ亦タ繁雜デゴザリマス。例ヘバ現今ノ行政ノ有樣ヲ見マスレバ外交ノコト軍事ノコト其ノ他内務行政ニ渉ルコト等種々繁雜ナ行政ヲ行フノデアリマスカラ、其ノ種類目的ノ異ルニ從ッテ支出ノ狀態モ亦タ異ッテ居リマス。然シ支出ヲ致シマスルニハ豫算ヲ以テ標準トシテ收入支出ノ平衡ヲ計ッテ行政ノ監督ヲ爲スコトニナッテ居リマスカラ自カラ收入ト支出トノ平均ハ得ラルヽヤウニナッテ居リマス。是レ等ノコトハ會計規則ニ委シキ規定ガゴザリマス。其ノ會計ノ順序ヲ申述ベテ置キマセヌト是レヨリ先キノ説明ニ至リマシテ不明ナ點ガアッテハナリマセヌカラ詳細ナルコトヲ除キマシテ大略ヲ申述ベテ置キマス。

四、會計。　國家ノ會計ハ收入支出ヲ平均シテ調和セシムル爲メニ年度ヲ設ケテ之ヲ計算シテ居リマス。會計年度ハ國々ノ制度ニ依リマシテ長短ノ相違ハアリマスガ、我ガ國ノ制度ニ於キマシテハ十二箇月ヲ以テ會計年度ト致シテ居リマス。然シ會計年度ハ必ズシモ一箇年ニ限ルト云フモノデハゴザリマセヌ數箇年ヲ一期トシテ計算スル國モアリマス。唯我ガ國ニ於キマシテハ十二箇月ヲ一年度トシテ毎年四月一日ニ始ツテ翌年三月三十日ニ終ルモノトナツテ居リマス「其ノ一年度內ニ於ケル總テノ收入ヲ歳入ト致シ總テノ支出ヲ歳出ト致スノデゴザリマス。而シテ之ヲ併セテ計算シタルモノガ歳計豫算デゴザリマス」歳計豫算ハ收入及支出ノ見積デゴザリマス。之ヲ編成致シマス手續ハ行政各部ニ於キマシテ收入ト支出トヲ見積リマシテ之ヲ大藏大臣ニ報告ヲ致シマスレバ大藏大臣ガ之ヲ集メマシテ全體ノ歳計豫算表ニ致シマシテ而シテ閣議ヲ經テ之ヲ帝國議會ニ提出シ議會ノ議定ヲ經テ御裁可ガアツテ公布ニナルモノデゴザリマス。豫算ノコトニ付キマシテハ後ニ條文ガゴザリマスカラ其ノ所ニ至ツテ委シク說明ヲ致シマス。豫算ガ成立致シマシテ公布ニナリマスレバ收入及ビ支出ハ成ルベク之ニ遵據シテ行クヲ法トシテ居リマス。收入ハ基ヨリ單ニ事實ヲ豫想シタルモノデゴザリマスカラ豫算表ニ幾ラト見積ツテゴザリマシテモ必ズシモ之ヲ以テ事實ヲ動カスコトハ出來マセヌ。唯歳出ノ表ニ至リマスルト豫算ニ定メラレタル金額及目的ガ行政部內ニ於テ一定ノ効力ヲ有ツテ居リマス。其効力ハ會計法ノ規定ニ明カデゴザリマス。凡ソ行政官ガ歳出ヲ取扱ヒマスルニハ法律命令ニ依ラナケレバナリマセヌ。法律命令ノ命ズル所ニ遵據シナケレバナリマセヌガ、唯ニ法律命令ニ依ルノミナラズ豫算ニ定メタル目的ニ違ヒ又其ノ金額ヲ超過スルコトハ出來マセヌ。故ニ行政官ハ法律命令ノ規定ト豫算トニ依ッテ支出ヲ行ヒマス。國家ト人民トノ法律關係ハ豫算ニ由ッテ左右セラルヽモノデハゴザリマセヌ。外部ニ對シテ國家ガ義務ヲ負ッテ居ル場合ハ豫算ガ不足シタカラト云ッテ其ノ義務ヲ果サヌト云フコトハ出來マセヌ。第三者ガ國家ニ對シテ權利ヲ主張シマスルトキハ法律命令ハ固ヨリ標準トナリマスガ、豫算ニ見積ノ有無ヲ以テ之ヲ主張スルコトハ出來マセヌ。畢竟豫算ハ行政內部ニ於テ會計ヲ監督スル準則デゴザリマシテ國家トシテノ全體ガ總テ外部ニ對シテノ法律關係ハ決シテ豫算ニ由ッテ左右セラルヽモノデハゴザリマセヌ。然シナガラ行政官トシテハ豫算ニ束縛セラレテ居リマス。行政官ガ國庫ノ金ヲ支出致シマスルニハ豫算ノ標準ニ依ラナケレバナリマセヌ。故ニ豫算ニ依ッテ事ヲ行ヒマス場合ニ法律命令ノ施行ニ差支ガアリマストキニ於テハ大權ヲ以テ特別ナル處分ガ行ハルヽノデアリマス。即チ場合ニ由ッテハ豫算外ノ支出ヲ為スコトモアリマス。或ハ豫算ノ欵項ニ超エテ支出ニナルコトモアリマス。然シ是レハ特別ノ場合デ憲法ニ條文ガゴザリマシテ斯ノ如キ特別ノ大權ニ依ツテ處分ガアリマシタトキニハ次ノ議會ニ提出シテ承認ヲ求ムルコトガ定メラレテアリマス。之ニ依ツテ會計ノ監督ガ行ハレテ居リマス。

會計ハ豫算ニ依ツテ出納致シマシテ然ル後ニ一年度ヲ限リトシテ豫算ヲ行ヒマス。決算ト申シマスルハ收入支出ノ現計ヲ計算致シタノデゴザリマス。其ノ決算ハ又豫算編成ノ手續ト同ジヤウニ行政各部カラ各〻決算ヲ致シマシテ之ヲ集メテ一ノ歳計決算ガ出來マシテ憲法上ノ獨立ノ機關ガアツテ之ヲ審査致シマス、即チ會計檢査院デゴザリマス。會計檢査院ハ獨立ノ地位ヲ有ツテ居リマシテ直接ニ大權ノ下ニ隷屬シ行政各大臣ノ監督ノ下ニハ立ツテ居リマセヌ、此ノ會計檢査院ガ決算ヲ審査致シマス。審査ハ行政官ノ取扱ヒタル收入及ビ支出ガ法律規則ニ適合シテ居ルヤ否ヤ、其ノ收入支出ガ必要ニシテ且ツ有益デアリシヤ否ヤ、且又算數計算ノ上ニ於テ違算等ハナキヤ否ヤト云フヤウナコトニ渉ツテ頗ル廣キ權限ヲ以テ之ヲ審査致シマス。審査ノ結果ハ之ヲ上奏シ又決算ハ會計檢査院ノ審査ヲ經テ然ル後議會ニ提出シ議會ニ於テ審査スルト云フコトモ憲法ニ定メテアリマス。要スルニ會計ノコトハ豫算ヲ調成シマスルニ始マツテ而シテ法律命令及豫算ニ依ツテ收入ヲ爲シ或ハ仕拂命令ヲ發スルト云フコトニ依ツテ出納ヲ行ヒ然ル後決算ヲ致シマシテ其ノ決算ハ獨立ノ機關ガアツテ之ヲ審査シ最終ニ議會ガ又其ノ審査ヲ致スコトニナツテ居リマス。會計ノコトハ其ノ性質上カラ云ヘバ行政内部ノコトデゴザリマシテ立法ノ如キ司法ノ如キコトヽハ違ヒマス。其大體ノ目的ハ收入支出ノ取締監督ト云フコトガ主モデゴザリマスガ然シ國家財政ノコトハ極メテ重要ナコトデゴザリマスカラ特ニ帝國議會ニ之ニ關係スル所ノ職權ガ與ヘラレテアルノデゴザリマス。帝國議會ハ始ニ豫算ヲ議定致シマシテ後ニ決算ヲ審査致シマス。是レ等ノ監督アルニ依ツテ國家ノ財政ハ正確ニ行ハレテ詰リ國民ヨリ取立テタル費用ハ濫リニ費スコトナクシテ正當ナル國家ノ目的ニ費サルヽト云フ擔保ガアルノデゴザリマス。

此ノ大體ノ説明ヲ以テ此ノ章ニ規定セラレタ會計ノコトハ凡ソ明瞭デアルト存シマス。會計ノ制度ノ中ニ就イテ重要ナル原則ハ各條トシテ下ニ列記セラレテアリマシテ即チ憲法ノ規定トナツテ居ルノデゴザリマス。其レハ各條ニ至ツテ委シク説明ヲ致ス考ヘデゴザリマス。

第六十二條　新ニ租税ヲ課シ税率ヲ變更スルハ法律ヲ以テ之ヲ定ムヘシ

但シ報償ニ屬スル行政上ノ手數料及其ノ他ノ收納金ハ前項ノ限ニアラス

國債ヲ起シ及豫算ニ定メタルモノヲ除ク外國庫ノ負擔トナルヘキ契約ヲ爲スハ帝國議會ノ協贊ヲ經ヘシ

一本條ノ趣旨。　此條ハ租税手數料及國債等ノコトニ付イテ憲法上ノ原則ヲ示サレタルモノデゴザリマス。前回ニ會計制度ノ全體ニ渉ツテ大體ノ説明ヲ致シマシタ。其ノ節ニ申上ゲマシタ通リ從來ハ國家ノ收入ハ專ラ王室ノ財産ノ收入ヲ以テ之ニ充テルト云フコトガ何レノ國ニ於テモ制度デアリマシタガ、近世ノ國家ニ於キマシテハ國家ノ費用ハ國家ノ分子タル國民ガ分擔スベキモノデアツテ國民負擔ノ費用ヲ以テ國家ノ生存ヲ維持スベキモノデアルト云フコトガ一般ニ認メラル丶ニ至リマシタ。是レニ由ツテ近世ノ國家ニ於キマシテハ國家ノ收入ハ國民ニ賦課シ徵收スル所ノ租稅ヲ以テ之ニ充ツルト云フコトガ原則トナリマシタ。此六十二條ノ趣意トスル所ハ第一ニ租稅ヲ人民ニ賦課スルコト及ビ國家ノ收入ヲ增スタメニ國債ヲ起スコトハ宜シク國會ノ議決ヲ經テ之ヲ定ムベシト云フニ存スルノデアリマス。憲法上國民ニ租稅負擔ノ義務アルコトハ第二章ニ明文ガ掲ゲラレテゴザリマシテ、國民タル資格ニ伴ツテ國費ヲ分擔シナケレバナラヌコトハ申スマデモナク明白デゴザリマスガ、尙之ニ附加ヘテ憲法ガ特ニ租稅ヲ賦課スルコトヲ愼重ニ致シマシテ國民ノ資產ヲ徵收シテ國ノ費用ニ充テルト云フコトデアリマスカラ特ニ國民ノ中ヨリ選ンデ組織シテアル所ノ國會ニ諮詢ヲシテ其ノ議決ヲ經テ然ル後稅ヲ賦課スルト云フコトノ原則ヲ取ツタノデゴザリマス。凡ソ租稅ハ法律ヲ以テ定メネバナラヌト云フ原則又ハ國債ヲ起スニハ議會ノ協贊ヲ經ネバナラヌト云フ原則ハ皆之レヨリ來ルノデゴザリマス。歷史ニ依リマスレバ時トシテハ政府ハ國民ノ負擔力ノ如何ヲ顧ミズ苛酷ナル稅ヲ取ツテ不必要ナル目的ニ使用スルヤウナコトモゴザリマシタ。是レ等ノ弊ニ反抗シテ起ツタノガ立憲政體デゴザリマシテ、即チ往昔國王及政府ニ於テ權力ヲ專ラニスル者ガ人民ヨリ不必要ナル費用ヲ强制徴收シマシテ國民ハ其ノ負擔ニ堪エズ大ニ苦ンダ結果之ニ大ニ反抗スルノ勢ヒヲナシ遂ニ立憲政體ヲ打立テタノデアリマシテ現今ノ憲法ニ於テハ獨リ我ガ國ノ憲法ノミナラズ諸國ノ憲法ニ於テ必ズ法ノ事ハ法律ヲ以テ定メナケレバナラヌ、議會ノ協賛ヲ經テ然ル後之ヲ賦課シ徴收シナケレバナラヌト云フコトガ定メラレテアリマス。

尤モ此ノ事ニ就キマシテハ豫メ誤解ヲ防イデ置カナケレバナラヌコトガゴザリマス、唯今申シマシタ通リ立憲政體ニ移リマス當時歐羅巴ニ於キマシテハ從來ノ政府官吏等ノ壓制ニ反抗シタ反動ト致シマシテ國民ハ自ラ承諾シナケレバ租税ヲ拂フ義務ガナイト云フコトヲ主張シタ者ガゴザリマス。然シ此ノ論ハ原則ヲ誤ツテ居リマス。國家ハ當然國家ノ維持ヲ謀ラナケレバナリマセヌ。國民ハ國家ノ分子タル以上ハ國家ノ生命ヲ繋グニ必要ナル費用ハ當然之ヲ負擔スベキモノデアリマス己レ之ヲ欲スレバ之ヲ拂ヒ欲セザレバ之ヲ拂ハヌト云フヤウナル自由ノ承諾ヲ以テ租税ヲ納ムルト云フ主義ハ國家存立ノ上カラ認メルコトハ出來マセヌ佛蘭西ノ大革命ノ時ニハ一時自由民權ノ思想ガ熾ンデゴザリマシテ租税ハ國民ガ承諾ヲシナケレバ取立テルコトハ出來ヌト云フ原則ヲ唱ヘマシタケレドモ、現今ニ至ッテハ歐羅巴諸國ニ於キマシテモ之ヲ法律論トシテ租税ノ徴收ハ國民ノ承諾ガ必要デアルト云フコトハ申サヌノデアリマス。當然法律ノ力ヲ以テ強制シテ取立テ、居ルノデゴザリマス。唯議會ノ協賛ヲ經ルヲ要スルト云フコトガ制度トナッテ居リマスノハ幾分カ此ノ精神ニ因ッテハ居リマスガ然シ法律ノ理論トシテハ承諾ヲ得テ然ル後租税ヲ取立テルト云フコトデハナク當然國家ノ權力ヲ以テ租税ヲ賦課シ徴收スルト云フコトニナッテ居リマス。

二、租税及手數料。

租税ノ性質ニ付イテ少シ説明ヲ致シテ置キマス。租税ハ國庫ノ收入ノ目的ヲ以テ一私人ノ資産ノ一部ヲ強制徴收スルモノデゴザリマシテ詰リ賠償ヲ與ヘズシテ絶對的ニ取立テルモノデアリマス。租税ハ國庫ノ收入ノ目的ノ為ニスルモノデアリマスカラ、單ニ國家ノ用ノ為ニ供スルトカ公共ノ用ノ為ニ供スルトカ云フ目的ノ為ニ物ヲ徴收シ又ハ使用スル場合トハ違ヒマス。其ノ似テ異ル場合ヲ申シマスレバ例ヘバ公用徴收ト云フコトガゴザリマシテ公ノ用ニ必要スルトキハ土地ヲ取上ゲルコトモアリマス。或ハ又軍事上ノ目的ト致シマシテ軍ノ需用ヲ充タスタメニ動産ヲ徴發スルコトモゴザリマス。是レ等ハ國家ノ權力ヲ以テ一私人ノ財産ノ一部分ヲ强制シテ取上グルト云フ點ニ於テハ租税ト同ジデアリマスガ其ノ目的ハ直ニ公用ニ供シ又ハ軍ノ需用ニ供スルノデアリマシテ國庫ノ會計上ノ收入ヲ增加スルト云フ目的デハゴザリマセヌ。然ルニ租税ハ國庫ノ收入ノ增加ノタメニ課スルノデゴザリマス。又租税ハ固ヨリ强制徴收デゴザリマシテ一私人ノ資産ニ屬スルモノヲ國家ノ權力ヲ以テ强制シテ取立テルノデゴザリマス。此ノ點ガ又昔アリマシタ所ノ種々ノ貢獻又ハ寄附等ト違フノデゴザリマス。歐羅巴ニ於テモ我ガ國ニ於テモ租税ハ强制徴收スルト云フ原則ガアリマセズトモ、國民ガ自由ニ貢獻ヲ爲スノ趣意ヲ以テ任意ニ物ヲ王室ニ奉ルトカ政府ニ奉ルトカ云フ形式ヲ取ツタ時代モゴザリマス。然シナガラ今日ノ租税ハサウデハゴザリマセヌデ、國家ノ權力ヲ以テ强制シテ徴收スルノデゴザリマス。是レガ種々ノ貢獻ト異ル所以デゴザリマス。且又租税ハ國庫ノ收入ヲ增ス目的デゴザリマスカラ租稅ヲ取ッタ者ニ後トカラ賠償ヲ致シマシテハ差引何ノ得ル所モアリマセヌ。故ニ租稅ハ云フマデモナク賠償ノ無イモノデゴザリマス。是レガ前ニ申シマシタ公用徵收又ハ徵發等ノ場合ト異ル點デゴザリマス。公用ノタメニ土地ヲ取上ゲルトカ、軍ノ需用ノタメニ特定ノ物品ヲ取上ゲルノハ國庫ノ收入ヲ增ス目的デハアリマセヌ、其ノ物品ガ其ノ時ニ特ニ必要デアリマスカラ取立テルノデアリマシテ、其ノ代價ヲ見積ッテ之ニ賠償ヲ與ヘマス。租稅ニ賠償ナクシテ公用徵收等ニ賠償ノアリマスルハ全ク其ノ目的ノ達ヒカラ起ルノデゴザリマス。

稅率ト申シマスルハ租稅ヲ課スル目的物ノ件數或ハ量數或ハ價格等ニ比準シテ稅額ヲ定ムル場合ヲ云フノデゴザリマス。稅率ニ依リマシテ稅ノ目的物ニ比準シマシテ始テ一個人ノ納稅額ガ幾ラデアルト云フコトガ定マルノデゴザリマス。故ニ第六十二條ノ第一項ニ於キマシテハ特ニ租稅賦課ノコトヲ鄭重ニ定メラレマシテ租稅ヲ課スルコト及其ノ稅率ヲ變更スルコトハ必ズ法律ヲ以テ之ヲ定メナケレバナラヌト云フコトヲ示サレテゴザリマス。又之ニ附加ヘテ御參考マデニ申上ゲテ置キマスルコトハ、凡ソ税ヲ課シマスルニ財政上ノ制度トシテ二ツノ方法ガゴザリマス。一ツハ分配スル法ト申シテ宜シウゴザリマセウ。他ハ定量即チ量數ヲ豫メ定ムル法ト云ツテ宜シイト思ヒマス。分配ノ法ト申シマスルハ國民ノ負擔ノ額ハ豫メ正確ニハ定ツテ居リマセヌデ毎年豫算ヲ作リマシテ明年ノ豫算ニハ國ノ費用ガ一億萬圓ヲ要スルト定リマスレバ其ノ一億萬圓ヲ或課税ノ率ニ依ッテ國民ニ分配シテ負擔セシムルノデゴザリマス。此ノ法ニ依リマスト國民ガ毎年負擔スル所ノ税ノ金額ハ定ツテ居リマセヌ。毎年豫算ノ議決ニ依ツテ税ノ負擔ノ多寡ヲ定メルノデゴザリマス。又所謂定量法ニ依リマスルト毎年國家ノ費用ノ額ハ豫算ニ依ツテ動クノデアリマスガ、法律ガ改マラヌ以上ハ各人ノ負擔スル所ノ租税ノ金額ハ毎年同ジデアリマス。此ノ如ク二ツノ方法ガゴザリマス。而シテ我ガ制度ニ於キマシテハ分配法ヲ取ラズシテ定量法ヲ採ツテ居リマス。故ニ現行ノ制度ニ於キマシテハ法律ガ改メラレマセヌ以上ハ一人ノ負擔ハ毎年同ジコトデアリマシテ唯國家ノ費用ハ年々違フノデアリマス。此二ツノ方法ガアリマシテ我ガ現行租税法ハ定量賦課ノ法ニ依ツテ居ルト云フコトヲ御承知アラセラル丶ヤウ御參考マデニ申上ゲテ置キマス。

租稅ヲ徵收スル方法モ序デニ申上ゲテ置キマス。租稅ニハ普通ノ直接國稅ト海關ヨリ取立ル稅トノ二種類ガアリマシテ、此二ツノ者ハ稅ト云フ點ニ於テハ同ジデゴザリマスガ徵收シマスル方法ハ少シ異ツテ居リマス。玆ニ申上ゲマスノハ海關稅ヲ除キマシテ普通ノ直接國稅ノ徵收ノ方法ヲ申スノデゴザリマス。稅ノ徵收ニ付キマシテハ豫メ徵收區ト云フモノガ定メラレテゴザリマス。其レハ通常市町村ヲ以テ其ノ區域ト致シマシテ稅ノ種類ニ依リマシテハ國庫デ直接ニ官吏ヲ派出シテ取立テルノモゴザリマス、又其ノ種類ニ依ツテハ市町村團體ニ租稅ヲ徵收スル義務ヲ負ハシテアルコトモゴザリマス。此ノ場合ニ於キマシテハ市町村團體ハ其ノ區域內ノ住民ヨリ稅ヲ取立ツテ總稅金ヲ取纒メテ中央ノ國庫ニ納メル義務ガゴザリマス。地租ノ如キニ於キマシテハ此ノ方法ニ依ツテ居リマス。其ノ順序ヲ申シマスレバ先ヅ國庫ヨリ徵稅令書ト云フモノヲ市町村ニ發シマス。徵稅令書ハ租稅徵收區域ヨリ徵收スベキ稅額ヲ指定シテ徵收ヲ命ズルノデゴザリマス。之ヲ受ケマシタ市町村ニ於テハ更ニ徵收傳令書ト云フモノヲ發シマス。此ノ徵收傳令書ハ各個人ニ對シ法律ニ照シテ其ノ人ノ負擔スベキ金額ヲ指定シテ之ヲ納ムベキコトヲ命ズル命令書デゴザリマス。一私人ハ徴稅傳令書ヲ受ケマシテ稅ノ納期ニ之ヲ納メテ其ノ義務ヲ果スノデゴザリマス。若シ稅ノ納期ニ至ツテ納稅ヲ怠リマシタ時ニハ、租稅ハ前ニ申ス通リ強制シテ徴收スルモノデゴザリマスカラ、滯納處分ヲ行ヒマス。滯納處分ノ手續ハ先ヅ納稅ヲ怠ツタ者ニ對シテ督促狀ヲ發シマス而シテ其ノ督促狀ニ定メタル期限ニ稅ヲ納メマセヌトキニ於キマシテハ更ニ稅ノ目的物タル財產ヲ差押ヘマス。差押ト申シマスルハ其ノ物ヲ賣買スル等ノ處分ヲ差止メルノデゴザリマス。而シテ差押ヘタル財產ヲ公賣ニ付シマス。公賣トハ公ニ評價シテ競爭セシメ之ヲ賣拂フノデアリマス。而シテ公賣ニ依ツテ得タ所ノ金額ヲ租稅ニ充テマシテ若シ餘リガアレバ之ヲ本人ニ還ヘシマス。此ノ手續ニ依ツテ租稅ハ強制徴收スルト云フコトガ明瞭ニナリマス。

稅ノ種類ハ繁雜ニ涉リマシテ今一々茲ニ申上兼マスガ先ヅ普通我々ノ記憶スル所ハ地租、所得稅、登錄稅、營業稅、酒造稅、醬油稅、印紙稅等ノ如キデアリマス。稅ノ種類ハ特別ノ法律ニ依ツテ特ニ定メラレマスカラ必ラズシモ憲法上一定シテハ居リリマセヌ。關稅ハ海關ヨリ貨物ヲ出入致シマスルトキニ取立テル稅デゴザリマスガ、關稅ニ付キマシテハ少シ特別ナモノガゴザリマス。即チ外國トノ條約ニ依ツテ稅額ガ定ツテ居ルモノガゴザリマス。其ノ部分ニ付キマシテハ條約ニ基キマシテ稅ヲ取立テマス。又條約ニ特ニ稅率ヲ定メテ居リマセヌモノハ我ガ國ノ立法ノ自由ニ屬シテ居リマスカラ矢張リ内國稅ト同ジヤウニ特ニ法律ヲ設ケテ稅ノ額ヲ定メテ之ヲ徵收シテ居リマス。

手數料ハ稅ト少シ性質ヲ異ニシテ居リマス。行政ノ行爲ニ對シ或ハ公ノ營造物ノ使用ニ對シマシテ特ニ利益ヲ受クル者ヨリ報償ノ意味ヲ以テ納メシムルモノデゴザリマス。例ヘテ申シマスレバ國家ノ設ケテ居ル學校ニ通學スル者カラ授業料ヲ取立テルトカ或ハ郵便電信ヲ取扱ヒマスレバ之ニ對スル手數料ヲ取立テルト云ヤウナ場合デゴザリマシテ、是レモ國庫ノ收入ノ一ツトナツテ居リマス。第六十三條ノ第二項ニ依リマシテ報償ニ屬スル行政上ノ手數料ハ法律ヲ以テ定ムルコトヲ要セズ命令ヲ以テ定メテ差支ナイコトニ規定シテゴザリマス。行政上ト申シマスノハ蓋シ司法上ノ手數料ト區別シタコト丶思ヒマス。司法上ノ手數料ト申シマスルト司法裁判所ガ取扱フ事件ニ付イテ取立テル手數料ヲ云フノデゴザリマス。例ヘバ司法裁判所デ非訟事件ヲ取扱ヒマスレバ之ニ對シ手數料ヲ取ルコトガゴザリマス。然シ行政上ノ手數料及收納金ハ必ズシモ法律ヲ以テ定ムルコトヲ必要トシナイト云フノガ第二項ノ趣意デゴザリマス。

三、國債及國庫ノ負擔トナルヘキ契約。第三項ニ掲ゲテゴザリマスル國債ハ其ノ會計年度ニ於テ國家ノ收入ヲ增ス目的ヲ以テ債務ヲ負擔スルコトヲ云フノデゴザリマス。國債ト申シマスレバ單ニ國家ノ債務ト云フコトノ樣ニ聞ヘマスガ茲ニ所謂國債ハ一會計年度ニ對シテ其ノ收入ヲ增ス目的ヲ以テ起ス國ノ債務ヲ指シテ云フノデゴザリマス。法律上ノ言葉ヲ以テ申シマスレバ國家ハ繁雜ナル取引ヲシテ居ルノデゴザリマスカラ通常役所ニテ必要ナル物品ヲ買ヒマシテモ其ノ物品ヲ買フト同時ニ金錢ヲ支拂ヘバ債務ハ起リマセヌガ、先月買ツタモノヲ今月拂フト云フコトニシマスレバ其ノ一ケ月間ハ國庫ニ債務ガ生ジテ居ルノデゴザリマス。然シ此レ等ノ債務ハ茲ニ謂フ所ノ國債ト云フモノデハゴザリマセヌ。ナゼト申シマスレバ其ノ債務ハ普通ノ行政ノ進行ニ伴ツテ起ルモノデゴザリマシテ一會計年度ヲ閉鎖シテ見マスルト、丁度其ノ年度ノ收入ヲ以テ其ノ年度ノ經費ヲ償フテ出入相匹敵スルノデアリマシテ一會計年度ヲ以テ考ヘテ見マスルト少シモ國家ノ債務トハナラヌノデゴザリマス。然ルニ玆ニ謂フ所ノ國債ハ此ノ會計年度ニ於テ特ニ收入ノ金額ヲ增スト云フコトノ爲メニ募ルモノデアリマシテ其ノ會計年度中ニ於テ辨濟スルモノデハゴザリマセヌ。故ニ特ニ國債ト名ヲ附ケテ居ルノデゴザリマス。從ツテ國債ヲ起スト云フコトハ餘程愼重ニシナケレバナラヌコトハ說明ヲ致サズトモ明瞭デゴザリマス。國債ヲ起シマシタ時ニハ歸スル所租稅ノ負擔ヲ增スコトニナリマス。債務ハ必ズ後ニ果サナケレバナラヌノデアリマシテ國債ヲ償却致シマスニハ矢張リ租稅ヲ以テ之ニ充ツルコトニナリマスカラ歸スル所國債ヲ起セバ後ニ租稅ノ負擔ヲ增スコト丶ナリマスカラ憲法ハ特ニ之ヲ愼重ニ致シマシテ國債ヲ起スハ租稅ヲ起スト同ジヤウニ帝國議會ノ協贊ヲ經ナケレバナラヌト云フ原則ヲ示シタノデゴザリマス。

玆ニ國債ノミナラズ豫算ニ定メタルモノヲ除クノ外、國庫ノ負擔トナルベキ契約ト云フコトガ掲ゲテゴザリマス。此ノ國庫ノ負擔トナルベキ契約ト申シマスノハ國家ガ債務ヲ負フ契約ヲ云フノデゴザリマス。豫算ニ定メタモノヲ除キ其ノ他ノモノヲ茲ニ揭ゲマシタ趣意ハ豫算ニ既ニ定メテアリマスレバ豫算ヲ以テ國會ノ協賛ヲ經テ居リマスカラ再ビ二重ニ協賛ヲ經ル必要ハアリマセヌ。然シ未ダ豫算ニ定メテゴザリマセヌモノヲ政府ガ自由ニ國庫ノ負擔トナルベキ契約ヲ獨斷デ結ビマスルトキハ將來國家ノ租稅負擔ガ束縛セラル丶譯ニナリマス故ニ、豫算ニ定メタモノ丶外特ニ政府ガ國庫ノ負擔トナルベキ契約ヲ結ブニハ必ズ又國會ノ協賛ヲ經ナケレバナラヌト云フ原則ヲ示シタノデゴザリマス。

此ノ如ク此條ニ於キマシテハ憲法ハ特ニ國民ノ負擔ト云フコトニ付イテハ嚴重ナル原則ヲ設ケラレマシテ國民ハ國ノ分子トシテ國家ノ費用ヲ負擔スベキ義務アルコトヲ最モ鋭ク認メテアルニモ拘ラズ、又一方ニ於テハ國家ハ國民ノ財產ヲ强制徵收スルコトヲ大ニ愼ミマシテ此ノ原則ニ依リ此ノ方法ニ依ルニアラザレバ一文一錢ト雖一私人ノ財產ヲ權力ヲ以テ强制シテ徵收スルコトハ出來ヌト云フ原則ガ示サレタノデゴザリマス。

第六十三條　現行ノ租稅ハ更ニ法律ヲ以テ之ヲ改メサル限ハ舊ニ依リ之ヲ徵收ス

此條ノ趣意ハ文字上甚ダ明白デゴザリマスカラ委シク說明ヲ致ス必要ハナカラウト存ジマス。元來現行ノ租稅ハ更ニ法律ヲ以テ改メザル限リハ舊ニ依ツテ徵收スルト云フコトハ特ニ此ノ明文ガナクトモ法律ノ性質上斯クアルベキコトデゴザリマシテ、萬々一此六十三條ガ揭ゲラレテアリマセズトモ法理上此ノ解釋ハ出テ來ベキ筈デゴザリマス。然シ憲法ニ此條ヲ殊更ニ揭ゲテアリマスル所以ハ外國ニ於ケル憲法論ニ鑑ミテ政府ト議會トノ間ニ論爭ヲ生ズルコトヲ未然ニ防グタメニ特ニ鄭重ニ此ノ事ヲ明記シタノデゴザリマス。其ノ譯ハ外國ニ於キマシテハ之レニ關シ種々ナル誤解ヲ生ジタル先例アルニ由ルコトヽ察シマス。

租稅法律ノ性質。前ニ申上ゲマシタル通リ佛蘭西等ニ於キマシテ始メテ立憲政體ヲ定メマシタトキニ於テハ租稅ハ國民ノ承諾ガナケレバ之ヲ拂フ義務ガナイト云フコトヲ主張シマシタ。又豫算ト租稅法律トヲ混同致シマシテ每年國會ニ於テ豫算ヲ議定スルコトヲ國民ガ租稅ヲ拂フコトニ同意スルモノト看做シタノデアリマス。故ニ豫算ヲ否決シマスレバ國民ハ租稅ヲ拂フ義務ガナイト云フ原則ヲ主張シマシタ。此憲法上ノ誤解ニ政府モ國會モ共ニ迷ヒマシテ豫算ヲ是非成立タセナケレバ一厘一毛ノ金錢ト雖モ國民ヨリ取ルコトガ出來ナイト殆ド信ジテ居ッタノデアリマス。其ノ故ニ租稅法ハ一年限リノ效力ノモノデアッテ每年議會ニ於テ豫算ヲ議定シテ豫算ガ成立テバ其ノ年ニハ租稅ヲ取ルコトガ出來、若シ豫算ガ成立タナケレバ租稅ヲ取立ルコトハ出來ナイト云フコトヲ原則トシテ之ヲ主張シタノデアリマシタ。租稅法ハ一年法デアルト云フコトヲ一時唱ヘマシタ。一年法トハ租稅法ハ其ノ年限リデ效力ヲ失ヒ、翌年又豫算ガ成立ツニアラザレバ再ビ之ヲ施行シテ徵稅スルコトハ出來ナイト云フ意味デゴザリマス。此ノ疑ノ爲ニ隨分外國ニ於テハ紛擾ヲ來シタコトガゴザリマス。獨逸ニ於キマシテモ憲法ヲ布キマシタ。又或ル國ニ於キマシテハ豫算ガ成立タヌカラト云ッテ軍隊ノ衣食ヲ給スルコトモ出來ナイヤウナ有樣ニ立至ッタト云フコトモ歷史ニ見ヘテ居リマス。是レ等ハ全ク今日カヲ考ヘテ見マスルト憲法ノ理論ノ誤解デアッタノデゴザリマス。法律ハ法律デアリマシテ豫算ハ豫算デアリマス。故ニ豫算ヲ以テ法律ヲ打消スコトハ出來マセヌ。又法律ハ之ヲ改メザル限リハ效力アルモノデアリマスカラ豫算ガ成立スルトセザルトニ拘ラズ法律ハ法律トシテ效力ヲ有シテ居ルノデゴザリマス。我々ハ一度租稅法ガ發布サレマシタナラバ其ノ租稅法ヲ廢止シ變更セザル限リハ納稅ノ義務ハ決シテ免ルヽコトハ出來マセヌ。是レハ明白ナ道理デゴザリマシテ今日ヨリ云ヘバ極メテ明白デアリマスガ、過去ニ於テハ隨分政治上ノ紛雜誤解ガアッタノデアリマスカラ特ニ憲法ニ此條ヲ設ケテ我ガ憲法ニ於キマシテハ租稅法ハ一年法ニアラズ永久法デアル更ニ租稅法ヲ變更スルニアラザレバ租稅ハ舊ニ依ッテ徵收スベキモノデアルト云フコトヲ示サレタモノデゴザリマス。

第六十四條　國家ノ歲出歲入ハ毎年豫算ヲ以テ帝國議會ノ協贊ヲ經ヘシ

豫算ノ欵項ニ超過シ又ハ豫算ノ外ニ生シタル支出アルトキハ後日帝國議會ノ承諾ヲ求ムルヲ要ス

一、豫算制度。　此條ハ豫算制度ヲ定メラレタモノデゴザリマス。豫算ノ制度ニ就キマシテハ略〻前回ニ申上ゲマシタト心得マスガ、尚少シ此條ノ精神ヲ明カニスルタメニ外國ノ制度ヲ比較シテ說明ヲ致シテ置キマス。

豫算ト云フ制度ハ我ガ國ニ於キマシテハ近頃行レテ居ルコトデアリマスガ、元來經濟上何レノ場合ニ於キマシテモ收入ト支出トヲ豫メ計算シテ而シテ出入相平調スルヤウニ致スノガ自然ニ必要ナコトデアリマシテ實際上ハ何レノ國何レノ場合ニ於テモ行ハレテ居ナケレバナラヌコトデアルト察シマス。唯會計官吏ガ自己ノ標準目安トシテ凡ソ入ルモノハ是レダケデアルトカ出スモノハ是レダケデアルトカ云フヤウナ計算表ヲ作ツテ置クコトノ外ニ更ニ豫算ト云フ一定ノ效力アル制度ヲ憲法上ノ規定トシテ設ケルト云フコトハ是レガ立憲政體上ノ大主義デゴザリマシテ從來ノ專制時代ニ於ケル豫算ノ性質ト異ル所デゴザリマス。國家ノ歳入歳出ハ總テ毎年豫算ヲ致シテ國會ノ議決ヲ經ナケレバナラヌト云フノガ本條ノ規定デゴザリマス。豫算制度ニ就キマシテハ短簡ニ申シマスレバ歐羅巴ニ於テハ二ツノ異ツタ制度ガゴザリマス。其ノ一ツハ租税ヲ人民ニ賦課スルタメニ其ノ條件トシテ豫算ヲ國會ニ提出シテ議決ヲ請フモノデゴザリマス。英國ニ於テ豫算制度ノ起リマシタ所以ハ此ノ主義ニ基イテ居ルノデゴザリマス。是レハ前ニ申上ゲマシタル通リ英國ニ於キマシテハ從來國民ガ承諾シナケレバ租税ヲ取立テルコトガ出來ナイト云フ主義ヲ取ッテ來タノデゴザリマス故ニ租税ヲ取ルニハ毎年國民ノ承諾ヲ經ナケレバナラヌト云フ所カラ、國民ニ租税ノ承諾ヲ請フ順序トシテ是レダケ國家ノ費用ガ掛ル、是レダケ收入ガナクテハ國家ノ事務ガ取レヌ、故ニ是レダケノ租税ノ徴收ノ承諾ヲ乞フト云フテ其ノ承諾ヲ求ムルタメニ政府ガ毎年歳出入ノ豫算ヲ議會ニ提出シタ制度デアリマシタ。此ノ場合ニ於キマシテハ國會ガ豫算ヲ議スルニハ重キヲ收入ノ方ニ置クノデゴザリマス。歳出ノ方ハ第二段ニ於キマシテ先ヅ租税ヲ拂フカ拂ハヌカト云フコトヲ議スルノデアリマスカラ國會ニ於テ豫算ヲ議スル重點ハ歳入ノ議決ニアルノデゴザリマス。他ノ一ツノ制度ト申シマスルハ國家ノ收入ハ租稅ノ法律ニ依ツテ定ツテ居リマシテ毎年豫算ヲ以テ承諾ヲ請フ必要ハアリマセヌガ、唯從來專制ノ時代ニハ政府ハ國庫金ヲ濫用シ或ハ不必要ナル目的ニ用ヰ或ハ目的以外ノコトニ使用スルト云フ弊ガアリマシタカラ其ノ弊ヲ防ギ之ヲ監督スルタメニ豫算ヲ調成シテ之ヲ國會ニ提出シテ議セシムルト云フ制度デゴザリマス。歐羅巴ノ中央ノ諸國ニ於キマシテハ豫算ヲ國會ニ提出シテ議セシムルト云フ精神ハ茲ニ在ルノデゴザリマス。此ノ場合ニ於キマシテハ國會ニ於テ豫算ヲ議スル重點ハ歲入ニアラズシテ歲出ニアリマス。歲入ハ租稅法デ定ツテ居リマシテ豫算デ歲入ガ多イ少イヲ爭フ必要ハアリマセヌカラ、國會ニ於テ審査スル所ハ國家ガ或目的ニ向ツテ幾何ノ金ヲ使用スルコトヲ要求シタ其目的ガ不必要デアルトカ又ハ其ノ金額ガ多キニ過ギルカラ削減スルトカ、專ラ歲出ノ部ニ付イテ審査シ議定スルノデアリマス。豫算ノ制度ニハ此ノ二ツガアリマシテ其ノ精神ヲ異ニシテ居ルコトヲ能ク知ラナケレバナリマセヌ。

我ガ憲法ニ於キマシテハ疑モナク此ノ第二ノ種類ノ制度ヲ採ツタノデゴザリマ

ス。國家ノ收入タル租稅ハ別ニ法律ヲ以テ定メ、豫算ニ關係ナキコトハ前ニ明記サレテアリマス。而シテ此ノ條ニ於テ歲出入ハ豫算ヲ以テ國會ノ協贊ヲ經ベシト云フハ國會ニ於テ議スル所ハ歲入歲出ノ平調ヲ得ルタメニ、且ツハ行政官ガ國庫金ヲ如何ナル目的ニ用井ルカト云フコトヲ審議スルタメニ此ノ制度ガ設ケラレタコトヲ明ニシテ居リマス。英國等ノ制度トハ異ナッテ居リマス。從來憲法ヲ解釋スル者ハ此ノ二ツノ制度ノ區別アルコトヲ知ラズ何デモ議會ニ於テ豫算ヲ議スル制度ハ同一ノモノト心得テ此ノ異ッタル國ノ豫算制度ヲ我ガ國ニ當嵌メテ帝國議會ノ豫算議定權トシテ之ヲ論ズルヤウナ弊ガアリマシテ頗ル誤解ニ陷ッタノデアリマシタガ今ニナッテハ此ノ點ハ明白ニ解釋セラルヽヤウニナッタト考ヘマス。

其ノ他此ノ條ニ於キマシテハ豫算ノ性質ハ豫算ノ效力又ハ豫算外ノ支出ノ結果等ノコトヲ今少シ委シク說明ヲ致シタイト存ジマス。是レハ頗ル實際上ニ於キマシテモ亦タ法理上ニ於キマシテモ重要ナル點デゴザリマスガ最早時間ガ僅々ニナリマシタカラ餘リ說明ガ簡略ニ過ギマシテ疎漏ニナリマシテハ恐入ル次第デアリマス故ニ今回ハ茲ニ止メテ餘ハ次回ニ讓リマス。

二、豫算ノ性質及効力。

豫算ハ何デアルカト申シマスレバ文字ノ通リ一會計年度ニ向ツテノ收入支出ヲ豫メ計算シタルモノデアリマシテ畢竟出入ノ金額ヲ見積ツタル表ニ過ギナイノデゴザリマス。豫算表ハ夫レ自身ニ於テハ別ニ重キ効力ヲ有ツテ居ルモノデハゴザリマセヌ。唯會計法ト云フ法律ガゴザリマシテ其ノ法律ノ規定ニ依リマスルト政府ガ收入ヲ爲シ又ハ支出ヲナストキニハ豫算ノ欵項ニ依ツテ之ヲ行フベシトゴザリマスカラ此ノ規定ノ結果トシテ豫算ガ重キ効力ヲ有ツコトニナルノデゴザリマス。即チ會計法ト云フ法律ノ効力ノ結果トシテ豫算ニ重キヲナスノデゴザリマス。然ルニ之ヲ誤解シテ唯豫算夫レ自身ガ非常ニ重キ効力ヲ有ツテ居ルモノトシ、法律或ハ命令ヨリモ尚豫算ノ方ガ重キカノ如ク看做ス者ガアリマスガ夫レハ大ナル誤リデゴザリマス。抑〻豫算ノ制度ハ前回ニモ申シ述ベマシタル通リ國家ノ會計トノミ言ハズ總テ何レノ場合ニ於キテモ經濟上出入ヲ計ツテ其ノ平調ヲ計畫シテ行クコトガ必要デゴザリマス。殊ニ國家ノ如キ大ナル經濟ニ於キマシテハ尚更必要デゴザリマス。立憲政體ノ行ハレマス以前ニ於キマシテモ豫算ハ作ラレタノデアリマシタガ、其ノ豫算ハ政府自ラ定メテ自ラ之ニ依ツテ處置ヲスルノデゴザリマスカラ豫算ノ行政ヲ拘束スル力ガ薄弱デアリマシタ。然ルニ立憲政體ノ趣意ニ於キマシテハ豫算ヲ定ムルハ政府ガ豫メ案ヲ作ツテ帝國議會ノ審議ヲ經テ政府ト議會トノ共同ノ働キニ依ツテ是レガ成立スルコトニナリマスカラ、政府ガ豫算ニ對スル地位ハ餘程嚴格ニ之ヲ守ラナケレバナラヌト云フ狀態ニナリマス。即チ政府ガ獨リ之ヲ作ツタモノデナクシテ議會ガ之ヲ審議シテ確定シタモノデゴザリマスカラ豫算ニ違フコトヲナスニハ議會ノ協賛ヲ復ビ經ナケレバナラヌコトニナリマシテ豫算ガ行政ヲ束縛スル力ガ重クナツテ來タノデアリマス。豫算ニ此ノ強キ力ヲ保タシムルガタメニ此ノ第六十四條ニ於テ國家ノ歳入歳出ハ毎年豫算ヲ以テ帝國議會ノ協賛ヲ經ベシト云フコトガ憲法ノ原則トシテ掲ゲラレタノデゴザリマス。

豫算成立ノ順序ノコトニ付キマシテハ前ニ御話ヲ致シタカト記憶ヲシテ居リマスガ簡略ニ申シマスレバ豫算ハ政府ガ調製致シマシテ之ヲ議會ニ提出致シマス先ヅ衆議院ノ方ニ提出致シマシテ衆議院ニ於テ審査結了ノ後貴族院ニ移シテ貴

族院ニ於テ審査議了ノ後之ヲ上奏シテ裁可ニナッテ而シテ公布セラレテ始メテ豫算ガ成立ッノデゴザリマス。此ノ豫算ノ成立ノ手續ノコトハ既ニ申上ゲタト心得テ居リマスカラ再ビ茲ニ委シクハ申シマセヌ。

我ガ國ノ豫算制度ト外國ノ制度トヲ比較致シマシテ特ニ御注意ヲ仰ギタイコトハ豫算ト會計法トガ區別サレテアルコトデゴザリマス。從來ノ外國ノ例ニ於キマシテハ豫算ト會計法トヲ區別致サナイ者ガゴザリマス。而シテ此二ツノ者ヲ混同致スガタメニ豫算ノ効力ニ付テ大ニ誤解ヲ生ジタコトガゴザリマス。例ヘバ外國ノ學說等ニ豫算ハ法律デアルト云フヤウナコトヲ申シマス。其ノ意味ヲ吟味シテ見マスルト會計法ハ法律デアルト云フコトニ歸スルノデアリマス。然ルニ我ガ制度ニ於キマシテハ會計法ハ毎年改マルモノデハゴザリマセヌ、永久ノ法律トシテ成立ッテ居リマス。豫算ハ恰モ會計法ニ附屬セラレタ毎年ノ計算表ノ如キモノデゴザリマシテ根本タル會計法ハ永久ニ成立チ其ノ附屬タル豫算表ヲ毎年改メルト云フ制度ニナッテ居リマスカラ御國ノ豫算ノ制度ハ極メテ明白デアリマヌ。而シテ又會計法ニ行政官ハ豫算ニ依ッテ收納支出ヲシナケレバナラヌト云フ規定ガゴザリマスカラ其ノ束縛ヲ受ケナケレバナラヌコトモ亦タ明瞭デゴザリマス豫算ノ性質ニ就キマシテハ種々外國ノ書物ニ說明ガゴザリマス。是レガ唯外國書ノ說明ニ止ツテ居リマスレバ强ヒテ茲デ申上ゲル必要モゴザリマセヌガ、此ノ豫算ニ付テ流行イタシマシタル學說ガ延ヒテ政治ノ實行ニ影響ヲシテ我ガ國ニ於テモ憲法制定ノ當時ハ隨分議院等ニ於テモ種々議論モアツタコトデゴザリマスカラ一應如何ナル說明ガ學說トシテ行ハレテ居ツタカト云フコトヲ茲デ申上ゲタイト存ジマス。

豫算ハ法律デアルト云フ解釋ガ一時歐羅巴ニ行ハレテ居リマシタ此ノ解釋ノ因ツテ起ル所ヲ繹ネマスト、佛蘭西等ニ於キマシテハ何事デアレ議會デ議決ヲシタルコトハ皆法律ト名付ケル習慣ガゴザリマシタ。故ニ普通ノ法律ハ勿論ノコト、豫算モ亦タ議會ガ議決ヲシタモノデアリマスカラ是レモ法律デアルト云フ名目ヲ附ケマシタ。唯是レガ法律ト云フ名稱ヲ用井タノミナラバ差支アリマセヌガ、其ノ結果トシテ豫算ヲ以テ法律ヲ變更スルコトガ出來ルト云フ主張ヲ爲ルニ至リマシタ。例ヘバ稅法ガ法律トシテ定ツテ居リマシテモ、又其ノ他行政ニ關スル法律ガアリマシテモ、豫算ガ其ノ法律ト違ツテ議定サレマスレバ舊來ノ法律ヲ打消ス力ガアルト云フヤウニ解釋ヲ及ボシテ來タノデアリマス。始メ豫算ヲ法律ト稱ヘタ言葉ガ延ヒテ實際ニ及ボシテ遂ニ豫算ハ法律ヲ變更スル力ガアルト云フヤウー說明ヲシテ來タノデアリマス。此ノ結果トシテ豫算ノ議決ニ非常ニ重キヲ措クコトニナリマシタ重キヲ措クノハ勿論宜シイコトデゴザリマスガ豫算ガ成立タナケレバ人民ヨリ一文モ租稅ヲ取ルコトモ出來ナイ、豫算ガ成立タナケレバ法律命令ヲ執行スルコトモ出來ナイ、豫算ガ成立タナケレバ法律命令ヲ執行スルコトモ出來ヌ、國家ノ生命ハ唯豫算ガ成立ツト成立タヌノ一點ニ歸着スル國會ガ豫算ヲ否決スルノハ國家ノ生命ヲ絕ツノデアルト云フ論理上ノ結果ニナリマシテ是ガタメニ歐羅巴ニ於テモ政府ト國會トガ政治上ニ大ナル騷動ヲ起シタコトモゴザリマス。近ク例ヲ申シマスレバ普漏西ニ於キマシテハ千八百六十年ヨリ六十六年マデノ間政府ト國會トガ爭ヒマシテ每年豫算ガ成立シマセヌコトガアリマシタガ其ノ時代ノ紛爭ニハ此ノ理論ガ餘程與ツテ力ガアツタヤウデアリマス。然シ今日ニ於キマシハ歐羅巴諸國ノ國法ヲ解釋スル者モ豫算ハ性質上出入ノ見積表デアッテ法律ハ法律トシテ別ニ効力ガアル豫算ハ畢竟法律命令ヲ執行スル結果トシテ生ズル歳入ト歳出トヲ見積ツタ表デアルカラ法律ハ本ニシテ豫算ハ末デアル故ニ法律ヲ變更セザル限リニ於テ豫算ガ効力ヲ有ツト云フコトニ大體一致シタヤウデゴザリマス。況シテ我ガ憲法ニハ豫算ハ法律ニアラザルコトガ明白ニ認メテゴザリマスシ、又今日實際ノ憲法運用上ニ於キマシテモ豫算ト法律トハ區別シテゴザリマスカラ、此ノ點ニ於テ誤解モゴザリマスマイガ、從來政府ハ國會トノ軋轢ノ一ノ原因ハ此ノ誤解ニアツタト云フコトハ承知ヲシテ居ラナケレバナラヌコトヽ存ジマス。

又英國ノ國會ガ豫算ニ付テ主張シマシタ歴史上ノ事蹟ヲ申シマスレバ、毎年豫算ヲ議スルノハ租税ヲ毎年徴收スルコトノ許可ヲ國會ガ政府ニ與ヘルノデアルト云フ主義ニ解釋ヲシマシタ。即チ人民ガ自ラ承諾ヲ爲スニアラザレバ租税ヲ拂フ義務ガナイト云フ原則ヲ唱ヘタノデアリマス。其ノ結果トシテ政府ハ毎年豫算ヲ作ツテ國會ニ向ツテ是レダケ國ノ費用ヲ要スルニ付テハ是レダケ租税ヲ取立テナケレバナラヌカラドウカ承諾ヲ乞フト云フ請求ヲ致シマス。而シテ國會ガ豫算ヲ議スルト云フハ租税ヲ拂フコトヲ承諾スルヤ否ヤヲ決議スルノデアルト云フ解釋ヲ主張シテ居リマシタ。此ノ議論的ニ貫徹致シマストキハ國會ガ豫算ヲ否決スルトキニ於テハ人民ハ一文モ租税ヲ拂フ義務ガナイト云フコトニナリマス。然ラバ政府ハ一文モ費用ナクシテ國家ヲ維持シ得ル道理ガアリマセヌカラ國家ノ生命ハ豫算議決ノ一點ニ懸ルト云フコトニナリマス。斯クノ如ク理論ハ主張致シマシタガ英國デハソレガタメニ極端ニ走セテ國家ノ運轉ヲ止メルト云フマデノコトハアリマセヌデシタ。唯英國ノ歴史的主張ハ是レデアツタノデアリマス我ガ國ノ憲法制度ノ上カラ之ヲ見マスレバ固ヨリ此ノ英國風ノ主義ノ當嵌ラザルコトハ前條ノ規定ニ於テ明カデアリマス。前回ニ申上ゲマシタル通リ租税ノ法律ハ之ヲ變更セザル限リ舊ニ依テ租税ヲ徴收スルト云フコトガ殊更憲法ノ明文ニ掲ゲテアリマス。是レハ豫算ノ理論ニ付テハ從來英國等ニ行ハレタ憲法上ノ主張ヲ排斥シテ我ガ國ハ租税ノ徴收ハ豫算ノ成立ト否トニ拘ラヌト云フ主義ヲ示シタノデゴザリマス。

近頃又獨逸ノ國法論者中ニハ豫算ハ國會ガ政府ニ國庫金ノ收入支出ヲ委任スル一ノ委任狀デアルト云フヤウニ解釋ヲシタ者モアリマス。是レモ事ノ狀態ヲ形容シテ云フタ言葉トシマスレバ一ト通リ尤ノヤウニ聞エマスガ理論トシテ此ノ主義ヲ主張シマスルコトハ我ガ國ノ憲法上ニ於キマシテハ差支ヘルト思ヒマス。此ノ解釋ニ依レバ國會ガ政府ニ國庫金ノ取扱ヲ毎年委任スルニ依ッテ始メテ政府ガ租稅ヲ取ルコトモ出來又支拂命令ヲ發スルコトモ出來ル、恰モ主人ガ雇人ニ對シテ金庫ノ金ノ出納ノ委任狀ヲ毎年與ヘルト同ジデアルト看做スノデアリマス之ヲ我ガ國ノ憲法上ノ理論トシテ見マスルト全ク主客ヲ顚倒シタル觀念デゴザリマシテ、我ガ憲法ノ豫算ノ法理トハ一致致シマセヌ。豫算ハ前申ス通リ法令執行ノ結果トシテ生ズル歲入歲出ヲ見積ルダケデゴザリマシテ、既ニ法令ハ成立ッテ居ルノデアリマス。又其ノ法令ヲ執行スルハ政府ノ職責トスル所デアリマシテ特別ニ國會カラ委任ヲ得ナクトモ當然其ノ權限ニ屬スルノデアリマス。茲ニ租稅法ガアリマスレバ租稅ヲ徵收スルコトハ特ニ國會ノ委任ヲ要シマセヌ。又茲ニ法律ガアリマスレバ其法律ヲ執行スルタメニ費用ヲ支出スルハ法律執行ノ自然ノ結果デアリマスカラ特ニ國會カラ委任ヲ受ケルニハ及バヌノデゴザリマス。然レバ國會ハ人民ノ代表者デアル國庫金ハ人民ノ金デアル。故ニ人民ノ代表者タル國會ガ年々政府ニ國庫金ノ出入ニ付テ特ニ委任ヲスルノデアルト云フ樣ナ主張ヲ以テ國庫ノ金ヲ以テ國會ノ有スル所デアルカノ如キ觀念ヲ以テハ我ガ憲法ノ解釋ハ出來マセヌ。是レ等ノ說ハ實際ニ於テハ左程ナ妨ゲモアリマセヌケレドモ、憲法上ノ國會ト政府トノ關係ヲ示シマスル主義トシテハ此ノ說モ亦タ採用スルコトハ出來マセヌ。

歸スル所我ガ憲法ニ於キマシテ豫算ノ性質ハ何デアルカト云ヘバ行政官ヲ監督スル所ノ方法ニ過ギナイノデゴザリマス。此ノ監督ヲ行フニハ行政部內ニ於テノミ定メタル豫算デアリマシテハ又行政權內ニテ之ヲ變更シ得テ監督ノ効能ガ薄クゴザリマスカラ之ヲ議會ニ審議セシメ議會ノ決議ヲ以テヤナケレバ動カスコトハ出來ナイト云フコトニ致スノデゴザリマス。而シテ議會ガ監督ヲスルト申シマスハ唯政治上實際ノ話デ憲法ノ法理ハ君主ノ大權ヲ以テ行政ヲ監督セラルヽノデゴザリマス。豫算ハ御裁可アリ公布アッテ而シテ其ノ豫算ニ依ッテ出納ヲナスト云フコトガ大權ノ命ズル所デアリマス。斯ク行政ニ向ッテ大權ノ監督ガアリマスガ、其ノ監督ノ一ノ標準トシテ豫算ノ制度ヲ設ケラレタルモノト解釋スルガ憲法上穩當ト考ヘマス。

國會ニ於キマシテ豫算ヲ議定スルコトハ是レハ前ニ帝國議會ノ權限ヲ說明シマス時ニ申上ゲタト心得テ居リマスカラ茲ニハ省キマス。要スルニ豫算ハ法令ニ依ツテ定マルベキモノデゴザリマスカラ議會ハ法律命令ノ範圍內ニ於テ收入ノ見込ヲ審查シ且又歲出ニ付テハ歲出ノ目的ト金額トガ適當デアルヤ否ヤヲ審查シ決議スルノデゴザリマス。詰リ法令ニ依ツテ審查スベキモノデアルト云フコトニ歸スルノデゴザリマシテ此ノコトハ帝國議會ノ權限ノ章ニ於テ申述ベテ置キマシタカラ茲ニ復ビ說明ハ致シマセヌ。

豫算ノ行政ニ對スル効力ニ付キマシテ一言附加ヘテ御話ヲ致シテ置キマス。豫算ハ法律ニ非ズト云フ結果ハ豫算ヲ以テ法律ヲ變更スルコトガ出來マセヌ故ニ若シモ法律ノ規定ト豫算トガ牴觸ヲ致シタトキニ於キマシテハ法律ニ依ラナケレバナラヌト云フガ原則トナリマス。然シナガラ法律ノ條文ヲ以テ直接ニ金額ヲ定メタモノハ少ウゴザリマスカラ、實際ニ於キマシテ法律ヲ執行スルニ付テ之ニ費スベキ金額ハ自ラ豫算ニ依ツテ定マルコトニナルノデゴザリマス。然シナガラ若シモ法律ノ一箇條ニ或ル鐵道ヲ敷設スルタメニ今年百萬圓ノ支出ヲナストト云フコトガアリマシタナラバ豫算ヲ以テ之ヲ增減スルト云フ譯ニハ參リマセヌ。之ニ反シテ法律デ金額ガ定ツテ居ラヌモノ、例ヘバ法律デハ單ニ學校ヲ設ケルト云フコトダケ定ツテ居リマシテ其ノ學校ヲ維持スルタメニハ十萬圓デモ出來レバ十五萬圓デモ出來ルト云フ場合ニハ豫算ノ金額ガ標準トナッテ行政官ヲ拘束スルコトニナリマス。故ニ豫算ト法律ヲ較ベルト何時モ法律ノ効力ガ强ウゴザリマスガ、然シナラガ法律ハ多クノ場合ニ金額ヲ定メマセヌカラ、自然行政官ガ法律ヲ執行スルトキニ豫算ノ金額ヲ標準トシテ之ニ依ラナケレバナラヌト云フコトガ起リマス。

又豫算ハ法律デアリマセヌカラ人ト人トノ權利義務ノ標準ナルモノデアリマセヌ。人ニ權利義務ヲ負ハシムルト云フコトハ法律命令ノ働キデゴザリマス。豫算ハ出入ノ見積デゴザリマスカラ、例ヘバ豫算ニ金額ガナイカラト云ッテ國庫ノ義務ニ屬スル支出ヲ拒ムコトハ出來マセヌ。國會ガ豫算ヲ否決シタ場合ニ於キマシテモ公債證書ヲ所持スル者ニ公債ノ利子ヲ拂フコトヲ拒絕スルコトハ出來マセヌ。

公債證書ヲ所持スル者ハ國庫ニ對シテ利子ノ支拂ヲ受クベキ法律上ノ權利ガアルノデアリマシテ之ヲ豫算ヲ以テ動カスコトハ出來マセヌ。國庫ノ權利ト國庫ノ義務トハ法律命令ニ依ツテ定ツテ居ルモノデアツテ豫算ヲ以テ動カスコトハ出來ナイト云フノガ一ノ原則デゴザリマス。畢竟豫算ノ効力ハ行政官ヲ監督スルノデゴザリマス。行政官ハ豫算ニ依ツテ働カナケレバナリマセヌ。從ツテ政府ハ大權ニ對シ又國會ニ對シ豫算ノ範圍内デ働カナケレバナリマセヌ。然シナガラ國家ト云フ一團體ガ一個人又ハ外國ニ對スル所ノ權利義務ノ關係ハ豫算ガ成立タヌカラ出サヌトカ、豫算ガ成立ツタカラ請求ヲスルトカ云フモノデハナクシテ全ク是レハ法律トカ約束トカニ基クモノデゴザリマス。

豫算ハ最モ重キモノデアリマスガ、然シナガラ政府内部ノ財政ノ監督タルニ過ギナイノデアリマス。依ツテ之ヲ收入ト支出トニ對シテ考ヘテ見マスルノニ、國庫ノ收入ノ部分ハ多クハ租税法ニ依ツテ定ツテ居リマス。租税法ハ法律ノ規定デアリマスガ其ノ豫算ハ唯年々ノ納税額ヲ見積ルトカ或ハ其ノ他ノ政府ノ收入ノ事實ヲ見積ルバカリデアリマシテ、ホンノ文字通リ豫想ノ計算デアリマスカラ効力ハ甚ダ薄弱デアリマス。故ニ豫算ノ重キヲナス所以ハ支出ニ對スル方デアリマス。行政官ガ或目的ノタメニ國庫金ヲ支出スルトキニ豫算ノ効力アルコトハ會計法ニ規定ガアリマス。即チ其ノ規定ハ豫算ノ欵項ハ動カスベカラズト云フコトデアリマシテ豫算ノ欵項ニ準據シテ支拂命令ヲ發サナケレバナラヌコトニナツテ居リマス。然レバ豫算ガ行政ヲ束縛スル効力ハ專ラ歳出ノ部ニアリマシテ歳入ノ部ニハ左程ノ重キ効力ハナイノデアリマス。是レガ我ガ國ノ豫算ノ特色デゴザリマス。前回ニモ申上ゲマシタル通リ從來英國等ニ於キマシテ發達致シマシタ豫算制度ハ重キ効力ヲ歳入ノ部ニ置イタモノデゴザリマス。豫算ガナケレバ租税ヲ取ルコトガ出來ヌト云フテ居ツタノデゴザリマス。然シナガラ我ガ國ノ制度ニ於キマシテハ豫算ガナクトモ租税ヲ取リマス。唯豫算ガナケレバ行政官ガ自由ニ國庫金ヲ支出スルコトガ出來ナイト云フノデアリマス。英國等ノ歴史的豫算ノ慣例ハ重キヲ收入ニ置キ今日ノ我ガ國ノ豫算ハ重キヲ歳出ニ置キマス。故ニ我ガ議會ニ於テ審査ヲ致シマスル際ニモ國債等ヲ起ス場合ノ外ハ歳入ノ部ニハ餘リ深イ議論モ聞キマセズ議論ノアルノハ多ク歳出ノ部デアリマス。是レ豫算ノ性質ガ異ルカラデアリマス。若シモ從來ノ英國風ノ豫算ノ制度デゴザリマシタナラバ國會ニ於テ第一ニ爭フ所ハ租税ヲ拂フヤ否ヤデアリマスカラ議論ハ歳入ノ方ニ專ラナクテハナラヌノデアリマス。是レガ彼ト我ト憲法上ノ精神ノ異ル所デゴザリマスカラ併セテ申上ゲテ置キマス。

三、豫算外ノ支出。此六十四條ノ第二項ニ豫算ノ欵項ニ超過シ又ハ豫算外ニ生ジタル支出アルトキハ後日帝國議會ノ承諾ヲ求ムルヲ要スト云フコトガ示シテアリマス。行政官ハ會計法ノ規定ニ依ッテ豫算ノ欵項ヲ守ッテ之レニ超過スルコトヲ許シマセヌ。又豫算ガ既ニ定ッテ居リマス以上ハ豫算ニナイ目的ノタメニ豫算ニナイ金額ヲ支出スルコトハ政府ノ爲シ得ベカラザルコトデゴザリマス。是レガ一般ノ道理デゴザリマス。若シ豫算外ニ自由ニ支出ガ出來ルト云フコトナラバ豫算ニ重キヲ措イテ之ヲ定メテ公布スル必要ハ殆ンドナイ譯デゴザリマス。然シナガラ先刻モ申上ゲマシタル通リ豫算ハ法律命令ヲ執行スル結果ヲ豫想シタモノデアリマシテ法律ハ豫算ヨリモ重イノデアリマス。又尚進ンデ申マスレバ法律ハ何ガタメニアルカト申シマスレバ國家ノ働キノタメニアルノデゴザリマス然ラバ豫算ヨリハ法律ガ重ク、法律ヨリハ國家ガ重イノデゴザリマス、豫算ハ通常ノ場合ヲ見テ通常ノ必要カラ割出シタモノデゴザリマスカラ法律ガ變更セラレタトカ、或ハ一歩進ンデ國家ニ臨時重大ナルコトガアツテ通常ノ法律又ハ豫算ニ依ツテ國ノ政務ヲ運ブコトガ出來ナイト云フ臨時重大ナルコトガアリマシタナラバ豫算ガ無イカラト云ツテ國ノ生命ヲ犧牲ニスルコトモ出來マセヌ、豫算ガ無イカラト云ツテ手ヲ拱イテ法律ヲ無視スルコトモ出來マセヌカラ、政府ニ於テ責任ヲ取ル者ハ假令豫算ノ款項ニ超過致シマシテモ又全ク豫算外ノ事ニ渉リマシテモ金ヲ支出シナケレバナラヌコトガアリマス。豫算ニ全ク規定ガアリマセンデモ國家ノ臨時重大ナル場合ニ豫算外ノ支出ヲシナケレバナラヌト云フコトハ憲法上已ムヲ得ザルコトアルヲ豫想シテ玆ニ第二項ヲ設ケタノデゴザリマス。然シナガラ之ヲ濫用シマシテハ憲法ノ規定ヲ蹂躙スルコトニナリマス故ニ事後承諾ト云フ制度ガアルノデゴザリマス。豫算ノ款項ヲ超過シ又ハ豫算外ノ支出ヲ爲シタルトキニハ其ノ後ニ帝國議會ニ之ヲ提出シテ承諾ヲ請ハナケレバナリマセヌ。承諾ヲ請フト申シマスルハ政府ガ議會ニ向ツテ斯ク〻〻ノ事由ガアツテ已ムヲ得ズ豫算外ノ支出ヲ致シタニ付テハ其ノ承諾ヲ請フト云フ請求ヲ致スノデゴザリマス。議會ガ之ヲ承諾致シマスル結果ハ恰モ初ヨリ豫算ニ於テ議定シタルト同一ノ効果ヲ生ズルノデゴザリマス。言葉ヲ換ヘテ云ヘバ會計檢査ノ手續ニ於テ之ヲ支出シタ行政官吏ノ責任ガ之ニ依ツテ解除サレ得ルノデゴザリマス。若シ又議會ガ承諾ヲ拒ンダトキニハドウ云フ結果ヲ起スカト云ヘバ之ニ付テハ憲法ハ如何ナル結果デアルト云フコトヲ明言シテ居リマセヌ。然シ事ノ實際ヨリ押シテ考ヘテ見マスルノニ若シモ豫算外ノ支出ガ法律ヲ蹂躪シタコトデアルトカ又ハ豫算外ノ支出ガ非常ニ不必要ナコトデ政府ガ憲法ノ規定ヲ超エ例外ノ權ヲ濫用シタモノデアルト國會ニ依テ認メマシタトキニハ之ニ承諾ヲ與ヘヌノデアリマス。承諾ヲ與ヘラレザル結果ハ政府ハ會計檢査ニ向ツテ重キ責任ヲ取ラナケレバナリマセヌ。豫算ノ範圍内ニ於テ爲シタルコトデゴザリマスレバ會計檢査ノ上ニ於テ責任ガ解除セラレマスガ、豫算外ノ支出ヲ爲シテ而シテ國會デ承諾ヲ得ナカツタトキニハ之ヲ爲シタ所ノ政府ハ責任ヲ取ラナケレバナリマセヌ、或ハ場合ニ依ツテ豫算外ノ支出ニ重大ナル政府ノ過失ガアリト見マシタトキニハ國會ガ其ノ意見ヲ上奏スルコトモアリマセウ。而シテ其ノ事ガ天聽ニ達シマスレバ或ハ大權作用ヲ以テ政府ノ責任ヲ御審査ニナツテ適當ナル御處置ニナルコトモアルデアリマセウ。是レ等ノ結果ニ至ルト憲法ノ明文ニハ書イテゴザリマセヌガ、大權ノ働キトシテ如何樣ニモ其ノ結末ハ着クコト、存ジマス。

第六十五條　豫算ハ前ニ衆議院ニ提出スベシ

豫算ニ關スル衆議院ノ特權。　此條ハ豫算ニ關シマシテ衆議院ノ特權ヲ示シタモノデゴザリマス。條ノ文字上ノ意味ハ甚ダ簡單デアリマスカラ委シク說明ヲ致サズトモ明瞭ト思ヒマス。豫算ハ前ニ衆議院ニ提出スト申シマスハ文字ノ通リ政府ガ豫算ヲ提出スルニ當ツテ衆議院ニ先キニスルコトヲ云フノデアリマス。別ニ深イ意味ハゴザリマセヌ。凡ソ法律案ハ上下兩院孰レニ先ニ提出スルモ自由デゴザリマスガ、豫算ニ限リテハ衆議院ニ先ニ議セシメナケレバナラヌト云フノデアリマス。此事ハ文字上明白デアリマスガ實際ニ於テハ大イニ疑ノ起ツタコトガゴザリマスカラ一應之ヲ說明致シテ置キマス。

衆議院ガ豫算ニ付テハ特ニ重キ議權ヲ有ツテ居ツテ貴族院ハ全體ニ於テ可否ヲスルノ外豫算ヲ修正スル權ハナイト云フヤウナ主張ヲ爲シタコトガゴザリマス是レハ勿論誤解デアリマスガ然シ外國ニ於テモ例ノアルコトデゴザリマス。歐羅巴諸大國ノ例ヲ見マスルニ憲法ノ明文上、上下兩院ハ大概豫算ニ付テ其ノ權力ガ同ジデゴザリマシテ、貴族院ト雖モ豫算ヲ修正スル權ヲ有ツテ居ルノガ多ウゴザリマス。然シ英國ニ於キマシテハ貴族院モ豫算ヲ修正スル權ハ有ツテ居ルト云フコトヲ常ニ主張致シマスガ、實際上其ノ權ハ行ハナイト云フ慣例ニナツテ居ルノデアリマス。斯ウ云フコトハ能ク英國ノ憲法ノ歷史上及法律ノ説明ニ見エテ居ルコトデゴザリマス。自然ニ權力ガ衆議院ニ歸シマシテ貴族院ハ理論トシテハ豫算ヲ修正スル權ヲ有ツテ居ルガ然シナガラ修正ハシナイト云フ慣例ニナツテ居リマス。此ノ英國ノ例ガ諸國ニ傳ツテ居リマス。然ルニ同ジ「アングロサクソン」人ノ國ヲ成シテ居ル亞米利加合衆國ノ如キハ明カニ上院モ亦タ豫算ヲ修正スル權ガアルト云フコトヲ憲法ニ書イテ居リマス。佛蘭西ノ上院モ亦タ同ジコトデゴザリマス。普漏西ノ上院ニ付テハ憲法ガゴザリマスケレドモ下院ノ議定シタル豫算ノ條項ヲ修正スル權ハナイト云フコトニナッテ居リマス。是レガ一ツノ變例デゴザリマス。

我ガ國ニ於テモ初メテ議會ヲ開カレマシタ頃ニ於イテハ或ハ此條ヲ誤解シテ衆議院ハ豫算ニ付テハ特權ガアル。其ノ特權ト申スノハ衆議院ガ議決ヲシタコトハ貴族院ハ修正ヲスル權ハナイ唯大體ニ於テ可否スル權ガアルノミデアルト主張シタコトガゴザリマシタ。此ノ主張ハ英國ノ實際ノ慣例ヲ聞キ且ツ歐羅巴ニ於テハ自然ニ政治ノ中心ガ下院ニ歸シテ居リマスカラ下院ノ豫算議定權ニ重キヲ置ク實際ノ例ヲ見テ之ヲ憲法ノ法理ト見誤ッテ斯ク主張シタコト、見エマス。慥カ明治二十五年デアッタト思ヒマスガ、我ガ憲法ノ歴史ニ於テモ一ノ衝突ガアリマシタ。衆議院ガ議決ヲシタル豫算ヲ貴族院ニ於テ修正ヲ致シタノデアリマス。然ルニ衆議院ハ憲法六十五條ニ依リテ貴族院ハ豫算全體ニ於テ可否スベク衆議院ノ議定シタル豫算ヲ修正スル權ハナイト云フコトヲ主張致シマシタ。而シテ貴族院ノ方ニ於キマシテハ兩院同權デアル提出ニ付テハ衆議院ガ先ニ受取ッテ之ヲ議スルノ權ヲ持ッテ居ルケレドモ議權ヲ行フ實質ハ兩院同權デアル、即チ豫算ヲ修正スルハ貴族院ノ權內ニアルト云フコトヲ主張シテ、兩院衝突ノ結果貴族院ヨリ上奏ヲ致シマシテ、其ノ上奏ニ對シテ樞密顧問ノ諮詢ヲ經テ勅答ヲ賜ツタコトガゴザリマス。其ノ勅答ノ御趣意ニ依レバ衆議院ハ豫算ヲ先ニ議スル權ガアルノミデアツテ豫算ヲ修正スル權ニ付テハ兩院ノ間ニ輕重スル所ガナイト云フ御趣意デアリマシタ。之ニ依ツテ憲法ノ法理ハ益〻明白ニナツテ最早ヤ一點ノ疑ヒモナイノデゴザリマス。憲法六十五條ハ文字ノ通リ明白ニ豫算ヲ提出スル順序ダケヲ極メタモノデゴザリマシテ、衆議院ノ特權ナルモノハ先議權ニ止マルノデゴザリマス。豫算ニ對スル修正ノ權ニ至リマシテハ兩院ノ間ニ輕重ナシト云フコトニ定リマシタ。

此ノ事ニ關シマシテ歐羅巴ニ於ケル政治論トシテハ衆議院ハ國民ヲ代表スルモノデアル。租稅ハ國民ガ拂フモノデアルカラ國民ノ代表者タル衆議院ガ豫算ヲ定メル特權ヲ有ツベキモノデアルト云フ精神ヲ以テ衆議院ノ特權ヲ主張シタコトガアリマス。是レガ我ガ國ニモ多ク影響ヲ被ラセタヤウニ考ヘマス。此ノ精神ハ憲法ヲ制定スル上ニ於テ幾分參酌ヲサレタコトデゴザリマシテ、此條ニ於イテ豫算ヲ前ニ衆議院ニ提出スベシト定メタノハ幾分カ衆議院ハ國民多數ノ代表トモ云フベキ有樣デアルコトヲ認メラレマシテ之ニ先議權ヲ與ヘラレタ御趣意デアラウト察シマス。然シナガラ法理論トシテハ租稅ハ國民ガ拂フモノデアルカラ國庫金ノ出入ハ國民ヨリ選擧セラレタ衆議院ガ獨リ之ヲ定メル權ガアルト云フコトハ許サレナイノデアリマス。法理論トシテハ國民ハ衆議院ノ議決如何ニ拘ハラズ租稅ヲ納メル義務ガアリマス。承諾ガナケレバ租稅ハ拂ハヌト云フ主義ハ取ラヌノデゴザマス。故ニ一タビ國民ガ法律ニ服從シテ租稅ヲ納メテ其ノ租稅ガ國庫ノ金トナリマシタ以上ハ最早ヤ國庫ノ金デゴザリマスカラ特ニ衆議院ノ金錢ト云フ譯デハアリマセヌ。又無論貴族院ガ特權ヲ有ツベキ筈モアリマセヌ。故ニ理論トシテハ國民ガ拂ツタ金デアルカラソレデ衆議院ガ獨リ豫算ヲ定ムル權ガアルト云フコトハ許サレマセヌ。其ノ誤解ガアツテハナリマセヌ。

第六十六條　皇室經費ハ現在ノ定額ニ依リ毎年國庫ヨリ之ヲ支出シ將來增額ヲ要スル塲合ヲ除ク外帝國議

會ノ協賛ヲ要セス

皇室經費。恭デ考ヘマスルニ皇室ノ御經費ハ國庫ヨリ支出スルト云フコトガ原則トナッテ居リマスコトハ皇室典範ニモ示サレテアリ又憲法ノ此條ニモ示サレテゴザリマス。是レハ帝國議會ノ協賛ノコトニ關連シテ此條ヲ設ケラレタノデゴザリマス。皇室ノ經費ニ付キマシテハ典範ノ第九章ニ規定ガゴザリマス。皇室典範ノ第四十七條ニ皇室諸般ノ經費ハ特ニ常額ヲ定メ國庫ヨリ支出セシムトゴザリマス。又次ノ第四十八條ニ皇室經費ノ豫算決算檢査及其ノ他ノ規則ハ皇室會計法ノ定ムル所ニ依ルト規定シテアリマス。之ニ依ッテ見マスレバ皇室ノ御經費ハ定額ヲ定メテ國庫ヨリ支出セシメラル、モノデアリマシテ、皇室ノ會計ニ關スルコトハ國庫ノ一般ノ會計法ニ依ラズ特ニ皇室會計法ヲ設ケラレテ其レニ依ッテ豫算ヲ定メ又決算ヲ審査スルコトニナッテ居リマス。

之ヲ歷史上ノコト、シテ申シマスレバ、古ハ國家ノ事務ト王室ノ內部ノコト、混同ヲシタルコトハ諸外國ニ在リマシテモ亦タ我ガ國ノ歷史ニ於テモ同ジヤウナ事實デアッタノデゴザリマス。又古ハ國家ノ事務ハ甚ダ簡單デゴザリマシタカラ王室ノ私ノ財產ヲ以テ國ノ事務ノ費用ニ充テルト云フコトガ出來マシタ。或ハ又國土ハ王家ノ私領デアルト云フ主義ヨリ國民ヨリ納ムル租稅ト王室ノ私ノ收入ト總テ分タヌト云フ主義モアツタノデアリマス。然シナガラ國家ガ發達スルニ從ツテ國家ノ事務ガ繁雜ニナルト同時ニ費用モ非常ニ多クナリマス。又國家ノ觀念ガ一變致シマシテ國家一般ノ費用ト王室ノ費用トハ之ヲ區別シテ混同セザルコトヲ宜シトスト云フコトニナツタノガ諸國ノ歷史ニ於テ皆一樣ニ發達シタル沿革デゴザリマス。依テ我國ニ於キマシテモ憲法政治ニナリマシテハ尙更ノコト皇室ノ御內部ノコト、公ノ政治ノコト、ハ成ルベク混同ヲセザルヤウニ御區別ニナル御趣意ノヤウニ存ゼラレマス。皇室經費ノコトハ最モ大切ナモノデゴザリマスカラ一定ノ額ヲ定メマシテサウシテ每年國庫ヨリ支出セシムルト云フコトニ定メラレマシタ。而シテ將來之ヲ增加スル必要ガアルトキニ於テハ國會ノ協贊ヲ許スト云フコトニナツテ居リマス。是レハ甚ダ有難イ思召デアリマシテ固ヨリ皇室ノ御經費ハ國庫ヨリ支辨スベキコトハ國體上當然ノコトデゴザリマスガ、然シナガラ皇室ノ御經費ハ又國民ノ負擔トナルコトモアリマスカラ特ニ將來ニ於テ其ノ金額ヲ増ス必要ノアルトキニ於テハ唯大權ヲ以テ御定メニナルコトハ遊バサレズシテ、國家ノ費用ト同ジヤウニ帝國議會ノ自由ノ審議ニ任セ帝國議會ガ協贊ヲスレバ是レガ增額ヲ爲シ帝國議會ガ協贊ヲ與ヘザレバ增額ヲ爲サズト云フ御趣意ガ茲ニ現レテ居リマス。我ガ國體ニ於キマシテハ皇室ト國家トハ固ヨリ離ルベカラザル關係ヲ有ツテ居ルノデアリマス。唯言葉ノ上デ皇室ト國家トヲ分チテ申シマスガ、實ハ皇室アツテ然ル後ノ國家デアリマス故ニ、國體ノ根本カラ申セバ皇室ノ御經費ト國家事務ノ經費トヲ混同シテ居リマシタ所ガ差支ナイ譯デゴザリマスガ、然ルトキハ繁雜ナル政治ノ上ニ於テ不便ヲ感ズルコトガゴザリマスカラ之ヲ特ニ分ケタノデゴザリマス分ケテ而シテ皇室ノ常ニ定ツテ居ル定額ハ每年議會ノ協贊ヲ必要ト致シマセヌ。增加スル場合ニハ帝國議會ノ協贊ヲ必要トスルト云フ主義ヲ茲ニ現シテアルノデゴザリマス。

國庫ヨリ支出スベキ皇室ノ御經費ハ既ニ定ツテ居ルモノハ漫リニ人民ノ喙ヲ容ルベキモノデナイコトハ勿論デアリマシテ、豫算ニ之ヲ載セテ議會ニ提出ハ致シマストモ議會ニ於テ是レガ議決ハ致シマセヌ。何ガ故ニ之ヲ豫算ニ載スルヤト云ヘバ豫算ナルモノハ先刻モ申上ゲマシタル通リ歳入歳出ノ總額ヲ見テ二者ノ相平調スルコトヲ計ルノデゴザリマスカラ、皇室經費モ歳出ノ部ニ揭ゲマセヌデハ歳入出ノ全體ヲ示スコトガ出來マセヌノデ全體ノ釣合ヲ示ス爲ニ豫算ニ揭ゲルノデゴザリマス。必シモ每年之ヲ帝國議會ノ議決ニ付スル譯デハゴザリマセヌ。此條ハ甚ダ大切ナル條デハゴザリマスケレドモ事理ハ甚ダ明白デアリマシテ又何等ノ疑ヒモナイコトデアリマス。本條ト皇室典範ノ規定トヲ相對照シテ見マスレバ明カデゴザリマスカラ說明ハ之ニ止メテ置キマス。

第六十七條　憲法上ノ大權ニ基ツケル既定ノ歳出及法律ノ結果ニ由リ又ハ法律上政府ノ義務ニ屬スル歳出ハ政府ノ同意ナクシテ帝國議會之ヲ廢除シ又ハ削減スルコトヲ得ス

一、豫算議定權ノ制限。　此條ノ定メラレマシタ趣意ハ帝國議會ガ豫算ヲ議定致シマス權ニ付イテ特ニ制限ヲ設ケラレタノデゴザリマス。故ニ之ニ關連致シマシテ豫算議定權ノ性質ハ如何ナルモノデアルカト云フコトヲ一ト通リ説明致シテ置キマシテ、尚其ノ上デ此ノ六十七條ノ法文ノ文字ニ付テノ解釋ヲ申上ゲヤウト思ヒマス。

帝國議會ノ豫算議定權ノ大體ノ原則ハ既ニ議會ノコトヲ説明致シマシタカラ、再ビ繰返シテ委シクハ申上ゲマセヌ。唯豫算ノコトハ此條ノ説明ト前ノ議會ノ章ニ於テ説明致シマシタル所トヲ對照致シマシタナラバ一層明瞭ニナラウト存ジマスル。帝國議會ガ豫算ヲ議定致シマスルハ法律ヲ議定シマスルノト原則ガ違ヒマス。法律ハ更ニ法律ヲ以テ變更スルコトハ自由デゴザリマスカラ議會ガ法律ヲ議定致シマスルトキニハ現行ノ法律ニ牴觸ヲスルカラ議決權ガ制限セラル、ト云フコトハアリマセヌ。然シナガラ豫算ハ性質上法律及命令ヲ執行スルニ付テ必然生ズル所ノ歳出歳入ノ見積デゴザリマスカラ、現行ノ法律ノ範圍内ニ於テ談ズベキモノデゴザリマシテ、豫算ヲ議シマスルトキハ法律ヲ議スルヤウニ自由ノ議決權ヲ有スルニアラズシテ法律及命令ノ規定ノ束縛ノ下ニ之ヲ議スルノデゴザリマス。此ノ原則ヲ尚敷衍シテ申シマスレバ法律命令ニテ歳出歳入ノ目的ト金額トガ既ニ定ツテ居リマストキニ於テハ議會ハ其ノ目的ヲ變更シ又ハ金額ヲ增減スルコトハ爲シ得ラレナイコトニナリマス。然シナガラ法律命令ハ多クノ場合ニ於テハ目的ハ定メテ居リマスケレドモ金額ハ定メテ居リマセヌ。例ヘバ法律ニ於テハ裁判所ヲ置クト云フコトハ定ツテ居リ、又勅令ニ於テ大學校ヲ設ケルト云フヤウナコトガ定ツテ居リマスレバ、議會ハ其ノ法律ヲ改正セズシテ豫算ノ議定ノ際ニ裁判所ヲ廢スルト云フ議決ヲシテ裁判所ニ屬スル經費ヲ悉ク削除スルト云フコトハ出來マセヌ。又學校ヲ設ケルト云フ勅令ガアリマス以上ハ其ノ勅令ノ廢止ニナラザル限リハ之ニ費用ヲ供給スルハ不可ナリトシテ之ヲ全然削除スルコトハ出來マセヌ。皆法令ノ範圍內デ議定ヲシナケレバナリマセヌ。唯今例ニ引キマシタ裁判所デアリマシテモ亦學校ノ如キデアリマシテモ法律又ハ勅令ニハ裁判所ノ定額金若干、學校ノ定額金若干ト云フヤウニ金額ガ定メラレテゴザリマセヌ故ニ其ノ金額ノ多少ヲ議スルコトハ帝國議會ノ豫算議定權ノ自由ニ在ルノデアリマス。固ヨリ又法律若クハ命令ヲ以テ何等ノ規定モ發表セラレヌ自由ノ事デゴザリマスレバ、唯其ノ金額ノ多少ヲ議スルノミナラズ其ノ事自體ノ果シテ善キカ惡キカヲ議シテ全然削除スルコトモ議會ノ爲シ能フ所デゴザリマス。例ヘバ法律モ命令モナクシテ唯明年博覽會ヲ開クマイトカ云フコトニナリマスレバ、之ヲ全然削除ヲ致シマシタ所デ法律ノ規定ヲ變更スル譯デハアリマセヌカラ場合ニ依ツテハ議會ハ金額ノ多少ヲ議スルノミナラズ其ノ事自體ヲ全然削除スルノ議決ヲモ爲シ得ルノデゴザリマス。然シ多クノ場合ニ於テハ其ノ事項ハ法律或ハ命令ニ依ツテ定ツテ居リマシテ唯議會ノ議スル所ハ金額ノ多少ニ止ルヤウニナツテ居リマス。

此ノ原則ノ大略ハ前ニモ申上ゲタト覺エマスガ、此條ニ於キマシテハ尚其ノ一般ノ原則以外ニ特別ナル制限ガ設ケラレテアルノデゴザリマス。唯今申上ゲマシタル通リ議會ハ豫算ヲ議定スルニ付テハ法律命令ヲ變更セザル限リニ於テ自由ノ議決權ヲ有スルモノデアルト云フコトハ特ニ憲法ニ明文ヲ掲ゲマセズトモ豫算ノ性質上斯ク無クテハナラヌノデゴザリマス。然ルニ此條ハ其ノ普通一般ノ理論ヨリ來ル所ノ制限ノ外ニ、尚帝國議會ガ豫算ヲ議スルニ付テハ特別ナル制限ノアルコトヲ示サレタノデゴザリマス。憲法上ノ大權ニ基ヅケル既定ノ歳出及法律ノ結果ニ由ル所ノ歳出ハ政府ノ同意ナクシテハ議會ハ之ヲ廢除シ又ハ削減スルコトガ出來ナイト云フコトヲ掲ゲラレタノデゴザリマス。此條ノ意味ヲ明カニシマスルニハ先ヅ憲法上ノ大權ニ基ヅケル既定ノ歳出ト云フコトハ何ヲ指スカト云フコトヲ一ト通リ説明ヲシナケレバナリマセヌ。

二、大權ニ基ツケル既定ノ歳出。 大權ニ基ヅケル既定ノ歳出ト申シマスルハ憲法ニ於テ特ニ大權事項トシテ列記セラレテゴザリマスル政務ノ費用ヲ指スノデゴザリマス。憲法上ノ大權ト申シマスルハ廣ク統治權全體ヲ指スコトデゴザリマセヌ。憲法規定中例ヘバ第一章ニ君主ガ御親裁ニナツテ行ハセラルヽト云フコトヲ示スタメニ大權事項トシテ掲ゲテゴザリマスル陸海軍ノ編成トカ行政各部ノ官制トカ或ハ外國ニ對シテ條約ヲ結ブトカ云フ類ノ種々重要ナ君主ノ御親裁ニ屬スル事項ヲ指シテ大權事項ト申スノデゴザリマス。此ノ憲法ニ特ニ掲ゲラレマシタ大權ノ事項ヲ茲ニ意味スルノデゴザリマス。

既定ノ歳出ト云フ意味ハ豫算議定前ニ既ニ前年度ノ豫算ニ於テ定ツテ居ル所ノ金額ヲ指スノデアリマス。若シモ大權事項ヲ規定スル勅令中ニ金額ガ定ツテ居リマスレバ是レハ素ヨリ其ノ通リ豫算ニ載セル譯デアリマシテ豫算議決權ヲ以テ之ヲ增減スルコトハ出來ナイト云フノガ本則デゴザリマス。然シナガラ大權事項ヲ規定スル勅令中ニ金額ガ示サレテアリマセズトモ、前年度ノ豫算議決ニ於テ此ノ大權事項ニ對シテハ御裁可ニナッテ公布ニナッテ居リマスレバ次ノ年度ニ至リマシテハソレガ既定ノ歲出トナルノデゴザリマス。此ノ既定ノ歲出ト云フコトニ付キマシテハ議會ガ開ケマシテ初メテ豫算ヲ議シマスル際ニハ種々政治上ノ見解ヲ異ニシテ爭フタコトモゴザリマスガ、然シナガラ今日ニ至ッテハ唯今茲ニ述ベタル通リノ解釋ニ一定シテ居ルヤウデゴザリマス。又サウ解釋ヲシナケレバ憲法ノ此條ノ趣意ガ能ク分リマセヌ。

法令ニ於テ金額ガ示サレタモノハ削ルコトヲ得ズト云フコトハ特ニ茲ニ書カナクトモ先刻申シマシタ當然ノ解釋デ出テ來ルコトデアリマス。唯法令ニ示サレタノデナクシテ前年度ノ豫算ニ定メラレタル額ヲモ議會ハ隨意ニ之ヲ削除スルコトハ出來ナイト云フ除外ノ例デゴザリマスカラ、特ニ憲法ニ此ノ明文ヲ定メタノデアリマス。元來豫算ハ一年限リノ効力ノモノデアリマス。豫算ニ費用ヲ見積リマスルノハ其ノ年ノ物ノ價又ハ其ノ年ノ特別ナル狀况ヲ見テ定ムルノデアリマスカラ前年度ノ豫算ノ金額ガ翌年度ニ於テモ効力ヲ保ツト云フコトハ當然ノコトデアリマセヌ故ニ是レハ變例デアリマス。豫算ハ一年限リデアルベキ性質ノモノデ、前年度ニ政府ト議會トガ議決ヲシタ額デアッテモ、今年ハ又今年デ別ニ調ベテ適當ナル金額ヲ見積ルコトガ豫算ノ性質トシテハ本則デアリマス。然シナガラ其ノ本則ノ外ニ此ノ變例ヲ設ケルノデアリマスガ故ニ特ニ六十七條ノ規定ガ必要デアッテ之ヲ明文ニ示サレタノデゴザリマス。其ノ他法律ノ結果ニ由リ又ハ法律上政府ノ義務ニ屬スル歲出モ亦タ同樣議會ノ議決權ニ制限ヲ附スルコトニナッテ居リマス。

三、法律ノ結果ニ由ル歲出。法律ノ結果ニ由ル歲出ハ無論議會ノ自由議決權ニハ在リマセヌ。是レハ原則ノ說明トシテモ當然斯ウナルベキコトデゴザリマス。法律ノ規定カラ必然生ズルモノハ議會ハ廢除削減スルコトガ出來ナイト云フコトハ殆ド說明ヲ要セズト思ヒマス。唯此ノ法律ノ結果ニ由ルト云フ文字ヲ廣ク解釋スルト狹ク解釋スル說トノ差ガアリマス。或ハ法律ノ執行ノタメニスル費用ハ悉ク法律ノ結果ニ由ル費用デアルト云フヤウニ解釋スル說モ多ク行レテ居ルヤウデアリマス。然シ此ノ說ハ餘リ廣キニ過ギルト考ヘマス。例ヘバ裁判所ハ法律ヲ以テ定メルモノデアルカラ裁判所ノ費用ハ悉ク法律ノ結果ニ由ル費用デアル之ヲ增減スルコトハ帝國議會ノ自由議決權ニハナイト云フヤウニ解釋スルハ餘リニ廣イ解釋ト思ヒマス。法律ノ結果ニ由リト玆ニ申シマスルハ法律ヲ解釋シ適用スル必然ノ結果トシテ起ルコトヲ言フノデアリマス。素ヨリ法律ニ於テ金何萬圓ト明記シテアルモノニ對シテハ申スマデモナイ譯デアリマスガ、其ノ明記ガアリマセズトモ例ヘバ法律上ニ於テ裁判官ニ俸給ヲ給サナケレバナラヌト定ツテ居リ、又裁判官ノ俸給ハ幾何デアルカト云フコトガ勅令デ定メラレ、而シテ又法律上裁判所ニハ幾人ノ判事ヲ置クト云フコトガ定メテアリマスルナラバ其ノ法律ノ規定ヲ適用シテ割當テ、行ッテ見マスルト幾人ノ判事ヲ置ケバ幾何ノ費用ヲ要スルト云フコトハ必然ノ結果トシテ生ズルノデアリマス。此ノ如キコトハ所謂法律ノ結果ニ由ル費用デアリマス。又文官ニシテモ武官ニシテモ一定ノ規則ガアリマシテ職ヲ退ク際ニハ恩給ヲ給スルト云フヤウナコトガ法律ニ定ッテ居リマス。其ノ恩給金ガ定額トシテ今年度ニ幾何要ルト云フコトハ年々異ナリマシテ定ツテ居リマセヌケレドモ、恩給ハ斯ウ云フ割合デ斯ウ云フ條件ガアレバ是レダケ給スルト云フコトガ法律ニ定ツテ居リマス以上ハ其ノ條件ヲ備ヘタル者ニハ之ニ應ジテ支給セネバナラヌト云フコトハ法律ノ結果デアリマスカラ、此ノ恩給金ノ如キハ法律ノ結果ニ由ル費用ト云フコトガ出來ルノデアリマス。斯ウ云フ意味デ法律ノ結果ニ由ル歳出ハ議會ガ自由ニ廢除削減スルコトハ出來ヌト云フノデアリマシテ、唯漠然其ノ費用ヲ要スル事項ハ法律ノ施行ヨリ生ズルト云フ理由ニテ法律ノ執行ニ必要ナ費用ハ悉ク皆議會ノ喙ヲ容ル丶モノニアラズト解釋シマシテハ餘リ廣キニ失スルヤウニ存ジマス。

又法律上政府ノ義務ニ屬スル歳出ト申シマスルハ政府ガ一私人ト取引ヲシマシテ其レヨリ負債ヲ生ズルコトガアリマシテ、其ノ負債ニ對スルノ義務ヲ果ス等ノ場合ヲ云フノデゴザリマス。日常行政ノ進行ニ於テ物品ヲ買上ゲマストカ或ハ賃貸借ノ契約ヲ結ビマストカ人ヲ雇傭スルトカ云フ場合ノコトハ大概皆豫算ノ金額ガ定ツテ居ツテ其ノ豫算ノ金額範圍内ニ於テ委任ヲ受ケテ支拂命令ヲ發スルコトデアリマスカラ最早特ニ豫算ノ議決ガアリマセズトモ自由ニ出來ルノデゴザリマス。且又豫算以外ニ於テ國庫ノ負擔トナル契約ヲ結ビマスコトハ前ニ條文ガゴザリマシテ特ニ議會ノ協賛ヲ經ナケレバナリマセヌ。豫算ノ金額以內ニアラズシテ別ニ國庫ノ負擔トナル契約ヲ結ブ場合、其ノ最モ著シイ場合ヲ申セバ國債ヲ起スト云フ如キサウ云フ場合ニハ議會ノ協賛ヲ經ナケレバテラヌト云フコトガゴザリマシテ其ノ結果法律上政府ノ義務トナリマシタモノハ固ヨリ外部ニ對スル權利義務ノ關係上政府ノ責任ニ屬スルコトガ出來ナイト云フコトハ常識ヲ以テ見テモ明カデアリマス。縦シンバ此ノ明文ガアリマセヌデモ此ノ通リデナクテハナリマセヌ。前回ニモ申述べマシタ通リ豫算ハ法律デハアリマセヌ。豫算ヲ以テ法律ヲ變更スルコトハ出來マセヌカラ、法律上政府ノ義務トナツテ居ルモノヲ豫算議決ヲ以テ其ノ義務ヲ消シテシマウト云フコトハ出來マセヌ。政府ハ一私人ナリ外國ナリニ對シテ豫算ガ成立チマセヌカラ私ノ借金ハ拂ヘマセヌトハ言ハレナイノデゴザリマス。是レカラ推論シテ見マシテモ議會ハ政府ノ法律上義務トナツテ居ルモノハ之ヲ削除スルコトハ出來ナイト云フコトハ當然ノ結果デアリマス。

四、政府ノ同意。　大權ニ基ヅケル既定ノ歳出ト法律ノ結果ニ由ル歳出トハ政府ノ同意ナクシテハ議會ガ之ヲ變更スルコトハ出來ナイト云フノガ本條ノ規定デゴザリマス。即チ政府ガ同意スルトキニハ之ヲ削除シテモ差支ナイト云フ解釋ニナッテ居リマス。政府ノ同意ト云フノハ何デアルカト申シマスレバ、歸スル所政府ノ見込デ之ヲ廢除シ又ハ削減ヲシテモ差支ナイト云フコトヲ議會ニ對シテ明言シマスレバ議會モ亦タ之ニ對シテ自由ニ議決ヲ爲シ得ルト云フ規定デアリマス。議事ノ取扱上トシテハ政府ノ同意ヲ得テ削除或ハ削減ノ議決ヲ爲スト云フコトニナッテ居リマスガ、然シ是レハ實際上ノ取扱デ憲法上ノ法文ニ於テハ如何ナル時期ニ於テ政府ノ同意ヲ請ハナケレバナラヌト云フコトハ定メテアリマセヌカラ、議事ノ進行中ニ請フテモ宜シウゴザリマスシ、又決議ノ後ニ至ッテ政府ガ同意ヲ致シテモ憲法ノ明文上少シモ差支ハアリマセヌ。

茲ニ少シク説明ヲ致サナケレバナラヌコトハ前ニ申上ゲマシタ趣意ニ依リマスレバ豫算ハ法律及命令ヲ執行スルタメニ設クルモノデアルカラ豫算ヲ以テ法令

ヲ變更スルコトハ出來ナイ、且又豫算ノ議決ヲ以テ法律ニ戻リタル議決ヲスルコトハ豫算ノ性質上許スベカラザルコトデアルト云フヤウニ申上ゲテ置キマシタ。然ルニ今茲ニ至ッテ政府ガ同意ヲスレバ法律ノ結果ニ由ル歳出デモ議會ガ之ヲ削除シテ宜シイト云ヒマシテハ少シク矛盾ヲスルヤウニ御聽取リニナルデアリマセウ。成程此ノ規定ハ純然タル理論ニ於テハ矛盾ヲシテ居ルノデアリマス。矛盾ハシテ居リマスガ是レガ即チ豫算ヲ議定スル必要上此ノ餘地ガ存シテアルノデアリマス。是レモ亦タ一ノ變例デアリマシテ、變例デアリマスガ故ニ特ニ茲ニ掲ゲテアルノデゴザリマス。

實際上ノ必要カラ申シマスルト豫算ト云フモノハ畢竟明年度ニ於テ如何ナル金額ガ國庫ニ入ルデアラウカ、如何ナル金額ガ歳出トシテ必要デアラウカト云フコトノ出入ノ事實ヲ豫想スルノデアリマス。豫想スルコトデゴザリマスルカラ明年ニ至レバ此ノ命令ハ廢スル積リデアルトカ此ノ法律ハ斯ク變更ヲスル積リデアルトカ云フ見込ガ立ッテ居リマスレバ、其ノ見込アルモノヲ唯形式ニ拘ッテ明年ニ至レバ不必要トナルト知レテ居ル費用ヲモ尙豫算ニ組ンデ置クト云フコトハ會計ノ上カラ云フト不當ナルコトデアリマス。且又歳入ト歳出トハ能ク調和ヲシナケレバナラヌ故ニ歳入ト歳出トハ何處マデモ實際ニ能ク當ルヤウニ見込マナケレバナリマセヌ。而シテ政府モ議會モ明年ニ至レバ此ノ制度ハ斯ノ如ク變更スベキモノデアルト云フヤウニ意思ガ一致シテ居リマストキニ於テハ未ダ法律又ハ命令ハ改正ニ至リマセズトモ改正スルト云フ見込ヲ以テ豫メ法律又ハ命令ト異ナリタル所ノ豫算ヲ拵ヘテ置キマシテモ差支ナイノデアリマス。其ノ差支ナイト云フコトノ意思ガ自カラ此六十七條ニ見ヘテ居リマス。元ト此六十七條ノ制定セラレマシタル趣意ハ議會ガ豫算議決權ヲ濫用シテ法律命令ノ結果ニ屬スル所ノ必然ノ費用マデモ廢除削減スル處ガアリマス故ニ其ノ議決權ヲ束縛シテ置ク必要カラ來タモノデアリマス。然シナガラ政府ノ同意ガアレバ廢除削減シテ差支ナイト云フ意味ヲ現シテアル以上ハ議會ト政府トガ確カナル見込サヘアレバ既定ノ歳出デアリマシテモ法律ノ結果ニ由ル費用デアリマシテモ其ノ金額ヲ變更スルコトハ差支ナイト云フ變例ヲ設ケタノデアリマス。

此條ノ文字上ノ意味ハ是レデ大概盡キテ居ルト存ジマス。此條ノ規定ニ對シマシテ外國ノ例ニ於イテハ如何デアルカト云フコトニ付キマシテ多少外國ノ立法例其ノ他學説ヲ調ベテ見マシタガ、外國ニハ是ト同様ナ規定ハ殆ドアリマセヌ。唯獨逸ノ小國中ニ法律ノ結果ニ由ル歳出ハ議會ハ拒ムコトガ出來ヌトカ、或ハ國家ノ目的ヲ達スルニ必要ナル費用ハ議會ガ漫ニ之ヲ拒ムコトガ出來ヌト云フヤウナ大主義ヲ示シタモノガアリマスガ、是レ等ハ皆小國ノ憲法デアリマシテ、立法例トシテ餘リ重キヲ置カレテ居リマセヌ。英、佛、獨、其ノ他白耳義、伊太利等ノ模範トナルベキ諸國ノ制度ニ於テハ此ノ如キ規則ガアリマセヌ、是レガアリマセヌ故ニ孛漏西ニ於キマシテモ千八百六十二年ヨリ六十六年頃ニ於キマシテハ議會ト政府ト軋轢シ餘程憲法上ノ解釋ニ苦ンダ結果政府ハ已ムヲ得ズ實ハ憲法違反ナルコトヲ致シタ事例モゴザリマス。畢竟此ノ如キ明文ヲ掲ゲテ議會ノ自由ノ議決權ヲ幾分制限シタナラバ其ノ騷動モ起ラナカツタノデアリマスガ、唯漠然ト豫算ハ議會ガ議決ヲシナケレバ成立セズト云フ主義ヲ採リ豫算ナクシテハ政府大臣ト雖モ國家ノ費用ヲ出スコトハ出來ナイト云フヤウナ原則ノミヲ設ケテ置キマシテ其レニ依ツテ政治ノ運用ヲシヤウト致シマシタタメニ又議院モ常識ヲ以テ穩當ニ其職務ヲ行ッテ居リマスレバ何モ差支ハナカッタノデアリマシタガ、政治上ノ軋轢ノ結果議權ヲ濫用致シマシテ豫算全體ノ不成立ト云フヤウナコトヲ來シ、數年是レガ續クコトニナリマシタカラ、其ノ場合ニ臨ンデ政府ハ憲法ノ明文ニ反シ勅令ヲ以テ豫算ヲ定メテ之ヲ施行シ議會ハ年々豫算ヲ否決セシニモ拘ラズ、政府ニテ豫算ヲ定メ國務ヲ進行サセテ居タノデゴザリマス。其ノ時代ニ於テハ政治家モ學者モ種々ナル解釋ヲ致シマシタ。其ノ結果、大權ニ基ヅケル既定ノ歳出デアルトカ、法律ノ結果ニ由ル歳出デアルトカ云フモノハ元來議會ガ之ヲ自由ニ動カスコトハ豫算議定權ノ精神デナイト云フ說モ現レテ來マシタ。又豫算議定權ハ法律ノ議定權トハ異ナッテ法律命令ノ範圍內ニ於テ爲スベキモノデアッテ、豫算ヲ以テ法令ノ執行ヲ拒ムト云フ權力ヲ議會ニ與ヘタノハ抑〻憲法解釋上ノ誤リデアッタト云フコトガ世間ニ研究セラレテ發表サレマシタ。是ニ付キマシテハ學問上デハ孛漏西ノグナイスト、ラバンド等ガ最モ力ヲ極メテ說明ヲ致シマシタ。サウシテ漸ク獨逸ニ於テハ豫算議定權ノ制限ノコトガ上下共ニ認ムル所トナリマシタ。我ガ憲法モ蓋シ是レ等ノ外國ニ於ケル事例ニ鑑ミ、又外國ニ於ケル學說等ヲモ參酌致シマシテ、サウシテ此ノコトヲ憲法ニ明記セラル、ニ至ツタノデアリマシヨウ。此ノ憲法ノ條文ハ我ガ國法ニ初メテアル所デアリマシテ諸外國ニ例ヲ見ナイ所デアリマス。然シナガラ諸外國ニ於キマシテモ皆此ノ主義ニ則ラナケレバ政務ノ進行ガ出來ナイト云フコトハ皆認メテ居ルト申シテ宜シイト存ジマス。

第六十八條　特別ノ須要ニ因リ政府ハ豫メ年限ヲ定メ繼續費トシテ帝國議會ノ協贊ヲ求ムルコトヲ得

此條ハ繼續費ノコトヲ定メタモノデゴザリマス。文字上ノ意味ハ明白デアリマスカラ餘リ悉シク說明ヲ致ス必要ハアルマイト存ジマス。

繼續費　繼續費ト申シマスルコトハ數會計年度ニ亙ツテ繼續シテ支出ヲスルコトヲ要スル費用ノコトデゴザリマス。豫算ノ性質ハ元來其ノ年限リノモノデアリマス。豫算ハ年々ニ調ベテ年々之ヲ議定致シムスルコトヲ豫算ノ主意ト致シマス。元來財政上ニハ歲費定額ヲ定ムル方法ト豫算法トハ大ニ異ナル所アルノデゴザリマス。此ノコトハ前ニモ申上ゲタカト存ジマスガ尚一應述ベテ置キマス。凡ソ國家ノ費用ヲ監督スル方法トシテハ定額ヲ定ムル法ト毎年豫算ヲ編成スル法トガアリマス。例ヘバ大權或ハ法律ヲ以テ國家ノ費用ノ定額ヲ定メテ置キマスレバ事甚ダ簡單ニシテ宜シイヤウデアリマス。即チ陸軍省ハ何千萬圓トカ大藏省ノ費用ハ何百萬圓トカ、又其ノ細目ニ行キマシテハ學校ノ費用ハ幾ラ裁判所ノ費用ハ幾ラトカ云フヤウニ法律又ハ命令ニ依ツテ定メマシテ主務大臣ハ其ノ定額ノ範圍内デ出來ルダケノ行政ノ伸張ヲ圖ルト云フコトニ致シマシタナラバ甚ダ政治上ノ手續トシテモ煩ハシクナクテ宜イ筈デアリマス。今日ノ制度ノ如ク毎年豫算ヲ以テ政府ト國會トガ紛雜ナル交渉ヲ致シテサウシテヤツト出來上リマシタ所ガ十二ケ月經マスレバ又始メヨリ論議シテ爭ハナケレバナラヌト云フヤウナコトハ一見スレバ甚ダ無用ノコトノ如クアリマシテ、寧ロ法律又ハ勅令デ一度額ヲ定メテ其ノ後之ヲ増加スルヲ要スル場合ニハ議會ノ協賛ヲ經ルガ、其ノ定メラレタル範圍内ニ於テハ最早ヤ毎年議スルコトハ止メルト云フヤウニシ、言ハヾ請合ノ如クニシテ働カセタナラバ宜シカラウ樣ニ思ヒマスガ、然シナガラ根本的ニ考ヘテ見マスルト此ノ方法ハ條理ニ合ヒマセヌ。行政ノ運用ハ全ク國庫金ニ俟タナケレバナラヌノデアリマシテ而シテ行政ノ範圍ハ定ツテ居リマシテモ毎年經濟ノ事情モ違ヒマスレバ金ノ利息モ違ヒ又物價ノ高下モアリマシテ一年トハ言ハズ一月々々ニ金額ニ多少ノ相違ヲ生ズベキ筈デアリマス。其ノ故ニ定額ヲ定メズ毎年々々行政ニ必要ナル金ヲ見積ルト云フコトハ條理デアリマシテ又ソレガ便宜デモアリマスル所カラ當局者ニ取ツテハ甚ダ煩ハシイ方法デゴザリマスケレドモ定額法ヲ取ラズ豫算法ニ則ツテ居ルノデアリマス。サウシテ見マスレバ豫算ハ其ノ年限リノモソデアルト云フコトガ本則デナクテハナリマセヌ。定額法ヲ取ラズシテ豫算法ヲ取ツタ以上ハ毎年之ヲ改メナケレバナリマセヌ。一度ノ議決ヲ以テ數年間ヲ束縛スルト云フコトハ豫算法ノ原則ニ背クノデアリマス。然シナガラ例外トシテ此ノ六十八條ニ繼續費ガ定メテアリマシテ、已ムヲ得ザル必要ガアレバ今年ノ議決ヲ以テ數年度ヲ束縛スル効力ヲ有タシメヤウト云フノデアリマス。

普通ノ例ヲ以テ見マスレバ或ル大工事ヲ起シマストキニハ之ニ對シテ三年五年ノ時日ヲ要シ又或ハ十年ヲ要スルコトモアリマス。故ニ事實事業ノ捗リノ上カラ一年度内ニ之ヲ行フコトノ出來ナイコトガアリマス。且ツハ又金額ヲ支出スル上カラ數年ニ分配スルコトヲ必要トスルコトガアリマス。或一定ノ事業ヲ完成シマスルニ付テハ非常ニ巨額ナル金額ヲ要スルコトガアリマス。而シテ之ヲ一年度ノ負擔トスルトキニ於テハ迚モ尋常ノ歳入デハ出來ズ又一時ニ非常ノ巨額ナル國債ヲ募ツテ之ニ充テルト云フコトモ出來ナイコトガアリマス。サウ云フ場合ニハ之ヲ數年間ニ引延シテ金額ヲ少クシテ年々ノ負擔トシテ之ヲ遂ゲヤウト云フコトガアリマス。サウ云フ場合ニ繼續費ノ特別ナル必要ガアリマス。其ノ時ニハ政府ハ年限ヲ定メテ繼續費トシテ議會ニ協賛ヲ求ムルコトヲ許シテアルノデアリマス。元來ハ豫算ハ毎年編成スベキモノデ繼續ノ效力アルベキモノデナイト云フノガ原則デアリマスカラ、特ニ此ノ例外ニ付テハ憲法ハ嚴正ニ規定ヲ設ケマシテ特別ノ事情ニ由ラナケレバナラヌト云フコトニナッテ居リマス。是レガ唯普通ノ便宜デアルトカ、將來ノ議決ヲ束縛スルタメニ設クルト云フヤウナコトハ許シマセヌ。必ズ特別ノ事情ガナケレバナラヌノデアリマス。且又當分ノ間トカ改メザル間トカ云フヤウナコトモ許シマセヌ。必ズ三年トカ五年トカ云フヤウニ一定ノ年限ヲ定メテ議決ヲシナケレバナラヌト云フ條件ガ示シテゴザリマス。此ノ規定モ甚ダ必要デアリマシテ事實上極メテ缺クベカラザル規定デアリマス。是等ノコトモ外國ノ立法例ヲ調ベテ見マスルト、事實トシテハ繼續ノ方法デ行ツテ居リマス。又實際普通ノ常識ヲ以テ見テモ斯クナケレバナラヌコトデアリマスガ、外國ノ憲法ノ明文ハ唯空論ニ走セテ作ツタモノデアリマスカラ豫算ノ原則ヲノミ掲ゲマシテ繼續費等ノコトハ示シテアリマセヌ。故ニ外國ノ憲法ノ豫算法理ヲ說明シマスルトキニ於テハ說明ガ困難デアリマス。御國ノ憲法ニ於キマシテハ幸ヒ豫算ノコトニ付テ特ニ新ニ考ヘテ設ケラレタ規定ガ多クアリマスカラ餘程豫算ノ規定ハ密ニナツテ居リマス。即チ前ニ申上ゲマシタ六十七條ノ規定モ新ナモノデアリマスガ、繼續費ト云フモノヲ憲法ニ認メテ明ニ之ヲ條文ニ掲ゲテアリマスノハ亦我ガ憲法ノ一ノ特色デゴザリマス。

尙豫備費ノコトヲ說明致スベキ筈デアリマシタガ時間ガ餘リ長キニ亙ルヤウニナラウト思ヒマスカラ恐入ツタコトデアリマスガ是レハ次回ニ廻シタウゴザリマス。

第六十九條　避クヘカラサル豫算ノ不足ヲ補フ爲ニ又ハ豫算ノ外ニ生シタル必要ノ費用ニ充ツル爲ニ豫備費ヲ設クヘシ

豫備費。此條ハ豫備費ヲ設クベキコトヲ定メタルモノデゴザリマス。豫算ハ歳入歳出ヲ相對シテ製調スルモノデゴザリマスガ、其ノ歳入ト歳出トヲ恐ク相對シテ製調スルノ外尚豫備費トシテ歳入ノ一部分ヲ取除キ別ニ之ヲ用ヰル一定ノ目的ヲ定メズ準備金トシテ備ヘ置クコトガ必要デゴザリマス。此ノコトヲ指シテ豫備費ト申スノデゴザリマス。豫備費ヲ設クル必要ハ前ニ第六十四條ニ國家ノ歳入歳出ハ毎年豫算ヲ以テ定メナケレバナラヌト云フコトガアリマシテ、其ノ第二項トシテ豫算ノ款項ニ超過シ又ハ豫算ノ外ニ生ジタル支出アルトキハ後日帝國議會ノ承諾ヲ求メナケレバナラヌト云フ規定ガ示サレテゴザリマス。此ノ規定ノアリマスル所以ハ豫算ニ於テ定メタル目的ノ外豫メ知リ得ベカラザル所ノ臨時ノ必要ガアツテ金錢ヲ支出スルコトヲ要スル場合モ起ルモノデゴザリマスカラ、其ノ場合ニハ豫算以外ニ金錢ヲ支出シテ後ニ帝國議會ノ承諾ヲ請フベキモノデアルト云フコトヲ示サレタルノデゴザリマス。此六十四條ニ對シマシテ本條ガアルノデゴザリマス。六十四條ニ於テ既ニ國家ニ必要アル場合ニハ豫算ノ款項ニ定メタル金額ヨリモ多ク支出セネバナラヌコトモアリ得ルト云フコトガ示サレテゴザリマス。又國家ノ臨機ノ必要ノ爲ニハ豫算ニ於テ豫メ定メテナイコトデアリマシテモ、金錢ヲ支出シナケレバナラヌト云フコトガ認メテゴザリマス。此ノ如キコトハ有リ得ベキコトデアリマスカラ豫メ豫備費ナルモノヲ豫算中ニ設ケテ置クコトガ憲法上必要デアルト云フ主義ヲ玆ニ示サレタルノデゴザリマス。

避クベカラザル豫算ノ不足ト申シマスルハ、假令バ平時デ申シマスレバ、豫算ニ見積リナキ臨時ノ傳染病ノ流行スル如キトキニ於キマシテハ之ヲ豫防スル爲ニ通常ノ豫算定額ノ外ニ多額ノ費用ヲ必要トスルコトモアリマス。其ノ他重大ナル事ニ致シマシテハ何時戰爭ガ起ルカモ分リマセヌ。サウ云フ場合ニハ固ヨリ豫算ニ見積ツテアル以外ニ多額ノ費用ガ必要デゴザリマス。然シ此レ等ハ豫メ知ルコトガ出來ナイコトデアリマスカラ、豫算ヲ製調スルトキニ一定ノ費用ヲ之ニ充ツルト云フコトハ出來マセヌ。又幾何ノ豫備費ガアレバ臨時ノ支出ニ充ツルニ足ルト云フコトガ初メヨリ知ラレ得ルコトデゴザリマシタナラバ、豫備費ヲ設ケテ置ク必要ハ無ク其ノ費目ヲ掲ゲ置クベキデアリマスガ、豫知シ得ベカラザルコトアル爲ニ備ヘルノデアリマスカラ、自然豫備費トシテ目的ヲ定メズ備ヘ置クノデゴザリマス。

外國ノ例ニ於キマシテハ或ハ豫備費ノ額ヲ法律上定メテアル所モゴザリマス。是モ亦一理アルコトデゴザリマシテ、必ズ一定ノ金額ハ毎年積立テ置キテ臨時ノ費用ニ供サナケレバナラヌト云フコトモ宜シキコトデハゴザリマス、然シ其ノ金額以外ニ尚臨時必要アルトキハ國庫ニ金錢ノ有ル限リハ支出ヲ爲サナケレバナラヌノデアリマスカラ、畢竟法律ニ金額ガ定メテアリマシテモ其レ以上ハ絶對的ニ支出ハ出來ナイト定メタモノデハゴザリマセヌ。唯一定ノ金額ハ是非豫備費トシテ毎年積立テテ置カナケレバナラヌト云フコトヲ云フニ過ギナイノデゴザリマス。此ノ豫備費ノ制度ハ必ズシモ諸國ノ憲法ニアル譯デハゴザリマセヌ。和蘭ニ於キマシテハ各省ニ豫備費ヲ置キ又政府一般ノ爲メニモ豫備費ヲ置クト云フ規定ガアリマス。伊太利ノ制度ニ於キマシテ、豫算中ニハ必ズ豫備費ヲ設ケナケレバナラヌト云フ規定モアリマシテ其ノ豫備費ヲ第一種第二種ト分ケテ居ルコトハ我ガ會計法ト相似テ居リマス。其ノ他ノ諸國ニ於キマシテモ必ズシモ豫算ノ中ニ豫備費ヲ設クルト云フコトハ明文ニゴザリマセヌガ何レノ國ノ實際ヲ見マシテモ必ズ歳入ノ一部分ヲ臨時ノ必要ヲ見込ンデ之ヲ備ヘテ置クト云フコトハアルノデアリマス。唯之ヲ明ニ憲法ニ書キマシタ以上ハ帝國議會ノ豫算議定權ガ是レニ依ツテ幾分カ制限セラルルコトニナリマシテ帝國議會ニ於テ豫算ヲ審議シマスル際ニ豫備費ヲ拒ムコトガ出來ナクナルノデゴザリマス。其金額ノ多少ニ付テハ其ノ場合ニ臨ンデ政府ノ見込モアリ議會ノ見込モアルデアリマセウガ豫備費ヲ絶對ニ置カナイト云フ決議ハ出來マセヌ。憲法上之ヲ置クベキモノトシ議會ニ於テ之ヲ削ルコトガ出來ナイト云フノガ此ノ規定ノ効力アル所以デゴザリマス。此條ノ文字ニ付イテ説明ヲ致シマスレバ避クベカラザル豫算ノ不足ヲ補フ爲メニト云フノハ蓋シ豫算ニ目的ヲ定メテ居リマストモ其ノ金額ガ不足デアル場合ヲ云フノデゴザリマス。豫算ノ欵項ニ超過シ尙金額ヲ要スルト云フ場合デゴザリマス。例ヘバ傳染病豫防費ト云フモノハ豫算ニゴザリマスケレドモ。其ノ金額デハ不足デアリマスルカラ、尚其ノ上ニ豫算以上ノ多額ノ金額ヲ支出スルト云フコトヲ云フノデゴザリマス。又豫算外ニ生ジタル必要ノ費用ニ充ツル爲ニトアリマスル趣意ハ豫算ニ於テ全ク費目ガ掲ゲテ無キ場合ヲ見タノデゴザリマス。即チ豫算ハ全ク其ノ事實ヲ豫期セズシテ金額ガ超過スルノミナラズ費目亦豫算中ニナキ場合ヲ指シテ云フノデゴザリマス。此ノ兩樣ノ場合ニハ政府ハ據ロナク支出ヲ致サナケレバナリマセヌ故ニ、茲ニ豫備費ヲ設クルト云フコトヲ掲ゲタノデゴザリマス。

會計法ニ依リマスルニ、其ノ第七條ニ豫備費ヲ分チテ第一豫備金第二豫備金トストゴザリマス。第一豫備金ハ避クベカラザル豫算ノ不足ヲ補フタメニ備ヘテアルノデゴザリマス。是レハ豫算ノ款項ニ定メタル金額ニ不足ヲ來シタトキハ其ノ不足ヲ補フタメニ備ヘラレタモノデゴザリマス。第二豫備金ハ豫算外ニ生ジタル必要ノ費用ニ充ツル爲ニ設ケラレタモノデゴザリマス。即チ豫算ニハ其ノ事項ガ豫メ見テナイ全ク新規ノ事ニ付テ必要ノアル場合ニ支出セラルベキモノデゴザリマス。此ノ如クニ豫備金ノ種類ヲ第一第二ト分ケマスケレドモ是レハ會計法ノ區別デゴザリマシテ、憲法上ニ於キマシテハ同一ノ豫備費デゴザリマスカラ、國家已ムヲ得ザル必要ノトキハ必ズシモ第一種第二種ノ區別ニ拘ハラズ單ニ豫備費ヲ以テ其ノ必要ニ應ズルコトハ憲法上差支ナイノデゴザリマス。且又先刻モ申上ゲマシタル通リ豫備費以上ニハ如何ナル必要ガアツテモ支出スルコトハ出來ナイト云フ性質ノモノデハゴザリマセヌ。故ニ、豫備費ガ第一種第二種共ニ盡キテシマヒマシテモ尚國家ニ已ムヲ得ザル緊急ノ必要ノアリマストキニハ歳入ノ剩餘ガアリマスレバ其ノ剩餘金ヲ以テ支出ヲ爲シ、若シモ剩餘金ガナキトキニ於キマシテハ臨時ニ公債ヲ募ルカ或ハ出來得ベキコトナラバ新ニ税ヲ課スルトカ種々ナル方法ヲ以テ新ニ歳入ヲ得テ臨機ノ必要ニ應ジナケレバナラヌト云フコトハ次ノ條ニ示サレテゴザリマス。

第七十條　公共ノ安全ヲ保持スル爲緊急ノ需用アル場合ニ於テ内外ノ情形ニ因リ政府ハ帝國議會ヲ召集ス

ル能ハサルトキハ勅令ニ依リ財政上必要ノ處分ヲ爲スコトヲ得

前項ノ場合ニ於テハ次ノ會期ニ於テ帝國議會ニ提出シ其ノ承諾ヲ求ムルヲ要ス

財政上ノ緊急處分。此條ハ財政上緊急ノ處分ヲ爲スコトヲ定メラレタルモノデゴザリマス。此條文ノ意味ヲ概畧平易ニ申上ゲマスレバ公共ノ安寧ヲ保ツタメニ臨時必要ノアリマスルトキニ普通ノ豫算ニ定メタル金額ニテ其ノ事ニ應ジ得ラレナイ場合ニハ臨時ニ帝國議會ヲ召集シテ其ノ協賛ヲ以ツテ新財源ヲ得ベキ筈デゴザリマスガ、内外ノ情形ニ因ッテ議會ヲ開クコトガ出來マセヌ場合ニハ勅令ニ依ツテ、議會ヲ開カズシテ大權ノ働キニテ財政上必要ノ處分ヲ爲シ歳入ヲ得ルコトガアルト云フ意味デゴザリマス。然シナガラ其ノ處分ヲ爲シタル後ニ於テ帝國議會ヲ開キマシタ節ニハ其ノ處分ヲ提出シテ更ニ承諾ヲ求メナケレバナラヌト云フノガ第二項ノ規定デゴザリマス。此ノコトノ大體ノ趣意ハ前ノ第八條ニ於キマシテ緊急ノ場合ニ法律ニ代ル勅令ヲ發スルト云フ規定ガゴザリマシテ其レト趣意ハ相似タルコトデゴザリマス。唯第八條ノ法律ニ代ル緊急勅令ノ場合ニ於キマシテハ法律ヲ以ツテ、ナスベキコトヲ勅令ヲ以ツテスルノデゴザリマスガ、此ノ七十條ノ場合ニ於キマシテハ豫算ヲ以テナスベキコト或ハ財政上法律ヲ以テナスベキ事項ヲ勅令ヲ以テ臨時ノ緊急處分トシテ行フコトデゴザリマス。法理上ノ解釋ハ大體八條ニ付テ申上ゲマシタル所ト同ジコトデゴザリマス。唯實質ガ彼ニ在ツテハ法律事項ヲ定ムルコトデアリ、此ノ條ニ於キマシテハ財政上豫算上ノコトヲ定ムルノデアルト云フダケノ違ヒデゴザリマス。先ヅ條文ノ意味ヲ先ニ説明致シマシテ、而シテ後ニ其ノ實質ニ付キマシテ外國ノ制度等モ比較シテ此ノ必要ナルコトヲ辯明致サウト存ジマスル。此條ノ文章ヲ見マスルニ公共ノ安寧ヲ保持スル爲ニ緊急ノ事情アル場合トゴザリマスカラ、公共ノ安寧秩序ノ維持ニ必要ナル場合デナゲレバ此ノ處分ヲ行フコトハ出來マセヌ。唯公共ノ利益ニナルト云フヤウナル理由デハ此ノ處分ヲ行フコトハ出來マセヌ。例ヘバ或場所ニ鐵道ヲ敷ケバ經濟上ニ大ニ利益ガアルト云フヤウナル唯公益ノ爲デアルト云フヤウナルコトニテハ此ノ處分ヲ行フコトハ出來マセヌ。現ニ斯クシナケレバ公ノ秩序ヲ紊ルト云フ場合ニ於テ之ヲ行フコトガ出來ルノデゴザリマス。其ノ最モ著シキ場合ハ戰爭等デゴザリマス。戰爭ノ場合ニ於キマシテハ無論此ノ處分ガ行ハレマス。又戰爭デゴザリマセズトモ平時ノ場合ニ於テモ先刻申上ゲマシタ通リ傳染病ノ豫防デアルトカ或ハ其ノ他ノ安寧秩序ノ維持ニ是レガナクテハナラヌト云フ場合ニハ用ヰラル丶ノデゴザリマス。唯公益ノタメトカ人民一般ノ幸福利益ノ事業ノ爲トカ云フコトデ此ノ權ヲ濫用シマスルコトハ憲法デ許シマセヌ。故ニ此條文ニ於キマシテ公共ノ安寧ト云フノミヲ云ヒマシテ公共ノ福利ト云フコトハ云ハナイノデゴザリマス。且又此ノ處分ヲ行ヒマスルニハ内外ノ情形ニ因リ帝國議會ヲ召集スル能ハザルトキデナケレバ此ノ臨時ノ處置ヲ爲スコトハ許シマセヌ此ノ意味ハ財政上ノ處分ハ議會ヲ臨時ニ召集シテ之ニ諮ルト云フコトガ憲法上ノ原則デアリマシテ、戰爭中デアルトカ内亂ガアルトカ或ハ事如何ニモ緊急ニシテ議會ヲ召集スル遑ガナイトカ云フ如キ内外ノ情形ニ因ツテ議會ヲ召集スル能ハズト云フ場合ニアラザレバ此ノ處分ヲ爲スコトハ許サレナイノデゴザリマス。

前ニ説明ヲ致シマシタル法律ニ代ル緊急勅令ノ場合即チ第八條ノ規定ニ於キマシテハ帝國議會ノ閉會中ナラバ緊急勅令ヲ發スルコトヲ得ル規定ニナッテ居リマスガ、此ノ第七十條ノ財政上ノ處分ハ普通ノ法律ニ代ル勅令ヲ發スル場合ヨリハ殊ニ重キコトデゴザリマスカラ、唯帝國議會ノ閉會中デアルカラト云ッテ財政上ノ緊急處分ヲ爲スコトヲ許シマセズ、臨時議會ヲ開キ得ル遑アレバ無論之ヲ開カナケレバナラズ、臨時議會ヲ開クコトノ出來ナイ場合ニ於テ始メテ此ノ七十條ノ適用ヲ見ルト云フコトニナッテ居ルノデゴザリマス。

財政上ノ必要ノ處分ト申ス趣意ハ新ニ税ヲ課スルコト、或ハ國債ヲ起スコト其ノ他何等ノコトデアリマシテモ財政上必要ノ處置ヲ爲スコトヲ云フノデゴザリマス。必ズシモ法律ヲ作ルコトノミニ限ラズ國債ヲ起ス等ノコトモ含ンデ居リマスカラ、茲ニ財政上必要ノ處分ト云フ廣キ文字ガ用井テアルノデゴザリマス。此條ノ必要ナル所以ハ多クハ歳入不足ノ場合デアリマス。豫算ガアリマシテサウシテ歳入モ之レニ對シテ備ッテ居リマス場合ニハ豫算ノ欵項ヲ超エテ金錢ヲ支出スル等ノコトハ前ニ説明ヲ致シマシタル通リ第六十四條ノ規定及ビ第六十九條ノ規定ニ依リマシテ處置ガ出來ルノデゴザリマス。唯豫算內部ノ組換ヲ以テ之ヲ行ヒ得ル場合ナラバ此ノ七十條ハ必要ハナイノデゴザリマス。臨時必要ナル支出ヲ爲サナケレバナラヌ場合ニ之ニ對スル財源ガ全クナイト云フトキニハ此ノ七十條ニ依ラナケレバナリマセヌ。臨時ニ豫算外ノ支出ヲスル必要ガアリマシテモ財源ガ豫算ニ備ツテ居リマシテ例ヘバ豫備費モ有リ又ハ剩餘金モ有ルト云フ場合ナラバ七十條ノ此條文ヲ適用スル必要ハゴザリマセヌ。新ニ支出ノ必要ナル事項ガ起リマシテ、豫備費モ盡キ剩餘金モ無シト云フ場合ニ此ノ條ノ處分ガ必要デゴザリマス。數年前淸國トノ戰爭ノ際臨時議會ヲ召集セラレマシテ臨時ニ公債ヲ募ラレタコトガゴザリマシタ。是レ等ハ內外ノ情形ニ因ツテ尙帝國議會ヲ召集スルコトガ出來得タノデアリマスガ、若シモ帝國議會ヲ召集スルコトガ出來マセヌ場合デアリマシタナラバ先ヅ勅令ヲ以テ公債ヲ起シ然ル後帝國議會ノ承諾ヲ求ムルヤウニナルノデゴザリマス。

第二項ニアリマスル規定ハ此ノ臨時ノ處分ヲ爲シマシタル後ニ帝國議會ニ之ヲ提出シテ承諾ヲ求メナケレバナラヌト云フコトデゴザリマス。帝國議會ノ事後ノ承諾ト云フコトハ前ニ説明ヲ致シマシタカラ茲ニ再ビ委シクハ申シマセヌ。之ヲ議會ニ提出致シマシテ承諾ヲ得マシタトキニ於キマシテハ其ノ處分ハ豫メ初メヨリ議會ノ協賛ヲ經テ行ツタコト、同一ノ効力ヲ有ツコトニナリマス。即チ豫算ガ成立ツテ居ツテ豫算通リ執行シタト同ジ結果ニナルノデゴザリマス。然シナガラ若シモ議會ガ承諾ヲ拒ミマシタル場合ニハ如何ナルカト云ヘバ、既ニ緊急ノ處分ヲ爲シテ事ガ遂ゲラレタル部分ハ如何ニ議會ガ不承諾デアリマシテモ無効トハナリマセヌ。有効トシテ存立ヲ致シマスガ、唯將來ニ之ヲ繼續スルコトニ出來ヌノデアリマス。議會ノ承諾ガ既往ニ溯ツテ効力ヲ有チマスガ、議會ノ不承諾ハ既往ニ溯ツテハ効力ヲ有チマセヌ、唯將來ニ向ツテ其ノ繼續ヲ拒ムト云フ結果ニナルノデゴザリマス。

此條ノ規定ハ外國ニ於キマシテ實例ハ多クゴザリマスガ、憲法ニ明ニ斯ノ如キ條文ヲ掲ゲテアルモノハ甚ダ少ナイヤウニ存ジマスル。外國ニ於キマシテハ一般ニ御國ノ憲法ノ如ク豫算ノコトニ付テ委シイ規定ヲ設ケテ居リマセヌ。其ノ所以ハ度々申上ゲマシタル通リ外國ノ憲法制定ノ當時ニハ佛蘭西ノ改革ノ餘波トシテ人民一般ガ法律トカ豫算トカ憲法トカ云フ理論ノ上ニノミ走セテ居リマシテ實際ノ經驗ナシニ憲法ヲ作リマシタカラ、豫算ガナケレバ金錢ハ一文モ出納スルコトハ出來ナイ、法律ガナケレバ租税ヲ課スルコトハ出來ナイト云フヤウニ單純ナル道理ヲ以テ之ヲ明文ニ致シマシタ。故ニ憲法ノ表面ハ甚ダ明白デアツテ且ツ論理ガ一貫シテ居リマスルガ、實際ニハ英國ト雖モ獨逸ト雖佛蘭西ト雖モ屢〻豫期ノ通リ行ハレヌコトガアリマシテ、法律ガナクトモ據ロナク緊急ノ處分ヲシナケレバナラメ必要モ起リマシタ。故ニ國家ノ緊急已ムヲ得ザルトキニ於キマシテハ諸外國ニ於キマシテモ憲法ノ存スルニ拘ラズ其ノ憲法ノ文字ニ背イテ臨時必要ナル處分ヲ行ツテ實際ノ需用ヲ充シテ居ツタコトガ度々アリマス。然シナガラ理論上ハ憲法違反デアリマス。憲法ニ除外例ヲ設ケズ豫算ノ議決ガナケレバ一文モ租税ヲ取ルコトガ出來ヌ又一文モ金錢ヲ支出スルコトガ出來ヌト云フコトヲ明白ニ原則トシテ定メテ置キナガラ臨時必要ノ場合ニハ致方ガナイト云フテ臨時緊急ノ處分ヲスルト云フコトハ國家全體ノ上カラハ已ムヲ得ヌコトデゴザリマスガ憲法ノ明文上甚ダ不都合ナコトデゴザリマス。然シ實際ハ明文通リニ行キマセヌカラ政府大臣ノ責任ヲ以テ之ヲ行フト云フコトヲ申シテ憲法違反ノコトヲ致シテサウシテ議會ニ對シテ政府大臣ガ責任ノ解除ヲ請求スルト云フヤウナル慣例ニナッテ居リマス。此ノ事ハ論理上正シイコトデハアリマセヌ。ナゼト申シマスレバ大臣ガ如何ニ責ヲ引キ其ノ職ヲ辭スルト申シマシテモ一旦憲法ヲ破ッタト云フコトハ後カラ之ヲ彌縫スルコトハ出來マセヌ。政府ノ大臣ガ辭職ノ覺悟ヲスレバ何時ニテモ憲法ニ違ッタコトヲシテモ宜シイト云フヤウナル趣意デ憲法ガ出來テ居ルノデハアリマセヌ。其ノ故ニ御國ノ憲法制定ノ際ハ諸外國ニ於テ立憲政治ヲ行ッテ大ニ困難ヲ致シマシタ其ノ跡ヲ能ク調ベテ御制定ニナリマシタカラ外國ニ於キマシテハ唯政府大臣ノ責任問題トシテ居ルコトモ憲法ノ明文ニ載セテ憲法上臨時必要ノ場合ニハ臨機ノ處置ヲ爲シ得ルト云フ明文ヲ設ケラレテ居リマス。是レハ外國ニハ例ハ少ナキコトデゴザリマスガ實際ノ國家政治ノ運用上是非斯クナクテハナラヌコトデゴザリマス。

獨逸ノ小國ノ憲法ヲ見マスルト、例ヘババイエルンノ憲法其ノ他バーデン、ウルテンブルグノ憲法等ノ諸小國ノ憲法ニ於キマシテハ臨時必要ナル場合ニハ國債ヲ起スコトガ出來ルト云フ規定ガアリマス。然シ其ノ規定ハ國債ノミニ關スルコトデアリマシテ我ガ國ノ憲法ノ如ク財政上必要ノ處分ト云フコトニハナッテ居リマセヌ。要スルニ此ノ如キ規定ハ歐羅巴ノ小國中ニアルノミデアリマシテ立憲制ノ模範ト云ハル丶諸大國ノ憲法ニハ餘リ見當リマセヌノデゴザリマス。然シ實際ニ於テ此ノ規定ト同ジコトガ諸外國ニ於テ隨分行ハレテ居ル例ハ歷史上ニ見エテ居リマス。

第七十一條　帝國議會ニ於テ豫算ヲ議定セス又ハ豫算成立ニ至ラサルトキハ政府ハ前年度ノ豫算ヲ施行スヘシ

豫算ノ不成立。此條ノ規定モ亦タ我ガ憲法ノ特色デゴザリマシテ諸外國ノ規定ニハ稀ニ見ル所デゴザリマス。帝國議會ガ豫算ヲ議定致シマセヌカ、或ハ豫算ガ成立ニ至ラザルトキニ於イテハ政府ハ如何ニ財政ヲ取扱フベキカト云フコトハ外國ニテハ困難ナル問題デアリマス。然ルニ我ガ憲法ニ於キマシテハ此ノ場合ニハ前年度ノ例ニ依レト云フコトヲ此條ヲ以テ規定シテ居リマス。

先ヅ條文ノ意味ヲ申上ゲマス。豫算ヲ議定セズト申シマスルハ、議會ガ豫算ヲ否決スルコトモアリマス又議定以前ニ解散ニナルコトモアリマセウ、又閉會ニナルコトモアリマセウ、或ハ又豫算ガ成立ヲ致サヌコトモアリマセウ。豫算ハ上下兩院ガ同一ノ議決ヲナスニ依ッテ成立ヲスルノデアリマスカラ、一方ノ議院ガ可決ヲ致シマシテモ他ノ議院ニ於テ之ヲ否決致シマスレバ豫算ハ成立チマセヌ。又双方共ニ議決ヲ致シマシテモ一方ニ於テ議決シタルコト、他ノ院ニ於テ議決シタル所トガ實質異ルトキニ於テハ豫算ハ成立タヌノデゴザリマス。例ヘバ衆議院ニ於テ議決シタル豫算案ヲ貴族院ニ於テ修正ヲ加ヘテ可決ヲ致シマシタト見マスレバ、其ノ修正ニ衆議院ガ同意ヲシマスレバ成立チマスガ、若シモ衆議院ガ前ノ議決ヲ守ッテ之ニ同意ヲ表サヌトキニ於テハ豫算ハ不成立トナリマス。即チ上下兩院ノ議決ガ同一デアリマセヌカラ豫算ガ不成立トナルノデアリマス。又前ニ申上ゲマシタル通リ議會ニ於テ豫算ヲ否決致シマセズトモ豫算ヲ審査スル中ニ會期ガ經過シタトカ或ハ豫算ノ審議中ニ衆議院ガ解散ニナッタトカ閉會ヲ命ゼラレタトガ云フ場合デアリマスレバ、議會ハ事實上豫算ヲ議定シ了ルコトガ出來マセヌ。是レ等ノ場合ニ於テハ國家ノ會計ハ如何ニ取扱フモノデアルカト云フコトガ問題テゴザリマス。

歐羅巴ノ諸國ノ憲法ハ多ク豫算ノ効力ニ非常ニ重キヲ置キマシテ豫算ガナケレバ一文ノ租税モ取立ツルコトハ出來ヌ又豫算ガナクシテハ一文モ支出スルコトハ出來ナイト云フ原則ヲ固ク取ッテ居リマスカラシテ、議會ニ於テ豫算ガ成立チマセヌトキニハ其ノ理論ヨリ推究シマスレバ國家ハ租税ヲ取ルコトモ出來ヌ又一文ノ支拂モナスコトガ出來ヌト云フコトニナリマシテ全ク國家機關ノ運轉ハ止ラナケレバナリマセヌ。若シ斯ノ如クナリマスレバ國家ハ潰崩スルノデアリマシテ詰リ憲法ノ文字ヲ守ルタメニ國家ガ全ク崩レテシマウト云フヤウナル不條理ナルコトニナルノデゴザリマス。斯ノ如キコトハ實際論トシマシテハ不條理極マルコト明白デゴザリマスルガ、憲法上ノ單純ナル理論トシテ議會ガ協賛ヲ經ナケレバ租税ヲ取ルコトモ出來ヌ經費ヲ支出スルコトモ出來ヌト云フノヲ立憲政體ノ根本的原則ト致シ例外ヲ設ケマセヌトキニハ右ノ結果ヲ免レヌノデアリマス。故ニ諸外國ハ其ノ場合ニ臨ミマシテハ政府ハ自ラ豫算ヲ作リ而シテ已レノ欲スル所ニ從ツテ之ヲ施行スルト云フコトニナリマシテ全ク憲法違反ノ行爲ヲナスコトニナリマス。國家ノ進運ハ止メラレマセヌカラ已ムヲ得ヌコトデ國民ガ甘ンジテ居リマスレバ實際ノ運ビハ附キマスケレドモ。斯ノ如キ不幸ノ結果ニ至ラシムルノハ抑モ憲法上ノ明文ノ不備デアリマス。然ルニ我ガ國ノ憲法ハ豫算不成立ノ場合ニハ政府ハ前年度ノ豫算ヲ施行スベシト云フ規定ガアリマスカラ其ノ場合ニ至ツテモ尙能ク歩ミガ附クノデアリマス。

前年度ノ豫算施行ト申スコトハ元來變則ノコトデゴザリマス。前ニ度々申上ゲマシタル通リ豫算ハ其ノ年限リノ性質ノモノデゴザリマス。豫算ヲ每年定ムルト云フ意味ハ經濟上ノ必要ハ年々異ルモノデアリマシテ、殊ニ國家ノ財政ノ如キ大ナル經濟ニ於キマシテハ二年三年ノ後ヲ見透シテ其ノ必要ノ額ヲ定ムルト云フハ極メテ困難デアリマスカラ、每年見積ルヲ可トシ乃チ每年豫算ヲ調製シテ議會ノ議事ニ付スルト云フコトニ憲法ニ定メタノデアリマス。其ノ趣意カラ見マスルト例ヘバ明治三十五年度ノ豫算ハ三十五年度ノ情形ヲ豫測シテ定メタルモノデゴザリマスカラ三十五年度ニ於テコソ効力ハアリマシテモ三十六年度三十七年度ニマデ其ノ効力ヲ及ボスト云フコトハ道理上甚ダ不都合ナル譯デアリマス。然ルニ此條ニテハ其ノ理論上ハ不都合デアルコトヲ實際上已ムヲ得ズシテ前年度施行ト云フコトヲ除外變例トシテ定メラレタノデゴザリマス。而シテ前年度ノ豫算ヲ施行スルト申シマシテモ年度ガ異リマスレバ必要ガ異ナルベキ點ガ多クアリマスカラ必ラズシモ前年度ノ豫算通リヲ以テ圓滿ニ施行スルコトハ實際ニ出來マセヌ。故ニ前年度ノ豫算ヲ標準トシテ施行シ、本年度ニ於テ事實必要ナルモノハ豫備費ヲ以テ豫算外ノ支出ヲ爲シ、或ハ場合ニ依リマシテハ七十條ノ臨時緊急ノ處分ヲモ行フト云フコトニナルノデアリマスカラ、前年度ノ豫算ヲ全然其ノ儘ニ行ヒ得ルコトハ事實無イノデゴザリマス。然シ政府ハ勝手ニ自ラ豫算ヲ作ッテ其レヲ行フコトヲ得ルト定メマストキハ憲法上政府ノ行爲ニ付テノ監督ガ甚ダ緩ニ失スル譯デアリマスカラ、已ムヲ得ズ茲ニ變例ヲ取リ、政府ノ行爲ヲ幾分カ監督スル目的ニテ豫算不成立ノ場合ニハ前年度ノ豫算ヲ標準トシテ財政ヲ行フベシト云フコトヲ憲法ニ定メラレタノデゴザリマス。

外國ノ例ヲ見マスルト豫算不成立ノコトハ度々歴史ニ見エテ居リマス。殊ニ著シキハ孛漏西ノ千八百六十二年カラ六十六年マデノ間ハ引續イテ政府ト議會トガ衝突ヲ致シマシテ毎年豫算ガ成立ヲ致サナカツタノデアリマス。然ルニ孛漏西ノ憲法ニ於キマシテハ其ノ場合ニ於テ如何ニ之ヲ取扱フベキカト云フコトガ極メテアリマセヌカラ政府ハ據ロナク自ラ豫算ヲ定メテ勅令ヲ以テ之ヲ公布シテ、其ノ豫算ニ依ッテ事ヲ行フタノデアリマス。議院ニ於テハ政府ガ議會ノ協賛ヲ經ザル豫算ヲ施行シテ居ルノハ憲法違反デアルト云ッテ甚シキ攻擊ヲ致シタノデゴザリマス。然シ國家實際ノ必要上政府ガ豫算ヲ定メテ之ヲ行ハナケレバナラヌ譯デアッタノデアリマスカラ、已ムヲ得ズ千八百六十六年ニ至リマシテ政府ト議會トノ調和ガ付キマシテ、サウシテ前數年間ニ爲シタル會計ニ於イテ事後承諾ヲスルト云フ決議ヲシマシテ始メテ此ノ衝突ガ解ケタコトガアリマス。其ノ頃獨逸ノ公法學者ガ種々憲法ノ理論トシテ豫算不成立ノ場合ニ於ケル財政上ノコトヲ研究致シマシタル結果、政府ノ事業ニシテ毎年趣ヲ改メズ引續イテ必要デアル所ノ支出ニ付テハ前年度ノ議決ヲ標準トシテ行ッテ宜シイ、又其ノ年限リノ臨時ノ支出ニ付テハ前年度ノ豫算ヲ施行スルト云フコトハ條理ニ合ハヌコトデアルト云フ議論ヲ致シタル者モ多クアリマス。是レハ理論上甚ダ尤ナコトデゴザリマスガ、唯實際上之ヲ法律ニ書キ表ハシマスルトキニ於テ性質上毎年同ジモノトカ、性質上臨時ノモノデアルトカ、年々異ルモノデアルトカ云フヤウニ、歲出ノ費目ヲ明ニ書別ケテ載セルト云フコトハ甚ダ難イコトデゴザリマス。其ノ故ニ已ムヲ得ズ我ガ憲法ニ於キマシテハ先ヅ前年度ノ豫算ヲ施行スルト云フコトヲ原則ト致シマシテ、而シテ必ズ豫算中ニ毎年變更スベキモノガ多クアリマスカラ、其ノ場合ニハ豫算外ノ支出トシテ政府ノ責任ヲ以テ支出ヲ致シマシテ翌年度ノ帝國議會ニ提出シテ承諾ヲ請フト云フ方法ヲ取ッタノデゴザリマス。

是ト類似ノ憲法ノ規定ガ偶然西班牙ノ憲法ニ見エテ居リマス。西班牙ノ憲法ニハ豫算ガ不成立ノトキニハ前年度ノ豫算ヲ施行スベシト云フコトガアリマス。他ノ國々ノ憲法ニハ斯ウ云フ規定ハ見エマセヌ。唯獨逸ノ小國ノ憲法ニハ豫算ガ不成立ノ場合ニハ或ハ六ケ月或ハ一年ヲ限ッテ租稅ヲ取立ツコトハ差支ナイト云フ規定ガアリマス。其ノ條ノアリマス所以ハ獨逸ノ或國ノ憲法ハ我ガ國ノ憲法ト趣キガ全ク異ツデ居ルカラデアリマス。我ガ國ノ憲法ニ於キマシテハ豫算不成立ノ場合ニハ前年度ノ通リ租税ヲ取立テ、宜シイト云フ規定ハ不必要デゴザリマス。ナゼト申シマスレバ租税ハ法律デアリマシテ法律ハ永久ニ効力ヲ有ツテ居ルモノデアリマスカラ、豫算ガ成立スルト否トニ拘ラズ、人民ハ租税ヲ拂ハナケバナリマセヌシ、又政府ハ租税ヲ取立ツルコトハ其ノ權能ニアルノデアリマス故ニ租税ハ前年度通リ取立テ、宜シイト云フヤウナル規定ハ不必要デアリマス。ザクソン又ハウルテンブルグ等ノ憲法ニ之ヲ書キマシタル所以ハ彼等ノ憲法ヲ定メマシタ時代ニ於テハ豫算ガナケレバ租税ヲ取ルコトガ出來ヌト云フ主義ヲ固ク取リマシタカラ、ソレデ豫算不成立ノ場合ニハ啻ニ金ヲ支出スルコトガ出來ナイノミナラズ全ク人民ヨリ租税ヲ取ルコトモ出來ナイト云フ虞ガアリマスカラ、租税ヲ取ルコトハ出來ルト云フコトヲ書ク必要ガアツタモノデアリマス。我ガ國ニハ其ノ規定ガナクシテ其ノ實際ハ無論行ハレテ居リマス。此ノ七十一條ニ定メマシタ所ハ豫算不成立ノ場合ニハ租税ヲ取立ルコトヲ得ルト云フノデハアリマセヌ。全ク歳出ノ方ニ付テノ規定デゴザリマシテ、豫算不成立ノ場合デアツテモ行政ニ必要ナル費用ハ前年度ノ豫算ヲ標準トシテ支出シテ差支ナイト云フコトヲ定メラレタノデゴザリマス。

大約此條ノ説明ヲ以テ豫算ニ關スルコトハ了リマシテゴザリマス。此ノ憲法ノ第六章會計篇ハ最モ精密ニ定メラレテゴザリマシテ、租税ノコト、豫算ノコト及ヒ決算ノコトガ定メラレテゴザリマス。而シテ租税ノコト及決算ノコトハ理由ハ簡單デゴザリマスガ、豫算ノコトハ甚ダ錯雜致シテ居リマス。故ニ注文モ密ニナッテ細カキ規定ニナッテ居リマス。我ガ憲法中外國ノ憲法ト比較致シマシテ特ニ意ヲ用井ラレ、委シク規定セラレテアリマスルノハ此ノ會計篇デアリマシテ、就中豫算ニ關スル規定ハ我ガ憲法ノ特色トナッテ居リマス。此ノ如キ精密ナル規定ガアリマスル故ニ時トシテ政府ト議會トガ意見ヲ異ニシ衝突ヲ來ス場合ニ遭遇致シマシテモ、國家ノ財政ニ關シテ未ダ孛漏西ニ於ケル千八百六十年頃ノ如キ甚シキ不幸ヲ見ルニ至ラナカッタノデアリマス。是レモ亦我ガ憲法ノ恩惠ノ一デゴザリマス。憲法制定ノ時ニ意ヲ用井ラレマシタ故ニ今日マデ孛漏西ニ於ケル如キ衝突ヲ見ナカッタト云フノハ此ノ憲法ノ規定ノ効能ト言ハナケレバナリマセヌ。

會計檢査ノコトハ少シ委シク御話ヲ申上グヤウト存ジマスカラ次回ニ延ベマスル。

第七十二條　國家ノ歳出歳入ノ決算ハ會計檢査院之ヲ檢査確定シ政府ハ其ノ檢査報告ト俱ニ之ヲ帝國議會ニ提出スヘシ

會計檢査院ノ組織及職權ハ法律ヲ以テ之ヲ定ム

此條ハ國家ノ歳出歳入ノ決算ノコト及ヒ會計檢査ノコトヲ定メラレタモノデゴザリマス。憲法ノ規定ニ依リマスレバ國家ノ歳出歳入ハ豫メ每年豫算ヲ以テ之ヲ定メマシテ、豫算ガ成立シマスレバ其ノ豫算ニ依リテ現在ノ出納ヲ致シマシテ、而シテ一年度過ギマシタ所デ歳出歳入ノ現計ヲ調べマシテ、之ヲ決算ト致シ決算ヲ以テ會計檢査院ノ檢査ヲ經テ而シテ之ヲ政府ヨリ帝國議會ニ提出致シマシテ、帝國議會ガ復タ之ヲ審査致シマシテ、而シテ後會計ノコトガ結了スルコトニナッテ居リマス。豫算ノコトハ前條マデニ委シキ規定ガゴザリマシテ、此ノ會計ノ章ノ総リニ於テ決算ノコトヲ茲ニ示サレテアルノデゴザリマス。

一、決算。　決算ハ文字ノ通リ歳入歳出ノ現計ヲ算數ノ上ニ於テ調ベ上ゲタモノデゴザリマシテ、豫算ト對照スルモノデゴザリマス。決算ヲ報告スルト云フコトハ支出ヲ報告スルト云フコトデゴザリマスガ、間接ニハ之ヲ以テ議會ガ政府ノ會計ヲ監督スル方法ノ一トナツテ居リマス。豫メ豫算ヲ議シテ而シテ之ニ依ツテ國庫金ノ取扱ヲ爲シ、而シテ政府ハ復タ決算ヲ以テ帝國議會ニ報告ヲセネバナラヌト云フコトニナツテ居リマスカラ、議會ノ政府ノ財政ニ付テノ監督ハ始ニ豫算ノ議定アリ、後ニ決算ノ審査ガアツテ始終關連シテ居リマス。

二、會計檢査。　會計檢査ノ制度ハ特ニ會計法ノ定メガゴザリマシテ、之ニ委シキ規定ガゴザリマス。今其ノ大體ニ涉ル説明ヲ致シテ置キマス。歳入歳出ノ現計ハ年度毎ニ決算ヲ致シマシテ而シテ之ヲ會計檢査ニ付シマス。其手續ハ豫算ヲ製調致シマスル手續ト略同様デゴザリマス。政府部内ノ各局部ニ於キマシテ各〻其ノ取扱ヒマシタル決算ヲ大藏大臣ニ提出致シマス。大藏大臣ハ各局部ヨリ集ツテ來マシタル決算報告書ヲ一纏メニ致シテ之ヲ全體ノ決算トシテ内閣ヲ經テ會計檢査院ニ報告ヲスルノデアリマス。會計檢査院ハ其ノ報告ヲ受取ッテ會計法ノ規定ニ依ッテ之ヲ審査致シマシテ、其ノ審査ニ付イテ疑シイ所ハ質シ意見ノアル所ハ直ニ上奏ヲシテ上聞ニ達スルト云フ權限ヲ持ッテ居リマス。

會計檢査院ハ組織ト權限トハ法律ヲ以テ之ヲ定ムト云フコトガ本條ノ第二項ニゴザリマス。元來會計檢査ノコトハ甚ダ重キコトデゴザリマシテ、憲法ノ一部分ニ委シキ規定ヲ設ケラレテ至當ナコトデゴザリマスガ、然シ其ノコトハ議會ト政府トノ直接ノ關係ニアラズシテ、特別ナル性質ヲ有スル會計檢査院ノ權限ニ渉ルコトデアリマスカラ、便宜上之ヲ憲法ノ條文ヨリ分ッテ、特ニ會計法ト云フ憲法附屬ノ法律ヲ設ケテ是レガ定メラレテアルノデゴザリマス。

會計檢査院ハ獨立ノ地位ニ居リマス。獨立ト申シマスルハ其ノ會計檢査院法ノ第一條ニモアリマスル通リ天皇ニ直隸シ國務大臣ニ對シテ獨立ノ地位ヲ有スルト云フコトデアリマス。總テ行政官廳ハ國務大臣ノ監督ノ下ニ職務ヲ執ルノデゴザリマスガ、會計檢査院ハ國務大臣ノ監督ヲ離レテ直接ニ大權ニ隸屬シテ其ノ職務ヲ執ルノデゴザリマス。是レハ會計檢査ノコトハ其ノコトガ甚ダ重クアリマスシ且又各省ノ大臣ノ權限ヲ以テ爲シタルコトヲ調ベル譯デアリマスカラ、國務大臣ノ監督ノ下ニアツテハ十分獨立ノ審査ヲ爲スコトガ難イノデアリマス。故ニ之ヲ國務大臣監督ノ外ニ置イテ直接ニ大權ニ隷屬スル性質ノ者ト定メラレテアルノデゴザリマス。然レバ會計檢査院ハ其ノ法律ノ規定ニモ之ヲ審査致シマスルトキニ於テハ、其ノ意見ハ內閣ヲ經ズ直接ニ上奏シテ聖裁ヲ仰グコトガ出來ルヤウニナツテ居リマス。

會計檢査ト云フコトニ付テ少シク會計法ノ規定ニアル所ヲ述ベテ置キマスガ、會計ノ檢査ハ概シテ三ツノ目的ガゴザリマス。一ハ算數上ノ檢査デゴザリマス。是レハ數字ヲ以テ集メタ所ノ計算デアリマスカラ、器械的ニ算數ノ上ニ於テ誤リナキヤ否ヤト云フコトヲ算盤珠ノ上デ檢査ヲスルノデゴザリマス。又第二ニハ唯算數上ノ檢査ノミナラズ、歲入歲出ヲ行ヒ處分ガ果シテ法律命令ノ規定ニ遵據シテ居ルコトデアルヤ否ヤ、即チ取扱上ニ於テ法令ニ違反シタル廉ハナキヤ否ヤト云フコトヲ審査致シマスルノモ亦タ其ノ範圍ニ屬シテ居リマス。又第三ニハ其ノ支出ガ果シテ必要デアツタカ、有益デアツタカト云フコトモ立入ツテ調ベル權限ガアルノデゴザリマス。假令バ其ノ費用ノ支出ハ豫算ノ範圍內デアリマシテモ、又其ノ費用ヲ支出シタルコトガ直接ニ法律命令ノ文章ニ牴觸ハシテ居ラヌニ致シマシテモ、其ノ目的ヲ達スルタメニ此ノ如キ方法デ此ノ如キ多額ナル金額ヲ支出スル必要ガアラウ筈ガナイト云フコトデアリマスレバ、之ヲ審査シテ而シテ其ノ意見ヲ上奏スルコトガ出來マス。會計檢査ニ付キマシテ檢査ノ權限ヲ有ッテ居リマス者ハ國庫金ノ出納ヲ取扱ヒマシタ所ノ行政官ニ向ッテ滿足ナル辯解ヲ求ムル所ノ權ガアリマス。假令バ行政官ヨリ提出致シマシタル所ノ決算ヲ審査致シマスルニ付テ算數上或ハ法令上正當ナルヤ將タ不正當ナルヤ等ノ疑ヒガアリマスレバ、之ニ辯明ヲ命ズルコトガ出來ルノデゴザリマス。行政官廳ニ於キマシテハ會計檢查院ノ質問ニ對シテ十分ナル辯明ヲナス責務ガアリマス。會計檢查院ノ方ニ於キマシテハ其ノ辯明ヲ聞キ而シテ行政官ノ取扱ヒマシタル所ノ出納ガ法令ニ遵據シテ居ルモノデアッテ且ツ正當デアルト見マスルトキニハ之レニ對シテ認可狀ヲ與ヘマス。認可狀ト申シマスハ行政官廳ノ責任ヲ解除スルノデゴザリマス。會計檢査ニ於テ正當ナリト云フ認可狀ヲ受ケマセヌ間ハ其ノ出納ヲ司ッタ所ノ官吏ハ未ダ責任ヲ免ルヽコトハ出來マセヌ。認可狀ヲ得テ始メテ金錢ノ取扱ニ付テ其責任ヲ免ルヽコトガ出來ルノデゴザリマス。尤モ此ノ會計檢查ノ責任解除ト云フコトハ唯政府部內ニ於ケル官吏ノ責任ヲ解タモノデアリマシテ、若シモ其ノコトガ民事上或ハ刑事上ノ問題トナリマシテ裁判所ノ前ニ於ケル裁判ノ問題トナリマシタトキニハ假令會計檢查院ノ責任解除ノ證明ガアリマシテモ其ノ私法上ノ責任ヲ免レ又ハ刑法上ノ制裁ヲ免ルヽト云フコトハ出來マセヌ。又帝國議會ニ對シマシテハ會計檢查院ノ責任解除ノ認可狀ハ直接ニ其ノ効力ヲ有タヌノデゴザリマス。政府ハ帝國議會ニ會計檢查院ニ於テ會計ヲ認定シタト云フコトヲ決算報告ニ添ヘテ出シマスカラ、其ノ會計檢查院ノ審查ニ付テ帝國議會ガ重キヲ置クハ勿論ノコトデゴザリマス。又帝國議會ノ今日ノ實例ヲ以テ見マスレバ會計檢查院ノ審查確定ヲ以テ之ニ滿足ヲシテ居ル慣例デアリマスガ、帝國議會トシテハ會計檢查院ガ之ヲ審查確定ヲシテ正當ナリト認メタルモノデアリマシテモ尙議會ノ見ル所ヲ以テ之ヲ審查シテ其ノ決算ニ付テ法令ニ違ッテ居ルトカ不都合ナコトガアルトカ見タトキニ於テハ議會ハ承認ヲ與ヘズシテ、或ハ議會ヨリ上奏シテ之ヲ上聞ニ達スルト云フコトモ爲シ得ルノデアリマス。議會ガ會計檢査ノ結果ヲ承認致シマシタトキニ於テハ自ラ政府ノ責任ハ解除セラルヽコトニナリマス。外國ノ制度モ大概唯今述ベマシタ我ガ憲法ノ制度ト同ジデゴザリマス。會計檢査ノコトハ外國ノ例ニ於キマシテハ或ハ憲法ノ條項ノ一部トシテ委シキ規定ヲ載セタモノモゴザリマス。此ノ如キ重キモノデゴザリマスカラ、我ガ憲法ニ於キマシテハ會計法ハ別ニ定メラレマシテ憲法附屬ノ法律トシテ制定サレテゴザリマス。故ニ會計法ハ直接ニ憲法ノ條項デハアリマセヌケレドモ憲法發布ト共ニ御制定ニナツタモノデゴザリマシテ、其ノ實質上ハ豫算ノコト及ビ會計檢査ノコトハ此ノ憲法第六章ノ規定ヲ補充スル甚ダ重要ナモノデゴザリマス。玆ニハ概略ノコトノミヲ申述ベテ置クニ止メマス。

第七章　補則

補則。　補則ト申シマスルハ文字ノ通リ憲法ノ本質タル條項ニ附加ヘラレタ所ノ規則デゴザリマスガ、之ヲ特ニ補則トシテ設ケラレタル所以ハ、此ノ章ニ定メラレマシタコトハ憲法ノ効力ニ關係スルコトデアリマシテ憲法實質ノ規定トハ少シ趣ヲ異ニシテ居リマス。此ノ憲法ガ將來如何ナル手續ニ依ッテ改正スルコトガ出來ルカ、或ハ憲法ト他ノ法律命令トノ關係ハ如何デアルカト云フ如キ憲法ノ効力ニ關係スルコトヲ終リニ補則トシテ附加ヘラレタモノデゴザリマス。然シ補則ト云ヒマシテモ他ノ規定ト効力ニ於テ少シモ異ル所ハゴザリマセヌ。補則ノ規定デアルカラ他ヨリ輕イト云フヤウナコトハゴザリマセヌ。補則ヲ改正スルモ憲法改正ノ手續ニ依ラナケレバナラヌコトハ當然デアリマス。共ニ皆憲法中ノ規定デゴザリマシテ前後相通ジテ同樣ノ重ミヲ有ッコトハ申スマデモアリマセヌ。

第七十三條　將來此憲法ノ條項ヲ改正スルノ必要アルトキハ勅命ヲ以テ議案ヲ帝國議會ノ議ニ付スヘシ

此場合ニ於テ兩議院ハ各〻其ノ總員三分ノ二以上出席スルニ非サレハ議事ヲ開クコトヲ得ス出席議員三分

ノ二以上ノ多數ヲ得ルニ非サレハ改正ノ議決ヲ爲ス
コトヲ得ス

此條ハ憲法ノ條項ヲ改正スル場合ニ付テノ要件ヲ定メラレタモノデゴザリマス。此條ハ表面上憲法改正ノ手續ヲ示サレタノデゴザリマスガ、其ノ實質精神ニ於キマシテハ之ニ依ツテ憲法ノ性質ト効力トガ定マルノデゴザリマシテ憲法全體ニ通ジテ甚ダ重要ナル條文デゴザリマス。憲法ハ法律ノ上ニアル最高ノ法則デアルト云フコト、又我ガ國ノ憲法ハ外國ノ憲法ト異ツテ特種ノ効力ヲ有ツテ居ル等ノコトハ自ラ此ノ七十三條ノ規定カラ出ヅル譯デゴザリマス。

一、憲法改正ノ發議。憲法ノ改正ノ發議ノコトハ既ニ憲法發布ノ際ノ勅語ヲ以テ其ノ御趣意ガ御定メニナツテ居リマス。此ノ條ハ其ノ趣意ヲ茲ニ現シテ尚實際ノ議決ノ要件ヲ定メタモノデゴザリマス。恭デ憲法發布ノ際ノ勅語ヲ奉讀致シマスルニ、其ノ中ニ憲法ハ國家ノ隆昌ト臣民ノ慶福トヲ全フスルタメニ御定メニナツタモノデアツテ實ニ此レハ不磨ノ大典デアルト云フコトガ宣布セラレテゴザリマス。然シナガラ若シモ將來憲法ヲ改正スル必要ヲ見ル時期ガアツタナラバ大權ヲ以テ發議シ、之ヲ議會ノ議ニ付スルト云フ御趣意ガ御發布ニナツテ居リマス。此ノ憲法發布ノ勅語ニ依リマシテ憲法制定ノ所以及ビ憲法ノ効力ガ定ツテ居ルノデアリマス。

我ガ國ノ憲法ハ主權者タル君主ガ固有ノ權力ヲ以テ定メラレタモノデゴザリマシテ外國ニ於ケルガ如ク憲法ハ君民相互ノ約束デアルト云ヒ、或ハ國民ガ憲法ヲ作ツテ而シテ君主ヲ迎ヘテ其ノ支配ヲ委托シタモノデアルトカ云フヤウナルコト、全ク異ツテ居ルコトハ今更辯明スルマデモナク明白ナコトデゴザリマス。此ノ事實ニ依リマシテ各國各其憲法ノ性質ガ異ツテ居ルノデゴザリマス。等シク憲法ト云フ名ヲ有ツテ居リマシテモ全ク國民ノ代表者ガ集合シテ憲法ヲ定メ、而シテ其ノ憲法ノ條規ニ依ツテ之ヲ治ムルコトヲ或人ニ委任シタルモノガゴザリマス。假令バ白耳義ノ國體ノ如キ、或ハ近頃立憲政體ニ則リマシタ希臘ノ國體ノ如キ皆此ノ類デアリマス。然シナガラ我ガ國ニ於キマシテハ國ヲ統治スル所ノ大權ハ遠ク祖宗ヨリ承ケ傳ヘラレタル所ノ大權デアルト云フコトハ憲法發布ノ際ノ勅語ニ見ヘテ居リマス。故ニ統治ノ大權ハ國民ノ委托ニ依ツテ之ヲ行ハセラルヽノデモアリマセズ、萬世一系ノ皇位ニ固有獨立シテ存在スルモノデアルコトハ辯ズルヲ俟チマセヌ。其ノ權力ヲ以ヲ憲法ヲ御定メニナツタノデアリマス。故ニ將來ニ於テ憲法改正ノ必要アルトキニハ憲法ヲ制定シタル所ノ權力ヲ以テ其ノ改正ヲ爲スト云フコトハ特ニ明文ガアリマセズトモ當然ノ結果トナリマス。且ツ是レガ勅語及憲法ノ此ノ條ニ明言シテアリマスカラ尙更疑ヒヲ容ルヽ餘地ガアリマセヌ。憲法ノ改正ハ容易ニ企ツベカラザルコトハ今更辯ズルマデモナイコトデアリマス。既ニ勅語ノ中ニモ不磨ノ大典デアルト云フコトガ御發布ニナツテ居ル位ノコトデアリマシテ、此ノ原則ハ動カスベカラザルモノデゴザリマス。然シナガラ憲法ノ條項ノ中ニハ將來時ノ宜シキニ從ツテ補充シ又ハ改正スル必要ナシトモ斷言スルコトガ出來マセヌカラ、若シモ將來ニ於テ其ノ必要ガアツタトキニハ大權ヲ以テ發議ヲセラルヽ譯ニナツテ居リマス。

憲法ノ改正ニ付テ外國ノ例ヲ見マスルト、假令バ佛蘭西ノ如キ或ハ英國ノ如キニ於キマシテモ必スシモ君主又ハ政府ガ發議ヲスルト云フコトニハナツテ居リマセヌ。議員一個人ガ憲法改正ノ發議ヲ爲スコトモ妨グナイノデゴザリマス、唯之ヲ確定スルニ至リマスニ付テハ夫々手續ガゴザリマスガ、憲法ヲ改正スルト云フコトノ發議ハ何人デモ出來ル譯ニナッテ居リマス。是レハ我ガ國體上許スベカラザルコトデゴザリマス。憲法ニ依ッテ法律ヲ作リ或ハ命令ヲ發スルコトハ時ノ宜シキニ依ッテ議院ニ於テ發議スルコトモアリマス。又政府ノ大臣ニ委任シテ命令ヲ發セシムルト云フコトモアリマス。然シナガラ其ノ根本タル憲法ノ改正ト云フコトニ付テハ議院ニ於テ發議ノ權ヲ許シマセヌ。是レハ我ガ固有ノ國體ニ考ヘテ此ノ制度ヲ定メラレタノデゴザリマシテ、此ノ憲法ヲシテ永遠ニ其ノ効力ヲ全カラシムルタメニ極メテ必要ナル制限デゴザリマス。

憲法ノ改正ハ勅命ヲ以テ特ニ議案ヲ議會ニ付セラル丶コトガ極メテ必要デゴザリマシテ、議會ニハ發議スル權ハアリマセヌ。其ノ結果ト致シマシテ勅命ヲ以テ御下付ニナリマシタル議案ノ條項以外ニ渉ッテ憲法ヲ修正スルト云フコトハ帝國議會ノ權能ニナキモノデアルト解釋スルガ穩當デアラウト考ヘマス。通常ノ法律案ニ於テハ政府ガ提出致シマシタル案デゴザリマシテモ、之ヲ修正スルコトハ自由デゴザリマス。ナゼト申シマスレバ議會モ亦タ法律案ヲ提出スル權能ヲ有ッテ居リマシテ、政府ノ提出シタル案ヲ唯全體ニ於テ可否スルノミナラズ之ヲ修正シテ可決スルト云フコトハ少シモ妨ゲヌノデゴザリマス。然シナガラ憲法改正ニ付テハ議會ハ發議ノ權ヲ有ッテ居リマセヌ。發議ノ權ヲ有ッテ居リマセヌカラ從ッテ大權ヲ以テ御下付ニナッタ所ノ案ヲ全體ニ於テ可否スルコトガ穩當テゴザリマシテ、其ノ改正案ノ條項外ニ渉ッテ之ヲ機會トシテ他ノ條項規定ヲ動カスト云フコトハ許スベカラザルコトデアルト考ヘマス。此ノコトハ憲法ノ明文ヲ以テ委シク極メテハゴザリマセヌガ、精神上サウナル譯デアラウト思ヒマス。假令バ議院法ニ於キマシテモ其ノ第六十七條ニ於キマシテ「各議院ハ憲法ヲ變更スルノ請願ヲ受クルコトヲ得ズ」ト云フ規定ガゴザリマス。是レハ一私人カラ議院ニ請願ヲ出スコトニ付テノ制限デゴザリマス。然シナガラ立法ノ趣意ヲ、此ノ一私人カラ憲法改正ノ請願ヲ出シタ時ニ議院ガ之ヲ受取ルコトガ出來ヌト云フ規定カラ推シテ考ヘテ見マスレバ、議院自身モ亦タ憲法改正ノ建議ヲスルトカ憲法改正ヲ希望スル上奏ヲスルトカ云フコトハ矢張リ許サヌコト、考ヘマス。發議ノ權ガ無イト云フコトハ唯憲法改正案ト云フモノヲ發議スルコトガ議院ニ許サレテナイト云フコトニナルノミナラズ上奏シマスルニシテモ建議シマスルニシテモ、憲法改正ノコトヲ企テルコトハ許サレナイト解釋スルガ穩當デアラウト考ヘマスル。

二、憲法改正ノ手續。憲法改正ノ手續ノ細目ハ茲ニ示サレテアリマス通リ普通ノ立法手續ト異ツテ居リマス。兩議院ハ各々其ノ三分ノ二以上ノ出席ガナクテハ憲法改正ノ議案ヲ議スルコトハ出來マセヌ。總員三分ノ二以上ト申シマスルハ議員ノ定員ノ三分ノ二以上ノ意味デゴザリマシテ、普通ノ議事ニハ此ノ制限ハゴザリマセヌ。而シテ三分ノ二以上ノ出席ガアツテ且ツ出席員ノ三分ノ二以上ノ多數ヲ得ナケレバナラヌト云フコトガ此ノ規定ニ見ヘテ居リマス。普通ノ議事デゴザリマスレバ出席者ノ過半數ヲ以テ議決ヲ致シマスガ、憲法改正ノ議事ニナリマシテハ三分ノ二以上ノ多數ノ一致ガナケレバ議決ヲ爲スコトヲ得ナイト云フコトニ定ツテ居リマス。是レガ普通ノ立法手續ト異ル所デゴザリマス。其ノ他ノコトニ至リマシテハ細目ガ定メテゴザリマセヌカラ少々不明デゴザリマスケレドモ概シテ法律案ヲ議スル手續ヲ以テ之ヲ議スルモノト心得テ居リマス。憲法改正ノ手續ニ付キマシテ之ヲ外國ノ例ニ較ベテ見マスルト大ニ我ガ國ト趣キヲ異ニスル所モアリマスカラ御參考ノタメニ一二異ツタコトヲ申上ゲテ置キマス。憲法ノ改正ヲナスニ付テハ英吉利デハ特有ナル理論ガアリマシテ憲法モ亦タ法律デアル、少シモ異ツタ所ハナイト云フ理論ヲ採ッテ居リマス、其ノ故ニ別ニ憲法改正ト云フ手續キハゴザリマセヌ。普通ノ法律ヲ作ルコトト何モ變リマセヌ。故ニ法律ガ制定セラルヽ結果知ラズ識ラズ憲法ガ改正サレテ行クト云フヤウナ慣例ニナッテ居リマス。是レガ最モ憲法改正ニ付テ寛ナル方法ヲ取ッタ國デゴザリマス。其ノ故ハ英國ニ於キマシテハ「パーリヤメント」即チ國會ガ主權者デアルト云フ理論ヲ採リマシテ、主權者ノ欲スル所ハ即チ國ノ最高ノ意思デアル法則デアルト見テ居リマス。憲法モ亦タ國ノ主權者ノ欲スル所デアリマスカラ國會ガ議決ヲスレバ憲法ヲ變更スルコトハ出來ナイト云フ譯ハナイト云フ理論カラ此ノ如キ慣例ガ定ッテ居ルモノト考ヘマス。

佛蘭西ニ於キマシテハ國會ニ重キヲ置ク國デアリマスガ、實際ノ手續ハ憲法改正ニハ餘程嚴重ナル要件ヲ定メテ居リマス。一ト通リ佛蘭西ニ於ケル實際ト理論トヲ申上ゲマスレバ佛蘭西デハ屢〻憲法ガ變更サレマシテ、國民ハ憲法變更ノタメニ苦ンダ國デアリマス。一寸調べテ見マスル所デハ、佛蘭西ノ憲法ハ千七百九十一年ニ定メマシタル以來今日マデ殆ド百年程デアリマスガ、其ノ間ニ憲法ヲ根本的ニ改正致シマシタルコトガ十三回デゴザリマス。殊ニ其ノ改正ト申シマスルモ唯條項ノ改正デハゴザリマセヌデ、君主國ニナツタリ、民主國ニナツタリ又ハ帝國ニナツタリト云フヤウナ甚シキ變革デアリマス。漸クニ現行ノ憲法ハ千八百七十五年ニ作ラレタ以來今日マデ効力ヲ有ツテ居リマスガ、此ノ如キハ佛蘭西ニ於テハ珍ラシイ事實デアリマス。現行ノ憲法モ其ノ中ノ條項ハ千八百七十九年ト千八百八十四年ト兩度改正ヲシテ居リマス。此ノ如キ國柄デゴザリマシテ、野心ノアル政治家ガ起ルト憲法ヲ變ヘルト云フコトガ往々アリマスノデ國民モ之ニハ餘程困ツタト見ヘマシテ、何時モ憲法ヲ定ムルトキニハ此ノ憲法ハ變更スベカラズト云フヤウナル宣言ヲシテ憲法改正ニハ特ニ嚴重ナル要件ヲ附シテ居リマス。現行ノ佛蘭西憲法モ同ジコトデアリマス。其レハ憲法ノ改正ハ普通ノ國會デハ許サナイ憲法ヲ改正スルトキニハ憲法議會ト云フ特別ナル議會ヲ起サナケレバナラヌト云ブコトニナツテ居リマス。通常ノ國會ハ立法議會デアリマシテ立法議會ハ法律ヲ議定スルモノデアルカラ憲法ヲ定ムルニハ別ニ憲法議會ヲ組織シナケレバナラヌト云フコトニナツテ居リマス。實際ニ於テハ憲法議會ハ上下兩院ノ議員ヲ以テ組織スルノデアリマスカラ、其ノ人ハ大概同ジコトデアリマスケレドモ性質上ハ異ツテ居リマス。先ヅ憲法ヲ改正セントスルトキニハ改正ノ目的ヲ示シテ普通ノ國會ノ意見ヲ尋ヌルノデゴザリマス。サウシテ國會ニ於テ上下兩院ガ改正ヲスル必要ガアルト云フ決議ヲシナケレバ改正案ヲ議スルコトハ出來マセヌ。上下兩院ガ或點ニ付テ改正ヲスル必要ガアルト云フコトヲ議決致シマスルト直ニ立法議會ヲ解散シマシテ別ニ憲法議會ト云フモノヲ組織シマシテ、サウシテ今度ハ愈〻其改正案ヲ可トスルヤ否ヤト云フコトヲ議決スルノデアリマス。二重ニ議會ヲ設ケ二重ニ議決ヲシテ然ル後ニ憲法ヲ改正スルト云フコトニナツテ居リマス。御國ノ憲法ノ如ク唯單純ニ三分ノ二以上ノ出席ガアツテ三分ノ二以上ノ多數決デアレバ、他ハ法律ヲ制定スルト同ジヤウナ手續デ改正ガ出來ルト云フヤウナコトトハ餘程趣キガ變ツテ憲法改正ノ手續ハ繁雜ナルコトニナツテ居リマス。是レモ唯今申ス通リ佛蘭西ノ國柄ハ國體政體等ガ鞏固デアリマセヌデ、屢〻政治家ノ野心アル者ガ憲法ヲ飜ス國デアリマスカラ已ムヲ得ズ斯ウ云フ難カシイ憲法改正ノ要件ヲ定メタノデアリマス。其ノ難カシキ要件ガ定メテアルニ拘ラズ、從來ノ經驗デハ十箇年ニ一度或ハ甚シキトキハ四五度憲法ヲ全然根本的ニ改メタト云フヤウナコトガ屢〻見ヘテ居リマス。

又他ノ國ニ於キマシテハ少シ是ト異ツタ例モアリマス。白耳義ノ憲法、和蘭ノ憲法等ヲ見マスルト憲法改正案ヲ政府ヨリ發議ヲ致シマシタトキハ兩議院ハ當然解散シマス。其ノ現在ノ議員ハ悉ク解散シテ新ニ總選擧ヲ行ヒマシテ、新ナル議會ヲ召集シテ而シテ其ノ憲法改正案ヲ議セシムルト云フコトニナッテ居リマス。丁抹ノ憲法モ亦是ト類似ナル規定ガアリマス。憲法改正ヲ爲サムト欲スルトキハ先ヅ改正案ヲ出ス必要ガアルヤ否ヤト云フコトヲ議會ニ尋ネマス。議會ガ改正スル必要ガアルト云フコトヲ議決致シマスレバ直ニ現在ノ議會ハ解散ヲ致シマシテ、別ニ選擧ヲ行ッテ新シキ議員ヲ召集シテ改正ノ議ヲ確定スルヤ否ヤヲ問フノデアリマス。斯ノ如ク憲法改正ハ皆難カシクシテ居リマス。又孛漏西ノ憲法ニ於キマシテハ憲法改正ハ普通ノ立法手續デ出來ルコトニナッテ居リマス。是レハ我ガ國ノ憲法ヨリ一層憲法ノ改正手續ガ容易ニナッテ居リマス。唯二度決議ヲシナケレバナラヌト云フコトニナッテ居リマス。一度決議ヲシテ多數デアリマシテモ、同ジモノヲ二十一日ノ日數ヲ隔テ、再ビ投票ニ付シテ二度共ニ多數デアリマシタナラバ改正案ハ可決ヲスルト云フコトニナッテ居リマス。其ノ他ニモ種々細カイ差異ハアリマセウガ先ヅ大體是レ等ガ其ノ主ナル例デゴザリマス。斯ノ如ク外國ニ於キマシテモ憲法改正ノコトハ甚ダ鄭重ニ致シテ居リマス我ガ國ニ於キマシテハ必ズシモ憲法議會ヲ召集スルトカ或ハ憲法改正ノ場合ニハ議會ヲ解散スルト云フヤウナル制度ハ取ッテ居リマセヌ。唯我ガ憲法ハ議決ノ方法ハ外國ニ較べマスレバ容易クアリマスガ、其ノ改正ノ發議ノ權ヲ留保シテアリマスカラ、之ヲ以テ漫リニ改正ヲ企テルコトヲ抑ヘ得ルノデアリマス。佛蘭西ノ如キハ餘程難カシイ手續ヲ定メテ居リマスガ、理論上主權ハ國民ニアリト云ヒ國會議員ハ主權者ノ代理人デアルト云フヤウナル理論ヲ取ッテ居リマスカラ、國會議員ガ憲法改正ノ發議ヲスルト云フコトヲ防ギ抑ユルコトハ出來マセヌ。故ニ言ハバ思付キ次第發議ヲスル者ガアリ得ルノデアリマスカラ、特ニ意ヲ用井テ改正ノ手續ヲ嚴重ニシテアルコト、察シマス。

三、憲法ノ効力。

此ノ規定ハ發議權ノコト及ビ憲法改正ノ議事ノ手續ノコトヲ表面ニ定メテゴザリマスガ、間接ニハ先刻モ申シマシタル通リ此條ニ依ッテ我ガ憲法ノ効力ガ定マルノデゴザリマス。憲法ノ効力ハ國家最高ノ法則デアッテ法律ノ上ニアルモノデアルト云フノガ我ガ國法ノ原則デアリマス。憲法ト法律トヲ較ベテ見マスレバ法律ハ下ニアリ憲法ハ上ニアリト云フノガ我ガ憲法ノ効力デゴザリマス。此コトハ我ガ國デ申セバ明白ナコトデアリマスガ、外國ノ憲法ニ較ベテ見マスルト實ニ我ガ憲法ノ特色デゴザリマス。外國ニ於キマシテハ法律ト憲法トノ區別ヲ明カニシテ居リマセヌ。法律モ憲法ト共ニ皆主權者タル國會ガ定ムルモノデアルカラシテ孰レモ同ジ効力ヲ有ッテ居ルモノデアルト云フコトヲ全體ノ議論トシテ居リマス。然ルニ我ガ國ニ於キマシテハ憲法ハ主權者ガ直接ニ定ムルモノデアリ、憲法ニ依ッテ始メテ法律ガ出來ルノデアルト云フ理論ヲ取ッテ居リマス。憲法ト法律トハ本ト末ノ區別ニナッテ居リマス。憲法ノ條項ニ依ッテ法律ヲ制定スルニハ是レ〳〵ノ手續ヲ要スルト云フヤウニ定メテアリマス。憲法ノ條項アッテ然ル後ニ立法ノ手續ガ定ツテ居ルノデアリマスカラ、憲法ガ本デアッテ法律ガ末デアルト云フコトニナッテ居リマス。此ノ區別ヲ明カニスルコトガ必要デアリマス。ナゼト云ヘバ憲法ト法律トガ同一ノ性質ノモノデアルト致シマシタルトキハ法律ヲ改正變更スル力アル者ハ又憲法ヲ改正變更スル力ガアルベキ道理ガアルト云フ疑ヒガ生ズルカラデアリマス。然シナガラ憲法ト法律ト効力ニ輕重ガアルト申シマスルハ之ヲ法則トシテ見テノ區別ヲ申スノデゴザリマス。人民ガ服從スル點カラ見マスレバ憲法ト云ヒ法律ト云ヒ又ハ勅令ト云ヒマシテモ總テ皆服從ノ義務ハ同ジデゴザリマス。此ノ點ガ注意ヲ要スル所デゴザリマシテ、假令バ憲法ハ本デアル法律命令ハ末デアルト云ヒマシテモ、一私人ガ此ノ法律ハ憲法違反デアル、此ノ命令ハ法律違反デアルト云ッテ法律命令ニ服從スルコトヲ拒ムコトハ出來マセヌ。ナゼト申シマスレバ、憲法ト法律及命令トノ抵觸アリヤ否ヤト云フコトハ裁判所ニ於テ裁判スルカ、或ハ主權者ノ御裁定ガアルカラデナケレバ一私人ガ之ヲ斷定スル權力ハナイノデアリマス。故ニ一私人ハ式ヲ履ンデ正當ニ發布セラレタル法律及命令デアリマスレバ之ニ服從スベキコトハ憲法其ノモノニ服從スルト同一ノコトデアリマシテ實際ノ上ニ於テハ我々一個人ガ法律或ハ命令ヲ見テ是レハ憲法ニ矛盾シテ居ルカラ服從シナイト云フコトヲ判斷スルコトハ出來マセヌ。唯法律ヲ裁可シ及裁判ヲ爲スト云フ職權ノアル者ニ於キマシテハ憲法ニ矛盾ヲスル法律及命令ハ之ヲ裁可スルコトハ出來マセヌ。又之ヲ適用シテ裁判ヲ爲スコトハ出來ナイト云フ結果ニナリマス。憲法ト法律トノ効力ノ輕重ヲ云ヒマスルコトヲ誤解シテ一私人ガ其ノ判斷ヲシテ服從ヲ拒ミ得ルト云フヤウニ見マシテハ誤リデゴザリマス。

憲法ノ規定ハ大體ニ於テ總體ノ大節目ヲ掲ゲタモノデゴザリマシテ殊更ニ憲法中ニハ細目ノコトハ除イテアリマス。前ニモ申上ゲマシタル通リ貴族院ノ組織トカ衆議院議員ノ選擧トカ議院法トカ會計法トカ其ノ他重要ナルコトガ獨立ノ法律命令トシテ憲法ニ附屬シテ發布サレテ居リマシテ憲法中ノ規定ニハナツテ居リマセヌ。外國ノ例ヲ見マスルト選擧法モ憲法ノ一部分トナツテ居リ、或ハ議院法モ會計法モ憲法ノ第何條ト云フヤウニ一部分ニナツテ居ル制度デアリマスガタメニ數〻憲法改正ヲシナケレバナラヌト云フコトガ起リマス。我ガ憲法制定ノ際ニハ蓋是レ等ノコトヲ能ク考ヘラレタモノト見ヘマシテ時勢ニ由ツテ變更ヲ免レヌ様ノ規定ハ成ルベク之ヲ附屬ノ法律命令トシテ憲法ノ條項ノ中ヨリ之ヲ省イテアリマス。此ノコトハ大ナル幸ヒデアリマシテ若シモ外國ノ例ノ如キ選擧法ガ憲法ノ中ニアリマシタナラバ選擧法改正ノタメニ憲法改正ト云フ手續ヲ取ラナケレバナラナカツタデアラウト存ジマス。其ノ他會計法ニシテモ議院法ニシテモ近頃時々改正ガアリマスガ是レ等ガ皆憲法改正ト云フ難カシイ手續ヲ取ラズ憲法其ノモノヲ少シモ動カス所ナク圓滿ニ法律ノ進歩ヲ圖ルコトガ出來ルノハ此ノ編製ノ宜キヲ得タカラデアリマス。佛蘭西等ニ於テハ數々憲法改正ガアリマシタガ其ノ中ニハ誠ニ僅カナコトモアリマス。假令バ佛蘭西ノ政府ハ巴里ニ置クトカ「ベルサイユ」ニ置クトカ唯政府ノ置場所マデガ憲法ニ書イテアリマスカラ其レヲ他ノ地方ニ移ストキニハ憲法改正トシテ國民中ガ復タ選擧ヲ仕直シタリ大騷ギヲシナケレバナラヌト云フヤウナコトノ例モアリマス。此ノ如ク外國デハ餘リ細カク憲法ヲ書イテ居リマスカラ屢々憲法改正ト云フコトガ行ハル、弊ガアルヤウニ思ハレマス。我ガ憲法ノ規程ハ大體ノコトニ止メラレテアルノハ至極將來ノタメニ宜カツタコト、察セラレマス。

憲法ノ改正ノコトハ大體此ノ説明ヲ以テ止メテ置キマス。是レハ前ニ緒言ト致シマシテ憲法ノ全體ノ説明ヲ申上ゲタルコトガゴザリマスガ、其ノ所ト對照致シマシテ此ノ補則ノ規定ヲ考ヘテ見マスレバ前後關連シテ趣意ガ明瞭ニナラウト考ヘマス。

第七十四條　皇室典範ノ改正ハ帝國議會ノ議ヲ經ルヲ要セス

皇室典範ヲ以テ此ノ憲法ノ條規ヲ變更スルコトヲ得ス

皇室典範ノ改正。此條ハ皇室典範ノ改正ノコトヲ定メラレマシテ、併セテ皇室典範ノ効力ヲ定メ、且ツ典範ト憲法トノ關係ノコトヲ間接ニ示サレタ條デゴザリマス。第一項ハ皇室典範ノ改正ノコトノ規定デゴザリマス。皇室典範ノ改正ハ帝國議會ノ議ヲ經ルヲ要セス」ト御規定ニナッテ居リマス。前條ニ於キマシテハ憲法ヲ變更スルトキハ大權ヲ以テ特ニ議案ヲ議會ノ議ニ付セラレマシテ、議會ノ總員三分ノ二以上出席致シ、且出席三分ノ二以上ノ多數ヲ得ルニアラザレバ改正ヲ爲スヲ得ズト云フ規定ニナッテ居リマス。然ルニ皇室典範ハ議會ノ議ニ付セラルコト無クシテ、憲法ト自カラ改正ノ手續ヲ異ニスルモノデアルト云フコトヲ特ニ此ノ處ニ示サレタノデアリマス。

皇室典範ハ皇室内部ノ事ヲ御規定ニナッタル根本ノ法則デゴザリマス。故ニ自カラ國務ト其ノ實質ヲ異ニシテ居リマス、憲法ハ主トシテ國體政體ニ關係スル國務ノ大原則ヲ定メラレタモノデアリマス。典範ハ皇室内部ノコトヲ主トシテ御定ニナッタモノデゴザリマスカラ、二者各〻御定メニナッテ居ル事項ガ自カラ異ッテ居リマス。故ニ憲法ト典範トハ各別ノ法典トシテ、之ヲ同一ノ物ト致サナカッタノデアルト考ヘラレマス。是レハ憲法制定ノ際ニ特ニ注意シテ斯ノ如ク成ッタコト。存ゼラレマス。外國ノ憲法ヲ見マスルト憲法中ニ王室ノ規定ヲ多ク含ンデ居ルモノガゴザリマス。基ヨリ内部ノ細カキ事ヲ憲法ニ掲ゲタモノハ少ナウゴザリマスガ、王家相續ノ細則デアルトカ、或ハ攝政ノ制度ノ事デアルトカ、其ノ他王室ノ財産ノ事ナドニ關スル規定ヲ憲法ノ一部分トシテ掲ゲタ例モ多ル見ル所デアリマス。

我ガ憲法ニ於キマシテハ皇室ト國務ト關聯シテ離ルベカラザルモノニ付テハ之ヲ憲法ニ定メラレタル條項モアリマスケレドモ、大體ニ於キマシテ皇室内部ノ事ハ憲法ヨリ離シテ、是レハ特ニ大權ヲ以テ議會ノ議ニ付セズシテ御定メニナルト云フコトノ主義ヲ採ツタノハ特ニ意ヲ留メラレタ所デアラウト思ハレマス。故ニ憲法ハ將來ニ於キマシテ、帝國議會ノ議ニ付セラレマシテ議會ニ於テ可否ノ議決ヲ爲スコトモアリマスケレドモ、皇室典範ノ本則ニ至リマシテハ、議會ガ之ニ喙ヲ容レルコト無キコトニナツテ居リマス。

皇室典範ノ改正ノコトハ、典範ノ方ノ規則ガゴザリマス。其ノ第六十二條ニ皇室典範ヲ改正シ又ハ增補スベキ必要アルトキニハ皇族會議及樞密顧問ニ諮詢シテ之ヲ勅定セラルベキコトガ揭ゲテゴザリマス。故ニ若モ將來皇室典範ノ改正增補ノコトガ必要デアリマシタナラバ其ノ議案ハ議會ニハ付セズシテ、皇族會議及樞密顧問ニ諮詢ニナリマシテ、其ノ議決ヲ經タ上デ御裁可ニナツテ、或ハ改正增補セラルヽコトガアルカモ知レマセヌ。然シ其ノ手續ハ典範ノ規定ニシテ此ノ條ニ於テハ皇室典範ノ改正ハ議會ノ議ニ付スベキモノニアラズ臣民ノ容喙ヲ許ザルコトヲ示サレタノデゴザリマス。

皇室典範ト憲法トノ關係。

本條第二項ニハ典範ヲ以テ憲法ノ條規ヲ變更スルコトヲ得スト云フ原則ガ掲ゲテゴザリマス。是レハ典範ト憲法トノ關係ヲ示サレタモノデゴザリマス。典範ハ唯今述ベマシタル通リ皇室ノ根本ノ大原則デゴザリマシテ、二ツノ者並立ツテ共ニ國家最高ノ法則ヲ爲スノデアリマシテ、一ヲ以テ他ヲ變更スルコトヲ許サナイコトヲ原則トスルノデゴザリマス。而シテ憲法ト典範トハ並立ツテ牴觸スルコトノ無イ所以ハ何デアルカト云ヘバ、典範ハ自カラ典範ノ事項ヲ限リテ之ヲ定メ、憲法ハ自カラ國務ノ事項ヲ限リテ之ヲ定メマシテ二ツノ者ノ占領スル所ガ異ナルノデアリマスカラ、相牴觸スル譯ハナイノデゴザリマス。典範ハ殊ニ重キ御規定デゴザリマスケレドモ、若モ典範ヲ以テ憲法ヲ改正スルヤウナコトガアツテハ、國務ノ原則ヲ皇室内部ノ御規定デ變更スルコトニナリマスカラ、政體ノ本則ハ主トシテ憲法ノ規定ニ依ルベキコトヲ御示シニナツタモノト察セラレマス。典範ヲ以テ憲法ノ條項ヲ變更スルコトハ出來マセヌ。又憲法ヲ以テ典範ノ條項ヲ變更スルコトモ精神上出來マセヌノデアリマス。

併ナガラ此ノ處ニ注意ヲスベキ點ガアリマス。ソレハ斯ノ如ク典範ト憲法トノ實質ヲ區別シテ各々混ズベカラザルモノデアルト說明スルノハ、典範及憲法ノ規定ノ末ニ付テ云フノデアッテ、我ガ國體上其ノ本源ニ遡ッテ見ルト、皇室典範ト帝國憲法トハ自カラ歸一シテ分ツベカラザルモノタルコトヲ忘レテハナリマセヌ。是レハ憲法說明ノ始メヨリ度々申上タコトデアリマスカラ、マタ繰返シテハ申シマセヌ。我ガ國體上皇室ト國家トノ離ルベカラザル關係アルノハ其ノ特殊ノ所デアリマスカラ、皇室典範ト憲法トハ、其ノ末ヲ別ッテ各々其ノ範圍ヲ混ズルコトハ最モ避ケナケレバナリマセヌガ、其ノ本源ニ至レバ分ツベカラザルモノガアルト云フノガ國體ノ本色デアリマス。是レ憲法ノ第一條及第二條ニ照シテモ明白ナル所デアリマス。皇位ハ即チ憲法ノ基ク所デアルト同時ニ又是レガ皇室典範ノ基ク所デアリマシテ、此ノ本源ハ兩樣ニ跨ッテ居ルモノデアリマスカラ、憲法ト典範トハ分離スルコトハ出來マセヌ。憲法ト典範トガ合シテ國ノ根本ノ法則ヲ爲スノデアリマス。ソレ故ニ憲法ノ第二條ニ於キマシテ、典範ト憲法トノ關係ノ一ニ歸シテ居ル點ヲ明白ニ示シテアルノデゴザリマス。此ノ點ハ忘ルベカラザルコトデアリマス。皇位ヲ以テ帝國主權ノ所在ト爲ス大原則ノミナラズ、其ノ結果タル規定ニ至リマシテモ皇位繼承ノ事ノ如キ、攝政ノ制度ノ如キ、憲法ト典範トハ法文ノ規定上相對照シテ分ツベカラザル點モゴザリマス。皇室典範ノ規定中、國務ニ關スル點ニ付テハ憲法ノ條規ノ改正アルトキハ又典範ノ方ニモ影響ヲ生ズルヤウナコトガ無イトハ申サレマセヌケレドモ併シ其ノ本源ニ於キマシテハ分ツベカラザルモノデアリマスカラ、其ノ根本的ノ規定ニ至リマシテハ一ヲ以テ他ヲ變更スルコトヲ許サズ、又一方ノミヲ以テ國家最高ノ法則ト爲スコトハ出來マセヌ。此ノ精神ハ自ラ第七十四條ニ間接ニ現レテ居リマス。

第七十五條　憲法及皇室典範ハ攝政ヲ置クノ間之ヲ變更スルコトヲ得ス

攝政ト憲法及典範トノ關係。　此條ハ攝政在任中ニ於テ憲法及皇室典範ノ變更ハ之レヲ爲スコトヲ得ズト云フ大原則ヲ示サレタノデゴザリマス。憲法ハ國ノ政治ノ根本法デゴザリマスルシ、又皇室典範ハ皇室ノ根本ノ御規定デゴザリマス。二ツノモノハ即チ帝國ノ國體政體ニ關係スル大原則デゴザリマスカラ、萬止ムヲ得ザル場合ニ於ケル外ハ、改正變更ト云フコトハ爲サナイモノト御定メニナツテ居ルノデゴザリマス。別シテ攝政ヲ置クハ一時ノ變例デゴザリマス、攝政ハ天皇ノ未成年デアラセラル丶カ、又ハ重大ナル故障アリテ、親ラ政事ヲ執リ給フコト能ハザルトキハ之ヲ置クコトニナツテ居リマス。是レハ一時ノ變例デゴザリマシテ、決シテ常ニ在ルベキコトデハアリマセヌ。攝政ハ天皇ノ名ニ於テ大權ヲ行フト云フ御規定ニナツテ居リマスル所以ハ國ノ政務ハ一日モ忽セニスベカラザルモノデアリマスカラ、君主自ラ政事ヲ執ルコトガ出來ヌトキハ攝政ヲ以テ止ムヲ得ズ大權ヲ行ハセラル丶ノデゴザリマス。是レ眞ニ止ムヲ得ザルコトデアツテ元ヨリ一時ノコトデアリマス。故ニ攝政ヲ置クノ間ハ憲法及典範ハ絕對的ニ之ヲ變更スルヲ許サヌト云フコトヲ憲法ニ示サレタノデゴザリマス。若モ攝政ガ在任中ニ憲法及典範ヲ變更スルコトガゴザリマシタナラバ、極ク惡イ場合ヲ想像シテ見マスレバ、攝政在任中ニ此ノ絕大ノ權力ヲ濫用スル虞ナキヤ否其ノ虞ハ事實アリ得ベキコトデハアリマセヌケレドモ、憲法ハ特ニ其ノ規定ヲ嚴ニシ假令攝政ガ自ラ國家ノ爲ニ必要ト考ヘマシテモ、君主ノ御親政ノナキ間ニ之ヲ變更スルト云フコトハ、宜シク憚ルベキ所デアリマシテ、又憲法及典範ノ重大ナルコトモ考ヘテ見マシタナラバ、絕對的ニ變更ヲ許サヌト云フ規定ハ洵ニ當然ノ事デゴザリマス。若シ此ノ條ガアリマセヌトキニ於キマシテハ、攝政ノ權力ニ付將來此ノ解釋ニ疑ヲ生ズルコトモアリマスガ、我ガ憲法ニハ斯ノ如キ明白ナル制限ガゴザリマスカラ、將來ニ於テ紛議ヲ生ズル憂ハナイト思ヒマス。外國ノ憲法中或ハ此ノ事ガ書イテアリマセヌ故ニ、學者ノ中ニハ君主ニ代ツテ君主ノ事ヲ行フノデアリマスカラ、君主ノ爲スコトハ攝政ハ亦悉ク爲シ得ルト云フ解釋ヲスル人モアリマス。文字上是レモ尤モナコトデアリマス。斯ノ如キ外國ノ法理ヲ採リマストキハ攝政在任中國家必要ノ事アリト認メマシタトキニハ、攝政ガ憲法ノ改正ヲ企テルト云フコトハ、不都合ハ無キコトニナリマス。蓋シ外國ニ於テモ憲法ノ精神デハナイカモ知レマセヌケレドモ、法文ノ不備ノ爲ニ、疑ヲ生ズルコトガアリマス。然ルニ我ガ國ノ憲法ニハ此ノ明文ガアリマスカラ、憲法及典範ノ効力ハ明カデアツテ、疑ハ少シモ遺ラヌコトデアリマス。

攝政ノ權力ノコトハ前ニ第十七條ニ「攝政ハ天皇ノ名ニ於テ大權ヲ行フ」ト云フコトガアリマスガ、其ノ規定ト此ノ條ト參照致シマシテ考ヘテ見マスレバ、此ノ條ハ前ノ第十七條ノ規定ヲ幾分カ制限スル結果トナリマス。前ノ第十七條ノミアリマスルトキハ、攝政ガ天皇ノ名ニ於テ大權ヲ行フト云フノデゴザリマスカラ、大權ヲ以テ爲シ得ベキコトハ何事ニテモ爲シ得ルト云フ解釋ガ當然デアリマス。唯攝政ノ權力ヲ制限シタル唯一ノ條項ハ此ノ第七十五條デゴザリマス。本條ニ依テ攝政ノ權力ハ憲法及典範ノ變更ヲ許サヌト云フコトニナツテ居リマス。此ノ以外ノコトハ何事モ大權ニ代ツテ行フコトガ出來ルト云フコトニナツテ居リマス。是レガ第十七條ノ規定ノ制限ニナリマス。

第七十六條　法律規則命令又ハ何等ノ名稱ヲ用ヰタルニ拘ラス此ノ憲法ニ矛盾セサル現行ノ法令ハ總テ遵由ノ効力ヲ有ス

歲出上政府ノ義務ニ係ル現在ノ契約又ハ命令ハ總テ

第六十七條ノ例ニ依ル

本條第一項ハ憲法以前ニ發布セラレマシタル所ノ法律、規則、命令、布告、其ノ他ノ法則ト、此憲法トノ効力ノ關係ヲ定メラレタモノデゴザリマス。又第二項ハ第六十七條ニ大權ニ基ケル既定ノ歲出及法律ノ結果ニ依リ又ハ法律上政府ノ義務ニ屬スル歲出ハ政府ノ同意ナクシテ帝國議會之ヲ廢除シ又ハ削除スルコトヲ得ズト云フ規定ニナッテ居リマスルニ對照シテ、憲法實施ノ際ニ於テ政府ノ義務ニ屬スル契約其ノ他ノ義務ハ矢張リ前ノ六十六條ノ例ニ於テ、議會ハ自由ニ之ヲ削減ノ議決ヲ爲スコトヲ得ズト云フ二ツノコトヲ定メラレタノデゴザリマス。共ニ此憲法ガ發布セラレマシタル時ニ於テ、從來ノ法律規則及豫算ト憲法實施トノ關係ヲ定メラレタモノデアリマシテ、憲法實施ノ際ニ特ニ必要デアッタ條、デゴザリマス。

憲法以前ノ法令ノ効力。憲法發布以前ニ於キマシテハ、法令ノ發布ノ式ハ時々變ッテ居リマス。昔ハ御沙汰書、又ハ布告、又ハ布達ト云フヤウナ名稱ヲ以テ重キコトヲ御定メニナッタコトモアリマス。其ノ後屢々公文式ハ定メラレマシタガ、最後ニ定メラレマシタノハ明治十九年ノ二月ノ勅令デ、公文式ガ御定ニナッテ居リマス。之ニ據ッテ法律勅令其ノ他ノ命令ノ形式モ定ッテ居リマス。此ノ制定ハ憲法發布以前デアリマスガ、現今ニ於テモ此ノ公文式ニ依テ法令ノ形式ヲ定メラレテアリマス。憲法ニ依リマスレバ法律ハ議會ノ協賛ヲ經ナケレバナラヌ。又法律事項ニアラザルモノハ大權ヲ以テ勅令トシテ定メラレルト云フヤウナル形式ガ、嚴カニ明白ニ定メラレテアリマス。併ナガラ憲法發布ノ時ニ於テ從來ノ布告、規則、布達、其他ノモノヲ悉ク皆形ヲ改メテ憲法通リノ形式ニ依テ、法律勅令其ノ他ノ命令ト云フ形式ニ改ムルト云フコトハ、唯形式ニ拘ッタコトデアリマシテ、實際ノ効力ニ影響ハ少ナイコトデアリマス、又極メテ繁雜ノコトデアリマス。又之ヲ悉ク法律命令ト云フ名稱ニ別ケテ見マシテモ、憲法發布以前ニハ議會ノ協賛ヲ經タモノハアリマセヌカラ其ノ以降ノ法令トハ成立ガ到底同ジト云フコトハ出來マセヌ。ソレ故ニ憲法ノ附則トシテ此第七十六條ヲ御定ニナッテ、從來發布シタル法律規則ハ何等ノ名稱ヲ用井タルニ拘ラズ、例ヘバ布告ト云フモノモアリマセウ、布達ト云フモノモアリマセウ、其ノ他如何ナル名稱ヲ用井ラレテアリマシテモ、其ノ規定ノ實質ノ事項ガ憲法ノ條項ト牴觸シテ居ラザル以上ハ、形式ガ憲法ニ定メタル形式ト異ナルモ、仍其ノ効力ヲ有スルト云フコトヲ御定メニナッタノデゴザリマス。例ヲ擧ゲテ云ヘバ、地租條例ナド、云フモノハ、憲法發布以前ニ御定ニナッタモノデアリマス。條例ト云フ名前デ布告ニナッテ居リマス。併ナガラ租税ヲ課スルノハ議會ノ協賛ヲ經ナケレバナラヌ。又法律ヲ以テシナケレバナラヌト云フ規則ハ、憲法ニ定メラレテアリマスケレドモ、憲法以前ニハ此ノ規定ハ無カッタモノデアリマス。條例ト云フ名前デ布告ニナッテ居リマスケレドモ、租税ヲ課スルト云フコトハ憲法以前ニ於テ適法ノコトデ、又憲法ガ實施サレタ後デモ是レハ適法ノコトデアリマスカラ、地租條例ガ法律ト云フ名稱ガ無イカラト云ッテ、憲法發布以前ニ公布シタルモノガ効力ヲ失フコトハナイト云フ規定ニナッテ居ルノデゴザリマス。又徴兵令、又ハ戒嚴令ト云フヤウナモノモ、從前ハ法律ト云フコトデナクシテ、布告トカ勅令トカ云フモノデ出テ居ッタカト考ヘマス。併シ憲法ニ依リマスレバ、戒嚴ノコトハ法律ヲ以テ定ムト云フコトガアリマス。又兵役ノ義務ハ法律ノ定ムル所ニ依ルト云フコトガアリマスカラ、然ラバ今日ニ至ッテ戒嚴令ハ法律デナイ、徴兵令ハ布告デアルト云フヤウナコトデ、此レ等ノモノガ効力ヲ失フカト云ヘバ、サウデナイ其ノ形式ハ法律デアリマセヌケレドモ、戒嚴ト云フコトハ憲法ガ認メテ居ルノデアリマス、兵役義務モ憲法ガ認メテ居ルコトデアリマス、戒嚴ヲ布キ兵役ノ義務ヲ命ズルコトハ、憲法ノ實質ノ認ムル所デアリマスカラ憲法發布ノ後ニ至ツテモ、此ノ名稱ヲ改メテ法律ト爲サズトモ今日マデ其ノ効力ハ法律ト同樣ニシテ繼續シテ居ル譯デゴザリマス。

此ノ第二項ニアリマスル歲出ノ政府ノ義務ニ係ル現在ノ契約又ハ命令ハ、總テ第六十七條ノ例ニ依ルト云フノハ最早今日ニ至ツテハ此ノ條ノ實際ノ必要ハナクナツタノデアリマス。憲法施行セラレ初メテ議會デ豫算ヲ議スルニハ、憲法ニハ既定ノ歲出ト云フコトガアリ、政府ノ義務ニ屬スル歲出ト云フコトガアルガ、第一回ニハ何ガ既定ノ歲出デアルカ、何ガ政府ノ義務ニ屬スル歲出デアルカト云フコトガ疑問デアリマシタ。第一議會ノ時ハ、特ニ會計法附則ノ法律ガ出マシテ憲法以前ノ歲出ニテ既定ノ歲出ト看做スベキモノヲ法律トシテ定メタコトアルヲ記憶シテ居リマス。又此ノ條ニ依リマシテモ、憲法實施以前ニ、政府ガ一私人又ハ外國ト約束シテ義務ヲ負フテ居ルコト、又ハ命令ト云フノハ此ノ場合ニ契約ト同ジヤウナ意味デアリマシテ、或會社ニ保護ヲ與フルタメニ、命令書ヲ渡シ、請書ヲ取ツテ、一定ノ金額ヲ與ヘテ保護スルト云フヤウナコトモアリマス。此レ等ニモ命令書ト云フコトガアリマス。學問上言ヘバ是レハ契約デアリマスガ、命令ト云フ名ノ付イテ居ルノモアリマス。是レ等ハ憲法發布以前ノモノデアルカラト云ツテ、六十七條ノ例外トスルコトハ出來マセヌ。六十七條ノ例ニ依テ議會ハ其ノ義務ヲ尊重シテ、政府ノ同意ナクシテ廢除削減スルコトハ出來ヌト云フコトヲ此ニ示サレタノデアリマス。

此ノ條文ニ定メテアル所ノ直接ノ意味ハ是レダケデアリマス。併ナガラ之ニ牽聯シテ起ル問題ハ、憲法發布以前ノ法律又ハ命令ヲ今日改正變更スル場合ニ於テハ如何ナル取扱ヲシテ宜イカト云フコトガ屢々實際上ノ疑トナルコトガアリマス。是レニ付キマシテハ近頃マデ政府ノ實際取扱ヒマシタ所ノ例ヲ以テ見テ考ヘマスレバ、憲法發布以前ニ縱令法律ト云フ名前ガ付イテ居リマシテモ、若モ其ノ規定事項ガ憲法上大權ニ屬シテ、命令ヲ以テ定メ得ルコトデゴザリマシタナラバ、之ヲ改正變更スル場合ニハ、大權ヲ以テ命令トスルコトモ差支ナイノデゴザリマス。又之ニ反シマシテ假令憲法發布以前ニハ勅令ト云フ名義デ發布サレテ居ルモノデゴザリマシテモ、徴兵ノ規則ノヤウナモノデ、此ノ憲法ニ照シテ見マスレバ法律デナクテハ制定スルコトノ出來ナイモノモアリマス。サウ云フ場合ニハ憲法以前ノ勅令ヲ改正スルトキニハ、之ヲ議會ノ議ニ付シテ、法律ヲ以テ之ヲ定メナケレバナラヌト云フ結果ニナリマスル。今日實際ニ於テハ此ノ解釋ヲ採ッテ居ルヤウデアリマスル。之ヲ簡略ニ申シマスレバ、憲法發布以前ニ法律タリ命令タリ或ハ布告タル所ノ名稱ハ、形式ハ如何デアリマシテモ、ソレニ拘ハラズシテ憲法ニ照シテ憲法上法律事項デアルナラバ法律ヲ以テ改正スベク、憲法上大權ヲ以ッテ爲シ得ベキモノデアレバ、勅令ヲ以ッテ改正スルコトヲ妨ゲヌト云フコトニ歸着スルノデゴサリマス。

公文式。 此ノ條ノ説明ニ追加致シマシテ、茲ニ公文式ノ大體ノ御話ヲ致シテ置キタイト存ジマス。此ノ條マデニ説明致シタルコトハ、法律命令ノ實質ノコトデゴザリマスガ、今終リニ臨ミ法律ト云ヒ命令ト云フモノハ、如何ナル形體ニ於テ發布セラル丶カト云フコトヲ一通リ申上グルノガ必要ト考ヘマス、公文式ト申シマス外形ノ式ヲ謂フノデゴザリマス。是レハ明治十九年ノ勅令デ定ツテ居リマシテ、其ノ後法律ニ改正ガアリマシタガタメニ、多少實質上差異ヲ生ジタル所モアリマスケレドモ、今日先ヅ大體ニ於テハ十九年ノ公文式ガ効力ヲ有ツテ居リマス。此ノ公文式及憲法ノ規定等ニ依リテ、一通リ其ノ形式ヲ申上ゲテ置キマシテ、此ノ説明ヲ終ル積リデゴザリマス。

公文ニハ固ヨリ種々ノ種類ガゴザリマスガ。最モ重キハ詔勅、法律、命令、其ノ他條約モゴザリマス。豫算ノヤウナモノモゴザリマス。詔勅ハ國務ニ係ルモノハ總テ御名御璽ガアリマシテ、國務大臣ガ之ニ年月日ヲ記入シテ副署ヲ致シマシテ之ヲ公布ニナリマス。憲法ノ第五十五條ノ規定カラ見マスルト、詔勅ニシテ國務ニ關係スルモノハ國務大臣ノ副署ヲ必要トスルコトガ見エテ居リマス。法律ハ議會ノ協賛ヲ經テ御裁可ニナルコトハ、既ニ前ニ詳シク説明シタ通リデアリマス。故ニ法律ニハ上諭ヲ以テ此事ヲ明白ニ御示シニナル形式ニナツテ居リマス。議會ノ協賛ヲ經テ裁可スル旨ヲ記シ、且法律ハ御親署ノ後ニ御璽ヲ鈐シマシテ、サウシテ一般ニ係ル重キモノデゴザリマスレバ、總理大臣ノ外各大臣ガ悉ク副署スル例デゴザリマス。

然シナガラ其ノ法律ガ局部ノ事ニ渉ツテ居リマスレバ總理大臣ト主任ノ大臣トノミガ副署スル例トナツテ居リマス。勅令モ同ジコトデゴザリマス。上諭ガアリマシテ御親署ノ後ニ御璽ヲ鈐シマシテ、國務大臣ガ年月日ヲ記入シテ、之ニ副署ヲ致スノデゴザリマス。勅令モ一般行政ニ渉ルコトハ内閣總理大臣ガ必ズ副署ヲ致シマス。局部ニ渉ツタモノデアリマスレバ、主任ノ國務大臣ガ之ニ副署ヲ致スコトニナツテ居リマス。條約ハ國ト國トノ約束デアリマシテ、最モ重キ性質ノモノデアルコトハ前ニ條約ノ條ニ於キマシテ詳シク説明シタ通リデアリマス。條約ハ御批準ガ必要デアリマス。御批準ニハ、矢張リ御親署ノ後國璽ヲ鈐シマス。法律命令ト違ヒマシテ、條約ニハ國璽ヲ鈐スルコトニナツテ居リマス。豫算モ亦議會ノ議定ヲ經テ成立スルモノデゴザリマス。豫算ノ發表ノ形式ハ法律ノ發布ノ形式ト大體同ジデアリマス。議會ノ協贊ヲ經タル旨ヲ明記シテ、御裁可ガアツテ御親署ガアリ、國務大臣ガ副署ヲ致シテ居リマス。

是レガ大權ヲ以テ直接ニ公布セシメラルヽ所ノ重大ナル公文デゴザリマスガ。其ノ他憲法第九條ノ規定ニ依リマシテ、官廳ヲシテ命令書ヲ發セシムルコトガゴザリマス。第九條ニ命令ヲ發シ又ハ發セシムト云フ規定ガアリマス。發セシムト申シマスルノハ國務大臣以下ノ官府ヲシテ命令ヲ發セシムルノデゴザリマス、之レガ今日ノ公文式デハ、總理大臣ガ發スル者ヲ閣令ト云ヒマス。各省大臣ノ發スルノヲ省令ト云ヒマス。其ノ他地方長官モ亦命令ヲ發スルコトガ出來マス。例ヘバ府縣知事ノ發スルモノハ府縣令ト云ヒ、或ハ警視總監ガ警視廳令ヲ發スルコトモ出來マス。此レ等ノモノハ各〻委任ヲ受ケテ發スル所ノ主任ノ者ガ之ニ署名ヲシテ公ケニスルノデゴザリマス。例ヘバ閣令ハ總理大臣ガ署名ヲシマス、省令ハ各省大臣ガ署名スルコトニナツテ居リマス。公布致シマスル式ハ、中央政府ヨリ發布スル者ハ官報ニ載スルコトヲ正式ト致シマス。官報ニ載セテ公ケニセラレタトキニ、是レガ公布ノ式ヲ完ウシタモノトナツテ居リマス。地方廳ニ於テ發スル命令ハ又別ニ規則ガアツテ各地方ノ便宜ニ依リ公布ノ方法ガ定ツテ居リマス。

公文式ニ依リマスレバ、法律命令等ニ鈐シマスル印璽ハ國璽及御璽トナツテ居リマス。內大臣ガ之ヲ尙藏致シテ、御親署ノ後ニ內大臣ガ鈐スルコトニナツテ居リマス。國璽ハ多ク外國ニ對スル文書ニ用キラルヽカノヤウニ見受ケラレマスガ、必ズシモ外國ニ對スルモノノミト云フノデハアリマセヌガ、條約デアルトカ、公使ニ委任狀ヲ與ヘラル、場合ノ如キコトニハ、國璽ヲ用井ラレテ居リマス。

公布及施行時期。 法令ヲ官報ニ載セテ發布セラレタルトキニハ、何日目カラ効力ヲ生ズルカト云フコトハ、時々ノ定メニ依リ異ナツテ居リマスガ、現今ニ於テハ法例ト云フモノガ定ツテ居リマス、法例ノ第一條ニ「法律ハ公布ノ日ヨリ起算シ滿二十日ヲ經テ之ヲ施行ス但法律ヲ以テ之ニ異リタル施行期限ヲ定メタルトキハ此限ニ在ラズ」ト云フコトニナツテ居リマス。此ノ規定ニ依レバ官報ニ依テ公ケニセラレタルモノハ、其ノ公布ノ日附カラ起算シ、二十日ヲ過ギテ始メテ之ヲ實施スルコトノ出來ル――施行ノ効力ヲ生ズルノデゴザリマス。法律ニ別段ノ施行期限ヲ定メザルモノハ、官報ニ公ケニセラレタル日附ヨリ二十日ノ後ニ効力ヲ生ズルモノト致シマス。法律ニハ特ニ施行期限ヲ定メタモノガアリマス。何年何月何日ヨリ施行ス」トカ或ハ「發布ノ即日ヨリ施行ス」トカ云フノモアリマス。或ハ「施行期限ハ別ニ勅令ヲ以テ定ム」ト云フノモアリマス。故ニ法律ニ別段ノ明言ナイトキニハ、官報ニ載セラレタル日附ヨリ二十日ト解釋スベキデアリマス。

公文式ノコトハ此ノ條ト直接ノ關係ハ無キヤウデアリマスケレドモ、此ノ條ハ即チ公文式ノ如何ニ依リ其ノ法律規則効力如何ノ問題ヲ解ク爲ニ定メラレタモノデゴザリマシテ、此ノ條ヲ定メタル直接ノ主義ハ、憲法發布ノ時ニ於テハ其以前ノ法令トノ關係ヲ定メルノガ主意デアリマスガ、然シ是レカラ考ヘテ見マスレバ。法律命令ヲ公ケニスル式ト云フコトガ甚ダ大切ノコトデゴザリマシテ、憲法ノ説明ト共ニ是レハ一通リ申上ゲテ置クベキコトデゴザリマスカラ、此ノ條ニ附加ヘテ説明致シマシタ。

此條ヲ以チマシテ憲法全體ノ各條ノ説明ハ終リマシテゴザリマス。然シナガラ憲法全體ニ通ズル政體ノ構成ノコトヲ一應申上ゲテ置カナケレバ、憲法ノ説明ガ完全致シマセヌカラ、尙次ニ一回此ノ説明ヲ續ケマスル考デゴザリマス。

結論

前回ノ説明ヲ以チマシテ憲法ノ條ノ説明ヲ大體了リマシテゴザリマス。今夕ハ最終ノ講義デゴザリマスカラ第一回ヨリ前回マデニ述ベマシタル所ノ大要ヲ結論ト致シ一纏メニ説明ヲ致シマシテ憲法全體ノ組立ヲ申上ゲテ置カウト存ジマス。就キマシテハ最初緒論ニ國家、國法、國體、政體ノ説明ヲ致シマシテ、ソレカラ各條ニ付テ説明ヲ致シマシタカラ其ノ大體ノコト各條ノコトヲ憲法略圖ニ一纏メニ揭ゲテ置キマシテ之レヲ御通觀ノ御便宜ニ供シナガラ説明ヲ申上ゲヤウト存ジマス。

國家。憲法ノ解釋ハ先ヅ國家ノ觀念カラ起ツタノデアリマス。國家トハ一定ノ土地ト一定ノ人民トガアリマシテ其ノ上ニ獨立ノ主權ガアツテ之ヲ統治スル團體ヲ指シテ云フノデアリマス。故ニ國家ニハ三ツノ要素ガアリマス。第一主權、第二國土、第三民族團體デゴザリマス。此ノ三ツヲ備ヘテ始メテ國家ヲ成スノデアリマス。

土地ハ基ヨリ人間ノ社會的生活ニ必要デアリマシテ、國家組織ヲ成スト否トニ拘ラズ、人間ガ生活ヲスルニハ一定ノ土地ヲ要スルハ云フマデモナイコトデゴザリマス。然シ國家ガ一定ノ土地ヲ區劃シ之ヲ自己ノ領土トスル趣意ハ唯土地ノ上ニ人ガ生活シテ居ルト云フ事實ヲ指スノミナラズ、自己ノ國權ガ活動スル範圍ヲ定メ他ノ權力ガ之ニ侵入スルヲ防イデ、自己獨立ノ主權ノ專ラ行ハルヽ範圍トシテ之ヲ占領スルモノヲ指シテ國ノ版圖ト云フノデアリマス。國ノ版圖ガ一定シテ居リマスガ故ニ國家ノ成立ガ鞏固デアルノデアリマス。近世ノ國家ニ於キマシテハ國ノ版圖ト云フ考ト國家ノ獨立、國家永久ノ存在ト云フコトヽハ離ルベカラザルコトデアリマス。國家ヲ有形ニ現シ且ツ永久ニ其ノ存在ヲ示ス所ノモノハ國ノ版圖デアリマス。

〇人民〇人民ハ元ヨリ國ヲ成ス要素デアリマス。人民ガ合シテ團體ヲ成シ然ル後國家ヲ成スハ申スマデモナイコトデアリマス。然シナガラ此レモ既ニ緒論ニ委シク説明ヲ致シマシタル通リ唯個々別々ニ人間ガ器械的ニ群集ヲ爲シタレバトテ必ズシモ國家ヲ成ス譯デハゴザリマセヌ。各個ノ人ハ各其ノ存在ヲ有シテ居リマスケレドモ、一個獨立ノ存在ガアルト同時ニ、各人ガ國ト云フ合同ノ團體ノ分子デアルコトヲ自カラ悟リマシテ、團體ノ一分子トシテ合同ノ團體ノ目的ノ下ニ自己ノ生命ヲ托スルト云フ覺悟ガアッテ然ル後國家組織ヲ成スノデアリマス。若シモ個々別々獨立ノ目的ヲ以テ唯一個ノ目的ヲ達スルタメニ存在シマシタナラバ國家ヲ成スコトハ出來マセヌ。國家組織ヲ成スト云フコトハ國家ト云フ團體其ノモノニ獨立ニシテ且ツ公ケナル所ノ目的ガアッテ其ノ目的ヲ全フスルタメニ我々ガ其ノ分子トナッテ居ルノデアリマス。即チ自己ノ運命ヲ國ト云フ大キナル合同團體ニ托シテ其ノ保護ノ下ニ個々ノ獨立ノ存在ト幸福トヲ全フスルト云フコトガアッテ始メテ人民ガ國ヲ成ス所ノ基礎要素トナルノデゴザリマス。

主權ハ基ヨリ國ノ國タル根本デアルト云フコトハ屢〻此ノ講義中説明ヲ致シマシタカラ、モウ別ニ繰返ス必要モゴザリマセヌ。主權ガナケレバ國家ハナイノデアリマス。國家ト云フ觀念ハ唯土地アリ人間アリト云フコトデハゴザリセヌ。人間ガ集ッテ共同生活ヲ爲ス上ニ於テ一般ノ人ガ仰イデ其ノ威力ノ下ニ服從シテ其ノ保護ヲ受ケテ共同ノ生活ヲ全フスルト云フ國權ガアルニ依ッテ始メテ國ヲ成スノデアリマス。主權ガナイトキニ於キマシテハ唯個々別々ノ人間ノ群集デアッテ國家トハ云ヘマセヌ。國ハ國タル所以即チ主權ガアツテ其ハ主權ガ國民ヲ統一シ、其ノ權力ヲ以テ之ヲ保護シ、外部ノ權力ニ對シテハ之ヲ防ギ衞ルト云フ力アルニ依ツテ國ヲ成スノデアリマス。故ニ主權ハ國家ノ國家タル所以デアリマス。主權ガナイトキニ於キマシテハ國家ハ成立ヲ致シマセヌ。

且又主權ハ絶大ノ權デアリ圓滿ノ權デアルト云フコトハ既ニ度々說明ヲ致シマシタ。何トナレバ主權ガ最モ強キ力デナケレバ主權タル働キヲ爲スコトハ出來マセヌ。總テノ國內ノ權力ハ主權ヨリ出タモノデアリマシテ、總テノ人ガ主權ヲ仰イデ最後ノ大權力トシ、之ヲ神聖ニシテ侵スベカラザルモノトシテ始メテ其ノ命令ニ服從スルコトヲ得其ノ國ノ統一ガ成シ得ラルヽノデアリマス。若シ主權ヲ侵スト云フ觀念ガアリ、又ハ國內ニ主權ト相對スル權力ガアリマシタナラバ國ハ分裂ニ至ラザルヲ得マセヌ。國ノ國タル所以ハ主權ガ一ニシテ而シテ國民ガ其ノ主權ヲ侵スベカラザルモノトシ神聖ナリトシテ仰イデ其ノ下ニ服從スルト云フ觀念ガナクテハナリマセヌ。

又主權ハ永久ニシテ滅セザルモノト云フ考ヲ持ツテ成立スルモノデアリマス。若シ國家ガ唯現在生キテ居ル人ノ寄集タルニ止リ國ト云フ永久ノ存在ガナイトキニハ時々刻々人ハ生死ノアルモノデアリマスカラ國ガ數千年ヲ經テ存立スルト云フコトハ言ハレヌ筈デアリマス。然ルニ我ガ國ノ如ク古キ建國デアッテ今日マデ國ヲ維持シ獨立ヲ保ッテ居ルト云フコトハ即チ一ノ主權ガ國初以來今日マデ永久ニ存在シテ而シテ其ノ主權ノ下ニ國民ガ保護セラレテ居ッタカラデアリマス。故ニ主權ハ國ノ生命デアッテ主權ガ絶ヘレバ國ノ生命ハ絶ヘルノデゴザリマス。主權ガ國ノ生命タルコトハ恰モ人ノ有形ノ體ノ上ニ生命ガアルト同ジコトデゴザリマス。

國法。國家ノ觀念ヨリシテ國法ノ觀念ガ起ルト云フコトハ緒論ニモ申述ベマシタ。法ハ人ガ社會的ノ交際ヲ致シマスルニ付イテ之ヲ規律スルモノデアリマス。多クノ人ガ群集シテ生活ヲ營ミマスニ付テハ秩序ヲ維持スルコトガ必要デアリマス。秩序ヲ維持スルト云フハ各人ノ交通ヲ腕力ノ鬪ヒニ任セズ、一定ノ規律ヲ守ッテ之ニ依ッテ各人ノ行動ヲ節制シテ行クト云フコトデアリマス。法ハ即チ社會ノ秩序ヲ維持スル規律デアリマシテ、其ノ社會ヲ規律スル者ハ何カト申セバ國ノ主權ノ力デゴザリマス。故ニ國ノ法ハ主權ノ定ムル所デアリマシテ、國法ハ主權ヨリ出ヅルト云フコトハ數〻說明ヲ致シマシタ。

國法ハ主權ヨリ出ヅト云フハ唯今日成文ノ規則トシテ發布サレマスル所ノ法律トカ命令トカ云フモノガ國家政府ノ作ッタモノデアルト云フ意味ノミナラズ、尚不文ノ習慣ノ法デアリマシテモ、其ノ基ク所ハ國ノ主權ノ力ニアリト云フコトヲ云フノデゴザリマス。假令バ成文ノ法則ハアリマセズトモ、古來人民ガ不文ノ習慣ノ法則ヲ以テ國ノ憲法トシテ居ル場合モアリ、又民族ノ習慣カラ成立ッテ居ル所ヲ民法トシテ別ニ法典ヲ備ヘズ行フテ居ル場合モアリマス。是レ等ハ直接ニ政府ガ紙ニ書イテ公ケニシタモノデアリマセンデモ矢張リ國ノ主權カラ出タモノト解スルノデアリマス。ナゼト云ヘバ法ハ人ト人トノ爭ヒノ上ニ一定ノ規律ヲ示シテ平和ニ事ヲ治メシムルモノデアリマシテ、其ノ人ト人トヲ抑ヘテ規律ニ𥡴メルト云フ力ハ主權ト云フ最高ノ權力ガ後循トナッテ居ルニ源由スルノデアリマス。故ニ成文ノ法則ハ無論ノコト、不文ノ慣行法デアリマシテモ皆主權ノ力ニ依ッテ成立ッテ居ルモノデアリマス。即チ法ハ主權ヨリ出ルモノニシテ法ガアッテ主權ガ生ジタモノデナイト云フコトハ明白デアラウト存ジマス。

國體、政體。國ニ主權ガアリ國ニ法則ガアルカラ致シテ國ノ組織ニ於テ種々ナル違ガ生ジテ參リマス。是レガ即チ國體政體ノ區別デアルコトハ前ニ申述ベタル通リデアリマス。國體ト申シマスルハ國ノ主權ガ如何ナル所ニ在ルカト云フコトヲ云フノデアリマシテ、政體ト申シマスルハ國ノ主權ヲ行フ形式ハ如何デアルカト云フコトヲ云フノデゴザリマス。國體政體ノコトモ既ニ度々說明ヲ致シマシタカラ茲ニハ唯其ノ要點ノミヲ申上ゲテ置キマス。

國體ハ主權所在ノ問題デゴザリマスカラ歷史ノ問題デゴザリマシテ、歷史上種々ナル國體ガアリ得ルノデゴザリマス。必ズシモ學者ガ理論ヲ以テ國體ノ種別ヲ斷言スルコトハ出來マセヌ。唯近世ニ至リマシテ最モ顯著ナル區別ハ君主國體ト所謂民主國體デゴザリマス。

君主國體ハ國ヲ統治スル主權ガ特定ノ一人ニ在ツテ、其ノ特定ノ一人ハ自己固有ノ權力トシテ國ノ統治者タル者ヲ云フノデゴザリマス。民主國體ト申スハ主權ハ國民ニ在リト云フコトヲ本則ト致シマシテ、一定ノ人或ハ少數ノ人ニ權力ガアルト云フコトヲ認メマセヌデ、國民自身ガ主權者デアッテ、國民ガ政府ヲ設ケテ自ラ政治ヲ行フノデアルト云フ國體デゴザリマス。此ノ二ツノ者ハ歷史上最モ顯著ナル區別デゴザリマシテ、度々此ノ御席ニ於テモ說明ヲ致シマシタノデゴザリマス。然シナガラ尙細別ヲ致シマスレバ或ハ民族ノ一階級ノ人即チ少數ノ人ガ主權ヲ握ル所謂貴族主權ノ國體モアリマセウ、或ハ其ノ他種々ナル變例モアリマセウガ、先ヅ今日文明國ニ現レテ居ル所ハ此ノ二ツノ國體デゴザリマス。假令バ我ガ帝國ノ如キハ純粹ナル君主國體デゴザリマス。又北亞米利加或ハ佛蘭西ノ如キニ至リマシテハ純粹ナル民主國體ヲ以テ國ヲ組織シテ居ルノデゴザリマス。

政體ハ唯今申シタル通リ國體ノ區別トハ趣意ガ異ッテ居リマシテ、國ヲ統治スルハ如何ナル方法形式ニテ行フカト云フコトニ依ッテ分ル丶ノデゴザリマス。政體ノ區別ハ即チ國ノ制度ノ區別デゴザリマシテ、此ノ區別ハ歷史上種々樣々デゴザリマス。國ニ依ッテモ異ルノミナラズ時代ニ依ッテモ亦タ異ッテ居リマシテ一定ト申スコトハ出來マセヌ。外ノ例ヲ以テ申シマスレバ古ヘノ「ゲルマン」人種即チ歐羅巴ノ古キ政體ハ國民總會ガアッテ、其レガ總テノ事ヲ行フト云フ政體デアリマシタ。又歐羅巴ノ中世ニ於キマシテハ所謂封建制度ノ行ハレタ時代モゴザリマス。其ノ後ニ至リマシテハ君主ガ總テノ權力ヲ親ラ行フト云フ君主獨裁ノ政體モ行ハレタコトガゴザリマス。又近世ニ至リマシテハ所謂立憲政體ノ行ハル、所ガ多イノデゴザリマス。故ニ政體ノ區別ハ必ズ之ヲ幾ツト限ツテ申スコトハ出來マセヌ。然シナガラ近世ノ文明國ノ政體ニシテ最モ顯著ナルモノヲ擧ゲテ申シマスレバ君主專制ノ政體ト立憲政體ト此ノ二ツニナリマス。此ノコトモ前ニ委シク說明ヲ致シマシタ。

專制ノ政體ト申シマスルハ立法、司法、行政等ノ働キヲ同一ノ人ガ獨裁シテ行フ政體デゴザリマシテ、國會ヲ設ケテ立法ニ參與セシムルコトヲナサス、又獨立ノ裁判所ヲ設クルコトモ致シマセズ、又行政ニ國務大臣ノ副署ヲ要スルコトナク、總テ單獨ニ裁斷スルト云フ政體デアリマス。此ノ政體ハ從來歐羅巴ニ於テハ餘程廣ク行ハレテ居リマシテ此ノ政體ノ下ニ歐羅巴諸國ノ文明ガ發達ヲシタノデゴザリマス。百年以前マデハ此ノ政體ガ最モ發達シタルモノデゴザリマシタ。然ルニ百年程前ニ歐羅巴ニ於テ此ノ君主專制ノ政體ニ反抗ヲスル風潮ガ盛ニナツテ參リマシタ。其ノ所以ハ君主ガ統治權ヲ行フニ付テ立法、司法、行政ノ權力ガ一手ニ在ルガタメニ時トシテハ專橫ヲ極メ壓制ノ弊ヲ生ジマシタ。其ノ專橫壓制ニ反抗スル氣焰ガ段々熾ンニナリマシテ、始メニハ學者ノ民權自由ノ議論トナリ、後ニハ是レガ社會上ノ不平ノ氣運ト相提挈ヲシテ二ツノ者相合シテ遂ニ佛蘭西ノ大革命ガ起リマシタ。一方ニ學者ノ議論、他方ニ貧民ノ衣食ニ窮シタル不平、此ノ二ツガ佛蘭西大革命ノ原因デアリマス。此ノ大變革以來、君主專制ニ向ッテ一ノ改良進步ガ加ヘラレマシタ。其レハ一ハ度々說明ヲ致シマシタル通リ主權ノ行動ヲ立法、司法、行政ノ三ツニ區別ヲシテ各〻異ナッタル機關ニ依ッテ之ヲ行ハシメ以テ專制ノ弊ヲ防グト云フ觀念デアリマス。是レ佛蘭西ノ「モンテスキュー」ノ分權主義デアリマス。是レガ時勢ニ投合シテ立憲政體ヲ起ス因トナリマシタ。同時ニ又一方ニ於テハ國民ハ國民トシテ國ノ政治ニ參與スル氣運トナリマシテ、茲ニ於テ三權分立ノ議論ト國民ニ參政權ヲ與フルト云フ議論ト此ノ二ツノ主義ガ發達致シマシテ相結合シテ今日ノ立憲政體ヲ成シタノデゴザリマス。今日歐羅巴ニ於ケル立憲政體ノ特色ハ何カト云ヘバ立法、司法、行政ノ作用ヲ分ッテ之ヲ混同セザルコト、國民ニ參政ノ自由ヲ許シ國會ヲ開イテ國會ヲシテ立法權ノ働キニ參與セシムルコト、此ノ二點ガ特色デゴザリマス。

又立憲政體ハ政體ノ區別デアリマシテ國體ノ區別トハ必ズシモ一致シテハ居リマセヌ。故ニ君主國體ニ於テ立憲政體ヲ採ルコトモ出來、共和國體ニシテ立憲政體ヲ採ルコトモ出來マス。故ニ此ノ立憲政體ハ廣ク文明諸國ニ行ハル、コトニナリマシタ。亞米利加ノ如キ佛蘭西ノ如キ其ノ他數多ノ民主國體ニ於キマシテモ立憲政體ニ則ツテ居リマス。又我ガ帝國ヲ初メトシ其他君主主權ノ原則ヲ維持スル歐羅巴諸國ニ於キマシテモ亦タ同ジク立憲政體ニ則ツテ居ル者ガ多クアリマス。政體ト國體トハ自カラ異ツテ居ルモノデアリマスカラ立憲政ヲ採ルコトハ君主主權ノ下ニ於テモ亦民主主權ノ下ニ於テモ爲シ得ラル、コトデアリマシテ、而シテ立憲政體ヲ採用スルガタメニ國ノ主權ノ所在ヲ動搖スル必要ガナイト云フコトモ能ク明瞭ニシテ置カナケレバナリマセヌ。立憲政ヲ採用スルガタメニハ國ノ主權ノ所在ガ移動スベキモノデアルト云フヤウナ誤解ガアリマシテハ、全ク憲法ノ趣意ニ反スルコトニナリマス。

憲法。憲法ハ國ノ統治ノ大原則ヲ示シタモノデゴザリマス。憲法ニハ成文ノモノモアリ又不文ノモノモアリマス。我ガ國ノ憲法ノ如ク一ノ法典トシテ成立ツテ居ルモノモアリマス。又英國ノ如ク不文ノ習慣ニ依ツテ憲法ガ定ツテ居ルモノモアリマス。孰レニシテモ國アル以上ハ國ヲ統治スル所ノ大原則ヲ定メタモノハ必ズアルノデゴザリマス。故ニ國アレバ必ズ憲法アリ唯各〻憲法ニ規定スル所ハ一デナク各皆異ツテ居リマス。憲法ハ元ヨリ國ノ法則デゴザリマスカラ前ニ述ベマシタル通リ主權ノ定ムル所デゴザリマス。君主國ニ於キマシテハ憲法ハ君主ガ定ムル所デゴザリマシテ、民主國體ニ於キマシテハ憲法ハ國民全體ノ意思ニ依ツテ決定セラルヽノデゴザリマス。憲法ハ統治ノ大原則ヲ定ムルモノデアリマスカラ換言スレバ國體ト政體トノ原則ヲ示シタモノデゴザリマス。更ニ詳言スレバ第一ニ國ノ主權ガ何レノ所ニ在ルカト云フ統治權所在ノ問題ヲ定メ、第二ニ國ヲ統治スル機關ハ何デアルカト云フ統治機關ノ問題ヲ定メ、第三ニ國ヲ統治スル方法形式ハ如何ト云フ統治權ノ作用ノ問題ヲ定メ、而シテ又統治ヲ受クル者ハ何デアルカト云フ統治客體ノ問題ヲモ定ムルノデゴザリマス。統治ヲ受クル者ハ即チ臣民ト國ノ領土デアリマス。故ニ憲法ハ統治ノ主體ト統治ノ客體ト統治ノ機關ト統治ノ作用ト此四ツノ原則ヲ定メタモノデゴザリマス。我ガ憲法ニ於キマシテモ此ノ四ツノ者ガ定メラレテアリマス。之レニ依ツテ憲法ハ如何ナルモノデアルカト云フコノ大略ハ初回ヨリノ講義ト相俟ツテ大概明白デアラウト存ジマス。今日マデ説明ヲ致シマシタ所ハ帝國憲法ノ逐條ノ講義デゴザリマシタ。逐條ノ説明ハ何分切レ切レニ説明ヲ致シマスカラ全體ヲ總括シテ憲法ノ組立ヲ一覽ニ供ヘル機會ガアリマセヌカラ今茲ニ憲法ノ趣意ヲ略圖ニ致シテ掲ゲテ置キマシタ。之ヲ御覽ヲ願ヒマシテ憲法大體ノ組立ヲ申上ゲタイト存ジマス。

憲法略圖。（附録略圖参照）　茲ニ略圖ヲ掲ゲマシタル通リ我ガ帝國ノ憲法ハ帝國ノ主權ノ在ル所ト、統治ノ機關ト、統治權ノ作用トヲ定メタル根本ノ規則デゴザリマス。

皇位ハ即チ主權ノ在ル所デゴザリマシテ國ヲ統治スル權力ノ本體ハ茲デアルト云フガ我ガ國體ノ本則デゴザリマス。是レガ憲法第一條ニ「大日本帝國ハ萬世一系ノ天皇之ヲ統治ス」ト動スベカラザル大原則ヲ宣明セラレタノデゴザリマス。總テ國ヲ統治スル所ノ機關ト國ヲ統治スル權力トハ一ニ皆皇位ニ隷屬スルモノデアツテ國權ノ本體ハ萬世一系ノ皇位ニ在ルト云フコトガ憲法ノ大原則デゴザリマス。

而シテ國ヲ治ムルニハ國ヲ統治スル機關ガ必要デアリマスカラ、其ノ憲法ニ定メラレテゴザリマス。其ノ機關ヲ定ムルニハ立憲政體ノ趣意ニ依リマシテ三ツノ機關ガゴザリマス。第一ハ帝國議會第二ハ國務大臣及樞密顧問第三ハ裁判所デゴザリマス。

又國ヲ治ムル方法形式ハ之ヲ區別シテ混同セザルコトガ立憲政體ノ趣意デゴザリマスカラ統治權ノ作用ガ如何ニ分派セラルヽモノデアルカト云フコトガ憲法ニ示サレテゴザリマス。統治權ノ作用ノ區別ヲ分チテ三ツトナツテ居リマス。第一立法權、第二大權、第三司法權デアリマス。之ニ依ツテ君主ガ立法權ヲ行ハセラルヽニハ國會ノ參與ヲ許サルヽコト、君主ガ大權ヲ行ハセラルヽニハ國務大臣及樞密顧問ノ補弼ニ依ラルヽコト、君主ガ司法權ヲ行ハセラルヽニハ裁判所ニ依ラルヽコト等ノ原則ガ示サレテゴザリマス。

統治機關ノ一タル帝國議會ノ組織ハ憲法ニ其ノ原則ヲ定メテゴザリマス。議會ノ構成ハ憲法第三章ニ示サレテゴザリマス。我ガ帝國議會ニ於キマシテハ二院制度ヲ採リマシテ貴族院衆議院ヲ以テ帝國議會ヲ組織シテアリマス。貴族院ノ構成ハ憲法ニ原則ガ示シテゴザリマシテ、皇族華族及勅任セラレタル議員ヲ以テ組織スルコトアリマス。皇族男子ハ成年ニ達セラレマスレバ貴族院ニ列セラル丶コトニナツテ居リマス。華族中公侯爵ハ成年ニ達スルトキハ當然議席ニ列シマス。伯子男爵ハ貴族院令及貴族院選擧規則ノ定ムル所ニ依リマシテ同爵中ヨリ互選致シマシテ其中ノ幾部分ノ者ガ貴族院ニ列席スルコトニナツテ居リマス。勅任セラル丶議員ハ二種類ゴザリマシテ、貴族院令第一條第四項ニ依リマシテ功勞アル者又ハ學識アル者ヨリ勅任セラル丶者ガアリ、又同第五項ニ依リ各地方ニ於テ多額ノ直接國税ヲ納ムル者ノ中ヨリ勅任セラル丶者ガゴザリマス。此三種ノ議員即チ皇族華族勅任ノ議員ヨリ成立ツテ居リマス。衆議院ハ國民一般ヨリ公選スル所ノ議員ヲ以ヲ組織サレテアリマス。茲ニハ組織ノ主モナル點タル選擧權ト被選擧權ノコトヲ御記憶ニ便宜ノタメ大要ヲ掲ゲテ置キマシタ。選擧權ト申シマスルハ衆議院議員タルベキモノヲ選擧スル權デゴザリマシテ、其ノ資格ニハ年齢ト納税トノ二ツノ要件ガゴザリマス。滿二十五歲以上ノ者デアリマシテ、直接國稅ヲ十圓以上納ムル者ハ衆議院議員ノ選擧ニ際シテ投票ヲ爲スコトガ出來マス。被選擧權ト申シマスハ衆議院議員トシテ列席シ得ル資格ヲ申スノデゴザリマス。之ニハ納稅ノ資格ハ定メテゴザリマセヌ。唯年齡ガ滿三十歲以上デゴザリマスレバ其ノ資格ガアルノデゴザリマス。尙身分其ノ他ノ制限モゴザリマスガ細目ニ涉リマスカラ述ベマセヌ。詰リ選擧及被選擧ノ資格ハ單純ニ記憶致シマスニハ年齡ト納稅ノ二ツト見テ宜シイノデゴザリマス、

帝國議會ノ權限ハ如何ナルモノデアルカト云フコトハ憲法ノ條文ニ依ツテ示サレテゴザリマス。其ノ權限ハ立法ノ手續ニ參與スルコト豫算ヲ議定スルコトデアリマス。立法ノ手續ニ參與スルト申シマスルハ法律案ヲ議定スルコトデゴザリマス。或ハ國會ガ立法スルト解スル者モアリマスガ是レハ言葉ノ上ニ誤リガアリ、又斯ク申シテハ政體ト違フノデアリマス。國會ガ立法スルノデハゴザリマセヌ。立法ハ國ノ主權者ガ致スノデゴザリマス。法律ヲ裁可シ之ヲ公布スル權ハ大權ニ屬シテ居リマス。國會ハ唯法律案ヲ議定スルノデゴザリマス。立法ノ手續ニ參與スルノ

デゴザリマス。豫算ハ國ノ歳入歳出ヲ見積ツテ定メタル所ノ會計表デゴザリマスガ、是レガ國ノ財政上極メテ重要デアルコトハ前ニ委シク說明ヲ致シテ置キマシタ。議會ハ豫算ヲ議定スル權限ガアリマス。豫算ハ議定ノ後裁可ヲ經テ成立ツノデゴザリマス。

此ノ立法及豫算ニ關係スル議會ノ權限ガ如何ナル形式ニ依ツテ行ハルヽカト申シマスレバ、法律案ノ議定、豫算ノ議定上奏、建議、質問ノ形式ニ依ツテ行ハルヽコトガ憲法及議院法ニ依ツテ定メラレテゴザリマス。誤解シテ議會ハ一ノ團體デアルカラシテ決議スレバ何事デモ出來ルカノ如ク思フ者ガゴザリマスガ是レハ誤リデゴザリマス。議會ハ統治ノ機關デゴザリマスカラ憲法ガ示シタコトニ付テ憲法及議院法ニ示サレタル所ノ形式ニ於テ行動スルノ外自ラ勝手ニ意思ヲ發表スルト云フコトハ憲法ノ許サヾル所デゴザリマス。法律ヲ議定シ豫算ヲ議定シ又上奏スルコトガ許サレテゴザリマス。建議ト申シマスルハ政府ニ向ツテ意見ヲ述ブルノデゴザリマス。質問ハ政府ニ向ツテ質問スルノデゴザリマス。上奏、建議及質問ノ權ハ蓋シ法律ヲ議シ豫算ヲ議定スル爲ニ之ヲ牽聯シテ意見ヲ述ブル方法ヲ定メラレタノデゴザリマシテ、其ノ以外ノコトニ渉ツテ之ヲ用ヰルト云フコトハ憲法ガ當然望ンデ居ル所デハナイノデアリマス。法律ヲ議シ豫算ヲ定ムルニ付テハ或ハ質問モシ建議モシ場合ニ依ツテハ上奏ヲスルコトモアルノデアリマス。

國務大臣及樞密顧問ハ憲法第四章ニ規定ガアリマシテ其ノ職司ハ明瞭デゴザリマス。國務大臣ハ大權ノ行動ヲ補弼シ且ツ法律勅令等ニ副署ヲ致シマスル。樞密顧問ハ諮詢ニ應ヘ重要ノ國務ヲ審議スト云フコトガ憲法ニ書イテゴザリマス。共ニ大權ヲ行ハセラル、ニ就テ天皇ヲ補弼スル所ノ機關デゴザリマス。補弼ト云フコトハ意見ヲ奉ツテ聖明ヲ啓クノデアリマス。諮詢ニ應ヘテ國務ヲ審議スルモ皆ナ補弼ト同ジコトデゴザリマス。或ハ之ヲ誤解シテ君主ハ大臣ノ同意ヲ得ナケレバ何事モ爲スコトハ出來ヌト云フヤウニ言ヒマスノハ甚シキ間違デゴザリマス。凡ソ君命ハ大臣ヲ通シテ外部ニ現ル、ト云フコトハ憲法ノ原則デゴザリマスケレドモ、大臣ガ君命ヲ拒ンデ之ヲ阻絕スル權ハナイノデゴザリマス。極端ノ例ヲ申シマスレバ大臣ノ同意ヲ經ルコトハ法律上必要ナル點デハナイノデゴザリマス。唯國務ヲ行フニ付テハ大臣ノ意見ヲ聽カセラル、ノデアツテ、其ノ意見ヲ御採納ニナルト否トハ一ニ大權ノ自由ニ在ルノデアリマス。君主ハ大臣ノ同意ヲ得ナケレバ何事モ出來ナイト云フ法理デハゴザリマセヌ。故ニ補弼ト云ヒマシテ同意トカ承諾トハ申サヌノデアリマス。

裁判所ハ法律ニ依リ司法權ヲ行フト云フコトガ憲法ノ明文ニゴザリマス。裁判所ニハ普通裁判所ト特別裁判所トガゴザリマス。普通裁判所ハ民事刑事ヲ一般ニ管轄スル所ノ裁判所デゴザリマス。特別裁判所ハ特別ノ事件ヲ管轄セシムル爲ニ設ケラル丶ノデゴザリマス。例令バ商事ニ就テ特ニ商事裁判所ヲ置クト云フコトガアリトスレバ是レハ特別裁判所ニ屬シマス。現行ノ裁判所ノ構成ヲ見マスレバ普通裁判所ハ大審院、控訴院、地方裁判所、區裁判所ノ四階級ニ分レテ居リマス。區裁判所ハ最下級ノ始審ノ裁判所デゴザリマシテ多クノ事件ハ先ヅ區裁判所ニ行ツテ判決ヲ得マシテ之ニ不服デアレバ地方裁判所ニ上訴シ、其ノ判決ニ不服デアレバ控訴院ニ上訴シ、尚其レニ不服デアルトキニハ大審院ニ上訴シテ最終ノ確定判決ヲ得ル順序デアリマス。又事件ノ重大ナモノニ至レバ區裁判所ヲ經由セズ直ニ地方裁判所ニ於テシ或ハ控訴院ニ於テシ或ハ又大審院ニ於テスルコトモアリマス。

區裁判所ハ唯民事刑事ノ訴訟ヲ取扱フノミナラズ非訟事件ト云ヒマシテ後見人ノコト、カ親族關係ノコト、カ或ハ登記ノコト、カ云フヤウナ爭訟事件以外ニ權利ノ確定ニ關係スル事件ヲモ取扱ヒマス。

裁判所ノ權限ハ民事刑事ノ訴訟ヲ審判スルコト、非訟事件ヲ扱フコトノ三ツデゴザリマス。民事ノ訴訟ハ財産或ハ親族關係ニ於ケル一私人ノ間ノ訴訟デゴザリマシテ、刑事ノ訴訟ハ既ニ説明ヲ致シマシタル通リ刑罰法ノ適用ヲ審査シ決定スル所ノ事件デゴザリマス。而シテ非訟事件ト申シマスルハ唯今申シマシタル通リ不動産ノ登記トカ後見人ノ選定トカ其ノ他親族財産ノ事ニ就イテ訴訟ニアラズシテ權利ノ確定ノタメニ裁判所ガ之ヲ取扱フコトガ多クアリマス。是レ等モ裁判所ノ權限ニ附屬セシメテゴザリマス。

立法權ハ法律ヲ制定スルノ權力デゴザリマス。法律ハ帝國議會ノ協賛ヲ經テ之ヲ裁可シ公布スト云フコトガ憲法ノ明文ニゴザリマス。故ニ立法權ヲ行ハセラル、ノハ君主デアツテ、君主ガ立法權ヲ行ハセラル、其ノ手續ニ國會ガ參與スルノデゴザリマス。而シテ立法權ガ如何ナルコトヲ其ノ範圍トシテ居ルカト云フコトガ憲法ノ規定デ定ツテ居リマス。其ノ規定ノ大要ヲ茲ニ示シテゴザリマス。立法事項ハ分ツテ憲法上ノ立法事項ト自由立法事項ト二ツニナツテ居リマス。憲法上ノ立法事項ト申シマスルハ憲法ノ明文ニ於テ必ズ法律ヲ以テ定ムルコトヲ要シ命令ヲ以テ之ヲ定ムルコトヲ許サヾルモノデゴザリマス。大權ヲ以テ定ムルヲ許サズ立法手續ニ依ツテ定ムベキコトヲ憲法ノ明文ガ示シタモノガ即チ憲法上ノ立法事項デゴザリマス。例令バ戒嚴ノ要件トカ臣民タル要件トカ兵役ノ義務、納税ノ義務其ノ他人身ノ自由トカ所有權トカ司法權ノ行使トカ云フヤウナル重要ナル事柄ハ憲法ニ於テ法律ヲ以テ之ヲ定ムト云フコトガ書イテゴザリマスカラ憲法ヲ變更セザル以上ハ是レ等ノ事ニ關係致シマシテハ大權ヲ以テ單獨ニ定ムルコトハ出來マセヌ、必ズ議會ノ協賛ヲ經テ法律トシテ定メナケレバナラヌノデゴザリマス。自由立法事項ト申シマスルハ茲ニ掲グル以外ノ事デゴザリマス。即チ憲法ノ明文ニ於テ法律ヲ以テ定ムベシト明記シテアリマセヌモノハ時ノ宜シキニ從ツテ或ハ命令デ定ムルコトモアリ或ハ法律ヲ以テ定ムルコトモゴザリマス。例令バ教育ノ事ノ如キ法律ヲ以テ定ムベシトモ憲法ニ於テハ書イデゴザリマセヌ。又之ヲ大權ヲ以テ定ムベシトモ憲法ニ書イテゴリマセヌカラ是レハ時ノ宜シキニ從ツテ或ハ法律トスルコトモ出來或ハ命令トシテ定ムルコトモ出來マス。故ニ憲法上ノ立法事項ニ對シテ自由立法事項ト云フ名ヲ付ケテ他ニ法律ヲ以テ定メ得ルコトガアルト云フコトヲ示シマシタ。

立法權ハ如何ニシテ行フカト云フ形式ハ茲ニ示シタル通リ法律案ノ提出ト法律案ノ議定ト裁可、公布ノ四ツノ階段ヲ經ルノデゴザリマス。法律案ノ提出ハ政府モ致シマス。貴族院モ致シマス、衆議院モ致シマス。提出權ハ我ガ憲法ニ於テハ政府及ビ兩議院三ツノ者ガ各平等ニ持ツテ居リマス。法律案ノ議定ハ貴族院及衆議院ニ於テ同一ノ案ニ就キ同一ノ議定ヲ致シマシタルトキニ於テ始メテ帝國議會ノ法律案ノ議定ト云フコトガ成立ツノデゴザリマス。一院ガ可トシマシテモ他ノ院ガ否トスレバ議定トハナリマセヌ。國會ノ議定ガアツタ上デ之ヲ御裁可ニナルノデゴザリマス。裁可ニ依ツテ法律ハ成立ツノデアリマス。裁可ガ即チ立法權ノ行ハル丶所デアリマシテ裁可ガアツテ法律ハ成立シ、國ノ法律トシテ國民ヲ束縛スル効力ヲ生ズルノデアリマス。公布ハ裁可セラレタル所ノ法律ヲ官報ニ載セテ之ヲ國内ニ公ケニスル式デゴザリマス。公布ニ依ッテ國民ハ始メテ法律ヲ知リ之ニ遵由スル義務ヲ生ズルノデゴザリマス。

大權ハ既ニ説明ヲ致シマシタル通リ君主ガ統治機關ノ權限ニ委任セズ自己ニ留保シテ自ラ獨裁シテ行ハセラル、權力ノ範圍ヲ指シテ云フノデゴザリマス。元ヨリ國ヲ統治スル權ハ廣ク云ヘバ總テ君主ノ大權デゴザリマスガ、唯憲法上之ヲ小別ヲシテ見マスレバ立法ト司法トハ議會ト裁判所ノ參與ヲ許シテアリマシテ其ノ參與ガ必要デアリマスガ、其ノ以外ノコトハ君主權トシテ掲ゲタノデゴザリマス。大權ハ憲法上ノ大權事項ト行政ニ關スル大權事項ト二ツアリマス。

憲法上ノ大權事項ハ憲法ノ明文ニ於テ大權ニ屬スルコトガ明言セラレタモノデゴザリマシテ大權ニ屬スルコトガ憲法ニ明言シテアリマス以上ハ之ヲ法律トシテ議會ノ關渉ヲ許スコトハ出來ナイノデゴザリマス。必ズ君主ガ親裁ノ權力ヲ以テ之ヲ決行セラルベキコトガ憲法上必要トセラル、事項デゴザリマス。例ヘテ見マスレバ法律ヲ裁可スルコト、帝國議會ヲ召集シ或ハ解散スル等ノコト、又緊急勅令ヲ發スルトカ、行政各部ノ官制ヲ定ムルトカ、陸海軍ノ統帥、條約其他茲ニ示シテ置キマシタルコトハ憲法ニ明文ガゴザリマシテ必ズ大權ノ親裁ヲ以テ決行スベキモノデアッテ法律トシテ議會ノ協賛ヲ經テ定ムベキモノデナイトノ事項デゴザリマス。

大權ヲ行ハセラル、形式ハ憲法ニアリマス所デハ詔勅ト命令ト條約トデゴザリマス。國務ニ關ル詔勅ハ必ズ國務大臣ノ副署ガ必要デゴザリマヌ。又命令ハ既ニ説明ヲ致シマシタ通リ尚分チマシテ大權勅令ト法律ニ代ル勅令ト行政命令トノ三ツニ分ツコトガ出來マス。大權勅令ハ命令ノ事項デアルモノデゴザリマス。命令ハ廣イ權デゴザリマスカラ茲ニ掲ゲテアル大權ノ事項ヲ定ムルコトモ出來マス。其ノ他行政ニ關スル一般ノ事項ヲ定ムルコトモ出來マス。然シ茲ニハ大權事項ヲ實質トシテ定メタル所ノ勅令ヲ指シテ大權勅令ト申シタノデゴザリマス。法律ニ代ル勅令ハ憲法ノ第八條ニ規定ガゴザリマシテ帝國議會ノ閉會ノ場合ニ臨時緊急ノ必要アルトキニハ法律ニ代ルベキ勅令ヲ發セラル、コトガ定メテゴザリマス此レハ法律ト同樣ナル効力ヲ有ツ勅令デゴザリマシテ、普通ノ勅令ト異ッテ居リマスカラ特ニ一種類トシテ指示シマシタ。行政命令ハ茲ニ掲ゲテアル大權命令ニモアラズ又立法事項ニモアラズ其ノ他ニ於テ行政上必要ナル各種ノ事ニ就イテ勅令ガ發セラレマス。即チ憲法第九條ノ勅令デゴザリマス。憲法第九條ニハ「法律ヲ執行スル爲ニ、或ハ安寧秩序ヲ維持スルタメニ、又ハ國民ノ福利ヲ増進スルタメニ勅令ヲ發スル」ト云フコトガゴザリマス。法律ノ執行、安寧秩序、國民ノ福利増進ト云フコトハ即チ行政事務デゴザリマスカラ此第九條ノ命令ヲ名ケテ行政命令トシ第八條ノ命令及大權事項ニ定ムル勅令ト區別ヲシテ三ツニ掲ゲタノデアリマス。條約ハ既ニ述ベマシタル通リ國ト國トノ約束デゴザリマス。國際ノ關係ガ頻繁ニナリマスニ就イテハ通商貿易ニ付テモ又政治上ノ關係ニ付テモ國ト國トノ間ニ約束ヲ致スコトガ多クナリマス。條約ヲ締結スルコトハ或國ノ憲法ニ於テハ議會ノ協賛ヲ經テ締結スルト云フ制度モ多ク見ヘマスガ、御國ノ憲法ニ於テハ條約ヲ締結スル權ハ大權デ君主親裁ニ在リト定メラレテゴザリマス。故ニ大權ノ行動ハ詔勅ト勅令ト外國ニ對スル條約ノ三ツニ分レテ居ルト云ッテ宜シイト存ジマス。司法權ト云フハ何カト申シマスルト前申通リ民事刑事ノ裁判ヲ爲スコトデゴザリマス。民事トハ財産親族上ノ關係デ社會的ニ各人ノ交際ノ間ニ起ル權利ノ交渉事件デゴザリマス。刑事ハ總テ國家ガ罪惡ニ對シテ罰ヲ定メタコトヲ法律ニ照シテ其ノ刑罰ヲ申渡ス事件デゴザリマス。而シテ裁判所ガ法律ニ依リ司法權ヲ行フニ付テハ如何ナル方法デ行フカト云ヘバ訴訟及裁判ノ方法デゴザリマス。訴訟ト云フハ訴ヘガアツテ始メテ裁判ヲスルコトヲ云フノデアリマス。行政ノ事項ハ權利者ノ訴ヘヲ待タズ政府ガ自ラ進ンデ設備ヲスルノデアリマスガ、司法權ノ行動ハ必ズ權利者又ハ被害者ガ自ラ訴ヲ起スニアラザレバ起ラヌノデアリマス。訴訟ナケレバ裁判ナシト云フノガ此ノ原則デゴザリマス。ソレカラ裁判ト申シマスハ法律ニ定メタル所ノ手續ニ依ツテ權利關係ヲ確定スル方法デゴザリマス。委シク云フト民事訴訟法、刑事訴訟法ニ定メラレタルモノデゴザリマス。裁判ノ結果ガ判決デゴザリマス。判決ハ即チ國ノ主權ガ法律ヲ解釋シ特定ノ事件ニ付テ權利關係或ハ刑罰ノ適用ヲ定メタモノデゴザリシテ、其ノ裁判ヲ掌ル機關ハ即チ裁判所デゴザリマス。民事刑事ニ付キマシテハ大審院ヲ以テ最後ノ法廷ト致シマス。

大體此ノ略圖ヲ以チマシテ憲法ノ規定中ノ極ク概略ノ組立ヲ申上ゲタル積リデゴザリマス。此ノ以外ニ尚細カキコトハゴザリマスガ、餘リ細カイコトヲ一ツニ列シマシテハ却テ煩雜デ御記憶ニ御不便デアルト思ヒマスカラ此レニ止メテ置キマス。今夕ヲ以テ憲法ノ講義ヲ了リマス。既ニ三十二回ヲ重ネマシテ長キ間說明ヲ致シマシタガ甚ダ淺薄ニシテ且ツ說明ノ方法ガ拙キタメニ御了解ニ適セヌ所モアツタデアリマセウ、誠ニ疎漏ニ流レ或ハ過失等モ多々アルコト。考ヘマシテ甚ダ畏レ多ク存ズル所デゴザリマス。シテ此ノ憲法ノ如キ重要ナル法典ノ說明ヲ致シマスル光榮ヲ擔ヒマシタコト誠ニ一身上之ニ勝ル光榮ハナイノデゴザリマシテ、謹ンデ御禮ヲ申上ゲマス。其ノ疎略過誤ノ點ニ至リマシテハ偏ニ御宥恕ヲ仰ギタク存ジマスル。尚又講義ノ筆記モゴザリマスカラ、之ヲ御覽ノ上御下問等ヲ蒙リマスルニ於テハ及ブベキ限リ取調ベモ致シマシテ御答ヲ致ス考デゴザリマス。此ノ義ヲ併セテ申上ゲテ置キマス。

帝國憲法講義後編 終

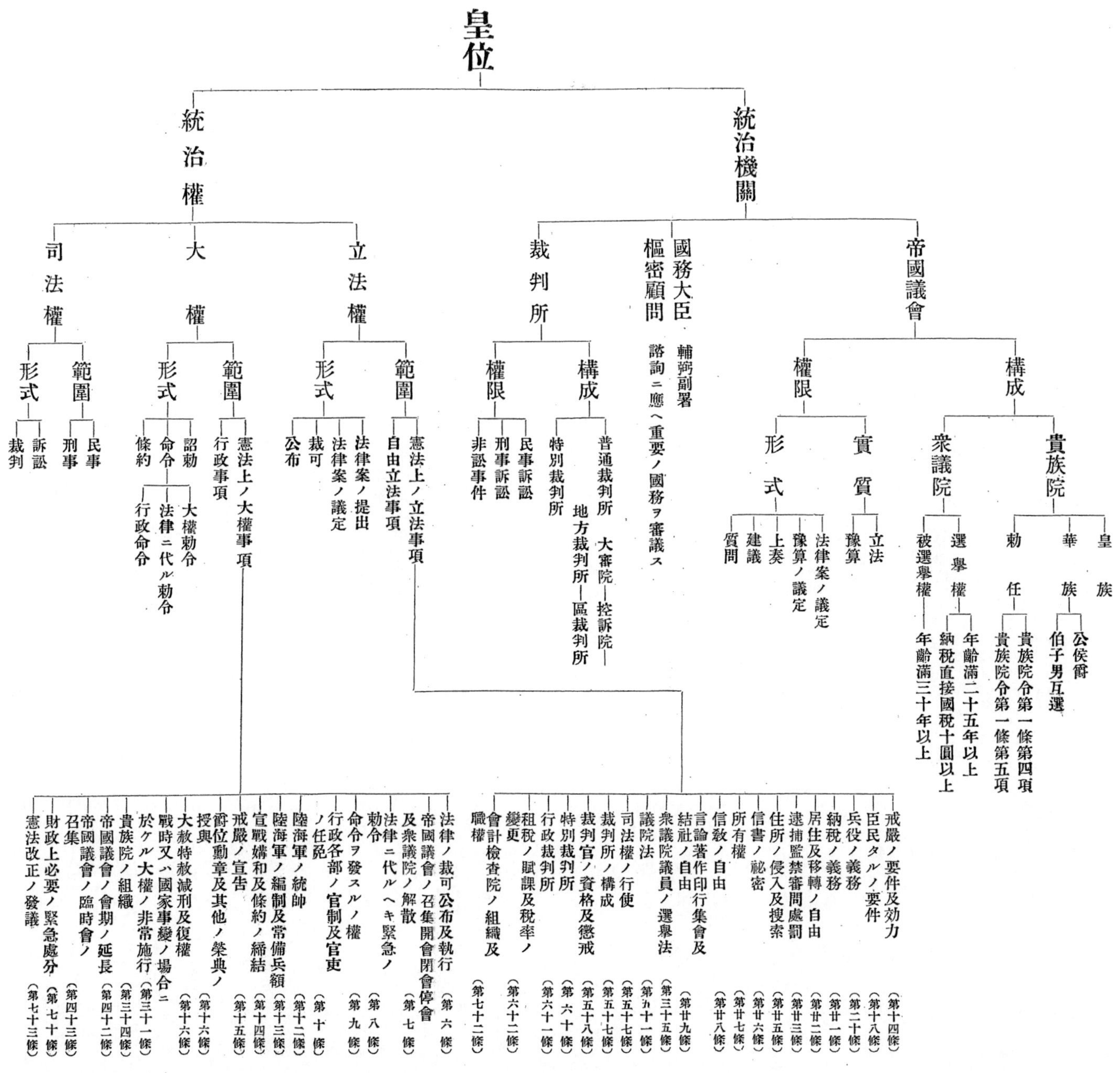
皇位
統治機關
帝國議會
構成
貴族院
皇族
華族
公侯爵
伯子男互選
勅任
貴族院令第一條第四項
貴族院令第一條第五項
衆議院
選擧權
年齡滿二十五年以上
納税直接國税十圓以上
被選擧權
年齡滿三十年以上
權限
實質
立法
豫算
形式
法律案ノ議定
豫算ノ議定
上奏
建議
質問
國務大臣
輔弼副署
樞密顧問
諮詢ニ應ヘ重要ノ國務ヲ審議ス
裁判所
構成
普通裁判所
大審院—控訴院—
地方裁判所—區裁判所—
特別裁判所
權限
民事訴訟
刑事訴訟
非訟事件
統治權
立法權
範圍
憲法上ノ立法事項
自由立法事項
形式
法律案ノ提出
法律案ノ議定
裁可
公布
大權
範圍
憲法上ノ大權事項
行政事項
形式
詔勅
命令
大權勅令
法律ニ代ル勅令
行政命令
條約
司法權
範圍
民事
刑事
形式
訴訟
裁判
戒嚴ノ要件及効力（第十四條）
臣民タルノ要件（第十八條）
兵役ノ義務（第二十條）
納税ノ義務（第廿一條）
居住及移轉ノ自由（第廿二條）
逮捕監禁審問處罰（第廿三條）
住所ノ侵入及搜索（第廿五條）
信書ノ祕密（第廿六條）
所有權（第廿七條）
信敎ノ自由（第廿八條）
言論著作印行集會及結社ノ自由（第廿九條）
衆議院議員ノ選擧法（第三十五條）
議院法（第五十一條）
司法權ノ行使（第五十七條）
裁判所ノ構成（第五十七條）
裁判官ノ資格及懲戒（第五十八條）
特別裁判所（第六十條）
行政裁判所（第六十一條）
租税ノ賦課及税率ノ變更（第六十二條）
會計檢查院ノ組織及職權（第七十二條）
法律ノ裁可公布及執行（第六條）
帝國議會ノ召集開會閉會停會及衆議院ノ解散（第七條）
法律ニ代ルヘキ緊急ノ勅令（第八條）
命令ヲ發スルノ權（第九條）
行政各部ノ官制及官吏ノ任免（第十條）
陸海軍ノ統帥（第十一條）
陸海軍ノ編制及常備兵額（第十二條）
宣戰媾和及條約ノ締結（第十三條）
戒嚴ノ宣告（第十四條）
爵位勳章及其他ノ榮典ノ授與（第十五條）
大赦特赦減刑及復權（第十六條）
戰時又ハ國家事變ノ場合ニ於ケル大權ノ非常施行（第三十一條）
貴族院ノ組織（第三十四條）
帝國議會ノ會期ノ延長（第四十二條）
帝國議會ノ臨時會ノ召集（第四十三條）
財政上必要ノ緊急處分（第七十條）
憲法改正ノ發議（第七十三條）

■編集・解説者紹介■

堀　口　　修（ほりぐち おさむ）

1949（昭和24）年生まれ。1983年、中央大学大学院文学研究科満期退学。宮内庁書陵部編修課を経て、2010年4月～2015年3月、大正大学文学部教授。博士(史学)。

著書『明治立憲君主制とシュタイン講義 — 天皇、政府、議会をめぐる論議 —』（慈学社出版、2007年）

『宮内省の公文書類と図書に関する基礎的研究』（創泉堂出版、2011年）

『金子堅太郎と国際公法会』（創泉堂出版、2013年）　その他

皇族講話会資料選集　明治篇

第一巻　帝国憲法講義

2019年 8 月25日　発行

編集・解説　堀　口　　修

発行者　椛　沢　英　二

発行所　株式会社 クレス出版

東京都中央区日本橋小伝馬町 14-5-704

☎ 03-3808-1821　FAX 03-3808-1822

印　刷　株式会社 栄　光

製　本　東和製本 株式会社

乱丁・落丁本はお取り替えいたします。

ISBN978-4-86670-070-0　C3321　¥24000E